"十三五"国家重点图书出版规划项目
中国隧道及地下工程修建关键技术研究书系
国家863计划项目(2012AA041802)

SHIELD MACHINE DESIGN AND TUNNELING APPLICATION

盾构设计与施工

张宗言 / 总策划
陈 馈 王江卡 谭顺辉 廖小春 贺 飞 / 编 著
洪开荣 伍 军 米晋生 / 主 审

人民交通出版社股份有限公司
China Communications Press Co.,Ltd.

内 容 提 要

基于作者及其团队在盾构装备研制与施工技术方面的创新成果及近3000km的盾构隧道修建技术实践，重点介绍了各种类型盾构的工作原理、设计要点及各种复杂地质和复杂环境条件的盾构施工技术。本书分为四篇共19章。第一篇“绪论”共3章，主要介绍盾构的起源与发展；第二篇“盾构构造与设计”共6章，主要介绍敞开式盾构、土压平衡盾构、泥水盾构、双模盾构、可变密度盾构等典型盾构的工作原理、构造及设计要点，以及日系和德系盾构的主要设计特点与典型案例；第三篇“盾构施工技术”共4章，主要介绍盾构选型、盾构法隧道施工、土体加固技术、隧道衬砌结构与构造等关键技术；第四篇“盾构施工案例”共6章，主要介绍软土地层、无水砂卵石地层、富水砂卵石地层、上软下硬复合地层、岩石地层、岩溶地层的盾构施工技术要点与典型案例。

全书深入浅出，资料翔实，图文并茂，配套精彩的盾构设计制造及盾构施工视频通过手机扫描二维码即可观看，视觉震撼，参考性强，可供盾构设计、施工、监理、工程管理、教学、科研等有关专业技术人员学习参考。

Shield Machine Design
and Tunneling Application

编 委 会

主编单位：盾构及掘进技术国家重点实验室
中铁工程装备集团有限公司
中铁一局集团城市轨道交通工程有限公司
六朝松(北京)教育科技有限公司
参编单位：中铁隧道局集团有限公司
陕西铁路工程职业技术学院
广州轨道交通建设监理有限公司
西安市轨道交通集团有限公司
福建中天交通工程技术服务有限公司
南京阳铁实业有限公司
广州金土岩土工程技术有限公司
力信测量(上海)有限公司

序 一

21 世纪是隧道及地下空间大发展的新时代,"十三五"期间,全国新建铁路不低于 2.3 万 km,总投资不低于 2.8 万亿元;同时,我国正处于城市轨道交通建设繁荣期,预计到 2020 年,全国拥有轨道交通的城市将超过 50 个;城市地下综合管廊也每年规划 2000km,从其发展趋势来看,在未来的投资有望超过高速铁路。

纵观隧道施工技术的进步与发展,每一次技术进步都体现在机械化、智能化程度的不断提高。隧道施工主要经历了钢钎大锤法、手持风钻法、液压凿岩台车法和盾构/TBM 法等四个发展阶段:第一阶段主要依靠人力开挖,第二阶段使用手持风钻和小型矿车,使隧道修建从人力开挖发展到半机械化开挖,第三阶段使得隧道修建从半机械化开挖发展到机械化开挖,第四阶段盾构/TBM 法使得隧道修建从机械化开挖跨越到机械化智能化全断面施工。盾构/TBM 法具有快速、安全、环保、自动化等优点,与我国隧道及地下工程快速、安全、高质量发展的要求不谋而合。

在盾构/TBM 法施工技术应用前的漫长岁月中,隧道施工主要得益于中国四大发明之一的火药。那时,为了避免修建长隧道,必须尽可能地采用迂回展线来克服地形高差,使线路尽可能的依山傍水。宝成铁路上的 34 条隧道,最长的秦岭隧道也仅 2363m 长,由于当时机械化程度低,中国修建这条长度在 2km 以上的隧道绝非易事,施工中首次使用了风动凿岩机和轨行式矿车;20 世纪 60 年代中期修建的成昆铁路全长 1085km,隧道占全线 31%,其中关村坝隧道和沙木拉打隧道长度均超过 6km,这批隧道采用了轻型机具,运用分部开挖法进行"小型机械化"施工,修建速度达到了每月"百米成洞";中国修建长度 10km 以上隧道,是从代表中国隧道施工技术的专业化集团——中铁隧道工程局——修建 14.295km 长的大瑶山隧道开始的,在这条双线铁路隧道施工中,采用了全液压凿岩台车,衬砌钢模板台车和装运机械等机械化成套装备;1999 年 8 月,由中铁隧道局和中铁十八局建设的中国当时最长的铁路隧道——秦岭隧道贯通，这条长18.457km的隧道使用了TBM法顺利建成，标志着中国隧道修建技术进入了世界先进行列；2018年，由中国中铁采用自主研制的世界首台马蹄形盾构修建的蒙华铁路白城隧道获世界隧道界最高奖（国际隧道协会技术创新项目奖），标志着异形盾构成功应用于山岭隧道。

挑战隧道施工技术极限的川藏铁路，其工程环境具有显著的地形高差、强烈的板块活动、频发的山地灾害及脆弱的生态环境等四大特点，先后跨七江、穿八山，七下八上；长大隧道比重之高、地应力之高、深大活动断裂之多、高地温之严重、洞口灾害源之多、施工组织之困难、防灾救援挑战之大、出渣处理之困难等挑战前所未有；如何确保安全施工和快速掘进，最大的问题是防止隧道坍塌和确保隧道内进料与出渣运输的顺畅。软、硬、破碎、断裂、高水压、高地温、高寒、高海拔、高地应力等复杂地质与水文条件对大型机械化掘进提出了更高、更新、更复杂的要求，这需要盾构技术、TBM技术有机的交叉融合与综合创新。积极推动极端条件下双结构多模式掘进机、双支护掘进机等新型盾构与TBM装备的研发，是盾构、TBM设计与施工的重中之重。

盾构作为广泛应用于城市轨道交通、地下综合管廊、铁路及公路隧道工程、引水隧洞工程及军事防护工程施工的特大型专用工程装备，自从2014年5月10日，习近平总书记在中国中铁盾构产业基地中铁装备提出"推动中国制造向中国创造转变、中国速度向中国质量转变、中国产品向中国品牌转变"的重要指示以来，盾构技术在中国尤其是在中国中铁取得了跨越式发展。

中国盾构的起步虽然落后于国外128年，但作为"三个转变"理念的积极践行者，中国中铁牢记习近平总书记嘱托，高扬"三个转变"精神旗帜，恪守"勇于跨越，追求卓越"的企业使命，发扬"一往无前"的盾构精神，经过近年的快速发展，中国盾构数量已超过2000台。从最开始的上海市、广州市、北京市，扩展到全国近50个城市和地区；从北上广沿海城市逐渐向西部和内陆辐射；从完全是国内市场，到开始进入国际市场；从最开始的地铁隧道，延伸到公路、铁路、水利、电力、市政、燃气、污水等各个领域；从上海的单一软土地层，应用到高水压地层、硬岩地层、硬岩软土复合地层、卵石地层、孤石球状风化岩地层、上软下硬地层等各种复杂地层；从单一的圆形盾构，发展到矩形、类矩形、马蹄形等异形断面盾构；区间隧道长度也从1km左右的地铁区间隧道，增加到7～8km甚至10km以上的过江隧道；盾构直径也从6m多扩展到下至3m左右的小直径盾构、上至17.60m的超大直径盾构。中国已经是世界上盾构和盾构法隧道数量和里程最大、项目最多、投资和发展最快的国家。

盾构技术的发展日新月异，盾构技术的发展方向主要表现在三个方面：一是异形、小型、超大型等多元化、多模式盾构；二是大埋深、高海拔、高温或极寒隧道等极端地质环境盾构；三是全方位、全生命周期服务、自动巡航等智能盾构。盾构技术发展趋势主要体现在六个方面：一是挑战极限（更大的直径、更长的隧道、更高的水压、更大的埋深、更快的掘进速度、更复杂多变的地质条件);二是更安全、更环保;三是更复杂的功能、更简单的操作、更智能化的设计;四是更长的寿命;五是更高的地质适应性;六是盾构设计数字化、盾构制造模块化、盾构控制智能化、盾构服务网络化。

未来,随着盾构与 TBM 多源信息融合与大数据技术的发展,盾构与 TBM 施工就像无人飞机一样,将不再需要大量人员进行操作,而是基于强大的 CPS,能够自己判断前方地质及环境条件,自动选择掘进模式,自动选择刀具或掘进介质,自动调整掘进参数,实现自动推进、自动纠偏、自动拼装、自动注浆,并同步完成自动化决策管控。智能盾构与 TBM 无论是"远程控制""自动巡航",还是"智能掘进",能在数千公里外进行控制,正常工作时是无人的,关键时刻可以人为干预,使得盾构与 TBM 掘进更加自动化、智能化。

由陈馈、王江卡、谭顺辉、廖小春、贺飞等中国中铁专家牵头编著的《盾构设计与施工》学术专著,就是在当代中国隧道大建设、大发展和大机遇的新时代契机下孕育而生的。该书基于中国中铁"产、学、研、用"相结合的作者团队 800 余台盾构 TBM 装备研制及近 3000km 的盾构 TBM 隧道修建技术实践,重点介绍了各种类型盾构的工作原理、设计要点及各种复杂地质和复杂环境条件的盾构施工技术。这一研究和总结,不仅在中国而且在世界的盾构设计与施工领域也是一项新的成果,对以后的盾构设计与施工及即将建设的川藏铁路 TBM 的施工将起到有价值的指导和参考作用。本书是中国中铁为国庆 70 周年献礼之作,是为习总书记在中国中铁盾构产业基地提出"三个转变"重要指示 5 周年献礼之作;在本书即将付印之际,我谨以此序向该书的作者和编委表示祝贺,期待本书在推动盾构设计与施工技术发展方面发挥重要参考作用。

中国中铁股份有限公司　总　　裁:
中国铁道工程建设协会　副理事长:
中国铁道学会　　　　　副理事长:

2019 年 3 月

序　二

"盾构"是目前隧道与地下工程领域最为热门的词语之一，利用百度搜索引擎，可搜索到盾构相关词条约13700000个，中国知网可查到40000余篇有关盾构的科技文献。在这些浩如烟海的文献和资料之中，《盾构设计与施工》一书脱颖而出，必将为新时代隧道与地下工程的发展提供新的知识和技术源泉。

"21世纪是隧道与地下工程大发展的时代"，这句话在当今体现得淋漓尽致。城市轨道交通、城市地下管廊、公路铁路隧道、穿江越海隧道等，为盾构的设计、制造与施工提供了广阔的市场，对盾构需求巨大。据不完全统计和预测，"十三五"期间，我国各类隧道与地下工程建设约需盾构2000余台，这部著作的出版，将为我国盾构设计与施工起到显著的推动和提升作用。

盾构法修建隧道是岩土、结构、机电、控制等学科知识与技术的综合，主要由开挖面稳定、掘进及排土、管片衬砌及壁后注浆三大要素组成。盾构隧道需要土木工程师和机电工程师的通力合作来完成，二者缺一不可。自从1818年布鲁内尔注册了盾构法隧道掘进专利，并于1825年首次在伦敦泰晤士河底使用矩形盾构修建隧道以来，盾构经历了近200年的发展历史。纵观盾构发展历史，盾构应用从软弱富水地层到砂层、粗粒土地层，再到软硬复合地层及岩石地层，盾构直径从3m左右发展17m以上，盾构形式从单一的矩形与圆形发展到多样化的类矩形、多圆形、马蹄形及球体盾构等。目前，盾构技术发展比较成熟，其发展趋势具有微型和超大型化、形式多样化、高度自动化、高适应性等特点。《盾构设计与施工》一书，重点介绍各类盾构的工作原理、构造及设计要点，盾构选型与施工关键技术，日系、德系及中系盾构的主要设计特点，各类地层的盾构施工技术要点与典型案例。这是作者及其团队多年从事盾构技术工作的经验和学识的总结与提升，是他们在盾构装备研制与施工技术方面的创新成果与近3000km的盾构隧道修建技术的创新实践。

全书深入浅出、资料翔实、图文并茂、字字珠玑，并配以精彩的盾构设计与施工视频，视觉震撼，参考性强。“书到用时方恨少，事非经过不知难”“开卷有益”，唯愿本书成为广大隧道建设者的良师、益友。

谨为序。

中国工程院院士 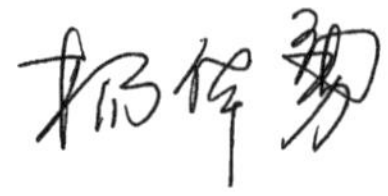

2019 年 3 月

前　言

盾构法是建造地下隧道最先进的施工方法之一。隧道及地下空间的大发展，促进了盾构法施工技术的进步。自从1825年开始，法国人布鲁内尔在英国伦敦泰晤士河下首次使用手掘式矩形盾构开挖世界上第一条盾构法隧道以来，盾构技术至今(2019年)已经历了194年的应用与发展。从第一代手掘式盾构发展到目前以大推力、大扭矩和高智能化为特色的第四代盾构过程中，我国盾构的发展通过国外引进、消化吸收、集成创新、自主创新，经历了黎明期、技术创新期、跨越发展期等三个发展阶段，目前已形成产业化规模，正在致力于研制第四代半、第五代盾构，以开启盾构颠覆性原创核心技术全新时代。

盾构法施工技术在世界许多国家不断得到发展，但在推广应用过程中出现了一些事故，这些事故的发生，不仅影响了整个盾构工程的工期，还造成了重大经济损失和不必要的人员伤亡。针对盾构技术行业发展现状，本书以盾构设计与盾构施工关键技术为切入点，结合我国各种典型地质盾构施工案例进行阐述，以促进盾构技术领域信息交流和成果共享，以期推动盾构设计与盾构施工技术的快速发展。

本书基于作者及其团队在盾构装备自主研制与盾构施工技术方面的创新成果及近3000km的盾构隧道修建技术实践，重点介绍了各种典型盾构的工作原理、设计要点及各种复杂地质和复杂环境条件的盾构施工技术。全书分为“绪论”“盾构构造与设计”“盾构施工技术”“盾构施工案例”四大篇。“绪论”“盾构构造与设计”“盾构施工技术”作为全书的理论篇，概述了盾构的起源与发展、盾构的工作原理、构造及设计要点，以及日系和德系盾构的主要设计特点、盾构选型、盾构法隧道施工、土体加固技术、隧道衬砌结构与构造等关键技术；通过该部分内容介绍，使读者熟悉盾构设计与施工的理论体系。在此基础上，展开第四篇“盾构施工案例”的阐述，本篇内容作为《盾构设计与施工》的实践篇，介绍软土地层、无水砂卵石地层、富水砂卵石地层、上软下硬复合地层、岩石地层、岩溶地层的盾构施工技术要点与典型案例，使读者及广大工程技术人员对盾构施工有直观感，以针对盾构进行量体裁衣式设计，选择合适的盾构施工方法，来应对复杂多变的地质状况。

在本书撰写过程中得到了中国工程院杨华勇院士和陈湘生院士的大力指导，给予作者很多具体意见和鼓励。此外,本书还得到了中铁隧道局集团有限公司、盾构及掘进技术国家重点实验室、中铁工程装备集团有限公司、中铁一局集团有限公司、福建中天交通工程技术服务有限公司等单位提供相关撰写素材和案例,在此衷心地感谢同行们的支持和帮助。本书撰写过程中,还引用了一些尚未刊登和发表的资料,因未公开发表而不能列于参考文献中,在此,也向拥有这些资料的单位和个人深表感谢。

期望本专著能给我国盾构设计与盾构法施工提供参考和借鉴。尽管作者为本书付出了大量的心血,但书中不可避免地会出现错漏和不当之处,有些提法也可能需要与大家进一步研讨,敬请广大同行提出批评意见并指正。

作者代表: 

2019 年 3 月 1 日于北京

Shield Machine
Design and Tunneling Application

目　录

第一篇　绪论

第 1 章　世界盾构起源与发展 …… 3
1.1　盾构的概念 …… 3
1.2　盾构的工作原理 …… 3
1.3　盾构的分类 …… 4
1.4　盾构的起源与发展 …… 7
思考题 …… 12
第 2 章　中国盾构技术创新与发展 …… 13
2.1　中国盾构技术的黎明期 …… 13
2.2　中国盾构技术的创新期 …… 18
2.3　中国盾构技术的跨越期 …… 25
思考题 …… 36
第 3 章　盾构法概论 …… 37
3.1　隧道施工主要方法 …… 37
3.2　盾构法基本概念 …… 38
3.3　盾构法技术特点 …… 38
3.4　盾构法优缺点 …… 39
3.5　盾构法适应范围 …… 40
3.6　国外盾构法隧道发展简史 …… 42
3.7　中国盾构法隧道发展简史 …… 44
3.8　盾构技术发展趋势 …… 53
思考题 …… 54

第二篇　盾构构造与设计

第 4 章　敞开式盾构 …… 57
4.1　手掘式盾构 …… 58

4.2 半机械式盾构 …… 59
4.3 机械式盾构 …… 62
4.4 挤压式盾构 …… 63
思考题 …… 64
第 5 章 土压平衡盾构 …… 65
5.1 概念与工作原理 …… 65
5.2 开挖面稳定机理 …… 67
5.3 土压平衡盾构掘进模式 …… 70
5.4 渣土改良 …… 71
5.5 土压控制 …… 75
5.6 基本配置 …… 78
5.7 主要部件和系统的选择与设计 …… 84
5.8 地质适应范围 …… 109
思考题 …… 110
第 6 章 泥水盾构 …… 111
6.1 泥水盾构分类 …… 111
6.2 泥水盾构系统构成 …… 114
6.3 日系和德系泥水循环系统设计区别 …… 117
6.4 日系和德系泥水循环系统设计的优缺点 …… 123
6.5 开挖面稳定机理 …… 124
6.6 地质适应范围 …… 130
6.7 泥水盾构常压换刀刀盘 …… 131
思考题 …… 135
第 7 章 双模式盾构 …… 136
7.1 土压泥水双模盾构 …… 136
7.2 土压 TBM 双模盾构 …… 147
7.3 泥水 TBM 双模盾构 …… 166
思考题 …… 170
第 8 章 可变密度盾构 …… 171
8.1 工作原理 …… 171
8.2 地质适应范围 …… 174
思考题 …… 175
第 9 章 日系与德系盾构设计特点 …… 176
9.1 欧洲的地质特点 …… 176
9.2 日本的地质特点 …… 177
9.3 德系与日系盾构的主要区别 …… 178
9.4 德系与日系盾构设计案例 …… 179
9.5 中系盾构的形成与崛起 …… 186

思考题 …… 186

第三篇　盾构施工技术

第 10 章　盾构选型 …… 189
10.1　概述 …… 189
10.2　盾构选型原则 …… 194
10.3　盾构选型主要步骤 …… 195
10.4　盾构选型三角理论 …… 195
10.5　盾构选型依据 …… 201
10.6　盾构选型需解决的四大问题 …… 204
10.7　施工辅助设备选择 …… 207
思考题 …… 207
第 11 章　盾构法隧道施工 …… 208
11.1　盾构现场组装与调试 …… 208
11.2　盾构现场验收 …… 217
11.3　盾构始发技术 …… 217
11.4　土压平衡盾构掘进技术 …… 222
11.5　泥水盾构掘进技术 …… 232
11.6　管片拼装技术 …… 237
11.7　壁后注浆技术 …… 238
11.8　施工测量 …… 240
11.9　盾构带压进舱技术 …… 243
11.10　刀具检查与更换 …… 247
11.11　特殊地段特殊地质条件施工 …… 261
11.12　地中对接技术 …… 265
11.13　隧道防水施工技术 …… 269
11.14　盾构调头技术 …… 271
11.15　盾构到达技术 …… 278
11.16　盾构法施工的安全健康 …… 283
11.17　盾构法施工的环境保护 …… 289
11.18　克泥效工法在盾构施工中的应用 …… 293
思考题 …… 299
第 12 章　端头加固技术 …… 301
12.1　端头加固方法 …… 301
12.2　端头加固范围 …… 321
思考题 …… 324
第 13 章　隧道衬砌结构与构造 …… 325
13.1　管片设计理念与方法 …… 325

13.2 管片接缝防水设计 …… 345
13.3 盾构隧道单双层衬砌 …… 351
13.4 管片制作 …… 352
思考题 …… 362

第四篇 盾构施工案例

第 14 章 软土地层施工 …… 365
14.1 软土地层盾构掘进特点 …… 365
14.2 上海地铁软土地层盾构施工 …… 366
14.3 天津地铁软土地层盾构施工 …… 368
14.4 杭州地铁软土地层盾构施工 …… 370
14.5 西安地铁黄土地层盾构施工 …… 372
思考题 …… 373
第 15 章 无水砂卵石地层施工 …… 374
15.1 无水砂卵石地层地质特点 …… 374
15.2 开挖面失稳模式 …… 375
15.3 开挖面稳定性控制原理 …… 376
15.4 渣土改良要点 …… 378
15.5 盾构施工易出现的问题 …… 378
15.6 北京地铁 8 号线无水砂卵石层盾构施工 …… 381
15.7 北京地铁 10 号线无水砂卵石层盾构施工 …… 382
思考题 …… 384
第 16 章 富水砂卵石地层施工 …… 385
16.1 富水砂卵石地层掘进特点 …… 385
16.2 成都地铁富水砂卵石层盾构始发施工 …… 389
16.3 成都地铁富水砂卵石层盾构接收施工 …… 391
16.4 成都地铁富水砂卵石层盾构下穿建筑物施工 …… 392
思考题 …… 395
第 17 章 上软下硬复合地层施工 …… 396
17.1 复合地层概念 …… 396
17.2 复合地层特点 …… 396
17.3 复合地层需要研究的地质问题 …… 397
17.4 盾构在复合地层中的局限性 …… 408
17.5 复合地层中盾构施工难点 …… 412
17.6 广州地铁上软下硬地层盾构施工 …… 418
17.7 深圳地铁上软下硬地层盾构施工 …… 422
17.8 青岛地铁上软下硬盾构施工 …… 423
思考题 …… 425

第 18 章　岩石地层施工 …… 426
18.1　岩石地层分类 …… 426
18.2　岩石地层盾构破岩机理与刀具配置 …… 428
18.3　岩石地层盾构掘进施工要点 …… 431
18.4　重庆轨道交通岩石地层盾构施工 …… 433
18.5　深圳全断面硬岩盾构施工 …… 435
思考题 …… 436
第 19 章　岩溶地层施工 …… 437
19.1　岩溶地层盾构施工风险 …… 437
19.2　广州地铁岩溶地层盾构施工 …… 439
19.3　南宁地铁岩溶地层盾构施工 …… 446
19.4　马来西亚吉隆坡岩溶地层泥水盾构案例 …… 447
19.5　马来西亚吉隆坡岩溶地层可变密度盾构案例 …… 451
思考题 …… 455

参考文献 …… 456
视频索引 …… 458

第一篇 绪论

本篇 主要介绍世界盾构的起源与发展，盾构技术在中国的创新与发展，隧道施工主要方法及盾构法基本概念、技术特点、优缺点、适应范围以及国内外盾构法隧道发展简史。

第 1 章　世界盾构起源与发展
第 2 章　中国盾构技术创新与发展
第 3 章　盾构法概论

第1章
世界盾构起源与发展

本章重点:主要介绍盾构的概念、工作原理、盾构的分类及其与岩石掘进机的主要区别，介绍世界盾构的起源及其发展历程。

1.1 盾构的概念

盾构，其英文名称为"Shield Machine"，是一种用于隧道暗挖施工，具有金属外壳，壳内装有整机及辅助设备，在其掩护下进行土体开挖、土渣排运、整机推进和管片安装等作业，从而构筑隧道，并使隧道一次成形的特种隧道施工机械，实现了隧道快速、安全、环保施工的工厂化作业。盾构的外形及其结构如图1-1所示。

a)　　b)

图1-1　盾构的外形及其结构

盾构是一种隧道掘进的专用工程机械，现代盾构集机、电、液、传感、信息技术于一体，具有开挖切削土体、输送土渣、拼装隧道衬砌、测量导向纠偏等功能。盾构已广泛用于地铁、铁路、公路、市政、水电隧道工程。

1.2 盾构的工作原理

盾构的工作原理就是一个钢结构组件沿隧道轴线一边向前推进一边对土壤进行掘进。这个钢结构组件的壳体称为"盾壳"，盾壳对挖掘出的还未衬砌的隧道段起着临时支护的作用，承受周围土层的土压、承受地下水的水压以及将地下水挡在盾壳外面。掘进、排土、衬砌等作业在盾壳的掩护下进行。

“盾”——“保护”,是指盾壳;

“构”——“构筑”,是指管片拼装。

开挖面的稳定方法是盾构工作原理的主要方面,也是盾构区别于岩石掘进机的主要方面。岩石掘进机国内一般称为 TBM。TBM 是“Tunnel Boring Machine”的缩写,通常定义中 TBM 是指全断面岩石隧道掘进机,是以岩石地层为掘进对象。岩石掘进机与盾构的主要区别就是岩石掘进机不具备泥水压、土压等维护掌子面稳定的功能。盾构施工主要由稳定开挖面、掘进及排土、管片衬砌及壁后注浆三大要素组成。

1.3 盾构的分类

1.3.1 按断面形状分类

盾构根据其断面形状的不同可分为:单圆盾构(图 1-2)、复圆盾构(也称为多圆盾构)、非圆盾构。

其中复圆盾构可分为双圆盾构(图 1-3)和三圆盾构(图 1-4)。

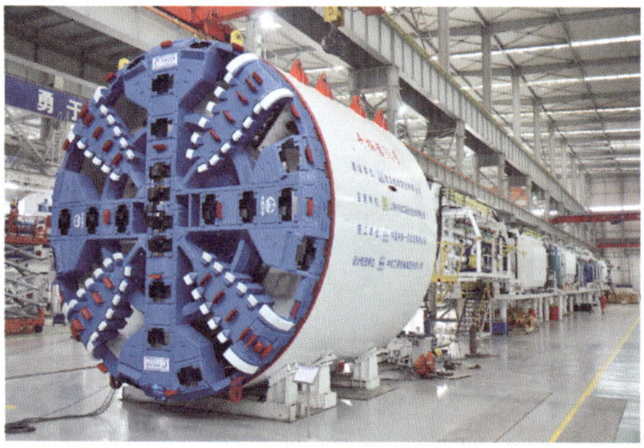

图 1-2 单圆盾构

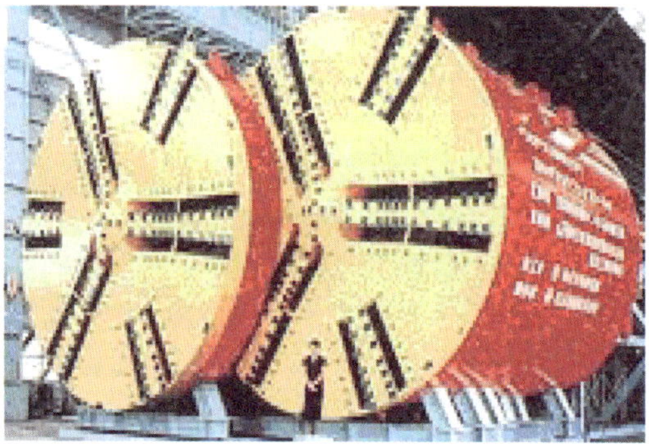

图 1-3 双圆盾构

非圆盾构可分为椭圆形盾构、矩形盾构(图 1-5)、类矩形盾构(图 1-6)、马蹄形盾构(图 1-7)、半圆形盾构。

图 1-4 三圆盾构

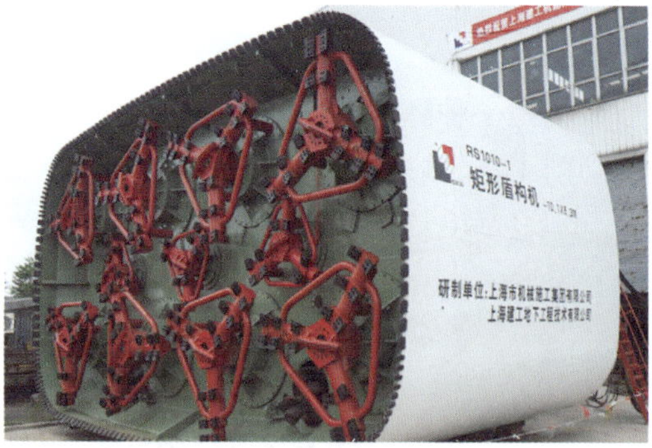

图 1-5 矩形盾构

复圆盾构和非圆盾构统称为“异形盾构”。

图 1-6　类矩形盾构

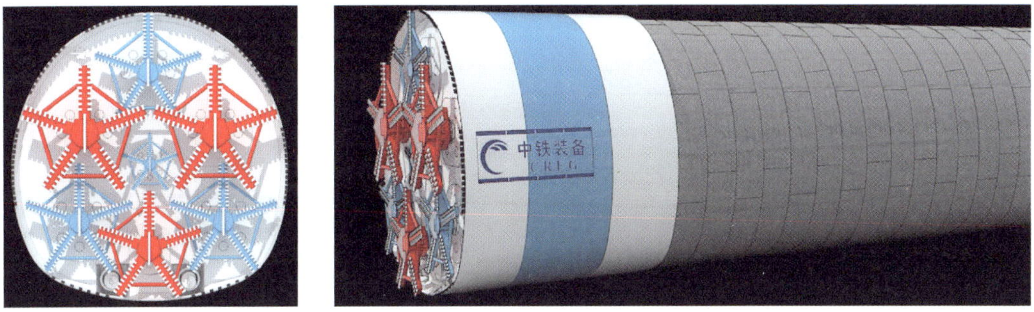

a)　　b)

图 1-7　马蹄形盾构

1.3.2　按直径大小分类

盾构根据其直径的大小分为以下几类:0.2 ~ 2m 直径,称为微型盾构;2 ~ 4.2m 直径,称为小型盾构;4.2 ~ 7m 直径,称为中型盾构;7 ~ 12m 直径,称为大型盾构;12m 以上直径,称为超大型盾构。

1.3.3　按支护地层的形式分类

盾构按支护地层的形式分类,主要分为自然支护式、机械支护式、压缩空气支护式、泥浆支护式、土压平衡支护式五种类型,见图 1-8。

1.3.4　按开挖面与作业室之间隔板的构造分类

盾构按开挖面与作业室之间隔板构造可分为敞开式和闭胸式 2 种,敞开式又可分为全敞开式和部分敞开式。盾构的具体分类见图 1-9。

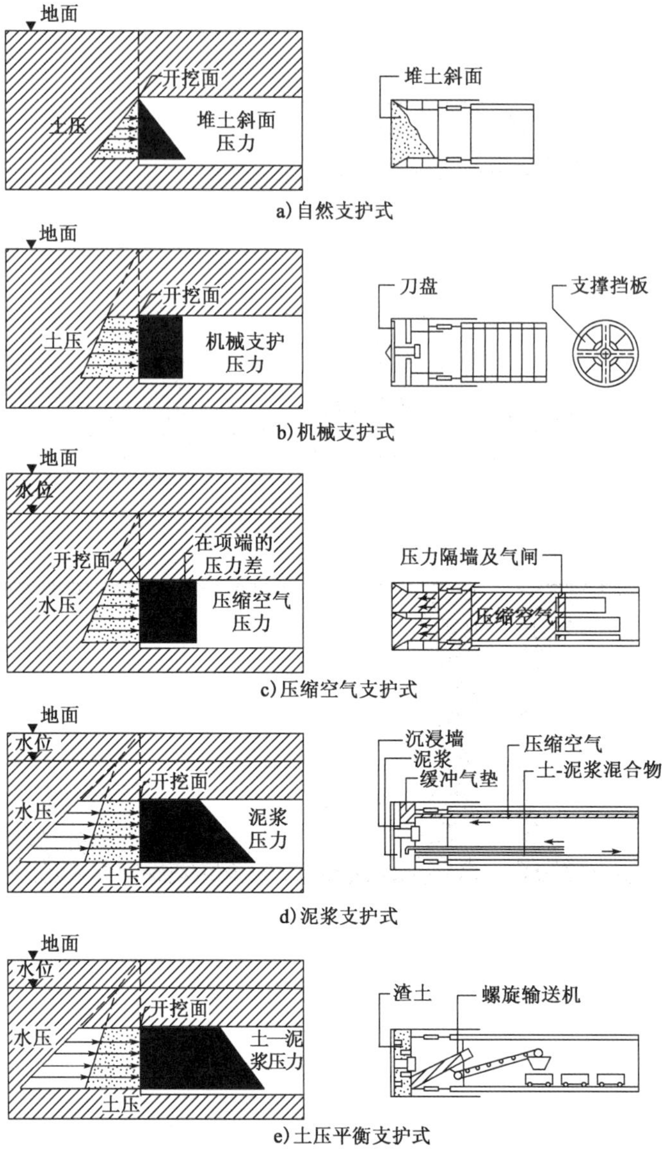

图 1-8 盾构按支护地层的形式分类

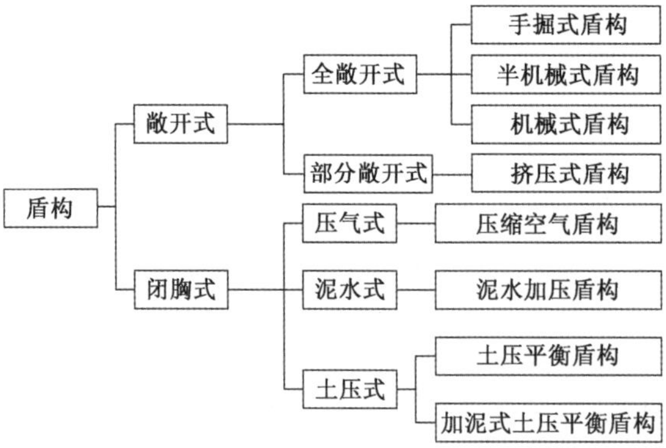

图 1-9 盾构的分类

1.4　盾构的起源与发展

盾构问世至今(2019 年)已有 194 年的历史,始于英国,发展于日本、德国。其发展历程可分为四个阶段(图 1-10)。一是以布鲁内尔盾构为代表的手掘式盾构;二是以机械式、气压式盾构为代表的第二代盾构;三是以闭胸式盾构为代表(泥水盾构、土压平衡盾构)的第三代盾构;四是以大直径、大推力、大扭矩、高智能化、多样化为特色的第四代盾构。

图 1-10　世界盾构发展的四个历史阶段

1.4.1　盾构的起源

盾构的起源详见视频 1-1。

视频1-1

盾构的起源

扫描此码　观看视频

1806 年,法国工程师麦克 · 布鲁内尔(Marc Isambrd Brunel)发现船的木板中有一种蛀虫(船蛆)钻出孔道,船蛆是一种蛤,头部有外壳,在钻穿木板时,分泌出液体涂在孔壁上形成坚韧的保护壳,用以抵抗因潮湿而膨胀的木板,以防被压扁。在蛀虫钻孔并用分泌物涂在四周的启示下,布鲁内尔发现了盾构掘进隧道的原理,并在英国注册了专利(图 1-11)。布鲁内尔专利盾构由不同的单元格组成,每一个单元格可容纳一个工人独立工作并对工人起到保护作用。所有的单元格牢靠地安装在盾壳上。当一段隧道挖完后,由液压千斤顶将整个盾壳向前推进。1818 年,布鲁内尔完善了盾构结构的机械系统,设计成用全断面螺旋式开挖的封闭式盾壳,衬砌紧随其后,见图 1-12。

1825 年,布鲁内尔(1769—1849)和他的儿子伊桑巴德·金德姆·布鲁内尔(1806—1859)第一次在伦敦泰晤士河下用一个断面高 6.8m、宽 11.4m 的矩形盾构修建了世界上第一条盾构法隧道。

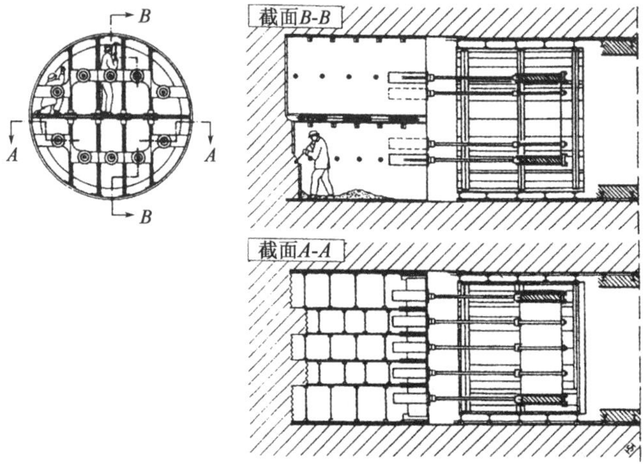

图 1-11　布鲁内尔专利盾构(1806 年)

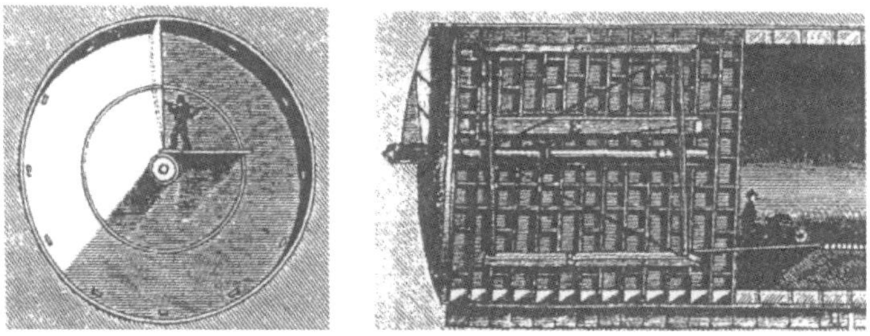

a)　　b)

图 1-12　布鲁内尔螺旋盾构(1818 年)

布鲁内尔矩形盾构由 12 个邻接的框架组成,每一个框架分成 3 个工作舱,每个舱可容纳一个工人独立工作并对工人起到保护作用。每个工作舱都牢固地安装在盾壳上,当掘进完一段隧道后,由螺杆将鞍形框架向前推进,紧接着后部砌砖。

由于开始时没有掌握抵制泥水涌入隧道的方法,隧道施工因被淹而停工。1828 年 1 月 12 日,因洪水第一次出现停工。伦敦地下铁道公司的卡洛丹(Callodam)曾向布鲁内尔提出采用压缩空气的建议,然而布鲁内尔未采纳。在经历了 5 次特大洪水后,直到 1843 年才完成了这条全长只有 370m 的隧道。

盾构最初称为小筒(cell)或圆筒(cylinedr),1866 年,莫尔顿在申请专利中第一次使用了"盾构"(shield)这一术语。

1.4.2　圆形盾构的开发

1869 年,英国人詹尼斯·亨利·格瑞海德(Janes Heary Greathead)用圆形盾构再次在泰晤士河底修建了一条外径为2.18m、长402m的隧道，并第一次采用了铸铁管片。由于隧道基本上是在不透水的黏土层中掘进，所以在控制地下水方面没有遇到什么困难。格瑞海德圆形盾构后来成为大多数盾构的模型。

图1-13为用于修建Rotherhithe隧道的ϕ9.35m格瑞海德圆形盾构。

图1-13 格瑞海德圆形盾构

1.4.3 泥浆盾构的开发

1874年，詹尼斯·亨利·格瑞海德开发了液体支撑隧道工作面的盾构，通过液体流，土料以泥浆的形式排出，见图1-14。

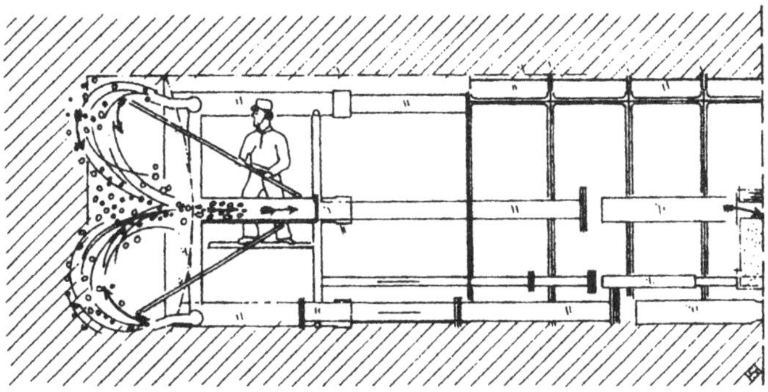

图1-14 格瑞海德泥浆盾构(1874年专利)

1.4.4 压缩空气的使用

劳德·考克让施(Lord Cochrane)按照1828年卡洛丹向布鲁内尔提出的建议，于1830年发明了气闸，它能使人们从常压空间进入加压的工作舱中。1879年，在安特卫普首次采用压缩空气掘进隧道，但未使用盾构。

1886年，詹尼斯·亨利·格瑞海德在伦敦地下施工中将压缩空气方法与盾构掘进相结合使用。压缩空气在盾构掘进中的使用，标志着在承压水地层中掘进隧道的一个重大进步，填补了隧道施工的空白，促进了盾构在世界范围内的进一步推广。

1.4.5 机械化盾构的开发

在布鲁内尔开发盾构之后的另一个进步是用机械开挖代替人工开挖。第一个机械化盾构的专利是1876年英国人约翰·获克英森·布伦敦(John Dickinson Brunton)和姬奥基·布伦敦(George Brunton)申请的专利。这台盾构采用了半球形旋转刀盘，开挖土渣落入径向装在刀盘上的料斗中，料斗将土渣转运到皮带输送机上，见图1-15。

1896年，英国人普莱斯(Price)开发了一种幅条式刀盘机械化盾构，并于1897年起成功将其应用在伦敦的黏土地层施工中。它第一次将格瑞海德圆形盾构与旋转刀盘结合在一起，在幅条式刀盘上安装有切削工具,刀盘通过一根长轴由电机驱动,见图 1-16。

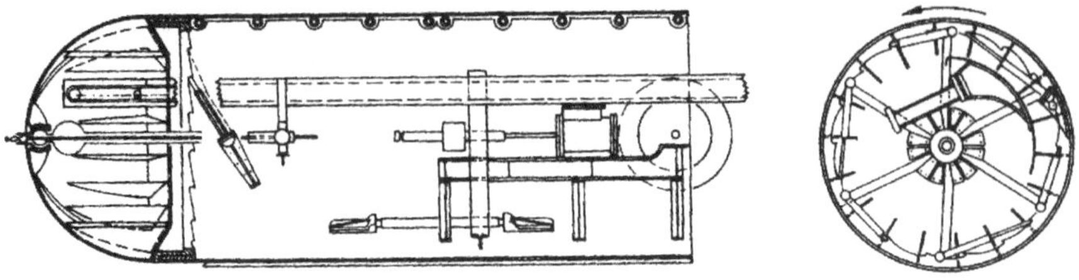

a)　　b)

图 1-15　布伦敦机械化盾构(1876 年专利)

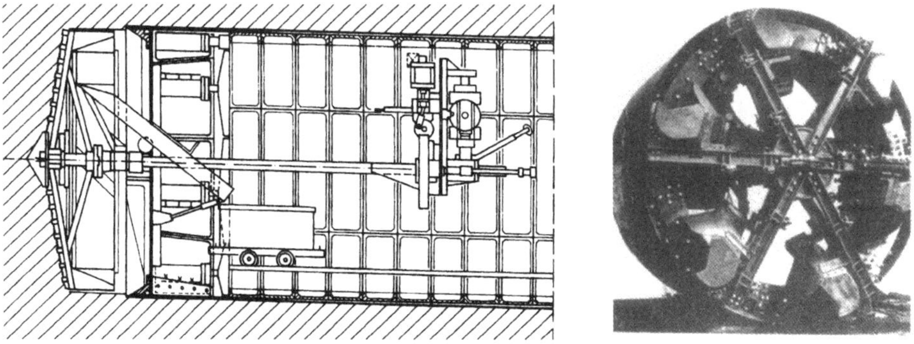

a)普莱斯机械化盾构(1896年专利)　　b)马卡姆公司普莱斯机械化盾构

图 1-16　普莱斯机械化盾构

1.4.6　第一台德国盾构的开发

1896 年,德国人哈姬(Haag)在柏林为第一台德国盾构申请了专利。这是一台用液体支撑隧道工作面并把开挖舱密封作为压力舱的盾构,见图 1-17。

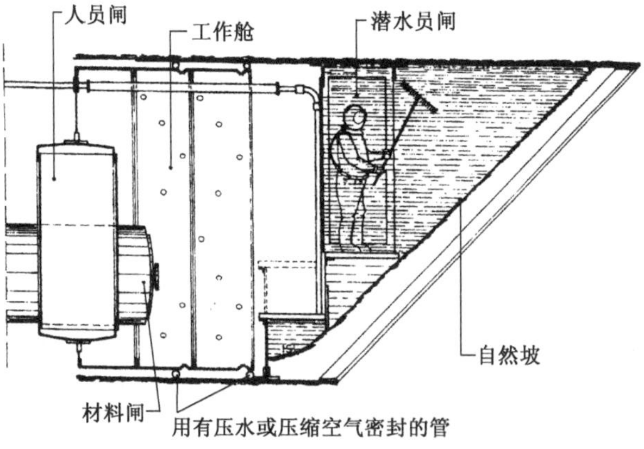

图 1-17　德国哈姬泥浆盾构(1896 年专利)

1.4.7　泥水加压盾构的开发与应用

最初的泥浆盾构通过喷射水流,将土料以泥浆的形成排出,但水不能支护开挖面,无法阻止开挖面不停地流动。这种情况与充满水的挖槽相类似,从而提出在开挖面用类同槽壁法的支护,而膨润土泥浆可在无黏聚力土槽沟中支护掘出的开挖面,这样就诞生了泥水加压平衡盾构。

1964 年英国摩特・亥(Mott・Hay)和安德森(Anderson)及约翰・巴勒特(John・Bartlett)申请了泥水加压平衡盾构的专利。但由于英国当时缺乏能适合促进这种技术进步的隧道工程,这种技术的发展受到了限制。

1967 年第一台用刀盘切削土体和水力出渣的泥水盾构在日本投入使用,这台盾构由三菱公司制造,其直径为 3.1m。

1970 年日本铁道建设公司在京叶线森崎运河下的羽田隧道工程中采用了直径为 7.29m 泥水盾构施工,施工长度 1712m,施工获得了极大成功,这是当时直径最大的泥水盾构。

随后,德国沃斯富雷塔格公司(Wayss & Freytag)意识到膨润土技术所具有的潜在发展前景,开发了德国的第一台泥水盾构,并于 1974 年在德国汉堡首次使用了这种盾构开挖长 4.6km 污水管道。

1.4.8　土压平衡盾构的开发

1963 年,日本佐藤工业株式会社(Sato Kogyo)首先开发出土压平衡盾构,见图 1-18。1974 年第一台土压平衡盾构在日本东京使用,用于掘进长 1900m 的隧道,该盾构由日本石川岛播磨重工业株式会社(IHI)制造,其外径为 ϕ3.72m,其外形见图 1-19。

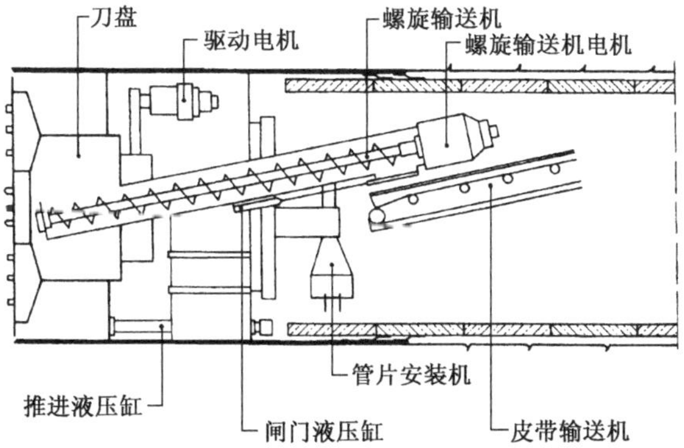

图 1-18　日本 Sato Kogyo 开发的土压平衡盾构(1963 年)

1.4.9　混合盾构的开发

根据开挖面稳定以及掘进、出土模式的不同,盾构可分为敞开式、半敞开式、土压平衡式、泥水式等,它们都适用于相应的土层结构。当某一段隧道穿越不同地层结构时,用以上任一形式的盾构都不适于单独将此段隧道掘进贯通,而根据相应土层情况要用两台或多台盾构,在隧道段掘进长度较短时很不经济,或由于条件限制使布置多台盾构非常困难。此时需将以上不同形式的盾构进行组合，在结构空间允许的情况下，将不同形式盾构的功能部件同时布置在一台盾构上，掘进过程中可根据地质情况进行功能或工作模式的切换；这种在不同的地层经转换后可以以不同的工作模式运行的盾构称为混合盾构。混合盾构主要是针对欧洲的地质条件由德国开发的。1985 年，Wsyss & Freytay 公司和海瑞克公司申请了混合盾构的专利。它以 Wsyss & Freytay 公司拥有专利的泥水盾构为基础，有其独特的沉浸墙/压力隔板结构。通过转换，可以以土压平衡或压缩空气盾构模式运行。1993 年 9 月，第 1 台外径为 7.4m 的多模式混合盾构用于巴黎一段长 1600m、穿过三种完全不同地层的隧道施工，它可以从泥水式转换到土压平衡式或敞开式。混合盾构可以根据土层地质和水文条件进行调整，其本质上是对开挖面支撑方式以及刀具布置、排土机构进行调整。混合盾构的组合模式有压缩空气/敞开式、泥水式/敞开式、土压平衡式/敞开式、泥水式/土压平衡式、敞开式/泥水式/土压平衡式等。由于在隧道和盾构里空间有限，工作模式的转化一般在竖井里进行。在城市地铁的建造中，隧道掘进一般由车站分成长度为 0.5 ~ 2km 的区间，可以在适当的站点进行工作模式转换。

图 1-19　日本第一台土压平衡盾构（IHI 公司 1974 年制造）

思考题

1. 什么是盾构？其工作原理是什么？
2. 岩石掘进机（TBM）与盾构的主要区别是什么？
3. 盾构按支护地层的形式可分为哪几类？
4. 盾构按断面形状可分为哪几类？
5. 盾构按直径大小分为哪几类？
6. 世界盾构的发展历程分为哪几个阶段？
7. 试述混合盾构的结构特点，应用于什么样的地质条件？

第 2 章
中国盾构技术创新与发展

本章重点：主要介绍中国盾构技术的黎明期、技术创新期、跨越发展期等三个发展历程中的主要成就，重点介绍在跨越发展期中国盾构关键核心技术、实验平台研制以及盾构产业发展等方面取得的重大创新与突破。

2.1 中国盾构技术的黎明期

1953—2002 年是中国盾构技术的黎明期，致力于“造中国人自己的盾构”，其标志是 1953 年东北阜新煤矿开发出 ϕ2.6m 的手掘式盾构，谱写了中国盾构从无到有的历史。

2.1.1 手掘式盾构开发与应用

我国盾构的开发与应用始于 1953 年，与国外相比，晚了 128 年。

1953 年，东北阜新煤矿用手掘式盾构及小混凝土预制块修建了 ϕ2.6m 的疏水巷道，这是我国首条用盾构法施工的隧道。1962 年 2 月，上海城建局隧道工程公司结合上海软土地层对盾构进行了系统的试验研究，研制了 1 台 ϕ 4.16m 的手掘式普通敞胸盾构（图 2-1），在两种有代表性的地层进行掘进试验，用降水或气压来稳定粉砂层及软黏土地层。在经过反复论证和地面试验之后，选用由螺栓连接的单层钢筋混凝土管片作为隧道衬砌，环氧煤焦油作为接缝防水材料。隧道掘进长度 68m，试验获得了成功，并采集了大量的盾构隧道数据资料。

2.1.2 网格挤压式盾构开发与应用

图 2-1　上海城建局研制的手掘式普通敞胸盾构（1962 年）

1965 年 3 月，上海隧道工程设计院设计、江南造船厂制造的 2 台 ϕ5.8m 的网格挤压式盾构（图 2-2）投入使用，于 1966 年完成了 2 条平行隧道的掘进，隧道长 660m，地面最大沉降达 10cm。

1966 年 5 月，中国第一条水底公路隧道——上海打浦路越江公路隧道工程主隧道采用由上海隧道工程设计院设计、江南造船厂制造的 ϕ10.22m 网格挤压式盾构施工（图 2-3），辅以气压稳定开挖面，在水深为 16m 的黄浦江底顺利完成隧道掘进（图 2-4），掘进总长度 1322m。打浦路隧道于 1970 年底建成通车。此次所用的网格盾构有所改进，敞开式施工可转换为闭胸式施工。

图 2-2 江南造船厂制造的 ϕ5.8m 网格挤压式盾构（1965 年）

图 2-3 江南造船厂制造的 ϕ10.22m 网格挤压式盾构（1966 年）

1973 年，采用 1 台 ϕ3.6m 的水力机械化出土网格盾构和 2 台 ϕ 4.3m 的网格挤压式盾构，在上海金山石化总厂修建了 1 条污水排放隧道和 2 条引水隧道。1980 年，上海市进行了地铁 1 号线试验段施工，研制了 1 台 ϕ6.412m 网格挤压式盾构，采用泥水加压和局部气压施工，在淤泥质黏土地层中掘进隧道 1130m。

1982 年，上海外滩的延安东路北线越江隧道工程 1476m 圆形主隧道采用上海隧道股份设计、江南造船厂制造的 ϕ11.3m 网格挤压水力出土盾构施工（图 2-5）。盾构采用网格胸板支承挤压、进土水力冲切和水力机械输送的挖土方式。盾构的推力依靠支承环周围的 48 只油压千斤顶提供，千斤顶最大推力可达 10800t（约 106000kN）。

图 2-4 上海打浦路隧道工程施工（1970 年）

图 2-5 江南造船厂制造的 ϕ11.3m 网格挤压水力出土盾构（1982 年）

2.1.3 插刀盾构开发与应用

1986 年，中铁隧道集团研制出半断面插刀盾构（图 2-6），并成功用于北京地铁复兴门折返线工程。

半断面插刀盾构将“盾构法”与“浅埋暗挖法”紧密结合，取消了小导管超前注浆，在盾构壳体和尾板的保护下，进行隧道上半断面的开挖。

半断面插刀盾构能全液压传动、电控操作，可自行推进、转向、调头，能有效控制地面沉降，减轻工人劳动强度，施工速度较快，日均进尺达 3 ~ 4m。

2.1.4　土压平衡盾构开发与应用

1987 年 12 月，上海造船厂制造出我国首台 ϕ4.35m 加泥式土压平衡盾构（图 2-7），由上海隧道股份于 1988 年 1—9 月成功应用于上海市南站过江电缆隧道工程，穿越黄浦江底粉砂层，掘进长度 583m。填补了我国加泥式土压平衡盾构制造的空白，总体技术达到了 20 世纪 80 年代初国际先进水平，1990 年获得国家科技进步一等奖。

图 2-6　半断面插刀盾构（1986 年）

图 2-7　上海造船厂制造的 ϕ4.35m 加泥式土压平衡盾构（1987 年）

继自主开发 ϕ4.35m 加泥式土压平衡盾构，并成功应用于上海市南站电缆隧道、福州路站电缆隧道之后，1988 年，上海又自主开发研制了当时我国直径最大的新一代土压平衡式盾构——ϕ5.64m 土压平衡盾构（图 2-8），盾构装备全部国产化，在较先进的加工、焊接、组装等技术方面反映出上海盾构制造技术已迈上了新的台阶。该机在隧道建设中，施工速度快、工程质量高，符合国家相关规定标准。1990 年 9 月 27 日上海科学技术委员会组织召开了技术鉴定会，经国际检索，该盾构的设计、制造和施工方面的各项技术经济指标都达到了国外同类产品当时先进水平。盾构主要技术参数包括：外径 5640mm，盾尾内径 5560mm，盾尾间隙 30mm，主机长度 6921mm（加螺旋输送机 9500mm），总推力 35280kN，刀盘转速0 ~ 0.74r/min，扭矩 3600kN · m（最大）、2870kN · m（额定）。

图 2-8　上海自主研制的 ϕ5.64m 加水型土压平衡盾构（1988 年）

ϕ5.64m 土压盾构应用于上海吴泾热电厂排水隧道，隧道衬砌采用装配式钢筋混凝土管片，外径ϕ5.5m，内径 ϕ4.84m。隧道到达尽端后，拆除盾构内部设备，将盾壳留在隧道，在终端约 35m 范围设置 6 座立管出水口,出水口位于浦东潘家港上游 60m 附近,用垂直顶升法建造去排水口。

上海自行开发研制的 ϕ5.64m 土压平衡式盾构是在总结了 20 年来盾构设计、制造、施工经验的基础上,根据国际上盾构发展趋势而研制的一种新型盾构,也是当时国内直径最大的加水型土压平衡式盾构。盾构的总体设计合理,刀盘结构新颖,切削硬土能力强,螺旋输送机排泥性能良好,采用了具有自整定和预整定功能的土压平衡控制系统,性能稳定可靠。盾构采用了分解几个单元体制造和工地总装的简化工艺,降低了造价,缩短了加工周期。盾壳制造采用胎架上半圆成型,再半圆合拢的工艺,其精度达到设计要求。该盾构应用于吴泾热电厂六期扩建工程排水隧道,施工中推进 655m,其中包括 326m 暗绿色亚黏土硬土层,实践证明掘进施工性能良好,土压平衡效果良好,对周围土层扰动小,有效地控制了地面沉降,保护了邻近的煤码头免受影响。

1990 年,上海地铁 1 号线工程全线开工,18km 区间隧道采用 7 台由法国 FCB 公司、上海隧道股份、上海隧道工程设计院、沪东造船厂联合制造的 ϕ6.34m 土压平衡盾构(图 2-9)。每台盾构月掘进 200m 以上,地表沉降控制在 -3 ~ +1cm 范围内。

1995 年,上海地铁 2 号线 24.12km 区间隧道开始掘进施工,再次使用原 7 台土压平衡盾构,又从法国 FMT 公司引进了 2 台土压平衡盾构,外加由法国 FCB 公司、上海隧道股份、上海隧道工程设计院、沪东造船厂联合制造的 1 台 ϕ6.34m 土压平衡盾构(图 2-10),2 号线共使用了 10 台土压平衡盾构施工。

图 2-9 沪东造船厂与法国 FCB 公司联合制造的 ϕ6.34m 土压平衡盾构"友谊号"(1990 年)

图 2-10 由法国 FCB 公司等与沪东造船厂联合制造的 ϕ6.34m 土压平衡盾构"开拓号"(1995 年)

2.1.5 可变网格式矩形顶管机研制与试验

上海隧道工程股份有限公司(以下简称"上海隧道股份")于 1995 年研制了国内首台可变网格式矩形顶管机(图 2-11),并进行了国内首条矩形隧道掘进。

试验工程位于南汇县航头地区,顶进距离为 60m,覆土深度为 6.45m。顶管机所穿越的土层为灰色淤泥质黏土、灰色淤泥质粉质黏土和灰色砂质粉土。工程采用了 2.5m×2.5m 矩形顶管机,利用网格切割土体,并挡住开挖面土体,有效防止正面土体坍塌,以人工出土方法进行开挖。顶管机包含 4 个可变网格,切口环处安装变角切口,还配备纠偏油缸和壳体纠转装置,可有效控制正面土体稳定、机头姿态,且有利于纠正转角。

a)　　b)

图 2-11　2.5m×2.5m 可变网格式矩形顶管机及工程试验(1995 年)

矩形隧道工程试验的成功,标志着我国该项技术应用已进入实质性启动阶段,它填补了我国矩形顶管施工技术的空白,为该项技术的工程应用提供了设计依据和施工经验。

2.1.6　第一代矩形顶管机研制与应用

1999 年 3 月,上海隧道股份研制了一台 3.8m×3.8m 组合刀盘式土压平衡矩形顶管机(图 2-12)。该顶管机在大刀盘后侧一共安装了四把仿形刀,两把在刀盘正转时使用,另两把在刀盘反转时使用。另外,在机头壳体顶部安装浆管,并开设压浆槽,使土体与壳体上平面之间形成一泥浆膜,以减少土体与壳体之间的摩擦力,防止背土现象的发生。

a)　　b)

图 2-12　3.8m×3.8m 组合刀盘式土压平衡矩形顶管机及应用(1999 年)

随后,该顶管机应用于我国首条矩形隧道工程——陆家嘴车站 5 号出入口地下通道工程,顺利穿越了延安东路隧道 2 条引道和陆家嘴路众多地下管线,建成了 2 条断面尺寸 3.5m×3.5m、长 62m 的矩形人行地道。本工程的成功,是国内顶管施工史上的一个突破,极大地拓宽了顶管的使用功能,改变了以往仅作排水设施的局面;同时验证了矩形顶管法施工的可行性,为今后的矩形顶管法施工积累了宝贵的资料和经验。

工程实践证明,3.8m×3.8m 组合刀盘式土压平衡矩形顶管机施工性能优良,速度快,机械化程度高,平均日推进 5m,最高日推进 8m。随后,该型号顶管机又陆续完成了上海地铁 4 号线浦东南路站过街人行地道、昆山市长江南路地下人行通道和上海上中路箱涵排管等多项工程。

2.1.7 第二代矩形顶管机研制与应用

2002年11月,上海隧道股份研制了一台6m×4m偏心多轴式刀盘土压平衡矩形顶管机(图2-13),在宁波市开明街—药行街地下通道和地铁车站过街人行地道等多项工程中得到应用。

a) b)

图2-13 6m×4m偏心多轴式刀盘土压平衡矩形顶管机及应用(2002年)

6m×4m偏心多轴刀盘式矩形顶管机优势如下:可对矩形隧道断面进行全断面切削,并能保持开挖面的土压平衡;将大断面的切削断面分割为二,减少了偏心轴的运转半径,降低切削驱动扭矩;两个刀盘同步异向转动,避免了因刀盘单向旋转产生的外力致使掘进机发生偏移;切削刀盘转动半径小,切削刀头滑动距离小,减少了刀头的磨耗,有利于长距离掘进。

2.2 中国盾构技术的创新期

2003—2008年期间,是中国盾构技术的创新期,科技部将盾构技术研发列入国家高技术研究发展计划(国家"863"计划),盾构的自主研发正式进入实施阶段。这一时期,致力于"造中国最好的盾构",实现了中国盾构从有到优的历史性突破。

2.2.1 国家"863"计划概述

国家"863"计划在盾构技术领域重点开展的研究课题见表2-1。

国家"863"计划有关盾构技术研究课题 表2-1

序号	课题名称	课题牵头单位	专项经费(万元)	起止时间(年.月)
1	φ6.3m全断面隧道掘进机研究设计	中铁隧道局集团有限公司	100	2002.8—2003.7
2	盾构掘进机刀盘刀具与液压驱动系统关键技术研究及其应用	中铁隧道局集团有限公司	750	2003.1—2004.12
3	砂砾复合地层盾构切削与测控系统关键技术研究及应用	中铁隧道局集团有限公司	650	2005.7—2006.9

续上表

序号	课 题 名 称	课题牵头单位	专项经费(万元)	起止时间(年.月)
4	大直径泥水盾构消化吸收与设计	中铁隧道局集团有限公司	700	2005.7—2006.12
5	土压平衡盾构主轴承	洛阳 LYC 轴承有限公司	362	2007.8—2010.8
6	土压平衡盾构大功率减速器	中信重工机械股份有限公司	340	2007.10—2010.8
7	土压平衡盾构大排量液压泵	贵阳力源液压厂	360	2007.10—2010.8
8	掘进机综合试验平台	沈阳重型机械集团有限责任公司	700	2007.10—2010.8
9	复合盾构样机研制	中铁隧道局集团有限公司	900	2007.10—2009.9
10	大直径泥水盾构样机研制	上海隧道工程股份有限公司	957	2007.10—2010.8
11	全断面隧道掘进共性技术	浙江大学	3849	2012.1—2015.12
12	大直径硬岩隧道掘进装备(TBM)关键技术研究及应用	中国铁建重工集团有限公司	4985	2012.1—2015.12
13	超大直径泥水盾构关键技术研究及应用	中铁隧道局集团有限公司	1622	2014.1—2017.12

2.2.2 土压平衡盾构研究设计

2002年8月,科技部将"ϕ6.3m 全断面隧道掘进机研究设计"列入国家高技术研究发展计划("863"计划),通过公开招标,课题由中铁隧道集团牵头,联合浙江大学、洛阳工学院、中国第一重型机械集团公司、西南交通大学等国内相关技术的优势单位,组成动态技术联盟,对ϕ6.3m 土压平衡盾构开展了技术攻关。在国家"863"计划的引导下,完成了ϕ6.3m 土压平衡盾构的主机结构、液压传动系统、电气系统、后配套系统等研究设计;完成了盾构系统刀具的研究设计、开发与制造;完成了盾构泡沫添加剂、盾尾密封油脂的开发应用研究,并实现了产品化。通过研究,完成主机设计文件3册,螺旋输送机设计文件1册,管片拼装机设计文件1册;完成主机设计图纸5册,管片拼装机设计图纸1册,螺旋输送机设计图纸1册,后配套设计图纸3册,流体传输设计图纸1册。

2.2.3 刀盘刀具与液压驱动开发及应用

2002年底,国家科技部将"盾构掘进机刀盘刀具与液压驱动系统关键技术研究及其应用"列入国家高技术研究发展计划("863"计划),通过公开招标,课题由中铁隧道集团牵头,联合浙江大学、中信重工机械有限责任公司、洛阳九久技术开发有限公司、中铁隧道勘测设计院、上海隧道工程股份有限公司进行技术攻关,通过攻关,研究出具有宽泛地质适应性、开口率可调节的盾构刀盘,研究了刀具用钢合金元素的调整及热处理方法,研究了盾构液压推进系统与刀盘液压驱动系统的集成技术,采用负载敏感控制、液压泵恒功率控制、全局功率自适应等技术,实现了盾构液压动力传动与控制系统的优化设计,并开展了示范性应用。2004年7月15日,研制的刀盘及刀具(图2-14)、液压系统成功用于上海地铁2号线工业试验,实现连续掘进2650m,平均月掘进331m,最高月掘进470m,达到了项目要求的各项指标。2005年3月26日,上海地铁2号线西延伸工程盾构区间隧道成功贯通,标志着中铁隧道集团牵头承担的国家

“863”计划在刀盘刀具与液压驱动开发及应用方面取得阶段性成果。

2.2.4 中国首台具有自主知识产权的地铁土压平衡盾构

2004 年 10 月，中国首台具有完全自主知识产权的地铁土压平衡盾构——“先行号”样机(图 2-15)，在上海地铁 2 号线西延伸段区间隧道始发掘进，打破了原来“洋盾构”一统天下的局面，结束了我国盾构长期依赖国外品牌的历史。

图 2-14 中铁隧道集团牵头研制的刀盘

图 2-15 具有自主知识产权的“先行号”地铁土压平衡盾构

地铁土压平衡盾构“先行号”是上海隧道工程股份有限公司依托“十五”国家 863 项目研制出的国内首台全部自主设计、具有自主知识产权、属于“国家 863 先进制造与自动化领域机器人技术”的特种机器人，是中国地下掘进装备科技创新的代表作。该盾构外径 6.34m、最大总推力达 35200kN、推进速度达 6cm/min。它的设计原则：追求产品的高可靠性、适用性、可维护性和长寿命。经过艰苦的技术攻关，对其六大系统进行了技术创新：

(1)切削刀盘驱动系统：核心零部件采用世界上最先进的配套元件，保证盾构掘进机的可靠性和稳定性，运转寿命达 1 万小时以上；

(2)推进系统：设计独特的液压缸推进结构，改善管片受力状况，其可以根据施工状况，实施分区控制、无级调速，提高工作效率；

(3)拼装系统：自行研制遥控拼装机，改善作业人员的工作强度；

(4)同步注浆控制系统：自行研制柱塞式泥浆泵，由此组成的注浆控制系统达到国际同类产品的技术水平；

(5)盾尾密封系统：自行研制盾尾密封装置和油脂分配器，选用优质盾尾油脂泵，盾尾密封性能达到国际一流水平；

(6)自动控制系统：采用国际上最先进的 Q 系列 PLC 技术研发自动控制系统，它有一个主站、三个从站。

这些关键技术的创新，使该装备的主要技术指标均达到了国外同类盾构的先进水平，先后获得知识产权 30 余项。2004 年 10 月，“先行号”盾构应用于上海地铁 2 号线西延伸段古北路—中山公园区间隧道施工，并于 2005 年 6 月 28 日完成了首次掘进，创造了国内地铁盾构日推进 38.4m(进口盾构最快单日推进 31.2m)、单月推进 566.4m(进口盾构最快单月推进 531m)的纪录，安全穿越了内环线高架、明珠线一期轻轨高架、人防通道以及污水箱涵等保护要求极高的诸多建构筑物。

2006年,该型盾构一举获得22台次的批量订单,产品先后应用于上海、郑州、杭州、南京、武汉等城市的地铁项目建设。同年,该产品被列入国家重点新产品、上海市重点新产品系列,获得国家科技进步一等奖。

国产地铁盾构的研发得到了各级领导的高度重视,极大地加快了我国盾构产业化的进程,并实现国家推行“863”计划的初衷——用国字号品牌挡住洋品牌的攻城略地。

2.2.5　砂砾复杂地层盾构关键技术研究

中铁隧道集团以国家“863”计划为依托,在完成针对上海软土地层土压平衡盾构关键技术研究的基础上,进一步扩大研究范围,以北京地铁4号线为工程对象,联合上海隧道工程股份有限公司、上海盾构设计试验研究中心有限公司、浙江大学、洛阳九久技术开发有限公司开展了适合砂砾复杂地层的刀盘刀具技术研究,通过掘进模拟试验,研制出了具有自主知识产权的复合式刀盘刀具切削系统及其磨损检测装置,研制出了盾构实时远程测控系统,以满足盾构在砂性土、卵石、砾岩交互的复杂地层条件下安全高效施工的要求。2005年12月,中铁隧道集团有限公司牵头研制的适用于砂砾复杂地层的土压平衡盾构刀盘(图2-16)成功应用于北京地铁4号线19标段颐和园—圆明园区间工程。

图2-16　中铁隧道集团牵头研制的砂砾复杂地层土压平衡盾构刀盘

2.2.6　大直径泥水盾构技术消化吸收

为缩小我国在泥水盾构的设计、制造技术方面与国际先进水平的差距。国家科技部于2005年7月将泥水盾构的研究列入“863”计划,对大直径泥水盾构消化吸收与设计课题进行了专题立项,本项目由中铁隧道集团为主承担,并取得了以下成果:

(1)在消化吸收国外大直径泥水盾构技术的基础上,依托南水北调中线一期穿黄工程,开展了泥水盾构的掘进系统和管片拼装机等设计制造的研究工作,完成了ϕ9m泥水盾构总体设计图、电气控制和泥水系统等系统设计图,在泥水系统接管器方面有所创新,并申报了国家发明专利(专利申请号为200610025637.1)。

(2)在消化吸收武汉长江公路隧道引进的ϕ11.38m泥水盾构刀盘的基础上,根据南水北调中线一期穿黄工程具体地质条件,开展了泥水盾构刀盘刀具的结构设计、刀盘磨损极限检测系统和主驱动密封等关键技术的研究,完成了ϕ9m泥水盾构刀盘的设计,在优化设计方面取得了进展。

(3)研制出具有自主知识产权的ϕ2.5m盾构控制系统模拟试验平台(图2-17)。申请了“盾构控制系统检测试验台”国家发明专利(专利申请号为200610160040.8)。盾构控制系统试验台的研制成功为盾构的研发奠定了基础。

2.2.7 复合式土压平衡盾构研制与应用

制造出能够同时在软土、风化岩、软硬不均地层、砂层及砂卵石地层等不同地质条件下掘进的复合盾构，是中国盾构设计和制造者的夙愿。2008 年 4 月 26 日，依托国家“863”计划，由中铁隧道集团隧道设备制造公司（中铁工程装备集团有限公司的前身）牵头、浙江大学、华中科技大学、天津大学参与研制的复合盾构——中国中铁 1 号（图 2-18），成功实现了从“造中国人自己的盾构”到“造中国最好的盾构”历史性跨越的这一梦想，成为我国首台具有自主知识产权的复合盾构。

图 2-17 中铁隧道集团研制的泥水盾构控制系统检测试验台

图 2-18 “中国中铁 1 号”盾构出厂仪式

该盾构直径 6.4m，最大推进速度 80mm/min、最大推进力 32000kN，液压缸推力 989kN、总推力 31650kN，刀盘功率 630kW，扭矩 4377kN · m、脱困扭矩 5225kN · m。该盾构在刀盘刀具适应性设计、分布式 I/O 系统控制技术、渣土改良系统技术等方面进行了突破创新，成功掌握了复合盾构设计与集成技术、六自由度管片安装机设计技术、螺旋输送机结构优化设计技术、带压进舱安全系统设计技术、复合式渣土改良系统技术等关键技术，获国家发明专利 3 项、实用新型专利 8 项、软件著作权 1 项。

“中国中铁 1 号”成功应用于天津地铁 3 号线营口道站—和平路站盾构区间（图 2-19、图 2-20），成功穿越张学良旧宅、“瓷房子”、范竹斋旧居、天津电报总局、辽宁路住宅、久大精盐公司、渤海大楼等多座老式标志性建筑集中的复杂繁华城区，施工中最大掘进速度达到 18m/d。

图 2-19 “中国中铁 1 号”盾构始发

图 2-20 “中国中铁 1 号”天津地铁 3 号线营和区间贯通

2009 年 7 月 18 日,由河南省科技厅组织的专家对该成果进行了鉴定,认为:“成果达到了国际先进水平,在复合刀盘刀具研制和泡沫同步注入技术方面达到了国际领先水平,项目具有很大的经济、社会和环境效益。”“中国中铁 1 号”的研制填补了我国在复合盾构领域的空白,打破了国外技术垄断,开启了中国盾构自主研发、设计、制造并应用于施工的新篇章,为我国盾构产业化迈出了关键性的第一步,为实现中国制造、大国重器中国梦奠定了基础。2011 年,该成果获河南省科技进步一等奖。

2.2.8 大直径泥水盾构研制与应用

2008 年 12 月 26 日,在上海世界博览会配套工程——上海打浦路复线隧道工地,一台直径为 11.22m 的国产大直径泥水平衡盾构(图 2-21)静等发力,这标志着国产盾构产业化又迈出了坚实的一步,也是上海隧道继具有完全自主知识产权的“先行号”盾构批量生产后,在盾构设计制造技术上的又一次新突破。

泥水平衡盾构是采用泥水平衡理论控制开挖面土体压力与盾构土舱内泥水压力的平衡,集机、电、液、控制为一体并用于地下隧道施工的特殊机械装备。2007 年 8 月,国家科技部在“十一五”863 计划中,设立了大型泥水平衡盾构关键技术与样机研制的项目。有了“先行号”盾构的经验积累,由上海隧道工程股份有限公司牵头,联合浙江大学与中铁隧道集团,成功研制出具有完全自主知识产权的国产大直径泥水平衡盾构,并在同步注浆系统、管片拼装机、泥水系统、电气控制系统等核心关键技术上取得了重大突破,更添加了人性化设计,使整台盾构更为可靠、耐用、稳定、易于操作,同时具有良好的性价比和完善的售后服务。实际操作中,成功地将泥水压力的波动平稳控制在 0.01MPa 以内,优于当时的国际水平,保证了盾构掘进过程中开挖面的稳定,满足了特殊的环境保护要求。

图 2-21 大直径泥水平衡盾构“进越号”诞生

通过研究,大直径泥水盾构成套装备关键技术在大型盾构掘进模拟试验平台、模拟盾构试验模拟土箱、盾构管片储运机、六个自由度管片拼装机、接管装置、进出洞洞门密封装置、隧道管片纠偏选型方法、盾构掘进姿态实时测量系统等方面具有重大创新,授权国家发明专利 12 项,实用新型专利 1 项,开发了盾构通用数据采集软件 V1.0、盾构施工信息可视化分析软件 V1.0、盾构掘进自动测量系统 V1.0、盾构管片纠偏选型系统 V1.0 等 4 大软件,并注册了软件著作权 4 项,荣获 2010 年中国国际工业博览会金奖第一名。作为自主创新跨越发展的标志性成果,大直径泥水盾构成果成功入选“十一五”国家重大科技成就展,标志着我国在大直径泥水盾构自主创新方面取得了重大突破,开创了我国盾构领域的又一新篇章。主要创新成果如下:

(1)盾尾密封系统:设置 22 个感应点,实时监控盾尾油脂压力,在确保施工安全的同时,有效保证盾尾密封可靠性,节省油脂的消耗。

(2)同步注浆系统:自动实时监控流量和注浆压力,真正实现与推进同步。有效控制地表沉降,稳定成型隧道。

(3)管片拼装机:采用真空吸盘夹取管片的结构形式,提高拼装机的安全性;创新设计吸盘可拆卸功能,满足不同宽度尺寸的管片拼装需要;具有6自由度控制,提高管片拼装质量。

(4)泥水处理与输送系统:科学配置泥水输送泵组,智能控制可变速渣浆泵及泥水控制阀组。

(5)控制系统软件:配备自主设计开发的泥水盾构控制系统。

(6)电气系统:提供总线通讯控制方式与工业以太网通讯方式两种通信网络;实现系统实时数据的采集、显示、存储、分析及远程传输,直观易懂;配备触摸式电气系统操作台,操作简单快捷。

(7)自行式接管机:首次将独创的自行式接管机车架运用于国内泥水平衡式盾构,确保接管时切口水压稳定,大大提高施工效率。

打浦路隧道复线工程,起自浦西中山南路—日晖东路交叉口,终于浦东耀华路—长清路交叉口,全长2.969km,位于第一条黄浦江越江隧道——打浦路隧道西侧。工程按照2车道规模建设,建成后将与打浦路隧道一起形成双向四车道,其中复线为浦西往浦东的单向通道,原打浦路隧道的2条车道将改为浦东往浦西的单向通道。

该工程需穿越700m宽的黄浦江,隧道覆土深,地下水水压高,对盾构的制造工艺和安全保障要求极高。此外,该隧道有约442m长的超小半径(转弯半径380m)平曲线推进施工,这在所有采用大型泥水平衡盾构施工的隧道中曲线半径最小。在施工过程中,国产ϕ11.22m泥水平衡盾构开发了智能操作控制系统来进行实时监控,成功克服了近距离穿越打浦路隧道沉井段、长距离穿越黄浦江与大口径污水南干线以及380m小半径曲线段等难点,彰显了国产盾构的技术优势。

打浦路复线隧道所使用的国产第一台“863”泥水平衡盾构,施工效率高,掘进过程中,“进越号”穿越垂直净距离只有4.8mm的打浦路老隧道备用车道,在最大坡度达到4.8%的江中段下穿500m长的污水南干线,登陆浦西后穿越日晖港的防汛墙,又穿过大楼桩基群和复杂地下管线,在黄浦江底实现了半径380m的转弯,创造了当时国内大型泥水盾构最小转弯半径的纪录。“进越号”平均月进尺244m,泥水平衡压力控制精度等级为0.01MPa,故障停机率仅3.6%,此外,其压力波动、地表沉降、轴线精度等多项技术指标均领先于国外同类产品,在操作灵便性与稳定性等方面的综合指标均达到国际先进水平。

图2-22 “进越号”盾构成功贯通上海打浦路隧道复线工程

2009年9月9日,“进越号”盾构完成了处女之作——上海打浦路复线隧道顺利贯通,填补了我国在大直径泥水平衡盾构的设计制造核心技术的空白,改变了大直径盾构完全依赖于进口的局面。

我国自主设计制造、具有自主知识产权的大直径泥水盾构“进越号”成功贯穿上海打浦路隧道复线工程(图2-22),从此,我国进入了具备大直径泥水盾构自主设计、制造和施工技术的盾构大国行列。

2.3　中国盾构技术的跨越期

2009年至今，中国盾构致力于“造世界最好的盾构”，中国盾构技术从优秀到卓越，并走向国际，从2009年开始，中国进入盾构技术跨越发展期。在这一时期，中国盾构自主创新能力显著提高，在关键核心技术、实验平台研制、盾构产业发展等方面取得了重大突破。

在关键核心技术方面，以“盾构装备自主设计制造关键技术及产业化”项目为依托，围绕盾构施工的失稳、失效、失准等三大国际难题，攻克了稳定性、顺应性、协调性三大关键技术（图2-23）。针对失稳，研制出了压力动态平衡控制系统，提高了界面稳定性，有效防止了地面塌陷；针对失效，首创了载荷顺应性设计方法，降低了载荷对装备的冲击；针对失准，开发了盾构姿态预测纠偏技术，提高了隧道轴线精度。

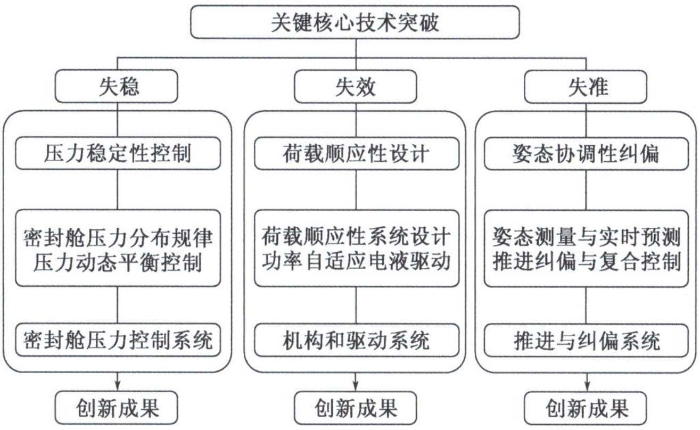

图2-23　关键核心技术突破（解决了失稳、失效、失准等国际难题）

在实验平台研制方面，研制出了多台具有自主知识产权的盾构技术科研仪器设备。建成了“盾构及掘进技术国家重点实验室”（图2-24）和“全断面掘进机国家重点实验室”（图2-25）等盾构技术先进制造领域的2个企业国家重点实验室。

图2-24　全国第二批首家建成的“盾构及掘进技术国家重点实验室”

图2-25　全断面掘进机国家重点实验室内景

在盾构产业发展方面,土压平衡盾构、泥水平衡盾构、异形盾构和岩石掘进机(TBM)产业化取得重大突破,在中国巨大的盾构市场需求拉动下,中国盾构制造企业迅速崛起。目前中国已有中铁工程装备集团有限公司(简称“中铁装备”)、中国铁建重工集团有限公司(简称“铁建重工”)、北方重工装备(沈阳)有限公司(简称“北重装备”)、上海隧道工程股份有限公司机械制造分公司(简称“上海隧机”)、中交天和机械设备制造有限公司(简称“中交天和”)、辽宁三三工业有限公司(简称“三三工业”)、中信重工机械股份有限公司(简称“中信重工”)、中国船舶重工集团公司(简称“中船重工”)、中船重型装备有限公司(简称“中船重装”)、江苏锐成、大重、大起、二重、广重、北京华隧通、首钢、天地重工、杭州锅炉厂、上海沪东厂、上海重型机器厂、资阳南车集团、徐工集团凯宫重工南高有限公司、安徽凯盛重工、重庆睿安特等企业涉足盾构制造业。

2.3.1 中铁装备

中铁装备(图2-26)是我国隧道掘进机产业的开拓者和领军企业,是全断面隧道掘进机特级生产资质企业,主要从事隧道及地下工程装备的研发、设计、制造、销售和服务。近年来,公司牢记习总书记嘱托,深入践行“三个转变”,砥砺前行、勇于跨越,现已发展成为集隧道掘进机、隧道机械化专用设备、地下空间综合开发、建筑钢结构四大产业门类为一体的综合性企业集团。

图2-26 中铁装备盾构研发制造郑州总基地

中铁装备的发展历程是中国盾构崛起的缩影,公司先后承担7项国家“863”计划课题,研制出国内首台(套)复合式盾构,成功应用于天津地铁3号线,开启了“中国人造自己的盾构时代”;研制出国内首台(套)大直径TBM,成功应用于吉林引松供水工程;公司自主研制的10.12m×7.27m矩形顶管机打破了世界最大矩形断面纪录,随后又率先研制出10.42m×7.55m矩形顶管机,再次刷新世界最大矩形断面纪录,创新城市主干道下穿通道、地铁过街通道施工工法,并推广应用至天津、成都、广州、新加坡等国内外城市和地区;自主研制的世界首创的“马蹄形”盾构,成功应用于蒙华铁路白城隧道,标志着世界异型隧道掘进机研制技术迈向新阶段,实现异型盾构装备的自主化和智能化;自主设计制造的直径达15.03m的泥水平衡盾构,打破了国外品牌多年来一统全球超大直径盾构的局面;自主设计制造的直径15.83m的泥水平衡盾构再次刷新国内自主研制最大断面纪录;自主研制的国内最大直径(ϕ9.03m)敞开式硬岩掘进机“彩云号”TBM入选2017年度央企十大“国之重器”;“变频节能型复合盾构

CTE6400”产品被认定为国家重点新产品计划战略性创新产品;联合浙江大学、中铁隧道局集团有限公司及上海隧道工程股份有限公司等完成的“盾构装备自主设计制造关键技术及产业化”获国家科技进步一等奖;中铁装备具备年产盾构/TBM 等 280 台(套)的产业化能力,拥有郑州、成都、西安、厦门、南宁、广州等 18 个盾构制造基地,设有北京、郑州、上海、厦门、广州、成都、昆明七大服务中心以及新加坡海外服务中心,中铁装备 2016 年在天津成立的盾构再制造公司,是国内最大隧道掘进机再制造基地,中铁装备已形成集研发设计、加工制造、组装调试、技术服务、施工反馈、修造翻新、营销租赁一体化的盾构产业链。

中铁装备盾构 TBM 产量和市场占有率连续六年保持国内第一,2017 年产销量居世界第一,累计为国内外 40 多个城市和地区提供各种型式隧道掘进机 700 余台(套),直径规格从 2m 至 16m,型式有土压盾构、泥水盾构、复合盾构及硬岩盾构,开敞式 TBM、护盾式 TBM,矩形顶管机及马蹄形盾构等,盾构 TBM 产品对国内外大埋深、高水压、富水砂卵石、上软下硬地层、破碎断裂带等各类复杂地层条件具有较强的适应性,应用于市政管廊、地铁隧道、铁路隧道、公路隧道、水利水电隧洞等多个领域,累计实现安全掘进 1300km 以上。

中铁装备积极推进“走出去”国际化发展战略,成立了新加坡分公司、德国子公司、香港合资公司及澳大利亚、巴西等代理机构,产品出口 16 个国家和地区。

中铁装备于 2013 年 11 月成功收购德国维尔特公司岩石隧道掘进机(TBM)业务,跃居成为世界上具有自主知识产权的三大 TBM 生产企业之一。

作为中国盾构 TBM 研发制造的开拓者和领军者,中铁装备坚持走自主创新之路,截至 2018 年 9 月,拥有授权专利 480 项,其中 PCT4 项,国内发明专利 127 项,国内实用新型专利 349 项。中铁装备先后被列入国家火炬计划重点高新技术企业、工信部品牌培育示范企业、国家技术创新示范企业、河南省 10 家创新方法示范企业、50 家重点培育的装备制造企业,是河南省盾构产业技术创新战略联盟的发起和依托单位;相继获郑州市长质量奖、河南省长质量奖及中国质量奖制造业组织提名奖。

公司始终满怀“振兴民族工业,打造国际品牌”的责任感,不断推进制造服务业的转型升级,打造世界地下工程装备领军企业。

2.3.2　铁建重工

铁建重工成立于 2007 年,隶属于世界 500 强中国铁建股份有限公司,是集隧道施工智能装备、高端轨道设备研究、设计、制造、服务于一体的专业化大型企业,集团总部位于长沙经济技术开发区(图 2-27、图 2-28),在湖南、四川、甘肃、新疆、陕西、内蒙古等地建立了多个制造基地,注册资本金 38.5 亿元,主营业务突破 100 亿元。

铁建重工是全断面隧道掘进机特级生产资质企业,中国工程机械 AAA 级最高信用等级企业,先后入选“国家火炬计划重点高新技术企业”“国家两化融合示范试点企业”“中国最佳自主创新企业”“国家重大技术装备首台(套)示范单位”“国家 863 计划成果产业化基地”“国家技术创新示范企业”“中国轨道交通创新力 TOP50 企业”和“制造业向服务型制造业成功转型的典型企业”。上榜中国机械工业百强(排名 38 位),入围全球工程机械制造商 50 强(排名 33 位),荣登中国工程机械制造商前 5 强。

图 2-27　铁建重工盾构研发制造长沙总基地

图 2-28　铁建重工长沙产业园

铁建重工始终瞄准“世界一流、国内领先”的目标，坚持“科技创新时空”的理念，充分利用中国铁建长期积累的施工技术与经验，通过“原始创新、集成创新、协同创新、持续创新”的自主创新模式，构筑了以施工技术为先导，基础研究、产品研发、工艺开发、应用研究、工程实验相配套的特色研发体系。高效建成了盾构 TBM 产业基地，拥有先进生产设备 200 多台(套)，具备 18m 及以下盾构 TBM 自制关键零部件的下料、焊接、成形、机加工、热处理和组装能力，盾构 TBM 年产能力达到260 台(套)。形成了掘进机、特种装备、轨道系统三大产业板块，先后研制出国内首台高水压复合式土压平衡盾构、铁路大直径土压平衡盾构、超大直径泥水平衡盾构、大直径岩石隧道掘进机(开敞式 TBM)、煤矿双模式斜井 TBM、单护盾 TBM、双护盾 TBM、国产首台高铁大直径泥水平衡盾构、铁路双线超大直径泥水平衡盾构、国产首台常压换刀超大直径泥水平衡盾构、国产首台最小直径敞开式 TBM、国产首台小曲线长距离硬岩盾构等高端掘进装备，实现了大国重器核心突破，累计产量已突破 600 台套，产品广泛应用于长沙、北京、西安、武汉、广州、苏州、南京、长春、重庆、新疆、内蒙古等 30 多个省市的地铁、铁路、煤矿和水利等国内新增重点工程，实现国产盾构出口俄罗斯、土耳其等国家的历史性突破，行业唯一代表入选中央电视台大型专题片《大国重器 II》《超级装备》和《创新一线——中国盾构机》，掘进装备跻身世界前列，引领产业向中高端迈进。在特种施工装备方面，研制了国产首台隧道智能化注浆设备、全电脑三臂凿岩台车、全智能型混凝土喷射台车、隧道智能化多功能作业台车、智能型锚杆台车、智能型衬砌台车、智能型衬砌检测车、智能型养护台车、护盾式掘锚机、环保型精品机制砂成套设备等全工序隧道智能装备体系，涵盖超前作业、开挖、出渣、初期支护、仰拱及边墙施作、二次衬砌、沟槽施作和检测维保等工序的系列化隧道施工装备，最终全部实现人工智能化，推动隧道内无人、无灯、无氧作业的隧道绿色智能建造。为国家基础设施建设发挥了重要作用，打造了地下工程装备和轨道设备最具影响力的民族品牌和“国家名片”。

铁建重工坚持自主创新，注重平台建设，打造了国家级企业技术中心（图 2-29）、国家工程技术研究中心、博士后科研工作站、院士专家工作站、地下掘进装备工程技术研究中心、水下隧道技术工程实验室、工业设计中心和隧道施工机械化技术创新云平台“八位一体”创新平台，拥有一支 1500 余人素质优良、门类齐全、专业配套、结构合理的专业科技人才队伍，拥有专利 1000 余件，连续四届荣获中国专利奖 7 项，省部级科技进步奖 60 余项。主持十二五国家“863”计划重点项目“大直径全断面硬岩隧道掘进装备关键技术研究及应用”及国家科技支撑计划、重点新产品计划、火炬计划、国家重点研发计划等国家级项目 20 余项，省部级科技重大专项 30 余项，主持和参与制定《全断面隧道掘进机》等系列国家和行业标准 30 余项，获批“国家知识产权示范企业”“国家高端装备制造业标准化试点企业”和“国家技术创新示范企业”。

图 2-29　铁建重工国家级企业技术中心

2011 年，铁建重工在国内首次将复合式岩石掘进机“神新一号”应用于新疆玛纳斯涝坝湾煤矿副平硐工程并实现全程 6.2km 顺利贯通。2012 年，铁建重工自主研制的首台高水压复合式土压平衡盾构“湘江一号”顺利穿越长沙地铁建设中难度最大、风险最高的首条过江隧道——湘江隧道，在国内首创采用土压平衡盾构穿越湘江，有效化解了穿越湘江面临的高埋深、易结泥饼、高水压、有害气体、复杂地质等工程风险，保证了工程安全实施。2013 年，依托国家科技支撑计划，针对煤矿斜井“深埋超长、连续下坡、富水高压、地层多变”等特点和技术难点，自主研制出集土压平衡和单护盾 TBM 于一体的全球首台煤矿斜井 TBM，创新开拓了全断面掘进机在煤矿领域的应用，整机技术达到国际先进水平，成功应用于神华神东补连塔矿 2 号副井并顺利贯通，在开挖直径 7.6m，连续下坡 5.5°的工程条件下，创最高月进尺 639m 世界纪录，创新的 TBM 工法煤矿建井模式，填补国内外煤矿斜井 TBM 应用的技术空白，有效解决了我国煤矿建设长期面临的采掘失衡难题，凭借独具特色的创新优势荣膺“中国工程机械年度产品 TOP50（2016）”技术创新金奖。2014 年，依托国家“863”计划研制的国内首台大直径全断面岩石隧道掘进机（开敞式 TBM）顺利下线，解决了“长距离、大埋深、高应力、高水压、高地温、大涌水、易岩爆”地质特点和技术难点，吉林引松工程施工以来，率先完成第一阶段掘进6000m贯通，创造月掘进进尺突破1200m的世界纪录，打破国外长期垄断的局面，填补了我国大直径全断面岩石隧道掘进机研制的空白；同年自主研制的“金城五号”泥水平衡盾构在兰州地铁工程中攻克了穿黄段卵石含量多、卵石粒径大、高水压、高透水等多个世界性难题，创国内地铁盾构隧道首次成功穿越黄河先河。2015年，全球首台永磁同步驱动盾构铁建重工成功下线，中国首台具有自主知识产权的地铁单护盾TBM重庆始发，国产首台9m级大直径铁路盾构成功服务于素有“地下博物馆”之称的珠三角地区广州—深圳—珠海城际轨道交通线，国内首台具有完全自主知识产权的双护盾TBM研制成功服务于兰州市水源地建设工程项目，首台应用于排污隧道的小直径盾构出口海外。2016年，国产首台“大埋深、可变径”大直径全断面TBM在铁建重工成功下线，挑战“大埋深、围岩大变形、强岩爆、穿越大断层破碎带、高地温、岩体蚀变破碎带”等世界级工程地质难题，拥有完全自主知识产权的国产首台“高铁大直径泥水平衡盾构”和国产首台“铁路双线超大直径泥水平衡盾构”在铁建重工下线。2017年，铁建重工研制的国产首台最小直径敞开式TBM和国产首台微型盾构下线，国产首台常压换刀式超大直径泥水平衡盾构“沅安号”实现了国产自主盾构研制技术的又一次大跨越，填补了我国在盾构常压换刀技术领域的空白。2018年，国产首台铁路大直径在线式土压/岩石隧道双模掘进机下线，用于管幕法隧道施工的国产首台可回退式管幕机在铁建重工下线，该设备开挖直径仅为740mm，有效解决了小直径隧道施工无法洞内拆机和维修的难题，使得小设备建设大、长距离隧道成为可能。同时施工项目捷报频传，“初心号”创下国内大直径泥水平衡盾构施工的最快纪录，成功穿越华电银川“东气西送”全国首条黄河供暖专用隧道，两台国产大直径盾构“京航1号”“京航2号”在北京新机场最长区段完成双线贯通，成功穿越中国单线断面最大城市轨道隧道，国产首台高铁大直径泥水平衡盾构“望京1号”成功穿越京沈高铁北京望京隧道工程，展现出国内长距离下穿地铁车站的最高水平。

铁建重工弯道超车，厚积薄发，打造了地下工程装备最具影响力的民族自主品牌，以施工装备带动施工技术进步，提升了国家高端装备的制造水平和核心竞争力，引领高端制造业从“中国制造”向“中国创造”跨越。

2.3.3 北重装备

北重装备是北方重工集团有限公司（图2-30）为进一步深化推进国有企业综合改革，在北方重工集团有限公司原隧道掘进装备分公司、矿业装备分公司、输送设备分公司、装卸设备分公司基础上经资产重组于2017年7月28日正式注册成立的子公司，注册资本20亿元。

北重装备坐落于中国沈阳经济技术开发区，占地面积100多万m^2，员工总数1500余人。主导产品包括隧道掘进、矿业冶金、散料装卸输送、煤炭采掘共计300多个品种，5000余种规格。公司通过了ISO9001质量管理体系、ISO14001环境管理体系、《职业健康安全管理体系要求》（GB/T 28001—2011）和ISO10012测量管理体系认证。

北重装备拥有完整的生产制造体系和系统的设计、试验、检测计量手段，拥有各类大型加工设备5000余台（套）。拥有国家级技术中心、全断面掘进机国家重点实验室，同时建有院士工作站、博士后工作站。拥有150余项专利和专有技术，100余台（套）新产品填补国家空白，90余项产品或技术获国家各项科技奖励。北重装备不仅为国家重点工程建设提供大量的重大技术装备,产品还远销世界五大洲80多个国家和地区。

图2-30 北方重工集团有限公司

北重装备以北方重工集团综合改革方案为指导,积极推进增资扩股工作,建立完善的法人治理结构和高效的运行模式,努力打造三个一流,即国际一流的隧道掘进装备研发制造成套商与工程服务商、国际一流的物料装卸输送研发制造成套商与工程服务商、国际一流的矿业装备集成研发制造成套商与工程服务商。五年内营业收入达到百亿元以上,利润10亿元左右,并保持持续盈利,实现资本市场上市。

盾构、TBM等隧道掘进装备是北重装备的重点产品,北重装备从2004年开始进入全断面掘进机(盾构、TBM)行业领域,前期分别与法国NFM、德国WIRTH、德国MTS、日本IHI、美国ROBBINS等多家拥有国际隧道掘进机先进技术的厂商进行技术合作;2007年在收购法国NFM技术公司后,通过对技术的消化吸收和采取企业并购等模式,逐步拥有多种类型产品的自主知识产权,研发团队在10多年间通过各类全断面掘进机产品的研发,技术能力得到全面锻炼和提升,积累了开发研制各种全断面掘进机的丰富经验,奠定了研制各类全断面掘进机关键技术的基础,可以从事各种类型和规格全断面掘进机的研发设计、市场营销、生产制造、总装调试、安装服务及租赁等业务。

北重装备隧道掘进装备组装车间生产作业面积总计76856m^2,最大起吊能力500t,最大起吊高度21m,并有200余人的机械、电气、液压专业装配队伍,可同时进行10台以上不同规格及型号的隧道掘进机的装配,具有年产50台(套)各类掘进设备的能力。2013年在中国全断面隧道掘进机企业生产资质评审中以最高分数获得行业一级生产资质。

2015年12月,“全断面掘进机国家重点实验室”通过验收。北重装备拥有目前世界最大的试验土箱、实验掘进机和一批具有国际先进水平的专业试验仪器和设备,是我国专门从事全断面掘进机设备试验和研发的国家重点实验室。同时,北重装备承担着国家重大科研项目国家“863”课题“全断面掘进机综合试验台”和“973”课题“全断面掘进机关键技术研究”等5项国家级课题以及18项省市各级科研项目。

北重装备具备全断面掘进机研发、设计、制造、咨询、检测和再制造直到工程应用等各个环节的完整开发能力,可以根据不同的隧道工程项目及每个施工地段的水文地质条件,为客户提供量身定做全系列隧道掘进设备,包括岩石(开敞式、护盾式)TBM、煤矿岩巷掘进机、土压平衡盾构、泥水平衡盾构、双模盾构、微型盾构等,服务领域涉及城市地铁、公路铁路隧道、引水工程、市政建设、矿产资源、煤炭行业、输油管道工程等。

截至 2018 年 8 月，北重装备已为国内外客户提供不同类型隧道掘进设备共计 168 台（套），直径规格 3～16m，其中 TBM 共 37 台，双模式盾构共 14 台，泥水平衡盾构 23 台（其中直径 11m 以上大型泥水盾构 18 台），有 60 余台产品远销巴西、澳大利亚、新加坡、伊朗等国家和地区，为国内外大型隧道工程建设做出了突出贡献。面向未来，北重装备作为全断面掘进机行业技术创新引领者，将全力打造世界最大的隧道掘进机研发及制造基地。

2.3.4 上海隧机

上海隧机（图 2-31）是具有国家特级总承包资质、机电设备安装一级资质的隧道股份上海隧道全资直属企业。企业坐落于上海浦东新区外高桥，公司占地面积约 6.07 万 m^2，具有专业的大中型总装车间和吊装设备，配备有 360 吨级起重机等吊装设备，装备了具有世界先进水平的数控龙门镗铣床、数控落地式铣镗床、车削中心等多台大中型数控加工设备，并配备有激光跟踪仪及全站仪等先进的测量仪器。企业已通过国际质量体系（ISO 9001：2008）、环境体系（ISO 14001：2004）、职业健康安全体系（OHSAS 18001：2007）认证，是一家具有一定生产规模的专业设计制造盾构掘进机、顶管掘进机、钢模、管模等地下工程机械的高科技企业。公司已具备地铁盾构年产量 40 台、大型或超大型盾构年产量 4～6 台的生产规模。掘进机产品主要有土压平衡盾构掘进机、泥水加压平衡盾构掘进机、网格盾构掘进机、复合盾构掘进机、全断面硬岩盾构掘进机、顶管掘进机、类矩形盾构掘进机等。外形有单圆、双圆、矩形、类矩形等，直径涵盖 0.6～15.73m。截至目前，公司已制造各类盾构掘进机 200 余台。公司自主研制的地铁盾构已批量生产销售，市场遍布上海、南京、杭州、天津、广州、武汉、郑州、香港等各大城市和地区，并成功开拓新加坡、印度等海外市场。

图 2-31 上海隧道工程有限公司机械制造分公司

上海隧机自 1958 年在上海塘桥进行盾构研制试验开始，一直坚持自主创新，是盾构隧道技术创新的先行者。1967 年，上海隧机自行设计制造了国内第一台 ϕ10.22m 网格挤压盾构，应用于我国第一条越江隧道——上海打浦路越江隧道施工，打破了外国专家“在上海挖掘隧道就好比在豆腐里面打洞”的预言。1988 年，自行研制 ϕ 4.35m 加泥式大刀盘土压平衡盾构，并成功应用于上海南站过江电缆隧道盾构工程，获得了国家级科技进步一等奖。2003 年，依托“十五”“863”计划项目，研制出国内首台具有完全自主知识产权的“先行号”地铁土压平衡盾构。在工程应用中,"先行号"先后创造了日掘进 38.4m 和月掘进 566.4m 的纪录,刷新了当时国内进口盾构最高纪录,其主要综合指标达到国际先进水平,并获得了国家重点新产品奖、国家自主创新产品奖、上海市科技进步一等奖、上海市重点新产品及自主创新产品奖等多项荣誉。同时,由于"先行号"盾构的优异表现,企业一举获得了 22 台盾构的销售合同,形成了国产盾构批量生产,打破了长期以来国外盾构垄断中国盾构市场的局面。2008 年,上海隧机再次承担国家"863 计划"课题——"泥水平衡盾构的关键技术与样机研制",成功研制出中国首台具有完全自主知识产权的 ϕ11.22m 大直径泥水平衡盾构,并应用于上海世界博览会建设重大配套工程——打浦路越江隧道复线工程,实现大直径泥水平衡盾构 R300m 小曲率半径施工,在国内外尚属首次;该盾构的首战告捷为国产大直径盾构的设计制造及施工做了有益的探索及经验积累,获得了 2010 年中国国际工业博览会金奖第一名,并被认定为上海市高新技术成果转化项目。2009 年,在盾构装备系统集成、控制技术、关键部件等方面创新设计,自主研制符合国际 BS 标准的 ϕ6.64m 铰接式复合土压平衡盾构,销往新加坡,开创了国产盾构打入国外市场的先河。2011 年,与德国海瑞克、美国罗宾斯、Lovat 等 8 家国外知名厂商共同参与新加坡市场公开竞标,再次获得 6 台复合式土压平衡盾构出口订单,创下了中国首个盾构批量出口纪录,实现了中国盾构走向国际的重大突破。此外,同类产品还应用于印度钦奈、德里地铁以及中国香港污水处理工程等;该产品获得了国家重点新产品奖及上海市科技进步奖等。2013 年,依托郑州市下穿中州大道车行通道工程,全新开发 10.4m×7.5m 大尺寸全断面切削矩形顶管机,该顶管机首创大尺寸全断面切削、中继间长距离顶进、防背土沉降控制、防旋转控制及无线监控与模块化快速转接等多项关键技术。2015 年,针对城市轨道交通单洞及高环境保护的要求,在国际上首创了 11.83m×7.27m 类矩形盾构,在宁波轨道交通 3 号线试验段施工中得到成功应用,整体技术达到了国际先进水平。2017 年,首台印度孟买地铁工程 UGC-07 标段 ϕ6620mm 双模式盾构顺利下线,进一步拓展了海外市场。2018 年,首台出口新加坡的 7.6m×6.4m 矩形顶管机在 FUNAN 地下通道工程中成功应用,开辟了公司发展的新蓝海,也为"上海制造"品牌再添光彩!

经过 60 多年盾构研制和隧道施工的实践,上海隧机已拥有盾构技术研究、设计、制造、系统集成、施工的基础,积累了第一手数据资料和较丰富的成果工程化、配套化、产品化实际经验,不仅具有盾构制造、施工能力,而且拥有国家级技术中心和国家级工程中心,具备了盾构自主设计、研制和集成的实力。截至 2018 年,公司在重大技术装备——大型全断面隧道掘进机上拥有相关有效知识产权(授权)共 119 项。其中,隧道掘进机发明专利 65 项,实用新型专利 8 项;相关的软件著作权 46 项。先后承担多项国家部委及上海市重大科研项目,获得了国家科技进步一等奖、国家重点新产品、国家创新产品、上海市科技进步奖一、二等奖等多项国家及上海市科技奖项。在隧道工程母体丰富的工程实践经验及雄厚的技术实力支持下,以科技创新为动力,不断开发适应多种地质条件的系列盾构和延伸产品,以满足日益发展的国内外建筑工程的需要,致力于打造国际著名隧道装备制造企业。

2.3.5　中交天和

中交天和(图 2-32)是国资委下属中国交通建设股份有限公司成员公司,2010 年 4 月建址于江苏常熟高新技术产业园,厂区占地面积 40 万 m^2,项目总投资 18 亿元。

图 2-32　中交天和机械设备制造有限公司

中交天和具有年产盾构 160 台(套)的能力,拥有结构车间、机加工车间、总装车间、液压车间、电气成柜车间,最大起重能力 400t。总装车间可同时组装 2 台直径 18m 的盾构;加工车间配备了加工直径 18m、加工承重 600t 的单柱数控立式铣车床,200r 数控落地镗铣床,8m 数控龙门铣,卷板宽度达 4.6m 的 120mm 数控万能卷板机,高度可达 5m 的高精度数控镗铣床,加工宽度为 4m 的超高精度数控镗铣床等先进加工设备百余台。

中交天和具有完全自主的知识产权和强大的科研能力,设计研究院设计研发人员 200 余名,设有总体所、结构所、电气所、液压所、力学所、工艺所、特种装备所、信息所等。

自主设计制造的盾构直径规格从 0.8m 至 16.1m,形式覆盖泥水盾构、土压盾构、复合盾构等,广泛应用于上海、天津、南京、宁波、北京、沈阳、昆明、杭州、苏州、合肥、南昌、深圳、广州、福州、成都、哈尔滨等地区,出口日本、孟加拉国、印度尼西亚、马来西亚、新加坡等国家和地区。适用于软土、砂卵石、土岩复合、硬岩等复杂地层,满足大深度、高水压、富地下水等掘进条件;用途涵盖市政管网、综合管廊、地铁隧道、城际轨道交通隧道、公路隧道、输排水隧道等多种建设领域。

自主研发的 ϕ15.03m 泥水气压复合盾构机,成功完成南京纬三路过江隧道工程,该工程是中国首个土岩复合隧道工程,施工水压高达 0.72MPa,岩石硬度达 120MPa;先后获得了"国家重点新产品""中国首台(套)认定""中国机械工业科学技术奖一等奖"和"工业和信息化部中国首台(套)科技成果鉴定"等殊荣。

自主研发的 ϕ12.12m 超大直径泥水气压平衡盾构,应用于孟加拉国卡纳普里河底隧道,是南亚投入的最大直径盾构;研发的 ϕ13.19m 泥水平衡盾构,应用于印尼雅加达雅万高铁 1 号隧道工程,是中国出口东南亚的最大直径盾构。

中交天和设立了中国交建盾构安全监控中心和中国交建盾构管理中心,可以通过 Web 网页、手机 App 实时了解多类型、多种类盾构掘进状态及掘进参数,对所有盾构的状况进行全过程监控,实现施工风险管控和警示。

中交天和成立了中国交建培训中心,对盾构施工项目岗位人员实行盾构施工全过程的分级针对性培训。

中交天和不断突破创新,世界首创大盾构智能化焊接生产线在中交天和投入使用,2 台大型机器人及 5 台小型机器人可完成 18m 超大直径盾构机的智能焊接;开发了全智能管片拼装系统，可自动识别管片，抓取管片，进行定位拼装；刀盘刀具采用先进的光纤磨损检测技术进行检测，对刀具磨损进行实时监测，可提前发现刀具及刀盘磨损情况，解决了普通常压刀盘检查刀具时间长的问题。

2.3.6　三三工业

三三工业（图 2-33）是辽宁省装备制造业重点骨干企业，成立于 2009 年，是国家级高新技术企业，是全断面隧道掘进机一级生产资质企业，拥有全国同行业唯一的国家级盾构/TBM 隧道掘进机工程研究中心，是全球盾构机行业"三巨头"之一、享誉中外的"复杂地质掘进机之王"。2014 年三三工业全资收购了世界 500 强美国卡特彼勒公司的子公司——加拿大卡特彼勒隧道设备有限公司的全部资产和知识产权，一跃成为全球隧道掘进机制造业领军企业之一。

图 2-33　辽宁三三工业有限公司

三三工业拥有全球顶尖的技术，在辽宁辽阳、沈阳、加拿大多伦多设立三个研究设计院，汇集了国际顶级的盾构机及机-电-液研究设计人员；掌握盾构核心技术，拥有完全自主知识产权；生产科技含量高的高扭矩、大直径盾构机。可生产土压平衡盾构、泥水平衡盾构、硬岩 TBM、异形盾构和垂直盾构等五大类盾构。

三三工业占地面积 15 万 m^2，建筑面积 8 万 m^2，拥有现代化的生产制造车间、超大型数控加工集群、功能强大的起重装备、科学高效的装配能力，实现了下料、卷板、焊接、机加、部装、总装流水化作业。厂区划分为焊接中心、机加中心、部装中心和总装中心，总装中心拥有 8 个工位，可同时装配 8 台盾构，具备年产 100 台套隧道掘进机能力。三三工业建立了严格的质量管控体系，每台设备均实行项目经理负责制，配备主任设计师、主任计划员、主任采购员、主任质检员，责任到人，确保产品零缺陷。

在国内，三三工业拥有六大服务基地；在海外，三三工业拥有 24 个服务商、代理商。国内外一流的机械、液压、电气技术专家组成的售后服务团队，以尽心尽责的职业操守、精益求精的工匠精神，为全球客户提供专业化、系统化服务，一般问题 1h 响应，特殊问题专家 12h 到达现场。

三三工业继承了在国际盾构行业享誉多年的罗威特公司复杂地质掘进之王的品牌，传承了全球工程机械第一品牌卡特彼勒的技术和质量控制精髓，产品广泛应用于地铁、城市综合管廊、交通、水利、能源、军工等领域，业务开展遍布全球。

三三工业秉承“品质创造未来”的企业文化，整合国内外资源，使国际先进技术和中国制造能力相互融合，以“匠人之心”打造“工业之美、技术之美、工艺之美”，以全球领先的技术、严格的质量管控、完善的售后服务，为全球客户提供最优秀的产品。

在中国盾构技术的跨越期，除了上述6家代表性企业外，还孕育了其他一些盾构企业，如三一重工研制了中国首台城市地铁敞口式盾构、江苏瑞成研制了中国首台最小直径泥浓式盾构、中船重装研制了中国首台应用与城市地铁施工的DSUC双护盾TBM等。

思考题

1. 中国盾构黎明期具体是什么期间，有什么特点？
2. 中国盾构技术创新期具体是什么期间，有什么特点？
3. 中国盾构技术跨越期从什么时候开始，有什么特点？
4. 以“盾构装备自主设计制造关键技术及产业化”项目为依托，在关键核心技术方面取得了哪些重大技术突破？
5. 在中国盾构技术跨越期，中国盾构六强是指哪些盾构制造企业？

第3章
盾构法概论

本章重点：介绍了隧道施工的主要方法，重点介绍盾构法基本概念、技术特点、优缺点、适应范围，以及国内外盾构法隧道发展简史。

3.1 隧道施工主要方法

隧道施工是指修建隧道及地下洞室的施工方法、施工技术和施工管理的总称。隧道施工方法的选择主要依据工程地质和水文地质条件，并结合隧道断面尺寸、长度、衬砌类型、隧道的使用功能和施工技术水平等因素综合考虑研究确定。根据隧道穿越地层的不同情况和目前隧道施工方法的发展，隧道施工的主要方法分类见图3-1。

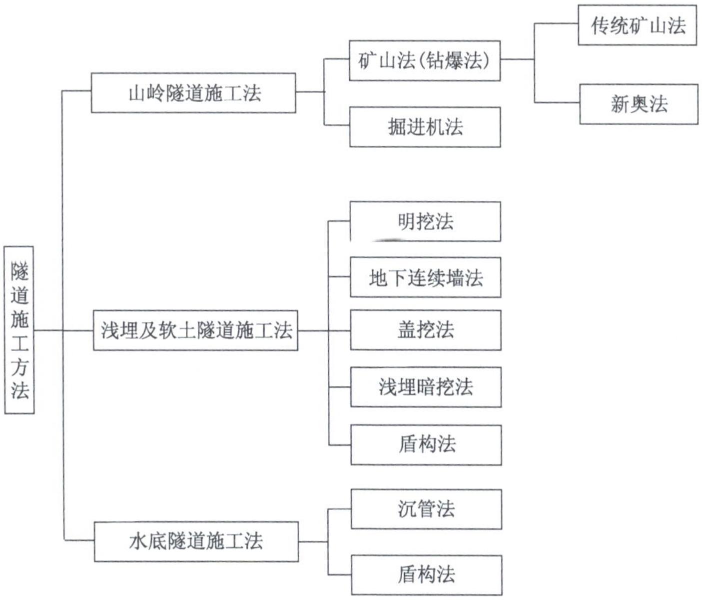

图3-1 隧道施工的主要方法

隧道施工技术主要研究解决：上述各种隧道施工方法所需的技术方案和措施（如开挖、掘进、支护、衬砌施工方案和措施）；隧道穿越特殊地质地段时（如膨胀土、黄土、溶洞、塌方、流沙、高地温、高地应力、岩爆、瓦斯地层等）的施工手段；隧道施工过程中的通风、防尘、防有害气体及照明、风水电作业的方式方法和对围岩变化的量测监控方法。

隧道施工管理主要解决施工组织设计(如施工方案的选择、施工技术措施、场地布置、进度控制、材料供应、劳力及机具安排等)和施工中的技术管理、计划管理、质量管理、经济管理、安全管理等问题。

必须指出,由于地质勘探的局限性和地质条件的复杂性及多变性,隧道施工过程中经常会遇到突然变化的地质条件、意外情况(如塌方、涌水等),原制定的施工方案、施工技术措施和施工进度计划等也必须随之变更。因此,隧道施工技术人员应有丰富的工程实践经验和应变能力,详细制定出灵活多变的施工方案,以适应客观条件的变化。

3.2 盾构法基本概念

盾构施工法简称盾构法,就是用盾构修建隧道的方法,是地下暗挖隧道的一种施工方法,它使用盾构在地下掘进,在边防止软基开挖面土砂崩塌和保持开挖面稳定的同时,边在机内安全地进行隧道的开挖作业和衬砌作业,从而构筑成隧道的施工法。

按照这个定义,盾构法是由稳定开挖面、盾构挖掘和衬砌三大要素组成。盾构施工的主要原理就是尽可能在不扰动围岩的前提下完成施工,最大限度地减少对地面建筑物及地基内埋设物的影响。

盾构在地层中推进时,通过盾构的外壳和管片来支承四周围岩,防止土砂崩塌,进行隧道施工。闭胸式盾构是用泥土加压或泥水加压来抵抗开挖面的土压力和水压力以维持开挖面的稳定性;敞开式盾构是以开挖面自立为前提,否则需要采用辅助措施。

初期的盾构施工法是用人工开挖式或机械开挖式盾构结合使用压气施工法边保证开挖面稳定边进行开挖。在围岩渗漏很严重的情况下,用注浆法进行止漏加固,而对软弱地层则采用封闭式施工。

盾构施工的历史,始于英国,发展于德国、日本,经过一百多年研究开发和应用,现已演变成目前非常盛行的泥水盾构和土压平衡盾构。这两种机型的最大优点是在开挖功能中考虑了稳定开挖面的措施,将盾构施工法三大要素中的前两者融为一体,无须辅助施工措施就能适应地质情况变化较大的地层。

3.3 盾构法技术特点

盾构法的施工过程需先在隧道区间的一端开挖竖井,将盾构吊入竖井中安装,盾构从竖井的预留洞门处开始始发掘进并沿设计线路推进直至到达另一竖井。

用盾构进行隧道施工具有自动化程度高、节省人力、施工速度快、一次成洞、不受气候影响、开挖时可控制地面隆陷、减少对地面建筑物的影响和在水下开挖时不影响水面交通等特点,在隧道洞线较长、埋深较大的情况下,用盾构施工更为经济合理。盾构施工法在施工长度大于500m以后才能发挥较为显著的优势,由于盾构造价昂贵,加上盾构竖井建造的费用和用地问题,盾构法一般适宜于长隧道施工,对小于500m的隧道采用盾构法施工则认为是不经济的。

盾构法施工的主要技术特点如下：

(1)对城市的正常功能及周围环境的影响很小。除盾构竖井处需要一定的施工场地以外,隧道沿线不需要施工场地,无须进行拆迁而对城市的商业、交通、住居影响很小。可以在深部穿越地上建筑物、河流;在地下穿过各种埋设物和已有隧道而不对其产生不良影响。施工一般不需要采取地下水降水等措施,也无噪声、振动等施工污染。

(2)盾构是根据隧道施工对象"度身定做"的。盾构是适合于某一区间隧道的专用设备,必须根据施工隧道的断面大小、埋深条件、围岩的基本条件进行设计、制造或改造。当将盾构转用于其他区间或其他隧道时,必须考虑断面大小、开挖面稳定机理、围岩粒径大小等基本条件是否相同,有差异时要进行针对性改造,以适应其地质条件。盾构必须以工程为依托,与工程地质紧密结合。

(3)对施工精度的要求高。区别于一般的土木工程,盾构施工对精度的要求非常之高。管片的制作精度几乎近似于机械制造的程度。由于断面不能随意调整,对隧道轴线的偏离、管片拼装精度也有很高的要求。

(4)盾构施工是不可后退的。因为管片内径小于盾构外径,所以盾构施工一旦开始,盾构就无法后退。如要后退必须拆除已拼装的管片,这是非常危险的。另外盾构后退也会引起的开挖面失稳、盾尾止水带损坏等一系列的问题。所以,盾构施工的前期工作是非常重要的,一旦遇到障碍物或刀具磨损等问题只能通过实施辅助施工措施后,打开隔板上设置的出入孔从压力人舱进入土舱进行处理。

3.4　盾构法优缺点

盾构法与传统地铁隧道施工方法相比较,具有地面作业少、对周围环境影响小、自动化程度高、施工快速优质高效安全环保等优点。随着长距离、大直径、大埋深、复杂断面盾构施工技术的发展、成熟,盾构法越来越受到重视和青睐,目前已逐步成为地铁隧道的主要施工方法。

1)盾构法施工主要优点

(1)快速。盾构是一种集机、电、液压、传感、信息技术于一体的隧道施工成套专用特种设备,盾构法施工的地层掘进、出土运输、衬砌拼装、接缝防水和盾尾间隙注浆充填等作业都在盾构保护下进行。实现了工厂化施工,掘进速度较快。

(2)优质。盾构法施工采用管片衬砌,洞壁完整光滑美观。

(3)高效。盾构法施工速度较快,缩短了工期,较大地提高了经济效益和社会效益;同时盾构法施工用人少,降低了劳动强度和材料消耗。

(4)安全。盾构法施工,改善了作业人员的洞内劳动条件,减轻了体力劳动量,施工在盾壳的保护进行,避免了人员伤亡,减少了安全事故。

(5)环保。场地作业少,隐蔽性好,因噪声、振动引起的环境影响小;穿越地面建筑群和地下管线密集区时,周围可不受施工影响。

(6)隧道施工的费用和技术难度基本不受覆土深浅的影响,适宜于建造覆土深的隧道。当隧道越深、地基越差、土中影响施工的埋设物等越多时,与明挖法相比,经济上、施工进度上越有利。

(7)穿越河底或海底时,隧道施工不影响航道,也完全不受气候的影响。

(8)自动化、信息化程度高。盾构采用了计算机控制、传感器、激光导向、测量、超前地质探测、通信技术,是集机、光、电、气、液、传感、信息技术于一体的隧道施工成套设备,具有自动化程度高的优点。盾构具有施工数据采集功能、盾构姿态管理功能、施工数据管理功能、施工数据实时远传功能、实现了信息化施工。

2)盾构法施工主要的不足之处

(1)施工设备费用较高。

(2)陆地上施工隧道的覆土较浅时,地表沉降较难控制,甚至不能施工;在水下施工时,如覆土太浅,则盾构法施工不够安全,要确保一定厚度的覆土。

(3)用于施工小曲率半径隧道时,掘进较困难。

(4)盾构法隧道上方一定范围内的地表沉降尚难完全防止,特别在饱和含水松软的土层中,要采取严密的技术措施才能把沉降限制在很小的限度内。目前还不能完全防止以盾构正上方为中心土层的地表沉降。

(5)在饱和含水地层中,盾构法施工所用的管片对达到整体结构防水性的技术要求较高。

(6)施工中的一些质量缺陷问题尚未得到很好解决,如衬砌环的渗漏、裂纹、错台、破损、扭转以及隧道轴线偏差、地表沉降与隆起等。

3.5 盾构法适应范围

3.5.1 对地质条件及环境条件的适用性

建造隧道的方法有多种多样,但用盾构法建造地下隧道却具有其独到之处。

21 世纪是地下空间的世纪,盾构是地下工程中的重要施工装备,在地下空间开发中起着举足轻重的作用,特别是在人口密集、交通繁忙的大城市中,盾构法是一种必不可少的施工方法。随着地下建筑物、地下管线、地下铁道的不断发展,在城市中建造地铁及其他地下结构物,将逐步深层化。

盾构法施工的费用一般不受深度因素和覆土深浅的影响,该法适宜于建造覆土较深的隧道;在同等深层的条件下,盾构法与明挖法施工相比,较为经济合理。近年来,盾构有了较大的突破性改进,已由初期的气压手掘式盾构发展到最近的以泥水盾构和土压平衡盾构为主的大直径、大推力、大扭矩、高智能化、多样化为特色的盾构。

盾构是国家基础建设、资源开发和国防建设的重大技术装备之一,应用前景广泛。盾构法施工适用于各类软土地层和软岩地层的地下隧道掘进,尤其适用于城市地铁、水底隧道、排水污水隧道、引水隧道、公用管线隧道。

隧道的施工方法有很多种,在隧道勘测、规划与设计阶段必须在选择施工方法时,对各种施工方法的地质条件及环境条件的适用性、经济性、安全、质量、工期等进行充分的论证和比较分析。盾构法对地质条件及环境条件的适用性见表 3-1。

盾构法对地质条件及环境条件的适用性　表 3-1

工法概要	盾构在地层中推进,通过盾构外壳和管片支承四周围岩,防止土砂崩塌进行隧道施工。闭胸式盾构是用泥土加压或泥水加压来抵抗开挖面的土压力和水压力以维持开挖面的稳定性;敞开式盾构是以开挖面自立为前提,否则需要采用辅助措施
适用地质	一般适用于从岩层到土层的所有地层。但对于复杂的地质条件或特殊地质条件应进行认真的论证并选型。选择合适的盾构形式。对于盾构穿越下述地层应结合盾构性能进行细致分析和论证:整体性较好的硬岩地层、岩溶、高应力挤压破损、膨胀岩、含坚硬大块石的土层、卵砾石层、高黏性土层或可能存在不明地下障碍物的地层等
地下水措施	闭胸式盾构一般不需要辅助措施,敞开式盾构需要辅助措施
隧道埋深	最小覆盖深度一般大于隧道直径,压气施工、泥水加压施工时要注意地表的喷涌;最大覆盖深度多取决于地下水水压的大小
断面形状	以圆形断面为标准,使用特殊盾构可以进行半圆形、复圆形、椭圆形等断面形状的施工。施工中间一般难以变化断面
断面大小	在施工实例中,最大直径达到 17.45m,一般难以在施工中变化断面形状
急转弯施工	有曲率半径/盾构外径 =30m 的急转弯隧道的施工实例
对周围影响	接近既有建筑物(或结构物)施工时有时也需要辅助措施。除竖井部施工产生噪声外,极少有影响交通的噪声,振动只发生在竖井口,可用防音墙处理

3.5.2　大直径盾构的适用范围

ϕ10m 以上的大直径盾构多用于修建水底公路隧道和铁路隧道。如日本于 1998 年建成通车的东京湾公路工程,采用了 8 台 ϕ14.14m 的泥水盾构施工;德国汉堡易北河第四公路隧道采用了德国海瑞克公司制造的 ϕ14.2m 泥水盾构施工;穿越荷兰绿心区的高速铁路隧道“绿心隧道”采用了法国 NFM 公司制造 ϕ14.87m 泥水盾构;上海崇明越江公路隧道使用德国海瑞克公司制造的 ϕ15.44m 泥水盾构施工;武汉长江公路隧道采用了 2 台 ϕ11.38m 的泥水盾构施工;广深港客运专线狮子洋隧道采用了 4 台 ϕ11.18m 的泥水盾构施工;北京铁路地下直径线采用了 ϕ11.97m 的泥水盾构施工。

大直径盾构还可以用于建造暗埋地铁车站。在苏联莫斯科用 9 ~ 10m 直径的盾构建成 3 条平行的车站隧道,在中间隧道与两侧隧道间修建通道形成 3 拱塔柱式车站,如图 3-2 所示,也可用盾构修建 3 拱立柱式车站。在日本,用盾构建成的 2 条平行车站隧道,在 2 隧道之间修建通道,形成眼镜形地下车站。

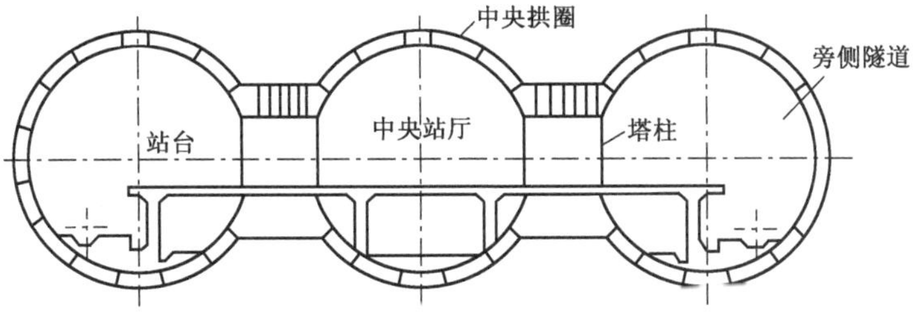

图 3-2　用盾构施工的三拱塔柱式车站

在饱和含水松软地层中用盾构法修建地铁车站比用地下连续墙法费用高，故只有在地面不得开挖的条件下才以盾构法修建地铁车站。而在如莫斯科寒武纪黏土等良好地质条件下，以盾构法修建较深地铁车站，则具有优越性。

3.5.3 中直径盾构的适用范围

直径6.25～7m范围内的中型盾构，适用于修建地下铁道的区间隧道。

3.5.4 小直径盾构的适用范围

ϕ3m左右的小型盾构，较多地用于引水、排水、电缆、通信及其他市政公用设施综合管道的建设。如西气东输城陵矶长江穿越隧道采用了1台ϕ3.24m的泥水盾构施工。

3.6 国外盾构法隧道发展简史

18世纪末英国人提出在伦敦地下修建横贯泰晤士河隧道的构想，并对具体的掘削工法和使用机械等问题做了讨论。到1798年开始着手希望实现这个构思，但由于竖井挖不到预定的深度，故计划受挫。但修建横贯泰晤士河隧道的设想与日俱增，4年后，Torevix决定由另一地点建造联结两岸的隧道，随后工程再次开工。施工中克服了种种困难，当掘进到最后30m时，开挖面急剧浸水，隧道被水淹没，横贯泰晤士河的设想再次破灭。工程从开工到被迫终止用了5年时间。横贯泰晤士河的计划在以后10年中未见显著进展。

1818年，布鲁内尔在一次乘船时，看到了小虫腐蚀木船底板成洞的经过，从而得到启示，在此基础上提出了盾构工法，并取得了专利。这就是所谓的敞开式手掘盾构的原型。布鲁内尔对自己的新工法非常自信，并于1823年拟定了伦敦泰晤士河两岸的另一条道路隧道的计划。随后，这个计划由当时的国会确认，工程于1825年动工。隧道长458m，隧道断面尺寸为11.4m×6.8m。初期，工程进展顺利；1828年1月12日，第一次出现洪水停工，伦敦地下铁道公司的卡洛丹曾向布鲁内尔提出采用压缩空气的建议，然而布鲁内尔未采纳。工程被迫中止后，布鲁内尔并没有因此而灰心失望，他总结了失败的教训，对盾构做了7年的改进，后于1834年工程再次开工，终于在1841年贯通隧道，在1843年隧道全部竣工投入使用。布鲁内尔在该隧道中采用的是矩形铸铁框盾构。自布鲁内尔向泰晤士河隧道发起挑战到隧道竣工前后经历了20多个春秋。布鲁内尔经过不懈的努力，克服了种种困难，终于取得了最后胜利。此时，他已是72岁的老人。布鲁内尔对盾构工法的贡献极为卓著，这是后人的一致评论。

自布鲁内尔的矩形盾构以后，盾构技术又经过了23年的改进，到1869年建造横贯泰晤士河的第二条隧道，首次采用圆形断面，该隧道外径2.18m，长402m。这项工程由Burlow和Greathead两人负责。Greathead采用了新开发的圆形盾构，使用铸铁扇形管片，直到隧道掘削结束未出任何事故。随后Greathead在1886年南伦敦铁道隧道施工中使用了盾构和气压组合工法获得成功，这为现在的盾构法隧道奠定了基础。从起初Torevix反复失败和受挫折，到引出布鲁内尔的手掘盾构工法，进而改进成为Greathead圆形盾构工法前后经过80年的漫长岁月。压缩空气在盾构掘进中的使用，标志着在承压水地层中掘进隧道的一个重大进步，填补了盾构法隧道施工的空白，促进了盾构在世界范围内的进一步推广。

19世纪末到20世纪中叶,盾构工法相继传入美国、法国、德国、日本、苏联等国,并得以不同程度的发展。美国于1892年最先开发了封闭式盾构;同年法国巴黎使用混凝土管片建造了下水道隧道;1896—1899年德国使用钢管片建造了柏林隧道;1913年德国建造了断面为马蹄形的易北河隧道;1917年日本采用盾构工法建造国铁羽越线,后因地质条件差而停止使用;1931年苏联用英制盾构建造了莫斯科地铁隧道,施工中使用了化学注浆和冻结工法;1939年日本采用手掘圆形盾构建造了直径7m的关门隧道;1948年苏联建造了列宁格勒地铁隧道;1957年日本采用闭胸式盾构建造东京地铁隧道。总之,在这50~60年的时间里盾构工法虽然也有进步,但这一时期的特点是盾构工法在世界各国得以推广普及。

20世纪60~80年代盾构工法继续发展完善,成绩显著。1960年英国伦敦开始使用滚筒式掘进机,同年美国纽约最先使用油压千斤顶盾构;1967年日本埼玉隧道中最先使用三菱公司制造泥水盾构,首次实施泥水加压盾构施工;1963年,日本Sato Kogyo公司首先开发出土压平衡盾构,1974年日本东京首次使用土压平衡盾构施工,1975年日本又推出泥土加压盾构成功;1978年日本开发高浓度泥水盾构成功;1981年日本开发气泡盾构成功;1982年日本开发ECL盾构工法成功;1988年日本开发泥水式双圆盾构工法成功;1989年日本开发H&V盾构工法、注浆盾构工法成功。总之这一时期的特点是开发了多种新型盾构工法,并以泥水式、土压式盾构工法为主。

1990—2008年这一段时间里盾构工法的技术进步极为显著,归纳起来具有以下几个特点:

(1)盾构隧道长距离化、大直径化

位于英国的多佛和法国的桑加特之间连接英法两国的英吉利海峡隧道(也称为欧洲隧道),由两条内径为7.6m的单线铁路隧道和一条内径为4.8m的服务隧道组成,是目前世界三大海底隧道之一,于1987年12月正式开工,服务隧道于1990年12月1日贯通,北线铁路隧道于1991年5月22日贯通,南线铁路隧道于1991年6月28日贯通。英吉利海峡隧道于1993年6月建成并对外运营。海峡铁路隧道单线全长49.342km,其中海底段为37.925km,隧道最大埋深为100m。英吉利海峡隧道全线分12个施工区间,法国侧采用5台ϕ8.8m土压平衡盾构施工,英国侧采用6台双护盾掘进机施工。

于1996年竣工、1998年建成运营的长15.1km日本东京湾道路隧道采用了8台ϕ14.14m泥水盾构施工。

海峡连接工程全长18km,隧道长7.9km的丹麦斯多贝尔特海峡隧道采用4台ϕ8.782m土压平衡盾构,于1996年竣工。

德国易北河第4条隧道采用1台ϕ14.2m泥水盾构,于2003年竣工。

2004年贯通的荷兰"绿心隧道"采用1台ϕ14.87m泥水盾构施工。

在欧洲,由欧洲隧道公司于1999年底向英、法两国政府提交了关于修建第二座英吉利海峡隧道的可行性报告。作为报告中提出的迫切要求是仅仅在于公路隧道的建议,欧洲隧道公司在获得Maunesell Scetaurouate顾问的支持,英吉利海峡隧道选定了两种方案:一种为普通车用的双层公路隧道;另一种为设有隔墙的隔开轨道复线铁路隧道。公路隧道由宽3.5m×2车道,加上2.5m宽的路边带所构成的行车横断面,设定隧道外径为15m,采用土压平衡盾构掘进,而铁路隧道方案是以一个方向运转的轨道相隔开的隧道,隧道内径不小于13m,外径为

15m。该隧道采用 ϕ15m 土压盾构施工，于 2003 年动工，预计 2008 年竣工。

(2)断面多样化

从断面形状方面，出现了矩形，马蹄形、椭圆形、多圆搭接形(双圆搭接、3 圆搭接)等多种异圆形断面盾构。这些盾构工法，从使用的盾构功能方面，出现了球体盾构、母子盾构、扩径盾构、变径盾构、分岔盾构、途中更换刀具(无需竖井)盾构、障碍物直接切除盾构等特种盾构；从盾构的掘削方式方面，出现了摇动、摆动掘削方式的盾构，打破了以往的传统的旋转掘削方式。

(3)施工自动化

盾构施工设备出现了管片供给、运送、组装自动化装置，盾构掘进中的方向、姿态自动控制系统；施工信息化、自动化的管理系统及施工故障自诊断系统。

3.7 中国盾构法隧道发展简史

3.7.1 我国早期的盾构

1953 年，东北阜新煤矿用 ϕ2.6m 的手掘式盾构及小混凝土预制块修建疏水巷道，这是我国首条用盾构法施工的隧道。1957 年，北京市下水道工程采用 ϕ2.0m 和 ϕ2.6m 的盾构进行施工。

3.7.2 20 世纪 60、70 年代盾构法技术的发展与应用

1962 年，上海城建局隧道工程公司结合上海软土地层对盾构进行了系统的试验研究。研制了 1 台 ϕ4.16m 的手掘式普通敞胸盾构，在两种有代表性的地层进行掘进试验，用降水或气压来稳定粉砂层及软黏土地层。在经过反复论证和地面试验之后，选用由螺栓连接的单层钢筋混凝土管片作为隧道衬砌，环氧煤焦油作为接缝防水材料。隧道掘进长度 68m，试验获得了成功，并采集了大量的盾构法隧道数据资料。

1965 年 3 月，由上海隧道工程设计院设计、江南造船厂制造的 2 台 ϕ5.8m 的网格挤压式盾构，于 1966 年完成了 2 条平行的隧道，隧道长 660m，地面最大沉降达 10cm。

1966 年 5 月，中国第一条水底公路隧道——上海打浦路越江公路隧道工程主隧道采用由上海隧道工程设计院设计、江南造船厂制造的 ϕ10.22m 网格挤压盾构施工，辅以气压稳定开挖面，在水深为 16m 的黄浦江底顺利掘进隧道，掘进总长度 1322m。打浦路隧道于 1970 年底建成通车。此次所用的网格盾构有所改进，敞开式施工可转换为闭胸式施工。

1973 年，采用 1 台 ϕ3.6m 的水力机械化出土网格盾构和 2 台 ϕ4.3m 的网格挤压盾构，在上海金山石化总厂修建了 1 条污水排放隧道和 2 条引水隧道，共掘进了 3926m 海底隧道，首创了垂直顶升法建筑取排水口的新技术。

3.7.3 20 世纪 80 年代盾构法技术的进步与发展

1980 年，上海市进行了地铁 1 号线试验段施工，研制了 1 台 ϕ6.412m 网格挤压盾构，采用泥水加压和局部气压施工，在淤泥质黏土地层中掘进隧道 1130m。

1982 年，上海外滩的延安东路北线越江隧道工程 1476m 圆形主隧道采用上海隧道股份设

计、江南造船厂制造的 ϕ11.3m 网格挤压水力出土盾构施工。

1985 年，上海芙蓉江路排水隧道工程引进一台日本川崎重工制造的 ϕ4.33m 小刀盘土压盾构，掘进 1500m，该盾构具有机械化切削和螺旋机出土功能，施工效率高，对地面影响小等特点。

1986 年，中铁隧道集团公司研制出半断面插刀盾构，并成功用于修建北京地铁复兴门折返线。

1987 年上海隧道股份研制成功了我国第一台 ϕ4.35m 加泥式土压平衡盾构，用于上海市南站过江电缆隧道工程，穿越黄浦江底粉砂层、掘进长度 583m，技术成果达到 20 世纪 80 年代国际先进水平，并获得 1990 年国家科技进步一等奖。

3.7.4　20 世纪 90 年代以来盾构法技术的发展

1990 年，上海地铁 1 号线工程全线开工，18km 区间隧道采用 7 台由法国 FCB 公司、上海隧道股份、上海隧道工程设计院、上海船厂联合制造的 ϕ6.34m 土压平衡盾构。每台盾构月掘进 200m 以上，地表沉降控制在 −3 ~ +1cm 范围内。1993 年开通的上海地铁为世界上规模最大、线路最长的地铁，上海地铁采用盾构法施工，开启了中国地铁隧道的“盾构时代”。

1993 年，全长 18.24km 的广州地铁 1 号线开工，于 1997 年 10 月通车，其中，8.8km 区间隧道由日本青木公司建设施工，采用了 2 台 ϕ6.14m 泥水盾构和 1 台 ϕ6.14m 土压平衡盾构施工。盾构法在广州复合地层中的成功使用，结束了当时能否在广州市区复合地层中使用盾构法修建地铁隧道的争论，使盾构法在广州的地位得以确立，并为以后广州地铁大幅度采用盾构技术修建地铁隧道奠定了基础，在广州地铁盾构法施工过程中，大量技术难题的处理为在复合地层的盾构施工积累了丰富的经验。

1996 年，上海地铁 2 号线再次使用这 7 台土压盾构，并又从法国 FMT 公司引进 2 台土压平衡盾构，掘进 24km 区间隧道，上海地铁 2 号线的 10 号盾构为上海隧道股份自行设计制造。

20 世纪 90 年代，上海隧道工程股份有限公司自行设计制造了 6 台直径 3.8 ~ 6.34m 土压平衡盾构，用于地铁隧道、取排水隧道、电缆隧道等，掘进总长度约 10km。

在 20 世纪 90 年代中，直径 1.5 ~ 3.0m 的顶管工程也采用了小刀盘和大刀盘土压平衡顶管机，在上海地区使用了 10 余台，掘进管道约 20km。1998 年，上海黄浦江观光隧道工程购买国外二手 ϕ7.65m 铰接式土压平衡盾构，经修复后性能良好，顺利掘进隧道 644m。

1996 年，上海延安东路隧道南线工程 1300m 圆形主隧道采用从日本引进的 ϕ11.22m 泥水盾构施工。

1999 年 5 月，上海隧道股份研制成功国内第 1 台 3.8m × 3.8m 矩形组合刀盘式土压平衡顶管机，在浦东陆家嘴地铁车站掘进 120m，建成 2 条过街人行地道。

2000 年 2 月，广州地铁 2 号线海珠广场至江南新村区间隧道采用上海隧道股份改制的 2 台 ϕ6.14m 复合式土压平衡盾构，在珠江底风化岩地层中掘进。

2001 年以来，广州地铁 2 号线、南京地铁 1 号线、深圳地铁 1 号线、北京地铁 5 号线、天津地铁 1 号线、先后从德国、日本引进 14 台直径 6.14 ~ 6.39m 的土压盾构和复合式土压盾构，掘进地铁隧道 50km。

2003 年，上海地铁 8 号线首次采用双圆盾构隧道新技术，从日本引进 2 台 ϕ6520 ×

W11120 双圆型土压平衡盾构，掘进黄兴路站—开鲁路站 2.6km 区间隧道。

2004 年，上海上中路越江隧道工程引进大直径的 ϕ14.87m 泥水盾构，在黄浦江掘进施工 2 条隧道，隧道结构为双层 4 车道。

盾构法隧道已经成为我国城市地铁隧道的主要施工方法。以广州地铁为例，1 号线采用了 2 台泥水盾构、1 台土压平衡盾构施工；2 号线采用了 6 台土压平衡盾构施工；3 号线采用了 13 台土压平衡盾构、2 台泥水盾构施工；4 号线采用了 10 台土压平衡盾构施工；5 号线采用了 24 台土压平衡盾构、2 台泥水盾构施工；6 号线采用了 14 台土压平衡盾构、1 台泥水盾构施工；2、8 号线延长线采用了 8 台土压平衡盾构、2 台泥水盾构施工；3 号线北延段采用了 12 台土压平衡盾构、2 台泥水盾构施工；观光线采用了 6 台土压平衡盾构施工；广佛线采用了 12 台土压平衡盾构、2 台泥水盾构施工。

2004 年 11 月 6 日，重庆轨道交通第一条线路开通，目前重庆轨道交通已经成为重庆市民最主要的交通工具之一，单日最高客运量已达 260 万乘次，在城市地铁施工中，重庆轨道交通率先采用 TBM 法施工，重庆轨道交通 TBM 试验段全长 12.1km，共 7 个区间采用开敞式 TBM 掘进，沿线地层岩性主要为砂岩、砂质泥岩，岩体较为完整；另外青岛、深圳等城市已也已将双护盾 TBM 用于城市轨道交通建设。

2005 年以来，成都地铁 1 号线、西安地铁 2 号线、沈阳地铁 1 号线、杭州地铁 1 号线等相继开工建设，并采用盾构法施工。截至 2018 年 9 月，中国已开通地铁的城市(以首条轨道交通开通时间排序)有 35 个，分别是：北京地铁、香港地铁、天津地铁、上海轨道交通、台北捷运、广州地铁、长春轨道交通、大连轨道交通、武汉轨道交通、深圳地铁、南京地铁、高雄捷运、成都地铁、沈阳地铁、佛山地铁、重庆轨道交通、西安地铁、苏州轨道交通、昆明轨道交通、杭州地铁、哈尔滨地铁、郑州地铁、长沙地铁、宁波轨道交通、无锡地铁、青岛地铁、南昌轨道交通、福州轨道交通、东莞轨道交通、南宁轨道交通、合肥地铁、桃园机场捷运、石家庄地铁、贵阳地铁、厦门地铁。至 2020 年，规划有 54 个城市将建近 450 条地铁，总里程将超过 15000km。

2006 年，上海翔安路隧道采用 ϕ11.58m 泥水盾构施工；武汉长江第一条公路隧道采用 2 台 ϕ11.38m 泥水盾构施工；上海长江口越江隧道采用最大直径泥水盾构(ϕ15.43m)施工。

2007 年，广深港客运专线狮子洋隧道采用 4 台 ϕ11.18m 泥水盾构施工。

2008 年，中铁隧道集团研制 ϕ6.39m 复合式土压平衡盾构用于天津地铁工程；上海隧道股份研制成功 ϕ11.22m 泥水盾构用于上海打浦路复线隧道；北京铁路地下直径线采用 ϕ11.97m泥水盾构施工；上海长江西路隧道采用 ϕ15.43m 泥水盾构施工。

2009 年，莞惠城际轨道交通隧道采用 ϕ8.83m 土压平衡盾构施工；杭州钱江隧道采用 ϕ15.43泥水平衡盾构施工。

2010 年，上海外滩隧道采用 ϕ14.27m 土压平衡盾构施工；南京纬七路过江隧道采用 ϕ14.93m泥水盾构施工；天津直径线采用 ϕ11.97m 泥水平衡盾构施工。

2011 年，上海迎宾三路隧道采用 ϕ14.27m 土压平衡盾构施工；嘉兴秦山核电站给排水隧道工程采用 ϕ8.28m 大直径土压平衡盾构施工。

2012 年，扬州瘦西湖隧道采用 ϕ14.93 泥水平衡盾构施工。

2013 年，重庆龙溪电缆隧道工程采用 ϕ3.64m 小直径土压平衡盾构施工。

2014 年，上海北横通道采用 ϕ15.56 泥水平衡盾构施工；珠江横琴第三通道采用 ϕ14.97m

土压平衡盾构施工；上海虹梅南路隧道采用 ϕ14.93m 泥水盾构施工；上海沿江通道采用 ϕ15.43m泥水平衡盾构施工；深圳北环线电缆隧道工程采用 ϕ4.88m 盾构施工；天津京津城际延伸线解放路隧道工程采用 ϕ11.97m 大直径泥水盾构施工。

2015 年，南京纬三路过江通道工程采用 ϕ14.93m 超大直径泥水盾构施工；武汉三阳路越江隧道采用德国海瑞克 ϕ15.78m 泥水盾构施工；香港屯门—赤蜡角海底隧道采用德国海瑞克 ϕ17.6m 超大直径泥水盾构；重庆轨道交通环线工程采用双模式盾构施工；珠海市区至珠海机场城际轨道交通工程采用 ϕ8.85m 土压平衡盾构施工；香港莲塘公路隧道工程采用 ϕ14.10m 土压平衡盾构施工。

2016 年，上海周家嘴路隧道采用 ϕ14.5m 泥水盾构施工；太原铁路枢纽西南环线工程采用 ϕ12.14m 国产土压平衡盾构施工；京沈客运专线望京隧道采用 ϕ10.87m 大直径泥水盾构施工；郑州豫机城际铁路工程采用 ϕ12.77m 超大直径泥水盾构施工；广州佛莞城际铁路新狮子洋隧道采用德国海瑞克 ϕ13.65m 泥水盾构施工；陕西靖边县蒙华铁路白城隧道采用马蹄形盾构（11.9m×10.95m）施工。

2017 年，宁波市轨道交通 2 号线二期工程地下段采用类矩形盾构施工；杭州地铁 5 号线穿越钱塘江隧道采用 ϕ6.49m 双螺旋复合式土压平衡盾构施工；海口地下综合管廊采用 U 形明挖盾构（9.2m×4.92m）施工；广州地铁 8 号线北延段采用 ϕ6.25m 的泥水/土压平衡双模盾构施工；常德沅江隧道采用 ϕ11.75m 泥水平衡盾构施工；苏通 GIL 综合管廊工程采用开挖 ϕ12.07m大直径泥水平衡盾构施工；杭州文一路地下通道工程采用 ϕ11.5m 盾构施工。

2018 年，汕头苏埃通道海湾隧道采用 ϕ15.03m 超大直径泥水盾构施工；银川穿越黄河供暖管道采用 ϕ9.05m 大直径泥水盾构施工；武汉大东湖核心区污水传输系统工程采用小直径盾构施工；杭州香积寺路西延工程采用 ϕ11.65m 大直径盾构施工；杭州博奥隧道采用 ϕ11.7m 泥水平衡盾构施工；深圳春风隧道采用 ϕ15.80m 超大直径泥水盾构施工。

国内外盾构法隧道的主要发展历史见表 3-2。

国内外盾构法隧道主要发展历史一览表　　表 3-2

时间（年）	国家或地区	盾构及辅助工法
1804	英国伦敦	L. Torevix 于泰晤士河隧道准备工作停止
1818	英国伦敦	M. I. Brunel 提出盾构工法并获得专利
1825	英国伦敦	M. I. Brunel 在泰晤士河底隧道中最先使用矩形盾构
1830	英国	Lord Cochrane 发明气压支撑获得专利
1836	英国	M. I. Brunel 在泰晤士河道路隧道中使用改正了的新型盾构再次开工
1843	英国伦敦	泰晤士河道路隧道工程竣工
1865	英国	铸铁管片
1869	英国伦敦	J. H. Greathead 在泰晤士河地下铁隧道中最先使用铸铁管片和圆形盾构
1874	英国伦敦	J. H. Greathead 开发液体盾构
1876	英国伦敦	John Dickinson Brunton 和 George Brunton 申请机械盾构专利
1879	安特卫普	首次采用压缩空气掘进隧道
1886	英国伦敦	J. H. Greathead 在南伦敦铁道隧道施工中将压缩空气与盾构掘进相结合使用

续上表

时间(年)	国家或地区	盾构及辅助工法
1891	美国巴尔的摩	使用长方形盾构
1892	美国巴尔的摩	最先使用闭胸式盾构
1892	法国巴黎	使用混凝土管片
1896	美国	使用木制管片
1896	法国巴黎	使用长方形盾构(下水道隧道)
1896	英国伦敦	J. Price 设计接近现在盾构的机械盾构
1896	德国柏林	Haag 为第一台德国泥浆盾构申请了专利
1897	英国	首次使用混凝土衬砌的铸铁管片
1896—1899	德国柏林	使用钢板管片
1909—1910	德国易北河	使用钢管片
1913	德国易北河	使用马蹄形盾构
1914	美国克利夫兰	使用钢筋混凝土管片
1915	英国	使用气压工法
1917	日本	国铁羽越线折渡隧道使用盾构(地质条件差,施工技术准备不足,中途中止使用)
1926	日本	丹那导水隧道中使用盾构法(由于地下水水压高,硬岩部分中途放弃)
1931	苏联莫斯科	首次莫斯科地下铁工程中使用英制和苏制盾构施工,由于渗水采用了化学注浆、冻结法,在第五次工程中使用莫斯科盾构
1939	日本	国铁关门隧道中使用直径 7m 的手握式圆形盾构(并用气压)
1948	苏联列宁格勒	地铁中使用机械盾构,同时开发列宁格勒基辅机械盾构
1953	中国阜新	直径 2.6m 圆形疏水道
1953	日本	在关门道路隧道中采用半圆盾构
1957	中国北京	直径 2m、2.6m 下水道
1957	日本东京	地下铁 4 号线永田工区采用半圆盾构
1960	英国伦敦	使用滚筒式掘进机
1960	美国纽约	Beach 首次使用油压千斤顶盾构
1960	日本名古屋	地铁隧道中日本首次使用圆形断面盾构
1961	法国	提出水压封闭式盾构(与泥水加压盾构原理相同)
1962	日本东京	东京下水道局石神川下干线中采用盾构(下水隧道中首次采用盾构)
1962	中国上海	采用上海城建局隧道工程公司研制 1 台 $\phi 4.16$m 的手掘式盾构
1965	中国上海	江南造船厂制造 2 台 $\phi 5.8$m 的网格挤压盾构施工 2 条隧道
1963	日本大阪	大阪市大淀送水管工程中使用机械盾构
1963	日本	日本 Sato Kogyo 公司首先开发出土压平衡盾构
1964	英国	Mott · Hay 和 Anderson 及 John · Bartlett 申请了泥水加压平衡盾构专利
1965	中国上海	打浦路过江隧道($\phi 11.22$m 网格式盾构)

续上表

时间(年)	国家或地区	盾构及辅助工法
1965	日本东京	地铁9号线中使用挤压盾构
1967	日本	使用刀盘切削土体和水力出碴的泥水盾构(荒川左岸下水道工程ϕ3.1m)
1970	日本东京	最先使用大直径泥水加压盾构(ϕ7.29m)
1973	中国上海	采用1台ϕ3.6m水力出土盾构和2台ϕ4.3m网格挤压盾构施工
1974	日本东京	第一台土压平衡盾构使用,用于掘进长1900m的隧道,该盾构由日本IHI(石川岛播磨)公司制造,其外径为ϕ3.72m。
1974	日本	梁—弹簧模型管环荷载计算法提出
1974	日本	开发卵石泥水盾构
1974	德国汉堡	Wayss & Freytag公司开发第一台德国膨润土泥水盾构
1975	日本	开发泥土加压盾构
1977	日本	开发使用局部气压盾构
1978	日本东京	开发使用高浓度泥水盾构
1980	中国上海	采用ϕ6.412m网格挤压水力出土盾构施工
1981	日本	开发气泡盾构(工程试验)
1982	日本东京	现场掘削同时衬砌工法
1982	中国上海	采用ϕ11.3m网格挤压水力出土盾构施工
1985	德国	Wsyss & Freytay公司和海瑞克公司申请了混合盾构专利
1985	中国上海芙蓉江	采用ϕ4.33m小刀盘土压盾构施工
1986	中国北京	中铁隧道集团研制半断面插刀盾构,应用于修建北京地铁复兴门折返线
1987	中国上海	上海隧道股份研制ϕ4.35m加泥式土压平衡盾构应用于电缆隧道施工
1988	日本东京	京桥隧道工程中使用MF盾构
1988	法国多哈海峡	1台盾构连续掘进20km
1989	日本	H&V盾构工法(双圆断面扭转分岔)成功
1990	日本名古屋	名古屋地铁ϕ10.48m土压盾构
1990	中国上海	上海地铁1号线采用7台ϕ6.34m土压平衡盾构施工
1992	日本东京	自由断面盾构功能证实试验成功
1992	法国里昂	索恩河过河隧道中ϕ10.96m土压盾构掘进成功
1993	日本东京	NOMST工法成功
1993	中国广州	广州地铁1号线,1993年开工,1997年通车
1994	日本神奈河	球体盾构横横掘进工法成功应用
1994	中国上海	延安东路过江隧道复线工程ϕ11.22m泥水平衡盾构
1994	日本大阪	地铁站三圆站盾构工法成功(中间走车,两侧下客)
1994	日本东京	矩形盾构在东京问世
1996	中国上海	上海地铁2号线采用10台ϕ6.34m土压平衡盾构施工

续上表

时间(年)	国家或地区	盾构及辅助工法
1996	中国上海	上海延安东路隧道采用 ϕ11.22m 泥水盾构施工
1996	中国广州	广州地铁 1 号线采用 2 台 ϕ6.14m 泥水盾构和 1 台 ϕ6.14m 土压盾构施工
1996	日本	东京湾盾构隧道(ϕ14.14m)竣工
1996	日本	直角分岔盾构工法问世
1996	日本	东京地铁 7 号线 ϕ14.18m 母子泥水盾构开发成功
1996	日本	三圆搭接站盾构工法(中间站台,两侧走车)
1997	日本	竖井与横向隧道连续一体化施工法成功
1997	日本	掘削轮廓隧道构筑法的提出
1997	日本	PC-ECL 工法开发成功
1997	日本	DPLEX 盾构工法开发成功(多轴圆形摇动)
1997	日本	纵双圆搭接盾构工法的开发成功
1997	日本	扩径盾构开发成功
1998	广州	广州地铁 2 号线,1998 年开工,采用盾构法施工,2002 年贯通
1998	日本	ϕ14.18m 超大盾构市区掘进成功
1999	中国上海	研制 3.8m×3.8m 矩形顶管机用于过街人行地道施工
1999	日本	ϕ11.52m 土压盾构问世
1999	日本	封套式盾构工法(外防水套型盾构工法、高水压工法)
2000	中国北京	北京地铁 5 号线采用盾构法施工
2000	日本	可变断面工法
2001	中国深圳、南京	深圳、南京地铁 1 号线开工,采用盾构法施工
2001	日本	插入扩径盾构工法
2001	日本	可以再利用双重构造盾构的开发
2002	中国天津	天津地铁 1 号线开工,采用盾构法施工
2002	日本	内舱引拔利用型盾构开发成功
2002	日本	电蚀法盾构直接出井工法
2002	日本	包缠盾构工法
2003	中国上海	上海地铁 8 号线采用双圆盾构法施工
2003	德国	易北河隧道建成(ϕ14.2m 复合盾构)
2003	日本	摆动式矩形盾构
2003	日本	地中分离母子盾构工法
2003	英、法国	第二条英吉利海峡隧道(ϕ15m,土压式)开工
2003	日本	双模盾构的开发及实用化(可敞开、可闭胸的双模盾构)
2004	荷兰	绿心隧道(ϕ14.87m 泥水盾构)竣工
2004	中国上海	上海隧道股份研制 ϕ6.34m 土压平衡盾构用于上海地铁 2 号线西延伸工程

续上表

时间(年)	国家或地区	盾构及辅助工法
2004	中国上海	上中路越江隧道采用 ϕ14.87m 泥水盾构施工
2005—2018	中国各大城市	北京、香港、天津、上海、台北、广州、长春、大连、武汉、深圳、南京、高雄、成都、沈阳、佛山、重庆、西安、苏州、昆明、杭州、哈尔滨、郑州、长沙、宁波、无锡、青岛、南昌、福州、东莞、南宁、合肥、桃园机场、石家庄、贵阳、厦门等35个城市隧道采用盾构法施工
2006	中国上海	上海翔安路隧道采用 ϕ11.58m 泥水盾构施工
2006	中国武汉	长江第一条公路隧道采用2台 ϕ11.38m 泥水盾构施工
2006	中国上海	上海长江口越江隧道采用最大直径泥水盾构(ϕ15.43m)施工
2007	中国广州	广深港客运专线狮子洋隧道采用4台 ϕ11.18m 泥水盾构施工
2007	中国西安	西安地铁2号线一期工程开工
2007	中国杭州	杭州地铁1号线开工,采用盾构法施工
2007	中国苏州	苏州地铁1号线开工,采用盾构法施工
2008	中国天津	中铁隧道集团研制 ϕ6.39m 复合式土压平衡盾构用于天津地铁工程
2008	中国上海	上海隧道股份研制成功 ϕ11.22m 泥水盾构用于上海打浦路复线隧道
2008	中国北京	北京铁路地下直径线采用 ϕ11.97m 泥水盾构施工
2008	中国上海	长江西路隧道采用 ϕ15.43m 泥水盾构施工
2009	中国东莞	莞惠城际轨道交通隧道工程采用 ϕ8.83m 土压平衡盾构施工
2009	中国杭州	钱江隧道采用 ϕ15.43 泥水平衡盾构施工
2010	伊朗	伊朗伊斯法罕电缆隧道工程采用 ϕ3.14m 微型泥水盾构施工
2010	中国上海	外滩隧道采用 ϕ14.27m 土压平衡盾构施工
2010	中国南京	纬七路过江隧道采用 ϕ14.93m 泥水盾构施工
2010	中国天津	天津直径线采用 ϕ11.97m 泥水平衡盾构施工
2011	中国上海	迎宾三路隧道采用 ϕ14.27m 土压平衡盾构施工
2011	意大利	Sparvo 隧道采用 ϕ15.55m 土压平衡盾构施工
2011	中国嘉兴	秦山核电站给排水隧道工程采用 ϕ8.28m 大直径土压平衡盾构施工
2012	中国扬州	瘦西湖隧道采用 ϕ14.93 泥水平衡盾构施工
2013	中国重庆	重庆龙溪电缆隧道工程采用 ϕ3.64m 小直径土压平衡盾构施工
2013	美国	西雅图 SR99 项目采用 ϕ17.45m 土压平衡盾构施工
2013	新西兰	奥克兰公路隧道采用 ϕ14.41 土压平衡盾构施工
2013	意大利	西西里公路隧道采用1台 NFMϕ15.08 盾构施工
2014	中国上海	上海北横通道采用 ϕ15.56 泥水平衡盾构施工
2014	中国珠海	横琴第三通道采用 ϕ14.97m 土压平衡盾构施工
2014	中国上海	虹梅南路隧道采用 ϕ14.93m 泥水盾构施工

续上表

时间(年)	国家或地区	盾构及辅助工法
2014	中国上海	沿江通道采用 ϕ15.43m 泥水平衡盾构施工
2014	中国深圳	北环线电缆隧道工程采用 ϕ4.88m 盾构施工
2014	中国天津	京津城际延伸线解放路隧道工程采用 ϕ11.97m 大直径泥水盾构施工
2015	中国南京	纬三路过江通道工程采用 ϕ14.93m 超大直径泥水盾构施工
2015	中国武汉	三阳路越江隧道采用德国海瑞克 ϕ15.78m 泥水盾构施工
2015	中国呼和浩特	呼和浩特地铁 1 号线、2 号线开工，采用盾构法施工
2015	中国香港	屯门—赤蜡角海底隧道采用德国海瑞克 ϕ17.6m 超大直径泥水盾构
2015	伊朗德黑兰	德黑兰排污隧道采用 ϕ3.785m 盾构施工
2015	中国重庆	重庆轨道交通环线工程采用双模式盾构施工
2015	中国珠海	市区至珠海机场城际轨道交通工程采用 ϕ8.85m 土压平衡盾构施工
2015	中国香港	香港莲塘公路隧道工程采用 ϕ14.10m 土压平衡盾构施工
2016	中国上海	周家嘴路隧道采用 ϕ14.5m 泥水盾构施工
2016	以色列	特拉维夫轻轨红线工程采用 ϕ7.55m 的土压平衡盾构施工
2016	中国太原	太原铁路枢纽西南环线工程采用 ϕ12.14m 国产土压平衡盾构施工
2016	中国北京	京沈客运专线望京隧道采用 ϕ10.87m 大直径泥水盾构施工
2016	中国郑州	豫机城际铁路工程采用 ϕ12.77m 超大直径泥水盾构施工
2016	中国广州	佛莞城际铁路新狮子洋隧道采用德国海瑞克 ϕ13.65m 泥水盾构施工
2016	中国陕西靖边县	蒙华铁路白城隧道采用马蹄形盾构(11.9m×10.95m)施工
2017	中国宁波	宁波市轨道交通 2 号线二期工程地下段采用类矩形盾构施工
2017	中国杭州	5 号线穿越钱塘江隧道采用 ϕ6.49m 双螺旋复合式土压平衡盾构施工
2017	中国海口	海口地下综合管廊采用 U 形明挖盾构(9.2m×4.92m)施工
2017	中国广州	广州地铁 8 号线北延段采用 ϕ6.25m 的泥水/土压平衡双模盾构施工
2017	中国洛阳	洛阳地铁 1 号线采用 ϕ6.4m 盾构施工
2017	中国常德	沅江隧道采用 ϕ11.75m 泥水平衡盾构施工
2017	中国苏州、南通	苏通 GIL 综合管廊工程采用开挖 ϕ12.07m 大直径泥水平衡盾构施工
2017	中国杭州	文一路地下通道工程采用 ϕ11.5m 盾构施工
2018	中国汕头	汕头苏埃通道海湾隧道采用 ϕ15.03m 超大直径泥水盾构施工
2018	中国银川	穿越黄河供暖管道采用 ϕ9.05m 大直径泥水盾构施工
2018	中国武汉	大东湖核心区污水传输系统工程采用小直径盾构施工
2018	中国杭州	香积寺路西延工程采用 ϕ11.65m 大直径盾构施工
2018	中国杭州	博奥隧道采用 ϕ11.7m 泥水平衡盾构施工
2018	中国深圳	春风隧道采用 ϕ15.80m 超大直径泥水盾构施工

3.8　盾构技术发展趋势

盾构技术发展迅猛，主要发展趋势如下：

(1)挑战极限

更大的直径：盾构直径越来越大。中国幅员辽阔，大江大河纵横，许多大城市沿江河建设，甚至跨江河而建，随着中国经济的飞速发展，城市交通、轨道交通、铁路、综合管廊跨江越海的需求急剧增多，与此同时，城市里越来越难以找出适合建设桥梁的空间。铁路方面：行车速度越来越高，为减少占地，单洞双线大断面隧道成为发展方向；公路方面：公路等级越来越高，车流量越来越大，必然导致公路隧道断面越来越大。在此形势下，跨江越海的大直径盾构隧道工程越来越多。

更长的隧道：隧道长度越来越长。

更高的水压：穿江越海隧道越来越多，要求盾构密封及盾构作业所承受的水压势必越来越高。

更大的埋深：隧道线路最忌选在交界面高程，要避开在岩层与土层交界面上选线，上软下硬地层，施工难度大。应尽可能使盾构掘进断面位于全土层或全岩层中，隧道选线具有埋深越来越大的趋势。

更快的掘进速度：掘进速度要求越来越快。

更复杂多变的地质条件：要求能适应的地质条件越来越复杂。

(2)更安全、更环保

盾构施工越来越注重安全与环保。

(3)更复杂的功能、更简单的操作、更人性化的设计

要求劳动强度越来越低；对操作人员的素质要求越来越高。

(4)更长的寿命

技术先进、质量可靠的长寿命盾构是保证工期的关键因素之一，是盾构工程成功的关键因素。

(5)更高的地质适应性

在复杂地层中，盾构穿越地层既有岩石，又有软土和砂砾层，地层变化频繁。要求盾构设计特别是刀盘刀具必须能够适应各种不同地层。

(6)盾构设计数字化、盾构制造模块化、盾构控制智能化、盾构服务网络化

像无人驾驶汽车一样，盾构技术发展方向也是数字化、智能化和无人化，实现盾构的智能自动掘进与管理。

中国盾构技术的愿景就是数字化设计，智能化掘进、远程化管理。即输入地质参数和隧道结构参数，就能设计出适应工程地质和水文地质的盾构；盾构的施工则实现无人化智能掘进，实现在办公室远程控制盾构操作，在办公室直接从计算机屏幕上获取远程施工的盾构施工图像和参数，并发出指令进行盾构的控制和操作；技术人员只需在办公室就能管理好分布在全世界所有的在用盾构。

思考题

1. 目前隧道施工方法可分为哪几类？
2. 盾构法由哪些要素组成？
3. 盾构法施工的主要技术特点有哪些？
4. 盾构法与传统隧道施工方法相比较，有哪些优点？
5. 盾构法施工主要存在哪些不足？
6. 盾构法施工对地质及环境条件有什么要求？
7. 小直径盾构主要应用于哪些场合？
8. 为什么超大直径盾构成为新的发展趋势？
9. 简述盾构技术的发展趋势。

第二篇 盾构构造与设计

本篇主要介绍敞开式盾构、土压平衡盾构、泥水盾构、双模式盾构、可变密度盾构等典型盾构的工作原理、构造及设计要点、开挖面稳定机理及其地质适应范围；介绍了日系盾构与德系盾构主要设计特点及典型案例。

第4章　敞开式盾构

第5章　土压平衡盾构

第6章　泥水盾构

第7章　双模式盾构

第8章　可变密度盾构

第9章　日系与德系盾构设计特点

第4章
敞开式盾构

本章重点:敞开式盾构也称为敞口式盾构,包括敞开工作面盾构(Open Face Shield,简称OF盾构)和普通闭胸式盾构(Closed Face Shield,简称CF盾构)。本章介绍手掘式盾构、半机械式盾构、机械式盾构、挤压式盾构等敞开式盾构的结构原理及应用范围。

相对于常规的盾构而言,敞开式盾构是指机器上没有一套压力调节系统以平衡开挖面水土压力从而防止开挖面失稳和地下水流失的盾构,其结构简单,成本低廉,具有"无与开挖面一致的独立刀盘、无把开挖舱与盾构其他后部区域隔开的压力舱板、无与开挖面水土压力实时平衡的压力调节系统"的"三无"特点。

敞开式盾构也称为敞口式盾构,敞开式盾构根据对开挖面有无支撑分为全敞开式盾构和部分敞开式盾构。

全敞开式盾构是指整个开挖面完全敞开,对开挖面几乎或完全没有支撑的敞开式盾构。全敞开式盾构在隧道工作面上没有封闭的压力补偿系统,不能抵抗土压和地下水压。由于没有支撑和平衡工作面压力的机构,故只能在开挖面稳定性足够好、无地下水或地下水水位已经降下的地层中使用,而不能在有水土压力的地层中使用。

根据开挖方法的不同,全敞开式盾构分为以下几种类型:

①手掘式盾构;

②半机械式(部分断面开挖)盾构;

③机械式(全断面开挖)盾构。

全敞开式盾构也称为敞开工作面盾构,其英文名称为"Open Face Shield",简称OF盾构。全敞开式盾构一般适用于开挖面自稳性强的围岩。如果施工地层的自然稳定性不足,就必须采用机械手段使地层稳定。全敞开式盾构在地下水水位以下的地层或渗漏地层掘进时,必须用井点法降低地下水水位,地基可通过注浆或冻结法处理。全敞开式盾构适用于各种非黏性和黏性地层。其优点是当隧道工作面上有部分或全部由岩石或漂石组成时也可以使用,并且可用手工或半机械化掘进非圆形断面。

部分敞开式盾构是指在与开挖面接触部位部分或全部敞开,而在掘进时可对开挖面部分或全部支撑的敞开式盾构。这种盾构对工作面的自稳性的要求低于全敞开式盾构,适应地层要略广一些。部分敞开式盾构也称为普通闭胸式盾构(Closed Face Shield,简称CF盾构),或称普通挤压式盾构。部分敞开式盾构主要有两种类型:

①正面全部胸板封闭，挤压推进；留有可调节进土孔口的面积，局部挤压推进；

②正面网格上覆全部或部分封板，或装调节开挖面积的闸门，挤压或局部挤压推进。

敞开式盾构适用于各种非黏性和黏性地层，其优点除结构简单、价格低廉、施工成本低、对作业人员要求不高外，在一些特殊对地层中也具有优势，比如在土壤中含有大量的漂石、部分或者全部断面为岩石的地层，可用人工或半机械化的方式直接破除通过；另外，敞开式盾构还可以适用于其他非圆形断面。

4.1 手掘式盾构

手掘式盾构是指采用铁锹、风镐、碎石机等开挖工具，人工开挖隧道工作面的盾构，属于盾构最原始最基本的形式。

手掘式盾构对开挖面一般采取自然的堆土压力支护或利用机械挡板支护。

因手掘式盾构的正面是敞开式的，故采用这种盾构的基本条件是开挖面至少要在挖掘阶段无坍塌现象，比较适用于软硬不均的开挖面以及砾石、卵石等地层。按不同的地质条件，开挖面可全部敞开人工开挖，仅利用自然堆土压力支护开挖面；也可用全部或部分的正面支撑，根据开挖面土体自立性适当分层开挖，随挖土随支撑；在含水地层中，则需辅以降水、气压或土壤加固。一般来说，洪积形成的砂砾、砂、固结粉砂、黏土层易于自稳，最适于使用手掘式盾构。冲积形成的松散砂、粉砂、黏土层，开挖面不能自稳，需采用辅助措施。

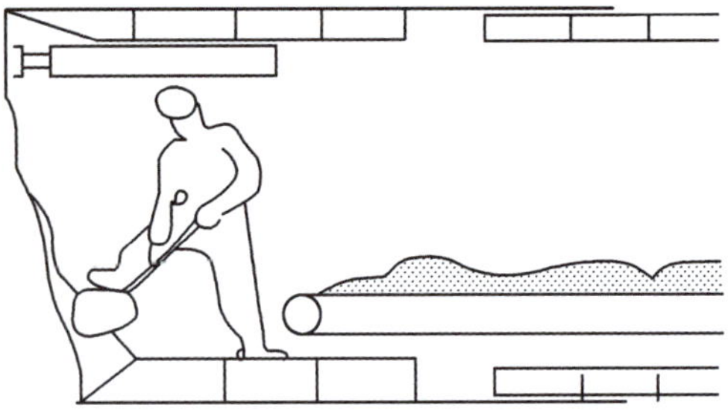
图 4-1　手掘式盾构示意图

图 4-1 所示是最简单的手掘式盾构。包含了所有的基本要素：人工开挖、对部分开挖面临时的机械支撑、盾体支撑周围的岩土和对其中的设备和人员提供保护、皮带机出渣、盾壳尾部安装衬砌。挖掘人员可以根据土壤的情况决定开挖的顺序，并且可以随时观察到地层变化情况。如果遇到地下障碍物时，可以直接处理。由于盾体短，可以很容易控制盾构转弯。

手掘式盾构具有如下优缺点：

(1)适用范围较广，从砂性土到黏性土地层均能适用。

(2)作业人员直接处于开挖的位置，便于观察地层和清除障碍；但若遇正面坍方，会马上危及作业人员人身安全。

(3)设备较短，方便随时改变掘进方向。

(4)结构简单，造价低廉，发生故障的概率小；但掘进速度较低、成洞效率低、劳动强度大、工作环境恶劣、劳务费用高，在大断面隧道项目尤为突出。

目前，由于手掘式盾构掘进速度较低，劳动强度大，劳务费用高，以及由于不依靠辅助施工的闭胸式盾构的广泛使用，除个别特殊场合（如采用机械化或半机械化盾构掘进不经济的短程隧道、开挖面有巨大砾石等障碍物）和部分发展中国家外，手掘式盾构已基本被淘汰。

手掘式盾构不一定是圆形断面，也可以是矩形或马蹄形断面。

4.2 半机械式盾构

由于手掘式盾构开挖速度很慢,且工人的工作条件太差,人身安全也无法保证,因此开发了如图4-2所示的半机械式盾构。施工人员在后部操作机械进行开挖作业,而不需要直接位于开挖面的危险位置,不仅挖掘速度有了较大提高,人员也更安全,工作条件得到了明显改善。

针对不同的地质条件,挖掘机具可以是反铲式,也可以是旋挖式。一般反铲式用于砂性土到黏性土地层,而旋挖式用于小于80MPa的软岩地层。如果开挖面较大,地层比较复杂,挖掘机具也可以混装、分层开挖及增加对开挖面的机械支撑,图4-3是一台德国海瑞克公司直径11.77m的半机械式盾构。

图4-2 半机械式盾构示意图

图4-3 德国海瑞克公司 ϕ11.77m 半机械式盾构

半机械式敞口盾构工作原理详见视频4-1。

视频4-1

半机械式敞口盾构工作原理

扫描此码 观看视频

这种盾构的主要优点如下:

(1)可应用于几乎所有不含水的地质条件。

(2)针对不同地质条件配备不同挖掘工具。

(3)改装简便快捷。

(4)准确控制挖掘过程:操作员的工作位置距离敞开式掌子面仅数米之遥。

(5)施工成本低廉。

半机械式盾构是介于手掘式和机械式盾构之间,但更接近于手掘式盾构的一种形式。二者的异同如下:

(1)半机械式盾构比手掘式盾构更适用于以洪积层的砂、砂砾、固结粉砂和黏土为主的良好地层。虽然半机械式盾构也用于软弱冲积层,但须配合采用压气施工法,或采用降低地下水水位、改良地层等辅助措施。

(2)半机械式盾构是在敞开式盾构的基础上安装专用的机械挖土和出土装置(例如,皮带输送机或螺旋输送机等),或配备具有掘进与出渣双重功能的挖装机械,以代替人工劳动。其中,机械挖土装置前后、左右、上下均能活动,并具有反铲式、铣削头式,或为反铲和铣削头可互换式,或为反铲和铣削头两者兼有的形式。

(3)半机械式盾构的顶部与手掘式盾构相同,装有防止开挖面坍塌的活动前檐、正面支撑千斤顶等,并经常采用液压操作的胸板。该胸板置于单独的区域或在盾壳的周边辅助支撑隧道工作面。

(4)半机械式盾构也适于掘进非圆形断面的隧道。图4-4所示盾构是日本铁道建设公司高崎建设局在北陆新干线施工时使用的ECL盾构(Extruded Concrete Lining的缩写,意为挤压混凝土衬砌,即以现浇灌注的混凝土代替传统的管片衬砌,挤压混凝土衬砌与盾构掘进同步进行)。该隧道断面就为马蹄形,隧道长3580m,土质为软岩和中硬岩。

a)

b)

c)

图4-4 ECL盾构及施工

根据安装位置不同,半机械式盾构(图4-5)的挖土装置又可分为如下形式:

(1)盾构工作面下半部分装有铲斗、铣削头等。

(2)盾构工作面上半部分装有铲斗、下半部分装有铣削头。

(3)盾构中心装有铣削头。

(4)盾构中心装有铲斗。

a)ϕ2.86m反铲挖掘盾构

b)ϕ5.71m反铲挖掘盾构

c)ϕ6.731m反铲挖掘盾构

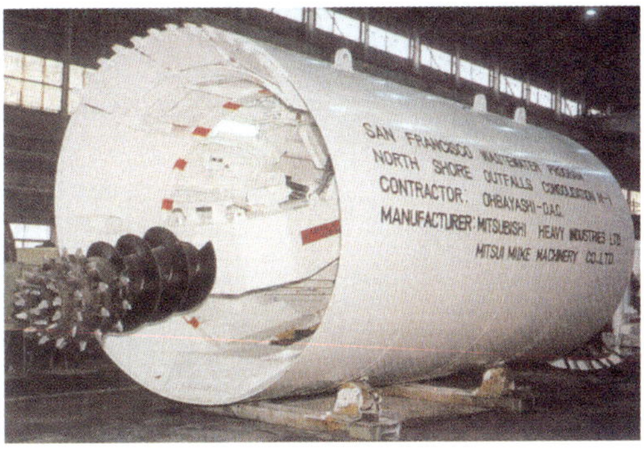

d)ϕ3.676m旋臂掘进盾构

e)ϕ6.03m旋臂掘进盾构

图4-5　半机械式盾构

其中,形式(1)适用于开挖面需作支撑的地层;形式(2)～(4)适用于能自立的地层;形式(2)大多适用于亚黏土与砂砾的夹层;形式(3)大多适用于固结黏土层、硬质砂土层;形式(4)大多适用于黏土和砂砾混合层。目前,半机械式盾构已基本被淘汰。

4.3 机械式盾构

当地层能够自立,或采用辅助措施后能够自立时,则在盾构切口部分,安装与盾构直径相适应的开挖机具,以进行全断面敞开式机械开挖。如图 4-6、图 4-7 所示,机械式盾构(全称为全敞开式机械式盾构)就是采用这种紧贴着开挖面的旋转刀盘进行全断面开挖的盾构。所述大刀盘可分为单轴式、双重转动式和多轴式等,其中,单轴式最为广泛,因为该型盾构开挖的土砂通过旋转铲斗和斜槽装入皮带输送机,能够连续进行围岩开挖和排土。机械式盾构的刀盘还可分为面板式和辐条式两种。其中,采用面板式刀盘的机械式盾构是通过面板来维持开挖面稳定,并通过调整开口率来解决块石、卵石的排出问题;采用辐条式刀盘的机械式盾构一般用于开挖面易于稳定的小断面盾构,适用于块石、卵石地质。

图 4-6　机械式盾构

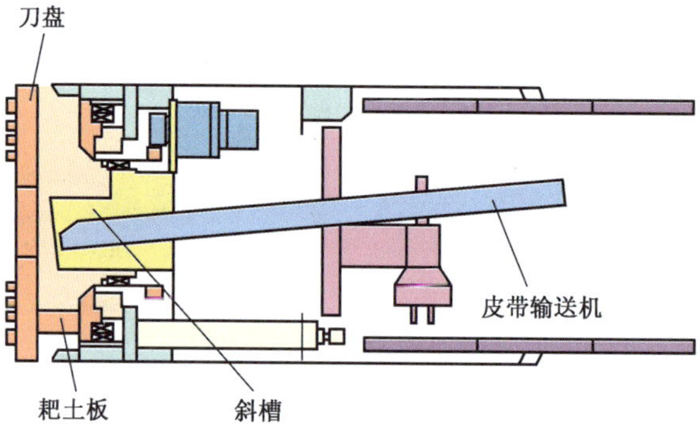

图 4-7　机械式盾构示意图

全敞开式的机械式盾构,前面装备有旋转式刀盘,增大了盾构的掘进能力。开挖的土砂通过旋转铲斗和斜槽装入皮带输送机出渣。围岩开挖和排土可以连续进行。

机械式盾构的特点如下:

(1)相对手掘式和半机械式盾构盾构,除改善作业环境和省力外,还能显著提高推进速度,缩短工期。

(2)与手掘式和半机械式盾构相比,机械式盾构造价较高,不宜用于较短隧道。

(3)机械式盾构与手掘式、半机械式盾构相同,主要用于开挖面易自稳的洪积地层中;对开挖不易自稳的冲积地层应结合压气施工、地下降水、注浆加固等辅助工法使用,目前已基本被淘汰。

4.4　挤压式盾构

挤压式盾构在日本称为“盲式盾构(Blind Type Shield)”。挤压式盾构,在挤压推进时,对地层土体的扰动较大,地面易产生较大的隆陷变化,在地面有建筑物的地区不宜使用。

挤压式盾构仅适用于自稳性很差、流动很大的软黏土和粉砂质围岩,不适用于含砂率高的围岩和硬质地层。若液性指数过高,则流动性过大,也不能获得稳定的开挖面。由于适用地质范围狭窄,所以目前已很少采用。挤压式盾构主要有盖板式、螺旋排土式、网格挤压式。

(1)盖板式挤压盾构

该型盾构利用隔板将大部分开挖面全部封闭,仅留出部分开口以设置面积可调的排土盖板。此盾构正面贯入围岩向前推进,使贯入部位土砂呈塑性化流动,并经由盖板进行排土。开挖面的稳定是靠调节盖板开口的大小和排土阻力,使千斤顶推力和开挖面土压达到平衡来实现的。图 4-8 为日本三菱 ϕ6.32m 挤压式盾构。

a)

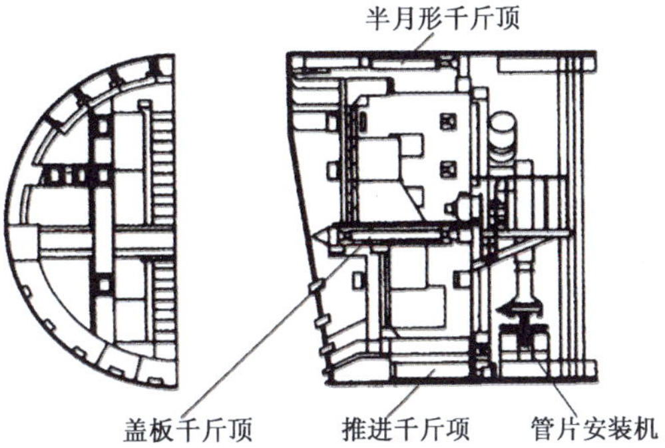

b)

图 4-8　日本三菱 ϕ6.32m 挤压式盾构

(2)螺旋排土式挤压盾构

该型盾构利用封板将开挖面封闭,正面贯入围岩向前推进,使贯入部位上的土砂呈塑性化流动,并经由螺旋输送机进行排土。开挖面的稳定是靠调螺旋输送机的转速和螺旋输送机出土闸门的开度,使千斤顶推力和开挖面土压达到平衡来实现的。螺旋排土式挤压盾构如图 4-9 所示。

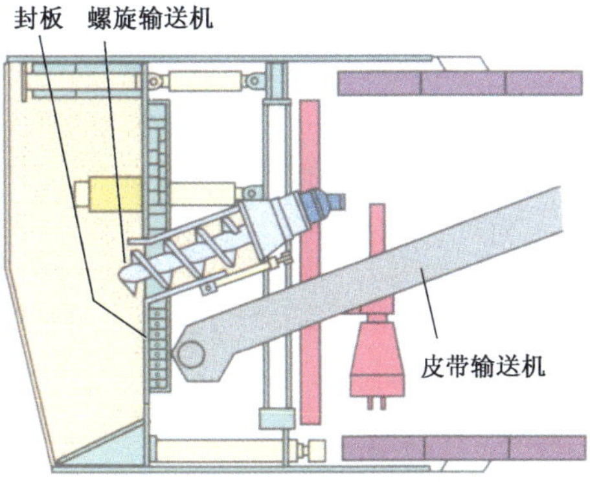

图 4-9　螺旋排土式挤压盾构

(3)网格挤压式盾构

网格挤压式盾构是利用盾构切口的网格将正面土体挤压并切削成为小块,并以切口、封板及网格板侧向面积与土体间的摩阻力平衡正面地层侧向压力,以达到开挖面稳定的盾构。网格挤压式盾构在适宜地层中施工时,地表沉降可控制到中等或较小的程度,因此在上海软土层中常常被采用。网格挤压式盾构具有如下特点:

①进土量接近或等于全部隧道出土量,且往往带有局部挤压性质;

②盾构正面装钢板网格,在推进中利用该切口网格将正面土体挤压并切削成为小块,并以切口、封板及网格板侧向面积与土体间的摩阻力平衡正面地层侧向压力,以达到稳定开挖面的目的,具有结构简单,操作方便,便于排除正面障碍物等特点;

③切入的土体可用转盘、皮带运输机、矿车或水力机械运出;

④网格挤压式盾构正面网格开孔出土面积较小,适宜在软弱黏土层中施工,而当处在局部粉砂层时,可在盾构土舱内采用局部气压法来稳定正面土体,或当在含水地层中施工时,需要辅以疏干地层的措施。

根据出土方式的不同,网格挤压式盾构可分为干出土与水力出土两种类型。图4-10为网格挤压式水力机械盾构。

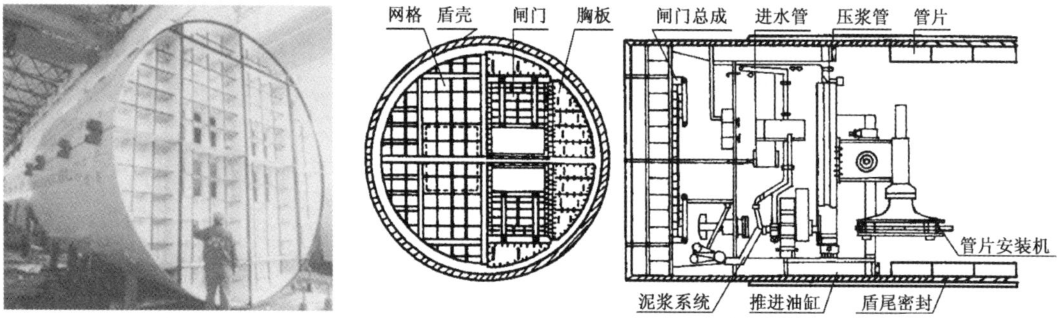

a)　　b)

图4-10　网格挤压式水力机械盾构

思考题

1. 简述敞开式盾构的概念及其技术特点。
2. 简述手掘式盾构的概念。
3. 简述半机械式盾构的技术特点。
4. 简述半机械式敞口盾构的工作原理。
5. 简述机械式盾构的技术特点。
6. 简述挤压式盾构的适应范围。

第 5 章
土压平衡盾构

本章重点：土压平衡(Earth Pressure Balance)盾构，简称 EPB 盾构。本章介绍土压平衡盾构的概念及工作原理、基本配置、设计要点、开挖面稳定机理、地质适应范围。

5.1 概念与工作原理

5.1.1 土压平衡盾构概念

前面讲述的敞开式盾构均适合在砂性土和黏性土、开挖面自稳性好，不需要进行支撑或只需要采用简单的方式(如钢板或压缩空气)就可以保持开挖面稳定的地层中施工。如果开挖面自稳性不够，很容易发生坍塌，而且地层中含水甚至水位线在隧道上方，敞开式盾构就无能为力了。经过长期的探索与实践，工程师们发明了可以在水土压力下掘进的盾构，土压平衡盾构就是其中的一种。

土压平衡(Earth Pressure Balanced)盾构，简称 EPB 盾构，是由刀盘开挖工作面的土壤，在土舱中以渣土为主要介质平衡隧道开挖面地层压力，通过螺旋输送机出渣的压力平衡式盾构。如图 5-1 所示，土压平衡盾构是在机械式盾构的前部设置隔板，使土舱和排土用的螺旋输送机内充满切削下来的渣土，依靠推进油缸的推力给土舱内的渣土加压，使渣土土压作用于开挖面以保持其稳定。

5.1.2 土压平衡盾构工作原理

土压平衡盾构的工作原理：刀盘旋转切削开挖面，破碎的泥土通过刀盘开口进入土舱，待泥土落到土舱底部后，被螺旋输送机运到皮带输送机上，然后输送到停在轨道上的渣车上(或直接通过连续皮带输送机输送到洞外)；土舱和螺旋输送机内充满了切削下来的泥土，依靠推进油缸的推力给土舱内的开挖土渣加压，使土舱内的渣土产生土压并作用于开挖面以使其保持稳定；此外，盾壳对挖掘出的、还未衬砌的隧道起着临时支护作用，承受周围土层和地下水的水土压力，还需要把地下水和土层挡在盾壳外面；管片拼装机在盾尾安装管片作为隧道的衬砌结构，拼装好的管片为盾构向前推进提供反作用力。掘进、排渣、衬砌、注浆等作业均在盾壳的保护下进行。

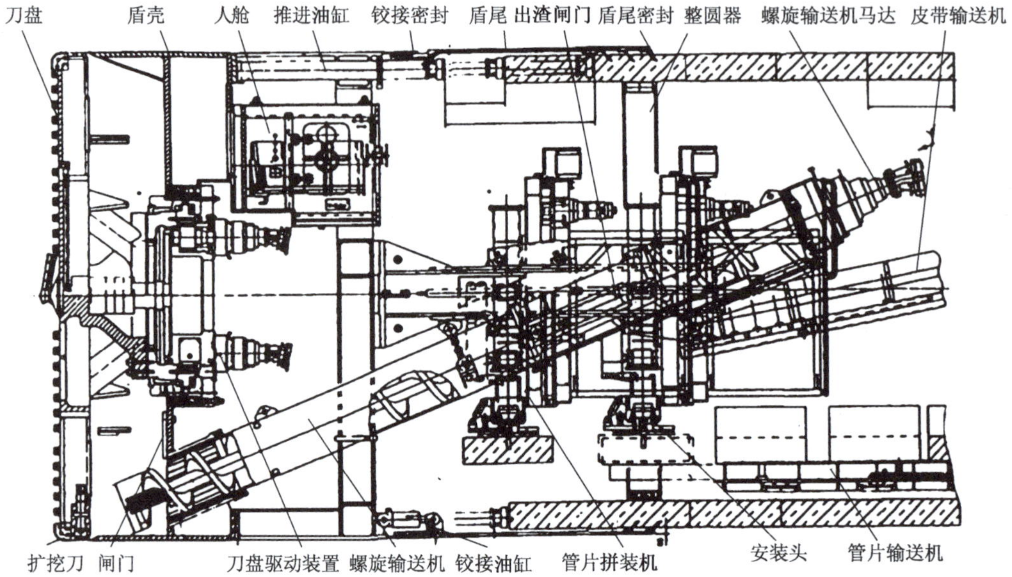

图 5-1　土压平衡盾构

5.1.3 土压平衡原理

开挖面的土体被旋转的刀盘上的刀具切削下来,然后通过刀盘开口进入土舱,与土舱内已有的渣土搅拌混合。推进油缸在管片的反作用下推动盾体和刀盘向开挖面的土壤挤压,随着土舱内渣土的积累,土舱内压力逐渐上升,见图 5-2。

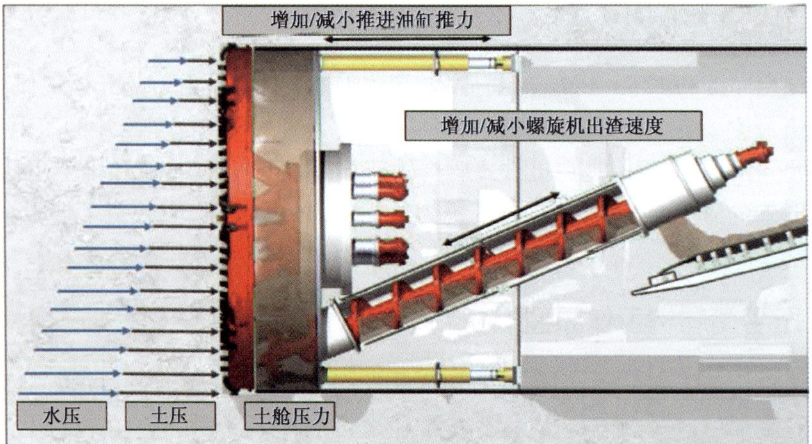

图 5-2　土压平衡原理

开挖面的水土压力是由土壤中水的高度产生的水压和不能自稳的土壤产生的土压叠加而成的。如果土舱中渣土的压力正好与开挖面的水土压力相同,开挖面就会保持稳定,直到被刀盘上的刀具开挖进入土舱。如果开挖面的压力大于土舱的压力,开挖面就可能坍塌导致地面下沉;如果开挖面的压力小于土舱的压力,开挖面原来的结构就会在压力下被破坏而向掘进方向挤压,从而造成地表隆起。

无论是地面下沉还是隆起都是应当避免的,其中的关键就是在掘进的过程中始终保持开挖面的水土压力与土舱内的渣土压力的动态平衡。

那么,怎样才能保持这个动态平衡呢?由于土舱的压力是由渣土的堆积形成的,所以可以通过控制土舱中渣土的堆积来控制用来平衡水土压力的土舱压力;而渣土的堆积与掘进速度和螺旋输送机出渣的速度相关,调节推进油缸的推进速度和螺旋输送机出渣速度就可以控制土舱的压力。

如果保持推进油缸的推进速度不变,提高螺旋输送机出渣的速度就会使土舱内的渣土逐渐减少,土舱内的压力也会相应减少;如果降低螺旋输送机出渣的速度就会使土舱内的渣土逐渐增多,从而土舱内的压力也会相应提高。

另外,如果保持螺旋输送机的出渣速度不变,提高推进油缸的推进速度就会使土舱内的渣土逐渐增加,土舱内的压力也会相应提高;如果降低推进油缸的推进速度就会使土舱内的渣土逐渐减少,土舱内的压力也会相应降低。

一般情况下,盾构操作人员会保持掘进速度不变,通过改变螺旋输送机的出渣速度来控制土舱内渣土的堆积,以达到保持土舱压力与开挖面水土压力动态平衡的目的。

5.2　开挖面稳定机理

开挖土舱由刀盘、切口环、隔板及螺旋输送机组成。土压平衡盾构就是将刀盘开挖下来的土渣填满土舱,借助盾构推进油缸的推力通过隔板进行加压,产生泥土压力,这一压力作用于整个开挖面使其保持稳定,刀盘切削下来的渣土量与螺旋输送机向外输送量相平衡,维持土舱内压力稳定在预定的范围内。

土舱内的土压力通过土压传感器进行测量,并通过调整推进力、推进速度、螺旋输送机转速来控制。

土压盾构在粉质黏土、粉质砂土和砂质粉土等黏性土层中掘进时,由刀盘切削下来的土体进入密封土舱后,可对开挖面地层形成被动土压力,与开挖面上的主动土压力相抗衡。在密封土舱和螺旋输送机内有足够多的切削土体时,产生的被动土压力即可与开挖面上的主动土压力大致相等,使开挖面的土层处于稳定。在密封土舱的土压与开挖面的土压保持平衡的状态下,盾构向前推进的同时,启动螺旋输送机排土,使排土量等于开挖量,即可使开挖面的地层始终保持稳定。排土量一般通过调节螺旋输送机的转速和出土闸门的开度予以控制。

在黏性土层推进时,如果含砂量超过某一限度,泥土的塑流性将明显变差,土舱内的土体因固结作用而被压密,导致渣土难以排送,此时就需要向土舱内注水或泡沫、泥浆、聚合物等,以改善土体的塑流性。

在砂性土层施工时,由于受砂性土流动性差,砂土的摩擦力大、渗透系数高,地下水丰富等因素的影响,土舱室内压力不易稳定,所以需进行渣土改良。向开挖的土舱里注入膨润土或泡沫剂,然后进行强制搅拌,使砂质土泥土化,具有塑性和不透水性,使土舱内的压力容易稳定。

土压平衡盾构开挖面的稳定由下列各因素的综合作用而维持：

①土舱内的土压力平衡地层压力和水压力；

②螺旋输送机调节排土量；

③适当保持泥土的流动性，根据需要调节添加剂的注入量。

开挖面稳定系统必须保持填充在土舱内的泥土压力，调节排土量，以便能平衡开挖面的地层土压力和水压力。

当土舱内的土压力大于地层压力和水压力时，地表将隆起，见图 5-3。

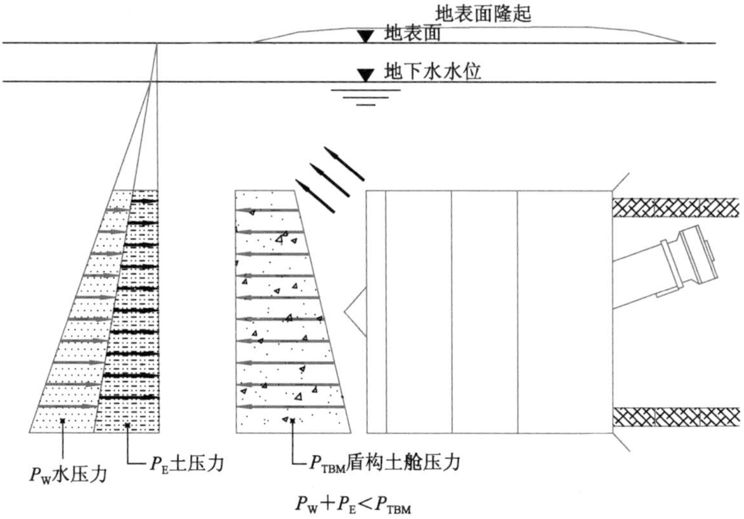

图 5-3 土舱压力大于水压力及土压力之和时地面隆起

当土舱内的土压力小于地层压力和水压力时，地表将下沉，见图 5-4；因此土舱内的土压力应与地层压力和水压力平衡，见图 5-5。

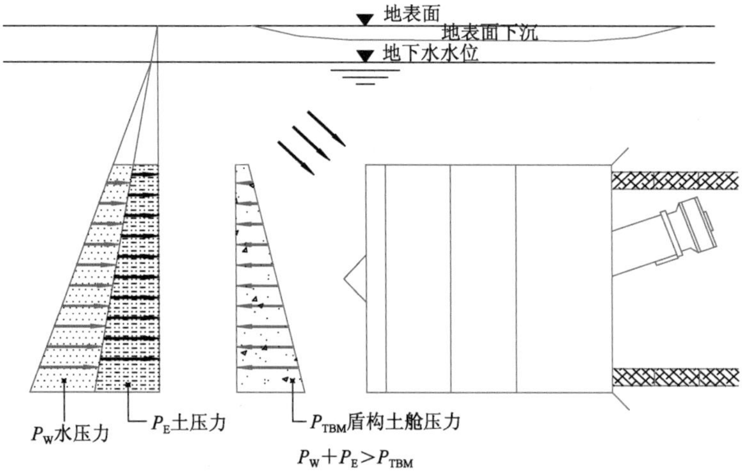

图 5-4 土舱压力小于水压力及土压力之和时地面下陷

土压平衡盾构开挖面稳定机理具有以下特征：使刀具切下的渣土呈塑性流动，充满于土舱内以控制开挖面；用螺旋输送机和排土调整装置来调整排土，使之与切削土量保持平衡，并使土舱内的渣土有一定压力，以抵抗开挖面的土压力、水压力；用土舱内和螺旋输送机内的渣土获得止水效果。

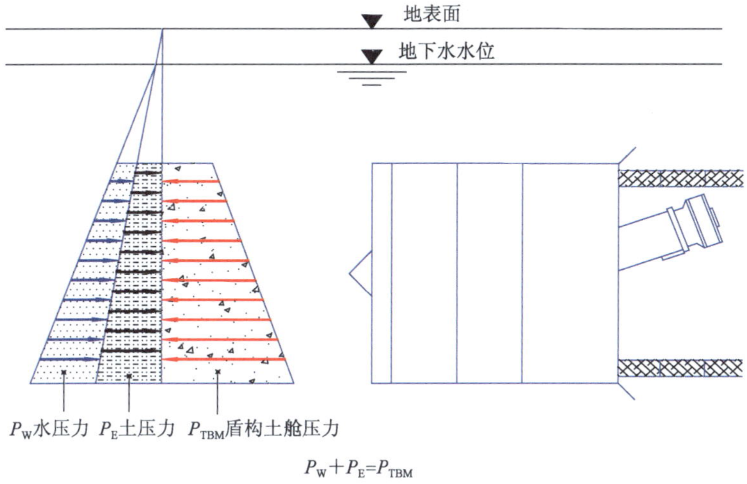

图 5-5　土舱压力等于水压力及土压力之和

为了保证开挖面的稳定，重要的是要使切削下来的渣土具有塑性流动性，并使渣土充满整个土舱，同时还应使开挖下来的渣土具有止水性。因此，土压平衡盾构稳定开挖面的机理，因工程地质条件不同而不同。开挖面工程地质条件通常分为黏性土和砂质土两类。

5.2.1　黏性土层的开挖面稳定机理

在粉质砂层和砂质粉土层等黏性土地层，由切削刀具切下的渣土一般比原地层强度低，具有塑性、流动性。即使是黏着力大、不易流动的土，由于切削刀具和螺旋输送机的搅拌作用，以及向土舱内注水等，也可使之具备流动性。就止水性而言，因黏性土的渗透系数较小，故无什么问题。

其次是必须使土舱内的渣土具有一定压力，以便与开挖面的水压力和土压力相抗衡。配合挖掘速度，通过调整螺旋输送机的转矩、转数以及排土闸门的开度，使开挖土量和排土量平衡，以保持土压力的稳定。一般都在土舱内壁布置土压计来控制开挖面压力。但应注意，有时因流动性差而无法准确测量土舱内的土压力。

另外，如土室内渣土过多，黏性土将会压密固化，开挖、排土均无法进行，此时需注入外加剂，通过向土舱内注水、空气、膨润土、泡沫或泥浆等添加剂，并作连续搅拌，以提高土体的塑流性，确保渣土的顺利排放。

5.2.2　砂性土层的开挖面稳定机理

由于砂性土和砂砾土的内摩擦角大，土的摩擦阻力大，故难以获得好的流动性。当切削下来的土充满土舱和螺旋输送机时，将使切削刀具转矩、螺旋输送机转矩、盾构推进油缸推力增大，甚至使开挖、排土无法进行。另外，此类地层渗透系数大，仅靠土舱和螺旋输送机内的压缩效应不可能完全止水，在开挖面水压高时，螺旋输送机排土闸门处易出现喷涌。因此，对这类地层，通常采用给开挖面或土舱内注入外加剂和加装搅拌棒进行强制搅拌等方法，以使开挖土具有流动性和止水性。与黏性土一样，通过控制开挖量和排土量来平衡开挖面的水压力、土压力，也可达到保持开挖面稳定的目的。

5.2.3 特殊条件下开挖面的稳定

(1)互层地基开挖面稳定

城市地基土多呈互层状态，开挖面也几乎都是互层的。由于互层地基中各土层的开挖释放力不同，就产生了以哪一层的土压力作为控制压力的问题。一般认为以释放荷重最大的那一层来决定控制压力较为合适。此时，释放荷重小的地层将被动受压，但一般情况下地基被动受压能力很强，所以不会出现被动破坏。

(2)软土地基开挖面稳定

软土地基的静止压力和主动土压力相差甚微，如以主动土压力控制，压力稍一降低，就有可能产生主动破坏。因此，最好是加大预留压力，即适当提高控制压力。但软黏土加压过度，会使前方地表隆起，同时扰动土体进而出现后续沉降，这一点应引起注意。

(3)大断面盾构开挖面稳定

大断面盾构的开挖面可能会出现大的变形、地基沉陷或隆起等问题。由于开挖面的变形与开挖半径的4次方成正比，故当开挖半径增大到2倍时，变形将达到16倍。因此，在研究大断面盾构开挖面稳定的同时，还需充分研究其变形的问题。

5.3 土压平衡盾构掘进模式

土压平衡盾构一般具有三种掘进模式，即敞开模式、局部气压模式和土压平衡模式(EPB模式)，如图5-6所示，每种掘进模式对应不同的开挖面稳定机理和地质适用条件。

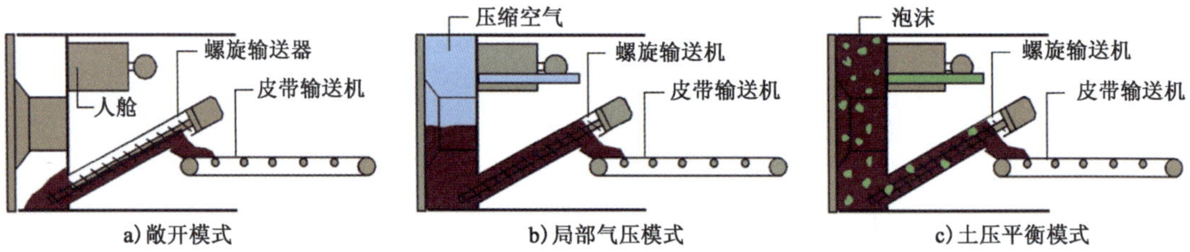

图5-6 土压平衡盾构的三种掘进模式

5.3.1 敞开模式

若开挖面是稳定性较好且含地下水较少的岩层时，土压平衡盾构可采用敞开式掘进，即土舱压力为零，开挖面也可在短时间内保证不失稳，土体不坍塌。该模式下，盾构切削下来的渣土被螺旋输送机立即排出土舱，故土舱基本处于清空状态，掘进中刀盘和螺旋输送机所受反扭力较小；刀盘扭矩小，磨损也小。

5.3.2　局部气压模式

局部气压模式，也称为半敞开模式。若开挖面具有一定自稳性，例如围岩稳定但富含地下水的地层、施工断面上除局部失压崩溃外大部分围岩稳定的地层，可以采用半敞开模式快速掘进。该模式下，暂时停止螺旋输送机出土、关闭螺旋输送机出土闸门，使土舱的下部充满渣石；同时向开挖面和土舱中注入适量的添加材料（如膨润土、泥浆或聚合物）和压缩空气，使土舱内渣土的密水性增加，也使添加材料在压力作用下渗进开挖面地层，并在开挖面上产生一层"泥膜"；通过气压和泥膜阻止开挖面涌水和坍塌现象的发生，再控制螺旋输送机低速转动以保证在螺旋输送机中形成"土塞"，可安全快速地通过不良地层。掘进中，土舱上部的空间接入压缩空气，与下部的渣土共同支撑开挖面和防止地下水渗入。

5.3.3　土压平衡模式

对于开挖地层稳定性不好或富含地下水的软质岩地层，则采用土压平衡模式（EPB 模式）。该模式下，刀盘切削开挖面的岩土，开挖下来的渣土填满土舱；借助盾构推进油缸的推力通过隔板进行加压，产生泥土压力。该压力可通过土压传感器进行测量，并通过控制推进力、推进速度、螺旋输送机转速来控制，以保证掘削土量与排渣量相对应，并使得土舱内的渣土压力与隧道开挖面上的水、土压力实现动态平衡。

5.4　渣土改良

5.4.1　渣土改良目的与材料

在土压平衡盾构施工中，尤其在复杂地层及特殊地层盾构施工中，为了保持开挖面的稳定，根据围岩条件适当注入添加剂，确保渣土的流动性和止水性，同时要慎重进行土舱压力和排土量管理。

渣土改良的目的如下：

(1)使渣土具有良好的土压平衡效果，利于稳定开挖面，控制地表沉降；

(2)提高渣土的不透水性，使渣土具有较好的止水性，从而控制地下水流失；

(3)提高渣土的流动性，以利于螺旋输送机排土；

(4)防止开挖的渣土黏结刀盘而产生泥饼；

(5)防止螺旋输送机排土时出现喷涌现象；

(6)降低刀盘扭矩和螺旋输送机的扭矩，同时减少对刀具和螺旋输送机的磨损，从而提高盾构的掘进效率。

作为压力平衡的媒介，在土舱里的渣土不但在刀盘的旋转作用下不停地流动，平衡前方开挖面的水土压力，还要通过螺旋输送机排到皮带输送机上运走，所以，必须具备下面几个方面的特性：

(1)适当的黏性。土壤需要有足够的内聚力，不能太黏而黏结在刀盘和刀具上产生泥饼，导致堵塞土舱和螺旋输送机。

(2)均匀及良好的流塑性。渣土容易在土舱和螺旋输送机里流动,降低对刀盘和螺旋输送机扭矩的要求,最后还需方便皮带输送机和矿车运输。

(3)一定的含水率。有了一定的含水率,才能在具有适当的黏性的同时还具有均匀及良好的流塑性。

(4)小内摩擦角。减少对刀盘、刀具和螺旋输送机的磨损,避免在土舱和螺旋输送机内很快发热。

(5)不透水性。避免开挖面水土透过土舱和螺旋输送机,造成地面沉降和螺旋输送机喷涌。

一般来讲,无论是在开挖前还是开挖后,自然界的土壤很难同时达上面要求的特性,所以对土压平衡盾构而言,如何对渣土进行改良是最重要的工作之一。

渣土改良就是在土壤中混入各种改良材料和添加剂后,使改良后的渣土能够达到上面要求的特性,满足土压平衡盾构掘进施工的需要。

常用的材料大致分为三类:矿物类、高分子类和表面活性剂类。

(1)矿物类:根据施工实践的经验,渣土中的微细颗粒(<0.06mm)需要达到30% ~35%才能具有良好的流动性和不透水性。如果微细颗粒不足,则需要添加膨润土,补充渣土中的微细颗粒成分,使渣土泥塑化,提高其可排性。

(2)高分子类:又分为水溶性和高吸水性材料。水溶性材料可以通过黏结流动水减少水土分离,增加渣土的黏性,从而增加其可排性;而高吸水性材料是其自身通过吸收大量的地下水而成为胶凝状态,达到吸水和止水的效果,并提高渣土的可排性。

(3)表面活性剂类:盾构施工中常用的表面活性剂类就是泡沫剂。其作用是通过泡沫与水和土壤颗粒的结合,提高土壤的内聚力,增强其流动性和止水性。

5.4.2 泡沫注入系统

良好的渣土改良是降低刀具磨损、增强开挖面稳定、排土顺畅,降低掘进时扭矩推力的最好方法之一。上面这些材料一般是一种或多种组合使用,以达到理想的渣土改良效果。

土压平衡盾构主要是在砂性土和黏土地层使用的,故泡沫是最重要、最常用的渣土改良材料。同时,泡沫也是一种环保材料,一般在与土壤混合后几天内就会降解,残留很低,土壤也会相应恢复其特性。

泡沫注入系统常用于细颗粒比例较高的土壤,如黏土。主要用来提高渣土的流动性、保水性及止水性;具体来讲,就是使改良后的渣土具有更好的可排性,能起到降低刀盘扭矩、减少地层中水的流失的作用,并降低结泥饼的风险。

土压平衡盾构泡沫注入系统如图5-7所示。

泡沫剂和水通过一定的比例混合后,利用泡沫发生器用压缩空气吹成泡沫,然后通过泡沫管注入刀盘前方、土舱内和螺旋输送机内与渣土混合。

为了产生高质量的泡沫,经过工程实践,总结出如下经验:

(1)泡沫剂和水的混合比例:一般水占的比例为95% ~98%,而泡沫剂的比例为2% ~5%;

(2)泡沫溶液与空气的混合比例:也被称为发泡率,一般为1:14 ~1:10。

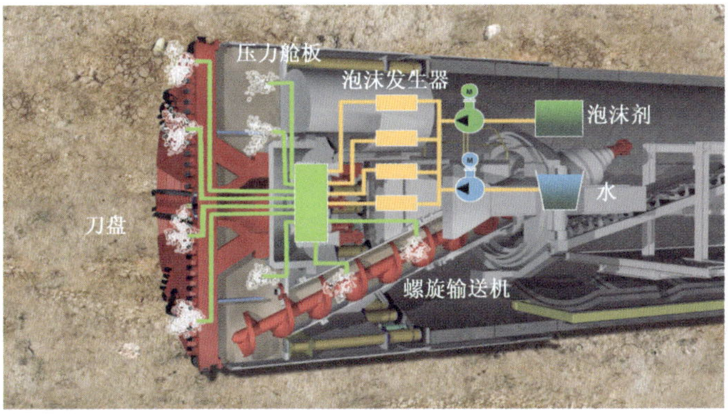

图5-7 土压平衡盾构泡沫注入系统

泡沫与砂性土混合后，可以提高其内聚力，变得更具有弹性、可流动性和止水性，见图5-8中的对比。

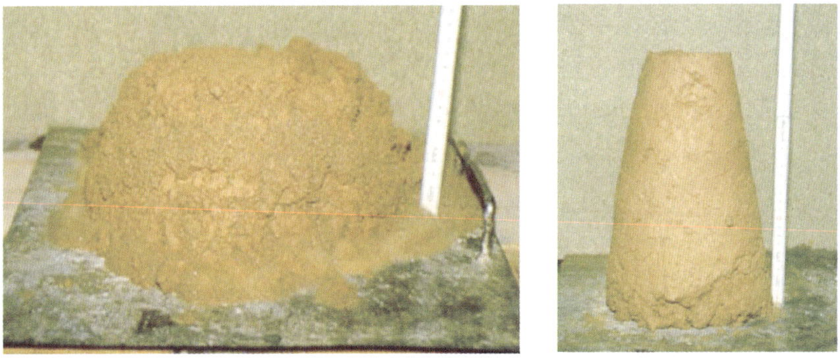

a）加泡沫前　　b）加泡沫后

图5-8 泡沫与砂性土混合前后对比

泡沫与黏土混合后，可以降低其内摩擦角，变得更容易流动而不易黏结，见图5-9中的对比。

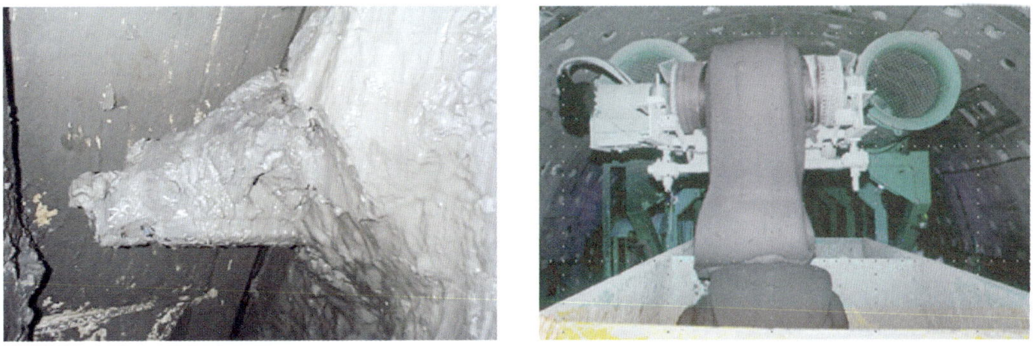

a）加泡沫前　　b）加泡沫后

图5-9 泡沫与黏土混合前后对比

在大大降低黏土的内摩擦角之后，盾构的大多数设计指标都可以降低，如刀盘扭矩、推进油缸推力、螺旋输送机扭矩等，相应的施工能耗也降低了。

那么,在土壤中到底要注入多少泡沫呢?一般采用下面的公式来计算:

$$Q(\%) = a \times [(60 - 3.8 \times X^{0.8}) + (80 - 3.3 \times Y^{0.8}) + (90 - 2.7 \times Z^{0.8})]/2 \quad (5\text{-}1)$$

式中:X——筛分粒径,0.075mm;

Y——筛分粒径,0.42mm;

Z——筛分粒径,2mm;

a——修正系数。

而修正系数 a 可以用均一性系数 U 来确定:

$U<4$ 时,$a=1.6$;

$4 \leqslant U \leqslant 15$ 时,$a=1.2$;

$U>15$ 时,$a=1.0$。

需要注意的是,这个公式没有考虑孔隙容积、含水量、渗透性、黏性和支撑压力。

5.4.3 膨润土注入系统

土压平衡盾构膨润土注入系统(图 5-10)常用于细颗粒比例较低的土壤,如砂卵石地层;主要用来增加土壤中细颗粒的比例,使土体具有更好的流动性和不透水性。其作用也是使渣土具有更好的可排性、降低刀盘扭矩和减少地层中水的流失。在注入时一定要使用较好的材料,掌握膨化时间,以达到添加效果。

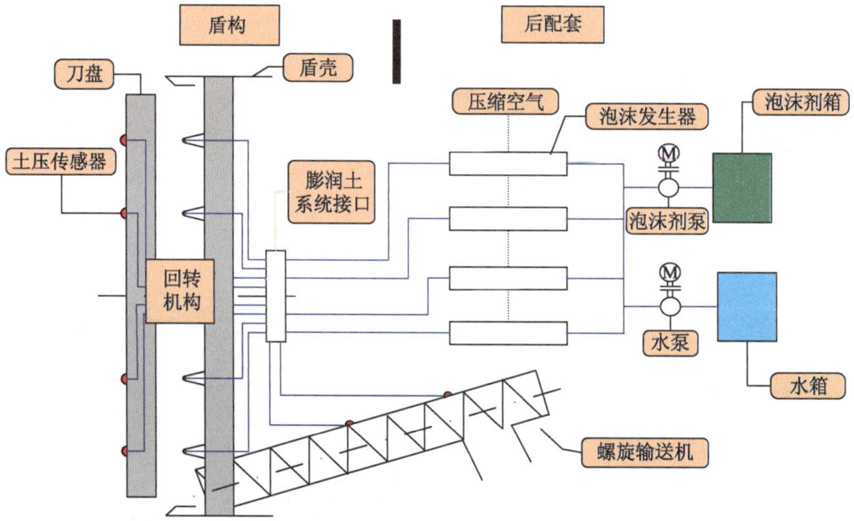

图 5-10 土压平衡盾构膨润土注入系统

5.4.4 聚合物注入系统

聚合物注入系统适用于非黏性土,常用于含水较丰富的砂卵石地层;主要用来黏结水分,减少水土分离,增加土的黏性。其体现出来的作用也是使渣土具有更好的可排性、降低刀盘扭矩和减少地层中水的流失。

5.5 土压控制

在设定土压力时主要考虑地层土压、地下水水压(孔隙水压)及预先考虑的预备压力等。

(1)地层土压计算

除前述计算方法外,在我国铁路隧道设计规范中,根据大量施工经验,在太沙基土压力理论的基础上,提出以岩体综合物性指标为基础的岩体综合分类法。根据隧道埋深不同,将隧道分为深埋隧道和浅埋隧道,再根据隧道的具体情况采用不同的计算方式进行土压计算。

深、浅埋隧道的判定原则一般以隧道顶部覆盖层能否形成"自然拱"为原则。深埋隧道围岩松动压力值是根据施工坍方平均高度(等效荷载高度)确定的。深、浅埋隧道分界深度通常为施工坍方平均高度的 2 ~ 2.5 倍。

$$H_p = (2 \sim 2.5)h_q \tag{5-2}$$

式中:H_p——深、浅埋隧道分界的深度;

h_q——施工坍方平均高度,$h_q = 0.45 \times 2^{6-S}\omega$;

S——围岩类别,如Ⅲ类围岩,则 $S = 3$;

ω——宽度影响系数,且 $\omega = 1 + i(B-5)$;

B——隧道净宽度(m);

i——以 $B = 5$m 为基准,B 每增减 1m 时的围岩压力增减率。当 $B < 5$m 时,取 $i = 0.2$;$B > 5$m,取 $i = 0.1$。

在深埋隧道中,按照太沙基土压力理论计算公式以及日本村山理论,可以较为准确地计算出盾构前方的松动土压力。在实际施工过程中,可以根据隧道围岩分类和隧道结构参数,按照我国现行的《铁路隧道设计规范》(TB 10003—2016)中推荐的计算围岩竖直分布松动压力 q 的计算公式:

$$q = 0.45 \times 2^{6-S}\gamma\omega \tag{5-3}$$

式中:γ——围岩重度。

地层在产生竖向压力的同时,也产生侧向压力,侧向水平松动压力 σ_a 的计算见表 5-1。

侧向水平松动压力计算　　表 5-1

围岩分类	Ⅵ ~ Ⅴ	Ⅳ	Ⅲ	Ⅱ	Ⅰ
水平松动压力 σ_a	0	$(0 \sim 1/6)q$	$(1/6 \sim 1/3)q$	$(1/3 \sim 1/2)q$	$(1/2 \sim 1)q$

在浅埋隧道中,静止土压为原状的天然土体中,土处于静止的弹性平衡状态,这时的土压力为静止土压力。在任一深度 h 处,土的铅垂方向的自重应力 σ_z 为最大主应力,而水平应力 σ_x 为最小主应力。

$$\sigma_x = k\sigma_z = k\gamma h \tag{5-4}$$

式中:k——侧向土压力系数,$k = \upsilon/(1-\upsilon)$,$\upsilon$ 为岩体的泊松比。

一般采用下列经验公式计算。

经验值:砂层中,$k = 0.34 \sim 0.45$;黏土地层中,$k = 0.5 \sim 0.7$。

经验公式:

Jaky 公式(砂层),$k=1-\sin\varphi$;

Brooker 公式(黏性土层),$k=0.95-\sin\varphi'$。

式中,φ、φ'为土的有效内摩擦角。

根据日本《建筑基础结构设计规范》建议,不分土的种类,k 均为 0.5。

计算地面以下深度为 z 处的地层自重应力 σ_z,等于该处单位面积上土柱的重力。

$$\sigma_z = \gamma_1 h_1 + \gamma_2 h_2 + \gamma_3 h_3 + \cdots + \gamma_n h_n = \sum \gamma_i h_i \tag{5-5}$$

式中:γ_i——第 i 层土的天然重度(kN/m^3),在地下水水位以下一般采用浮重度;

h_i——第 i 层土的厚度(m);

n——从地面到深度 z 处的土层数。

在浅埋隧道的施工过程中,由于施工的扰动,改变了原状天然土体的静止弹性平衡状态,从而使刀盘前方土体产生主动或被动土压力。

盾构推进时,如果土压力设置偏低,工作面前方土体向盾构刀盘方向产生微小移动,土体出现向下滑动趋势。为阻止土体的下滑趋势,土体抗剪力增大,当土体的侧向应力减小到一定程度,土体的抗剪强度达到一定值,土体处于主动极限平衡状态,与此相应的土压力称为主动土压力。主动极限平衡被破坏时,地面将下沉。

盾构推进时,如果土舱压力设置偏高,刀盘对土体的侧向应力逐渐增大,刀盘前方土体出现向上滑动趋势,为抵抗土体向上滑动,土体抗剪力逐渐增大,处于被动平衡状态,与此相应的土压力称为被动土压力。被动极限平衡被破坏时,地面将隆起。

根据盾构的特点及盾构施工的原理,采用朗金理论计算主动土压力与被动土压力。

当盾构推力偏小,土体处于向下滑动的极限平衡状态。此时土体内的竖直应力 σ_z 相当于最大主应力 σ_1,水平应力 σ_x 相当于最小主应力 σ_a。水平应力 σ_x 为维持刀盘前方的土体不向下滑移需要的最小土压力,即土体的主动土压力。画出土体的应力圆(图 5-11),此时水平轴上 σ_3 处的 E 点与应力圆在抗剪强度线切点 M 的连线和竖直线间的夹角 β 被称为破裂角。

由图 5-11 可知:

$$\begin{cases} \beta = \dfrac{1}{2}\angle ENM = \dfrac{1}{2}(90-\varphi) = 45^\circ - \dfrac{\varphi}{2} \\ \sigma_x = \sigma_a = \sigma_3 = \sigma_z \tan^2\left(45^\circ - \dfrac{\varphi}{2}\right) - 2\cot\left(45^\circ - \dfrac{\varphi}{2}\right) \end{cases} \tag{5-6}$$

式中:σ_z——深度为 z 处的地层自重应力;

φ——地层内部摩擦角。

当盾构的推力偏大,土体处于向上滑动的极限平衡状态。此时作用在刀盘前方的土压力 σ_p 相当于大主应力 σ_1,而竖向应力 σ_z 相当于小主应力 σ_a。画出土体的应力圆(图 5-12),当应力圆与抗剪强度线相切时,刀盘前方的土体被破坏,向前滑移。此时作用在刀盘上的土压力 σ_p 即土体的被动土压力。

由图 5-12 可知:

$$\beta' = \frac{1}{2}\angle ENM = \frac{1}{2}(90+\varphi) = 45^\circ + \frac{\varphi}{2}$$

$$\sigma_p = \sigma_1 = \sigma_z \tan^2\left(45° + \frac{\varphi}{2}\right) + 2\cot\left(45° + \frac{\varphi}{2}\right) \tag{5-7}$$

式中：σ_z——深度为 z 处的地层自重应力；

φ——地层内部摩擦角。

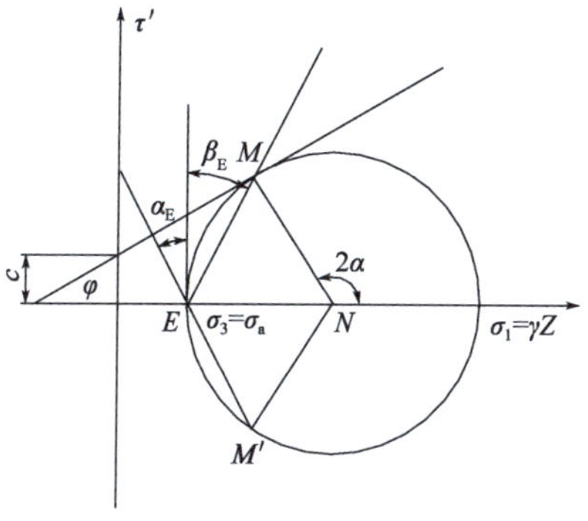

图 5-11　主动土压力应力圆

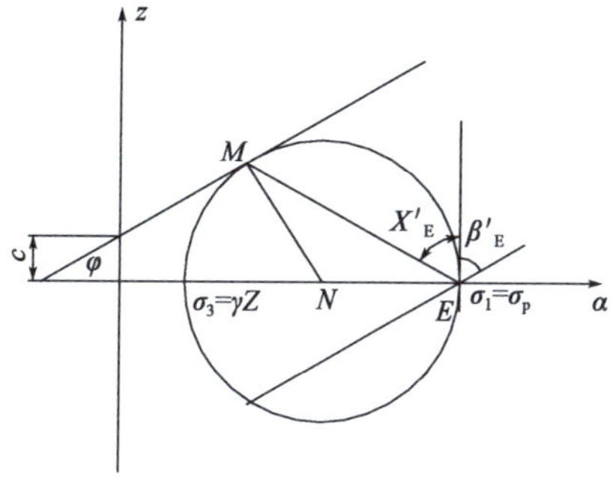

图 5-12　被动土压力应力圆

(2)地下水压力计算

当地下水水位高于隧道顶部，由于地层中孔隙的存在，从而形成侧向地下水水压。地下水水压力的大小与水力梯度、渗透系数、渗透速度以及渗透时间有关。在计算水压力时，由于地下水在流经土体时受到土体的阻力，引起水头损失。作用在刀盘上的水压力一般小于该地层处的理论水头压力。

在掘进中，随着盾构不断往前推进，土舱内的压力介于原始的土压力值附近。加上水在土中的微细孔中流动时的阻力。故在掘进时地层中的水压力可以根据地层的渗透系数进行酌情考虑。当盾构因故停机时，由于地层中压力水头差的存在，地下水必然会不断地向土舱内流动，直至将地层中压力水头差消除为止。此时的水压力为：

$$\sigma_w = q \cdot \gamma h \tag{5-8}$$

式中：q——根据土的渗透系数确定的一个经验数值，砂土中 $q = 0.8 \sim 1.0$，黏性土中 $q = 0.3 \sim 0.5$；

γ——水的重度；

h——地下水水位距离刀盘顶部的高度。

在实际施工中，由于管片顶部的注浆可能会不密实，故地下水可能会沿着管片外部的空隙形成过水通道，当盾构长时间停机时，必将形成一定的压力水头。

$$\sigma_{w1} = q_{砂浆} \cdot \gamma h_W \tag{5-9}$$

式中：$q_{砂浆}$——根据砂浆渗透系数和注浆饱满程度确定的一个经验数值，一般取 $q = 0.8 \sim 1.0$；

γ——水的重度；

h_W——补强注浆处和刀盘顶部的高差。

在计算水压力时，刀盘后部的水压力 σ_{w1} 与刀盘前方的水压力 σ_w 取大值进行考虑。

(3)预备压力

由于施工存在许多不可预见的因素，致使施工土压力小于原状土体中的静止土压力。按照施工经验，在计算土压力时，通常在理论计算的基础之上再考虑 10～20kPa 的压力作为预备压力。

(4)土压平衡控制

土压平衡控制的要点就是维持开挖面稳定，确保土舱内的土压力平衡开挖面的地层土压力和水压力。土压平衡盾构开挖面的稳定由下列各因素的综合作用而维持：适当的推进速度使土舱内的土压力平衡地层压力和水压力；通过调节螺旋输送机的转速和排土闸门开度调节排土量；适当保持泥土的流动性，根据需要调节添加剂的注入量。

土压平衡盾构以土压力为控制目标，通过将盾构土舱内的实际土压值 P_i 与设定土压值 P_0 进行比较，依此压差进行相应的排土管理，其控制流程如图 5-13 所示。设定土压值 P_0 应控制在以下范围内：（水压力 + 主动土压力）$< P_0 <$（水压力 + 被动土压力）。

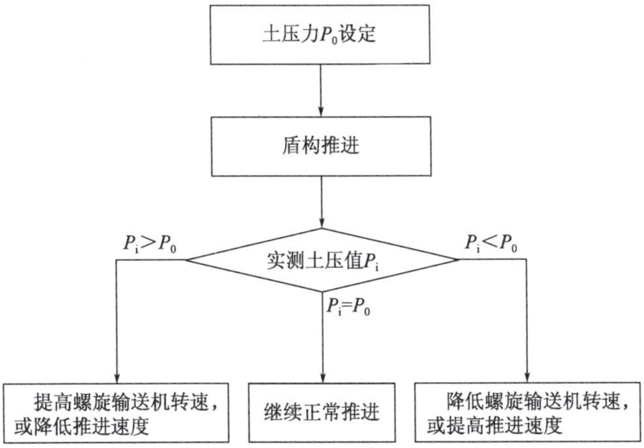

图 5-13　土压控制流程

5.6　基 本 配 置

土压平衡盾构由刀盘、盾体、刀盘驱动（主驱动单元）、人舱、推进油缸、铰接密封、管片拼装机、螺旋输送机、中心回转接头、土舱、铰接油缸、盾尾密封、管片输送装置、皮带输送机、螺旋输送机闸门及后配套系统等组成，见图 5-14。

土压平衡盾构的结构与施工详见视频 5-1。

视频5-1

土压平衡盾构的结构与施工

扫描此码　观看视频

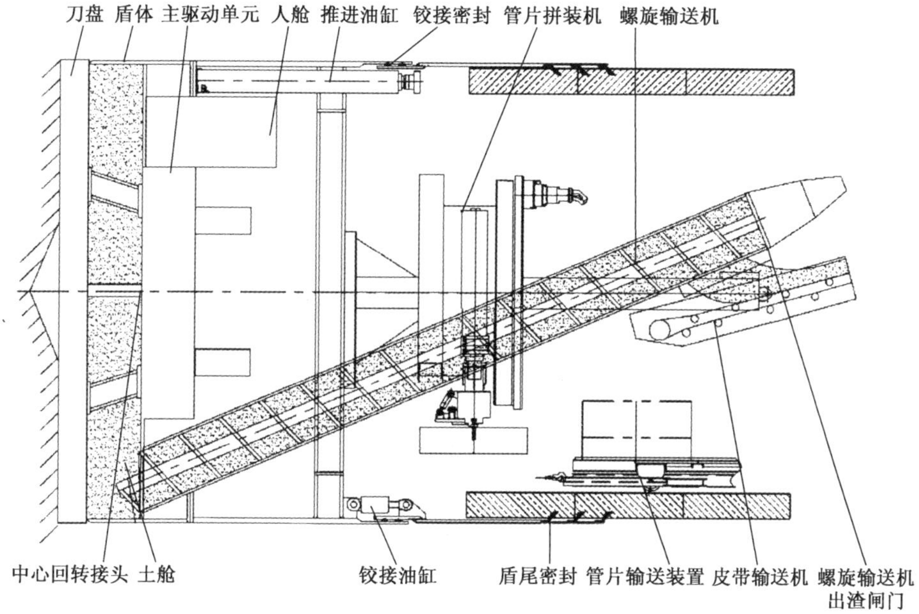

图 5-14　土压平衡盾构系统构成

土压平衡盾构的组成及施工流程详见视频 5-2(该视频由浙江大学“973”计划“全断面大型掘进装备设计制造中的基础科学问题”项目组提供)。

视频5-2

土压平衡盾构的组成及施工流程

扫描此码　观看视频

5.6.1　刀盘

刀盘是机械化盾构的掘削机构,刀盘结构应根据地质适应性的要求进行设计,必须适合围岩条件,在确保开挖面稳定的情况下,提高掘进速度。刀盘设计时,应充分考虑刀盘的结构形式、刀盘支承方式、刀盘开口率、刀具的布置等因素。

刀盘具有三大功能:

①开挖功能。刀盘旋转时,刀具切削隧道掌子面的土体,对掌子面的地层进行开挖,开挖后的渣土通过刀盘的开口进入土舱。

②稳定功能。支撑掌子面,具有稳定掌子面的功能。

③搅拌功能。对于土压平衡盾构,刀盘对土舱内的渣土进行搅拌,使渣土具有一定的塑

性，然后通过螺旋输送机将渣土排出。

盾构的刀盘结构形式与工程地质情况有着密切的关系，不同的地层应采用不同的刀盘结构形式。土压平衡盾构的刀盘有两种形式：面板式和辐条式。

面板式刀盘在中途换刀时安全可靠，但开挖土体进入土舱时易黏结、易堵塞，在刀盘上易形成泥饼（图5-15）。

辐条式刀盘仅有几根辐条，辐条后设有搅拌叶片，渣土流动顺畅，不易堵塞。但不能安装滚刀，且中途换刀安全性差，需加固土体，费用高（图5-16）。

图5-15 面板式刀盘

图5-16 辐条式刀盘

辐条式刀盘对砂、土等单一软土地层的适应性比面板式刀盘较强；但由于不能安装滚刀，在风化岩及软硬不均地层或硬岩地层，宜采用面板式刀盘。

5.6.2 刀盘驱动

驱动方式有三种：一是变频电机驱动；二是液压驱动；三是定速电机驱动。由于定速电机驱动，刀盘转速不能调节，一般不采用。现将刀盘驱动方式中的变频驱动与液压驱动比较，见表5-2。

刀盘驱动方式比较表 表5-2

项　目	①变频方式	②液压方式	备　注
驱动部外形尺寸	大	小	一般情况下，①:② = (1.5 ~ 2):1
后续设备	少	多	②需要液压泵、油箱、冷却装置等
效率(%)	95	65	液压系统效率低
起动电流	小	小	①变频起动电流小； ②无负荷起动电流小
起动力矩	大	小	①起动力矩可达到额定力矩的120%
起动冲击	小	较小	①利用变频软起动，冲击小； ②控制液压泵排量，可缓慢起动，冲击较小

续上表

项　　目	①变频方式	②液压方式	备　　注
转速控制、微调	好	好	①变频调速； ②控制液压泵排量，可以控制转速和进行微调
噪声	小	大	液压系统噪声大
隧道内温度	低	高	液压系统传动效率低，功率损耗大，温度高
维护	容易	较困难	②液压系统维护要求高，维护较复杂

5.6.3　刀盘支承

刀盘的支承方式主要有中心支承式、中间支承式和周边支承式（图5-17）三种。在设计时应考虑盾构直径、土质条件、排土装置等因素。

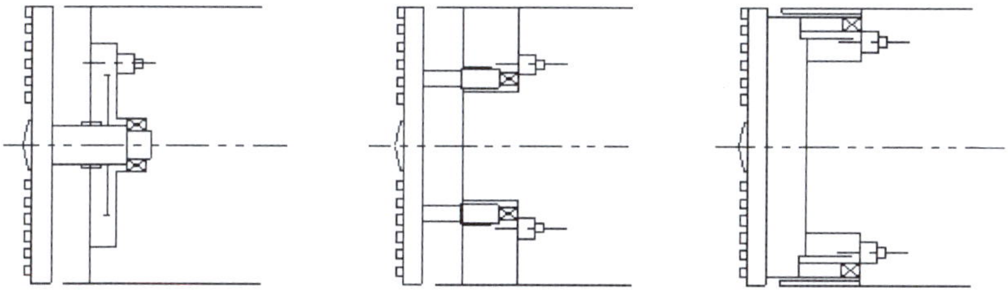

a）中心支承式　　b）中间支承式　　c）周边支承式

图5-17　刀盘的支承方式

（1）中心支承式

一般用于中小型直径的盾构。该方式刀盘旋转切削土体时，土舱内土体的流动空间和被直接搅拌的范围大，土体流动顺畅，土体搅拌混合效果良好，黏土附着的可能性少，不易引起堵塞，开挖面压力较稳定，因而盾构掘进效果较好，改善了盾构控制地面沉降的性能。但由于机内空间狭小，处理大石块、卵石比较困难。

（2）中间支承式

结构上较为平衡，主要用于中大型直径的盾构。当用于小直径盾构时，应认真考虑防止中心部位黏结泥饼等问题。由于中间支承的存在，将盾构土舱分隔成两个区域，中心区域占土舱内相当大的空间。当刀盘旋转切削土体时，中心区域以外部分的土体流动顺畅，易于搅拌。中心区域内的土体流动较差，当切削土体黏性较大并长期积聚于中心区域时，中心区域土体逐渐增多并最终形成泥饼，会完全丧失流动性。内外两个区域的土体流动性差异较大，土体搅拌混合的效果难以确保。刀盘采用中间支撑方式的盾构在黏性土（包括粉细砂）中施工时，若处理不好，土舱内切削土体搅拌效果不易满足要求，并可能会因黏附堵塞形成泥饼，造成出土不畅、阻力增大、开挖面压力控制不稳定。因而，盾构掘进效果受到影响，且对控制地面沉降不利。

（3）周边支承式

一般用于小直径盾构，机内空间较大，砾石处理较为容易。该方式易在刀盘的外周部分黏结泥土，在黏性土中使用时，应充分研究如何防止黏附的问题。

5.6.4 膨润土添加系统及泡沫系统

膨润土添加系统和泡沫系统是盾构掘进的调节媒介。通过该系统对不同的地质条件使用添加塑流化改性材料,以改善盾构土舱内切削土体的塑流性,既可实现平衡开挖面水土压力,又能向外顺畅排土,拓宽了土压平衡盾构的适应范围。

5.6.5 螺旋输送机

螺旋输送机由伸缩筒、出渣筒、液压马达、螺旋轴、出渣闸门组成,是土压平衡盾构的排土装置。其主要有以下三个功能:

(1)将盾构土舱内的土体向外连续排出。

(2)土体在螺旋输送机内向外排出的过程中形成密封土塞,阻止土体中的水分散失,保持土舱内土压的稳定。

(3)将盾构土舱内的土压值自动与设定土压值进行比较,随时调整向外排土的速度,控制盾构土舱内实现连续的动态土压平衡过程,确保盾构连续正常向前掘进。

5.6.6 皮带输送机

皮带输送机将渣土从螺旋输送机的出渣口转运到停在轨道上的渣车内。

5.6.7 同步注浆系统

同步注浆的目的主要有以下三个方面:

(1)及时填充盾尾建筑空隙,支撑管片周围岩体,有效地控制地表沉降。

(2)凝结的浆液作为盾构施工隧道的第一道防水屏障,防止地下水或地层的裂隙水向管片内泄漏,增强盾构隧道的防水能力。

(3)为管片提供早期的稳定并使管片与周围岩体一体化,限制隧道结构蛇行,有利于盾构姿态的控制,并能确保盾构隧道的最终稳定。

5.6.8 盾体密封系统

盾体密封系统是盾构正常掘进的关键系统,盾构法隧道施工所发生的安全事故常常在盾尾。铰接式盾构的盾体密封系统包括铰接密封和盾尾密封。

(1)铰接密封

铰接密封一般有三种形式:一种是采用一道或多道橡胶唇口式铰接密封;另一种是采用石墨石棉或橡胶材料的盘根加气囊式铰接密封(图 5-18);还有一种是双排气囊式铰接密封(图 5-19)。

(2)盾尾密封

盾尾止水采用钢丝刷密封装置,是集弹簧钢、钢丝刷及不锈钢金属网于一体的结构。盾尾油脂泵向每道钢丝刷密封之间供应油脂,以提高止水性能。采用三道钢丝刷的盾尾密封装置如图 5-20 所示。

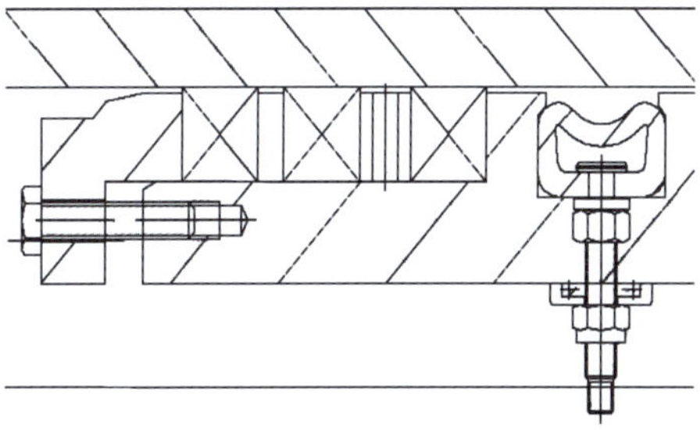

图 5-18　盘根加气囊式铰接密封

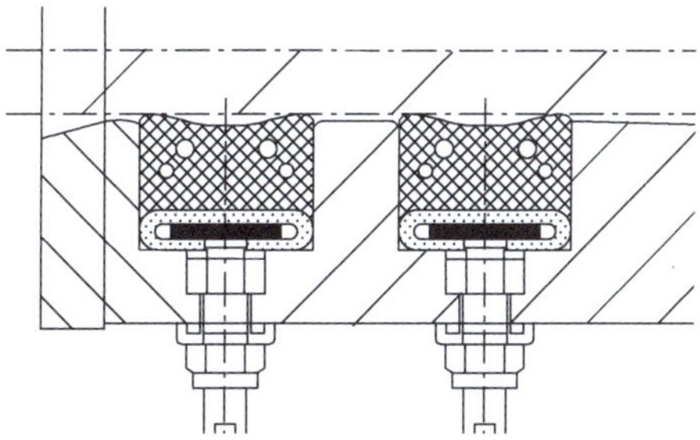

图 5-19　双排气囊式铰接密封

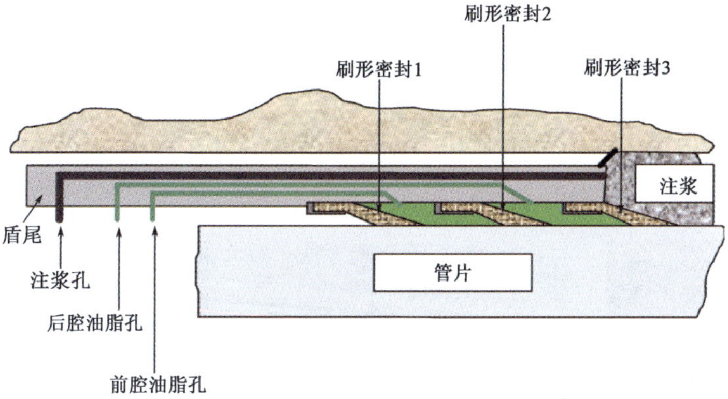

图 5-20　采用三道钢丝刷的盾尾密封装置

5.6.9　管片拼装机

管片拼装机有两种形式：机械抓取式和真空吸盘式。其作用是按照顺序抓取从洞外运入的预制管片在盾壳的保护下拼装成整环形成隧道衬砌。

5.6.10　数据采集系统

数据采集系统"采集、处理、储存、显示、评估出现的与盾构有关的数据"。采用此系统，可输出环报、日报、周报等数据。具有各种参数的设定、测量、掘进、报警功能，并可输出历史曲线和动态曲线。所有采集数据均能保存下来，供日后分析、判断和参考。

5.6.11　导向系统

随时掌握和分析盾构在掘进过程的各种参数，是指导盾构正常掘进不可缺少的系统。导向系统一般由经纬仪、ELS 靶、后视棱镜、计算机等组成，能连续不断地提供关于盾构姿态的最新信息。通过适当的转向控制，可将盾构控制在设计隧道线路允许公差范围内。导向系统的主要基准点是由一个从激光经纬仪发射出的激光束，经纬仪安装在盾构后方的管片上。

目前市场上主流的导向系统主要有上海力信 RMS-D 导向系统、铁建重工 DDJ 导向系统、中铁装备 ZED 导向系统、德国 VMT 导向系统、日本演算工坊导向系统。除了演算工坊是棱镜法，其余均为激光靶法。国产导向系统原理、部件基本一致，区别在于软件算法、功能、界面和技术服务的差别。

5.7 主要部件和系统的选择与设计

5.7.1 刀盘刀具设计

1）刀盘类型

盾构刀盘是由钢结构构件焊接和机加工后安装上各种刀具和辅助附件而成，目前刀盘所用主流材料是 Q345R。

刀盘具有三大基本功能，即切削开挖面、支撑开挖面、搅拌渣土。除此以外，刀盘还具有为渣土改良的管道和喷嘴提供结构和通道、为辅助的液压和电气管线提供结构和通道以及连接主驱动的作用。

从结构上划分，常用的土压平衡盾构刀盘有辐条式刀盘和面板式刀盘及介于二者之间的辐板式刀盘，分别适应不同的地质条件（图 5-21）。

a）辐条式刀盘

b）面板式刀盘

c）辐板式刀盘

图 5-21　刀盘按结构形式分类

辐条式刀盘由轮缘、辐条、传力架及安装在辐条上的刀具组成。其结构简单，重量轻，开口率很大，可达 60% ~80%，刚度低，可安装的刀具数量少，对驱动扭矩要求低，一般不安装滚刀，适用于自稳性好的砂性土或砂卵石地层。

面板式刀盘由面板、焊接箱型构件、刀箱、传力架、加强筋及刀具组成。其结构较为复杂，开口率一般 25% ~45%，对开挖面有支撑的作用，刚度较好，可安装的刀具数量和种类较多，对驱动扭矩要求较高，适用于自稳性较差的砂性土、黏土、砂卵石和破碎的风化岩地层。

辐板式刀盘一般是在辐条式刀盘上的辐条之间增加支撑开挖面的辐板来扩展辐条式刀盘的适应性。

从适应的地层划分，一般可分为软土刀盘、硬岩刀盘和介于两者之间的复合刀盘，分别对应不同性质的开挖面（图 5-22）。

刀盘上有没有切刀和滚刀是区别刀盘类型的重要标志。

软土刀盘以切刀为主，可以有周边刮刀和先行刀，但是没有滚刀，一般用于 UCS（抗压强度)小于5MPa的软土地层或强风化的软岩地层。软土刀盘可以是辐条式刀盘、面板式刀盘或辐板式刀盘。

a)软土刀盘　　b)硬岩刀盘　　c)复合刀盘

图5-22　刀盘按适应地质分类

硬岩刀盘以滚刀为主,边缘和部分面板上有装有铲刀,但是没有切刀,一般用于UCS大于50MPa的全断面岩石地层,开口率一般较低,在20%以下。硬岩刀盘是一种特殊的面板式刀盘,一般称为鼓形刀盘。

复合刀盘则既有滚刀,也有切刀和周边刮刀,还可以安装先行刀,一般用于UCS大于5MPa的软硬不均的地层。滚刀还可以与切削类刀具可互换,这样可以适用于软土地层。复合刀盘一般都是面板式刀盘。

2)刀具类型

盾构刀具可大致分为滚压破岩刀具、切削破岩刀具和辅助刀具三类,如图5-23所示。

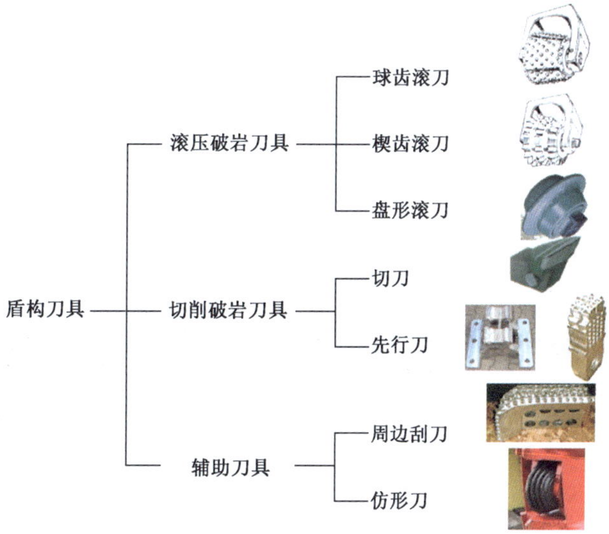

图5-23　盾构刀具分类

按开挖的地层划分,刀具可简单分为两类:软土刀具和硬岩刀具。

硬岩刀具就是指滚刀,其他的刀具都可归类为软土刀具。

按切削原理可分为切削刀具(也称为“刮削刀具”)和滚压刀具(图5-24),这与上面的软土刀具和硬岩刀具是对应的。

a)切削刀具　　b)滚压刀具

图5-24　刀具按切削原理分类

切削刀具(图5-25)是指只随刀盘转动而没有自转的破岩刀具。

切削刀具是由刀座、刀体和刀刃三部分组成的,刀座是刀具与刀盘连接的部分。与刀盘的连接有焊接方式(如先行刀)、螺栓连接方式(如边刮刀)、插销连接方式(如正面切刀)。替换滚刀的切削刀具与滚刀的安装方式相同。刀体对硬质合金刀刃起支撑和保护作用,要有足够的强度和耐磨性,常常采用表面硬化技术或局部堆焊耐磨层。切削刀刀刃是切刀切削岩土和保护刀体不被磨损的关键部位,通常是用硬质合金做成的。其数量、大小和形状根据部位、作用、地层设计。

切削刀的工作原理:在推力的作用下,刀刃嵌入土层或岩层中,刀盘带动刀具转动切削岩层,在掌子面形成一环环犁沟,特点是效率高,刀盘转动阻力大(图5-26)。

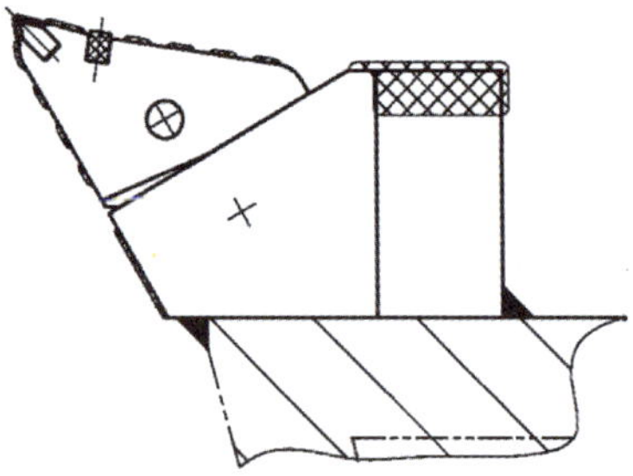

图5-25　切削刀具

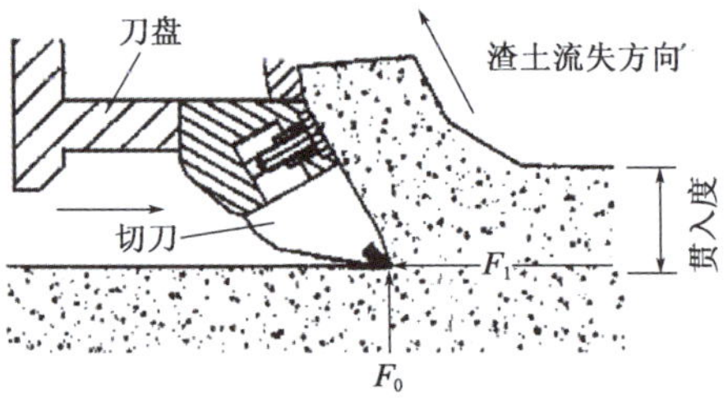

图5-26　切削刀的工作原理

常用的切削刀具有周边刮刀、切刀、先行刀、中心刀、齿刀等(图5-27)。

a)周边刮刀　b)切刀　c)先行刀　d)中心刀　e)齿刀

图5-27　切削刀具

滚动刀具是指不仅随刀盘转动,同时还用作自转运动的圆形破岩刀具。

滚刀破岩的原理:滚刀在推力和滚动力(转矩)的作用下,推力使刀圈压入岩体,滚动力使刀圈滚压岩体,通过滚刀对岩体的挤压和剪切使岩体发生破碎(图5-28)。

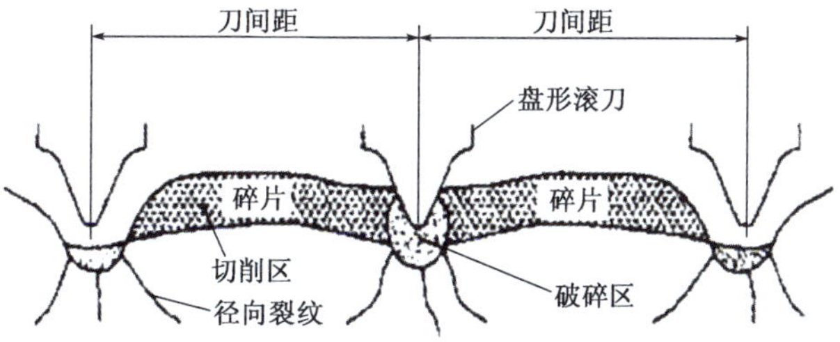

图5-28 滚刀破岩机理

根据刀刃形状的不同,滚刀可分为齿形滚刀(钢齿和球齿)、盘形滚刀(钢刀圈滚刀和球齿刀圈滚刀),如图5-29所示。

a)钢齿滚刀 b)球齿滚刀 c)钢刀圈滚刀 d)球齿刀圈滚刀

图5-29 滚动刀具

根据安装位置滚刀可分为:正滚刀、中心滚刀、边滚刀、扩挖滚刀。

盾构使用的滚刀主要是盘形滚刀。盘形滚刀根据刀圈刃数又分为单刃滚刀、双刃滚刀和多刃滚刀。

滚刀结构如图5-30所示,主要由刀圈、刀体、刀轴、轴承、密封环、刀盖及联结螺栓等组成。

根据刀圈外径的大小,还可分为12″❶、13″、14″、15″、17″、18″、19″和20″等规格,目前市场上主要是17″和19″系列。

不同规格的滚刀能够承受的最大荷载是不同的,下面是滚刀规格与最大荷载的对应关系见表5-3。

从表5-3数据可以看出,刀圈越大的滚刀,能够承受的荷载越大,这意味着能够开挖的土石方量越大,破岩能力越强。当然滚刀越大其尺寸和质量也越大,在相同面积的刀盘上能够布置的数量也越小,刀具运输、更换也越困难。所以,在滚刀的选择上要均衡考虑。

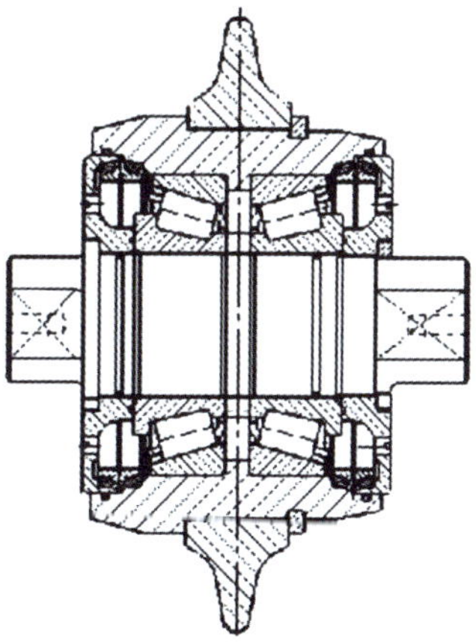

图5-30 滚刀结构图

滚刀规格与最大荷载的对应关系 表5-3

滚刀规格	最大荷载(kN)	滚刀规格	最大荷载(kN)
12″单刃滚刀	200	17″单刃滚刀	267
13″单刃滚刀	200	18″单刃滚刀	267
14″单刃滚刀	220	19″单刃滚刀	315
15″单刃滚刀	220	20″单刃滚刀	315

❶注:1″=0.0254m。

同时也应当看到,17″与18″、19″与20″的刀圈尺寸相差1″,但是最大荷载相同,破岩能力也相同,因为它们使用的轴承是一样的。

刀圈作为岩石隧道开挖时消耗最大的材料之一,受力情况复杂,工作条件非常恶劣,再加上地质条件也复杂多变,其质量极大地影响施工成本、施工进度,所以对其材料的性能要求非常高。

根据刀圈的工作条件,刀圈材料应满足以下性能:

(1)高的屈服强度,避免刀刃端在高应力下压溃变形。

(2)足够高的硬度,增加耐磨性,减少刀圈磨损。

(3)良好的冲击韧性,提高材料裂纹扩展抗力,防止刀圈断裂。

(4)良好的抗回火性能,提高材料的热稳定性,保证刀圈在热装和滚压岩体过程中不降低硬度。

目前普遍使用的滚刀刀圈有两大类:整体耐磨钢材料的常规刀圈和镶有硬质合金球齿刀圈,如图5-31所示。

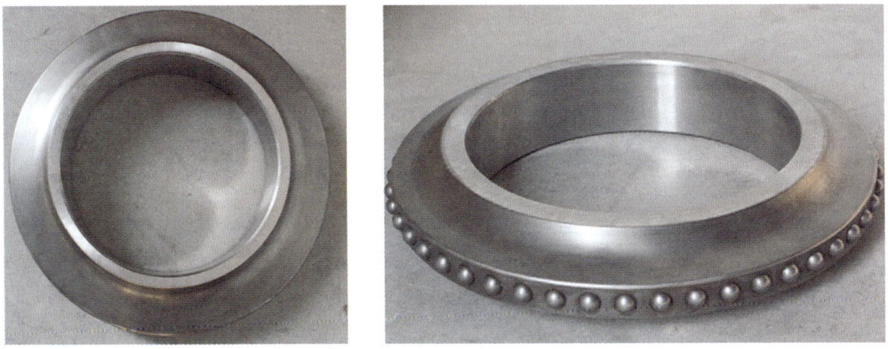

a)常规刀圈　　b)球齿刀圈

图5-31　滚刀刀圈

滚刀是通过一套锁具固定在刀盘刀座上的。常用的锁具有楔形锁具和压板锁具(图5-32)。

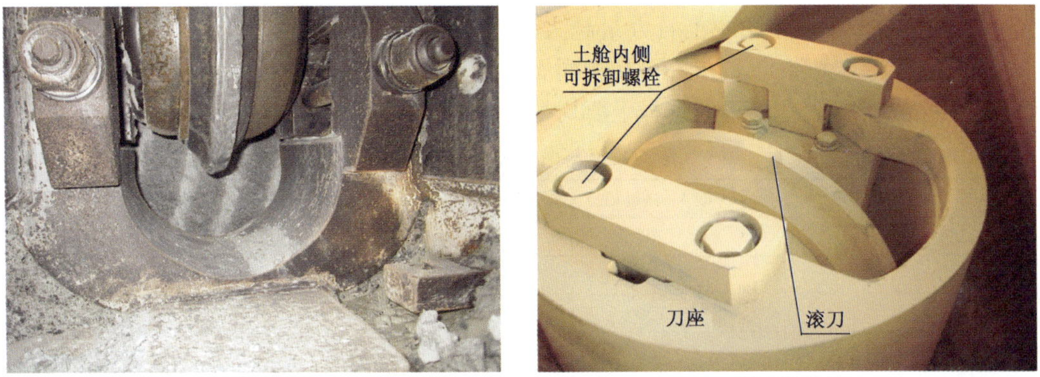

a)楔形锁具　　b)压板锁具

图5-32　滚刀锁具

楔形锁具结构较复杂、成本较高,但滚刀和螺栓的受力条件好,与之配合的刀座刚性好,可以保证滚刀性能的发挥;缺点是占用空间大,在相同的空间内可布置的数量较少。

压板锁具结构简单紧凑、成本低,但滚刀和螺栓的受力条件较差,与之配合的刀座也很简单,刚性差,不能保证滚刀性能的发挥;优点是占用空间小,在相同的空间内可布置的数量较多。

综合来看,楔形锁具占有明显的优势。一是,采用楔形锁具的 17″滚刀刀间距也可以做到 80mm 以内,即使是 250MPa 的极硬岩也可以破除;二是,滚刀、刀座及锁具受力好,不但可以充分发挥滚刀的性能,还可以大大降低滚刀的不正常损坏,延长滚刀寿命,减少换刀次数,提高掘进速度,降低施工成本。而压板锁具则恰恰相反,除了刀间距可以做到更小(达到 70mm)这个看上去不错的优点外,全是缺点:一是,刀座刚度不够,很容易发生变形,轻则影响滚刀的性能发挥,重则导致滚刀脱落;二是,固定滚刀的 4 根螺栓在掘进时不但要产生拉伸力,还要承受剪切力,再加上震动的作用,螺栓很容易松脱或断裂,导致滚刀脱落。

常用的楔形锁具是指固定螺栓与刀盘垂直的锁具,还有一种固定螺栓与刀盘成一定夹角的锁具,见图 5-33。这种锁具也可以实现较小的刀间距,但也存在螺栓承受剪切力,滚刀容易掉落的风险,目前很少使用。

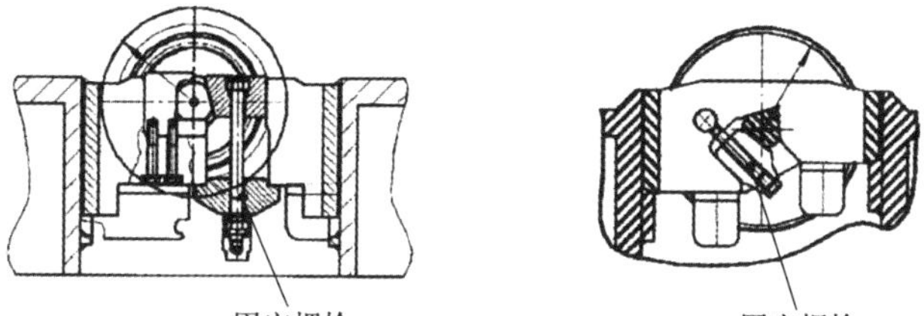

图 5-33　不同类型的滚刀楔形锁具设计

根据不同刀具的功能和作用,在不同地层中刀具选择的原则如下:

(1)软土,如粉砂土、黏土 UCS < 5MPa 时,安装切刀。

(2)强风化或全风化软岩,如泥岩、页岩 UCS < 20MPa 时,安装切刀、齿刀。

(3)小粒径(< 100mm)砂卵石地层,安装切刀、齿刀、先行刀。

(4)大粒径(> 200mm),含漂石的砂卵石地层,安装切刀、滚刀、先行刀。

(5)中等强度(30MPa)以上岩石,安装切刀、滚刀。

3)刀盘的开挖直径

刀盘开挖直径设计时应考虑刀盘外圈防磨板的磨损后仍能保证正确的开挖直径。在软土地层施工时,刀盘开挖直径一般大于前盾外径 0 ~ 10mm;在砂卵石地层或硬岩地层施工时,刀盘的磨损较严重,刀盘开挖直径一般应大于前盾外径 30mm。

对刀盘设计,重点要考察在下面几个方面是否与地质条件相适应:

(1)刀盘结构选择,是采用辐条式,还是采用面板式或辐板式?

(2)刀盘开挖直径、最大直径分别是多少?刀具磨损后最小直径是多少?相对前盾有无超挖?超挖量是多少?

(3)刀盘开口位置和形状、出渣口数量及开口率(尤其是中心开口率)。

(4)人孔数量、位置、尺寸。

(5)刀具选择及布置。如采用哪几种刀具?刀具尺寸如何考虑?布置在刀盘上的位置及布刀方式?刀间距是多少?超前量分别是多少?

(6)刀盘是否需要安装超挖刀或仿形刀?安装数量及类型?安装位置以及控制方式?

(7)刀盘耐磨设计。刀盘面板、周边、背部及刀具周边的耐磨设计如何考虑?耐磨材料的选择;磨损监测点数量及其位置与形式?

(8)刀盘支撑。选择周边支撑还是中间支撑,抑或中心支撑?支撑臂形状和加工工艺的确定。

(9)泡沫注入口的结构设计、数量、安装位置、注入能力,以及是否需单独控制。

(10)搅拌臂的数量、位置及形状如何设计?耐磨保护如何考虑?

(11)在所有的结构设计完成后,还需要进行有限元分析,确定变形发生的区域及变形量。

(12)中心回转接头的尺寸、接口类型和数量。

5.7.2 盾体设计

盾体设计的重点是盾体结构设计。

盾构的钢结构是根据具体土压、水压和动荷载而设计的。

在盾构设计中,盾构的最大工作压力一般按照洞线中心轴线位置上最大水土压力来确定:

$$\begin{cases} P(\text{水土压力}) = P_{\mathrm{w}}(\text{水压}) + P_{\mathrm{s}}(\text{土压}) \\ P_{\mathrm{w}}(\text{水压 kPa}) = \rho \times g \times h(\text{洞线中心轴线到地下水水位线的高度}) \times 1000 \\ P_{\mathrm{s}}(\text{土压 kPa}) = \gamma \times H \times \tan^2\left(45° - \dfrac{\varphi}{2}\right) - 2c \times \tan\left(45° - \dfrac{\varphi}{2}\right) \end{cases} \tag{5-10}$$

式中:γ——地层的土体重度(kN/m^3);

H——掘削面上顶到地表的覆盖土层的厚度(m);

c——土体的黏聚力(kPa);

φ——土体的内摩擦角(°)。

动荷载是由盾体钢结构承受的推力、扭矩、摩擦力等组成。

盾体由构件焊接组成。这些焊接构件带有机械加工的密封面、与中心回转轴承以及两盾体间(前盾和中盾)的连接法兰。

盾体由三部分构成,即前盾、中盾、盾尾。

前盾和中盾承受刀盘开挖前方岩土产生的冲击力,同时也安装了几乎盾构机主机上所有的设备和设施,比如主驱动、土压传感器、螺旋输送机、推进油缸、各种阀件、法兰、管片拼装器的支撑架、人闸、材料闸、超前钻机、各种阀组和管线,等等。

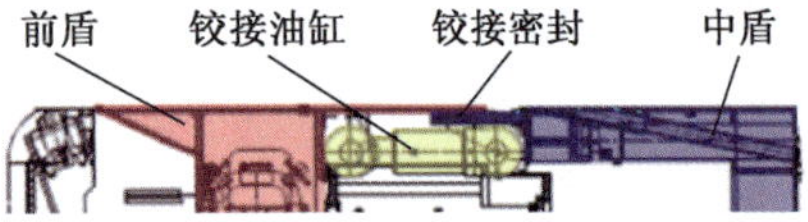

图 5-34 主动铰接

如果是主动铰接盾构,前盾与中盾之间由铰接油缸相连,前盾与中盾盾壳之间需要设置铰接密封,见图 5-34。

铰接密封一般有三种形式:采用一道或多道橡胶唇口式铰接密封、采用石墨石棉或橡胶材料的盘根加气囊式铰接密封、双排气囊式铰接密封。

盾尾在盾体的最后部,其主要作用首先是实现从移动的盾体到不动的管片之间的安全、连续的过渡,其次是为拼装管片提供空间、提供盾尾同步注浆和盾尾密封的管路。

盾尾包括:盾尾钢结构、盾尾钢丝密封刷、盾尾油脂注脂管、盾尾同步注浆管路及维修保养窗口。

如果采用被动铰接,中盾与盾尾之间由铰接油缸相连,中盾与盾尾盾壳之间需要设置铰接密封,如图 5-35 所示。

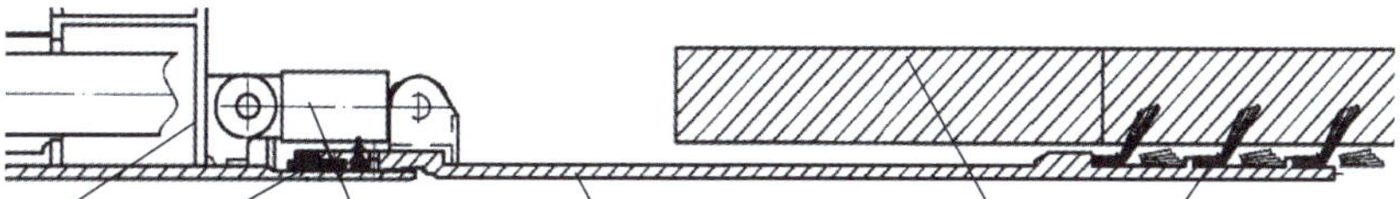

图 5-35 被动铰接

盾尾密封采用钢丝刷密封装置(图 5-20),是集弹簧钢板、钢丝刷及不锈钢金属网于一体的结构。盾尾油脂泵向每道钢丝刷密封之间供应油脂,以提高止水性能。

盾构法隧道施工所发生的安全事故常常在盾尾区域,作为保障盾构正常掘进的关键子系统之一,盾尾密封油脂系统采用气动油脂泵通过各分路阀将盾尾密封油脂注入各分路,使各道盾尾密封刷之间的空腔内充填盾尾密封油脂,以防止盾尾外部的水和泥浆进入盾构内部。其控制方式有手动控制和自动控制,自动控制又分为压力控制和时间控制。

盾体的直径是从先确定盾尾直径开始,然后向中盾、前盾反推而得到的。

盾尾外径取决于管片外径、保证管片安装的盾尾间隙、盾构结构形式、盾尾壳体厚度及修正蛇行时的最小余量等。

盾尾外径为:

$$D = D_S + 2(\delta + t) \tag{5-11}$$

式中:D_S——管片外径;

t——盾尾壳体厚度;

δ——盾尾间隙。

盾尾间隙 δ 主要考虑保证管片安装和修正蛇行时的最小富余量。盾尾间隙 δ 在施工时既可以满足管片安装,又可以满足修正蛇行的需要,同时应考虑盾构施工中一些不可预见的因素。盾尾间隙一般为 25 ~ 40mm。

确定盾尾直径后,再根据地质条件选择盾体是采用通径设计,还是阶梯设计形式,以及根据盾构尺寸确定阶梯量后计算出中盾和前盾的外径。

对盾体设计,重点要考察下面几个方面的内容:

(1)盾体直径设计,是采用通径设计,还是台阶型设计?

(2)盾体长度,在满足施工需要的前提下尽可能缩短。

(3)盾体的连接,主要考虑连接方式及其连接密封,以及是否分块设计。

(4)铰接,盾构设计是否需要铰接?采用主动铰接还是被动铰接?铰接油缸的行程是多少?是否满足最小转弯半径?铰接装置的推力与回缩力设计。

(5)铰接密封的类型、数量、最大铰接角度、调整方式,应急密封。

(6)人闸法兰、材料闸法兰的数量及位置。

(7)螺旋输送机法兰和筒体,与盾构轴线的夹角?内径尺寸?是否需要耐磨保护?

(8)超前钻导孔的数量、布置、夹角、通径。

(9)盾尾密封的数量、布置、尺寸、工作压力、注脂点数量、注脂管通径、止浆板。

(10)注浆管的数量、布置、通径,有无备用管?有无速凝剂管?如何进行清理、保养?

(11)压力舱板上的接口、管线和传感器的位置、数量。

(12)在所有的结构设计完成后,还需要继续进行有限元分析,以确定变形发生的区域及变形量。

5.7.3 主驱动设计

主驱动(图5-36)安装在前盾中央,前部与刀盘用螺栓连接,是盾构机最重要、最核心的组件之一。其主要部件有:轴承座、主轴承、密封支撑、刀盘安装法兰、密封压紧环、内外密封系统、驱动小齿轮、减速箱、马达和轴承。

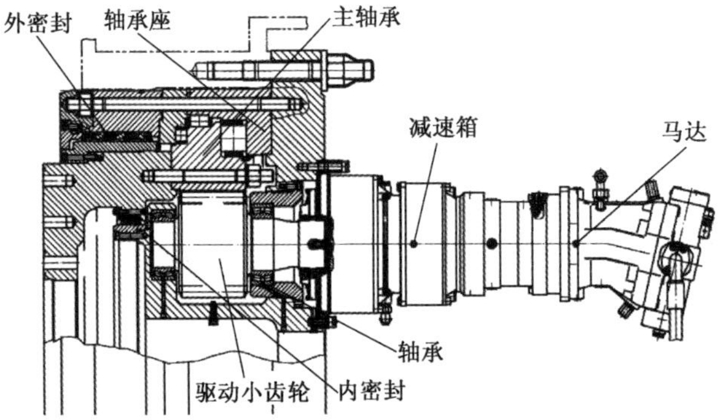

图5-36 主驱动

外密封把主轴承与外面承压的开挖舱隔开。密封包括数道唇形密封和一个前导的迷宫密封,从而形成数个分隔的区域。外密封带有连续油脂润滑和泄漏监测系统。通过几个径向分布的注脂孔,油脂被注入密封腔里并充满整个环形腔体,这样,注脂就可以以持续的压力作用在油脂腔内,多余的润滑脂从第一道密封溢出至土舱,防止土舱里的渣土进入。通过油脂分配泵,每条注脂管路补充的油脂量是稳定的。在最前方的油脂腔中,一般需要注入HBW密封油脂。

内层密封则包括一个双层唇形密封和硬化处理的密封支撑面。由于不承受压力,内密封的润滑在日常维护时以人工方式进行。

主轴承的大齿圈和驱动小齿轮有外啮合和内啮合两种结构形式。外啮合可以承受更大的扭矩,而内啮合可以节省空间,需要根据具体情况设计选择。图5-36的主轴承为内啮合结构。

目前,主轴承最可靠的厂家只有两家:德国的Rothe Erde和法国的SKF。市场上对主轴承的设计寿命要求的标准为不小于10000h。

在盾体上有一套独立的齿轮油循环过滤系统。齿轮油从底部区域吸出,再通过带磁性的过滤器过滤后重新泵回轴承箱。大齿圈、驱动小齿、轴承和啮合部位均是通过飞溅润滑和强制润滑的。对齿轮油的油位、流量和温度要进行有计划的检查。设计的取样点便于对齿轮油的质量进行定期检查。

驱动马达可以是变频电机，也可以是液压马达。两种驱动方式各有优劣，视具体情况选择。变频电机驱动效率高，维护方便，但结构尺寸较大；而液压马达驱动可以承受频繁的冲击荷载，结构紧凑，但效率较低，维护工作较多。详细对比见表5-2。

主驱动的作用就是驱动刀盘旋转，它通过提供足够的扭矩才能满足刀盘开挖土体的需要，所以，主驱动的扭矩是由刀盘需要的扭矩来确定的，然后再通过这个扭矩来确定主驱动的驱动功率。

1）刀盘扭矩

刀盘扭矩的计算比较复杂。刀盘在地层中掘进时的扭矩一般包含切削土阻力扭矩（克服泥土切削阻力所需的扭矩）、刀盘的旋转阻力矩（克服与泥土的摩擦阻力所需的扭矩）、刀盘所受推力荷载产生的反力矩、密封装置所产生的摩擦力矩、刀盘的前端面的摩擦力矩、刀盘后面的摩擦力矩、刀盘开口的剪切力矩、土压内的搅动力矩。

刀盘扭矩的计算包括：

①刀盘切削扭矩 T_1；

②刀盘自重形成的轴承扭矩 T_2；

③刀盘轴向荷载形成的轴承扭矩 T_3；

④密封装置摩擦力矩 T_4；

⑤刀盘前表面摩擦扭矩 T_5；

⑥刀盘圆周面的摩擦反力矩 T_6；

⑦刀盘背面摩擦力矩 T_7；

⑧刀盘开口槽的剪切力矩 T_8。

刀盘设计扭矩：

$$T = T_1 + T_2 + T_3 + T_4 + T_5 + T_6 + T_7 + T_8$$

刀盘驱动扭矩应有一定的富余量，扭矩储备系数一般为1.5～2.0。同时，根据国外盾构设计经验，刀盘扭矩可按下式进行估算，即：

刀盘扭矩：

$$T = K_\alpha \cdot D^3 \tag{5-12}$$

式中：K_α——相对于刀盘直径的扭矩系数，一般情况下，土压平衡盾构 $K_\alpha = 14 \sim 23$，泥水盾构 $K_\alpha = 9 \sim 18$。

（1）刀盘切削扭矩

$$T_1 = n \cdot q_u \cdot h_{max} \cdot D^2 \cdot n^2, h_{max} = \frac{V}{n} \tag{5-13}$$

式中：T_1——刀盘切削扭矩（kN·m）；

n——刀盘转速（r/min）；

q_u——切削土的抗压强度（kPa）；

h_{max}——贯入度，即刀盘每转的切入深度（m）；

D——刀盘直径（m）；

V——推进速度（m/h）。

（2）刀盘自重形成的轴承旋转反力矩

$$T_2 = W_c \cdot R_1 \cdot \mu_g \tag{5-14}$$

式中：W_c——刀盘重量（kN）；

R_1——主轴承滚动半径(m);

μ_g——轴承滚动摩擦系数。

(3)刀盘轴向推力荷载形成的旋转阻力矩

$$\begin{cases} T_3 = P_t \cdot R_1 \cdot \mu_g \\ P_t = \alpha \cdot \pi \cdot \left(\dfrac{D}{2}\right)^2 \cdot P_d \end{cases} \tag{5-15}$$

式中:P_t——刀盘推力荷载;

α——刀盘不开口率,$\alpha = 1 - A_s$,A_s 为刀盘开口率;

D——刀盘直径(m);

P_d——盾构前面的主动土压(kPa)。

(4)主轴承密封装置摩擦力矩

$$T_4 = 2 \cdot \pi \cdot \mu_m \cdot F_m \cdot (n_1 \cdot R_{m1}^2 + n_2 \cdot R_{m2}^2) \tag{5-16}$$

式中:μ_m——主轴承密封与钢的摩擦系数,一般取0.2;

F_m——密封的推力(kPa);

n_1——内密封数量;

n_2——外密封数量;

R_{m1}——内密封安装半径(m);

R_{m2}——外密封安装半径(m)。

(5)刀盘前表面摩擦扭矩

$$T_5 = 2\alpha \cdot \pi \cdot \mu_1 \cdot R_c^3 \cdot \frac{P_d}{3} \tag{5-17}$$

式中:α——刀盘不开口率;

μ_1——土与刀盘之间的摩擦系数;

R_c——刀盘半径(m);

P_d——盾构前面的主动土压(kPa)。

(6)刀盘圆周面的摩擦反力矩

$$T_6 = 2\pi \cdot R_c \cdot B \cdot P_z \cdot \mu_1 \tag{5-18}$$

式中:R_c——刀盘半径(m);

B——刀盘周边的厚度(m);

P_z——刀盘圆周的平均土压力(kPa);

μ_1——土与刀盘之间的摩擦系数。

(7)刀盘背面摩擦力矩

刀盘背面的摩擦力矩由土舱内的土压力所产生,土舱内的土压力为 P_w,则:

$$T_7 = 2\alpha \cdot \pi \cdot \mu_1 \cdot R_c^3 \cdot \frac{P_w}{3} \tag{5-19}$$

式中:α——刀盘不开口率;

μ_1——土与刀盘之间的摩擦系数;

R_c——刀盘半径(m);

P_w——土舱设定的土压力(kPa)。

(8)刀盘开口槽的剪切力矩

$$\begin{cases} T_8 = 2\pi \cdot \tau \cdot R_c^3 \cdot \dfrac{A_s}{3} \\ \tau = C + P_w \tan\varphi \end{cases} \tag{5-20}$$

式中：τ——刀盘切削剪力；

R_c——刀盘半径(m)；

A_s——刀盘开口率；

C——开挖面上土体的内聚力(kPa)；

φ——土舱内土体的内摩擦角，如果是泥水盾构，则是渣土和泥水的混合物，一般取内摩擦角 $\varphi = 5°$；

P_w——土舱设定的土压力(kPa)，泥水盾构为泥水压力。

2)主驱动功率

驱动功率

$$W_0 = A_w \cdot T \cdot \frac{\omega}{\eta} \tag{5-21}$$

式中：W_0——主驱动系统功率(kW)；

A_w——功率储备系数，一般为 1.2 ~ 1.5；

T——刀盘额定扭矩(kN · m)；

ω——刀盘角速度，$\omega = 2\pi \times n/60$，$n$ 为刀盘转速(r/min)；

η——主驱动系统的效率。

3)主驱动的安装结构形式

根据主驱动安装在前盾钢结构上方式的不同，可以分为固定式主驱动、伸缩式主驱动及伸缩 + 铰接式主驱动。

固定式主驱动是最常见，也是最简单、最经济的一种结构形式。如图 5-37 所示，其通过螺栓把主驱动直接固定在前盾的连接法兰盘上。

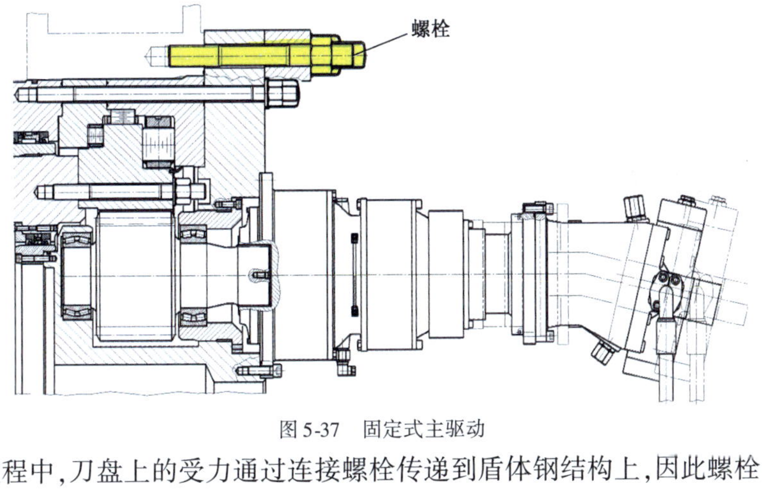

图 5-37　固定式主驱动

在掘进过程中，刀盘上的受力通过连接螺栓传递到盾体钢结构上，因此螺栓的设计和质量非常关键。这种形式的主驱动不能检测刀盘所受的总推力，也不能检测刀盘不均匀受力的大小和位置。不但对前方的地质情况没有指示作用，而且主轴承或者连接螺栓也容易在承受频繁的不均匀冲击荷载下损坏。

伸缩式主驱动是通过一组伸缩油缸与前盾相连，伸缩油缸可以使主驱动在前盾钢结构中心前后滑动如图5-38所示。

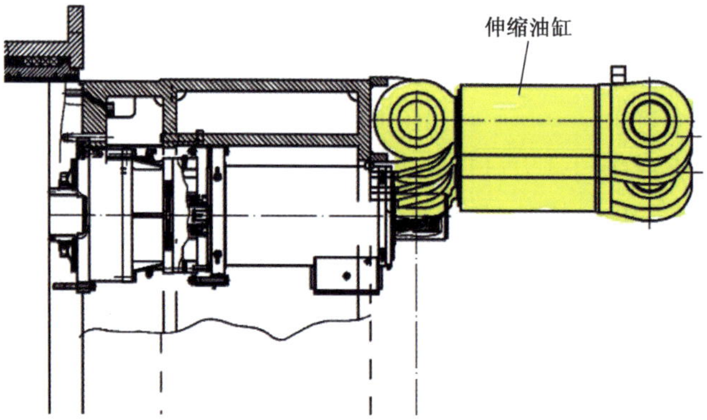

图5-38　伸缩式主驱动

这种形式的主驱动的优点是多方面的，不仅能检测刀盘所受的总推力，还能检测刀盘不均匀受力的大小和位置，可以为操作人员指示前方的地质情况。伸缩油缸组还可以设定最大压力差，如果超过这个值盾构机就停止推进，从而避免主轴承受到的不均匀载荷过大，从而保护了主轴承。在停机检查或换刀时可以把刀盘回缩，使刀具离开开挖面，方便换刀。在需要泥膜保护进舱作业时，也可以缩回刀盘，防止刀具破坏泥膜；主驱动和盾体在纵向是柔性连接，可以减少刀盘冲击力向后方结构和设备的传递。

它的缺点就是结构较复杂、成本较高；如果压力差设置不当，还可能会造成频繁停机。

伸缩+铰接式主驱动是在伸缩式主驱动的基础上增加了环向的一个球面铰接，这样，主驱动不但可以前后伸缩，还可以向任何方向摆动，如图5-39所示。

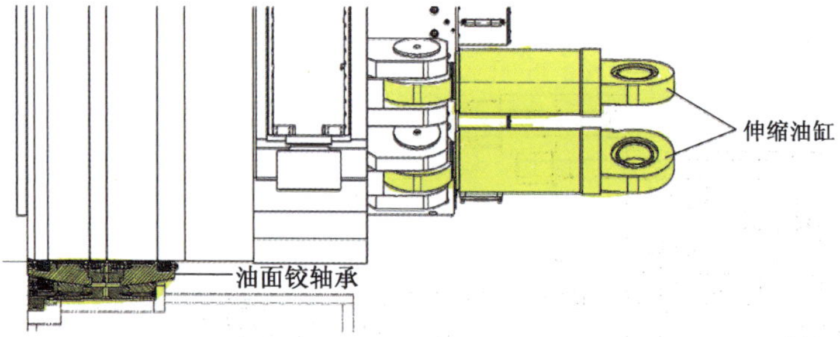

图5-39　伸缩+铰接式主驱动

这种形式的主驱动除了伸缩式主驱动的优点和缺点外，其摆动功能可以实现任意位置的局部超挖，不但可以为更换边滚刀提供极大的便利，还有利于不均匀地层的方向控制。

对主驱动设计，重点要考察下面几个方面：

(1)主轴承直径、生产厂家、设计寿命。

(2)主驱动的驱动方式、驱动功率、转速—扭矩曲线、与地质条件的适应性、有没有预留额外马达的位置。

(3)主驱动安装方式,有无必要采用非固定式。

(4)主驱动内外密封的密封形式、密封数量、最大工作压力、最大静态压力、润滑方式、注入点数量和分布。有无必要使用HBW?密封环是否可调整?

(5)小齿轮厂家及支撑方式。

(6)驱动马达、减速器。型号、厂家、冷却方式。

(7)齿轮油回路。

(8)管路设置是否合理?是否方便检测维修?

5.7.4　推进系统设计

盾体和刀盘的向前掘进由推进油缸系统来完成。推进油缸系统包括推进油缸和推进液压系统。

推进油缸安装在中盾内,呈圆形布置,与管片位置相对应。油缸前部筒体顶在压力舱板后部,油缸杆体尾部由一个塑胶靴板支撑在管片侧面,这样,这些油缸就可以在发生扭转时不受侧向力的作用,从而保护管片。

根据盾构机直径的大小,推进油缸一般会分为4组以上控制。如图5-40所示,环形分布的推进油缸被分为A、B、C、D组。

每一组油缸均可独立控制压力进行操纵,而每一组油缸均有一个行程传感器。在控制室里,TBM司机可以看到显示的每组油缸行程及压力。在推进时,各油缸各自独立进行压力调节。总的推进速度由一个总流量控制阀来调节。

油缸的布置需要避开管片接缝,以免损坏管片。每一个或两个甚至三个油缸组成一小组,每小组油缸均有独立的撑靴。由于单个油缸容易发生扭转,在布置油缸时要尽量避免。如果无法避免,则需要能够方便地矫正。

推进油缸的行程是由管片的宽度和封顶块搭接长度决定的:

$$油缸行程 = 管片宽度 \times 2 - 搭接长度 + 预留余量$$

预留余量取决于管片尺寸,一般取200~300mm。

如图5-41所示,管片宽度为2000mm,封顶块搭接长度为1200mm,预留余量为200mm,油缸行程为3000mm。

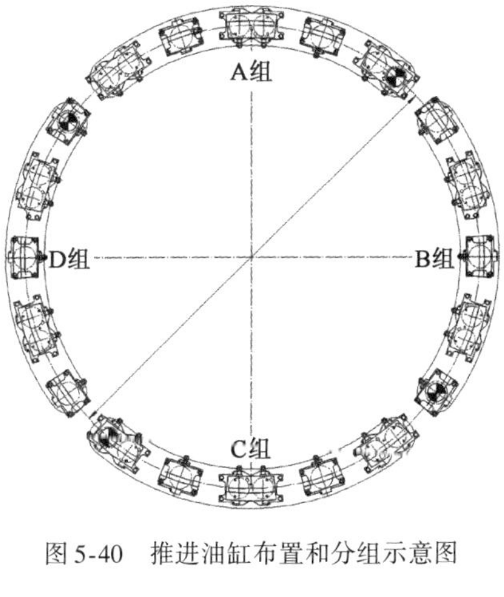

图5-40　推进油缸布置和分组示意图

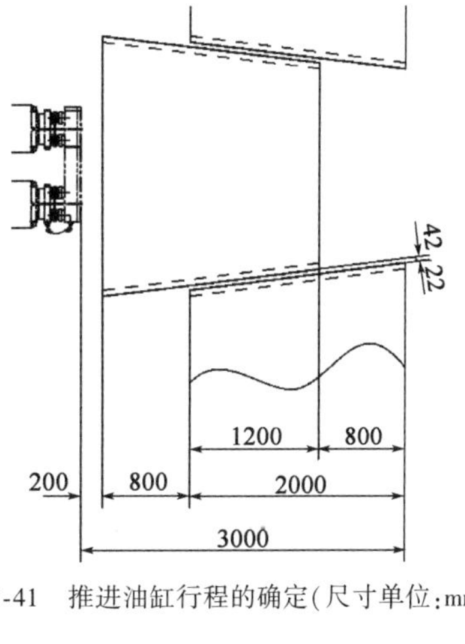

图5-41　推进油缸行程的确定(尺寸单位:mm)

推进油缸系统最大伸出速度反映了推进液压系统的能力，也是作为盾构机性能的一个重要指标，盾构机上所有与掘进速度相关的其他设备、装置的性能均需要按照这个最大伸出速度设计，比如螺旋输送机、皮带机的出土能力，同步注浆系统的注浆能力，泡沫发生器的发泡能力，等等。一般而言，这个最大伸出速度设定在40～80mm/min，直径越小，数值越小。

1）推进系统的推力计算

在设计盾构推进系统时，必须考虑的主要阻力有以下几项：

①盾构推进时的盾壳与周围地层的阻力 F_1；

②刀盘面板的推进阻力 F_2；

③管片与盾尾间的摩擦阻力 F_3；

④切口环贯入地层的贯入阻力 F_4；

⑤转向阻力（曲线施工和纠偏）F_5；

⑥牵引后配套拖车的牵引阻力 F_6。

推力必须留有足够的余量，总推力一般为总阻力的1.5～2倍。

$$F_e = A \cdot F_d \tag{5-22}$$

式中：F_e——盾构装备总推力（kN）；

A——安全储备系数，一般为1.5～2；

F_d——盾构推进总阻力，$F_d = F_1 + F_2 + F_3 + F_4 + F_5 + F_6$。

有时，也可按下式估算：

$$F_d = 0.25\pi D^2 P_J \tag{5-23}$$

式中：D——盾构外径（m）；

P_J——单位掘削面上的经验推力，也称为比推力；一般比推力装备的标准，敞开式盾构为700～1100kN/m²，闭胸式盾构为1000～1500kN/m²。

（1）盾构推进时的周边反力

①对砂质土而言：

$$F_1 = 0.25\pi DL(2P_e + 2KP_e + K\gamma D)\mu_1 + W\mu_1 \tag{5-24}$$

式中：F_1——盾构推进时的周边反力，即盾壳与周围地层的摩擦阻力（kN）；

D——盾构外径（m）；

L——盾壳总长度（m）；

P_e——作用在盾构上顶部的竖直土压强度（kPa）；

K——开挖面上土体的静止土压系数；

γ——开挖面上土体的浮重度（kN/m³）；

μ_1——地层与盾壳的摩擦系数，通常取 $\mu_1 = 1/2\tan\varphi$，φ 为土体的内摩擦角；

W——盾构主机的重量（kN）。

也可用以下公式进行简便计算：

$$F_1 = \mu_1(\pi DL P_m + W) \tag{5-25}$$

式中：F_1——盾构推进时的周边反力（kN）；

μ_1——地层与盾壳的摩擦系数；

D——盾构外径（m）；

L——盾壳总长度(m);

P_m——作用在盾构上的平均土压力(kPa);

W——盾构主机的重量(kN)。

②对黏性土而言:

$$F_1 = \pi DLC \tag{5-26}$$

式中:D——盾构外径(m);

L——盾壳总长度(m);

C——开挖面上土体的内聚力(kPa)。

(2)刀盘面板的推进阻力

手掘式、半机械式盾构上,为开挖面支护反力;机械式盾构上,为作用于刀盘上的推进阻力;闭胸式盾构上为土舱内压力。

$$F_2 = 0.25\pi D^2 P_f \tag{5-27}$$

式中:F_2——刀盘面板的推进阻力(kN);

D——盾构外径(m);

P_f——开挖面前方的压力;泥水盾构为土舱内的设计泥水压力,土压平衡盾构为土舱内的设计土压力(kPa)。

(3)管片与盾尾间的摩擦阻力

$$F_3 = n_1 W_S \mu_2 + \pi D_S b P_T n_2 \mu_2 \tag{5-28}$$

式中:F_3——管片与盾尾间的摩擦阻力(kN);

n_1——盾尾内管片的环数;

W_S——一环管片的重量(kN);

μ_2——盾尾刷与管片的摩擦系数,通常为0.3~0.5;

D_S——管片外径(m);

b——每道盾尾刷与管片的接触长度(m);

P_T——盾尾刷内的油脂压力(kPa);

n_2——盾尾刷的层数。

(4)切口环贯入地层的贯入阻力

①对砂质土而言:

$$F_4 = \pi(D^2 - D_i^2)P_3 + \pi D t K_P P_m \tag{5-29}$$

式中:F_4——切口环贯入地层的阻力(kN);

D——前盾外径(m);

D_i——前盾内径(m);

P_3——切口环插入处的地层的平均土压(kPa);

t——切口环插入地层的深度(m);

K_P——被动土压系数;

P_m——作用在盾构上的平均土压力(kPa)。

②对黏土而言:

$$F_4 = \pi(D^2 - D_i^2)P_3 + \pi D t C \tag{5-30}$$

式中：C——开挖面上土体的内聚力（kPa）。

（5）转向阻力

$$F_5 = RS \tag{5-31}$$

式中：F_5——转向阻力，也称为变向阻力（kN）；

R——抗力土压（被动土压力）（kPa）；

S——抗力板在掘进方向上的投影面积（m^2）。

转向阻力仅在曲线施工中或者盾构推进中出现蛇行时存在，由于抗力板在掘进方向上的投影面积的计算比较复杂，因此，一般不计算转向阻力。在确定总推力时考虑盾构施工中的上坡、曲线施工、蛇行及纠偏等因素，留出必要的富余量。

（6）牵引后配套拖车的牵引阻力

$$F_6 = W_b \mu_3 \tag{5-32}$$

式中：F_6——牵引后配套拖车的牵引阻力（kN）；

μ_3——后配套拖车与运行轨道间的摩擦系数；

W_b——后配套拖车及拖车上设备的总重量（kN）。

2）推进系统功率计算

$$W_f = A_w \frac{FV}{\eta_w} \tag{5-33}$$

式中：W_f——推进系统功率（kW）；

A_w——功率储备系数，一般为1.2～1.5；

F——最大推力（kN）；

V——最大推进速度（m/h）；

η_w——推进系统的效率，$\eta_w = \eta_{pm}\eta_{pv}\eta_c$，$\eta_{pm}$为推进泵的机械效率，$\eta_{pv}$为推进泵的容积效率，$\eta_c$为联轴器的效率。

5.7.5 管片拼装机设计

图5-42 管片拼装机

管片拼装机（图5-42）固定在中盾后部的拼装机行走梁上，用来在盾尾区域安装衬砌管片。管片拼装机通过各种动作使管片快速、精确安装就位。

管片拼装机组成构件包括：悬臂梁、移动机架、回转机架、安装头。

操作员通过遥控器来操纵管片拼装机。

为了方便在盾尾密封刷磨损后可以对其进行更换，一般均要求拼装机具备拆卸前两道密封刷的能力。

悬臂梁用于管片拼装机的纵向移动，通过法兰与中盾连接。盾构与拖车之间的所有管线连接都穿过管片拼装机敞开的中心部位。悬臂梁与桥架用油缸连接，起到牵引后配套的作用。

移动机架安装在悬臂梁上，可通过两个液压油缸的伸缩使拼装机作纵向移动。回转机架安装在移动机架上，通过驱动马达来实现环向运动。伸缩臂安装在回转机架两侧，靠滑槽导向，由内部的伸缩油缸驱动。伸缩油缸可以单独伸缩也可以同步伸缩。

安装头固定在两个伸缩臂的鞍架上，安装头带有机械式或者真空吸盘式抓取系统。安装头可以做旋转与倾侧运动，这样可以在安装管片是进行微调。

德系的管片拼装机可以实现 6 个自由度的运动：纵向前后移动、环向左右旋转、径向伸缩、左右倾斜、前后倾斜和径向旋转，而日系拼装器没有最后两种运动功能，在拼装速度和精度上要差一些。

5.7.6　螺旋输送机设计

螺旋输送机安装在土舱壁的连接法兰上，其作用是把渣土从盾构土舱底部运送到桥架前端的皮带输送机进料端，如图 5-43 所示。

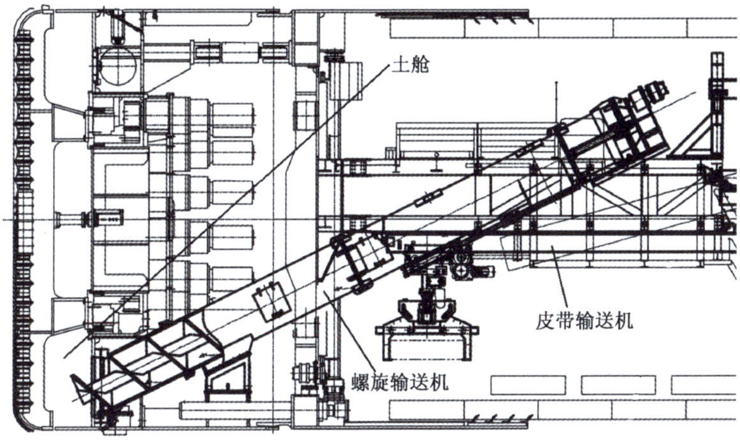

图 5-43　螺旋输送机在盾构上的作用和位置

螺旋输送机由筒体、驱动装置、螺旋叶片、出渣闸门等组成。螺旋输送机按驱动结构划分，一般有周边驱动和中心驱动两种结构形式；按螺旋轴的形式的不同，其可分为轴式螺旋输送机和带式螺旋输送机（图 5-44）。其特点如下：

轴式螺旋输送机：结构紧凑，便于相邻部件的布置，刚性好，可以传递较大的扭矩，排渣能力强。

a）轴式螺旋输送机

b）带式螺旋输送机

图 5-44　螺旋输送机实物图

带式螺旋输送机：出渣口在后部，提高出渣位置，渣土通过无轴区时利用自身重力堆积、密实，形成土塞，使渣土具有一定连续性，并能起到一定止水作用，同时也可以有利于排出尺寸较大的物体。但是由于没有中心轴，刚性较小，能够传递的扭矩较小，容易被卡住甚至叶片断裂，在实际使用中以有轴式螺旋输送机为主。下面以轴式螺旋输送机为例进行说明。

螺旋输送机主要部件包括：与盾体的连接法兰、螺旋轴和叶片、伸缩油缸、螺旋壳体、驱动装置、卸料口闸门、连接保压泵的接头、耐磨保护、泡沫注入口、土压传感器。

螺旋输送机的主要作用是将土舱内的渣土向外连续排出；渣土在螺旋输送机内向外排出的过程中形成密封土塞，阻止土体中的水分散失，保持土舱内土压的稳定；盾构机司机将盾构土舱内的土压值与设定土压值进行比较，随时调整向外排土的速度，控制盾构土舱内压力以实现连续的动态土压平衡过程，确保开挖面的稳定和盾构连续正常掘进。

土压平衡盾构机需要土舱的压力与开挖面水土压力达到动态的平衡，这个动态产生的原因可以是开挖面压力发生了波动或者出渣的变化导致土舱压力发生变化而造成的。另外，土舱是有压力的，但是在螺旋输送机的排渣口位置压力是常压，所以，从土舱到螺旋输送机的出口必然是一个压力降低的过程，在开挖面压力保证得到平衡的同时，渣土的压力也需要在排出的过程中平稳下降，最终控制到达出口的压力。如果出口压力太大，就会发生喷涌现象。

如图 5-45 所示，是一个理想的在土压平衡模式下工作的盾构土舱和螺旋输送机内渣土压力的变化过程。

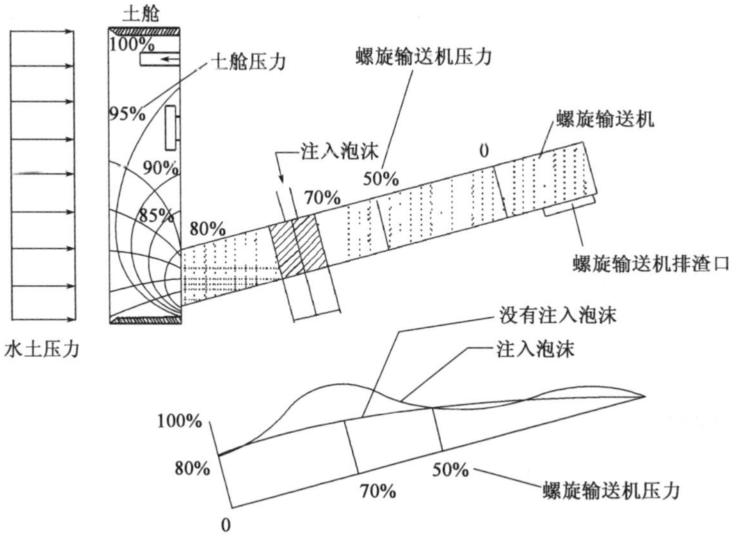

图 5-45　渣土在盾构土舱和螺旋输送机内压力变化过程

从图 5-45 中可以看出，随着渣土不断地从土舱排出，渣土压力在螺旋输送机进口时会降至约 80%；在到达螺旋输送机前部的泡沫注入区域时，如果没有注入泡沫，将会降至约 70%；如果注入泡沫，这一区域的压力将会升至 100%，从而起到“土塞”的作用，防止渣土中水的流失；螺旋输送机中的压力再逐步下降，在出口处降到常压，然后顺利排至皮带输送机上。

为了达到这一理想的压力变化过程，在设计螺旋输送机时，就需要首先确定盾构机的最大工作压力，然后根据盾体土舱的设计计算出渣土进入螺旋输送机时的压力变化，再根据螺旋输送机每个螺距能够实现的压力降数值和螺距的数量,来使这个压力能够在通过螺旋输送机排除的过程中逐步降低至常压。

例如,开挖面的最大工作压力为3bar❶,螺旋输送机进口处压力为2.4bar,如果每个螺距能够实现0.2bar的压力降,那么渣土就需要经过12个螺距的长度后才能够把压力从2.4bar降至常压后排出到皮带机上。如果土舱的压力为3.5bar,那么从这个螺旋输送机排出时排渣口的压力就是0.5bar,这时就会发生“喷涌”。

如果一个螺旋输送机的长度不能完全有效控制土渣喷涌,可以采用双螺旋输送机系统。双螺旋输送机系统不但可以提供螺旋输送机降压的能力,还可以把水从第二螺旋输送机底部的排水管中排出,进一步降低喷涌的风险和渣土的可排性,见图5-46。

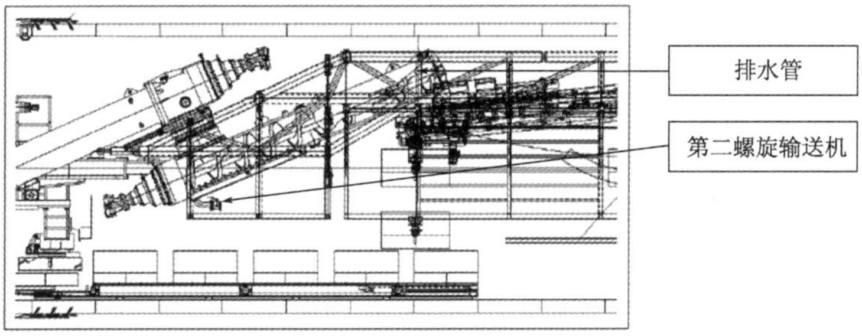

图5-46　第二螺旋输送机

1)螺旋输送机出渣门

螺旋输送机出渣门(图5-47)的作用是在需要时可以彻底关闭螺旋输送机,把螺旋输送机、土舱和开挖面与盾构内部完全隔开。由于开挖面往往有压力,在停机时或者发生“喷涌”时为了保持开挖面的压力和盾构机内设备和人员的安全,可以关闭螺旋输送机出渣门。在一些特殊的情况下,还可以通过控制螺旋输送机出渣门的打开程度来控制排渣量,但这样会造成闸门的磨损,应当尽量避免。

通常情况下,螺旋输送机出渣门采用液压油缸驱动的闸板式闸门。根据需要,可以设计为单闸门系统和双闸门系统,见图5-47。

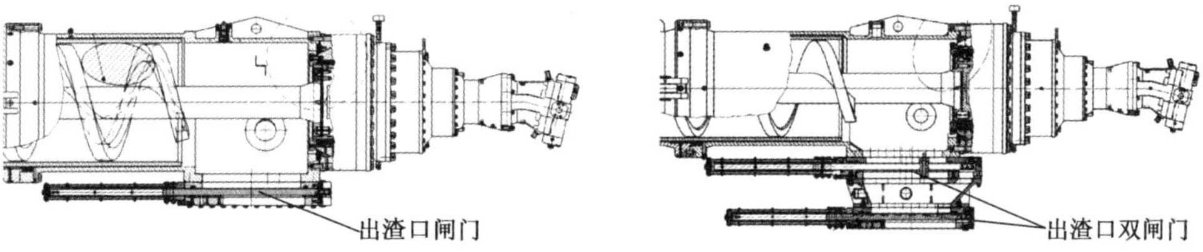

a)单闸门系统　　b)双闸门系统

图5-47　螺旋输送机出渣门

双闸门系统常用于水压较高、渗透性系数较大同时含有较大粒径的物体的地层中。在这样的地层中螺旋输送机很容易发生“喷涌”,单闸门的螺旋输送机排渣困难,甚至不能排渣。

在可能出现喷涌的情况下可以关闭双闸门,在螺旋输送机尾部预留的排泥口上接上泥浆

❶注:1bar=0.1MPa。

泵,通过泥浆泵出渣并排至皮带输送机上,较大的石块可以通过双重闸门取出。

在停机及维护期间,螺旋输送机出渣口闸门需要迅速关上。为了安全,出渣口闸门具备在停电时自动关闭的应急功能。

2)螺旋输送机前闸门

螺旋输送机前闸门(图5-48)位于前盾舱板上螺旋输送机进口的位置,由左右两侧的两个闸板组成,通过安装在舱壁后面的两个液压油缸来控制开闭。需要注意的是,这个闸门关闭前,需要把螺旋输送机缩进前盾中,而且此闸门只能挡住渣土,不能挡住水。

3)螺旋输送机伸缩功能

正常工作时螺旋输送机的螺旋前端伸入土舱内。为了关闭土舱里的螺旋输送机前闸门,需要通过伸缩油缸缩回螺旋输送机。此功能也可以用来处理螺旋输送机被黏住或卡住的情况。

如图5-49所示,在螺旋输送机的中部可以设置一套由螺旋机伸缩油缸、内筒、外筒及伸缩密封等组成的伸缩机构。这个伸缩机构在螺旋输送机停机时或工作时都可以使用,可以把螺旋缩回到前盾内,或者伸出到土舱内。通过反复伸缩(图5-50),还可以处理渣土黏结或螺旋输送机被卡住的情况。

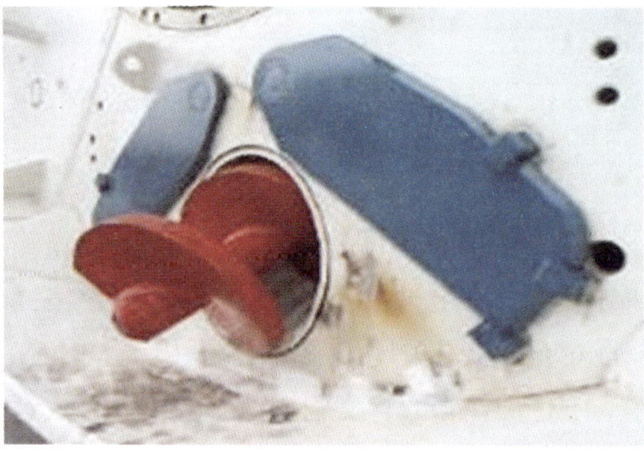

图5-48 螺旋输送机前闸门

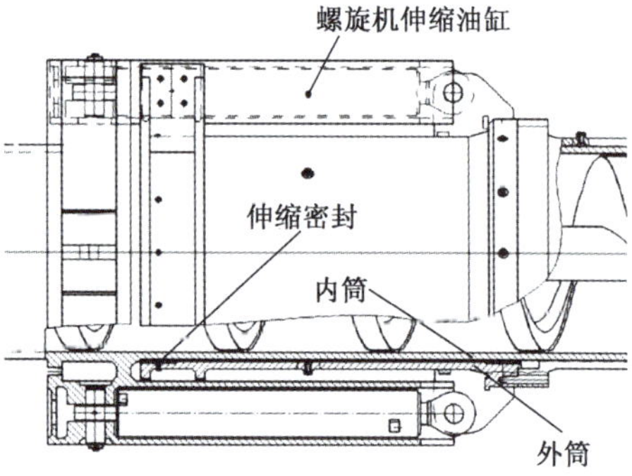

图5-49 螺旋输送机伸缩机构

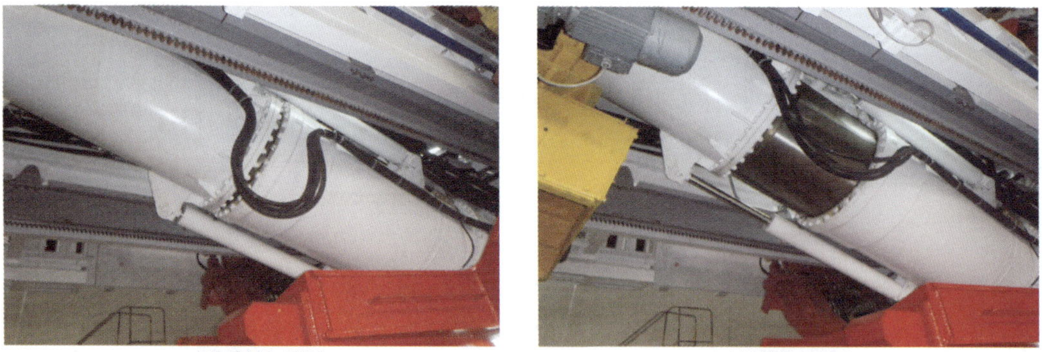

a)伸缩油缸缩回　b)伸缩油缸伸出

图5-50 螺旋输送机伸缩

4)螺旋输送机的耐磨设计

刀盘开挖下来的所有渣土都需要通过螺旋输送机排出,所以螺旋输送机的磨损是不可避免的。如图 5-51 所示，螺旋输送机叶片严重磨损。在一些特殊的情况下，甚至螺旋筒体或盾体也会被磨穿。

常用的螺旋输送机耐磨设计有：

(1)螺旋轴与叶片母材采用耐磨性好的材料。

(2)螺旋叶片外沿镶嵌耐磨块。

(3)螺杆堆焊耐磨材料。

(4)筒体内部堆焊耐磨层或焊接耐磨钉与耐磨条。

螺旋输送机的耐磨设计如图 5-52 所示。

图 5-51　严重磨损的螺旋输送机叶片

图 5-52　螺旋输送机的耐磨设计

尽管采用了多种耐磨设计，也只能减缓磨损的进程，而不能彻底避免磨损，尤其是前部的叶片由于处在压力高的区域会首先发生磨损。一旦前部叶片磨损，螺旋轴在重力的作用下始终贴在筒体下部，这就带来一个问题，即螺旋轴的轴心与筒体的中心线将不再重合，而是存在一个越来越大的角度。为了适应这种情况，螺旋输送机的驱动端需要设计为可转动的铰接连接，避免驱动端承受支撑力。如图 5-53 所示，螺旋输送机的轴心轴与驱动端通过一个球铰连接，即使螺旋轴与筒体不重合，螺旋机的驱动端也不承受支撑力。

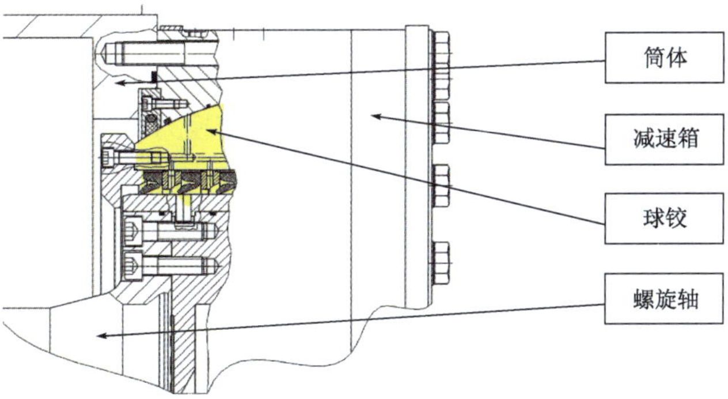

图 5-53　螺旋输送机中心轴与驱动的球铰连接

螺旋输送机输送能力的具体计算如下：

$$Q_1 = [\pi(\Phi_s^2 - \Phi_c^2)/4] \times p \times n_f \times 60 \tag{5-34}$$

式中：Q_1——螺旋输送机输送能力(m^3/h)；

Φ_s——螺旋输送机通径(m);

Φ_c——螺旋轴直径(m);

p——螺距(m);

n_f——螺旋输送机转速(r/min)。

螺旋输送机的最大输送能力应当为盾构机最大掘进速度时出渣量的1.2~1.5倍。

5.7.7 皮带输送机设计

皮带输送机(图5-54)由皮带输送机支架、前随动轮、后主动轮、上下托轮、皮带、皮带张紧装置皮带刮泥装置和带减速器的驱动电机等组成,安装布置在后配套连接桥和拖车上,用于将螺旋输送机输出的渣土传送到盾构后配套的渣车内。

a)装配时　　b)工作时

图5-54　皮带输送机实物图

皮带输送机采用电动驱动或液压驱动。

为安全起见,皮带输送机上设有多处急停开关,或全程设置急停拉线装置。为了适应隧道曲线,皮带上有曲线调节和防跑偏装置。

皮带输送机的运输能力一般按照螺旋输送机运输能力的1.1~1.3倍设计。

5.7.8 人闸和压缩空气调节系统设计

在前方土舱有压力的情况下,如果需要进入土舱进行换刀、维修等作业,就必须需要人闸系统进行加压和减压程序后才能进出土舱。人闸舱的连接法兰安装在前盾上。连接法兰的结构与盾体和刀盘驱动装置的半径相对应,通过连接法兰能使人穿过舱壁密封门进入土舱,人闸舱的中间通过一个供人进出的压力门隔开。

双舱式人闸和单舱式人闸实物图如图5-55所示。

单舱式人闸和双舱式人闸各有优劣:单舱式人闸结构尺寸小,径向占用空间小,可以选用更大的主轴承,属于日系设计;双舱式人闸可以实现人与材料分开,容量大,效率高,属于德系设计。双舱式人闸更均衡,在市场上采用的比单舱式人闸多。

双舱式人闸与盾体上的连接法兰相连,人闸的形状与尺寸取决于盾构机安装条件,右边的通道作进出土舱的正常通道,左边的通道用来运送材料,在紧急情况下也可以作为人闸使用。

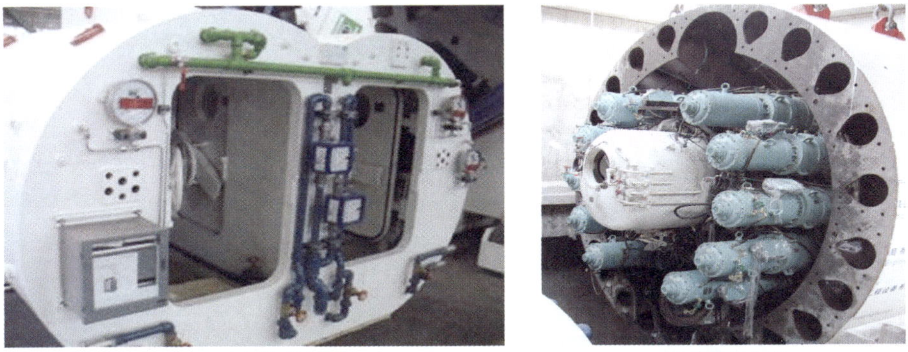

a) 双舱式人闸　　b) 单舱式人闸

图5-55　双舱式人闸和单舱式人闸实物图

德系的双舱式人闸符合 DIN 标准，配备以下装置：闸门、阻尼器、压力计、计时仪、温度计、绝缘椅子、照明装置（包括紧急照明）、压力记录仪、供热设备。

人舱内部如图5-56所示。

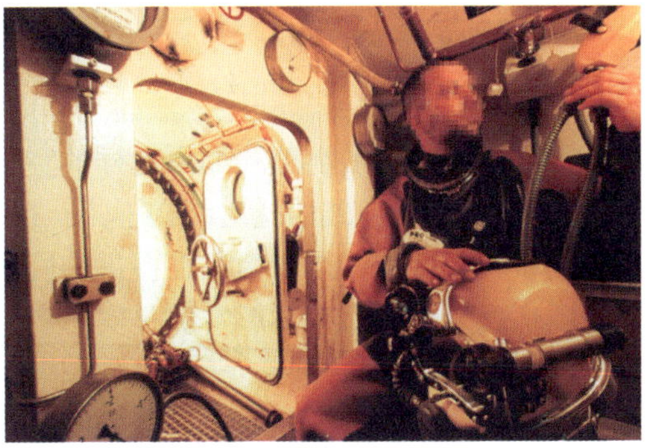

图5-56　人舱内部

安装在盾体上的压缩空气调节系统用于调节开挖面的支撑压力和调节人闸的空气压力。这个压缩空气调节系统包括：空气压缩机、压力调节器、压力传感器、储气罐、控制阀、可呼吸空气滤芯。

安装在土舱内的压力传感器用来监测土压的实际值，压力调节器用来比较实际值和预设参考值，并打开供气阀门校正压力。压缩空气调节系统只能调节所供应的空气，土舱内过高的压力由溢流阀来调节。

土舱压力自动调节原理如图5-57所示。

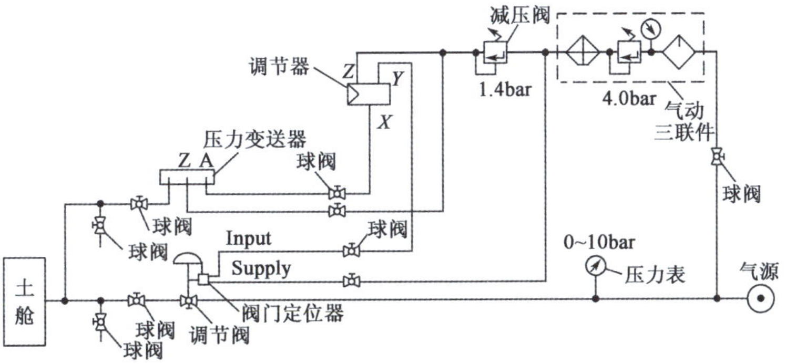

图5-57　土舱压力自动调节原理图

为了保证调压系统的可靠性，盾构机上安装两套阀及其调节系统，一套是工作系统，另一套是备用系统。一旦工作系统出现故障，备用系统马上可以启用。通常，压缩空气调节系统采用 SAMSON 的产品（图5-58）。

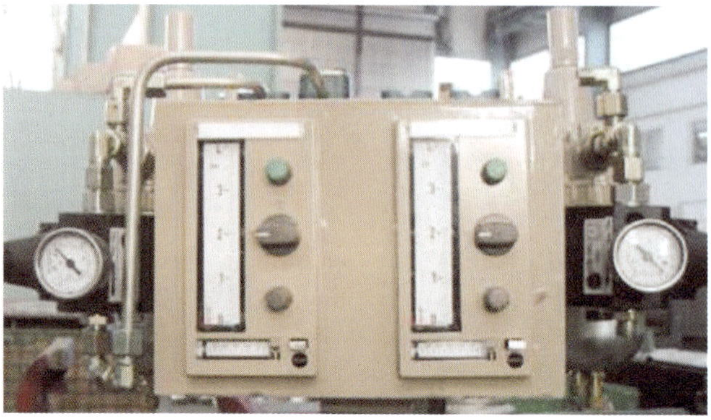

图 5-58 SAMSON 压缩空气调节系统

5.7.9 同步注浆系统设计

盾构在掘进时,刀盘开挖形成的土体空洞直径比在盾尾安装的预制管片直径大,造成土体与管片之间存在圆形空隙。如果这样的空隙不能得到及时填充,地层将会发生沉降,甚至安装好的管片也会上浮,破坏隧道结构。

同步注浆系统就是盾构机在掘进的同时,从盾尾向后方注入水泥砂浆填充盾构机前进时产生的环形空隙。由于环形空隙是实时填充的,所以可以在第一时间支撑住管片周围的土体,防止沉降。

砂浆从注浆孔进入预埋在盾体里的注浆管,然后穿过盾尾到达盾体尾部,砂浆就在这里填充土体与管片之间形成的环形空隙。用盾尾尾部向外的止浆板挡住砂浆,防止砂浆进入前方的空隙甚至到达刀盘部位。

盾尾及注浆管出口如图 5-59 所示。

为了及时填充环形空隙,达到良好的注浆效果,在盾尾上一般布置多个注入点,两个相邻注入点之间的弧长应小于 5m。

同步注浆系统包括:注浆泵(图 5-60)、砂浆罐、注浆管路、阀门、注浆泵液压系统、控制系统、控制面板、压力计、流量计。

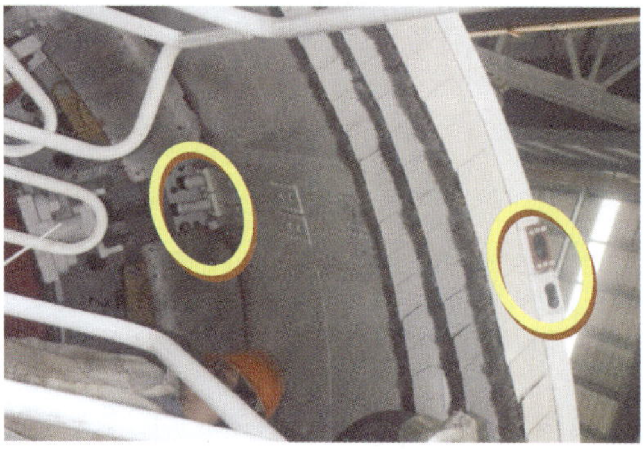

图 5-59 盾尾及注浆管出口

图 5-60 注浆泵

注浆系统可以人工控制、自动压力控制、自动流量控制,每一个注入点都可以单独控制。

如果土体中以砂层或砂卵石为主,而且含水率大,普通的水泥砂浆进入环形空隙后会被水稀释而达不到应有的强度,在这种情况下,往往注入双液浆。盾构机上则需要配备相应的B液注入系统,包括B液泵、B液罐、控制、压力计、流量计、阀门和管路等。水泥砂浆(A液)和B液应当在注入环形空隙时充分混合并快速初凝。

同步注浆系统的注浆能力应当满足盾构机在最高掘进速度时填充产生的环形空隙的需要。

(1)每环管片的理论注浆量

$$Q = 0.25\pi(D^2 - D_s^2)L \tag{5-35}$$

式中:Q——每环管片的建筑空隙,即每环管片的理论注浆量(m^3);

D——刀盘开挖直径(m);

D_s——管片外径(m);

L——管片宽度(m)。

(2)每推进一环的最短时间

$$t = \frac{L}{V} \tag{5-36}$$

式中:L——管片宽度(m);

V——最大推进速度(m/h)。

(3)理论注浆能力

$$q = \frac{Q}{t} = 0.25\pi V(D^2 - D_s^2) \tag{5-37}$$

式中:q——同步注浆系统理论注浆能力(m^3/h);

D——刀盘开挖直径(m);

D_s——管片外径(m);

V——最大推进速度(m/h)。

(4)额定注浆能力

同步注浆泵需要的额定注浆能力q_p主要考虑地层注入率λ和注浆泵的效率η两个因素。

$$q_p = \frac{\lambda q}{\eta} = 0.25\pi\lambda V\frac{(D^2 - D_s^2)}{\eta} \tag{5-38}$$

式中:λ——地层的注入系数,根据地层而异,一般为1.5~1.8;

D——刀盘开挖直径(m);

D_s——管片外径(m);

V——最大推进速度(m/h);

η——注浆泵效率。

由于注入点位置、数量、砂浆的流动性和地层等因素的影响,同步注浆系统往往并不能完全填充土体与管片间的空隙,所以需要及时进行二次灌浆来填满这些剩余的间隙,尽可能减少沉降。

5.8 地质适应范围

土压平衡盾构主要应用在黏稠土壤中,该类型土壤富含黏土、亚黏土或淤土,低渗透性。这种土质在螺旋输送机内压缩形成防水土塞,使土舱和螺旋输送机内部产生土压力来平衡掌子面的土压力和水压力。

土压平衡盾构用开挖出的土料作为支撑开挖面稳定的介质,要求土料具有良好的塑性变形、软稠度、内摩擦角小及渗透率小的特点。一般土壤不完全具有这些特性,需进行改良,改良的方法通常有加水、膨润土、聚合物或泡沫等,根据土质情况选用。

有软稠度的黏质粉土和粉砂是最适合使用土压平衡盾构的土层。根据土层的稠度,有时不需要水或只需要加很少量的水。通过搅拌装置在土舱内的搅拌,即使十分黏着的土层也能变成塑性的泥浆。

随着含砂率的增加,加水就显得不够,因为它不能减小内摩擦角。增大渗水性就必须解决好螺旋输送机的密封问题。细土粒含量的缺乏可以通过加入黏土和膨润土悬浮液来补偿。对非黏透水性土层可以通过注射泡沫进行改良处理。粒状结构中的气泡可以降低土浆密度,减小颗粒摩擦,使土浆混合物在较宽的形变范围内有最理想的弹性,以利于控制开挖面的支撑压力。

由于土压平衡盾构良好而广泛的地质适应性,与泥水盾构相比,采购成本和施工成本相对较低,对环境污染小,对使用场地要求不高,从发明这种机型至今,技术越来越成熟,越来越先进,市场占有比例越来越高,尤其是在城市地铁隧道领域,土压平衡盾构约占 80% 以上。

思考题

1. 简述土压平衡盾构概念。
2. 简述土压平衡盾构系统的构成。
3. 简述土压平衡盾构的地质适应范围。
4. 简述土压平衡盾构开挖面稳定机理。
5. 简述土压平衡盾构工作原理。
6. 简述土压平衡原理。
7. 简述土压平衡盾构有哪几种掘进模式。
8. 简述渣土改良的目的。
9. 渣土改良常用的材料大致分为哪几类?
10. 简述泡沫注入系统适应范围。
11. 简述膨润土注入系统适应范围。
12. 简述聚合物注入系统适应范围。
13. 简述刀盘刀具设计要点。
14. 对刀盘设计,重点要考察其在哪几个方面是否与地质条件相适应?
15. 对盾体设计,重点要考察哪几个方面?
16. 在设计盾构推进系统时,必须考虑的主要阻力有哪些?
17. 螺旋输送机包括哪些主要部件?
18. 螺旋输送机常用的耐磨设计是什么?
19. 双舱式人闸一般配有哪些装置?

第 6 章
泥水盾构

本章重点：泥水盾构也称为泥水加压平衡盾构(Slurry Pressure Balance Shield)，简称 SPB 盾构。本章介绍泥水盾构的分类、构成，日系和德系泥水循环系统设计区别，开挖面稳定机理，地质适应范围及泥水盾构的常压换刀刀盘。

6.1 泥水盾构分类

除了土压平衡盾构外，泥水盾构是另一种可以在压力下进行隧道掘进的盾构。

泥水平衡盾构(Slurry Pressure Balance Shield)，简称 SPB 盾构，中文简称泥水盾构，是以泥浆为主要介质平衡隧道开挖面地层压力、通过泥浆输送系统出渣的压力平衡式盾构，如图 6-1 所示。

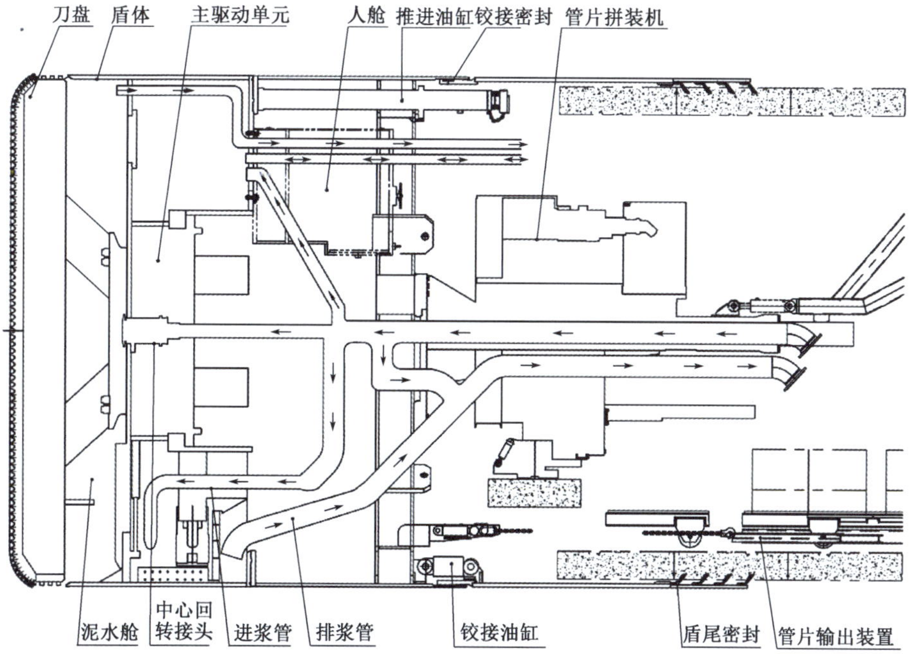

图 6-1 泥水盾构结构示意图(德系)

其工作原理为:通过进浆管将泥浆送入泥水舱,在开挖面上形成不透水的泥膜,通过该泥膜作用,平衡开挖面的水土压力;开挖的渣土在泥水舱内与膨润土混合后被排泥泵以泥浆形式从排浆管排出,并输送到地面,然后通过泥浆处理设备进行分离;分离后的泥水进行重新调浆,再通过送泥泵输送到开挖面。泥水盾构适用的地质范围较大,从软弱砂质土层到砂砾层都可以使用。

6.1.1 直接控制型泥水盾构

根据压力平衡控制方式的不同,泥水盾构可分为直接控制型泥水盾构(日系)和间接控制型泥水盾构(德系)。

如图6-2所示,直接控制型泥水盾构的前部设置压力隔板,隔板与开挖面之间形成泥水舱,内部充满泥浆,排泥口和进泥口均设置在隔板上;与土压平衡盾构的平衡原理类似,泥水舱中的压力是由盾构的推进速度、进泥的速度和排泥的速度来决定的。一般情况下,盾构司机会保持推进速度和进泥速度不变,只是改变排泥的速度来控制泥水舱的压力;排泥速度增加,泥水舱的压力就降低,反之,排泥速度减小,泥水舱的压力就会升高。

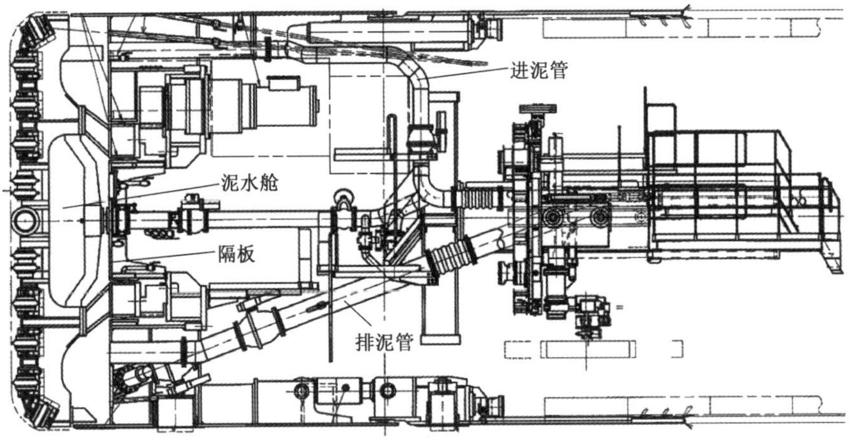

图6-2 直接控制型泥水盾构(日系)

6.1.2 间接控制型泥水盾构

如图6-1所示间接控制型泥水盾构,其泥水压力控制系统由泥浆和空气双重回路组成,因此也称为“D”模式或气压复合模式。间接控制型泥水盾构在泥水舱内插装一道半隔板。在半隔板前充以压力泥浆,在半隔板后盾构轴心线以上部分充以压缩空气,以形成空气缓冲层。气压作用在半隔板后面与泥浆的接触面上。由于接触面上气、液具有相同压力,因此只要调节空气压力,就可以确定和保持在开挖面上相应的泥浆支护压力。

当盾构掘进时,有时由于泥浆流失,或推进速度变化,送、排泥浆量将会失去平衡,气-液接触面就会出现上下波动现象。这时通过液位传感器,根据液位高低变化来操纵送泥泵转速,使液位恢复到设定位置,以保持开挖面支护压力稳定。送泥泵输出量随液位下降而增加,随液位上升而减小。在液位最高和最低处设有限位器，当液位达到最高位时，停止送泥，当液位降低到最低位时，则启动送泥；正是由于空气缓冲层的弹性作用，当液位波动时，对支护泥浆压力变化无明显影响。

此外，压缩空气具有反应速度快、填充速度快、容易实现远程精确自动控制的特点，间接控制性泥水盾构可以更快速、更准确地平衡压力，更有利于控制地表沉降。

6.1.3 两种类型泥水盾构的差异性分析

(1)与直接控制型泥水盾构的单舱结构形式相比，间接控制型泥水盾构在泥水舱中设置了气压舱，具有双舱结构，其中开挖舱充满受压泥浆，并通过沉浸墙下面与气垫舱相连，以平衡外部水土压力。由此可见，直接控制型泥水盾构操作控制更简单直接，调节压力必然影响进排泥；而间接控制型泥水盾构把压力平衡与进排泥分开，可以实现在掘进速度、进泥速度和排泥速度不变的情况下控制平衡压力，对保持掘进速度和开挖面土层稳定更为有利，对地表变形控制也更为有利。

(2)直接控制型泥水盾构开挖舱内的泥水压力波动较大，一般在±(0.5~1.0)bar之间变化[图6-3a)]，而间接控制型泥水盾构可通过压缩空气系统精确地控制和调节压力，故开挖舱内的压力波动较小，一般为±(0.2~0.5)bar[图6-3b)]。

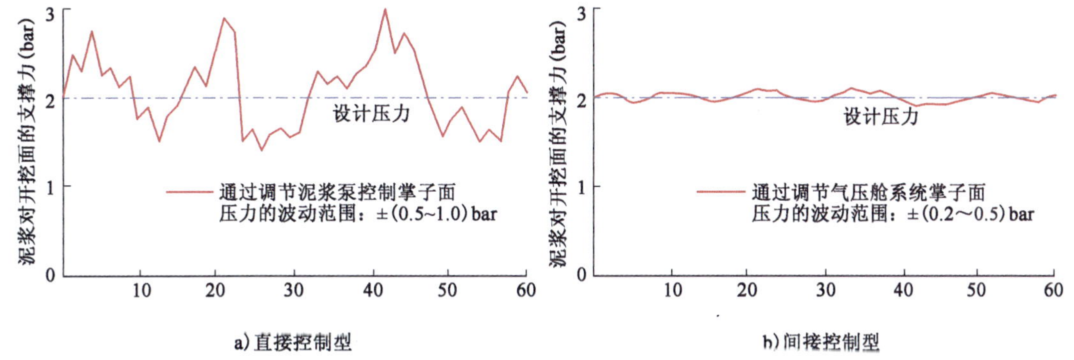

图6-3 泥水盾构平衡压力波动曲线图

(3)直接控制型泥水盾构的吸泥口就在泥水舱的底部，距离开挖面较近，有利于排出大粒径的石头等障碍物；而间接控制型泥水盾构的吸泥口设在调压舱底部，距离开挖面较远，而且中间还有隔板、碎石器等，不利于排出大粒径的石头等障碍物。

(4)直接控制型泥水盾构的吸泥口前不能设置碎石器，碎石器只能后置，如果有超出泥浆泵泵送能力的石块较多，则需要停机处理，影响掘进速度；间接控制型泥水盾构的吸泥口设在调压舱底部，所以可以在吸泥口前设置较大的碎石器，不用频繁停机采石。

(5)直接控制型泥水盾构没有调压舱，盾体可以做到更短，有利于转弯、纠偏或减少超挖。

6.1.4 泥水盾构与土压盾构的主要区别

从结构、工作原理和地质适应性上来看，泥水盾构与土压平衡盾构最大的区别如下：

(1)出渣方式不同

土压平衡盾构采用螺旋输送机与皮带输送机出渣，从螺旋输送机到皮带输送机需要把压力降为大气压，适应压力较低，而且皮带输送机不适合运送含水率大的渣土；泥水盾构采用的是泥浆泵和管道出渣，可以适应较高压力，全程封闭而且无须降压。

(2)压力平衡介质不同

土压平衡盾构的压力平衡介质是渣土，密度较大，不易流动，压力分布和传递不均匀；泥水盾构的压力平衡介质是泥浆，密度较小，容易流动，压力分布和传递均匀。

(3)适应地质不同

从地质适应性上来看，土压平衡盾构一般适应砂性土和黏土、水压不大、水量较小的地层；泥水盾构一般更适应含水较多或者水土压力较高的砂质或卵石地层，这些地层的开挖面不稳定，而且地下水容易流失。

可见，土压盾构和泥水盾构在结构和原理上是既相似又有区别，在地质适应性上既有重叠又相互补充。因为这个缘故，在具体项目选型时，往往会对选择泥水盾构还是土压盾构产生较大的争议。关于这一点将在第 10 章系统阐述。

6.2 泥水盾构系统构成

本节主要以间接控制型泥水盾构为例，简要介绍泥水盾构的典型系统构成。

泥水盾构由以下五大系统构成。

(1)盾构掘进系统：一边利用刀盘挖掘整个开挖面，一边推进盾构向前掘进。

(2)泥水循环系统：将膨润土浆液送至开挖面，保持开挖面稳定，并把泥水舱里的渣土通过管道以泥浆的形式泵送到地面处理厂。

(3)管片衬砌和物料运输系统：运输管片和其他材料，并把管片安装到位、成形。

(4)泥水分离处理系统：把泵送出来的泥浆进行分离，回收膨润土，并根据施工需要调制膨润土浆液。

(5)壁后同步注浆系统：及时填充盾尾建筑空隙，支撑管片周围岩体，有效控制地表沉降。

泥水盾构的构成与工作原理详见视频 6-1(中国铁建重工集团有限公司提供)。

视频6-1

泥水盾构的构成与工作原理

扫描此码 观看视频

6.2.1 泥水循环系统

泥水循环系统用于调整泥浆物性,保持开挖面稳定,并通过排泥泵将开挖渣料从泥水舱输送到泥水分离站。如图6-4所示,该系统由送排泥泵、送排泥管、延伸管线、辅助设备等组成。其中,盾构内通往前舱的送泥管路分为5段(2个在上部通向泥水舱,2个在下部通向气垫舱,1个在中央通过中心回转接头通向泥水舱);排泥管路(盾构下部的一条管路)中配备有P2.1泵、中继接力泵P2.i和中继接力泵P3等排泥泵用以控制排泥流量;泥水密度和泥水流量分别由安装在每条管路上的伽马密度仪(图6-5)和电磁流量仪来测定。

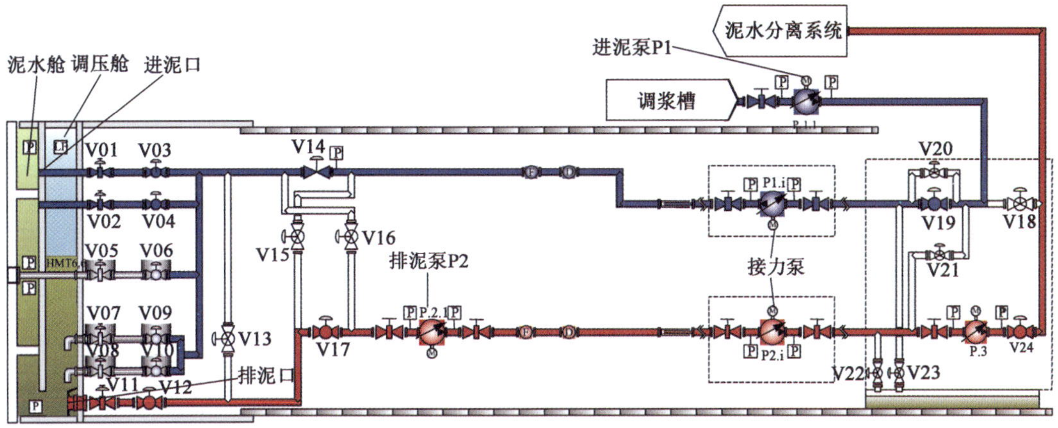

图6-4 泥水循环系统(德系)

泥水循环系统基本工作过程:送泥泵P1.1和中继接力泵P1.i将地面泥浆池中调制好的新泥浆通过送泥管输送到泥水舱;而排泥泵P2.1和中继接力泵P2.i则将携带渣土的泥水排出,通过排泥管输送到地面的泥水处理设备进行分离。

泥水循环系统控制方式分为手动、半自动和自动3种。

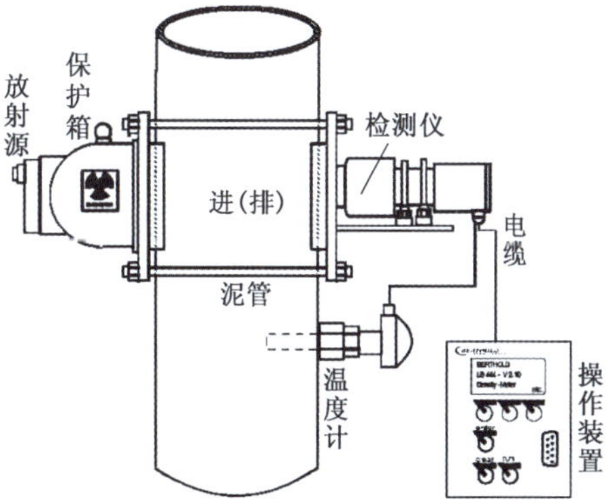

图6-5 伽马(泥水)密度仪工作原理

6.2.2 泥水分离处理系统

泥水分离处理系统用于将盾构排出的泥水中的水和土分离。该系统设于地面,由泥水分离站和泥浆制备设备两部分组成。其中,泥水分离站主要由振动筛、旋流器、储浆槽、调整槽、渣浆泵等组成;泥浆制备设备由沉淀池、调浆池、制浆系统等组成。泥水分离处理系统中主要组成部分及输送能力计算简要介绍如下:

1)泥水分离站

泥水分离站的泥水处理能力一般分为三级。其中:一级泥水处理的对象是粒径74μm以上的砂和砾石,工艺比较简单,用振动筛或旋流器等设备对其进行筛分,分离出的土颗粒用车运走;二级泥水处理的对象主要是一级处理时不能分离的74μm以下的淤泥、黏土等的细小颗粒;三级泥水处理是对需排放的剩余水作 pH 值调整,使泥水排放达到环保要求,三级泥水处理采用的材料主要是稀硫酸或适量的二氧化碳气体。

2)泥浆制备设备

该设备用于调配满足泥水盾构使用要求的泥浆,主要包括 1 个剩余泥水槽、1 个黏土溶解槽、1 个清水槽、1 个调整槽、1 个增黏剂(CMC)储备槽和搅拌装置等,其泥水制作流程如图 6-6 所示。可使用黏土和膨润土来提高泥浆密度,添加增黏剂(CMC)来增大泥浆黏度。

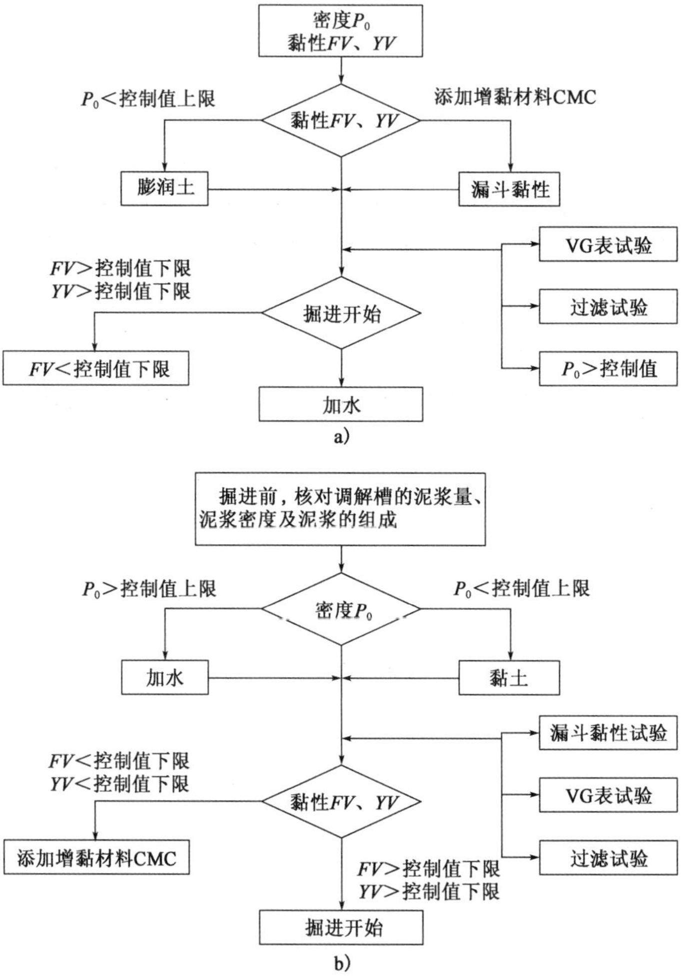

图 6-6 泥水制作流程

FV-漏斗黏度;*YV*-降伏黏性值

3)泥水系统输送能力的计算

(1)送排泥流量的计算

①开挖土体流量:

$$Q_E = 0.25\pi D^2 V \tag{6-1}$$

式中:D——刀盘开挖直径(m);

V——最大推进速度(m/h);

Q_E——开挖土体流量(m^3/h)。

②排泥流量:

$$Q_2 = \frac{Q_E(\rho_E - \rho_1)}{\rho_2 - \rho_1} \tag{6-2}$$

式中:Q_E——开挖土体流量(m^3/h);

ρ_E——开挖土体密度(t/m^3);

ρ_1——送泥密度(t/m^3);

ρ_2——排泥密度(t/m^3);

Q_2——排泥流量(m^3/h)。

③送泥流量:

$$Q_1 = Q_2 - Q_E \tag{6-3}$$

式中:Q_1——送泥流量(m^3/h);

Q_2——排泥流量(m^3/h);

Q_E——开挖土体流量(m^3/h)。

在以上计算的基础上,送排泥流量应考虑一定的富余量,储备系数一般为1.2~1.5。同时考虑到送排泥系统在旁通模式时送排泥流量相等的特点,在送泥泵选型时,其排量值的选取应不小于计算的排泥流量。

(2)送排泥流速的计算

①送泥管内流速:

$$V_1 = \frac{4Q_1}{\pi {D_1}^2} \tag{6-4}$$

式中:V_1——送泥管内流速(m/h);

Q_1——送泥流量(m^3/h);

D_1——送泥管内径(m)。

②排泥管内流速:

$$V_2 = \frac{4Q_2}{\pi {D_2}^2} \tag{6-5}$$

式中:V_2——排泥管内流速(m/h);

Q_2——排泥流量(m^3/h);

D_2——排泥管内径(m)。

6.3 日系和德系泥水循环系统设计区别

日系和德系的泥水循环系统设计有较大的区别,主要体现在下述4个方面。

6.3.1 泥水舱压力平衡控制方式的差别

如图6-7所示,日系盾构泥水舱的压力是通过进泥泵P1来调节的,而排泥泵P2是用来调节出土量的。即使假设掘进时掘进速度不变,切削下的渣土不变,需要排出的渣土也不变,然而从泥水舱排出的量不仅仅是切削下来的渣土,还有从P1泵泵至泥水舱的泥浆。一旦开挖面压力发生变化,P1泵参与调节压力,进入泥水舱的泥浆就会发生变化。由于无论是排泥还是进泥都是一个持续不断的过程,而这个变化排泥泵P2泵是无法及时响应的,再加上进泥泵P1泵的流量也很大,泥浆管路和气路直径也不是一个数量级的,泥浆的密度也比压缩空气大得多,所以泥水舱内的压力波动是很大的,见图6-3a)。另一方面,地层发生变化时,理论切削体积也是很难计算和控制准确的,这就更不利于平衡压力控制。

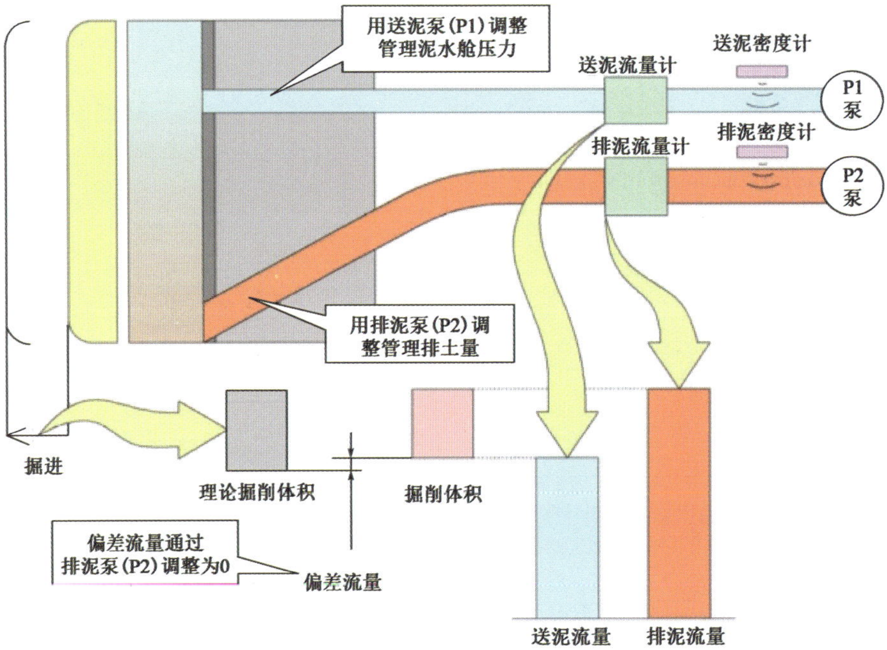

图6-7 盾构泥水舱的压力平衡原理(日系)

而德系泥水盾构的泥水舱压力控制是通过隔板后面调压舱的压缩空气来实现的。如图6-8所示,在掘进时,推进油缸的速度保持不变,进泥量保持不变,排泥量也保持不变,如果

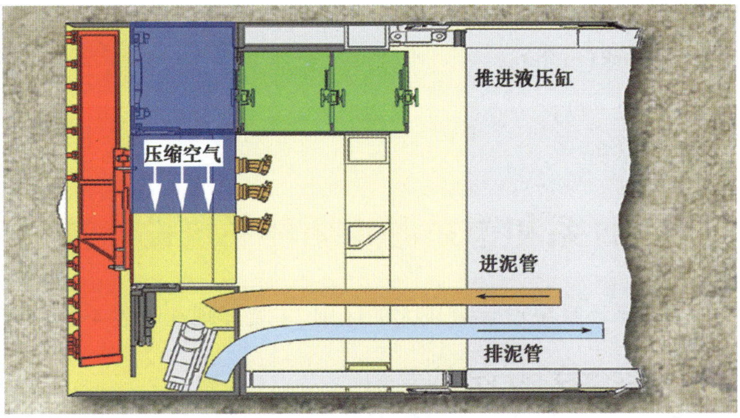

图6-8 盾构泥水舱的压力平衡原理(德系)

泥水舱中的压力发生变化,与设定压力出现偏差,压缩空气马上自动反应,并作用在调压舱的泥浆液面上,不需要人工干预。同样地,即使推进速度或进泥量或排泥量发生了变化,调压舱也可以马上对泥水舱的压力进行补偿,达到稳定开挖面的作用,所以泥水舱内的压力波动是很小的,见图6-3b)。

6.3.2 循环模式的差别

日系的循环模式包括掘进模式、旁通模式、逆洗模式、冲洗模式、溢流模式5种。

(1)掘进模式。见图6-9,在开挖模式时,泥水舱内泥水压力由P1泵控制。通过进泥泵P1将调制好的泥水从调浆池泵输送至泥水舱,对泥水压力进行调节。通过排泥泵P2将切削混合后的泥浆排至地面的泥水分离处理系统。

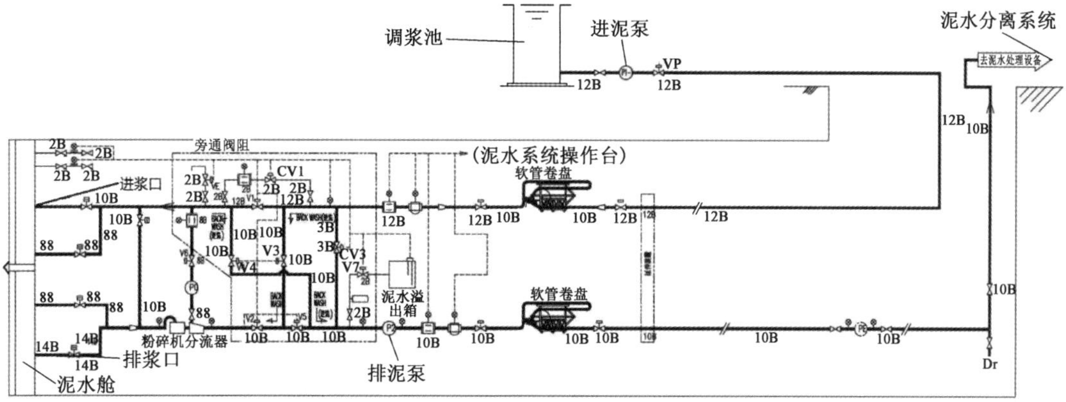

图6-9 泥水循环系统(日系)

(2)旁通模式。此模式为待机模式,用于盾构不进行开挖掘进时,比如拼装管片时。也可以用于盾构需要较长时间停机处理故障或其他原因,一旦处理完随后就需要切换到旁路模式运行一段时间再切换到正常掘进模式。也就是说从一种功能换为另一种功能时就需要采用旁路模式。

(3)逆洗模式。当排泥口发生堵塞时,可以采用此模式进行逆洗,以清理排泥口。此时P1泵的进泥从排泥口进入泥水,而原来上部的进泥口变为排泥口,通过P2泵送到地面处理。

(4)冲洗模式。通过P1泵及隔板之间的进泥口进行冲洗,防止刀盘和泥水舱堵塞。

(5)溢流模式。此模式用于待机模式。在待机时,泥浆会从开挖面流失,导致泥水舱压力降低,此时可以通过保压泵输送泥浆到泥水舱保持压力。

德系的泥水循环系统的循环模式包括掘进模式、旁通模式、反循环模式、隔离模式、周末模式5种。

(1)掘进模式。见图6-10,这个模式于开挖时使用。根据气垫室里泥浆的高度及所要求的排渣流量,对伺服泵P1.1和P2.1的转速分别进行调整。调整P1.1泵的转速,用以校正泥浆/气垫界面高度达到所要求的值,同时确保它沿程的下一个泵的超载压力要大于所要求的净吸压头。调整 P2.2 泵的转速,用以校正排渣流量达到所要求的排渣模式的值,同时确保沿程的下一个泵的超载压力要大于所要求的净吸压头。P3 泵的转速必须能确保排渣的流体能被泵送到地面的泥水分离厂。调整 P3 泵的转速,以便在泥浆分离厂入口处达到必要的压力。

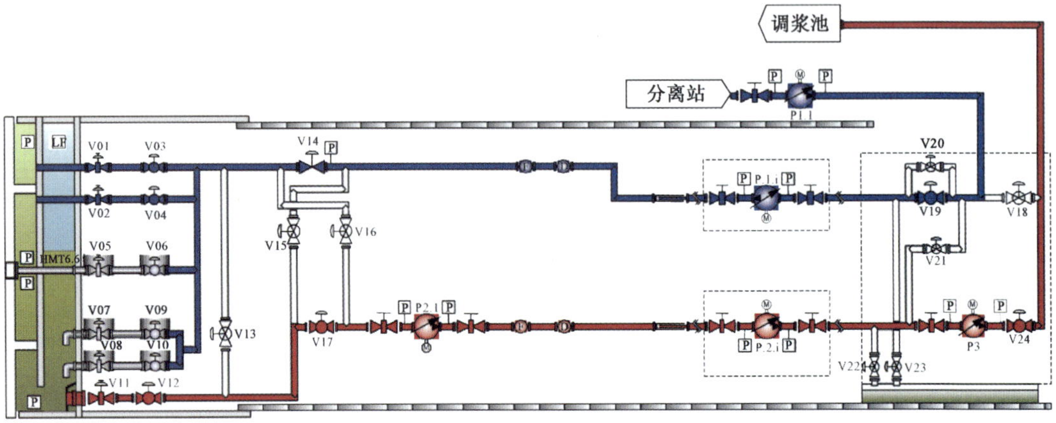

图 6-10　泥水循环系统掘进模式(德系)

(2)旁通模式。见图 6-11,这个模式也被称为待机模式,用于泥水盾构不进行开挖时执行其他功能。这个模式也用于当泥水盾构从一种功能切换到另一种功能时,尤其是旁通功能用于安装管片衬砌时可使开挖室被隔离。在旁通模式,各泥浆泵都根据泵的超载压力和所要求的排渣流量所控制的转速保持旋转。由于此时开挖室没有泥浆的供给,因此理论上并不需要控制泥浆/气垫界面高度。然而泥浆/气垫界面高度可能由于水从开挖面上流失或进入而发生变动。在这些情况下,可能需要补充泥浆(只要注入管道压力许可的话)或排出泥浆,以调整这个高度。

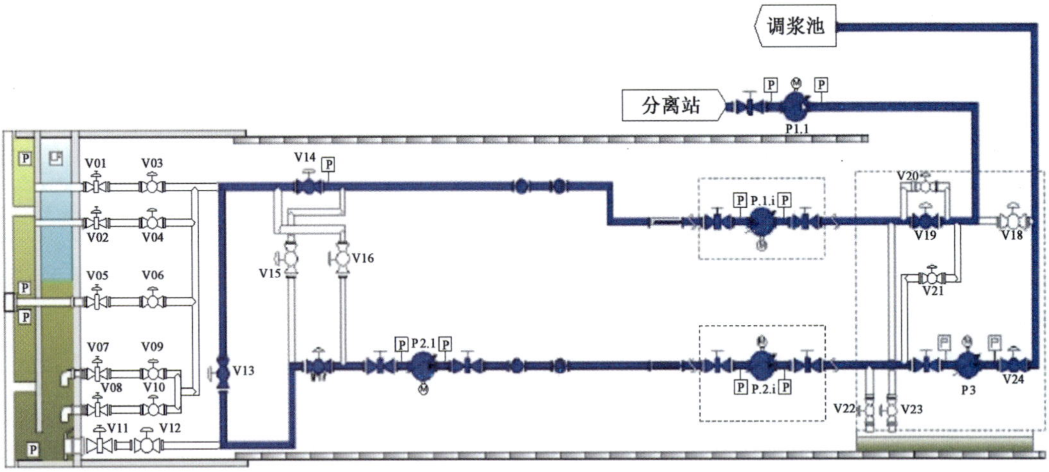

图 6-11　泥水循环系统旁路模式(德系)

(3)隔离模式。见图6-12,这个模式使隧道里的泥浆管道系统与地面泥水处理系统处于完全隔离状态,但此时设在地面的泥水分离厂和泥浆制备厂之间的回路仍保持连通。这种模式也用于隧道泥浆管道延伸时,所以也称为接管模式。各排渣泵(P2.1,P3)停止运转,而P1.1仍保持运行,以保持泥浆制备厂和泥水分离厂之间回路的循环。始发井中的旁通阀V18控制这个回路。

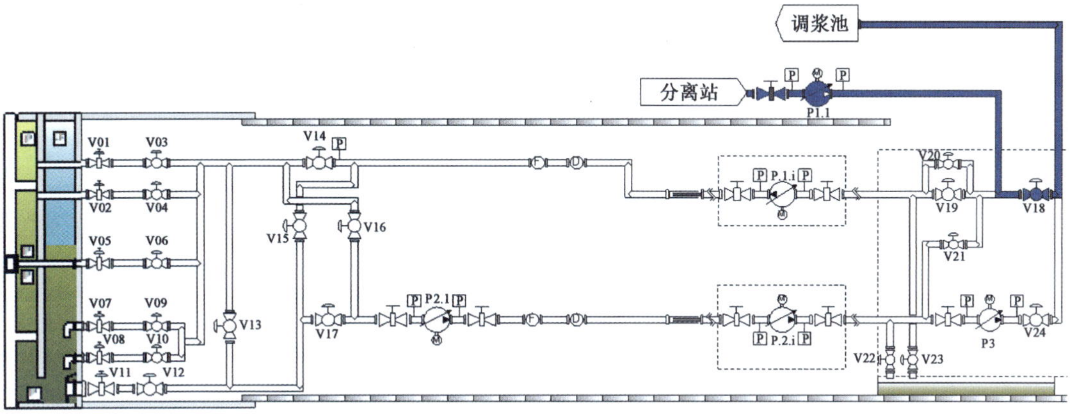

图6-12 泥水循环系统隔离模式(德系)

(4)反循环模式。见图6-13,这个模式使开挖室内的泥浆逆向流动,仅用于一些特别情况,特别是在开挖室内发生堵塞时使用该模式,或用于清理泥水盾构上的排渣管道。为了不让泥浆充满开挖室,气垫压力与泥浆/气垫界面高度的控制仍需维持。

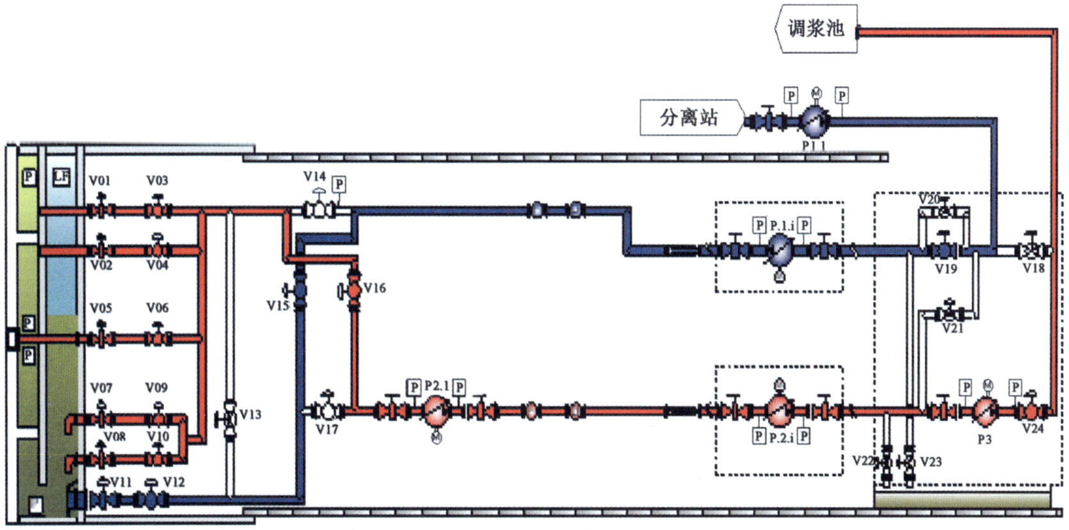

图6-13 泥水循环系统反循环模式(德系)

(5)周末模式。见图6-14,这个模式是自动控制的。此时所有泵都停止运转。掌子面压力由压缩空气回路来控制。当气垫室泥浆高度低于预定的低限时,便进行校正。

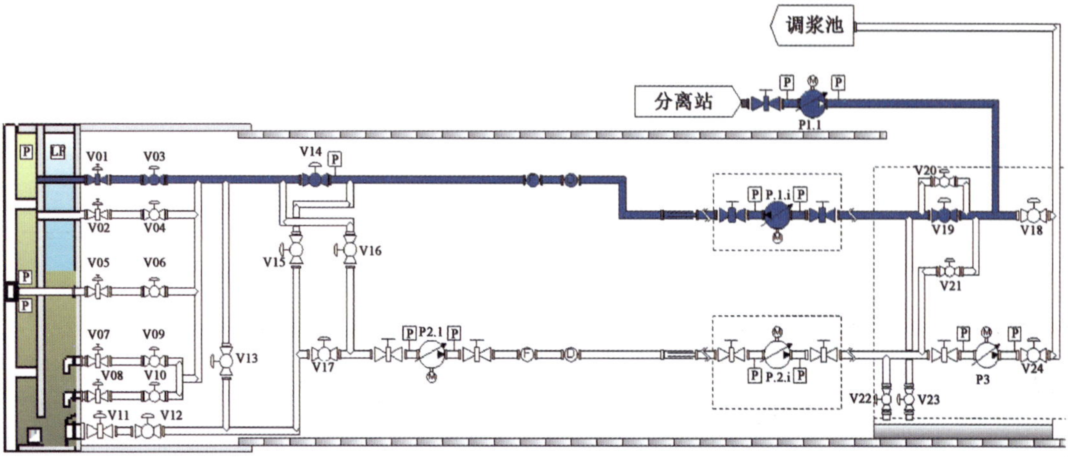

图 6-14 泥水循环系统周末模式(德系)

6.3.3 处理泥水舱堵塞方式的差别

日系和德系盾构的泥水循环系统设计、工作模式大同小异,最重要的差别就是反循环系统。

日系盾构在反循环模式下不但可以清洗泥水舱,还可以继续掘进。尽管掘进效率会受到影响,但是在一些特殊情况下,这一功能还是有用的。比如,泥水舱在一环掘进快结束时发生堵塞,需要清理,这时日系盾构就可以切换到反循环模式进行清理而且继续掘进,直到这个循环结束,安装管片,下一个循环再回到正常的掘进模式。

德系盾构只能停机时在反循环模式下清洗泥水舱、调压舱和主机泥浆管路,掘进时只能采用掘进模式循环。这样做的原因是德系的排泥口在调压舱下部,与泥水舱有一定的距离。而且从泥水舱到调压舱的泥水流动的初始设计就是单向的,如果逆向循环的同时进行掘进,渣土都会堵在两个舱的底部,排不出去。而日系设计的进泥口和排泥口都在一个舱,泥浆的反向流动较容易实现。

德系泥水盾构应对堵舱采用措施是泥水舱冲刷系统。

德系泥水盾构的泥水舱冲刷系统(图 6-15)分为以下五个部分,分别解决各自部位的堵塞问题,最终到达顺畅排渣的目的。

图 6-15 泥水盾构的泥水舱冲刷系统(德系)

(1)刀盘冲刷

从地面上进来的膨润土可以通过中心回转接头泵送到刀盘区域,分别在刀盘后部、在刀盘开口和中心区域设置冲刷点,防止刀盘中心和开口结泥饼。

(2)泥水舱冲刷

在隔板的上部和中部两侧,可以设置向下的冲刷点,在搅拌、混合泥水舱里的膨润土和渣土的同时,把混合后的泥浆导向下部的开口。

(3)隔板开口冲刷

隔板下部的开口是最容易发生渣土沉积、堵塞的区域,所以在开口的两侧各设置一个大流量的冲刷口,扰动开口位置的渣土并使之向开口后方流动。

(4)调压舱底部冲刷

调压舱底部也是容易发生渣土聚积、堵塞的区域,所以在底部区域的两侧各设置一个大流量的冲刷口,冲刷这一位置的渣土并使之向碎石器、格栅方向流动。

(5)碎石器、格栅冲刷

碎石器的作用是破碎渣土里的大石块,使之可以用泥浆泵和管道排出到地面上,但是碎石器破碎大石块是需要时间的。此处的冲刷就是保证在破碎期间排泥流量的连续以及在石块破碎后第一时间被泥浆带走,防止堆积造成堵塞。当然,在没有岩石的地层里,盾构就不需要安装碎石器,而是用搅拌器代替,但是其目的也是相同的,即防止渣土在此处沉淀堆积造成堵塞。格栅的作用是限制进入排浆管渣土的粒径,在碎石器没有破除到可以通过格栅时石块不能进入排浆管。冲刷格栅就是为了防止石块在格栅前沉淀下来,堵在格栅前部,造成排渣不畅。

通过一系列的冲刷,达到防止刀盘结泥饼、防止泥水舱结泥饼、使渣土和膨润土充分混合均匀,防止隔板开口堵塞、防止调压舱底部区域堵塞、防止碎石器和格栅堵塞,最重要的是通过冲刷口方向的设置和排泥管的抽吸作用,使泥水舱内的泥浆向隔板开口流动、隔板开口的泥浆向碎石器流动、碎石器的泥浆向格栅流动、格栅的泥浆向排泥口流动,从而形成一个单向的、持续的排渣通道。

6.3.4 进排泥系统的差别

除了循环模式不同外,德系和日系泥水盾构的进排泥系统也各有特点,可以总结为"一大一小、一少一多、一长一短、一高一低"。

(1)德系往往采用大功率泥浆泵、大直径管路、大流量系统;日系一般采用小功率泥浆泵、小直径管路、小流量系统。

(2)德系的泥浆泵数量少;日系的泥浆泵数量多。

(3)德系的泥浆泵间距长;日系的泥浆泵间距短。

(4)德系的泥浆流速高、密度低;日系的泥浆密度高、流速低。

6.4 日系和德系泥水循环系统设计的优缺点

日系泥水盾构设计的优点:由于管路直径小、流量小,总的来讲,日系泥水盾构采购成本和施工耗电量要小一些,相对更经济。

日系泥水盾构设计的缺点:管径小,限制了能够通过的渣土粒径。如果在有岩石或大粒径的卵石地层施工,一方面,日系盾构需要把更多大粒径的石块处理到泥浆泵和管路可以输送的尺寸,而且日系盾构往往采用的是后置式碎石器或采石箱的设计,碎石器的破碎粒径和效率常常不能满足掘进要求,会造成频繁停机;另一方面,日系设计的泥浆密度本来就大,一旦泥浆中含有大量的石块,密度很容易就会超出泥浆泵的泵送能力,再加上流速低,石块很容易沉淀堵管。要解决这个问题只能增加泵的数量,但是增加泵的数量必然增加驱动功率、增加采购成本和施工耗电量,这样一来,唯一的优点也没有了。另外,日系采用小功率多泵的设计,泵越多,发生故障的概率就越大,泵与泵之间同步的问题也更突出;泥浆泵之间的间距小也使“水锤”现象更明显。

与日系泥水盾构设计正好相反,德系泥水盾构设计的缺点是采购成本略高、施工时耗电量稍大,但是大流量、大管径、大功率、低密度、高流速更能适应复合地层和剧烈的地质变化,对施工而言是利大于弊的。

举一个项目实例来加以说明:

某个复合地层隧道项目,开挖直径6.8m,隧道长度2.7km。

(1)日系的进排泥系统的配置如下:

①进泥流量:420m^3/h;

②进泥泵:1×160kW;

③排泥流量:420m^3/h;

④排泥泵:7×200kW;

⑤进泥管:250mm;

⑥排泥管:250mm;

⑦总功率:1560kW。

(2)德系的进排泥系统的配置如下:

①进泥流量:900m^3/h;

②进泥泵:1×250kW;

③排泥流量:1000m^3/h;

④排泥泵:3×350kW;

⑤进泥管:300mm;

⑥排泥管:300mm;

⑦总功率:1300kW。

从上面的数据可以看出,德系的流量是日系流量的2倍多,而日系的泵的数量是德系的2倍,总功率日系的反而更大一些。

这两种不同理念的设计,归根到底还是在于不同的实践和市场经验。日系盾构更适应砂土和黏土为主的单一、均匀地层,而德系盾构的适应范围更广一些,从黏土到砂、砂卵石,再到硬岩均可以适应。关于不同的实践和市场经验对日系和德系设计的影响,详细论述参见第9章“日系与德系盾构设计特点”相关内容。

6.5 开挖面稳定机理

6.5.1 泥膜形成机理

泥水盾构是通过在泥水舱中适当压力的泥浆,使其在开挖面形成泥膜,支承隧道开挖面的土体,并由刀盘切削土体表层的泥膜,与泥水混合后,形成高密度的泥浆,然后由排泥泵及管道把泥浆输送到地面进行分离处理。

泥水盾构在泥水舱中产生适当压力泥浆,并形成弱透水性泥膜,利用泥水压力来抵抗开挖面土压力和水压力。在开挖面稳定机理中,泥膜形成是至关重要的。当泥水压力大于地下水压力时,按达西定律渗入土壤,形成与土壤间隙呈一定比例的悬浮颗粒,并被捕获积聚于土壤与泥水的接触表面,泥膜就此形成。随着时间的推移,泥膜的厚度不断增加,渗透抵抗力逐渐增强。当泥膜抵抗力远大于正面土压时,产生泥水平衡的效果。

6.5.2 泥膜形成的基本要素

泥水盾构施工时稳定开挖面的机理为:以泥水压力来抵抗开挖面的土压力和水压力以保持开挖面的稳定,同时控制开挖面变形和地基沉降;在开挖面形成弱透水性泥膜,保持泥水压力有效作用于开挖面。从泥水平衡理论中可以看出,在泥水盾构法施工中,尽快形成弱透水的泥膜是一个相当关键的环节。

在开挖面,随着加压后的泥水不断渗入土体,泥水中的砂土颗粒填入土体孔隙中,可形成弱透水的泥膜。而且由于泥膜形成后减小了开挖面的压力损失,泥水压力可有效作用于开挖面,从而可防止开挖面的变形和崩塌,确保开挖面的稳定。因此,在泥水盾构施工中,控制泥水压力和控制泥水质量是两个重要的课题。

为了保持开挖面稳定,必须可靠而迅速地形成泥膜,以使压力有效作用于开挖面。

泥膜形成的基本要素主要有:

1)泥水密度

为保持开挖面稳定,即把开挖面的变形控制到最小限度,泥水密度应比较高。从理论上讲,泥水密度的提高能使泥水屈服值升高,同时能使泥膜的稳定性增强。实验证明,高密度泥水可以产生高质量的泥膜,泥水密度最好能达到开挖土体的密度。但是,高密度的泥水会引起泥浆泵超负荷运转以及泥水处理困难;而低密度的泥水虽可减轻泥浆泵的负荷,但因泥水渗走量增加,泥膜形成慢,对开挖面稳定不利。因此,在选定泥水密度时,必须充分考虑土体的地层结构,在保证开挖面的稳定的同时也要考虑设备能力。一般,泥水相对密度为1.05~1.30。

2)含砂量及渗透系数

Muller 等人将开挖面的过滤形态分为以下三种类型,见图6-16。

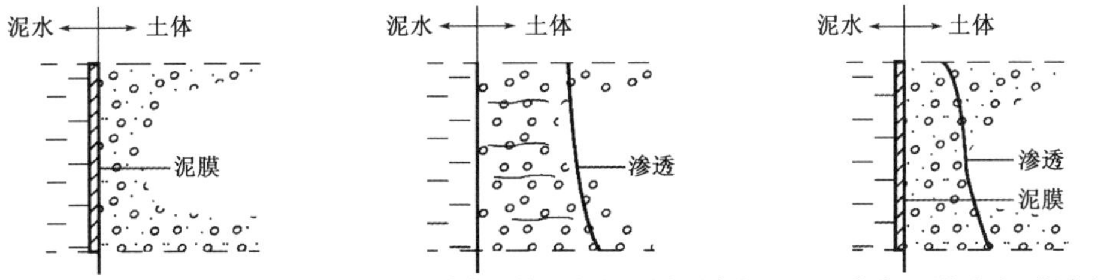

图6-16 泥水在开挖面土体中的贯入过滤

类型1:泥水几乎不产生渗透,只形成泥膜。

类型2:土体孔隙大,泥水全部渗走不产生泥膜。

类型3:介于类型1和类型2之间,即泥水渗走的同时也形成泥膜。

类型1的过滤形态多发生在渗透系数小的黏性土层;类型2则多出现在渗透系数大的砂

砾层中;类型 3 多在砂质土层中发生。

如果泥水向土体过量渗透,不仅泥水压力不能有效作用于开挖面,而且会引起土体孔隙水压力上升,有效应力下降,这对开挖面稳定是不利的。因此,对于渗透系数大的砂质土、砂砾石层,必须采取措施以加速泥膜的形成。

在强透水性土体中,泥膜形成的快慢与掺入泥水中砂粒的最大粒径以及含砂量(砂粒质量/黏土颗粒质量)有密切关系,这是因为砂粒具有填堵土体孔隙的作用。为了充分发挥这一作用,砂粒的粒径应比土体孔隙大,且其含量应适中。

实验表明,当土体渗透系数 $k=5\times10^{-3}$m/s,而砂粒的最大粒径为 0.84mm 时,还不能防止渗漏,直到最大粒径为 2.0mm 时,约经 10s 左右,渗漏量趋于稳定,泥膜形成。

研究表明,砂粒含量(S/c)与过滤水量的关系如下:随着 S/c 的增加,成膜性越来越好,当 $k=2\times10^{-1}$cm/s,$d_s>0.42$mm 时,只要 S/c 大于 0.1,即可形成泥膜,过滤水量随之变小。

泥水的含砂量直接影响泥膜形成的快慢,因为砂粒具有填堵土体孔隙的作用,所以砂粒粒径应比土体孔隙大且含量适中,因此对渗透系数大的砂质土、砂砾石层必须注意此点,以加速泥膜的形成。

3)泥水黏性

为了收到以下效果,泥水必须具有适当的黏性。具有适当黏性的泥水,具有如下作用:

①防止泥水中的黏土、砂粒在泥水舱底部沉积,保持开挖面稳定;

②提高黏性,增大阻力,防止逸泥;

③使开挖下来的弃土以流体输送,经泥水处理设备将泥水分离。

任何流体均具有一定黏性,如水和甘油等在外力作用下随即出现变形、流动,属牛顿体,而泥水则属塑性的宾汉体,屈服值为 *YV*。此 *YV* 值是衡量流体持续运动所需应力、泥水的过滤特性、沉降特性的重要指标。因此,用 *YV* 值来控制黏性是适当的。但 *YV* 值的测定相当复杂,现场施工时的测定很简单,在黏性不太大的范围内常使用与 *YV* 值有一定相关关系的范内尔黏性值。此值是以泥浆自漏斗状的容器中完全流出所用时间来评价其黏性的,它所表示的是一种似黏性(500mL 清水的范内尔黏性值是 19s)。通常所用的保持开挖面稳定所必需的范内尔黏性值见表 6-1。

开挖面稳定所需的范内尔黏性值 表 6-1

开 挖 土 质	范内尔黏性值(s)500/500mL	
	地下水影响小	地下水影响大
夹砂粉土	25~30	28~34
砂质黏土	25~30	28~37
砂质粉土	27~34	30~40
砂	30~38	33~40
砂浆	35~44	50~60

4)泥水压力

虽然渗透体积随泥水压力上升而上升,但它的增加量远小于压力的增加量,故泥水盾构通过增加泥水压力来提高作用于开挖面的有效支承压力。特别是在高质量泥水条件下,增加泥水压力会提高开挖面的稳定性。

土体一经盾构开挖,其原有的应力即被释放,并将产生向应力释放面的变形。此时,为控制地基沉降,保持开挖面稳定,必须向开挖面施加一个相当于释放应力大小的力。

在泥水盾构中是用泥水压力来抵消开挖面的释放应力,但在决定泥水压力时,必须考虑开挖面的水压力、土压力和预留压力。

(1)水压力

水压力是指开挖面的孔隙水压力,根据事前的地质勘探,可准确地得到。但有些地区的地下水水位随季节变幅较大,因此,在研究泥水压力时,必须考虑施工季节这一因素。

(2)土压力

在设计泥水压力时如何考虑土压力目前尚无固定的方法,主要靠现场技术人员的判断。以下介绍几种实际施工中常用的考虑土压力的方法。

①不考虑土压力。

这是根据反循环钻孔施工法的观点,取设计泥水压力 = 水压力 + 预留压力。由于开挖面的稳定是通过土体本身的强度来维持,允许开挖面有一定变形,所以,对那些自稳性差的地基、软弱而变形系数大的地基来说,这样处理是危险的。另外,在大断面盾构中,开挖崩塌和大的变形极有可能引起地基下沉。因此,采用此方法决定泥水压力时,必须作充分论证。

②采用静止土压力。

即设开挖释放应力等于静止土压力。因此,为了将开挖面保持在最稳定的状态,且把开挖变形控制到最小限度,并防止地表沉降,最好是在计算设计泥水压力时使用静止土压力。

③采用主动土压力。

土体中的土压力,以静止土压力为基准,当地基朝开挖面变形时,则为主动土压力;当地基朝土体变形时,即为被动土压力。朗肯根据土体单元主应力的关系,求出了主动状态和被动状态下的土压力系数:

$$K_a = \tan^2(45° - \varphi/2) - 2\frac{c}{\gamma_z}\tan(45° - \varphi/2) \tag{6-6}$$

$$K_p = \tan^2(45° + \varphi/2) - 2\frac{c}{\gamma_z}\tan(45° + \varphi/2) \tag{6-7}$$

式中:K_a——主动土压力系数;

K_p——被动土压力系数;

φ——内摩擦角(°);

c——土的凝聚力(t/m^2);

γ_z——土的重度(t/m^3);

如果开挖变形在弹性范围内,即使土体中有变形,但仍能保持开挖面稳定,因此,也可用主动土压力、被动土压力来决定泥水压力。但是,一般来说被动土压力都非常大,以此值来控制,采用直接控制型泥水盾构时就必须加大泥水加压设备(泥浆泵)能力;且相应的盾构推进油缸也要加大,压力隔板板要加厚。因此,从经济方面考虑,尚无按被动土压力进行控制的工程实例。而当采用主动土压力时,虽然由于开挖面松动有利于出渣,但必须注意开挖面向盾构一侧变形引起的地表沉降。

④采用 Terzaghi 的松弛土压力。

当上覆土层的厚度远大于盾构外径时,在良好的地基中可以获得一定的拱效应,因而可将 Terzaghi 的松弛土压力作为铅直土压力考虑。此松弛土压力是指假定开挖时洞顶出现松动,当这部分土体产生微小沉降时,作用于洞顶的铅直土压力。因此,应用 Terzaghi 理论时,必须求出开挖面的松弛范围。用于计算的松弛范围比隧道断面的松弛范围小,当用 Terzaghi 理论设计泥水压力时,所得值偏于安全。以下介绍 Terzaghi 松弛土压力理论。

Terzaghi 用干砂进行脱落实验,见图 6-17。

图 6-17 中,当板 ab 一下落,板上部的砂就塌落下来,但作用于滑动面的抗剪力支撑着它,于是,板 ab 上的土压力减小,而 a 和 b 左右的土压力增加,板 ab 上就起了拱。如增大板 ab 的宽度使砂塌落,滑动面将变为 ac 和 bd。Terzaghi 将这种状况模型化(图 6-18),并推导出铅直土压力的理论公式。

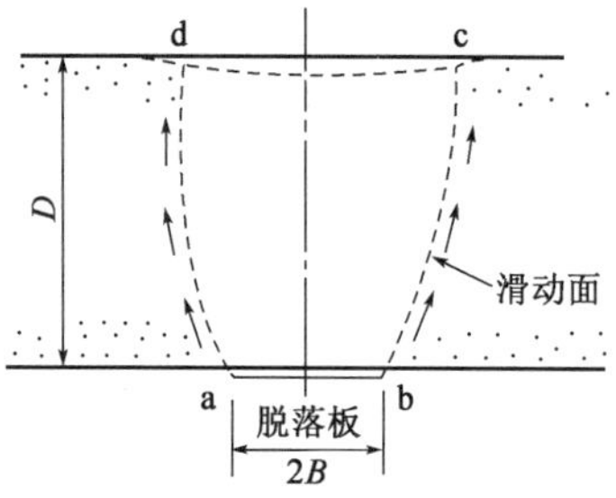

图 6-17　脱落试验

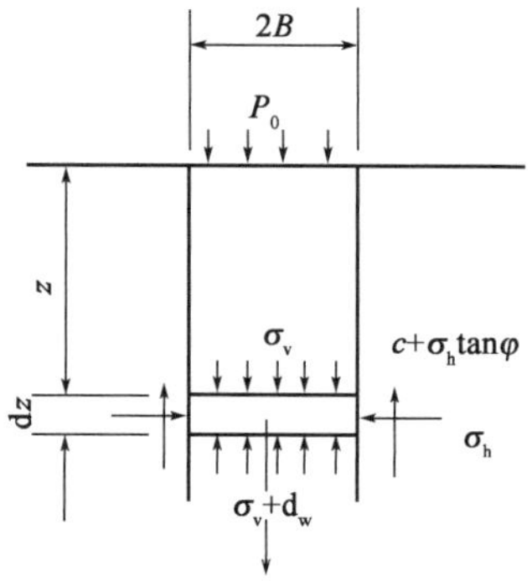

图 6-18　模型化图

由距地表深 z 处某一微小单元铅直方向力的平衡条件,得:

$$2B\gamma \mathrm{d}z = 2B(\sigma_v + \mathrm{d}\sigma_v) - 2B\sigma_v + zc\mathrm{d}z + 2K\sigma_v \mathrm{d}z \cdot \tan\varphi \tag{6-8}$$

令 $z=0$,取 $\sigma_v = p_0$,得上式的解为:

$$\sigma_v = \frac{B(\gamma - c/B)}{K\tan\varphi}(1 - e^{-K\tan\varphi \cdot z/B}) + p_0 e^{-K\tan\varphi \cdot z/B} \tag{6-9}$$

式中:K——经验土压力系数,水压土压力与垂直土压力之比,常取 1.0;

z——距地表深度;

p_0——上覆土重。

将这一理论应用于盾构断面,得下式:

$$B = R\cot\left[2\left(\frac{\pi}{4} + \frac{\varphi}{2}\right)\right] \tag{6-10}$$

用这一松弛范围可计算盾构顶端的铅直土压力,进而将此铅直土压力乘以主动土压力系数可得到水平土压力。此水平土压力即可作为计算泥水压力的土压力。

⑤采用村山的松弛土压力。

村山等人将 Terzaghi 的松弛压力观点用于推求盾构前进方向开挖面前方土压力松弛而产生的水平力。即假定盾构前方因开挖面释放应力而形成滑动面,由洞顶的滑动宽度求出盾构前进方向的松弛范围,并算出松弛土压力。这是一种考虑了实际崩塌的合理的评价方法,在研究泥水压力时也是有用的。但由于无法考虑开挖面变形,所以,必须注意地基沉降。以下介绍这一理论。

村山等人假定，开挖面前部的滑动面始于开挖面下端，拱顶高度为铅直的对数螺线，滑动面的形状可用下式计算：

$$\gamma = \gamma_0 \exp(\theta \cdot \tan\varphi) \tag{6-11}$$

为保持稳定，图6-19中各滑动力[包括由滑动线所围土块abc的重量 w，作用于土块上面的松动土压(qB)，沿滑动面的凝聚力的抗滑力 c 以及用泥水压力抑制开挖面变形的水平力 P]围绕对数螺线中心 O 旋转的动力矩必须平衡。

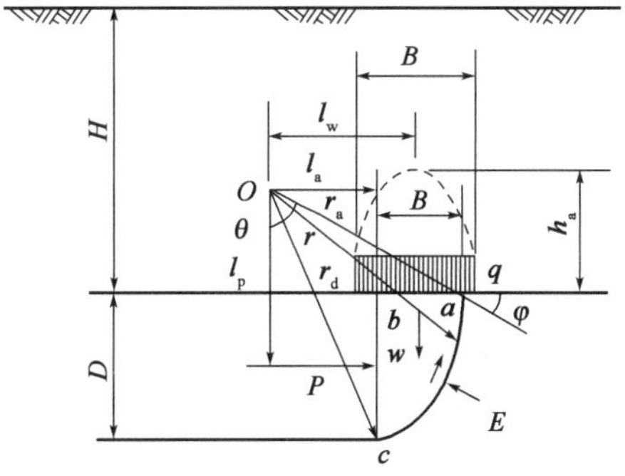

图6-19 村山理论中的开挖面平衡

$$Pl_p = wl_w + qB\left(l_a + \frac{B}{2}\right) - \int_{r_0}^{r_d} rc\cos\varphi \mathrm{d}s \tag{6-12}$$

$$\mathrm{d}s = \sqrt{1 + r^2(\mathrm{d}\theta/\mathrm{d}r)^2}\mathrm{d}r \tag{6-13}$$

因此，保持开挖面稳定所需的水平力为：

$$P = \frac{1}{l_a}\left[wl_w + qB\left(l_a + \frac{B}{2}\right) - \frac{c}{2\tan\varphi}(r_d^2 - r_0^2)\right] \tag{6-14}$$

当 $\varphi = 0$ 时，则有：

$$P = \frac{1}{l_a}\left[wl_w + qB\left(l_a + \frac{B}{2}\right) - \frac{\pi r_0^2}{2}c\right] \tag{6-15}$$

计算水平力 P 时，首先假定松弛范围 B 为某一值，然后按下式计算松弛土压力：

$$q = \frac{\alpha B(r - 2c/\alpha B)}{2K\tan\varphi}\left[1 - \exp\left(-\frac{2KH}{\alpha B}\tan\varphi\right)\right] \tag{6-16}$$

式中：α——试验常数，取1.8。

其次，求出图6-19中各力矩的力臂长和开挖面前方的土块的力矩，再由式(6-14)或式(6-15)计算出由泥水压力控制开挖面的水平力 P。按上述方法，假定各种松动范围，从中求出最大控制水平力 P_{max}。由此 P_{max} 按下式可求出盾构中心的土压力：

$$P^* = P_{max}/D$$

村山等人提出的松弛土压力计算公式很复杂，必须多次改变松弛范围，由试算误差求解最大控制水平力，实际计算用电算较合适。

(3)预留压力

为了在开挖面形成泥膜，必须使泥水压力高于地下水压力，以使泥水向土体渗透，并填充土体中的孔隙。但如果开挖面泥水流入土体，则可能引起泥水压力降低，以致引起开挖面失稳。因此，在决定泥水压力时，一般还需在水压力、土压力的基础上再加一部分预留压力。此预留压力多采用10～20kPa。

5)掘进速度

泥水盾构处于正常掘进状态时，刀具并不直接切削土体，而是对刀盘正面已形成的泥膜进行切削。在切削后的一瞬间，又形成了下一层泥膜。由于盾构刀盘转速是一定值，而且盾构推进速度最大能力又受到一定限制，因此掘进速度只与切入土体的深度有关，而与泥膜无关。但是当泥水盾构处于不正常掘进状态时，特别当泥水质量和泥水压力达不到设计要求时，泥膜需经过较长时间才能形成，这样就约束了掘进速度。高质量泥水形成泥膜的时间为1～2s。

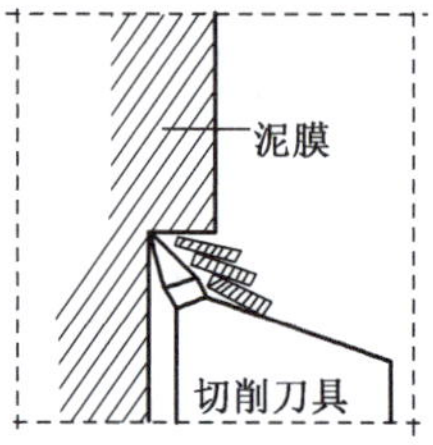

图6-20 理想的泥膜形成

理想的泥膜是既可以快速填充土壤里的缝隙，达到防止地下水流失的目的，又要成膜速度快，在刀盘切削的同时在土壤里形成的泥膜有足够的厚度，如图6-20所示。

6）其他要素

泥膜的形成还受到其他多种因素影响，如泥水具有抑制土体塌方和泥水劣化的机能、具有一定的温度和压力稳定性、不易受盐分和水泥等电解质影响、对细菌和有机物具有免疫及不变化等性质。

6.6 地质适应范围

泥水盾构最初是在冲积黏土和洪积砂土交错出现的特殊地层中使用，由于泥水对开挖面的作用明显，因此在软弱的淤泥质土层、松动的砂土层、砂砾层、卵石砂砾层、砂砾和坚硬土的互层等地层中均适用。目前泥水加压盾构工法对地层的适用范围不断扩大，即使处于恶化的施工环境和存在地下水等的不良条件下，由于有相应的处理方法，因而几乎能适应所有的地层。

6.6.1 黏性土层

黏土矿物经相互间电化学结合而形成黏性土层，近似变质了的琼胶块状体，由泥水相对密度和加压带来的力容易形成对开挖面的稳定，不论黏性土层的软弱状态如何，都适合于用泥水盾构施工。泥水盾构也适用于粉砂土地层施工。

6.6.2 砂层

不含水的砂层由于漏浆不能保持对开挖面的加压和稳定。通常，在含有某一数量的粉砂土、黏土的冲积层中，几乎都有一定的含水率，全部都是细砂的地层是少见的，干燥的松弛砂也很少有，由于砂层内摩擦角有许多是在28°左右，所以大部分可用泥水加压来保持开挖面的稳定。松弛、含水率多的砂层，在其他盾构工法中很难保持土层稳定，可采用泥水盾构并提高其泥水相对密度、黏度和压力。

6.6.3 砾石层

对于水分多、不含有作为黏合剂的粉砂土及黏土等的砾石层和有大直径的砾石层，可采用泥水盾构施工，并在泥水舱内安装砾石破碎装置。

6.6.4 贝壳层

贝壳层很难被称为一种土层，但含有水，存在于土体中的贝壳很多，同上述砾石层一样，贝壳层更加坚硬，开挖面很难稳定，但使用泥水盾构并用大刀盘挖土，就可以成为能适应的地层。泥水盾构适用于各类地质的土层，对开挖面难以稳定的土质特别有效，还能克服地面条件和其他地下条件因素所造成的种种困难，譬如上部是河或海等有水体的地方，有道路、建筑物的地方，要减少沉降的地方等。在这些场所采用泥水加压盾构，无论在工法上还是经济上都是有效的。

6.7　泥水盾构常压换刀刀盘

前面已经提到，泥水盾构可以适应水压高、水量大的地层。然而如果地层的水压高、水量大，同时磨蚀性也很强的情况下，刀具会很快被磨损，就需要大量、频繁地更换刀具。而能够在高压泥水环境中进行刀具检查与更换的方法就是带压潜水作业。

潜水按呼吸气体介质分为：空气潜水、混合气潜水和饱和潜水。潜水作业是特种行业，需要遵守一系列的相关标准和规范，如《潜水管理办法》《潜水与水下作业通用规则》《空气潜水安全规程》《空气潜水安全要求》《潜水作业机构资质等级要求》、ADCI 标准、IMCA 标准等。

60m 水下阶段潜水减压见表 6-2。

60m 水下阶段潜水减压表　　表 6-2

下潜深度（m）	下水工作时间（min）	从底上升到第一站时间（min）	各站深度（m）									各站时间总和（min）	减压的总时间（min）
			27	24	21	18	15	12	9	6	3		
			停留时间（min）										
12～16	90	2									3	3	6
	120	2									5	5	8
	180	2									8	8	11
	240	2									19	19	22
16～20	30	2								2	3	5	9
	60	2								2	7	9	13
	90	2								3	16	19	23
	120	2								4	21	25	29
	150	2								13	18	31	35
20～24	20	3								2	3	5	10
	35	3								4	4	8	13
	50	3								5	9	14	19
	70	3								8	16	24	29
	90	3								10	22	32	37
	120	2							3	21	20	44	49
	150	2							3	25	29	57	62
	180	2							4	29	35	68	73

续上表

下潜深度(m)	下水工作时间(min)	从底上升到第一站时间(min)	各站深度(m)									各站时间总和(min)	减压的总时间(min)
			27	24	21	18	15	12	9	6	3		
			停留时间(min)										
24 ~ 28	15	3								3	3	6	11
	25	3								5	5	10	15
	35	3							2	5	8	15	21
	45	3							2	8	9	19	25
	55	3							2	11	13	26	32
	65	3							2	12	19	33	39
	75	3							2	13	24	39	45
	90	3							4	16	26	46	52
	105	3							9	26	20	55	61
	120	3							10	27	30	67	73

潜水作业本身有不少的限制：

(1)作业人员的限制。在我国,有资质的潜水员数量很少,商业的更少。

(2)专业的限制。有资质的潜水员不一定了解盾构行业,而盾构是非标设计,很多设计都不一样,潜水员必须在泥浆中摸索着进行作业。

(3)水压的限制。我国大多数商业潜水都在60m水深范围内。

(4)工作时间的限制。根据中国空气潜水60m水下阶段减压潜水减压表,超过24m后工作时间就不足一半了。

(5)人员数量的限制。由于盾构人闸、刀盘内空间狭小,一次性进入人员数量受限,一般为3~6人。

(6)费用的限制。潜水作业费用随着压力的增加,相应的配套设备、应急设施、相关人员的升级而急剧增加。

图6-21 世界上第一台常压换刀盾构
(海瑞克S-108,开挖ϕ14.22m)

总的来说,在泥水盾构常规的工作压力(0.45MPa以上)下进行潜水作业不但费用高,而且需要的时间也很长,对效率优先的盾构施工来说是很难接受的。然而很多穿越江海的隧道项目都需要在水底换刀,在这样的背景下,常压换刀刀盘应运而生。

世界上第一台采用常压换刀刀盘的盾构是由海瑞克公司于1997年制造的,用于德国汉堡易北河4号隧道项目。此刀盘开挖直径为14.22m,由5个中空的主臂和5个面板的副臂以及中心块和小刀盘组成,如图6-21所示。

汉堡易北河4号隧道位于德国北方最重要的港口——汉堡港。因河道繁忙所以不允许在河面上进行隧道施工。主要地质条件为冰河世纪沉积层,粉土和砂卵石地层中含有大量的漂石。隧道在河道下覆盖层为粉土,而且最浅埋深只有开挖洞径的0.5倍,最大水压高达0.55MPa。大量的漂石意味着刀具损耗会非常大,需要频繁换刀,然而上部松软的覆土层非常不稳定,很容易被击穿,不利于长时间停机。在这样的项目背景下,海瑞克公司创造性地开发出常压换刀刀盘,损坏的刀具可以在常压条件下从刀盘内部更换,而不需要带压潜水更换。

如图6-22所示,刀盘主臂与刀盘中心块相连,钢结构可承受外部水土压力,里面处于常压状态。检查和更换刀具的人员可以从刀盘中心后部的闸门进入主臂内,通过一些辅助工具就可以把所有的滚刀和部分刮刀更换掉,而不需要带压潜水进入泥水舱甚至刀盘的前方。

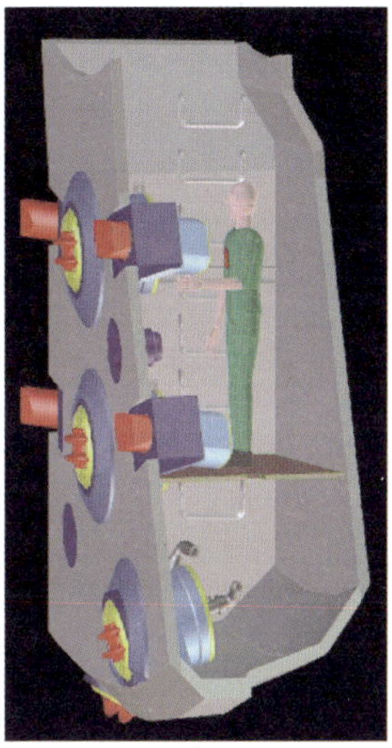

a)

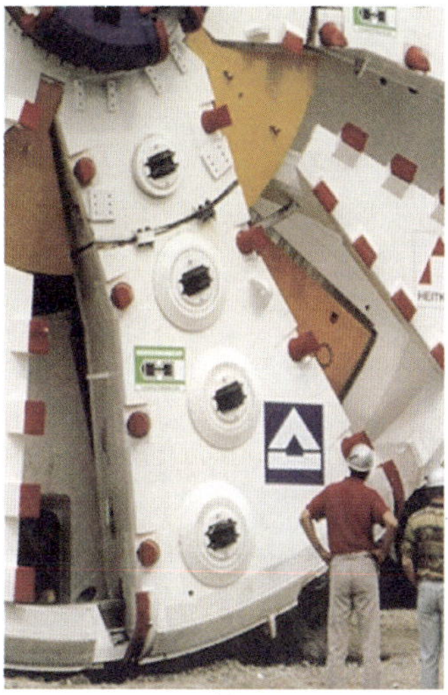

b)

图6-22 常压换刀刀盘主臂结构

除了常压换刀刀盘外,这台盾构还采用一些开创性的技术:

(1)SSP地震波超前探测系统,可以探测前方漂石的位置的大小,给施工提供警示信息。

(2)刮刀的电子磨损检测装置,可以在刀具损坏或达到磨损极限时报警,这样就可以保证刀盘钢结构不会被破坏。

(3)大尺寸碎石器。盾构配备的碎石器可以破碎UCS值为250MPa、直径1.2m的漂石,大大减少了刀具的损耗,提高了掘进效率。

经过两年的施工,这台盾构完成了这个在当时看起来"不可能完成的任务"——2.56km长的汉堡易北河4号隧道贯通。

从1997年到现在,经过20余年的革新,常压换刀刀盘技术得到了长足的发展。在中国,就有超过20台常压换刀盾构在开挖各种隧道,而且这个数量还在增加。近年来,一些常压换刀新技术的使用,更使常压换刀刀盘便于使用。比如滚刀旋转监测系统可以实时监测滚刀的旋转情况和温度变化,提供换刀指示信息,及时更换刀具。

常压换刀刀盘这么先进,那么是不是就可以完全取代常规刀盘了呢?答案是否定的。常压换刀刀盘也有一些不足,下面依次说明。

(1)中心开口。如图6-23所示中心区域,由于常压换刀刀盘是中空设计,刀盘中心部位作为刀具最密集的区域和连接所有辐臂的通道,这部分结构是不能设计开口的。所以,中心4~5m

直径的区域没有开口。如果在容易结泥饼的地层使用这样的刀盘,就会更容易结泥饼。尽管已有成功的处理措施,但是仍然会影响掘进速度,还要产生额外的费用。

(2)不是所有的刀具都可以在常压下更换。除滚刀均可在常压下更换外,切刀只有一部分能在常压下更换,部分切刀和边刮刀只能带压更换。这就意味着即使采用了常压换刀刀盘,往往也需要进行带压换刀作业,只是带压作业的频率和时间大大降低了而已。

(3)滚刀刀间距受限。如图6-24所示,由于常压换刀的刀具需要设置双闸门,而闸门的开闭是需要空间的,再加上刀盘辐臂内的空间也有限,在刀盘中心需要布置的刀具尤为密集。所以,目前的技术水平只能做到中心滚刀刀间距120mm、正面滚刀刀间距100m。尽管这样的刀间距对大多数围岩也是可挖掘的,但是相比常规刀盘可以做到正面滚刀80mm的刀间距,其破岩能力就有差距了。

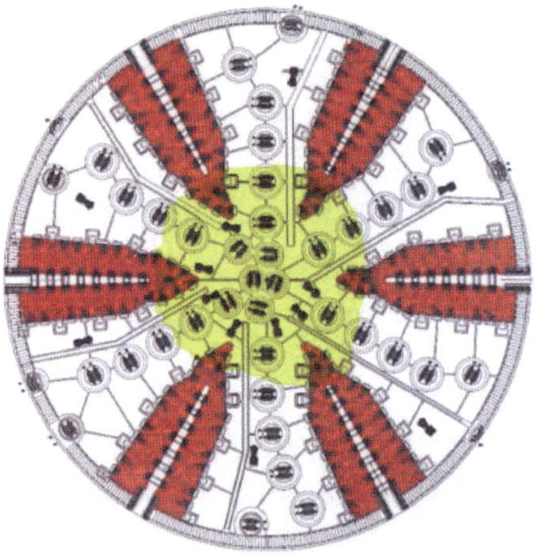

图6-23 常压换刀刀盘开口设计

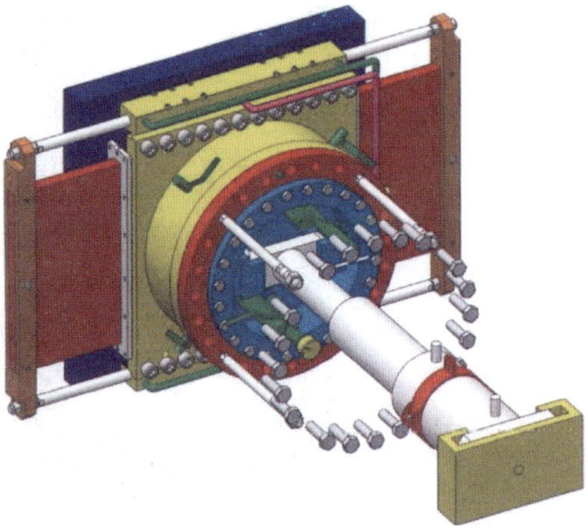

图6-24 常压可更换刀具的闸门系统

(4)刀盘厚度大、重量大。这需要主驱动可以提供更大的扭矩来克服刀盘厚度和重量产生的额外的扭矩。

(5)制造成本高。刀盘辐臂除了需要承受开挖产生的复杂荷载外,还需要完全隔绝压力,不能有任何泄漏,结构制造成本上升。另外,还需要闸门、刀筒这些常规刀盘没有的设计,增加了制造成本。

(6)盾构直径的限制。在目前的技术条件下,只有在直径大于11m的泥水盾构上才能采用常压换刀刀盘。

所以,常压换刀刀盘是为了解决大直径盾构在高水压条件下需要频繁、安全、高效更换刀具问题而发明的,还不能取代常规刀盘,它们各有优劣,需要视具体项目情况而定。

综合来说,常规刀盘适应:

(1)直径小于11m的项目;

(2)黏土或泥岩为主的或容易实现地面加固的大直径项目;

(3)水压小、开挖面较稳定而硬岩地层为主的项目。

而常压换刀刀盘适用于大直径(超过11m)、高水压(大于5.5bar)、长距离(大于2.5km)和刀具更换频繁的项目。

说明:泥水盾构其他系统的功能、设计和计算与土压平衡盾构一致,请参见第5章土压平衡盾构相关内容,这里不再重复描述。

思考题

1. 简述泥水盾构开挖面的稳定机理。
2. 简述泥水盾构的构成。
3. 简述直接控制型泥水盾构的泥水系统工作流程。
4. 简述间接控制型泥水盾构的泥水系统工作流程。
5. 简述泥水盾构的地质适应范围。
6. 简述日系和德系泥水循环系统设计区别主要有哪些。
7. 简述泥水盾构常压换刀刀盘原理及其适应范围。

第7章
双模式盾构

本章重点：主要介绍土压泥水双模盾构、土压TBM双模盾构、泥水TBM双模盾构的结构特点、基本配置、工作原理，介绍了双模盾构关键部件的构造，介绍了双模盾构工作模式和模式转换方法。

当隧道穿越复杂多变地层时，在一个盾构施工段、某区段的施工环境适合选用土压平衡盾构，但另一区段又很适合选用泥水盾构或岩石掘进机（TBM），盾构选型时应综合考虑并对不同选择进行风险分析后择其优者。在这些复杂多变的地层施工时，上述任一盾构型式都不能完全胜任设备施工要求。一种解决方案是，根据相应地层情况选用两台或多台盾构，但这种方案不仅设备费用高，而且由于场地限制使得多台盾构难以布置。因此，施工方迫切需要在结构空间允许的前提下，将两种或多种不同型式盾构的功能部件同时布置在一台盾构上，以形成一台双模式盾构或多模式盾构。掘进过程中，多模式盾构可根据地质情况和水文条件进行功能或工作方式的切换和调整；或对不同型式的盾构功能部件进行类似模块化设计改造。多模式盾构本质上是对开挖面支撑方式以及刀具、出渣运输系统和其他设备的调整。本章主要介绍土压泥水、土压TBM、泥水TBM等三种双模式盾构。

7.1 土压泥水双模盾构

7.1.1 工作模式与特点

土压泥水双模盾构集成了土压平衡盾构、泥水平衡盾构的设计理念及功能，融合了土压平衡和泥水平衡两种模式，最广泛地适应复杂多变的复合地层和环境。在施工中，可根据地层的不同，在土压盾构和泥水盾构两种不同掘进模式之间切换。土体自稳性强，采用土压模式可以减少施工成本；土体自稳性差采用泥水模式可以较好地控制地表沉降。

土压泥水双模盾构是一种具备两种出渣方式——螺旋输送机出渣和泥浆管道出渣，可同时适应软弱地层、黏土地层和高水土压力地层中掘进的多功能盾构。其主机结构如图7-1所示，土压泥水双模盾构同时具备土压平衡掘进模式和泥水平衡掘进模式，土压泥水双模盾构在施工过程中可根据地质的不同，进行土压平衡掘进模式与泥水平衡掘进模式的相互转换。土压泥水双模盾构具备较强的地质适应能力和环境适应能力，对地层干扰较小，地层的沉降控制良好,工程风险低,施工进度高等特点。

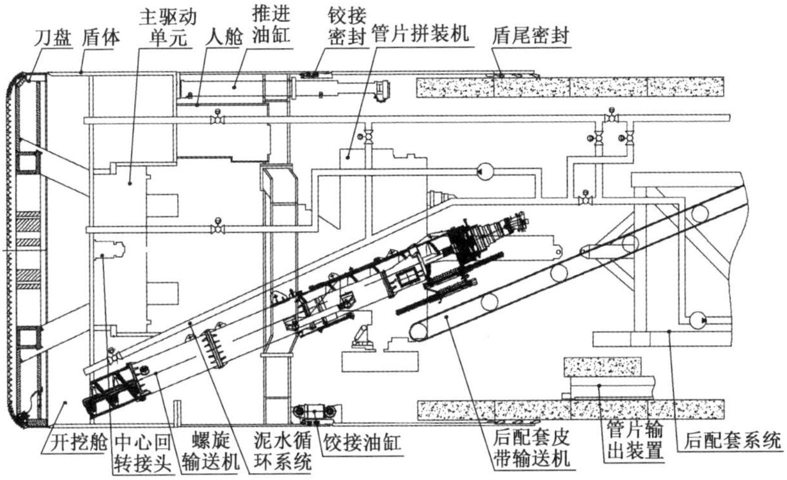

图7-1 土压泥水双模盾构

土压泥水双模盾构同时配备土压平衡盾构和泥水平衡盾构的相关设备和系统,如土压平衡盾构具有的螺旋输送机、皮带输送机、泡沫系统、膨润土系统等,泥水平衡盾构具有的泥水循环系统、气体保压系统、管路延伸系统等。

根据不同的地质条件,土压泥水双模盾构可以有两种工作模式。

(1)土压平衡模式

土压泥水双模盾构在黏土地层、泥岩地层等黏土颗粒丰富地层,且水土压力不超过3bar地层中掘进时选用土压平衡模式,见图7-2。此时主机区域采用螺旋输送机出渣。

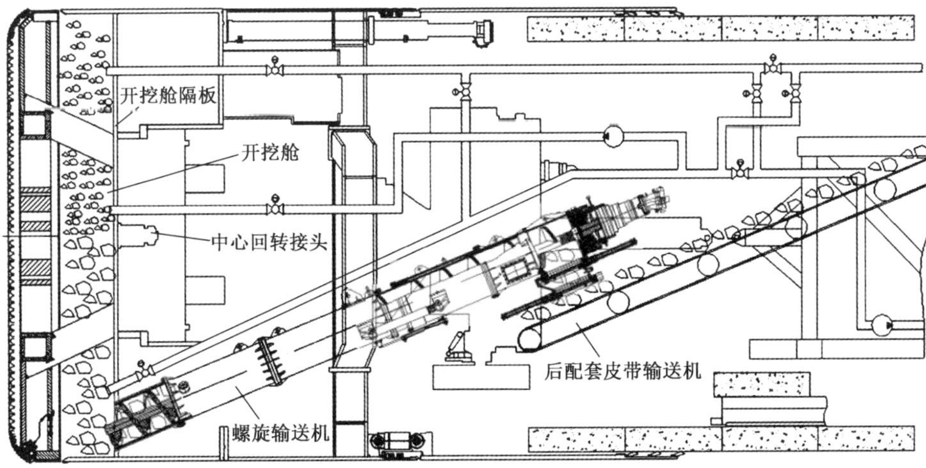

图7-2 土压平衡模式

土压平衡模式下,由开挖渣土量、螺旋输送机排渣量和推进油缸推力三者产生的土压力平衡掌子面的水土压力,安装在开挖舱隔板和螺旋输送机筒体上的土压传感器时刻监测开挖舱和螺旋输送机内土压,控制地面沉降。主驱动中心处安装有回转接头,泡沫及膨润土通过回转接头通道及刀盘上布置的管路进入刀盘前部,对渣土进行改良。前盾下部装有螺旋输送机,渣土在螺旋输送机内形成土塞效应,并通过螺旋输送机后舱门落入后配套皮带输送机,后配套皮带输送机渣土在后部拖车倾卸至渣车或隧道皮带输送机上,直至运送至地面。

(2)泥水平衡模式

土压泥水双模盾构在软弱地层、高水土压力地层和高岩石强度地层等地层中掘进时选用泥水平衡模式,如图7-3所示。此时主机区域采用泥浆管道出渣。

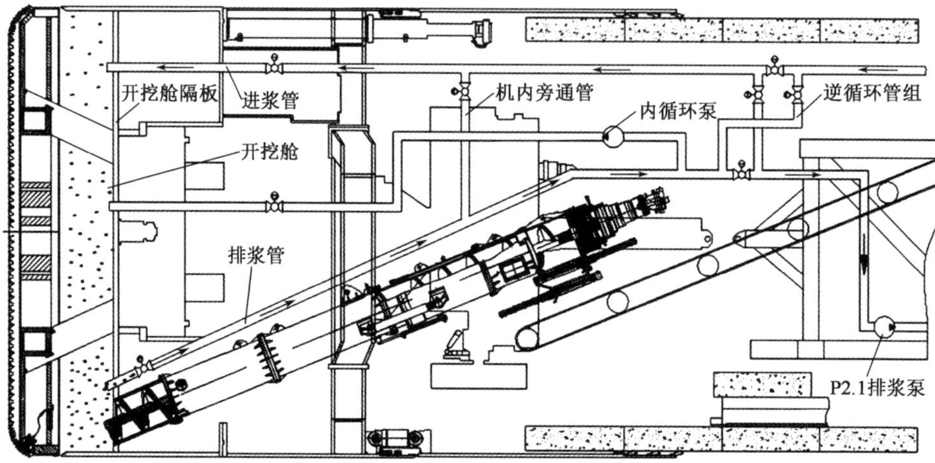

图7-3 泥水平衡模式

泥水平衡模式下,由开挖舱的泥浆压力平衡掌子面的水土压力。泥水循环系统的进浆浆液分别进入刀盘、开挖舱和气垫舱(间接控制型时)并对各部位进行冲刷,与渣土混合后的混合泥浆通过开挖舱排浆口进入泥水循环系统,直至输送至地面的泥水分离站。

(3)土压泥水双模盾构的特点

在同一台盾构上,土压泥水双模盾构兼具土压平衡模式和泥水平衡模式。土压平衡模式具备施工效率高、地层适应性广的优点;泥水掘进模式具备沉降控制好、工作压力高的优点,土压泥水双模盾构特别适用于地层地质复杂、地面环境复杂的工程施工。

泥水平衡模式掘进,可通过螺旋输送机排出大粒径石块,可减少泥浆管路的堵塞,也避免人员带压进舱捞石情况的发生。

土压平衡模式掘进,可持续通过泥水循环系统向开挖舱注入泥浆支撑掌子面顶部土体,提高掌子面压力控制,减少地表沉降。

土压平衡模式掘进,可通过泥水循环系统用于停机保压及制造泥膜后进行气压开舱作业。

模式转换无须任何拆装工作,只需要在主控室按照操作规程进行转换即可,当地层变化时,可及时进行模式的切换。

7.1.2　土压泥水双模盾构分类

根据泥水平衡模式下压力平衡控制方式的不同，土压泥水双模盾构可分为直接控制型土压泥水双模盾构(图7-4)和间接控制型土压泥水双模盾构(图7-5)。直接控制型土压泥水双模盾构采用的是进排浆流量差直接控制开挖舱的压力平衡开挖面水土压力，间接控制型土压泥水双模采用的是双舱气垫式原理提供开挖舱压力平衡开挖面水土压力，

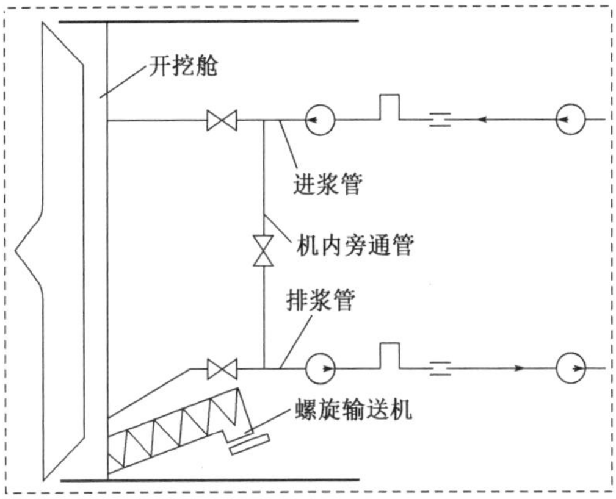

图7-4　直接控制型土压泥水双模盾构(局部)

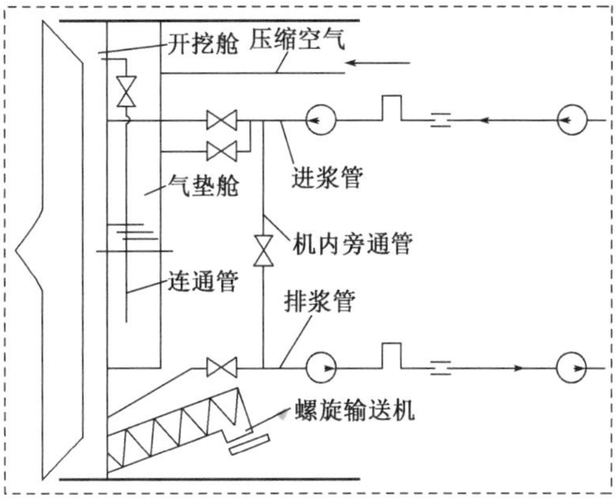

图7-5　间接控制型土压泥水双模盾构(局部)

直接控制型土压泥水双模盾构采用单舱结构设计，进浆口、排浆口和螺旋输送机排渣口都位于开挖舱的后部隔板，是通过开挖舱泥浆压力平衡掌子面水土压力，开挖舱的泥浆压力通过排浆流量与进浆流量差形成。直接控制型土压泥水双模盾构结构简单，可以在原有的土压盾构上进行局部的改造而成，但存在着操作复杂，开挖舱压力波动大，对掌子面稳定性有一定影响。

间接控制型土压泥水双模盾构采用双舱结构设计，排浆口和螺旋输送机排渣口位于开挖舱的后部隔板，进浆口在开挖舱和气垫舱的后部隔板上布置，气垫舱内布置有连通管，气垫舱的气垫压力通过连通管传递到开挖舱平衡开挖面水土压力，通过调节气垫舱的压缩空气压力来调整开挖舱泥浆压力，且通过气垫舱可以缓冲开挖舱压力波动。间接控制型土压泥水双模盾构结构复杂，一般情况下需要新制而成，但操作相对较简单，开挖舱压力波动小，对开挖面的稳定性影响小，有利于地层的稳定。

间接控制型土压泥水双模盾构与间接控制型泥水盾构的差异性如下：

(1)间接控制型土压泥水双模盾构的排浆口位于开挖舱底部；由于需要安装螺旋输送机，间接控制型土压泥水双模盾构的气垫舱采用的是非整环的结构；间接控制型土压泥水双模盾构的气垫舱与泥水舱压力传递通道为连通管，间接控制型泥水盾构的气垫舱与泥水舱压力传递通道为泥浆门。

(2)间接控制型土压泥水双模盾构一般只能布置舱外破碎机，间接控制型泥水盾构既能布置舱内破碎机，也能布置舱外破碎机。

(3)间接控制型土压泥水双模盾构的泥水循环系统需要配置机内旁通管，便于土压平衡模式与泥水平衡模式的转换，间接控制型泥水盾构一般不配置机内旁通管。

(4)间接控制型土压泥水双模盾构泥水平衡模式,掘进时气垫舱进浆管路必须处于打开状态,以保证连通管的通畅和压力传递的稳定;间接控制型泥水盾构根据实际施工情况开启进浆支路。

7.1.3 土压泥水双模盾构结构和系统

土压泥水双模盾构的主要特点是同时具备2套排渣系统和2种压力平衡方式,本节以广州白云机场隧道使用的中铁装备制造的直径9.13m的直接控制型土压泥水双模盾构(图7-6)为例,介绍土压泥水双模盾构的结构和系统原理。

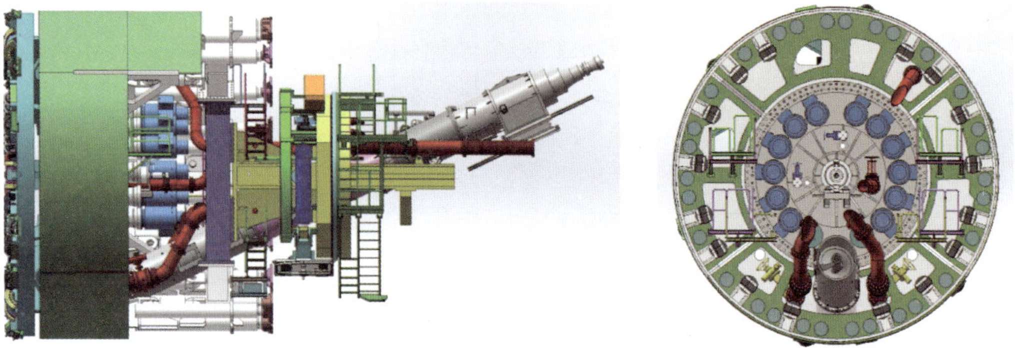

a)　　　b)

图7-6　直接控制型土压泥水双模盾构

如图7-6所示,直接控制型土压泥水双模盾构主要由刀盘、盾体、主驱动系统、人舱、推进油缸、铰接密封、管片安装机、盾尾密封、开挖舱、中心回转接头、螺旋输送机、泥水循环系统和管片输送装置等组成。盾体是护盾机构,绝大部分结构件安装在盾体上,同时隔离地层中的水土压力,盾体的中心安装有主驱动系统,主驱动系统前端连接刀盘,推进油缸在盾体内圈均匀布置,盾体承压隔板上安装有人舱、螺旋输送机和泥浆管路等,管片安装机布置在盾体米字梁上,负责预制管片的拼装。

后配套系统装有主机的供给设备与装运系统,由若干个平台拖车和一个设备桥组成。在后配套系统上,装有液压动力系统、配电盘、变压器、总断电开关、电缆卷筒、通风系统、操作室、皮带输送系统、泥水循环系统、泡沫系统、膨润土系统、同步注浆系统、管路延伸系统、水循环系统等。

相对土压平衡盾构而言,土压泥水双模盾构较为特殊的结构和系统主要有刀盘、盾体、主驱动系统、螺旋输送机、中心回转接头、后配套系统和泥水循环系统。

1)刀盘

刀盘结构设计需兼顾土压平衡模式和泥水平衡模式。例如考虑泥水平衡模式时刀盘需要大开口率,尤其是中心部分的开口率。刀盘功能设计方面必须保留土压盾构的泡沫和膨润土改良通道和喷口,以备土压平衡模式时改良渣土时使用,同时根据工程项目情况可在刀盘上布置一定数量的泥浆注入口,用于泥水平衡模式时的刀盘进浆,且需要考虑土压平衡模式下泥浆注入口防堵措施。刀盘的主动搅拌棒需要同时考虑螺旋输送机排渣通道和泥浆管道排浆口,保证两种掘进模式下正常的渣土排放。

刀盘中心区域刀盘背部冲刷/搅拌棒如图7-7所示。

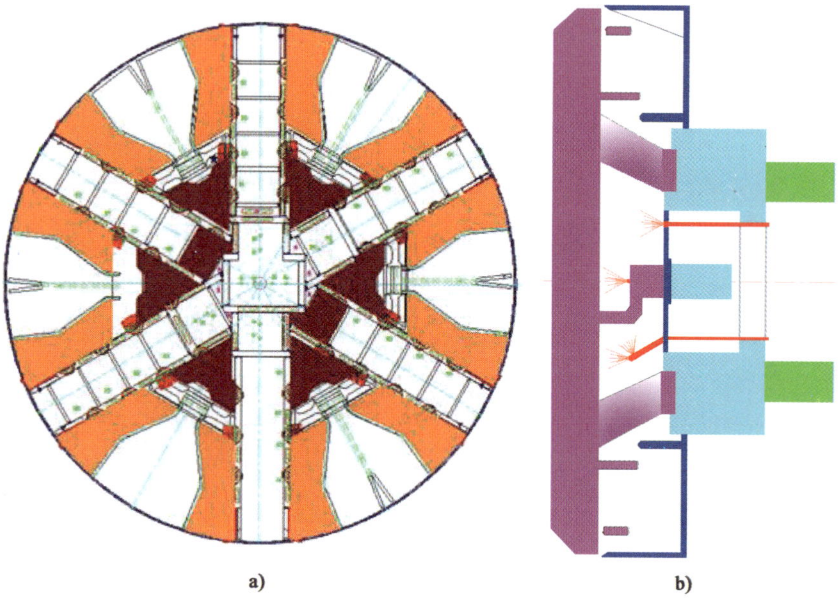

图7-7 刀盘中心区域刀盘背部冲刷/搅拌棒

2)盾体

该直接型土压泥水双模盾构的整机工作压力为6bar,故盾体结构强度、铰接密封(图7-8)压力和盾尾尾刷密封(图7-9)压力都按照6bar工作压力设计,例如设计了4道尾刷。为防止开挖舱的压力泥浆进入尾盾后部影响同步注浆的效果,在尾盾尾部设计整环止浆板。盾体后隔板由于安装有螺旋输送机和泥浆管道,需要考虑两者的兼容性,如排浆口的布置的角度和高度、排浆口利用螺旋输送机前闸门进行封堵,防止土压平衡模式渣土堵塞排浆口的设计等。

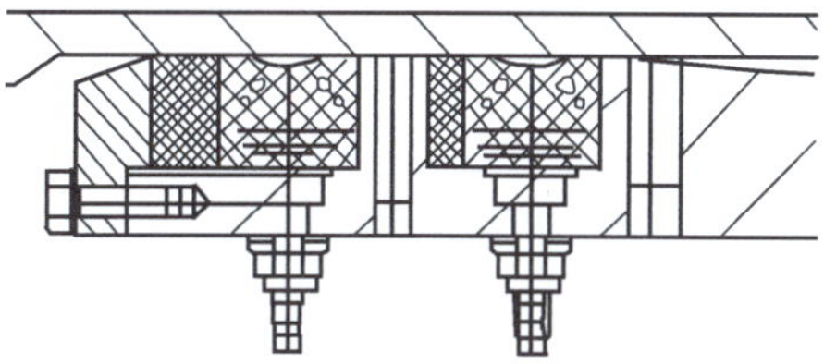

图7-8 铰接密封

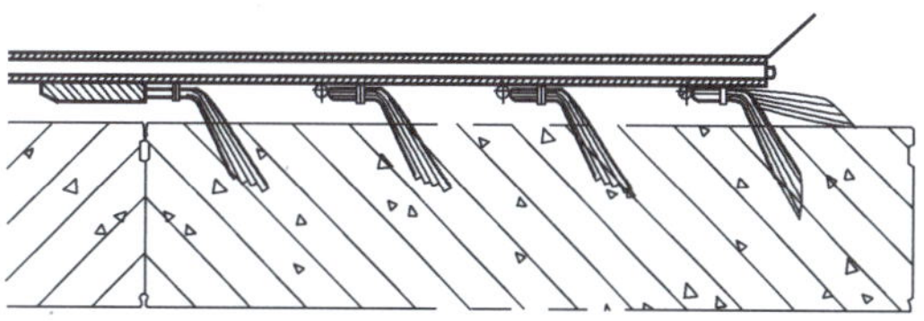

图7-9 盾尾尾刷密封

3)主驱动系统

主驱动系统工作压力需要与整机工作压力相匹配,该设备主驱动设计工作压力为6bar,共4道主驱动密封,其中第三道密封腔采用齿轮油加压系统设计,以提供主驱动密封系统工作时的背压(图7-10)。

4)螺旋输送机

螺旋输送机(图7-11)在土压平衡模式时用作主机段排渣通道,在泥水平衡模式时处于停止状态，故螺旋输送机的结构强度和密封承压能力应按照整机工作压力设计，保证两种模式下都能正常工作。例如，螺旋输送机筒体上必须预留膨润土和高分子聚合物注入接口，必要时，可向螺旋输送机内注入膨润土和高分子聚合物，减少高工作压力情况下的密封承压。螺旋输送机后部出渣口设置两道闸门，利用“迷宫密封”原理，交替开启，以有效减缓泥水平衡模式转土压平衡模式过程中的喷涌问题。

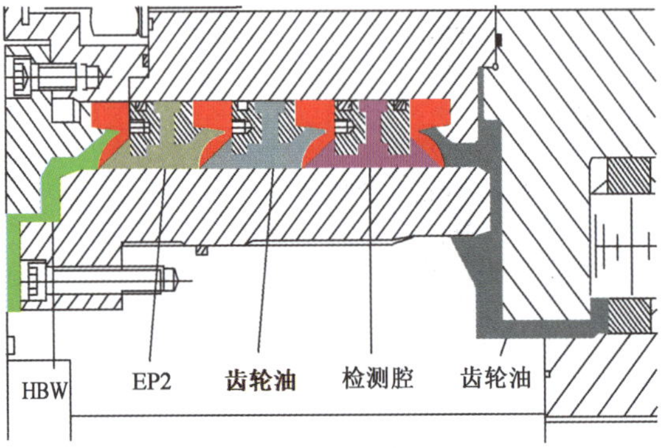

图 7-10　主驱动密封系统

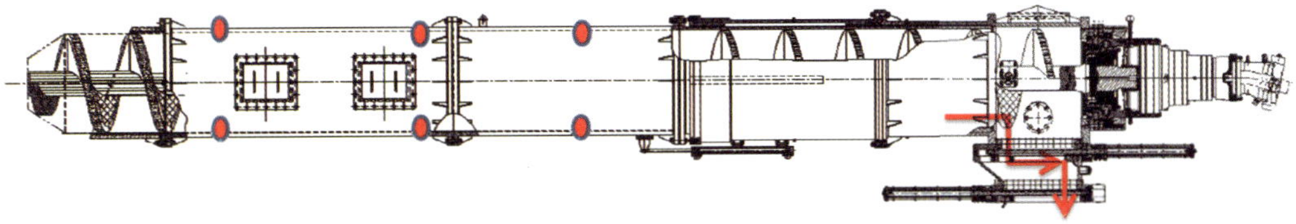

图 7-11　螺旋输送机

5）中心回转接头

中心回转接头是各种介质（泡沫、膨润土、水、液压油）向刀盘输送的重要结构部件，在功能方面，除了用作土压盾构的泡沫、膨润土、水等改良剂的通道和液压油通道外，还需要考虑其用作泥浆通道的功能，在结构上，尽量采用改良剂通道、泥浆通道与液压油通道独立设计方式，以减少相互干扰，保证正常使用。

6）后配套系统

后配套系统设计保留了土压平衡盾构的皮带输送机、泡沫系统和膨润土系统，也设计了泥水循环系统和泥浆管路延伸系统等，故增加拖车数量，安装泥水循环系统的泵组、管路和泥浆管路延伸系统，增加配电系统能力等，需要解决皮带输送机与泥浆管路共存的问题等。

7）泥水循环系统

泥水循环系统采用的是直接控制型泥水循环系统，分别由进浆管路、排浆管路、旁通管路、逆循环管路、保压管路、检测管路、管路延伸装置、泥浆泵、泥浆阀、传感器等组成。该土压泥水双模盾构的泥水平衡模式具有4种运行模式，分别是旁通模式、掘进模式、逆循环模式和保压模式。模式之间的转换遵守图7-12所示的原则。

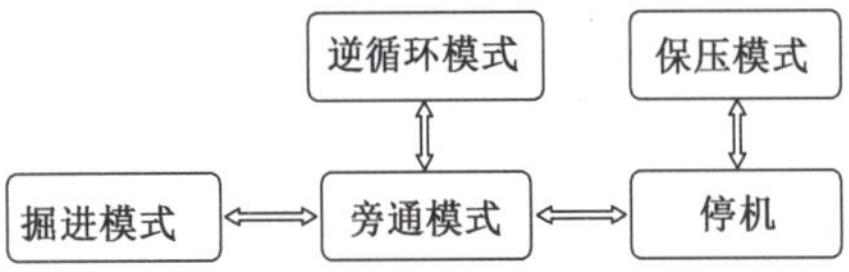

图 7-12　模式转换顺序图

(1)旁通模式

旁通模式为中间过渡模式,通过调节进浆泵和排浆泵的转速来控制进浆管和排浆管的流量、压力,同时将隧道内的排浆泵/进浆泵同步调整至需要的转速和流量。直接控制型泥水循环系统有两种旁通模式,即机外旁通模式和机内旁通模式,机外旁通模式在泥水平衡模式掘进时使用,机内旁通模式在模式转换时使用(图 7-13)。

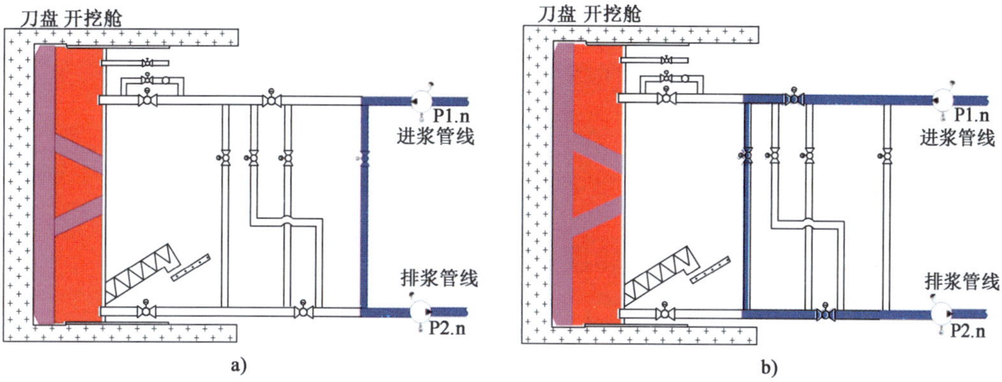

图 7-13　机外旁通模式与机内旁通模式

(2)掘进模式

掘进模式需通过旁通模式切换,通过调节进/排浆泵转速达到要求的流量和压力,此流量和压力与推进速度、地质条件相适应。如图 7-14 所示,上方线路为进浆管线、下方线路为排浆管线。

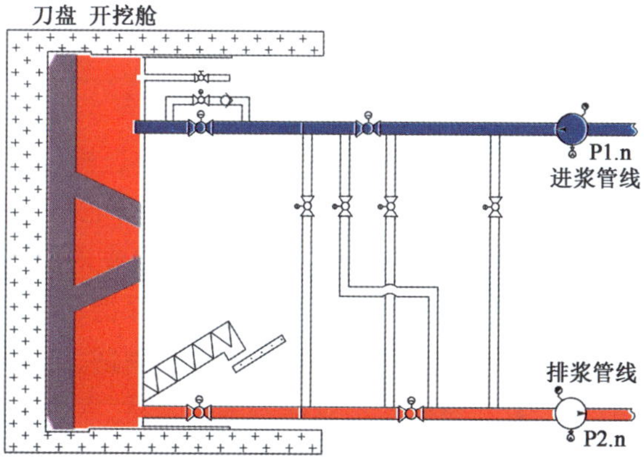

图 7-14　掘进模式

(3)逆循环模式

逆循环模式需通过旁通模式切换。通过进/排浆液流向的切换对开挖舱底部滞排区域和P2.1泵前方堵塞管路进行冲洗。该模式可以实现持续冲洗,直至堵塞区域疏通。如图 7-15 所示,右上至左下线路为进浆管线,左下至右下线路为排浆管线。

(4)保压模式

泥水平衡模式施工中,长时间停机情况下运行长时间停机保压模式(图 7-16),该模式下系统时刻对开挖舱压力进行监测,对掌子面泥浆的损失及时进行泥浆补充。

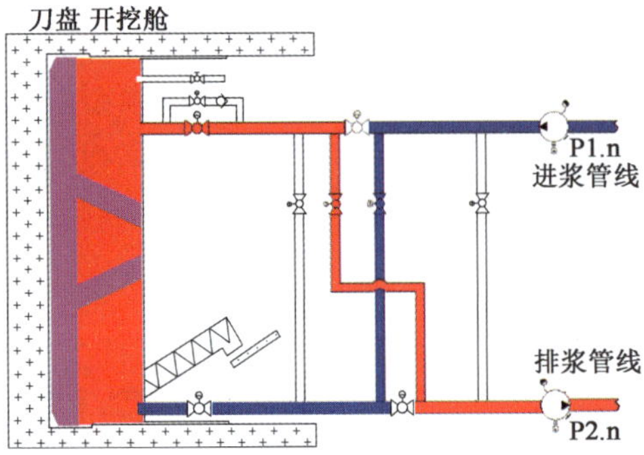

图 7-15　逆循环模式

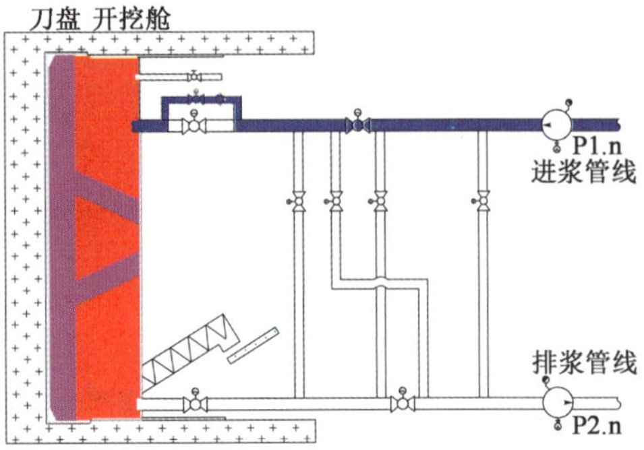

图 7-16　保压模式

7.1.4　土压泥水双模盾构模式转换方法

土压泥水双模式盾构在模式转换过程中,控制的核心是掌子面压力的稳定,转换过程中一旦掌子面压力失稳,会造成地面坍塌或者隆起,带来极大的施工风险。下面对土压泥水双模式盾构模式转换步骤和方法加以详细描述。

1) 土压平衡模式转泥水平衡模式

步骤 1:土压平衡模式掘进

预定模式转换点的前一环按照土压平衡模式掘进(图 7-17),掘进中降低推进速度,控制刀盘贯入度在 20mm 以内,到预定模式转换点后,停止掘进,准备模式切换。本环掘进中,可以向开挖舱注入一定量的膨润土,一方面增强渣土流动性,另一方面可以在掌子面形成一层薄泥膜,增强渣土置换过程中开挖舱的气密性。

步骤 2:第一次渣土置换

刀盘原地缓慢搅拌,打开螺旋输送机前闸门,启动螺旋输送机,打开出土闸门,缓慢排渣,直至开挖舱剩余渣土量约为预估渣土量的 1/3。为了维持掌子面的压力稳定,在螺旋输送机出土,土舱渣土下降过程中,可利用 SAMSON 系统向开挖舱内注入压缩空气,以维持开挖舱压力稳定。此时要特别注意观察开挖舱压力变化,开挖舱压力保持在 $P\pm0.1$bar。

螺旋输送机缓慢出土之前,要对土舱内渣土的方量进行预估。一方面该过程是连续过程,需要安排好渣车运输方案;另一方面需要预估舱内剩余渣土量,方便进行下一步操作。

在螺旋输送机排渣过程中,试运行泥水循环系统机内旁通模式,确保整个泥水循环系统运行正常、状态稳定,同时对进浆管路进行疏通,保证进浆管路通畅。

注意:如果地层不稳定或者考虑降低安全风险,可采用稠膨润土代替压缩控制的注入。

压缩空气置换渣土如图 7-18 所示。

步骤 3:第二次渣土置换

开挖舱内剩余渣土量约为预估量的 1/3 时,螺旋输送机停止转动,关闭螺旋输送机出渣门,开始运行泥水循环系统机内旁通模式并打开进浆阀向开挖舱内灌浆,同时利用检测管进行排气,排气过程中根据开挖舱压力值的大小调整进浆量和排气量,始终维持开挖舱压力稳定,直至泥浆从检测口溢出。

泥浆置换压缩空气、泥浆充满开挖舱如图 7-19 所示。

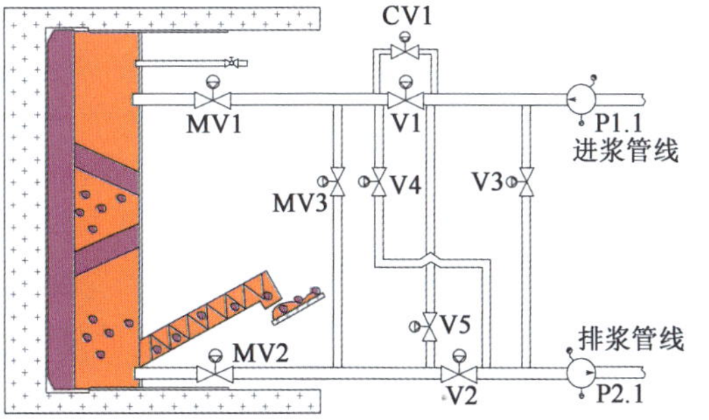

图 7-17　土压平衡模式

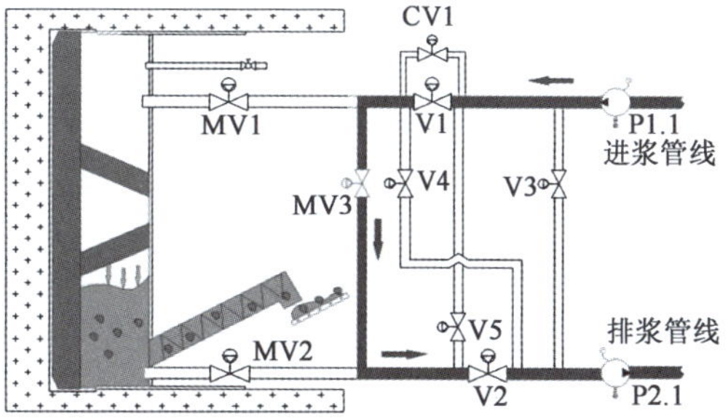

图 7-18　压缩空气置换渣土

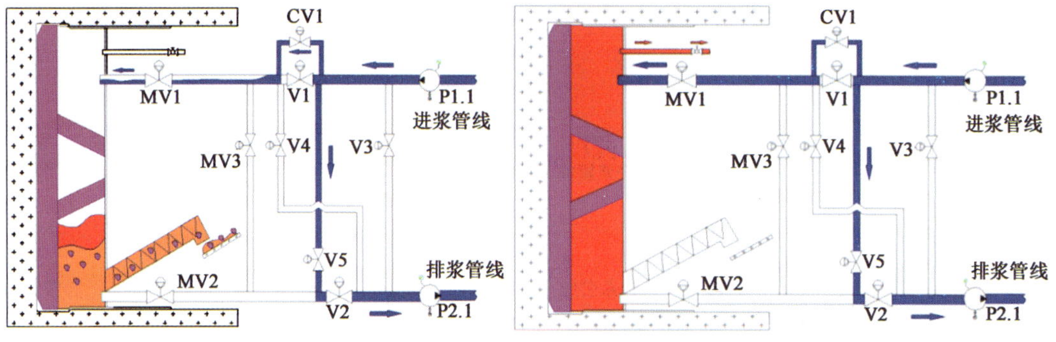

a)　　b)

图 7-19　泥浆置换压缩空气、泥浆充满开挖舱

步骤 4：运行逆循环模式

判断泥浆浆液已经充满开挖舱后，关闭检测管路，刀盘以低转速运行，开挖舱内渣土与泥浆充分搅拌均匀后泥水循环系统运行逆循环模式（图 7-20），对开挖舱渣土进行逆向冲刷和泥浆管路通畅性检查。

步骤 5：运行泥水平衡掘进模式

确认进排浆管路均通畅后，关闭机内旁通管路，切换到正常掘进模式（图 7-21），盾构低速前进，逐步增加进、排浆流量并监测分离站出渣情况。

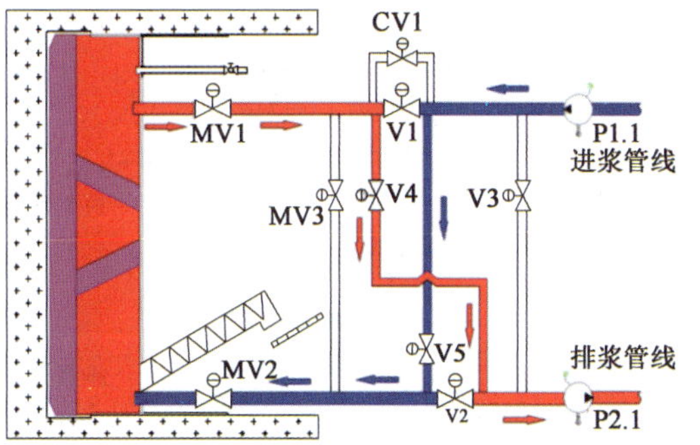

图 7-20　逆循环模式

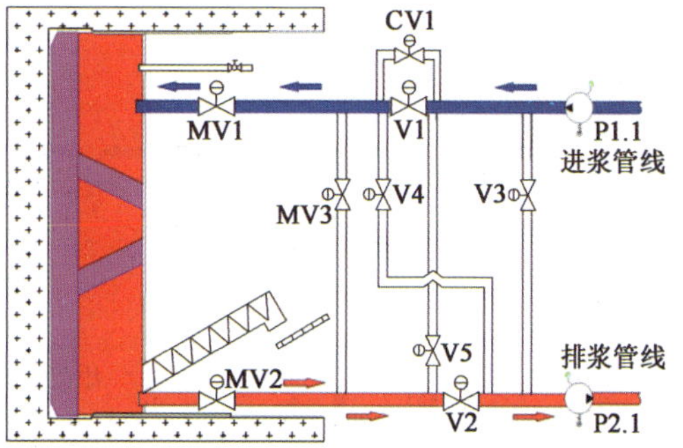

图 7-21　泥水平衡掘进模式

2)泥水平衡模式转土压平衡模式

步骤1:运行机内旁通模式

设备到达预定的模式转换点后,泥水循环系统运行机内旁通模式(图7-22)。

步骤2:渣土置换

机内旁通模式下打开进入开挖舱的进浆主阀(MV1),设备低速推进,控制刀盘贯入度在20mm以内,开始进行开挖舱堆渣。

(1)此时不启动螺旋输送机;

(2)刀盘缓慢开挖渣土并堆积的过程中,泥水循环系统运行机内旁通模式,通过进浆主阀(MV1)排出开挖舱中多余的泥浆;

(3)掘进过程中注意观察开挖舱压力,使掘进速度与排浆速度相匹配,保持开挖舱压力稳定。

开挖舱堆渣置换如图7-23所示。

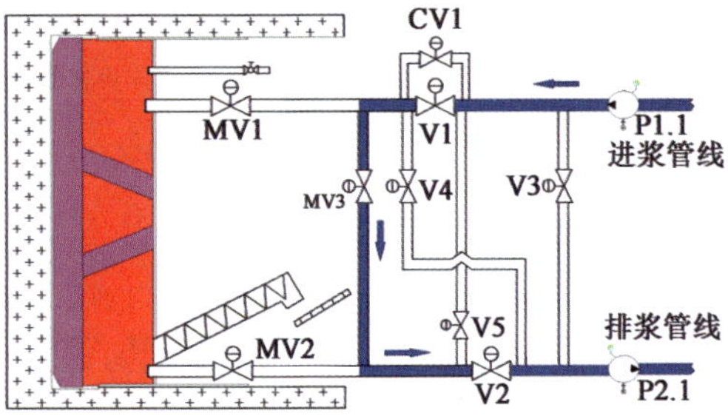

图7-22 机内旁通模式

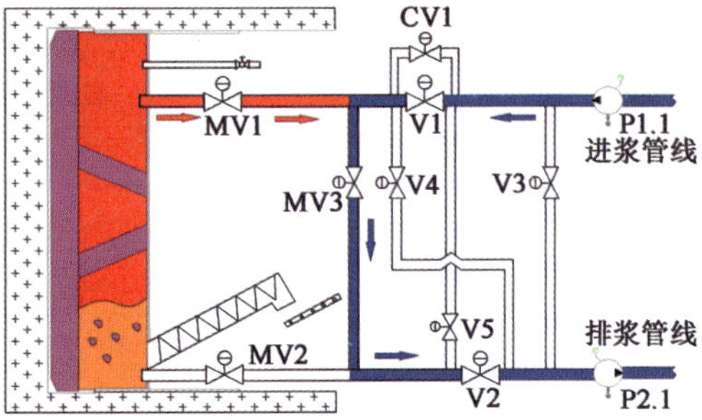

图7-23 开挖舱堆渣置换

步骤3:管路检查

随着盾构缓慢推进,开挖舱中渣土堆积越来越高,预估已堆积的渣土量已经到达进浆口时,打开上部土舱探测管,如果没有浆液流出(如果有浆液流出需要现场技术人员判断是否适合土压推进),停止推进,关闭主进浆球阀,停止运行泥水循环系统。泥水循环系统停止后,可以通过隔板上的进浆口、排浆口上预留的支口注入盾尾油脂,对上述管路进行填充,减小土压平衡模式下堵塞的概率。

渣土置换完成如图7-24所示。

步骤4:运行土压平衡模式

打开螺旋输送机前后闸门,运行螺旋输送机、皮带输送机,开始运行土压平衡模式(图7-25)

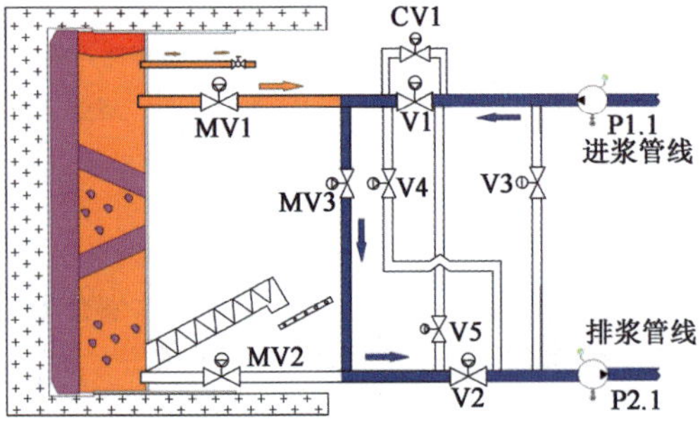

图7-24 渣土置换完成

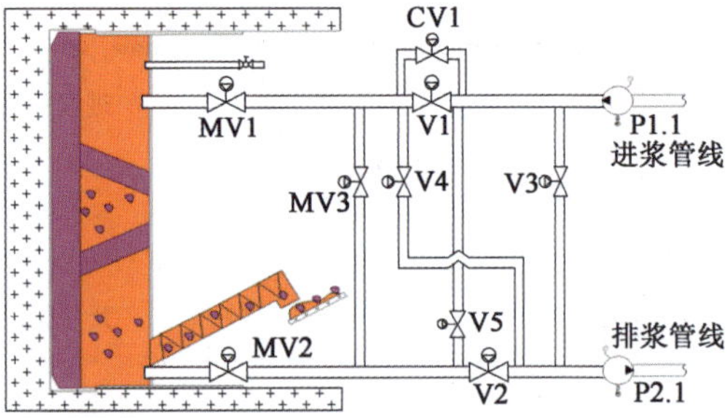

图7-25 土压平衡模式

缓慢推进,待运转稳定后,即可进行正常推进。推进过程中注意观察螺旋输送机出土口渣土状态,刚置换完成后渣土状态可能处于流塑状,会出现短暂的喷涌现象,如果喷涌严重,需继续置换渣土,直到适合土压平衡模式掘进。

7.2　土压 TBM 双模盾构

7.2.1　工作原理

在日益发展的城市轨道交通行业,行车速度越来越快,隧道长度越来越长,隧道在单程区间内穿越的地质越来越复杂,盾构工程施工中,存在中/软岩、软土及复合地层工程地质工况越来越多。土压平衡盾构在软岩以及软土地质中施工优势明显,设备造价低廉,但设备在中、硬岩地质中施工,磨损较大、效率较低,劣势比较明显。而 TBM 在地质单一的硬岩地层中掘进效率占据优势,但设备总长过长,工筹难度大,造价昂贵,应用于市政地下工程优势难以充分发挥。特别是 TBM 在遇到不良地质或软、硬岩交替、极软岩地层时,施工难度及风险急剧增大。针对以上工程难题,盾构/TBM 制造商研发了一种既能在软弱地层或围岩较差地层中掘进,又兼具硬岩 TBM 功能的土压 TBM 双模盾构。

土压 TBM 双模盾构,由于具备 TBM 功能,所以也称为土压 TBM 双模式掘进机或土压—单护盾双模 TBM。该双模盾构,当开挖面不能自稳时,采用土压平衡模式,双模盾构在带压模式下掘进,此时出渣装置采用底部螺旋输送机;当开挖面能够自稳时,采用单护盾 TBM 模式,双模盾构在不带压模式下掘进,此时出渣装置采用中心皮带运输机出渣。土压 TBM 双模盾构是一种具备两种出渣方式(中心皮带输送机出渣和螺旋输送机出渣)、可同时适应在软弱地层、围岩较差地层和硬岩地层中掘进的多功能隧道掘进装备,设备同时具备土压平衡掘进模式和单护盾 TBM 掘进模式,其主机结构如图 7-26 所示。土压 TBM 双模盾构在地层地质和水文变化时可提前转换掘进模式及出渣方式,以减小对配套施工的干扰,降低工程风险、缩短施工工期。

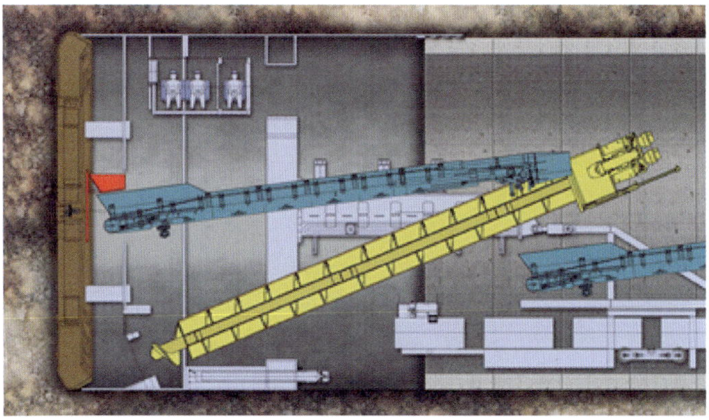

图 7-26　土压 TBM 双模盾构结构图

土压 TBM 双模盾构集土压和 TBM 掘进功能于一身,同时配备土压平衡盾构和 TBM 的相关设备和系统,如 TBM 具有的中心皮带输送机出渣系统、溜渣系统、除尘系统、豆砾石系统等,土压平衡盾构具有的螺旋输送机出渣系统、泡沫系统、同步注浆系统、膨润土系统等。

土压 TBM 双模盾构由于需要在一台设备上同时搭载两套出渣设备,根据设备不同直径主要分为两种机型。

在设备直径较小时,两套出渣系统不能同时布置在一台设备上,因此不同模式下需要洞内更换相应的出渣系统,该机型模式转换时间久、效率低。在设备直径较大时,可以同时将两套出渣设备布置一台设备上,在模式转换时,仅需将 2 套出渣设备相互伸出和收回即可。该机型模式转换时间短,效率较高。

单护盾 TBM 模式、土压平衡模式的主机布置分别如图 7-27、图 7-28 所示。

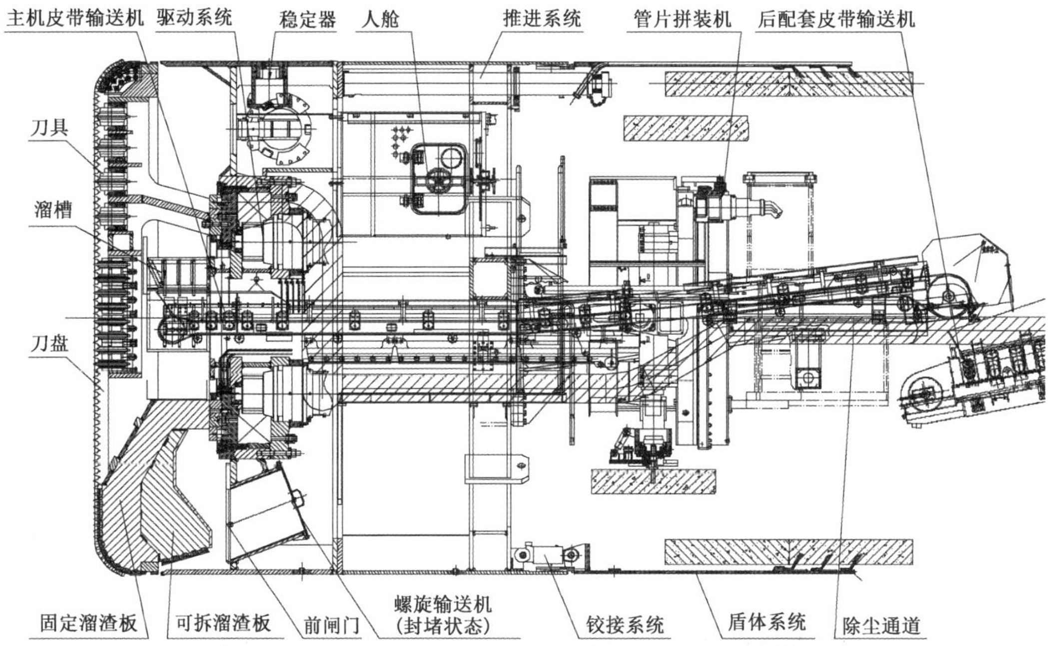

图 7-27 单护盾 TBM 模式主机布置图

7.2.2 双模特点

1)单护盾 TBM 模式特点

土压 TBM 双模盾构在硬岩地层或围岩可自稳地层掘进时采用单护盾 TBM 模式,如图 7-29 所示。单护盾 TBM 模式下具有以下优点:土舱渣土基本处于空置状态,可以大大降低诸如刀盘、刀具、螺旋机部件的磨损;相应的驱动扭矩可大幅降低;可以显著提高掘进效率;停止使用渣土改良剂;在土舱内喷射高压水,但高压水的主要作用不是改良渣土,而是降低刀具温度及辅助降尘。由于土舱在常压下工作,主轴承油脂的消耗减少,刀盘推力荷载也显著降低。单护盾 TBM 模式在掘进效率、驱动扭矩、掘进总推力、掘进成本等方面对施工都相对有利。

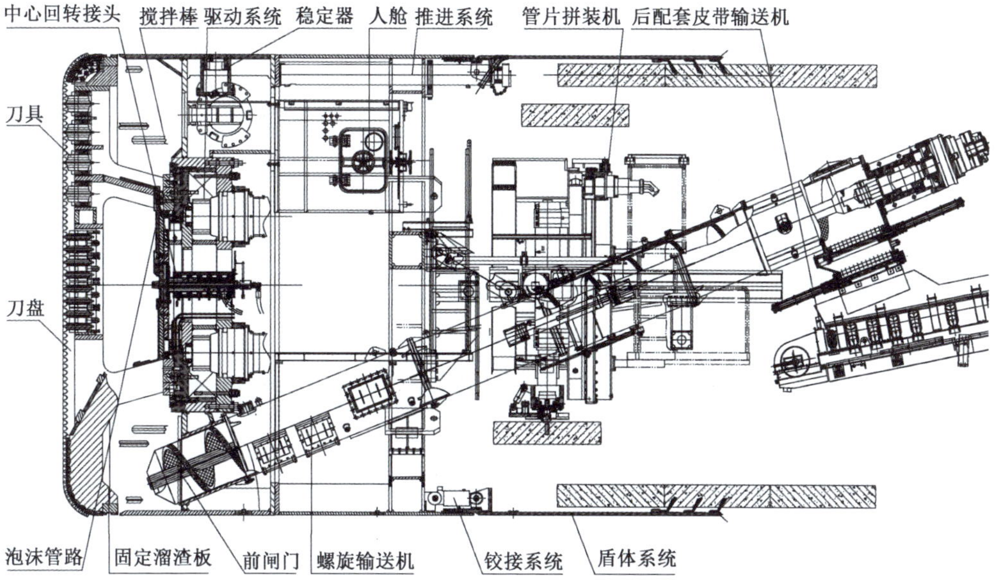

图7-28 土压平衡模式主机布置图

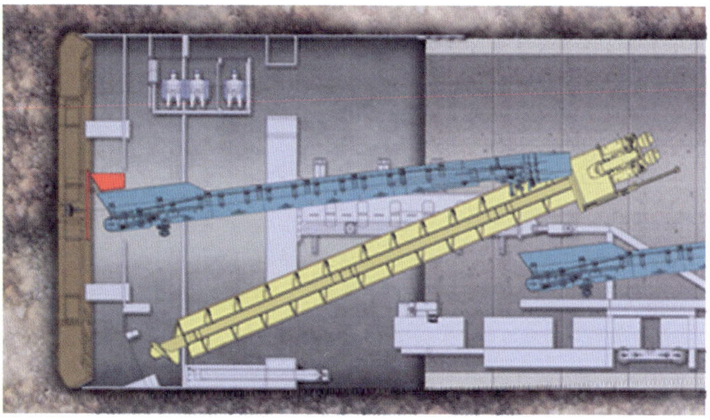

图7-29 单护盾TBM掘进模式(中心皮带输送机出渣)

单护盾TBM模式掘进时,需要将螺旋机拆除或者后退缩回至主机内部,而主机区域采用中心皮带输送机出渣,掘进具有高转速、低扭矩的特点,以提高设备在硬岩地层中的掘进效率和掘进速度。单护盾TBM模式掘进时,中心皮带输送机从主驱动中心位置处伸入土舱,刀盘背部装有溜渣板,土舱中心处设有溜渣槽。刀盘破岩后渣土经刮渣板进入溜渣板,通过溜渣槽落入中心皮带输送机,再经过后配套皮带输送机运输至后配套区域。此时,刀盘中心处设计有喷水回转装置,用于降尘和降温。管片背部先采用豆砾石充填,再通过注入水泥浆(或砂浆)和二次补浆的方式,使管片达到设计承载强度。由于在单护盾TBM模式下掘进时,主机区域灰尘较大,因此需要启用除尘系统,净化主机部位的空气质量。

2)土压平衡模式特点

土压TBM双模盾构在不稳定地层中或软土地层中掘进时选用土压平衡模式,见图7-30。

此时主机区域采用螺旋输送机出渣,此模式下需启用泡沫系统、同步注浆系统和膨润土系统。

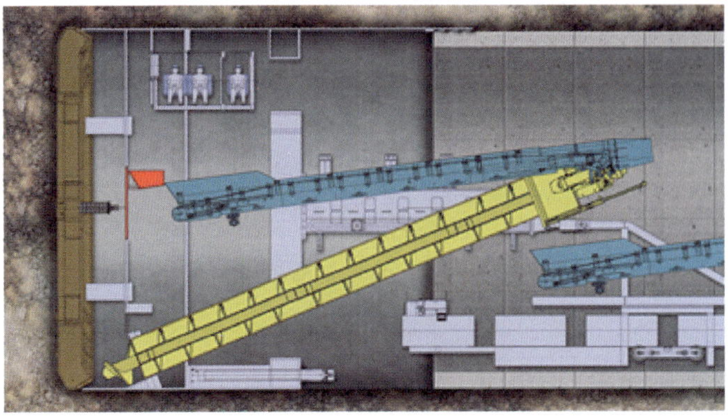

图 7-30 土压平衡模式(螺旋输送机出渣)

土压平衡模式下主驱动中心处装有回转接头,泡沫及膨润土通过回转接头通道及刀盘上布置的管路进入刀盘前部,对渣土进行改良。前盾下部装有螺旋输送机,渣土在螺旋输送机内形成土塞效应并通过螺旋输送机后舱门落入后配套皮带输送机。同时在土舱隔板和螺旋输送机筒体上装有土压传感器,用以检测土舱和螺旋输送机内土压。

由于两种不同的掘进模式下主机区域出渣方式不同,因此在进行模式转换时需要对刀盘进行局部改造,增加溜渣板。

7.2.3 设计要点

土压 TBM 双模盾构具备两套出渣系统,主机设计考虑既能满足土压平衡掘进模式下通过螺旋输送机出渣、中心回转接头通道进行渣土改良以及人舱保压功能等要求,又能满足单护盾 TBM 掘进模式下主机皮带输送机出渣功能以及除尘功能的要求。由于空间有限,施工操作和设备维护较为困难。需根据各系统特点重新规划,全盘考虑各系统配置,实现各系统高效运作的同时,不互相制约和影响。

1)刀盘、刀具设计

刀盘、刀具设计为可适应岩石及软土地层掘进的双模式刀盘,可以双向旋转、开挖、出渣,可满足单护盾 TBM 和土压平衡两种模式出渣。刀盘上布置有土压模式下渣土改良所需的改良通道,同时在刀盘结构、刮渣刀具、溜渣板设计上均为对称布置,使刀盘具备双向旋转开挖及出渣功能,可以有效避免双模式盾构在掘进过程中主机滚动对掘进施工的影响。

在保证刀盘整体刚度和强度的前提下,考虑进渣问题。刀盘前面不留有存渣的结构死角,刮板和刮刀的旋向前方留有尽可能大的容渣区域或面积,以使刮板、刮刀能够刮入刀盘开挖的渣土。在皮带输送机模式出渣时,刀盘周边设计双向刮渣斗,刮渣斗后部设计双向溜渣板,溜渣板将开挖的渣土带到上部溜进溜渣槽,通过皮带输送机输送出去。在螺旋输送机模式出渣时,割除安装在刮板后面的溜渣板,刮板和刮刀将渣土刮进土舱,通过螺旋输送机排出。

滚刀布置首先要考虑边刀(弧形区域内的滚刀)的刀间距。为了延长边刀的换刀间隔,采用了边刀间距密集布置,第一轨迹与第二轨迹的边刀间距最小,以减少最外轨迹边刀的荷载,延长换刀间隔;第三轨迹边刀间距依次增大但仍密集。在边刀间距密集的前提下,正滚刀的最大间距为 75mm，可破除 70MPa 以上的岩体。

边刀采用大倾角布置，以便增大刀体与开挖面的距离，减少块状渣土对刀体的额外附加荷载，以减少滚刀轴承荷载，使轴承荷载尽可能用于刀刃。刀盘外环所有刀具均设计刀体保护块，以便排开刀盘底部存留渣土，避免其对刀体的附加荷载及损坏。

边刀采用通用型滚刀，以便在边刀磨损更换后（此时尚未达到滚刀的磨损极限）可作为正滚刀使用，提高刀具的利用率，降低成本。

所有滚刀均为可靠的楔形安装方式，并且为背装式；所有的刮板、刮刀均可更换。

滚刀安装方式如图 7-31 所示。

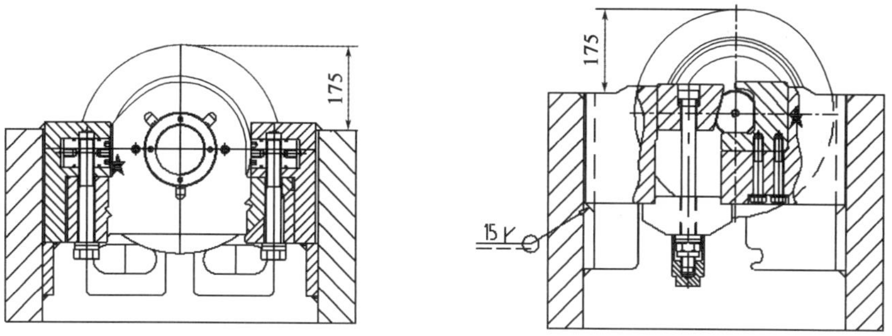

安装滚刀时先用楔形块将滚刀楔紧，将图示右侧螺栓打紧后，再打紧左侧螺栓，避免滚刀与刀箱接触面贴合效果不佳

a）中心滚刀装配图

安装滚刀时先用卡块将滚刀楔紧，将图示左侧螺栓打紧后，再打紧右侧螺栓，避免滚刀与刀箱接触面贴合效果不佳

b）单刃滚刀装配图

图 7-31　滚刀安装方式（尺寸单位：mm）

根据地层选择合适的刀盘开口率，中心部位留有合适的开口以防止刀盘中心泥饼，但大面积的开口布置在刀盘外环周边。刀盘结构设计足够的刚度和强度，盘体结构在极端情况下发生局部磨损时仍能保持不发生变形，为洞内修复提供可能。刀盘有足够的耐磨设计，磨损修复间隔里程可达到 3km 以上。

在耐磨设计方面，刀盘设计充分考虑地层对刀盘具有较大的磨损性，在刀盘辐条面板及大圆环外表面焊接耐磨复合钢板，以提高刀盘的耐磨性能，大圆环的耐磨板间留有间隙，具备导渣功能，有利于外圈渣土及时排出（图 7-32）。

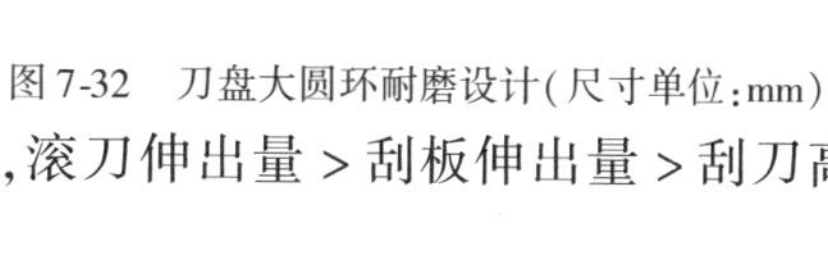

图 7-32　刀盘大圆环耐磨设计（尺寸单位：mm）

刀盘可实现双向（正/反）旋转开挖。刀具高低搭配，滚刀伸出量 > 刮板伸出量 > 刮刀高度，滚刀先破开岩层，刮板、刮刀将破碎的岩石刮进土舱。

刀盘前面设置添加剂注入口，其中包括泡沫口、膨润土注入喷口，在输送泡沫的同时往刀盘前面输送膨润土，以利于提高渣土搅拌改良效果，并有利于减少刀具磨损。

添加剂注入口设计时充分考虑防堵、橡胶垫防磨损和清洗的需求，注入口结构形式设计为背装整体抽式，便于更换和清洗管路，操作简单易行。

刀盘结构及溜渣板结构设计如图 7-33 所示。

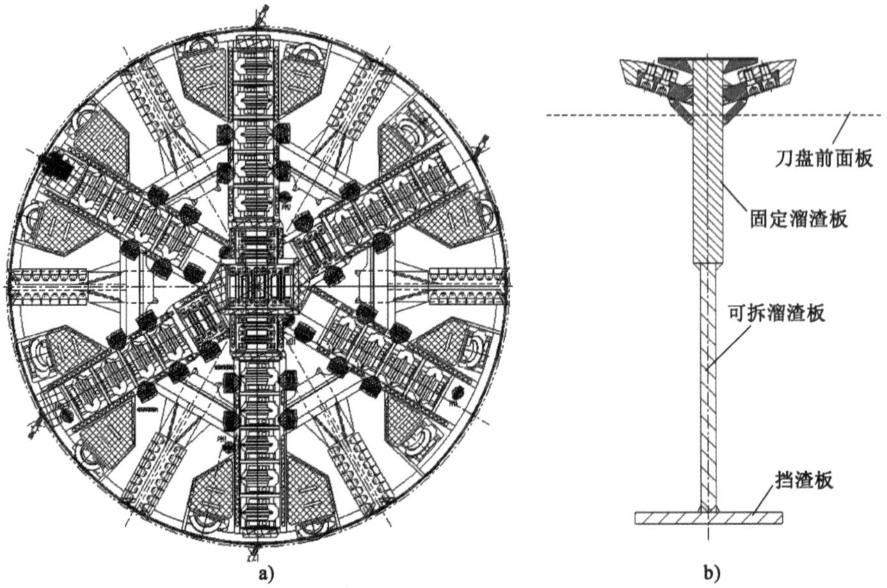

图 7-33 刀盘结构及溜渣板结构设计

2）主机皮带机设计

单护盾 TBM 模式采用主机皮带输送机配合二级后配套皮带输送机出渣方案。在单护盾 TBM 模式，刀盘渣土流向为刀盘刮渣斗—溜渣板—溜槽—主机皮带输送机—后配套皮带输送机—后配套编组列车渣土车，最终运出洞外。双模式刀盘设计多处溜渣板，用溜渣板双向进渣口通道来满足单护盾 TBM 模式刀盘开挖掘进过程中渣土进入土舱要求。具体见图 7-34、图 7-35。

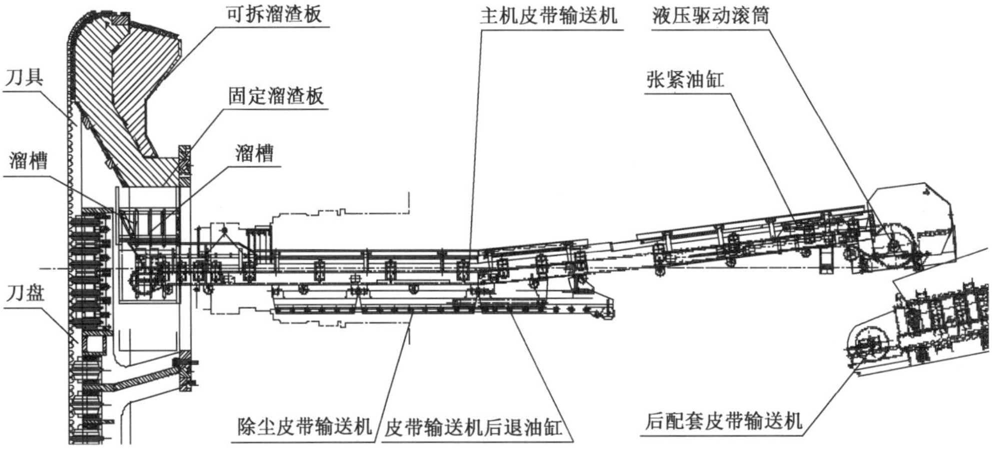

图 7-34 主机皮带输送机出渣方案示意图

主机皮带输送机设计主要针对单护盾 TBM 掘进模式，渣块相对较小，粒径一般小于 300mm，物料相对松散，以满足最大掘进能力时的出渣量要求进行设计，设计时提供较高的带速及扭矩；同时应对主机皮带输送机能力、驱动功率等参数进行校核计算。

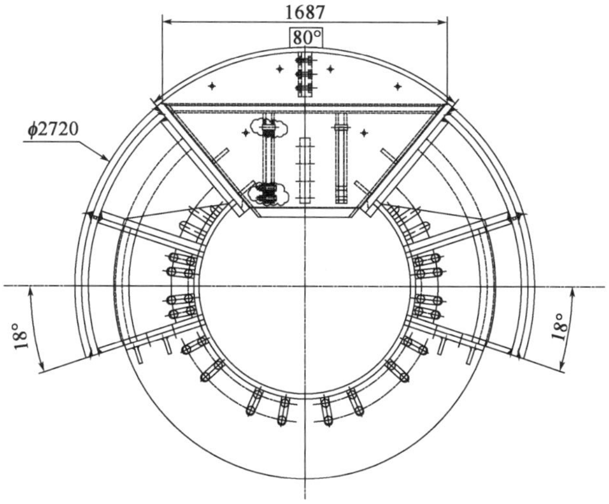

图7-35 主机皮带输送机/溜槽出渣方案示意图(尺寸单位:mm)

3)除尘系统设计

土压TBM双模盾构除尘系统的功能:在采用单护盾TBM模式工作时,由于工程的地质条件,在设备工作时会产生大量的灰尘,为了及时收集和处理产生的灰尘,设备配备干式除尘系统。除尘系统工作时通过抽风机抽取土舱中的空气,使土舱和土舱外面产生一定负压,促使隧道空气及时补充土舱的负压,从而防止灰尘向外扩散。抽风机抽出带灰尘的风通过除尘器进行过滤,过滤后的空气排到隧道内。

根据需过滤气体流量和过滤速度可确定除尘器的过滤面积。

$$A = \frac{Q}{V} \tag{7-1}$$

式中:Q——处理器处理风量(m^3/h);

V——过滤速度(m/h)。

可根据CFE褶皱纸板式过滤片Typ18.1系列按照计算结果选择合适的过滤面积,然后计算过滤片的个数N。

4)盾体系统设计

土压TBM双模盾构的盾体设计与土压平衡盾构最大的区别为前盾,前盾隔板上设计有可拆卸的搅拌棒、高压喷水口、除尘通道,在驱动中心可以安装溜槽、中心回转接头、主机皮带输送机,下部可安装螺旋输送机。其中人舱、搅拌棒、中心回转接头、螺旋输送机在土压平衡模式下使用,并在单护盾TBM模式下拆除或封堵;除尘通道、稳定器、溜槽、可拆卸溜渣板、主机皮带机为单护盾TBM模式下使用,并在土压平衡模式时拆除、闲置或封堵;搅拌棒、溜槽、中心回转接头承压隔板、除尘通道等为可拆卸或分块设计,便于在模式转换过程中拆除、运输。尾盾与常规土压平衡盾构相比,考虑了刀盘后退换刀功能孔,特别是在单护盾TBM模式掘进过程中,需要频繁检查、更换刀具。为降低换刀难度及风险,通过固定盾尾装置,具备在需要更换刀具时刀盘后退一定距离,获得更换刀具空间的能力。

主机结构设计如图7-36所示。

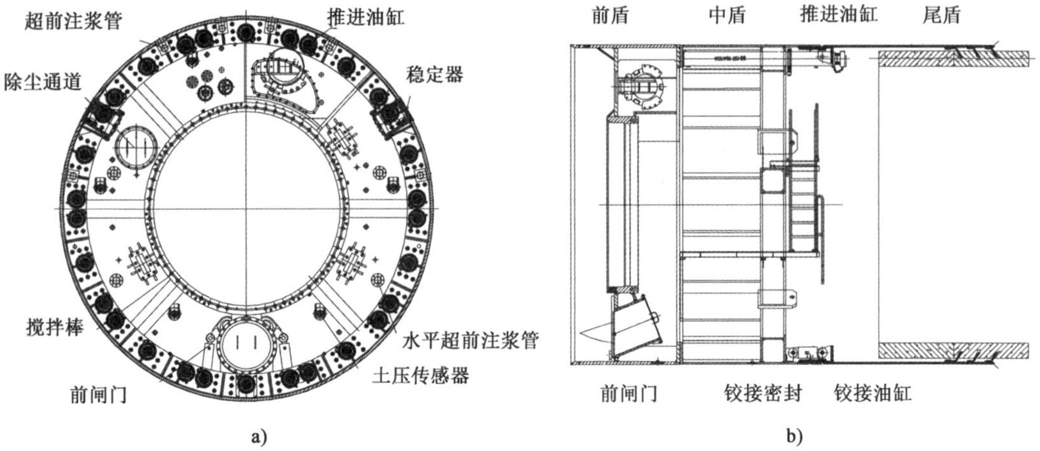

图 7-36 主机结构设计

5）盾体防滚转设计

在硬岩地质中掘进时，由于掌子面岩体硬度较大，被切削岩体给刀盘的冲击较大，导致刀盘在切削岩体时存在较大振动，这就使得双模式盾构比软土盾构在实际施工过程中发生滚转的程度更加剧烈，给设备的正常掘进带来不利影响。

通常会在前盾上部区域设置稳定器，防止盾体滚转。防滚装置在围岩相对稳定地层 TBM 模式掘进时使用，就是通过前盾上一组伸靴式稳定器在掘进过程中伸出撑在岩壁上，增大盾体对隧道内壁的正压力，进而增大周向摩擦力的装置。在前盾顶部左右两侧各设置一个防滚装置，掘进过程中，防滚装置通过伸出油缸，将撑靴支撑于隧道内壁，油缸推力给隧道内壁提供一正压力 F，进而增大了盾体与隧道内壁的周向摩擦力，有效改善了设备在硬岩地质中掘进时相对滚转。

防滚转装置的稳定器与盾体底部、开挖面的接触点一起形成三角形支撑结构，伸靴的油缸可以吸收主机传来的振动，对刀盘振动形成半刚性约束，可有效减少刀盘振动。同时由于增加了约束点，增大了盾体与开挖面的摩擦力，以获得较大反扭矩，减少盾体由于刀盘扭矩引起的滚转速率。通过防滚装置的设计，增大了盾体与隧道内壁的周向摩擦力，提供了一个与滚转方向相反的力矩，进而起到了减小滚转的作用。

防滚装置的周向、轴向布置分别如图 7-37、图 7-38 所示。

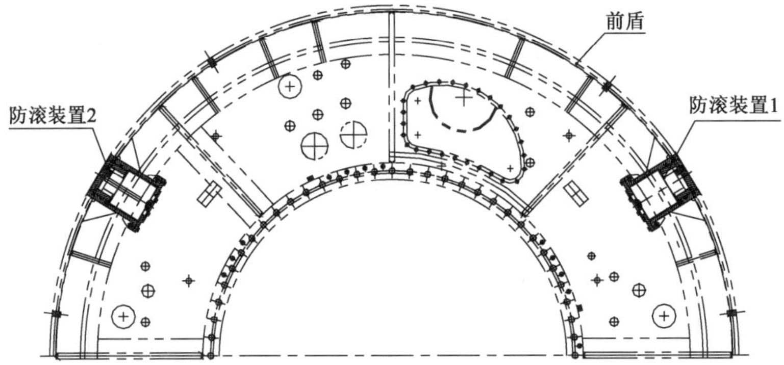

图 7-37 防滚装置周向布置图

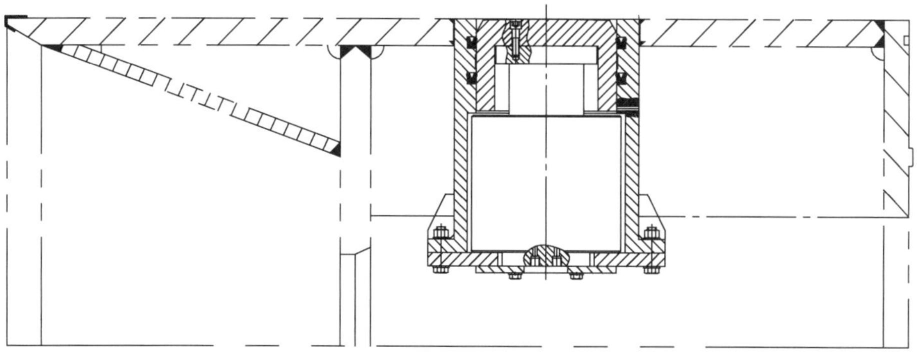

图7-38　防滚装置轴向布置图

撑靴对隧道内壁的比压：

$$P_1 = \frac{F}{\frac{\pi d_1^2}{4}} \tag{7-2}$$

式中：P_1——撑靴与隧道内壁的比压；

d_1——防滚装置撑靴直径。

6)主驱动伸缩隔板装置设计

主驱动伸缩隔板装置是为了满足土压TBM双模盾构在洞内快速切换所配置，在主机皮带输送机和螺旋输送机同时布置时，可通过主驱动伸缩隔板满足模式安全、快速切换。

双模快速切换装置包含伸缩隔板、溜渣槽、导向立柱、伸缩油缸及密封系统。装置前部伸缩隔板与主驱动内环相匹配，共设计三道密封，包括E型密封、O型圈及油脂密封。

在单护盾TBM模式下，液压缸带动导向立柱，将隔板推离驱动隔环，密封面安装相应防护工装。伸缩隔板后部设计的溜渣槽在TBM开敞掘进模式下，将刀盘刮渣板携带的渣土转运至主机皮带输送机。土压模式下，拆除密封防护工装，导向立柱缩回，伸缩隔板压紧驱动箱内部隔环，土舱建立压力，渣土通过螺旋输送机运出。

7)豆砾石喷射系统设计

管片衬砌后需要及时回填豆砾石以保证结构的稳定性，豆砾石由豆砾石罐通过编组列车运进隧洞内相应位置并通过吊机放在后配套台车上，一条皮带输送机将储藏箱中的豆砾石输送到注射泵中，需要时，豆砾石可以经过管路充填到隧道洞壁同管片之间的空隙处。豆砾石充填能力与最高掘进速度相匹配，并有一定余量。

该系统包括：固定皮带输送机、储藏箱(受料斗)、马达、减速器、泵及备用泵等。

7.2.4　模式转换方法

土压TBM双模盾构在洞内切换涉及施工安全问题，因此在进行模式切换时需要特别注意，以下讲述两种常见的土压TBM双模盾构在洞内进行模式转换流程。

1)常规直径土压TBM双模盾构

在洞内转换时，由于常规直径土压TBM双模盾构的主机皮带输送机和螺旋输送机不同时布置在同一台设备上。因此在切换期间需要将一套出渣系统拆除，洞内安装另一套出渣系统。

在进行模式转换时，除选取相对稳定的地层条件外，还需采取必要的地层加固措施，准备必要的工具及辅助工装等相关工作。以下介绍常规直径土压 TBM 双模盾构从 TBM 模式转换为土压平衡模式步骤。

TBM 模式整机布置如图 7-39 所示。

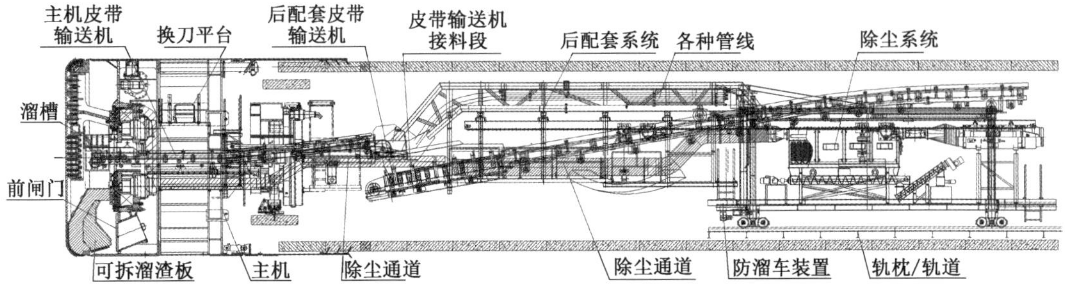

图 7-39 TBM 模式整机布置图(局部)

断开主机上的除尘风管，只保留设备桥上的一段，盾体隔板上的除尘口封堵，并拆除防溜车装置(图 7-40)。

将后配套与 TBM 主机之间的拖拉油缸及各种管线断开，管线整理并固定在合适位置；再将设备桥前端支撑在管片运输车上，利用牵引机车拖拉后配套台车整体后退 15m 左右(图 7-41)，获得模式转换操作空间。然后用临时工装支撑设备桥前端，皮带输送机接料段，保证后配套物料运输通道畅通。

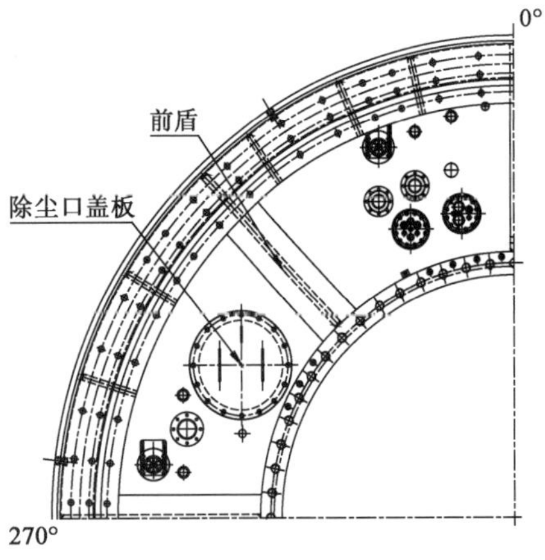

图 7-40 前盾除尘通道封堵

典型后配套净空断面如图 7-42 所示。

延伸轨枕及轨道至主机管片拼装机下方，然后依次拆除主机皮带输送机后段和前段，并分别用管片输送车依次运出。

轨道延伸/主机皮带输送机拆除如图 7-43 所示。

分块拆除土舱内分块拆除溜槽结构，通过驱动中部临时导轨逐步运出，分块割除溜渣板，通过土舱下部螺旋输送机筒体运出(图 7-44)。

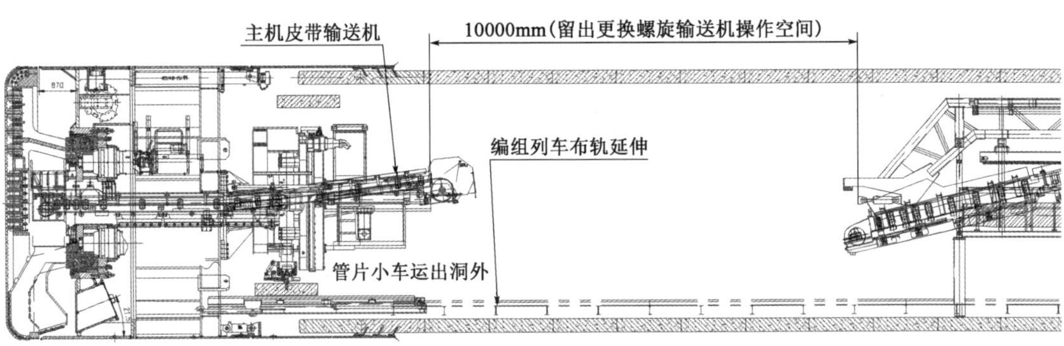

图 7-41 后配套后退约 15m

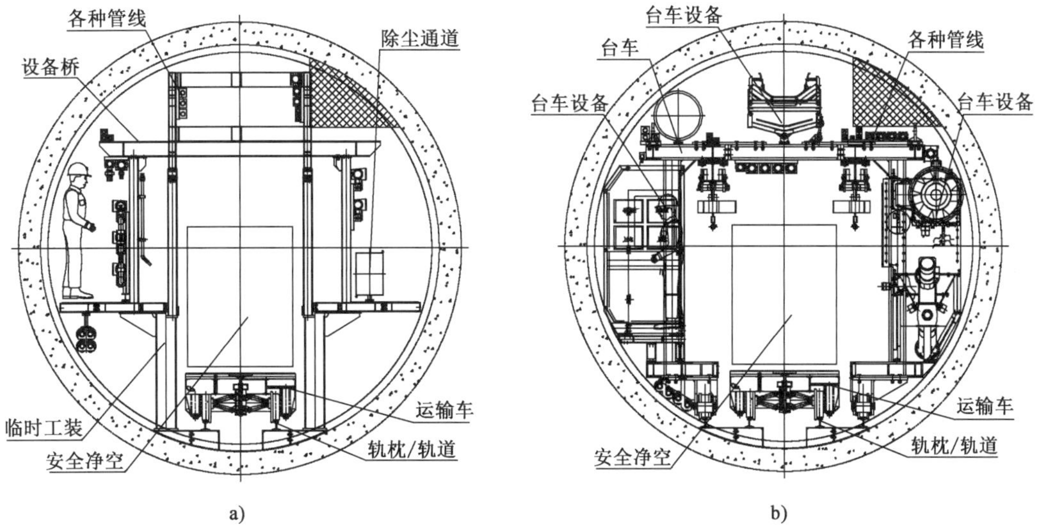

图7-42　典型后配套净空断面

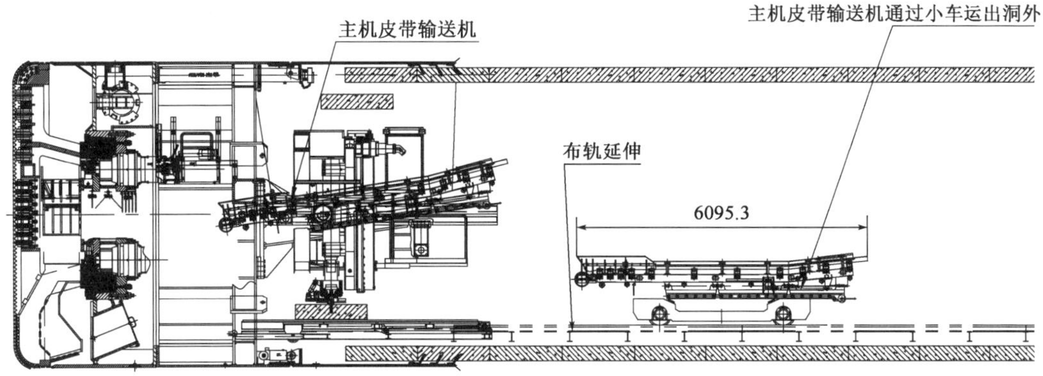

图7-43　轨道延伸/主机皮带输送机拆除(尺寸单位:mm)

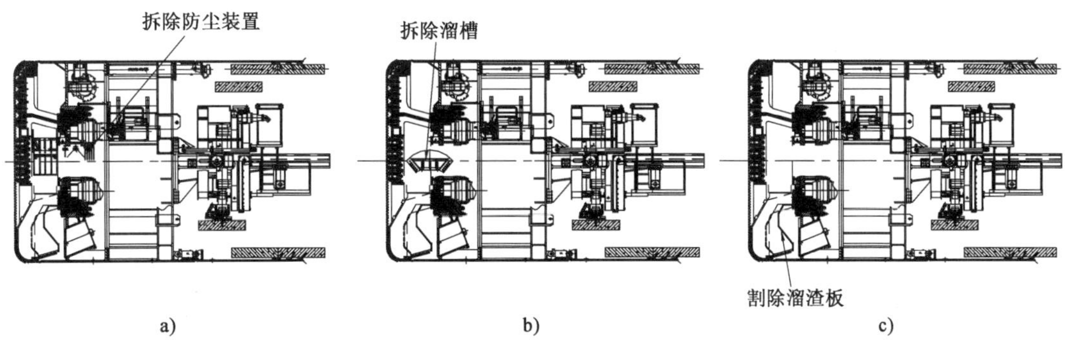

图7-44　拆除溜槽/溜渣板

将搅拌棒、主驱动中心过渡承压隔板结构、过渡泡沫管路结构运进土舱,并按照刀盘搅拌棒(焊接式)、盾体被动搅拌棒(可拆式)、泡沫管路保护结构、主驱动中心过渡压力隔板、泡沫管路、回转接头顺序安装于既定位置,如图7-45所示。

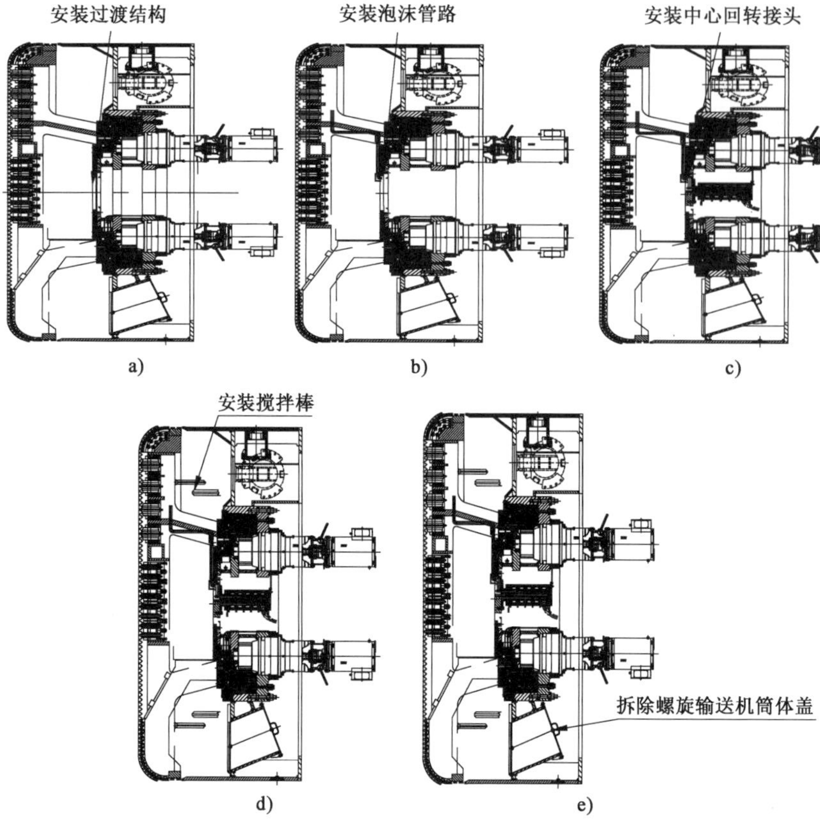

图 7-45 安装泡沫管路/中心回转接头

将螺旋输送机吊装门架工装分块运到洞内并组装，安装位置如图 7-46 所示。然后将螺旋输送机运到洞内，并借助临时导链将螺旋输送机吊装、调整、安装到位，同时安装螺旋输送机拉杆。要求在此过程中螺旋轴呈收回状态，并机械锁定。最后将螺旋输送机运输小车运出，拆除螺旋输送机吊装门架。

螺旋输送机组装如图 7-47、图 7-48 所示。

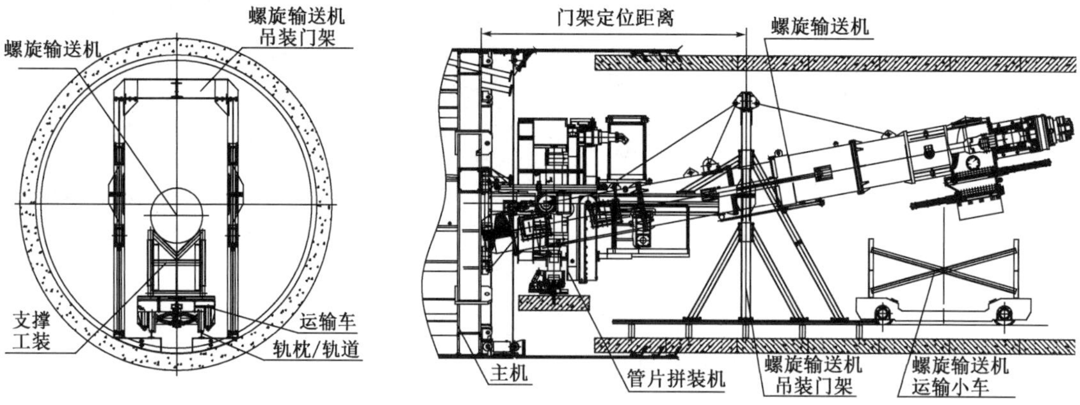

图 7-46 洞内螺旋输送机吊运门架

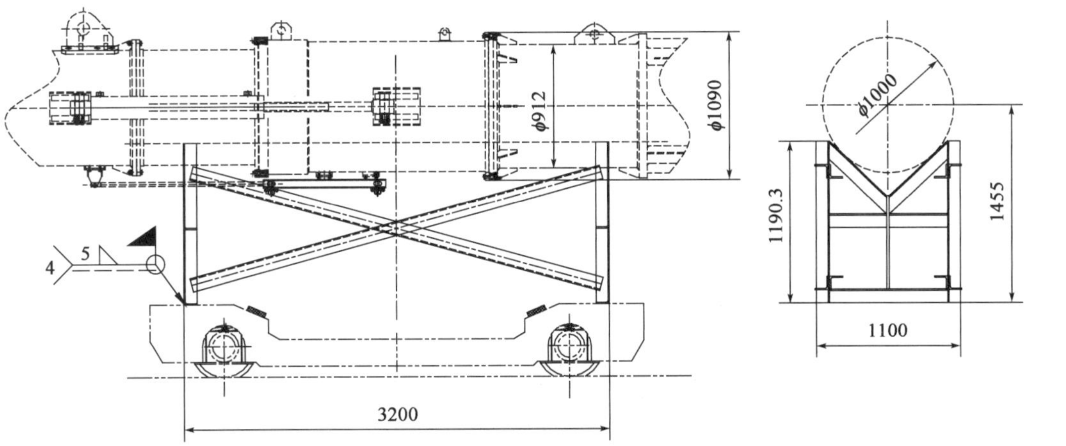

图7-47　螺旋输送机组装工装示意图(尺寸单位:mm)

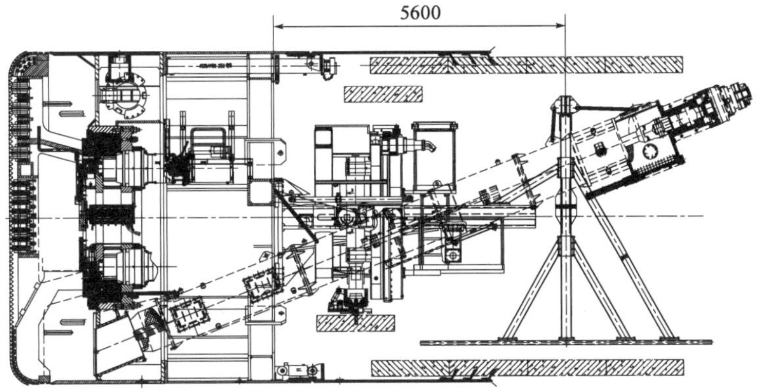

图7-48　螺旋输送机组装示意图(尺寸单位:mm)

将后配套整体前移,断开的管线重新连接。进行整机系统调试后,即可按照土压平衡模式向前掘进。至此,所有TBM模式至土压平衡模式转换工作完成,转换完成后的土压平衡模式主机如图7-49所示。

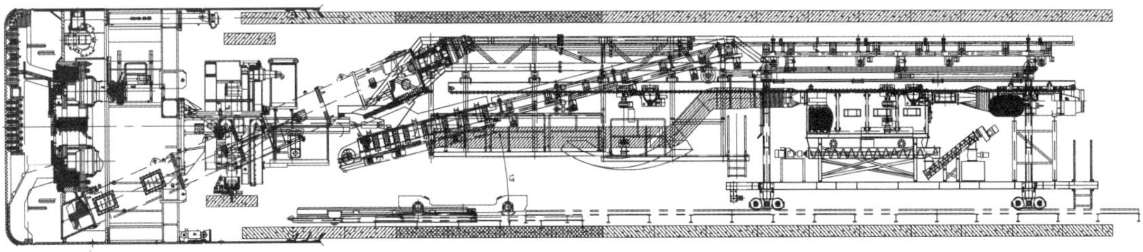

图7-49　转换完成后土压平衡模式主机示意图(局部)

从土压平衡模式向TBM模式转换工作基本沿上述过程逆向进行,具体过程稍有差异,不再赘述。

2)大直径土压TBM双模盾构

在洞内转换时,由于大直径土压TBM双模盾构的主机皮带输送机和螺旋输送机同时布置在同一台设备上,因此在切换期间可将一套出渣系统后退缩回至盾体内部,另一套出渣系统伸出盾体外侧即可。

大直径土压 TBM 双模盾构具备土压平衡盾构和单护盾 TBM 两种掘进模式。其中土压平衡模式掘进适应于软弱地层,通过螺旋输送机出渣、中心回转接头通道进行渣土改良,实现平衡模式掘进,保证施工安全,此种模式具有常规土压平衡盾构所有功能及特点(图 7-50)。

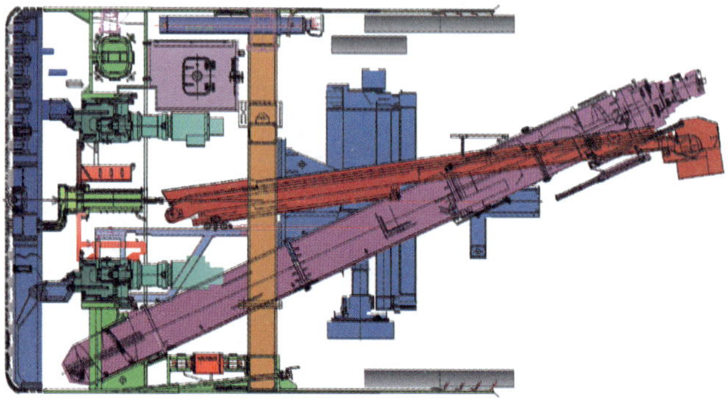

图 7-50 土压模式主机

而单护盾 TBM 模式掘进适用于在稳定地层中掘进,通过主机皮带输送机出渣(图 7-51)。在施工耗材方面,采用单护盾 TBM 模式掘进时,施工消耗极大降低。

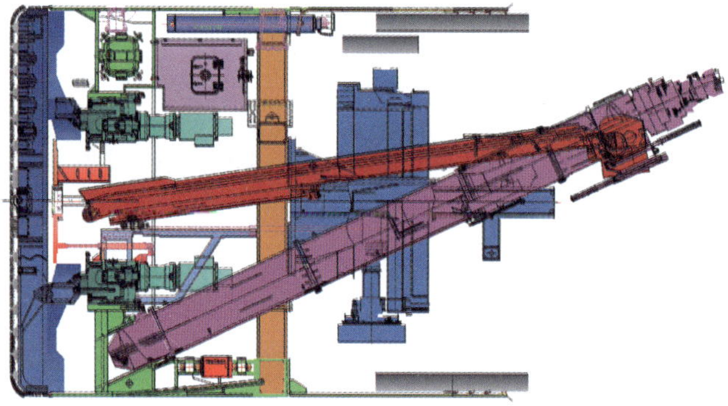

图 7-51 单护盾 TBM 模式主机

两种模式可根据实际地层进行快速切换,以最适合具体地层的模式进行掘进,保证项目施工的快速、高效。

土压切换至单护盾 TBM 模式时,需注意以下问题:

模式转换前确认土压传感器、保压系统、人舱、螺旋机闸门相关液压、应急排污泵等各系统正常,调试完成后方可进行开舱工作。

模式转换前一般需准备以下工具:焊机 1 台、焊条 J422 若干、割枪、角磨机、强力气动冲击扳手、M30 和 M24 套筒、M24 内六角扳手、2t 手拉葫芦 4 套、工装保护板和盖板、土舱换刀平台、刀盘刮渣板和溜渣板、油管堵头若干、小回转接头、工人若干。

确定最佳转换位置:根据围岩情况选择模式切换地点;盾构司机停止推进,将渣面降低一部分,观测顶部土压力变化值,选择压力不变的地质进行开舱检查确认掌子面是否满足常压切换。此工作需谨慎操作。

提前准备好模式切换时需要的工具和器械。

开舱确认掌子面稳定后停机，通过螺旋输送机缓慢将土舱渣土排至土舱底部，时刻观察掌子面情况。

若土舱底部有积水，需要开启底部排水泵降水排出。

螺旋输送机后退，关闭前闸门。

确认地质状况后，打开土舱；将土舱换刀平台安装至隔板上；架装手拉葫芦，将刀盘上L形梁和两瓣扣上的螺栓拆除；将L形梁拆成两块，通过顶部人舱孔移动至人舱前平台上，之后将拆除下来的两瓣扣吊至平台上（图7-52）。

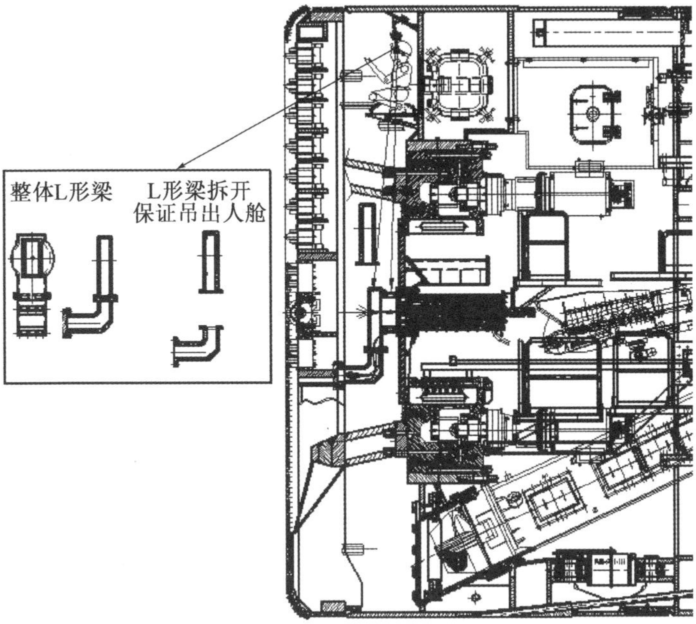

图7-52　拆除L形梁

从过渡舱和人舱内部将该部分结构运输至人舱前平台上；将回转接头内部所有管路断开，用堵头堵死后，拆除做好相应标识；将回转接头前端端盖、密封以及过渡环件拆除，做好相应保护吊至人舱内，防止异常碰坏。

拆除回转接头（图7-53）：在主驱动隔板顶部架装导轨，架装手拉葫芦；拆除回转接头上所有流体液压管路，并用相应堵头堵死接口并做好相应标示；保护好尾部旋转编码器，尽量拆除下来；手拉葫芦将回转接头抬起，拆除定子固定端，将中心回转接头法兰螺栓拆除；将回转接头拆除至安置平台上，保护好回转接头前端面不受到意外磕碰。

将伸缩隔板前伸（图7-54～图7-57）：将小回转接头安装至刀盘上，拧紧螺栓；将原大回转接头支座前后保护板安装至相应位置，螺栓打紧；拆除伸缩式隔板周边上的螺栓；主控室操作伸缩隔板将隔板向土舱内部伸出，观察隔板伸出量，避免移动隔板撞上小回转接头；将接合面上涂抹润滑脂，然后将保护板分块运输至土舱内，逐块安装完成后将螺栓打紧。

主驱动伸缩隔板每次伸缩前需要做快速切换装置隔板密封保压试验。

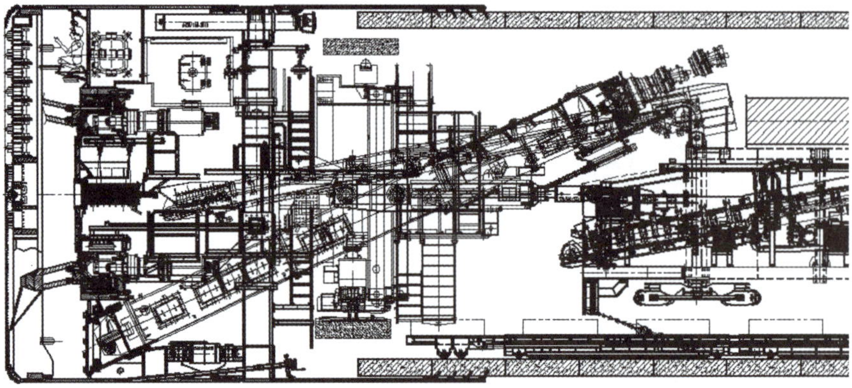

图 7-53　架装导轨、拆除回转接头

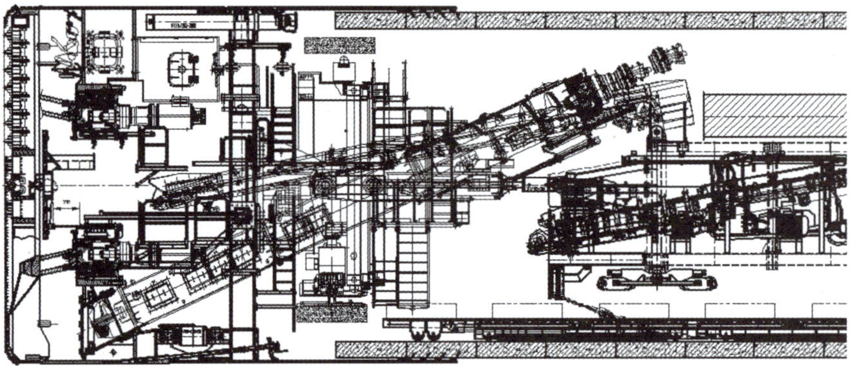

图 7-54　伸缩隔板前伸

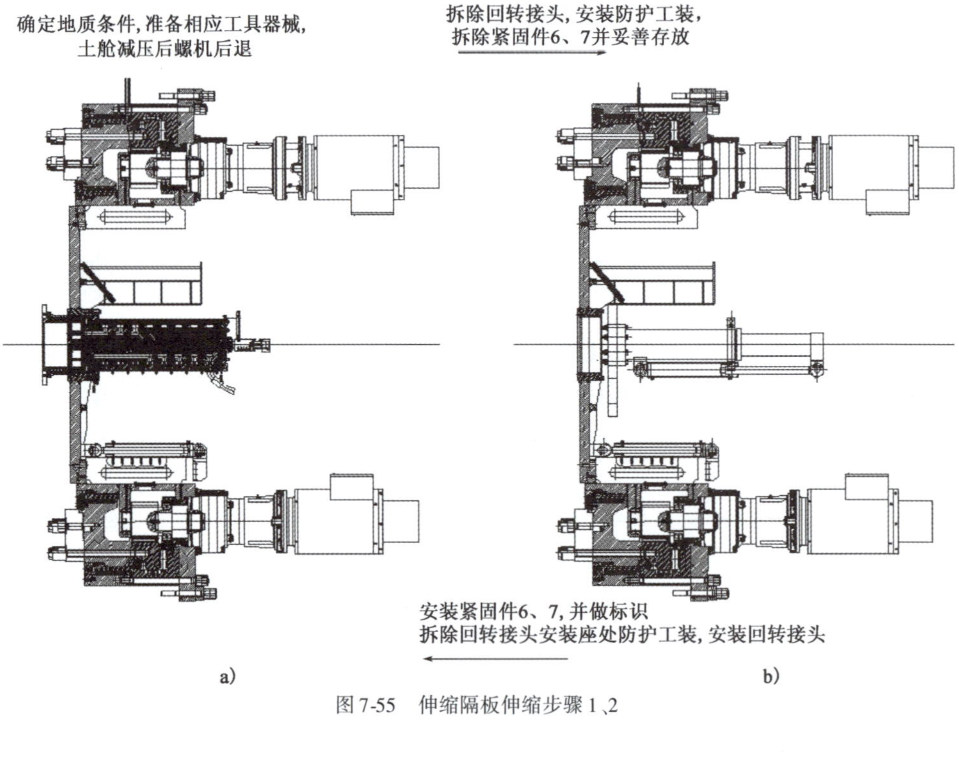

图 7-55　伸缩隔板伸缩步骤 1、2

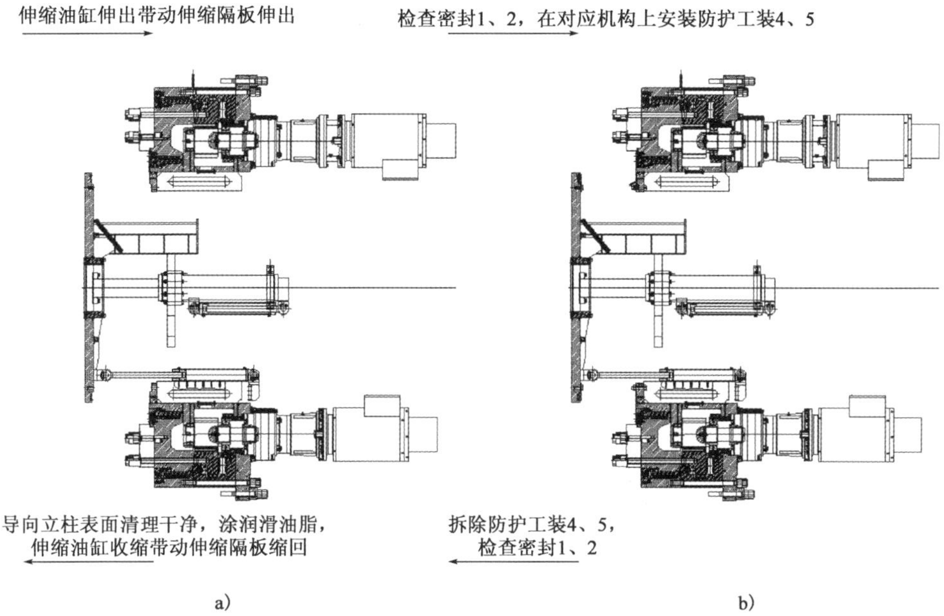

图 7-56　伸缩隔板伸缩步骤 3、4

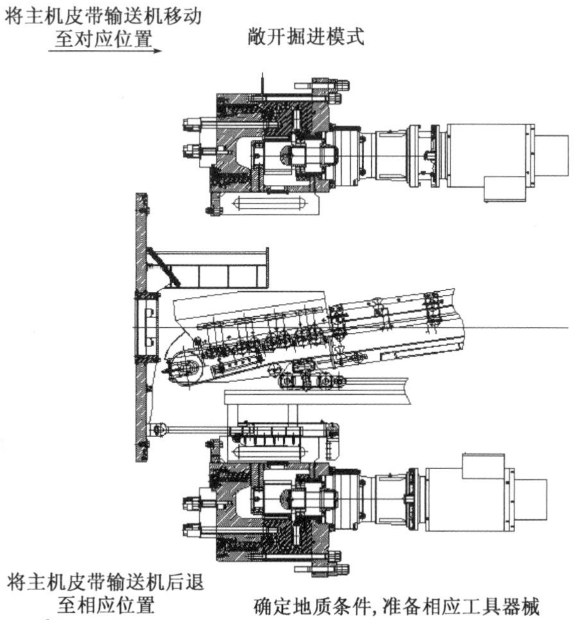

图 7-57　伸缩隔板伸缩步骤 5

表 7-1 是中铁 495/496 号土压 TBM 双模盾构快速切换装置隔板密封保压检测表。

土压 TBM 双模盾构快速切换装置隔板密封保压检测 表 7-1

中铁 495/496 号	时间：	地点：
负责人：	配合人员：	
工装和工具：		

注意事项：

(1)在条件允许情况下，采用齿轮油作为保压介质，否则采用盾尾油脂为介质。

(2)试验过程前，隔板与驱动箱隔环连接螺栓安装到位。

(3)禁止对隔板前后部加载压力

一、操作步骤

(1)检查密封完整性。

(2)隔板完全缩回，通过油缸压紧在驱动箱隔环上。

(3)按要求安装隔板与驱动箱隔环连接螺栓，油缸泄压。

(4)隔环上上下两处注油孔(G3/8)保留，其他油孔用 8 个堵头(4BN-12WD)封堵。

(5)将主驱动内/外密封腔其中一个齿轮油罐的下部连接管路改接到驱动箱隔环下部注油孔(图 2)，然后依次关闭齿轮油罐进气球阀和齿轮油罐上部连接管路球阀，阻止齿轮油进入主驱动密封腔内。启动齿轮油泵，打开齿轮油罐补油球阀，通过齿轮油罐向驱动箱隔环密封腔注入齿轮油至上部注油孔(图 2)有油溢出，然后关闭齿轮油泵。

(6)在驱动箱隔环上部注油孔(图 2)安装压力表，将齿轮油罐与隔环密封腔体之间的球阀关小，然后启动齿轮油泵，继续注油至被测腔体压力达到 5bar 左右时关掉齿轮油泵及隔环密封腔体进油球阀。待压力稳定后保压 20min，观察压力表压力变化情况。如压降范围在 0.2bar 以内，则密封性能满足要求。

(7)模式切换时，需更换密封并重新做静态保压试验

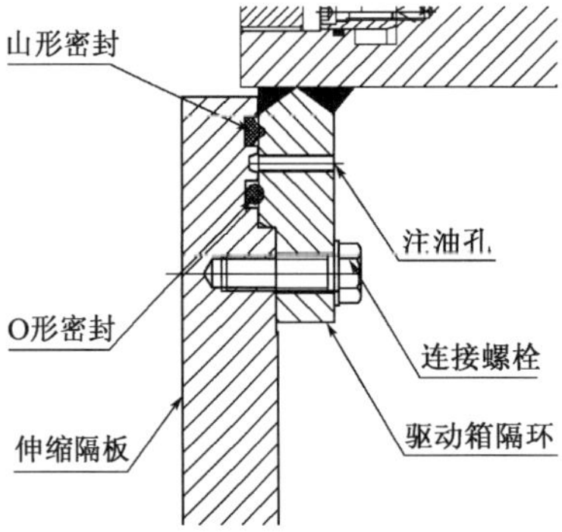

图 1 隔板密封结构示意图

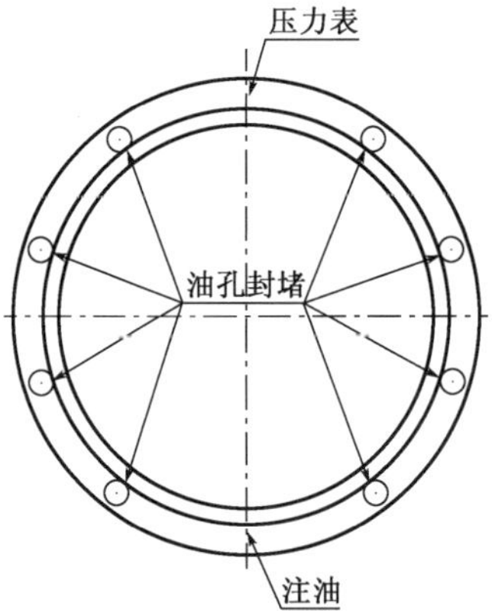

图 2 驱动箱隔环油孔分布示意图

二、伸缩隔板内密封压力检测记录(包括数据、结果和问题)

记录(包括数据、结果和问题)：

	压力标准
	5bar
初始压力值	
20min 后压力值	

内密封保压试验自始至终观察无齿轮油渗出。

记录(包括数据、结果和问题)：

是否有齿轮油渗出	是□ 否□

检测和试验结果(包括结论、原因、措施、整改完成时间和验证人)：

在 TBM 模式下筋板焊接至刀盘如图 7-58 所示,焊接刮板后刀盘如图 7-59 所示。

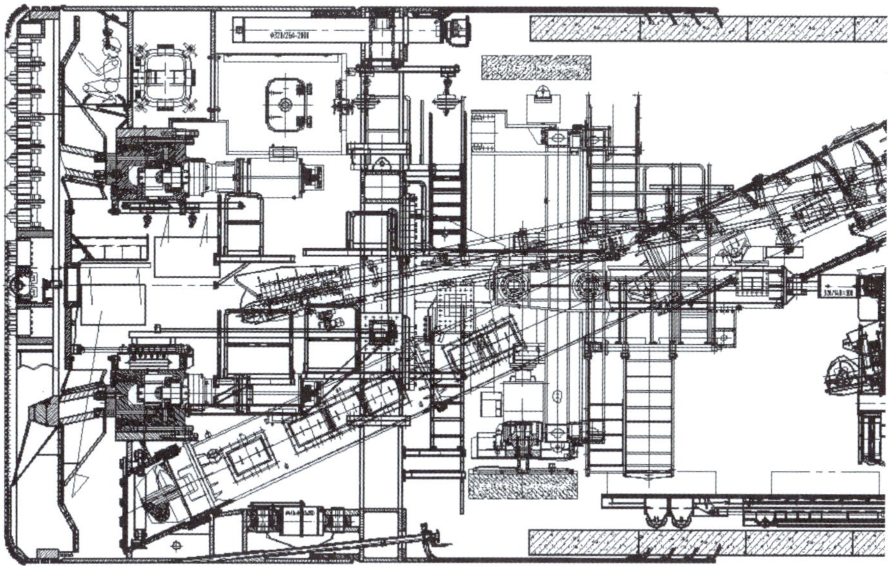

图 7-58　在 TBM 模式下筋板焊接至刀盘

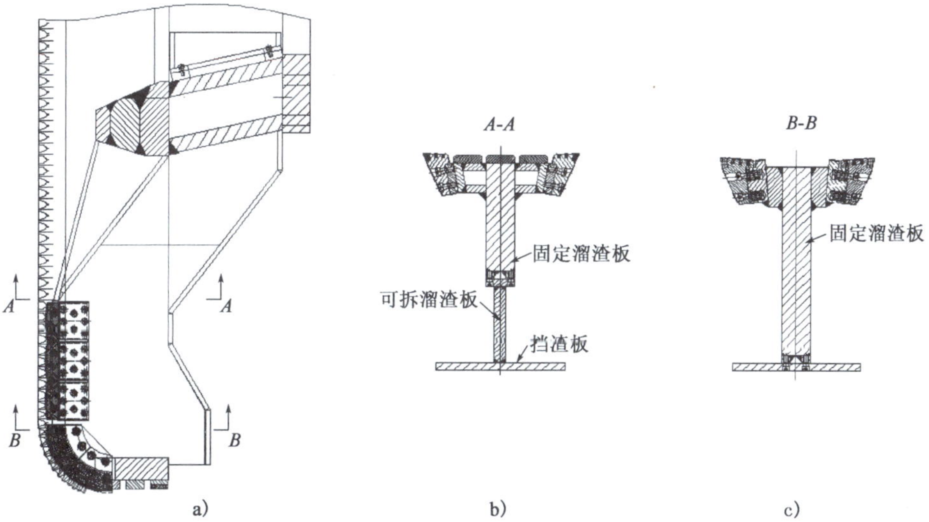

图 7-59　焊接刮板后刀盘

TBM 模式下刀盘焊接刮板：在溜渣槽底部安装临时吊装导轨;通过主机皮带输送机通道的板件运输至主驱动内部,运输过程注意保护皮带不受损坏(皮带此时不能转动);通过临时导轨一和溜渣槽下的导轨二将板件运输至土舱内,转动刀盘将副梁转至最底部;打磨焊接接口位置,定位将钣金件焊接完成(焊接质量满足相应要求);将扭腿上底板、刮渣板按照图纸位置定位焊接并安装螺栓完成。焊接刮板后的刀盘如图 7-59 所示。

主机皮带输送机伸缩：拆除主驱动和溜渣槽底部临时导轨,测量主机皮带输送机头部与伸缩隔板距离,保证间距大于主机皮带输送机油缸行程;拆除主机皮带输送机尾部支撑工装和机械限位,启动主机皮带输送机伸缩油缸,缓慢将主机皮带输送机伸缩至土舱内(图7-60);调节主机皮带输送机张紧装置以及尾部接渣口,保证皮带输送机出渣落入转渣槽内;将隔板上被动搅拌棒拆除;联动调试主机皮带输送机。

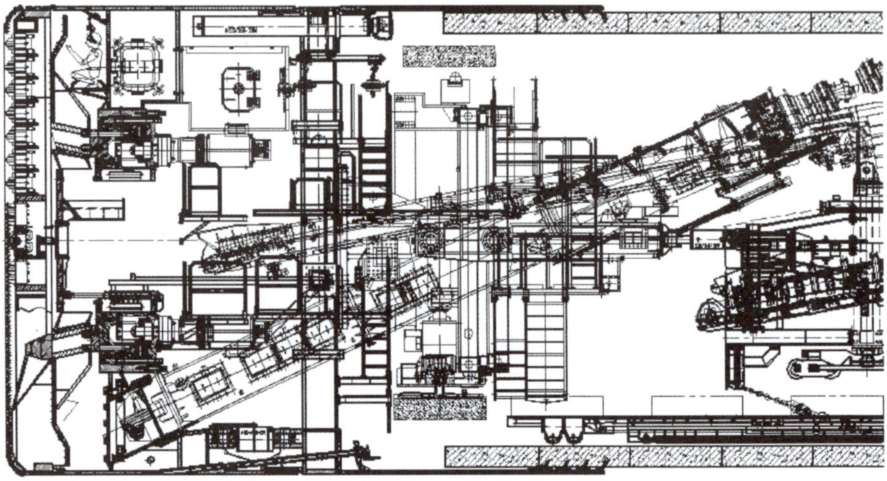

图7-60 将主机皮带输送机伸缩至土舱内

以上为土压模式切换成单护盾TBM模式时需注意事项,在将单护盾TBM开敞模式切换成土压模式时,在选择地层稳定性较好的区域按照上述过程反做一次即可。其中,务必进行中隔板保压试验。

7.3 泥水TBM双模盾构

7.3.1 模式转换

泥水盾构是在有较高水压的软土地层使用的,它对开挖面水土压力平衡较好,有利于控制地表沉降,往往用于城市和过江隧道项目;单护盾TBM适用于岩石隧道,隧道开挖面没有水压,围岩有一定的自稳性,一般是在山岭隧道中使用。

这两种隧道掘进机本来是泾渭分明的机型,不应该有交集。但是随着盾构及掘进机技术的发展,出现了越来越多的长大隧道。隧道越长,穿过的地层种类就越多,有软土,有硬岩,还有软岩交替的过渡区;隧道越大,在同一个开挖面上也越可能出现多种地层。为了适应这种需求,双模式盾构就应运而生了。泥水TBM双模盾构就是众多跨界机型的一种。

泥水TBM双模盾构也称为泥水—单护盾TBM双模式盾构或泥水—单护盾TBM双模式掘进机或泥水—单护盾双模TBM,这种双模盾构集成了泥水盾构和单护盾TBM的功能和特点。泥水TBM双模盾构可以在泥水平衡和单护盾TBM两种模式下相互转换,泥水平衡模式下,双模盾构采用泥浆管道出渣,用于高水压裂隙地层;单护盾TBM模式下,双模盾构采用皮带输送机出渣,用于无水或少水岩石地层。

根据盾构直径大小所决定的能够使用的空间条件,泥水相关和单护盾相关设备可以选择全部安装或部分安装。

泥水模式:如图7-61所示,盾构处于泥水模式。

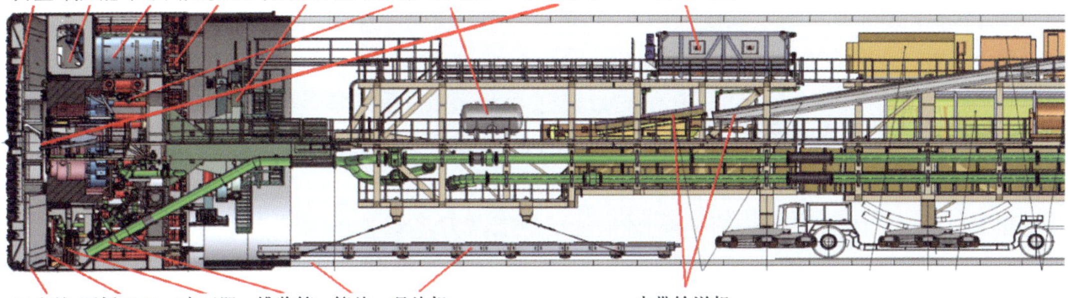

图7-61 泥水TBM双模盾构的泥水模式

此时,刀盘后部不必要的构件全部拆除,如溜渣槽、背板,以利于渣土快速进入泥水舱;

刀盘中心的集渣环也被拆除,中心的皮带输送机和除尘风筒也被抽出,除尘系统不再工作,还要把主驱动中心封闭起来;

隔板下部开口的闸门打开,渣土与膨润土混合后的泥浆就可以进入到后部的调压舱,被碎石器破碎后穿过格栅进入排浆管被泵送出隧道;

进泥管把膨润土注入泥水舱、调压舱,对刀盘、泥水舱、碎石器和格栅进行冲刷,防止堵塞;

调压舱充满压缩空气,通过SAMSON系统自动调节泥水舱的压力与开挖面的压力平衡;

管片拼装机和喂片机配合,在每一个掘进行程完成后拼装管片;

人闸用于带压进舱换刀等作业;

同步注浆系统及时填充围岩和管片之间的环形间隙。

单护盾模式:如图7-62所示,盾构处于单护盾TBM模式。

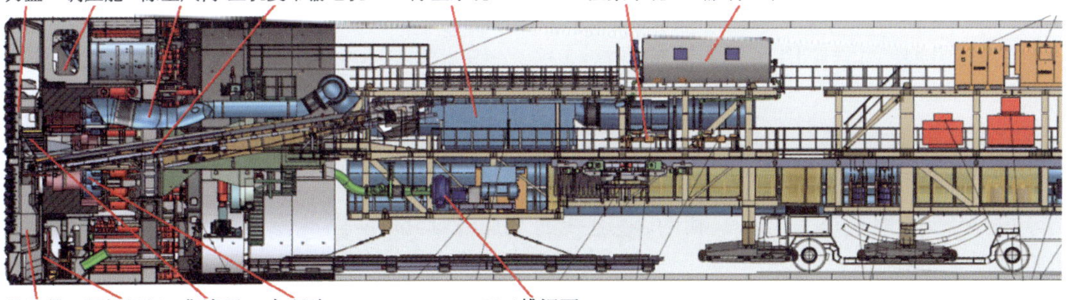

图7-62 泥水TBM双模盾构的单护盾TBM模式

在这种模式下,刀盘后部的溜渣槽和背板等重新装上使渣土可以进入集渣环;

主驱动中心的隔板拆除,刀盘中心的集渣环重新安装上,中心的主机皮带输送机重新装上并伸入就位,接载从集渣环进来的渣土;装上除尘风筒;

隔板下部开口的闸门重新关闭,后面的碎石器、格栅、排泥管、排泥泵都不再工作;

拆除其他在主机内部的泥浆管路,为单护盾施工尽可能留出空间;

调压舱充满压缩空气,通过 SAMSON 系统自动调节泥水舱的压力与开挖面的压力平衡;

管片拼装机和喂片机配合,在每一个掘进行程完成后拼装管片;

采用豆粒石回填和注浆系统及时填充围岩和管片之间的环形间隙。

从上面的介绍可以看出,泥水 TBM 双模盾构在泥水模式时用泥浆泵出渣,与泥水盾构功能相同;在单护盾 TBM 模式时用中心皮带输送机出渣,与单护盾 TBM 功能相同。所以,采用一台泥水 TBM 双模盾构,既可以适应在水压较高的破碎岩层或砂卵石地层,也可以适应无水压的全断面硬岩的地层。

在模式转换时,需要拆装的主要构件和设备都在刀盘和主机内。为了提高转换效率,减少转换时间,在转换后尽可能地留出作业空间,确定需要拆装的部件和拆装流程都需要精心设计。

7.3.2 工程应用实例

哈兰德萨斯铁路隧道工程是瑞典南部主要的基础设施工程。它是延伸和重建 Gothenburg 和 Malmö 之间西海岸铁路线大规模投资规划的一部分。工程一旦竣工投运,该双向快速铁路线可使两城市间的旅行时间缩短 2h。此外,该铁路线运力从 4 列车/h 增加至 24 列车/h。

隧道为双线铁路设计,从 Bastad 到 Forslov 穿越哈兰德萨斯山脉。隧道长 8.7km,内径 9.04m,设计中共设置 19 个联络通道。

项目区域围岩包括片麻岩和闪岩。哈兰德萨斯山脊是地垒地形。地垒是 7 千万年前地层上升造成的。地质条件复杂,节理较发育,分布有断层。几百米宽的三个主要构造带位于隧道线上。

地层上升运动造成严重的折断并冲碎地垒两侧。北 Marginal 带和南 Marginal 带都有这种结构。该结构属于强风化,部分已完全破解成黏土。在南 Marginal 带为三叠纪沉积岩,主要包括粉砂岩、黏土岩以及砂岩,该构造带地质条件非常困难。

地垒的另外一个构造是 Mölleback 带,它比 Marginal 带风化度低,但渗透率高。

之前的地质勘测使用到了不同的方法,1989—1990 年曾运用了冲击钻探和取芯钻探进行勘测。

岩体主要是片麻岩,由角闪岩和辉绿岩变质而成,现场勘测时已详细探明。未破碎的岩石的单轴抗压强度达 250MPa,常规磨蚀度超过 4.5CAI,但也测到了 5.9CAI 以上的磨蚀度值。由于剧烈破碎,地垒是完全水饱和的,隧道线的水压达 15bar。因此渗水也是隧道掘进中预期出现的主要问题。

1975 年哈兰德萨斯铁路工程立项,1992 年开始建设,原计划 1995 年竣工投入运行。

承包商 Kraftbyggarna 最初使用撑靴式 TBM 掘进隧道进行第一次建设,但是由于 TBM 选型不当,无法适应于含有大量碎石和水层的饱和岩石地层,TBM 仅掘进 18m 就以失败告终,只得改用钻爆法继续施工。最终由于技术障碍,工程延期与超支问题,在完成了隧道两端共计 3km 的隧道后承包商宣布放弃工程建设。

1996 年,Skanska 接手工程,进行第二次建设。仍然采用传统钻爆法施工,并在山脊中间部分挖掘巷道,以求开辟更多工作面。然而,由于隧道渗水严重,承包商使用了大量 Rhoca-Gil

密封剂(含有过量的丙烯酰胺凝胶),导致密封剂渗透到地层中,当地出现井水干枯和地层污染现象,危害环境与民众健康,引起公众强烈抗议,造成了恶劣的社会影响。1997年,工程再度被迫暂停,开始进行污染治理。

2005年,Vinci和Skanska两家公司接手,开始第三次建设工程。工程中采用1台德国海瑞克公司直径10.6m的泥水TBM双模盾构开挖剩余的隧道,见图7-63。

a)

b)

图7-63 Hallandsas泥水TBM双模盾构

这台泥水TBM双模盾构在开敞模式下是单护盾TBM模式,在密闭模式下能建立最大13bar的掌子面压力时是泥水盾构模式,能够承受最高15bar的静态水压。在开敞模式掘进时,还需要配备额外的注浆设备以及进行地下水渗流处理设备。

该双模盾构主要技术参数如表7-2所示。

Hallandsas泥水TBM双模盾构主要技术参数 表7-2

隧道掘进机类型	泥水单护盾TBM双模盾构	盾体长度	10.53m
开挖直径	10.60m	最大压力	15bar
总长度	250m	推力	139.500kN(高压模式188.500kN)
总质量	3100t	开敞式出渣	1000t/h(皮带输送机)
总功率	8600kW	密闭式出渣	1800m^3/h(碎石器泥水处理站)
刀盘	硬岩双模铰接式	填充注浆	两种系统,砂浆和豆粒石
刀具	17″滚刀(第二个刀盘19″滚刀)	冲刷系统	600m^3/h,位于泥水处理站
刀盘功率	4000kW	钻探/注浆	3个永久钻机(可安装5个)
转速	0~5r/min 液压驱动	钻探方式	30个伞型钻孔,33个正面钻孔
扭矩	20.3MN·m/26.0MN·m	后配套	11节拖车,封闭式甲板,机车编组支持
推力	22000kN(高压模式42000kN)		

泥水TBM双模盾构于2005年秋季开始掘进,在2008年贯通了首个隧道区间段,2010年东线隧道贯通,2013年9月西线隧道贯通,2015年12月13日隧道正式运营(图7-64、图7-65)。

图 7-64　TBM 贯通照片

图 7-65　衬砌后的隧道

该项目对采用泥水单护盾 TBM 双模盾构的总结如下：

50%的时间用于处理水的问题；

在水不大的地层，平均日进尺 11.5m；

在水大的地层平均日进尺 3.7m；

只有三分之一的时间用于隧道掘进；

泥水单护盾 TBM 双模盾构的掘进速度是钻爆法的 5 倍；

工程施工中，对盾构 TBM 的选型至关重要。

这个项目还有一个意义是第一次证明钻爆法也不是万能的。

思考题

1. 土压泥水双模盾构的地质适用范围是什么？其有什么局限性？
2. 简述土压泥水双模盾构的工作原理？
3. 简述土压泥水双模盾构的结构特点？
4. 简述间接控制型土压泥水双模盾构与间接控制型泥水盾构的差异性。
5. 简述土压泥水双模盾构模式转换方法？
6. 土压 TBM 双模盾构的地质适用范围是什么？其有什么局限性？
7. 简述土压 TBM 双模盾构的工作原理？
8. 简述土压 TBM 双模盾构的结构特点？
9. 简述土压 TBM 双模盾构模式转换方法？
10. 简述泥水 TBM 双模盾构的地质适用范围？其有什么局限性？
11. 简述泥水 TBM 双模盾构模式转换的主要内容？开挖直径对模式转换有什么影响？

第 8 章
可变密度盾构

本章重点:本章介绍可变密度盾构的概念、工作原理及地质适应范围。内附可变密度盾构施工演示视频,通过手机扫描书中相应的二维码即可观看。

8.1 工作原理

可变密度盾构是一种使用螺旋输送机从土舱排渣,可以快速在土压和泥水平衡工作模式之间进行转换,通过调节膨润土与渣土混合物的密度来平衡和支撑开挖面,既可以采用泥浆管路出渣,也可以采用皮带输送机出渣,以应对地层在黏土、砂卵石和硬岩之间频繁变化的高效率、强适应性、多功能盾构。其结构如图 8-1 所示。

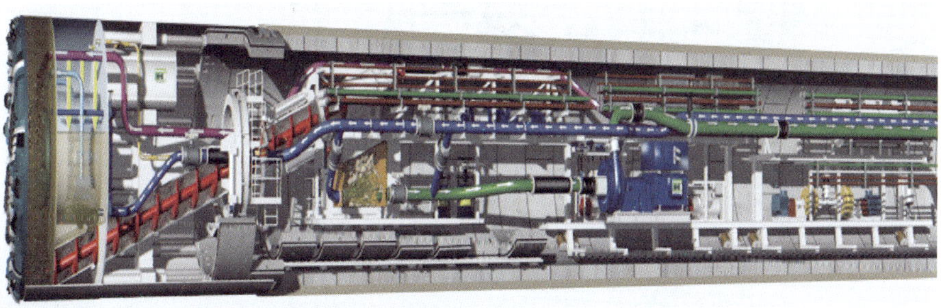

图 8-1 可变密度盾构结构图

可变密度盾构和土压—泥水双模式盾构不同,其模式之间的转换可以在 1h 至 1 周内完成,而且不需要带压进舱作业,而土压—泥水双模式盾构的模式转换则需要 1 ~ 2 个月,且往往需要带压进舱作业。

如图 8-2 所示,土压—泥水双模式盾构在泥水盾构模式时,螺旋输送机回缩固定,然后安装碎石器和格栅,改用泥浆泵出渣;在土压模式时则需要拆除碎石器和格栅,然后伸出螺旋输送机用来出渣。不管是哪一种转换,在带压的地层中进行均是一件费时费力的事情。

可变密度盾构可以同时配备土压平衡盾构和气垫调压式泥水平衡盾构的所有相关设备,如螺旋输送机、皮带输送机、泥浆泵、泥浆管路、气压调节装置和空压机等,这主要取决于盾构的空间是否足够以及在需要施工的隧道项目中是否需要使用到所有的模式。此外,还增加了两个独特的设备,用来适应土压—泥水这两种模式及其转换。这两个设备就是泥浆调节箱和后置式碎石器。泥浆调节箱的作用是利用稀膨润土与排出的渣土混合以降低其密度,以满足泥浆管路泵送对泥浆密度的需要;后置式碎石器用来破碎排出的渣土中的大粒径石块,以满足泥浆泵和管路对泥浆粒径的需要。

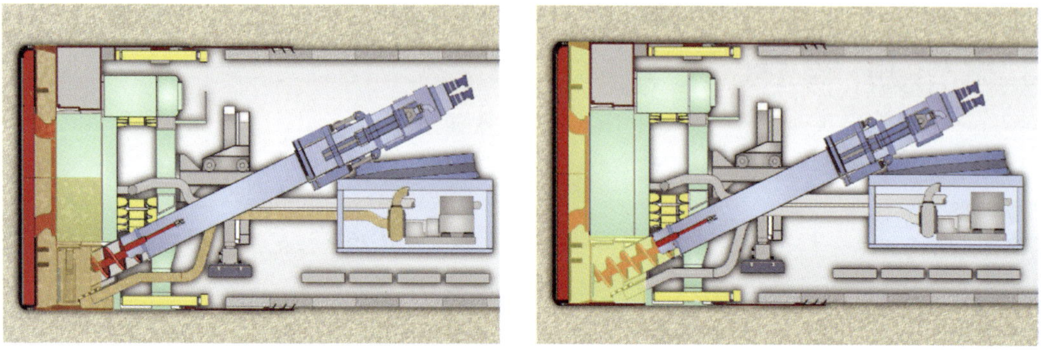

a)泥水盾构模式　　b)土压盾构模式

图 8-2　双模式盾构的模式转换

可变密度盾构一般有 4 种工作模式,以适应不同的地质条件。

模式 1:常规土压平衡模式,如图 8-3 所示。

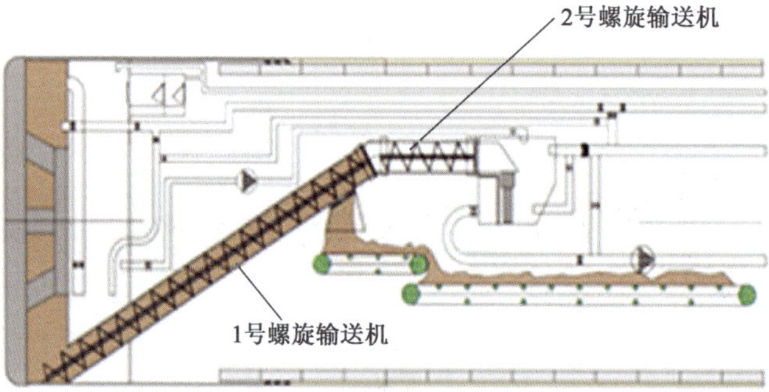

图 8-3　常规土压平衡模式

在这一模式下,可变密度盾构的工作原理和常规的土压平衡盾构没有区别,盾构机可以在开挖舱敞开、半舱或土压平衡模式下掘进,渣土通过 1 号螺旋输送机排送到皮带输送机上运出。2 号螺旋输送机、泥浆调节箱、后置式碎石器、泥浆泵及泥浆管路均不工作。

此模式可有效解决在黏土地层或有大量大粒径破碎岩石出渣困难的问题,也不会因为平衡压力过大导致地面喷涌。

模式 2:加泥式土压平衡模式,如图 8-4 所示。

这一模式下的可变密度盾构是在模式 1 的土压平衡模式基础上增加了向开挖舱注入高密度膨润土的功能,以增加开挖面的稳定性。

该工作模式的出渣方式同模式 1 的常规土压平衡模式;此模式通过泥浆管道向开挖舱注入高密度膨润土进行渣土改良、封堵地下水并对掌子面提供支撑;该工作模式可在低水压地层有效解决卵石和破碎岩石地层出渣困难和地下水的流失造成沉降的问题。

模式 3:常规泥水平衡模式,如图 8-5 所示。

这一模式下的可变密度盾构在开挖面稳定机理上与常规的气垫调压式泥水平衡盾构没有什么区别,开挖舱里充满了膨润土与渣土混合的泥浆,调压舱通过压缩空气对平衡压力进行自动调节;但是出渣方式与常规的气垫调压式泥水平衡盾构是有明显区别的,渣土依次通过 1 号螺旋输送机、2 号螺旋输送机、后置式碎石器、泥浆调节箱、泥浆泵及泥浆管路排出。泥浆调节箱和皮带输送机均不工作。

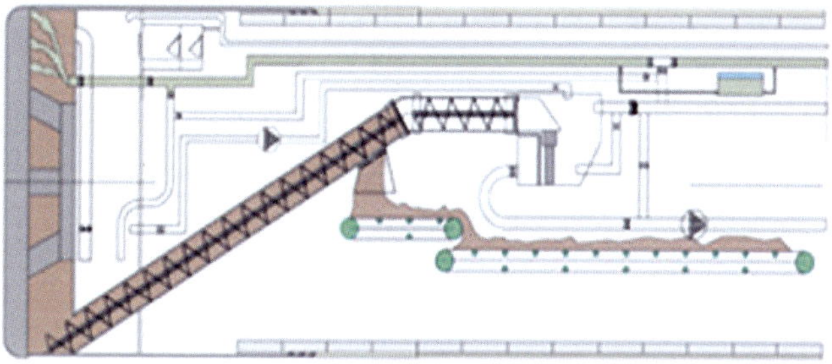

图 8-4　加泥式土压平衡模式

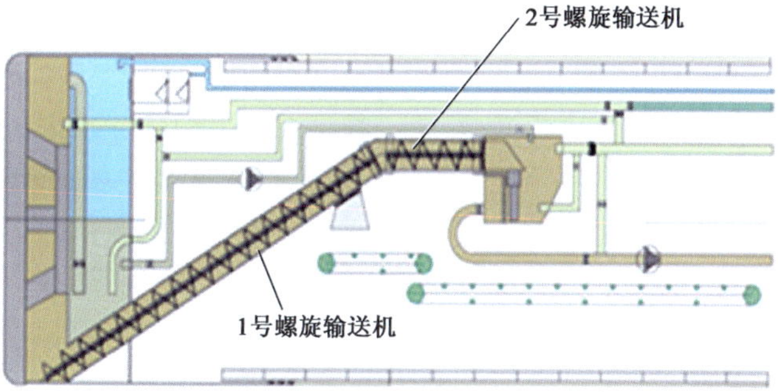

图 8-5　常规泥水平衡模式

通过进浆管向开挖舱注入低密度泥浆、气垫舱充入压缩空气来保持开挖面平衡。该模式可解决地下水丰富、高水压时螺旋输送机喷涌问题,以及大量小粒径岩石和少量大粒径破碎岩石出渣困难的问题。

模式 4:高密度泥水平衡模式,如图 8-6 所示。

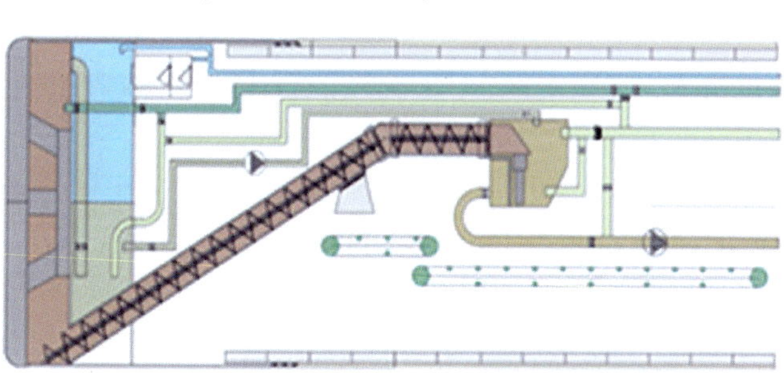

图 8-6　高密度泥水平衡模式

这一模式下的可变密度盾构是在常规的气垫调压式泥水平衡盾构的基础上增加了往开挖舱里注入高密度泥浆的功能,以增加开挖面的稳定。在螺旋输送机后部的泥浆调节箱可以降低泥浆的密度，使其满足泥浆管路泵送的需要。

在此模式下，向开挖舱注入高密度膨润土泥浆，可有效解决泥浆地面突涌和遭遇溶洞群或地下空洞后开挖面失压造成的开挖面失稳和地表沉降。高密度膨润土对溶洞和裂隙起到填充和堵塞的作用，并具有一定的承载力。

8.2 地质适应范围

理论上来说，可变密度盾构可以用于任何地层。但万能的设备是不存在的，可变密度盾构在实际施工中也有一些限制，比如在没有水压的硬岩地层使用可变密度盾构无论是在经济上、掘进速度上和操作上与硬岩掘进机相比，均没有优势。盾构选型是地质、风险、成本、工期和环保等多方面综合分析考量的结果。

从技术上来说，最适合可变密度盾构的地层有两种：

第一种：地下水水位下的黏土与砂卵石、黏土与破碎岩层变换频繁的地层。

这样的地层需要盾构经常性改变工作模式来适应地质的变化。

在这样的地层里，如果选用单一功能的土压平衡盾构或者泥水盾构，均存在明显的缺陷。如果采用的是土压平衡盾构，在黏土地层施工当然没有问题，但是在砂卵石地层或者破碎岩层会存在严重的螺旋输送机喷涌的问题；如果采用的是泥水盾构，在砂卵石地层或者破碎岩层施工没有问题，但是在黏土地层会存在严重的结泥饼、管路堵塞和泥水分离困难的问题。

如果采用土压—泥水双模式盾构，频繁的模式转换将会导致频繁的长时间停机，而且频繁的带压进舱还存在安全隐患。

而可变密度盾构的模式转换（如果所有的设备均已配置齐全）可以在1h内完成，还不需要带压进舱。这就意味着一旦地质条件发生变化，盾构可以马上转换模式来适应这一变化，盾构总是在最适应的模式下掘进，掘进效率自然大大提高。

第二种：地下水水位下的熔岩地层，同时覆盖层为软土、对沉降要求高的区域。

在这样的熔岩地层最大的风险是开挖面失稳、失水或者土舱的泥浆从地面涌出导致地面沉降。如果采用可变密度盾构，可以通过注入高密度膨润土稳定开挖面、阻止开挖面地下水的流失、堵塞连通地面的通道，防止冒浆现象的发生，从而避免了地面沉降问题的发生。出渣方式也可以在皮带输送机和泥浆管道之间选择。如果以黏土或大石块为主，而且水压不大时，可以选择使用皮带输送机出渣；如果以砂和中小粒径的石块为主，或者水压较大，螺旋输送机出渣困难时可以选择使用泥浆泵出渣。

对于可变密度多模盾构，遇到溶洞后掘进参数和出渣的变化比较明显，很容易判断。极端情况下，如果判断前方进入了大溶洞，只需停机持续注入高密度膨润土填充即可，然后掘进通过。

排除了大溶洞的风险后，可变密度盾构一般不需额外处理，不需要超前地质探测，不需要超前钻探，不需要对溶洞进行特别的处理，具有很好的安全性和易用性。

如果遇到超大溶洞，掘进参数和出渣的变化在2～3环后还没有变好或高密度膨润土消耗量持续增加，那么就需要用超前钻机探明后，再掘进或停机处理。

可变密度盾构结合了泥水盾构与土压平衡盾构两种盾构的优点，在掘进过程中不需要改变设备的结构就可以在 4 种不同模式间转换,大大提高了盾构机的地质适应范围和现场施工的安全和效率,是盾构施工中的一种全新的技术。目前越来越多的复杂隧道项目采用了可变密度盾构。

可变密度盾构施工演示动画详见视频 8-1。

视频8-1

可变密度盾构的应用

扫描此码　观看视频

思考题

1. 什么是可变密度盾构?
2. 简述可变密度盾构的 4 种工作模式。
3. 简述可变密度盾构的地质适应范围。
4. 可变密度盾构与土压—泥水双模式盾构有什么不同?

第9章
日系与德系盾构设计特点

本章重点：本章介绍了德系盾构的发源地欧洲和日系盾构的发源地日本在地质上的主要差别，介绍了德系盾构与日系盾构在设计上的主要区别；通过具体工程案例，介绍了德系盾构与日系盾构在相同的地质条件下的设计区别；简要介绍了中国盾构的形成与崛起。

作为机械设备制造强国——德国和日本制造的设备具有各自鲜明的特点。对盾构而言，德国和日本的盾构技术是当今盾构技术的两大主流，两国众多的厂家从20世纪70年代至今积累了丰富的经验，拥有了世界上最先进的盾构技术，实为集大成者。德国的如海瑞克公司、维尔特公司，日本的如小松、三菱、日立、石川岛等，各自具有明显的特点。那么这些特点是如何产生的呢？下面我们进行一些探讨。

盾构是一种根据地质条件设计的大型施工设备，所以，地质条件是盾构设计的基础。那么，我们来看一下德系盾构的发源地欧洲和日系盾构的发源地日本在地质上有什么不同。

德国的盾构厂家实际上是欧洲盾构技术的继承者和创新者，而并不是在德国独立发展起来的，而是整个欧洲盾构技术不断融合、淘汰和创新在市场条件下形成的，所以，准确地说，德国盾构应当叫作欧洲盾构。但本章为了与日系盾构对应，而且目前德国盾构的确可以代表欧洲的盾构技术，故仍采用德系盾构这一说法。

9.1 欧洲的地质特点

欧洲位于东半球的西北部，北临北冰洋，西临大西洋，南临大西洋的属海地中海和黑海。欧洲东以乌拉尔山脉、乌拉尔河，东南以里海、大高加索山脉和黑海与亚洲为界，西隔大西洋、格陵兰海、丹麦海峡与北美洲相望，北接北冰洋，南隔地中海与非洲相望。在地理上习惯分为北欧、南欧、西欧、中欧和东欧五个地区。欧洲有近50个国家和地区，陆地面积约1016万km^2，人口总计约7.2568亿人，人口密度为74.43人/km^2。欧洲民族主要有四支：日耳曼人、斯拉夫人、凯尔特人和拉丁人，但历史上长期的混战和国家的更迭，使其远远比这复杂。

整个欧洲地形以平原为主，北欧有斯堪的纳维亚山脉，中欧有阿尔卑斯山，气温较低；南欧有喀尔巴阡山脉、亚平宁山脉和比利牛斯山脉。最高点位于大高加索山脉的厄尔布鲁士山，高度5642m。阿尔卑斯山的勃朗峰海拔4807m，成为西欧第一高峰。欧洲的河流、湖泊众多，河网稠密,多为短小而水量充沛的河流,不少河流间有运河相连接,主要河流有伏尔加河、多瑙河、莱茵河、易北河、奥德河、塞纳河、卢瓦尔河、加隆河、窝瓦河、第聂伯河、乌拉尔河、泰晤士河、波河等。最长的河流是伏尔加河,长3690km,第二大河是多瑙河,全长2850km,是世界上流经国家最多的河。欧洲的海岸线十分曲折,有众多的半岛、岛屿、海湾和内海,北欧斯堪的纳维亚半岛是欧洲最大的半岛。欧洲的地形,大体上可以以波罗的海东岸至黑海西岸一线为界分为东西两部分:东部以平原占绝对优势,地形比较单一;西部则山地和平原互相交错,地形和地质构造比较复杂。在第四纪冰期时,欧洲存在着两个大的冰川中心,一是斯堪的纳维亚半岛的大陆冰川中心,二是阿尔卑斯山脉的山地冰川中心,前者对欧洲的影响很大,由于它的作用,欧洲北半部遍布冰川地貌。

欧洲的主要城市有伦敦、巴黎、柏林、莫斯科、日内瓦、马德里、哥本哈根、慕尼黑、维也纳、布拉格、米兰、圣彼得堡、阿姆斯特丹、巴塞罗那、布鲁塞尔、罗马、布达佩斯、华沙、法兰克福、伯明翰等,以内陆城市为主、人口超过1000万人的城市只有三个,其中莫斯科人口约1415万人、伊斯坦布尔1385万人、巴黎1041万人。

欧洲的交通非常发达,主要城市之间均有航线。而火车作为欧洲工业革命的一个历史见证,本身也是个工程学奇迹。欧洲也是全世界铁路网最密集,站点最多,车次最频繁的大洲。火车站多达上万个,大小城市几无例外的由密集的铁轨相连接,而且欧洲的火车站多建在市中心,前往火车站的通勤极其便利。欧洲作为汽车的诞生地,车辆众多、路网发达,每个主要城市均与高速公路相连,公路更是通达每一个村庄。

在欧洲,最大的组织不是单个的国家,而是欧洲联盟,简称欧盟(EU),总部设在比利时首都布鲁塞尔,是由欧洲共同体发展而来的,初始成员国有6个,分别为法国、联邦德国、意大利、比利时、荷兰及卢森堡。到2014年,欧盟有28个成员国,人口5亿,总面积432.2万km^2,GDP约16.106万亿美元。欧盟的宗旨是“通过建立无内部边界的空间,加强经济、社会的协调发展和建立最终实行统一货币的经济货币联盟,促进成员国经济和社会的均衡发展”“通过实行共同外交和安全政策,在国际舞台上弘扬联盟的个性”。

9.2 日本的地质特点

日本位于亚洲东部、太平洋西北,由北海道、本州、四国、九州四大岛及7200多个小岛组成,总面积37.8万km^2,主体民族为大和族,还有少量的琉球族、阿伊努族;行政区划分为1都(东京都)、1道(北海道)、2府(大阪府、京都府)和43县(省),下设市、町、村;从地区上分为北海道地方、东北地方、关东地方、中部地方、近畿地方、中国地方、四国地方、九州地方和冲绳地方。

日本是一个多山的岛国,山地成脊状分布于日本的中央,将日本的国土分割为太平洋一侧和日本海一侧,山地和丘陵占总面积的71%,大多数山为火山。国土森林覆盖率高达67%。富士山是日本的最高峰,海拔3776m。日本群岛地处位于亚欧板块和太平洋板块的交界地带,即环太平洋火山地震带;火山、地震活动频繁,危害较大的地震平均3年就要发生1次。日本的平原主要分布在河流的下游近海一带,多为冲积平原,规模较小,较大的平原有关东平原、石狩平原、越后平原、浓尾平原、十胜平原等,其中面积最大的平原为关东平原。日本平原面积狭小，耕地十分有限，大部分城市都建立在平原和江河入海口，人口密度大，主要集中在几个大城市。2017 日本人口数量为 1 亿 2686 万人，平均人口密度为 125.91 人/km^2，而东京都市圈总人口为 4200 万人，人口密度为 19489.56 人/km^2，是全球最大的都市区和都会区。日本主要城市有东京、大阪、名古屋、横滨、神户、京都、札幌、福冈、仙台、广岛等，以海滨城市为主，如东京、横滨、名古屋、大阪、神户都是重要的港口。

日本位于太平洋西岸，处于亚欧板块和太平洋板块的消亡边界，为西太平洋岛弧—海岸山脉—海沟组合的一部分，是一个由东北向西南延伸的弧形岛国，其海岸线十分复杂，全长 33889km。日本西部日本海一侧多悬崖峭壁，港口稀少，东部太平洋一侧多入海口，形成许多天然良港；西隔东海、黄海、朝鲜海峡，日本海与中国、朝鲜、韩国、俄罗斯相望。日本属温带海洋性季风气候，终年温和湿润，位于环太平洋火山地震带，地震、火山活动频繁。

日本的平原主要分布在河流的下游近海一带，多为冲积平原，规模较小。日本境内河流流程短水能资源丰富，最长的信浓川长约 367km。

日本交通运输业发达，已形成以海运为主，海、陆、空密切结合的现代化交通运输体系。国内客运以铁路和公路为主；货运以公路和海运为主。城市以及城市间的陆路交通大部分依赖地铁、轻轨、铁路等轨道交通。

9.3 德系与日系盾构的主要区别

通过上面的比较，可以总结出欧洲与日本的主要区别，及各自对盾构技术和设计产生的影响。

欧洲是多种族、多国家的大陆地区，而日本是单一种族、单一国家的岛国。

欧洲与日本，无论是陆地面积还是居住人口均相差甚远。

欧洲的盾构厂家均为专业型的中小企业；而日本的盾构厂家基本均为大集团下的子公司，其产值比例在这个集团下几乎可以忽略不计。

从盾构技术在欧洲的发展来看，初始阶段可以说是“百家争鸣、百花齐放”，各国厂家此起彼伏，各种技术层出不穷，更新换代很快。同时，一个厂家如果想要占领市场，不但技术要先进，价格要合理，还需要满足众多国家不同的标准、不同地质、不同的施工习惯、不同的文化以及其他要求。竞争的最后结果是只剩下 2 ~ 3 个厂家，而且都是小而精的专业厂家。

盾构技术起源于英国，发展于德国、日本。尽管盾构是欧洲人发明的，然而把这一技术发展起来而且发扬光大是日本，这主要得益于大集团可以在进入盾构市场初期能够提供的大量资金、技术和竞争力。同时，在大集团的资金支持下，抵抗市场波动的能力也是欧洲那些小厂家无法比拟的。在欧洲，一个厂家如果市场不景气或者经营不善，很快就会被淘汰掉，要么破产，要么被收购重组；而在日本却不会出现这样的情况，所以日本的主要盾构厂家一直延续到现在。

欧洲城市众多，而且以内陆城市为主；而日本城市较少，而且以近海城市为主。

为了满足不同城市的地质条件，欧洲厂家制造的盾构必须要适应各种地质条件，无论是在硬岩、软土、复合地层，还是穿山越岭、城区穿越、江河湖泊穿越的长大隧道。长期积累之下，其盾构的地质适应能力、寿命、可靠性、性能储备也就越来越强，并形成了相应的理论体系。反观日本,其应用市场以平原海滨城市为主,地质上主要是砂土和黏土为主,少有硬岩,所以日本的盾构擅长于单一地层的软土隧道,在硬岩和复合地层方面,与德系盾构相比就没有什么优势了。

欧洲人口分布比较均匀;而日本人口主要集中在几个大城市。

欧洲的隧道分布很广,无论是在城区、郊区,还是山区、海底、湖底,还是江底;采用的盾构数量大、直径范围大。在日本,隧道主要分布在几个大城市或周边,与欧洲的盾构相比,不论是数量和直径范围均有较大的差距。此外,日本由于人口过于集中,一些城市的地下空间已经开发到一个瓶颈,这就导致在日本有很多的“非单圆形”盾构,即异形盾构,如双圆盾构、三圆盾构、子母盾构、矩形盾构等;当然这也得益于其单一的软土地层这一先天优势。在欧洲,地下空间没有那么紧张,且地质复杂多变,所以异形盾构还没有形成市场。

欧洲地大物博、资源丰富,气候宜人;而日本资源匮乏,同时自然灾害频发。

和汽车一样,欧洲的盾构也是结实耐用、技术先进、性能储备大、适应能力强,但价格较高。而日本盾构轻巧简洁、技术成熟、按单设计、地质针对性强,在价格上更经济。

欧盟的成立,使欧洲成为世界上最开放、竞争最激烈的市场;而日本是发达国家和地区中相对较封闭的市场。

没有竞争就没有进步。在大集体的羽翼和封闭市场的保护下,如今的日本盾构技术总体技术已经落后欧洲,尤其是在大直径、高埋深、高水压、长距离、复杂地层隧道盾构技术方面更是相差甚远。但是不可否认,日本在软土地层中的盾构技术仍然有其独到和创新之处。

9.4　德系与日系盾构设计案例

对于日系盾构和德系盾构的设计具体特点,下面举一个项目实例来具体说明。

广州地铁4号线小谷围站—新造站区间(以下简称“小—新区间”)左、右线分别采用日本小松盾构和德国海瑞克盾构施工,这在全世界的地铁盾构施工中都是罕见的。这也给我们分析德系盾构与日系盾构的设计特点,提供了一个可以直接对比的工程实例。

小—新区间地处广州市番禺区新造镇与小谷围岛之间,里程为DK23+401.8~DK21+683.8。盾构从新造站北端盾构始发井始发,下穿510m宽的珠江新造海、新造海北岸,最后到达小谷围站南端的吊出井。区间隧道主要由两个盾构区间隧道、三个联络通道、八个洞门、一段矿山法隧道,始发井和中间风井组成。本标段线路平面均为直线形,线间距13m;线路纵坡为“V”形节能坡,最大坡度为50‰;隧道最大覆土厚度约为30m,最小为3m。

地质情况较复杂,该区间所处地貌单元总体属珠江三角洲河网交错的冲积平原区,其间夹有新造海河床,局部分布有侵蚀堆积成因的台间谷地。地形起伏稍大,地面高程为-9.53~26.18m。风化基岩埋深浅,表层分布有坡积土层,新造海段河床及局部低洼地段分布有软土。穿越地层主要为第四系砂层〈2-3〉、〈3-2〉、〈4-3〉、〈5Z-1〉、〈5Z-2〉砂质黏土,〈6Z〉全风化混合岩、〈7Z〉强风化混合岩、中、微风化混合岩〈8Z〉、〈9Z〉,地层岩性从较软的粉质黏土到较硬的微风化混合岩,岩石单轴抗压强度从3MPa到60MPa,最高抗压强度200MPa。其中〈2-3〉、〈3-2〉层主要分布在新造海河床一带,分布不太广泛,厚度不大,但与地表水具有水力联系,其涌水量较大。〈8Z〉、〈9Z〉地层分布广泛,厚度较大,其渗透性及涌水量取决于裂隙的发育程度，该地段的涌水量具有明显的不均匀性。隧道洞身范围内地层变化频繁，且普遍软硬不均匀，部分隧道断面上部是〈7Z〉强风化混合岩，而中下部是由〈8Z〉中风化混合岩和〈9Z〉微风化混合岩，构成的典型的"上软下硬"复合地层。

隧道洞身各地层围岩类别及渗透系数见表9-1。

小—新区间地层围岩类别及渗透系数 表9-1

地层编号	岩土名称	所占比例(%)		渗透系数(10^{-5}m/s)
		左线	右线	
〈4-3〉	粉质黏土	1.01	0.95	0.02
〈5Z〉	砂质黏性土	31.62	17.15	0.02
〈6Z〉	全风化混合岩	22.03	11.12	0.02
〈7Z〉	强风化混合岩	21.96	47.64	0.3
〈8Z〉	中风化混合岩	10.85	9.49	0.6
〈9Z〉	微风化混合岩	12.53	13.65	

海瑞克、小松盾构主要参数对比见表9-2。

海瑞克与小松盾构主要参数对比 表9-2

项目	系统名称	海瑞克盾构	小松盾构
盾构总体尺寸	标称直径(盾壳)	φ6250mm(前盾)	φ6146mm
	总长度(包括拖车)	75m	67m
	总重量	5200kN	2940kN
	最大推力	34210kN	37730kN
前体	除耐磨层以外的直径	φ6250mm	φ6146mm
	耐磨层	2×5mm	无
	前体长度	1700mm	3300mm
	盾壳厚度	60mm	45mm
	隔板厚度	80mm	上部36mm,下部70mm
中体	外径	φ6240mm	φ6146mm
盾尾	外径	φ6230mm	φ6146mm
	密封刷数量	4排	3排
人员舱	形式	双舱	单舱
	容纳人数	3+2人	2人
推进油缸	油缸的回收速度	1400mm/min	974mm/min
铰接油缸	总拉力	7340kN	34596kN
拖车拖动油缸	油缸行程	250mm	
前部稳定器	油缸推力	600kN	
刀盘	刀盘开挖直径	φ6280mm	φ6210mm
	刀盘标称直径	φ6250mm	φ6200mm
	开口率	31%	40%

续上表

项　　目	系统名称	海瑞克盾构	小松盾构
刀具	硬岩用盘形滚刀		
	中心滚刀数量	4把	8把
	双刃滚刀数量	无	8把
	双刃滚刀直径	无	17″与中心滚刀相同
	单刃滚刀数量	31把	20把
	单刃工作最大推力	267kN	220kN
	滚刀伸出刀盘面的高度	175mm	110mm
	中心双刃齿刀数量	4把(可与中心滚刀互换)	1把箭形刀与中心滚刀互换
	窄齿刀数量	31把(可与单刃滚刀互换)	4把双齿刀与双刃滚刀互换，20把单齿刀与单刃滚刀互换
	切刀数量	64把	106把
	切刀伸出刀盘面的高度	140mm	75mm
刀盘驱动	功率	3×315kW(945kW)	9×75kW(675kW)
	旋转速度范围	0～6.1r/min	0.3～2.2r/min
扭矩	标称扭矩	4500kN·m	5773kN·m
	脱困扭矩	5300kN·m	6880kN·m
主驱动	类型	液压马达驱动	电动驱动
	主轴承直径	ϕ2600mm	ϕ3600mm
管片安装机	自由度数量	6个	4个
	纵向移动行程	2000mm	600mm
	伸缩长度	1200mm	550mm
	旋转角度	左右200°	左右200°
	功率	55kW	37kW
	推力/提升力	150kN/120kN	216kN/172kN
螺旋输送机	功率	315kW	250kW
	标称直径	ϕ900mm	ϕ711.2mm
	转速范围	0～19r/min	0～20.6r/min
	最大扭矩	215kN·m	62.2kN·m
	出渣能力	250m^3/h	219m^3/h
皮带输送机	功率	30kW	18.5kW
	运输速度	2.5m/s	2.2m/s
	运输能力	450m^3/h	280m^3/h
	带宽	800mm	650mm
	带长	45m	61m
膨润土供应/加泥系统	运输能力	30m^3/h	10.2m^3/h

通过表9-2的对比,我们可以看出德国海瑞克(代表德系)、日本小松(代表日系)在相同的地质条件下的盾构设计有很大的区别,主要说明如下:

(1)整机重量

在长度和直径相差不大的情况下,重量相差2260kN,海瑞克盾构的重量是小松盾构的1.77倍。

德国海瑞克盾构的设计,整体结构更强,更耐用。

(2)主机直径变化

海瑞克盾构从刀盘到前盾、中盾、盾尾直径的变化为:6280mm—6250mm—6240mm—6230mm,前大后小,典型的阶梯形设计。

而小松盾构从刀盘到前盾、中盾、盾尾直径是:6210mm—6146mm—6146mm—6146mm,盾体直径前后完全相同。

德国海瑞克盾体设计更适合在有硬岩的复合地层掘进;日本小松盾体设计适宜在软土或单一地层掘进。

(3)刀盘设计

开口率:德国海瑞克盾构31%;日本小松盾构40%;小松略大。

刀具布置对比如下。

海瑞克盾构:

①中心滚刀4把、单刃滚刀31把(直径17″,伸出刀盘面板的高度为175mm);

②切刀64把(伸出刀盘面板高度为140mm);

③刮刀8把;

④超挖刀1把。

小松盾构:

①中心滚刀8把、单刃滚刀20把(直径17″,伸出刀盘面的高度为110mm);

②切刀106把(伸出刀盘面的高度为75mm);

③刮刀36把;

④先行刀30把。

海瑞克的刀具配置更简洁、层次更清楚,刀具数量少得多,便于更换,刀具的超前量也明显更大,有利于开挖和防止刀盘二次磨损、结泥饼。

小松盾构与海瑞克盾构刀盘对比如图9-1所示。

(4)主驱动设计

驱动方式:海瑞克盾构是液压驱动,小松盾构是电力驱动。

驱动功率:海瑞克盾构945kW,小松盾构675kW。

主轴承直径:海瑞克盾构2600mm,小松盾构3600mm,小松的大很多,但影响了人闸和螺旋输送机的尺寸。

额定扭矩:海瑞克盾构4500kN·m,小松盾构5773kN·m,小松盾构大很多。

主驱动转速范围:海瑞克盾构0~6.1r/min,小松盾构0.3~2.2r/min(图9-2),海瑞克盾构的转速范围要大很多,且速度高,有利于硬岩破岩。

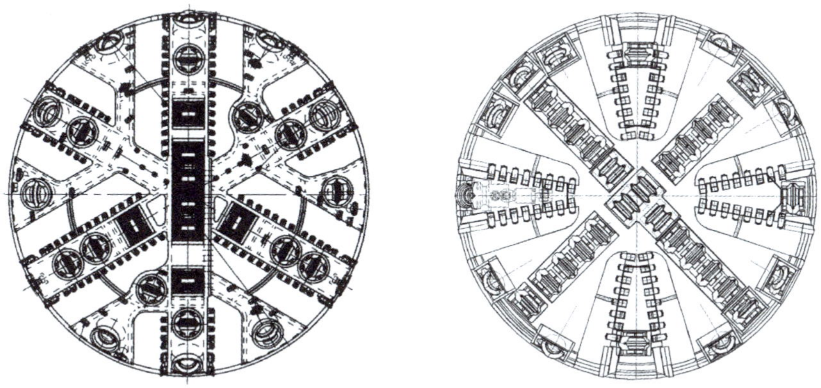

a)小松刀盘刀具布置图　　b)海瑞克刀盘刀具布置图

图9-1　小松盾构与海瑞克盾构刀盘对比

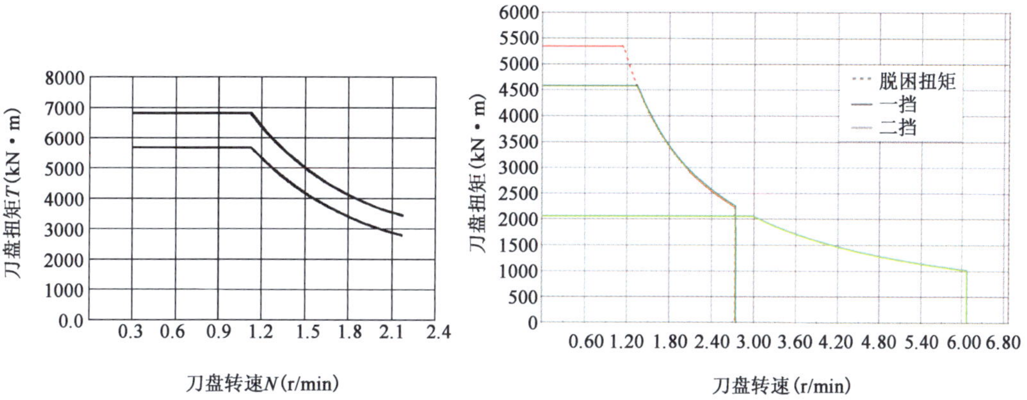

a)小松主驱动扭矩—转速曲线　　b)海瑞克主驱动扭矩—转速曲线

图9-2　小松盾构与海瑞克盾构主驱动扭矩—转速曲线对比

海瑞克盾构的设计,结构上更紧凑、布置上更均衡、地质适应能力更强,尤其是在复合地层和全断面风化岩地层;小松盾构设计更适合全断面软土地层。

(5)前盾设计

海瑞克盾构设计长度较短、盾壳钢板较厚、压力舱板也较厚。

(6)盾体铰接

海瑞克盾构是被动铰接设计,小松盾构是主动铰接设计。

(7)螺旋输送机设计

通径:海瑞克盾构900mm,小松盾构711mm。

驱动功率:海瑞克盾构315kW,小松盾构250kW。

扭矩:海瑞克盾构215kN·m,小松盾构61.2kN·m。

海瑞克盾构设计可通过粒径大,扭矩大,更适应有岩石的复合地层。由于小松盾构大主轴承的设计,下部没有空间安装更大的螺旋输送机,反而成了明显的短板。

(8)管片拼装机设计

海瑞克盾构设计有6个自由度,而且是全液压比例控制,与喂片机配合使用安装速度快,安装精度高。小松盾构设计只有4个自由度。

(9)人闸设计

海瑞克盾构为双舱设计,可容纳3+2人,按照欧洲标准设计,配置丰富,材料和人员通道可分离,效率更高也更安全;小松盾构为单舱设计,只能容纳2人,设计标准不明,配置简陋。

由于复合地层刀具损坏严重,无疑德国海瑞克盾构设计更适应频繁带压换刀。

(10)皮带输送机

海瑞克盾构皮带输送机带宽更大、运输能力更强,更适应复合地层掘进时渣土中夹带大块岩石和出渣量忽大忽小等不利情况。

小—新区间两台盾构实际掘进情况见表9-3。

海瑞克与小松盾构实际掘进情况对比(小—新区间) 表9-3

盾构厂家	始发时间(年.月.日)	结束时间(年.月.日)	掘进长度(m)	停机时间(d)	换刀时间(d)	有效掘进时间(d)
日本小松	2004.7.17	2005.8.28	1200	68	157	155
德国海瑞克	2004.5.31	2005.1.22	1637	12	47	177

在过江段,右线海瑞克盾构经过79d的掘进,安全顺利地穿越了新造海,成功抵达新造海北岸;而左线日本小松盾构在珠江新造海江底掘进时,由于刀盘与地层适应性不好,刀盘磨损严重施工人员在江底从右线(在小松盾构刀盘前方16m左右位置)向左线开挖出一个2m×2m横通道,到左线刀盘部位对小松盾构刀盘面板进行修复。为了安全穿越珠江富水地段,现场又采用注双液浆分段止水、向刀盘内加泥、加高分子聚合物等新工艺,以及使用高效能盾尾油脂等措施,进行止水堵漏、改良渣土;为实现快速贯通,进行了盾尾刷修复、刀盘中心增设冲水回路、泡沫系统改进等多项工作。小—新项目左线先后经历了17次大型换刀(其中9次带压换刀,8次敞开式换刀)、一次大规模修复刀盘、二次接应施工(海瑞克盾构机调头接应左线397.2m和3号联络通道处钻爆法接应51m)。这其中大部分工作均是在江底完成,施工风险非常大,稍有不慎就会发生严重事故。在经历了为时246d的艰难掘进后最终穿越了新造海。

下面简单分析一下德国海瑞克盾构与日本小松盾构掘进结果差别如此之大的原因。

(1)刀盘设计。通过对比两台盾构刀盘与刀具设计数据可以发现:

①小松盾构开口率较大,整个刀盘的刚度明显不如海瑞克盾构刀盘。而该区间新造海段地层的特点正是"上软下硬",刀盘受力不均而刚度不够时,很容易发生刀盘局部变形现象,刀具受力条件恶化,不利于盾构掘进。

②小松盾构设计开挖直径较小,并且前盾、中盾和后盾的外壳直径相同,只要刀具略有磨损,就会发生盾壳与围岩摩擦现象,从而导致盾构推力过大或被"卡死"。

③刀盘配置刀具不同。海瑞克盾构采用"滚刀+切刀"配置方式,配置简洁,而且滚刀均可更换为齿刀;而小松盾构采用"滚刀+先行刀+切刀"的方式,配置较为复杂。该区间工程

实践证明，这两种配置在全断面软土或软岩中掘进都较为适应，但在硬岩中掘进时，小松盾构刀具磨损较快,而且先行刀没有参与破岩很快就磨损了。

④刀具的超前量差别较大。小松盾构的滚刀突出刀盘表面较少,从而导致滚刀间的岩石没有完全被挤破，剩余岩石则使先行刀和切刀崩损，同时会严重磨损刀盘。

⑤单刃滚刀的最大推力有差别,海瑞克盾构滚刀是267kN,小松滚刀是220kN,海瑞克盾构滚刀占明显优势。另外,海瑞克盾构采用背装式楔形锁止机构,螺栓受力好,倾覆力矩小;而小松盾构是采用常规的螺栓固定,螺栓受力不好,倾覆力矩大,容易掉刀。

⑥实际掘进中刀盘损坏和换刀次数及换刀数量充分说明了不同的设计,在复合地层中产生了不同的效果。

(2)螺旋输送机。海瑞克盾构的螺旋输送机很少发生机械故障,而小松盾构的螺旋输送机在施工中多次出现喷渣、堵舱及“卡死”等现象，主要原因如下：

①小松盾构主轴承直径高达3600mm,刀盘采用周边支撑方式,其支撑臂、搅拌臂同时起到搅拌渣土的作用。由于搅拌臂外置,土舱内壁中部的渣土搅拌不良,形成聚集;同时因为轴承较大,小松盾构不得不选用内径711mm的螺旋输送机,其进料舱门的周边区域空间也较小,容易形成渣土积聚,不利于渣土顺利排出,特别是在富水地层掘进产生喷渣时,只能将水喷出,容易发生渣土滞排堵舱的现象。

②海瑞克盾构采用的是2600mm的主轴承,刀盘采用中心支撑方式,螺旋机直径较大，其内径900mm,可通过最大尺寸340mm×520mm的石块、最大扭矩215kN·m,排渣能力强。同时螺旋机进料舱门区域的深度和主动排渣的空间也较大,不容易形成渣土积聚,堵舱的概率较小。由于小松盾构的螺旋输送机扭矩过小(最大扭矩62.2kN·m),通过粒径小,输送能力受制,容易经常造成螺旋输送机被卡;而海瑞克盾构的螺旋输送机则很少被卡。

(3)盾构尾刷。两台盾构的盾尾密封形式不一样,小松盾构安装了3道钢丝尾刷，海瑞克盾构安装了4道特制加厚型盾尾密封刷。小松盾构尾刷在掘进500环左右已出现严重损坏,尾刷出现涌水、涌浆现象,而海瑞克盾构在掘进1090环后才对其尾刷进行更换。

(4)人闸。由于海瑞克盾构的主轴承较小,可以将人舱置于顶部,并可设计为双舱,同时配置齐全,给带压进舱换刀等作业提供了效率和便利;而小松盾构是单舱设计,而且布置在中心部位,再加上配置简陋,严重影响带压作业的效率和安全。

对这个项目进行总结分析,还会发现一个现象:小松盾构的主要技术参数从表面上来看,明显好于海瑞克盾构的主要技术参数,尤其是:主轴承直径大很多、主驱动扭矩也大很多、推力大、滚刀刀间距小,刀具数量和种类都较多;主驱动是电力驱动,效率高,耗电量低;开挖直径小,回填量也小,施工成本也低;采用的是主动铰接;设备轻,运输起重成本也随之降低;且价格还便宜。海瑞克盾构却恰恰相反！主轴承直径小,主驱动扭矩小、推力小、滚刀刀间距大,刀具数量和种类都少;主驱动是液压驱动,效率低,耗电量大;开挖直径大,回填量也大,施工成本也高;采用的是被动连接;设备重,运输起重成本也高;最致命的是价格还贵。根据这些对比来看(事实上这也是大多数盾构招投标的评分原则),小松盾构更具“性价比”！可是这个项目的实际情况却说明了这个“性价比”远远没有预想中那么可靠!

什么是性价比？怎样评价一台盾构的性价比？恐怕不仅仅是简单地比较一下几个关键参数、配置和价格那么简单,而是要真正地针对工程的难点进行地质适应性论证。

如果统计一下这两台盾构到目前为止都分别完成了多少个项目,都是什么样的项目,也许会更有趣。

9.5 中系盾构的形成与崛起

本书第2章,我们详细介绍了"中国盾构技术创新与发展"。中国盾构的发展主要经历了黎明期、技术创新期和技术跨越期。在1953—2002年期间,是中国盾构的黎明期,该时期致力实现"造中国人自己的盾构",谱写了中国盾构从无到有的历史。在2003—2008年期间,是中国盾构的技术创新期,该时期致力实现"造中国最好的盾构",谱写了中国盾构从有到优的历史;在这一时期,盾构研发被列入国家"863"计划,以中铁隧道局为代表的盾构技术主要通过消化吸收五国八家(德国海瑞克、德国维尔特、美国罗宾斯、法国NFM、加拿大罗威特、日本小松、日本IHI、日本三菱)国外盾构先进技术,把日系盾构与德系盾构设计的主要理念同中国的具体地质条件相结合,通过集成创新与自主创新的探索,形成了中国独具特色的中系盾构设计理念;2009年至今,是中国盾构的技术跨越期,该时期以中铁装备和铁建重工为代表的中国盾构企业,致力实现"造世界最好的盾构",谱写了中国盾构从优秀到卓越并走向世界的历史。

思考题

1. 简述欧洲的主要地质特点。
2. 简述日本的主要地质特点。
3. 简述德系盾构与日系盾构在设计上的主要区别。
4. 简述中系盾构的形成与崛起。

第三篇 盾构施工技术

盾构法具有对周围环境影响小、自动化程度高、施工快速、优质高效、安全环保等优点。随着盾构施工技术的发展、成熟，盾构法越来越受到重视和青睐。特别是在地层条件差、地质情况复杂、地下水位高等情况下，盾构法更具有明显的优越性。但盾构法施工有其自身的技术特点，盾构必须与复杂的地质条件与环境条件紧密结合，才能充分发挥盾构法的优势、真正保证盾构法施工的工程质量和安全。本篇共4章，主要介绍盾构选型、盾构法隧道施工、端头加固技术、隧道衬砌结构与构造。

第10章　盾构选型

第11章　盾构法隧道施工

第12章　端头加固技术

第13章　隧道衬砌结构与构造

第 10 章
盾构选型

本章重点：本章主要介绍盾构选型的原则、主要步骤、基本依据；介绍了盾构选型需解决的四大问题；介绍施工辅助设备的选择；创新提出了盾构选型的三角理论是以开挖面稳定为中心，以地质条件和环境条件为基本点；以地层粒径、渗透系数、地下水压为基本依据，并综合考虑具体工程实际；确保所选择的盾构能解决“稳得住、掘得进、排得出、耐得久”四个最根本问题。

10.1 概　　述

盾构法是建造地下隧道最先进的施工方法之一，自从 1825 年开始，法国工程师麦克·布鲁内尔和他的儿子伊桑巴德·金德姆·布鲁内尔在英国泰晤士河下首次使用手掘式矩形盾构开挖世界上第一条盾构法隧道以来，盾构技术至今(2019 年)经历了 194 年的应用与发展。法国人布鲁内尔指导建成的穿越泰晤士河的水下隧道，是世界上第一条水下铁路隧道；但布鲁内尔发明的世界上第一台盾构仅仅掘进 370m 长的隧道就历时 18 年，施工中发生过沼气逸入隧道被照明灯点燃，经历了 5 次特大涌水，整个工程牺牲了 10 条生命(图 10-1)。

图 10-1　布鲁内尔指导修建的穿越泰晤士河的水下隧道发生特大涌水

目前盾构法几乎能够适用于任何地质条件及环境条件下的地下暗挖隧道施工，无论是松软的，坚硬的；有地下水的，无地下水的；有地面建(构)筑物的，无地面建(构)筑物的；有地下障碍物或地下管线的，无地下障碍物或地下管线的；基本上都可采用盾构法。

盾构法隧道的施工技术在世界许多国家不断得到发展，但在推广与应用上出现了一些施工事故,不仅影响了整个工程的工期,还造成了极大的经济损失和不必要的人员伤亡。

如广州地铁1号线,因盾构对风化岩石地层施工的不适应性,具体表现为掘进速度低、刀具磨耗严重、地表沉降大、出现泥饼现象,并导致3栋3~4层楼房倒塌(图10-2)。

图10-2 广州地铁1号线施工时导致楼房倒塌

如广州地铁2号线施工时,由于盾构刀具配置不合理,刀具凸出刀盘面板层次不协调,装备扭矩不足,导致破岩效率低,盾构掘进速度慢;开口率不合理,刀盘经常形成泥饼(图10-3)。

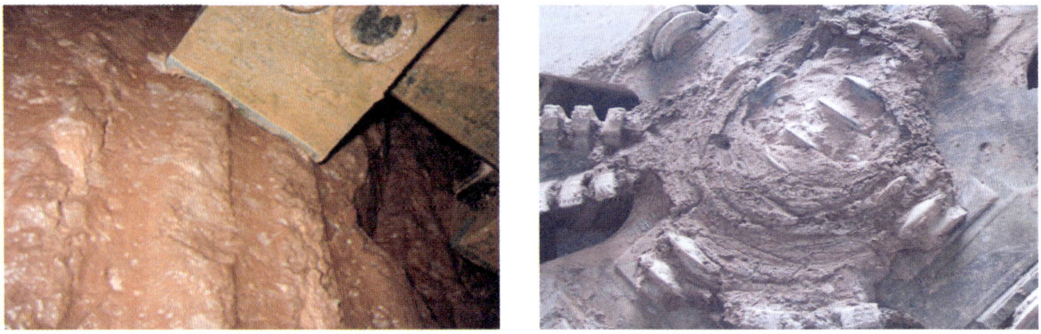

a) b)

图10-3 广州地铁2号线施工时破岩效率低及刀盘结泥饼

如广州地铁3号线施工时,盾构在上软下硬地层掘进异常困难,导致防洪堤坍塌,地表沉降,地表房屋大量损坏,最大裂缝宽达12cm(图10-4)。

a)

图 10-4

b) c)

图 10-4 广州地铁3号线施工导致防洪堤坍塌、地表沉降及房屋开裂

如广州地铁4号线小—新区间左线施工时，由于刀盘与地层适应性不好，盾构在江底施工时，刀盘刀具磨损严重（图 10-5），最后不得已采用在右线相同位置开挖横通道，到左线刀盘部位进行刀盘面板修复。

a) b)

图 10-5 广州地铁4号线施工导致刀盘刀具严重磨损

如深圳地铁1号线施工中三次遇到地质突变，一次为上软下硬地质，两次为孤石侵入隧道，导致刀盘面板14处被磨穿（图 10-6），滚刀严重的弦磨和损坏，所有切刀刮刀损坏。

a) b)

图 10-6

c)

图 10-6 深圳地铁 1 号线施工导致刀盘面板 14 处被磨穿

如北京铁路地下直径线施工时，合同中规定 2027m 不换刀，然而实际施工中仅掘进 66m，刀具就全部报废，最后不得不开挖临时竖井，对刀盘进行地质适应性设计和改造(图 10-7)。

a)

b)

c)

图 10-7 北京铁路地下直径线施工开挖临时竖井改造刀盘

如天津地铁2号线建国道至天津站区间,2011年5月6日,右线螺旋输送机被水泥固结块卡死无法运转,在开启观察孔进行处理时,螺旋输送机观察孔突砂涌水,导致地面坍塌,致使左右线隧道发生局部管片变形破损开裂,最终左右线2台盾构被埋,建—天区间左右线重新改线施工。又如佛山地铁2号线一期一标段绿岛湖至湖涌盾构区间,2018年2月7日,右线工地突发透水,引发隧道和路面坍塌(图10-8),造成11人死亡、1人失踪、8人受伤,直接经济损失5324万元。

图10-8 佛山地铁2号线绿岛湖至湖涌盾构区间突发透水引发隧道和路面坍塌

盾构是根据工程地质、水文地质、地貌、地面建筑物及地下管线和构筑物等具体特征来"度身定做"的,盾构不同于常规设备,其核心技术不仅仅是设备本身的机电工业设计,还在于设备如何适用于所应用工程的各类地质条件和环境条件。盾构施工的成功率,主要取决于盾构的选型,取决于盾构是否适应现场的地质条件和施工环境;盾构的选型正确与否直接决定着盾构施工的成败。

10.1.1 盾构的"类型"

盾构的"类型"是指与特定的盾构施工环境,特别是与特定的基础地质、工程地质和水文地质特征相匹配的盾构的种类。

根据施工环境,全断面隧道掘进机(包括盾构和岩石掘进机)的"类型"分为软土盾构、岩石掘进机(即通常所说TBM,主要用于山岭隧道或岩石地层地铁隧道)、复合盾构三类。因此,盾构的"类型"分为软土盾构和复合盾构两类。

软土盾构是指适用于未固结成岩的软土、某些半固结成岩及全风化和强风化围岩条件下的一类盾构。

软土盾构的主要特点是刀盘仅安装切削软土用的切刀和刮刀,无需滚刀。

复合盾构是指既适用于软土,又适用于硬岩的一类盾构,主要用于既有软土又有硬岩的复杂地层施工。复合盾构的主要特点是刀盘既安装用于软土切削的切刀和刮刀,又安装破碎硬岩的滚刀,或安装破碎砂卵石和漂石的撕裂刀。

10.1.2 盾构的"机型"

盾构的"机型"是指在根据工程地质和水文地质条件,盾构所采用的最有效的开挖面支护形式。

盾构按支护地层的形式主要分为自然支护式、机械支护式、压缩空气支护式、泥水支护式、土压平衡支护式五种机型。

根据这个定义,盾构的"机型"主要有敞开式盾构(采用自然支护式和机械支护式)、压缩空气盾构(压缩空气支护式)、泥水盾构(泥水支护式)和土压平衡盾构(土压平衡支护式)等四种。目前,敞开式盾构和压缩空气盾构已基本被淘汰。

10.2 盾构选型原则

盾构选型是盾构法隧道能否安全、环保、优质、经济、快速建成的关键之一。盾构选型应从安全可靠性、技术先进性、经济性等方面综合考虑,所选择的盾构要能尽量减少辅助施工法并确保开挖面稳定和适应围岩条件,同时还要综合考虑以下因素:① 可以合理使用的辅助施工法,如降水法、气压法、冻结法和注浆法等;② 满足本工程隧道施工长度和线形的要求;③ 后配套设备、始发设施等能与盾构的开挖能力配套;④ 盾构的工作环境。

盾构选型的原则是安全可靠性、技术先进性、经济性相结合,其首要原则是安全可靠性第一,即以确保开挖面稳定为中心。为此,应注意地质条件(种类、强度、渗透系数、细颗粒含有率、砾径)及地下水条件,同时应充分明确场地条件、竖井周边的环境条件、施工线路上的地上及地下建(构)筑物条件、特殊场地条件等所要求的功能,在此基础上,必须连同技术先进性和经济性等一并考虑,才能选择出合适的盾构。如果盾构选型错误,就不得不采用多余的辅助工法,但可能引发重大工程事故。

不同形式的盾构所适应的地质范围不同,盾构选型总的原则是安全可靠性第一,以确保盾构法施工的安全可靠;在安全可靠的情况下再考虑技术的先进性,即技术先进性第二位;然后再考虑盾构的价格,即经济性第三位。盾构施工时,施工沿线的地质条件可能变化较大,在选型时一般选择适合于施工区大多数围岩的机型。

盾构选型时主要遵循下列原则:

(1)应对工程地质、水文地质有较强的适应性,首先要满足施工安全的要求;

(2)安全可靠性、技术先进性、经济合理性相统一,在安全可靠的情况下,考虑技术先进性和经济合理性;

(3)满足隧道外径、长度、埋深、施工场地、周围环境等条件;

(4)满足安全、质量、工期、造价及环保要求;

(5)后配套设备的能力与主机配套,满足生产能力与主机掘进速度相匹配的要求,同时具有施工安全、结构简单、布置合理和易于维护保养的特点;

(6)盾构制造商的知名度、业绩、信誉和技术服务。

根据以上原则,对盾构的型式及主要技术参数进行研究分析,以确保盾构法施工的安全、可靠,选择最佳的盾构施工方法和最适宜的盾构。

根据以上原则,对盾构的形式及主要技术参数进行研究分析,以确保盾构法施工的安全、可靠,选择最佳的盾构施工方法和选择最适宜的盾构。盾构选型是盾构法施工的关键环节,直接影响盾构隧道的施工安全、施工质量、施工工艺及施工成本,为保证工程的顺利完成,对盾构的选型工作应非常慎重。

10.3 盾构选型主要步骤

(1)在对地质条件、周围环境条件、工期要求、经济性等充分研究的基础上选定盾构类型。根据岩土的强度、自稳性和地下水情况对敞开式、闭胸式盾构进行比选;根据工程地质和水文地质条件对软土盾构、复合盾构进行比选。

(2)在确定选用闭胸式盾构后,根据地质条件(地层粒径分配、渗透系数、地下水压、土壤黏性)、环境条件(地表情况、地下情况、沉降控制要求)及可用辅助施工方法等因素对土压平衡盾构和泥水盾构进行比选。

(3)在土压平衡盾构和泥水盾构都不能满足开挖面稳定的要求时,应考虑分段采用不同类型的盾构或者选择多模式盾构。

(4)根据详细的地质勘探资料,对盾构整机及各主要功能部件进行选择、计算和设计(如刀盘驱动形式,主轴承直径,驱动功率,刀盘结构形式、开口率,刀具种类与配置,工作压力和静态压力,螺旋输送机形式与尺寸,皮带输送机输送能力,沉浸墙结构设计与泥浆门形式,破碎机布置与形式,进排泥泵输送能力及进排泥管直径等),并根据地质条件等确定盾构主要技术参数。盾构主要技术参数在选型时应进行详细计算,主要包括刀盘直径,刀盘开口及开口率,刀盘转速,刀盘扭矩,刀盘驱动功率,推力,掘进速度,螺旋输送机功率、直径、长度,送排泥管直径,送排泥泵功率、扬程等。

(5)根据盾构的设计性能、设计参数及辅助工法,选择与之相匹配的盾构后配套施工设备。

10.4 盾构选型三角理论

如图10-9所示,盾构选型三角理论总则是:以开挖面稳定为中心,以地质条件和环境条件为基本点;以地层粒径、渗透系数、地下水压为基本依据,并综合考虑具体工程实际;确保所选择的盾构能解决"稳得住、掘得进、排得出、耐得久"四个最根本问题(图10-9)。

盾构法施工必须以开挖面稳定为中心,以地质条件和环境条件为基本点。盾构法开挖隧道,除了所选择的盾构要耐得久之外,还需要解决三个最根本的问题,即切削工作面(掘得进)、平衡工作面压力(稳得住)、排出土舱渣土(排得出)。

对于切削工作面(掘得进)的问题,在相同的地层和刀盘设计条件下,各种类型的盾构没有太大的区别,剩下的就是平衡工作面压力(稳得住)和排出土舱渣土(排得出)的不同。

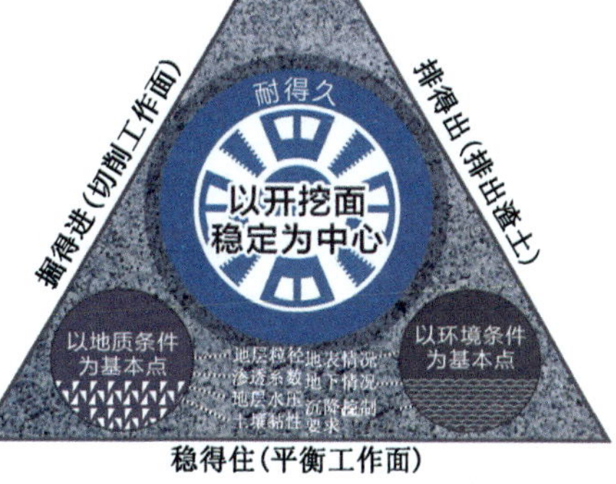

图10-9 盾构选型三角理论示意图

盾构的开挖面稳定机构分为敞开式的和密闭式两种,两种盾构对解决开挖面稳定问题的方法不同,敞开式盾构是依靠开挖面土体的强度或利用安装在盾构中的挡土机构确保开挖面稳定,而密闭式盾构则是通过土压力(土压平衡盾构)或泥水压力(泥水盾构)来抵抗开挖面释放的荷载以保持开挖面的稳定。

10.4.1 敞开式盾构开挖面的稳定

在敞开式盾构中,利用安装在盾构中的挡土机构及开挖面的土体改良确保开挖面的稳定,向前掘进。

(1)挡土机构

敞开式盾构挡土机构由活动前檐、移动挡土板以及推进液压缸组成。首先是将设在盾构前端的挡土前檐切入土体中,这样边防止开挖面坍塌边掘进,然后在已开挖处设置移动挡土板,边用挡土液压缸撑住边向前推进。

(2)开挖面土体改良

开挖面土体改良工法包括压气法、降水法、化学注浆法等,并可根据各工程的具体情况结合使用几种辅助施工方法。

①气压法是以滞水性有压气效果的地基为对象的,利用压缩空气的排水挡土效果来防止开挖面的涌水及防止开挖面坍塌的方法。该工法设备比较简单且容易进行压力管理,故在开敞式盾构中最多用。然而因其是在高压室内作业,故存在作业环境及作业效率等问题,另外,由于地层不同,必须制定防漏气、防喷发及防缺氧空气的溢出对策,所以现在并不常用。

②降低地下水水位法是沿隧道的线路,从地上利用井点工法及深井工法排出开挖面处的地下水来加固地基,也有在隧道内利用井点等降低地下水水位的工法。

③化学注浆法是在土体空隙处,强制注入化学浆液以提高地基的止水性和强度,从而保持开挖面稳定的一种方法。该工法施工性好,还可以只改良限定的范围,故应用较多。注入施工有两种,一种是先于盾构掘进进行注入,另一种是伴随着盾构掘进在隧道内进行注入。

10.4.2 密闭式盾构开挖面平衡原理

密闭式盾构平衡开挖面的原理主要是土压平衡与泥水平衡。首先,我们先了解一下,什么叫土压平衡?什么叫泥水平衡?

图10-10所示是土压平衡原理图,通过该图可以看出,开挖面的水土压力是通过盾构推进速度和螺旋输送机排渣速度的变化来调节土舱里的渣土堆聚量来进行开挖面平衡的。为了达到很好的开挖面平衡效果,土舱里的渣土需要有足够的黏性和流动性。但由于压力调节的媒介是土舱里的渣土,具有滞后性,调压精度一般只能达到1bar级别。

图10-11所示是泥水平衡原理图,通过该图可以看出,开挖面水土压力是通过盾构调压舱的压缩空气压力来进行平衡的。为了达到很好的平衡效果,土舱里的渣土同样需要有足够的黏性和流动性。由于气压调节的快速、精确,压力平衡调节可以达到0.1bar级别,因此,泥水盾构在开挖面稳定方面比土压平衡盾构具有先天优势。

1)土压平衡盾构开挖面的稳定

土压平衡盾构的开挖面稳定机理的特征如下:

①在已开挖的渣土中加入添加剂,通过刀盘及搅拌叶片强制搅拌,改良成有塑性流动性及止水性的渣土。

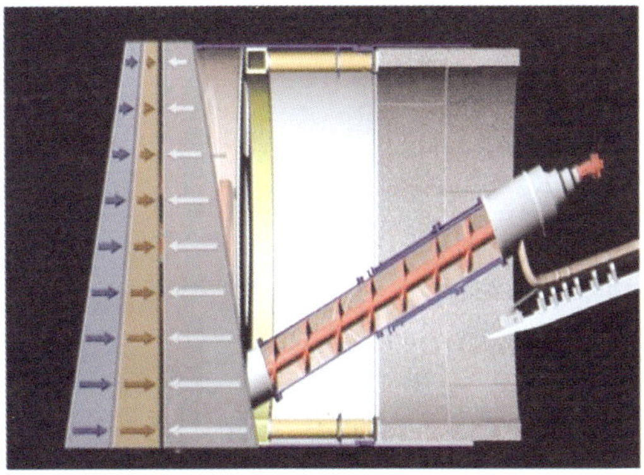

图10-10　土压平衡原理

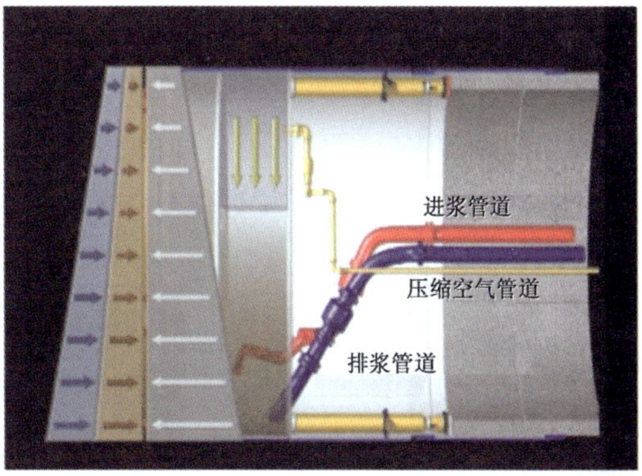

图10-11　泥水平衡原理

②将渣土充满土舱室及螺旋输送机内，利用盾构推进液压缸的推力对渣土施压，保持开挖面的土压及水压平衡。

所以，为了使土压稳定作用在开挖面，可在确保开挖面稳定的状态下顺利地排出渣土。同时为了可确保渣土的塑性流动性及止水性，必须做好渣土改良。

当被开挖的渣土含有30%左右的细微颗粒且颗粒级配良好时只搅拌，就可以确保渣土的塑性流动性。但是，当砂子及砾石含量较多时且颗粒级配不好时，就必须在渣土中注入膨润土或黏土等添加剂进行混拌，调整颗粒级配。有时也添加泡沫或高分子材料来改良渣土的特性进行开挖。特别是当颗粒级配不好，只添加泡沫及高分子材料得不到理想的改良效果时，有时也同时添加膨润土及黏土等造泥材料。

（1）黏性土地层的开挖面稳定

首先，在粉质砂层和砂质粉土层等黏性土地层，由刀具切下的渣土一般比原地层强度低，具有塑性流动性。即使是黏着力大不易流动的土，由于刀盘和螺旋输送机的搅拌作用，以及向土舱内注水等，也可使之具备流动性。就止水性而言，因黏性土的渗透系数较小，止水性好。

其次是必须使土舱内的渣土具有一定压力，以便与开挖面的水压力和土压力相抗衡。配合掘进速度，通过调整螺旋输送机的转矩、转数以及排土闸门的开度，使开挖土量和排土量平衡，以保持土压力的稳定。一般都在土舱内壁布置土压力传感器来控制开挖面压力。但应注意，有时因流动性差而无法准确测量土室内的土压力。

另外，如土舱内渣土过多，黏性土将会被压密固化，开挖、排土均无法进行，此时需注入外加剂。

（2）砂性土地层的开挖面稳定

由于砂性土和砂砾土内摩擦角大，土的摩擦阻力大，难以获得良好的流动性。当切削下来的土充满土舱和螺旋输送机内时，将使刀盘扭矩、螺旋输送机扭矩、盾构推进液压缸推力增大，甚至使开挖、排土无法进行。另外，此类地层渗透系数大，仅靠土舱和螺旋输送机内的压缩效应不能完全止水，在开挖面水压高时，排土闸门处易出现喷涌现象。因此，对这类地层，通常采用给开挖面或土舱内注入外加剂和加装搅拌叶片进行强制搅拌等方法，以使渣土具有流动性和止水性；通过设置旋转叶片进行机械处理或设砂垫层来解决止水性问题。

与黏性土地层一样,通过控制开挖量和排土量来平衡开挖面的水压力、土压力,亦可达到保持开挖面稳定的目的。

(3)土压平衡盾构的三种工作模式

土压平衡盾构一般具有三种掘进模式,即敞开模式、局部气压模式和土压平衡模式(EPB)。如图10-12所示,每种掘进模式对应不同的开挖面稳定机理和地质适用条件。

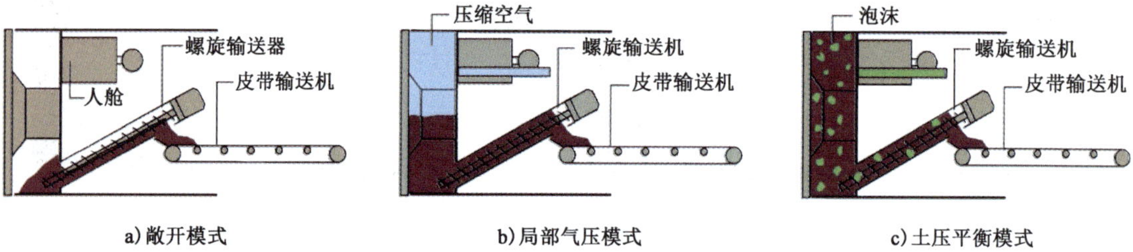

图10-12　土压平衡盾构的三种掘进模式

①敞开式。

若开挖面是稳定性较好且含地下水较少的岩层时,土压平衡盾构可采用敞开式掘进,即无须调整土舱压力,也可在短时间内保证开挖面不失稳,土体不坍塌。该模式下,盾构切削下来的渣土被螺旋输送机立即排出土舱,故土舱基本处于清空状态,掘进中刀盘和螺旋输送机所受反扭力较小;此时,以滚刀破岩为主,采用高转速、低扭矩和适宜的螺旋输送机转速推进。同步注浆时,浆液可能渗流到盾壳与周围岩体间的空隙甚至刀盘处,为避免此类现象的发生,可采取适当增大浆液黏度、缩短浆液凝结时间、调整注浆压力、管片背后补充注浆等方法来解决。

②半敞开式(也称为局部气压模式)。

若开挖面具有一定自稳性,例如围岩稳定但富含地下水的地层、施工断面上除局部失压崩溃外大部分围岩稳定的地层,可以采用半敞开式快速掘进。该模式下,暂时停止螺旋输送机出土、关闭螺旋输送机出土闸门,使土舱的下部充满渣土;同时向开挖面和土舱中注入适量的添加材料(如膨润土、泥浆或添加剂)和压缩空气,使土舱内渣土的密水性增加,也使添加材料在压力作用下渗进开挖面地层,并在开挖面上产生一层致密的"泥膜";通过气压和泥膜阻止开挖面涌水和坍塌现象的发生,再控制螺旋输送机低速转动以保证在螺旋输送机中形成"土塞",可安全快速地通过不良地层。掘进中,土舱尚有一定的空间(渣土仅充满土舱的2/3),可通过向土舱内输入压缩空气与渣土共同支撑开挖面和防止地下水渗入。

此外,在上软下硬地层施工时,也多采用这种模式。施工时,以滚刀破岩为主破碎硬岩,以齿刀、刮刀为主切削土层。在河底段掘进时,则需要添加泡沫剂、聚合物、膨润土等改善渣土的止水性,以使土舱内的压力稳定平衡。

③土压平衡模式。

对于开挖地层稳定性不好或富含地下水的软质岩地层,则采用土压平衡模式(EPB模式)。该模式下,盾构以齿刀和切刀为主切削土层,以低转速、大扭矩推进,并将刀盘开挖下来的渣土填满土舱;利用刀盘后面及隔板上各自焊接的搅拌棒强制混合土舱内渣土,并借助盾构推进液压缸的推力通过隔板进行加压,产生泥土压力。该压力可通过土压传感器进行测量,并通过控制推进力、推进速度、螺旋输送机转速来控制,以保证掘削土量与排渣量相对应,并使得土舱内的渣土压力与隧道开挖面上的水、土压力实现动态平衡。

(4)影响开挖面稳定的因素

①土舱内土压力、地层压力和水压力。

盾构必须保持填充在土舱内的泥土压力,并不断调节排土量,以便能平衡开挖面的地层土压力和水压力。该过程可分为:当土舱内的土压力大于地层压力和水压力时,地表隆起;当土舱内的土压力小于地层压力和水压力时,地表下沉;当土舱内的土压力与地层压力和水压力平衡时,地表保持稳定。

②螺旋输送机排土量。

排土量一般通过调节螺旋输送机的转速和出土闸门的开度予以控制。

③泥土流动性。

为了保证开挖面的稳定,应使切削下来的土砂具有塑性流动性和止水性,并使土砂确实充满土舱内。

(5)渣土改良剂

用于土压平衡盾构渣土改良的代表性外加剂有如下几种:

①制泥材料。

为了使渣土具有良好的流动性和止水性,必须有30%左右的微细颗粒。如开挖土中微细颗粒不足,则需注入膨润土、黏土等制泥材料,以补充微细颗粒的不足。制泥材料的浓度和注入量根据开挖土的级配、不均匀系数等确定。

②泡沫剂。

向开挖面或土舱内注入用特殊气泡剂制成的剃齿状气泡,以使开挖土获得流动性、止水性。在砂性土和砂砾土地层中,由于气泡发挥了支承作用,增加了开挖土的流动性;而在黏性土地层中,气泡起着界面活性剂的作用,防止了开挖土附着于土室内壁。另一方面,由于微细气泡置换了土颗粒中的孔隙水,因而可提高其止水性。泡沫的注入量与制泥材料一样,也是根据开挖土的级配、不均匀系数决定的。

③水。

向高黏性的渣土中注水,可在增加其流动性的同时,降低其黏着性,防止开挖土附着于刀头或土舱内壁。

2)泥水盾构开挖面的稳定

泥水盾构的开挖面稳定机理特征如下:

①在开挖面处形成一层难透水的泥膜,让泥浆压力有效作用在开挖面。

②随着泥浆向土体渗透,泥浆中的细颗粒成分进入土体的空隙中,增加了土体的强度。

③调节流体输送泵的转速,给泥水舱的泥浆施加压力,可控制开挖面的土压及水压。

所以,为了确保开挖面的稳定,就必须设定合适的开挖面的泥水压力,与此同时,为了使该压力产生有效作用,还必须管理好泥浆的品质。泥浆品质的管理项目有泥水密度、渗透系数、黏性、过滤特性、含砂量等。

(1)泥水密度

理论上讲,泥水密度的提高能使泥水屈服值升高,同时能使泥膜的稳定性增强。实验证明,高密度的泥水可以产生高质量的泥膜,泥水密度最好能达到开挖土体的密度。但大密度的泥水会引起泥浆泵超负荷运转以及泥水处理困难;而小密度的泥水虽可减轻泥浆泵的负荷,但因泥粒渗走量增加,泥膜形成慢,对开挖面稳定不利。因此在选定泥水密度时,必须充分考虑土体的地层结构,在保证开挖面的稳定的同时也要考虑设备能力。一般泥水密度为 1.05 ~ 1.30g/cm^3。

(2)含砂量及渗透系数

如图 10-13 所示,Muller 等人将开挖面的过滤形态分为以下三种类型:

类型 1:泥水几乎不产生渗透,只形成泥膜。

类型 2:土体孔隙大,泥水全部渗走不产生泥膜。

类型 3:介于类型 1 和类型 2 之间,即泥水渗走的同时也形成泥膜。

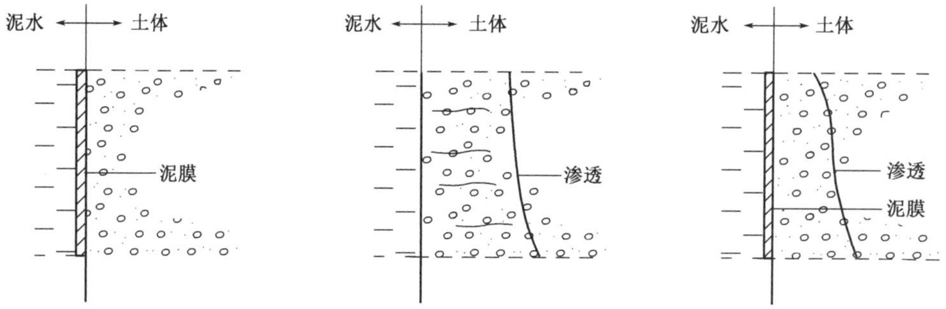

a)类型1 细砂上形成泥膜　b)类型2 向粗颗粒中渗透,无表面过滤　c)类型3 既能渗透又能过滤

图 10-13 泥水在开挖面土体中的过滤形态

类型 1 的过滤形态多发生在渗透系数小的黏性土层;类型 2 则多出现在渗透系数大的砂砾层中;类型 3 多在砂质土层中发生。

在强透水性土体中,由于砂粒具有填堵土体孔隙的作用,故泥膜形成快慢与掺入泥水中砂粒的最大粒径以及含砂量(砂粒质量/黏土颗粒质量)有密切关系,一般具有如下规律:

①当土体渗透系数 $k = 5 \times 10^{-3}$ m/s 时,如果砂粒的最大粒径为 0.84mm,还不能防止渗漏,直到最大粒径为 2.0mm 时,经 10s 左右,渗漏量趋于稳定,泥膜形成。

②随着砂粒含量 S/c 的增加,成膜性越来越好。当 $k = 2 \times 10^{-1}$ cm/s、$d_s > 0.42$mm 时,只要 S/c 大于 0.1,即可形成泥膜,过滤水量随之变小。

(3)泥水黏性

具有适当黏性的泥水,具有如下作用:

①防止泥水中的黏土、砂粒在泥水舱底部沉积,保持开挖面稳定。

②提高黏性,增大阻力,防止逸泥。

③使开挖下来的弃土以流体输送,经泥水处理设备将泥水分离。

现场施工时,范内尔黏性值是以泥浆自漏斗状的容器中完全流出所用时间来评价其黏性的,它所表示的是一种似黏性。通常所用的保持开挖面稳定所必需的范内尔黏性值见表 10-1。

开挖面稳定所需的范内尔黏性值 表10-1

开挖土质	范内尔黏性值(s)500/700mL	
	地下水影响小	地下水影响大
夹砂粉土	25~30	28~34
砂质黏土	25~30	28~37
砂质粉土	27~34	30~40
砂	30~38	33~40
砂浆	35~44	50~60

(4)泥水压力

虽然渗透体积随泥水压力上升而上升,但它的增加量远小于压力的增加量,故泥水盾构通过增加泥水压力来提高作用于开挖面的有效支承压力。尤其是在高质量泥水条件下,增加泥水压力会提高开挖面的稳定性。在决定泥水压力时主要考虑开挖面的水压力、土压力及预留压力。

(5)掘进速度

泥水盾构处于正常掘进状态时,刀具并不直接切削土体,而是对刀盘正面已形成的泥膜进行切削。在切削后的一瞬间,又形成了下一层泥膜。由于盾构刀盘转速是一定值,而且盾构推进速度最大能力又受到一定限制,因此掘进速度只和切入土体的深度有关,而与泥膜无关。但是当泥水盾构在不正常掘进状态时,特别当泥水质量和泥水压力达不到设计要求时,泥膜需经过较长时间才能形成,这样就约束了掘进速度。高质量泥水形成泥膜的时间为1~2s。

10.5 盾构选型依据

10.5.1 依据地层粒径选型

土压平衡盾构在不进行渣土改良及泥水盾构在不使用添加剂时,盾构类型与地层粒径的关系曲线见图10-14。图中,最左边区域为黏土、淤泥质土及细砂区,为土压平衡盾构最适用的颗粒级配范围;右边浅色区域为粗砂及砂砾区,为泥水盾构最适宜的颗粒级配范围。

从图10-14可以看出,在不进行渣土改良的情况下,土压平衡盾构最适应的地层粒径范围为0.2mm以下(最左边区域),最多可以上延到约1.5mm(中间灰色区域)地层粒径范围;而泥水盾构的粒径适应范围下起0.01mm,上至80mm(右边浅色区域)。

土压平衡盾构主要适宜于粉土、粉质黏土、淤泥质粉土和粉砂等黏稠土壤地层施工,在黏性土层中掘进时,由刀盘切削下来的土体进入土舱后再由螺旋输送机输出,并在螺旋输送机内形成压力梯降,以保持土舱压力稳定;一般来说,细颗粒含量多,渣土易形成不透水流塑体,容易充满土舱每个部位,能够在螺旋输送机内形成土塞效应,在土舱中可以建立压力来平衡开挖面的水土压力。一般来说,当岩土中粉粒和黏粒的总量达到40%以上时,通常宜选用土压平衡盾构,否则选择泥水盾构比较合适;粉粒的绝对大小通常以0.075mm为界。

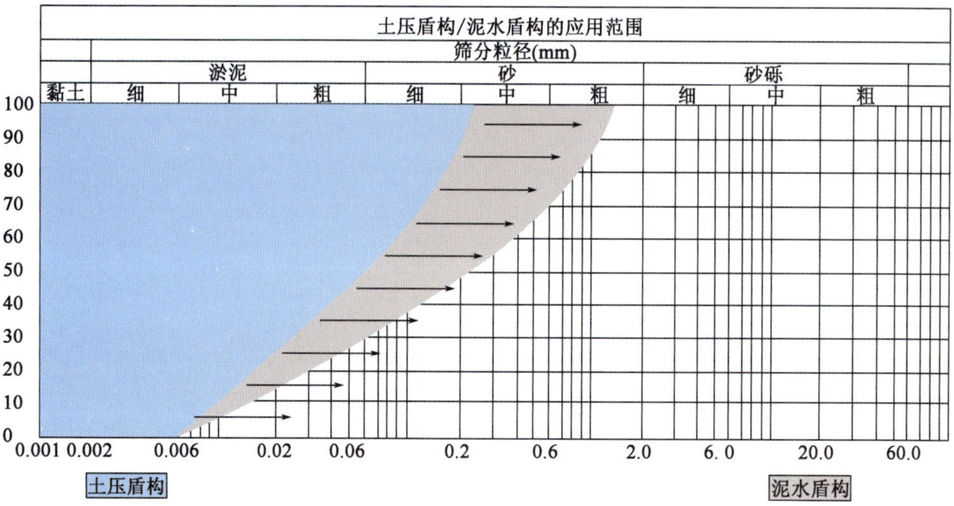

图 10-14 盾构类型与地层粒径关系曲线

特别应注意的是,在依据地层粒径进行盾构选型时,应结合工程的具体情况,虽然土压平衡盾构和泥水盾构适应的地层粒径不同,如图 10-15 所示,在不进行渣土改良的情况下,土压平衡盾构适用于地层粒径范围为 1.5mm 以下的黏土、淤泥、砂质地层;在不使用添加剂时,泥水盾构适宜于的地层粒径范围为 0.01 ~ 80mm 的淤泥、砂、砾石、卵石等多种地层。但若土压平衡盾构进行渣土改良或泥水盾构使用适当的添加剂时,则土压平衡和泥水盾构适应的范围是一样的。

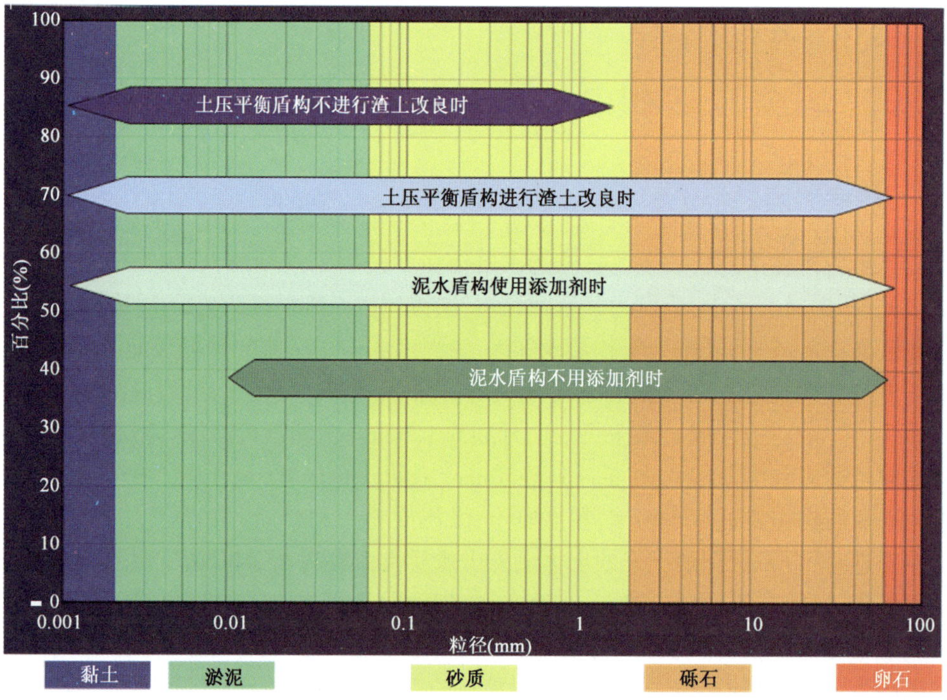

图 10-15 盾构类型与地层粒径关系曲线(实际)

10.5.2 依据渗透系数选型

如图10-16所示,根据欧美的经验,当地层的渗透系数小于1.0×10^{-7}m/s时,宜采用土压平衡盾构;当地层的渗透系数大于1.0×10^{-4}m/s时,宜采用泥水盾构;当渗透系数在$1.0\times10^{-7}\sim1.0\times10^{-4}$m/s之间时,既可采用泥水盾构,也可采用土压平衡盾构。

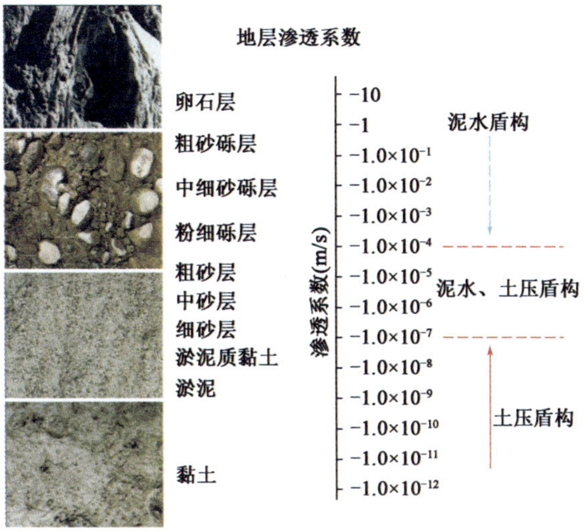

图10-16 盾构类型与地层渗透系数关系

特别应注意的是,在依据渗透系数进行盾构选型时,应考虑具体的工程地质情况,根据日本的经验,当地层中黏土含量不足10%时,泥膜很难形成,开挖面易坍塌,这时,不宜采用泥水盾构,宜采用土压平衡盾构施工。

10.5.3 依据地下水压选型

无论是地层粒径还是地层渗透系数,对土压平衡盾构的限制比对泥水盾构的限制要大,其根本原因是土压平衡盾构的是压力平衡媒介是渣土、出渣方式是螺旋输送机。如果渣土的粒径太大、渗透系数太高就会造成两个主要后果:一是开挖面土层水的流失,不能建立压力平衡;二是螺旋输送机喷涌不能正常出渣。

如图10-17所示。土压平衡盾构采用螺旋输送机出渣,地层的压力经过土舱、螺旋输送机逐步衰减后,需要在到达螺旋输送机排渣口前压力降为大气压,否则就会发生喷涌。而泥水盾构前有泥膜防止地层中水的流失,后有排泥泵保压出渣,所以泥水盾构对高水压、高渗透性的地层,具有土压平衡盾构不具备的优势。

根据地下水水压进行选型时,一般地,当地下水水压小于0.3MPa时,宜采用土压平衡盾构;当地下水水压大于0.3MPa时,宜采用泥水盾构。

特别应注意的是,在依据地下水压进行盾构选型时,应考虑具体的工程地质情况。一是当水压大于0.3MPa时,如因地质原因需采用土压平衡盾构,则需增大螺旋输送机的长度,或采用二级螺旋输送机。二是当渣土改良效果不能满足土塞效应时,在地下水丰富时,即使地下水水压小于0.3MPa，也不宜采用土压平衡盾构。在这类地层进行盾构法施工，虽然地下水压小于0.3MPa，若采用土压平衡盾构，盾构在该地层下掘进时，渣和水处于分离状态，渣土在螺旋输送机内无法阻塞减压，无法形成土塞效应，即使使用双螺旋输送机，一旦螺旋输送机舱门开启出渣，依然会在水压的作用下发生螺旋输送机喷涌，导致开挖面压力无法稳定。若采用保压泵，虽然可以稳定开挖面压力，但螺旋输送机输出来的渣土含有大量的大粒径石块，保压泵无法处理，渣土同样无法排除。

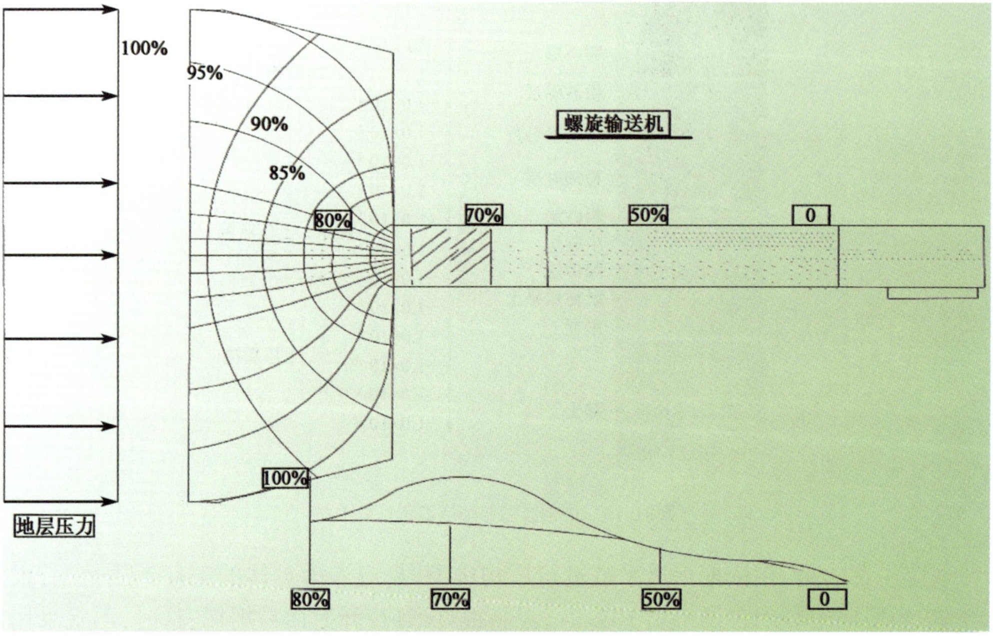

图10-17　土压平衡盾构压力衰减示意图

10.6　盾构选型需解决的四大问题

盾构选型必须确保所选择的盾构能解决“稳得住、掘得进、排得出、耐得久”四个最根本问题。

以土压平衡盾构为例如下：掘得进就是刀盘结构合理，刀具选用及布置合理；排得出就是螺旋输送机设计合理；稳得住就是渣土改良系统设计合理；耐得久就是盾构的关键部件要高可靠性，以适合长距离复杂地质及复杂环境隧道施工。

10.6.1　掘得进

掘得进就是刀盘结构与刀具布置应具有地质针对性，刀盘结构设计要合理，刀具选用及空间布置要合理，刀盘刀具系统要能快速有效开挖正面土体。

盾构刀盘结构与刀具布置需要进行针对性设计。砂层、砂砾层、小粒径砂卵石地层，宜采用辐条式刀盘，如图10-18a)所示，辐条式刀盘开口率大，易于进渣和控制土压平衡，减小刀具磨损；切削刀分层布置，加大合金尺寸，以加强其耐冲击性能。黏土地层，宜采用小面板辐条式刀盘,如图10-18b)所示,黏土地层具有结泥饼堵舱的先天条件,小面板辐条式刀盘,中心管柱支撑结构,有利于减少中心泥饼的产生。大粒径卵石地层,宜采用辐条式复合刀盘,如图10-18c)所示,卵石地层对刀盘的磨损大,特别是大直径卵石不易破碎,辐条式为主的结构有利于减小刀盘扭矩,大开口有利于卵石的排出;采用滚刀可以起到破碎作用(排破结合),同时增加刀具的耐磨性。岩石地层,宜采用复合式刀盘,如图10-18d)所示,具有较强的破岩能力。

a)辐条式刀盘

b)小面板辐条式刀盘

c)辐条式复合刀盘

d)复合式刀盘

图10-18 不同地层下的刀盘结构

根据地质勘查资料,将我国地层对刀盘刀具的磨损分为4个区,即极易磨损区、易磨损区、中等磨损区和低磨损区。极易磨损区城市和地区主要以广州、深圳、东莞、成都、北京等城市为代表;易磨损区城市和地区主要以昆明、南宁、武汉、长沙、南京、大连、沈阳、哈尔滨、乌鲁木齐、福州、厦门等城市为代表;中等磨损区城市和地区主要有南昌、合肥、西安、太原、宁波、贵阳等城市为代表;低磨损区城市和地区主要以上海、杭州、苏州、温州、无锡、郑州、济南、石家庄、天津、西宁、银川、长春等城市为代表。

将砂卵石含量很高、上软下硬、极硬岩和花岗岩球状风化体岩层等复杂地层划分为极易磨损区。该区卵石含量高于50%,内摩擦角大于或等于35°,石英含量很高,地层中孤石粒径大、强度高、分布多,基岩岩石饱和单轴抗压极限强度大于150MPa,刀具失效类型有滚刀磨损,切刀、周边刮刀磨损,齿刀磨损和中心刀磨损等。盾构刀具应配置滚刀、切刀、周边刮刀和超前刀,并增大刀盘开口率,允许破碎后的卵石通过刀盘面,以降低刀具磨损。

易磨损区特点主要有砾石、圆砾分布广泛，卵石含量低于50%，内摩擦角30°～35°，石英含量高，地层中含孤石，基岩岩石饱和单轴抗压极限强度较大（大于或等于100MPa）。盾构刀具配置滚刀或切刀，增大刀盘开口率，允许较多大粒径卵石通过刀盘面，以降低刀具磨损。

中等磨损区的地层为局部含卵石的中粗砂且卵石含量较高的地层（20%～30%）；粉质黏土层中黏粒含量高，极易在刀盘中心结泥饼，进而造成刀具偏磨。中等磨损区刀具失效类型有滚刀偏磨、刀圈断裂、刮刀脱落等。盾构刀具配置以切刀和刮刀为主，部分配置滚刀，调整刀盘开口率，允许存在的大粒径卵石通过刀盘面，以降低刀具磨损。

低磨损区软土地层以黏性土为主，地层均匀、单一，很少或不含粗粒土，或者砾石埋深较深。盾构在此类地层中施工时受力均匀，能顺利运转和前进。该区常发生刀盘中心结泥饼、刀具偏磨等。盾构刀具配置以刮刀为主，盾构施工中添加土体改良材料，避免发生结泥饼或开挖失稳，以降低刀具可能的损坏。

10.6.2 排得出

排得出就是螺旋输送机（土压平衡盾构）或排泥系统（泥水盾构）的设计要合理。排渣系统要能确保刀盘刀具开挖下来的岩土迅速排出。盾构施工效率不仅取决于刀盘刀具系统的开挖效率，渣土能够快速排出也至关重要，因此在盾构设备设计选型时应当充分考虑何种出渣方式。如在富水地层宜采用轴式螺旋输送机（下部双闸门出渣）或轴式螺旋输送机（尾部出渣方式）进行出渣。如果螺旋输送机排出的渣土过稀产生喷涌时，可通过双闸门装置交替开合进行排土。喷渣严重时，可不用皮带输送机出渣，改用保压泵渣系统出渣；在软土及砂层地层中采用轴式螺旋输送机（下部单闸门出渣）进行出渣；在大粒径卵石地层可以采用带式螺旋输送机进行出渣。

10.6.3 稳得住

稳得住就是能有效支护正面土体，以确保开挖面稳定。盾构施工要以开挖面稳定为中心，良好的渣土改良是降低刀具磨损，增强开挖面稳定、排土顺畅，降低掘进时扭矩推力的方法之一。要想开挖面稳得住，必须具有适宜的渣土改良系统。渣土改良系统主要有泡沫注入系统、膨润土注入系统、加泥系统、聚合物注入系统。

泡沫注入系统常用于细颗粒比例较高的土壤，如黏土。其主要用来提高渣土的流动性、保水性及止水性；具体来讲就是使改良后的渣土具有更好的可排性，能起到降低刀盘扭矩、减少地层中水的流失、降低结泥饼的风险的作用。

膨润土注入系统常用于细颗粒比例较低的土壤，如砂卵石地层。其主要用来增加土壤中细颗粒的比例，使土体具有更好的流动性和不透水性；作用也是使渣土具有更好的可排性、降低刀盘扭矩和减少地层中水的流失；在注入时一定要使用较好的材料，掌握膨化时间，以达到添加效果。

聚合物注入系统适用于非黏性土，常用于含水较丰富的砂卵石地层。主要用来黏结水分，减少水土分离，增加土的黏性；体现出来的作用也是使渣土具有更好的可排性、降低刀盘扭矩和减少地层中水的流失。

10.6.4 耐得久

耐得久就是盾构的关键部件要具有高可靠性,以适合长距离复杂地质及复杂环境隧道施工。盾构关键部件的高可靠、长寿命,是确保盾构“耐得久”的基本前提,主要体现在:刀盘刀具高可靠、长寿命设计;螺旋输送机的高可靠性设计、耐磨设计;主轴承的高承载能力、高可靠性、高密封性能与长寿命设计;主驱动减速机高可靠性设计;盾构铰接密封、盾尾密封的可靠性设计;破碎机、排泥泵的高可靠性与耐磨性设计。

10.7 施工辅助设备选择

盾构及后配套拖车上的设备以外的设备称为施工辅助设备。施工辅助设备因围岩条件、施工环境及施工方法的不同而不同。其一般包括材料堆放场、渣土运输设备、材料运输设备、电力设备、照明设备、通信设备、通风设备、竖井升降设备、给排水设备、消防设备、砂浆拌和设备、地基加固设备、起重设备、始发(到达)与调头设备、泥水处理设备等。施工辅助设备应结合工程的特点和施工环境进行优化配备。

通风设备应符合以下要求:一次通风宜采用压入式通风,风管采用软管,管径根据隧道断面、长度、出渣方式确定。根据计算风量和风压,结合通风方式及布置选择通风设备,宜采用轴流式通风机。长距离通风时,为满足风压的要求,宜采用相同型号的风机等距离间隔串联方式。施工区域的风速不宜低于0.3m/s。

思考题

1. 什么是软土盾构?什么是复合盾构?
2. 盾构选型时主要遵循哪些原则?
3. 盾构选型的主要依据有哪些?
4. 简述盾构选型的主要步骤。
5. 根据你的理解,盾构选型首要考虑的问题是什么?
6. 结合典型施工案例分析如何进行盾构选型设计?
7. 通过查阅资料,敞开式盾构和压缩空气盾构为何被淘汰?
8. 根据你的了解,如何根据地质条件合理配置刀具组合?
9. 简述盾构法施工辅助设备的选择原则。
10. 简述盾构选型的三角理论。

第 11 章
盾构法隧道施工

本章重点：本章介绍盾构现场组装与调试、现场验收，盾构始发技术、掘进技术、管片拼装技术、壁后注浆技术、施工测量、带压进舱技术、刀具检查与更换（含高水压下常压换刀技术）、特殊地段特殊地质条件施工技术、地中对接技术、隧道防水施工技术、盾构调头技术、到达技术及盾构法施工安全健康与环境保护等。

11.1　盾构现场组装与调试

11.1.1　盾构组装调试程序

盾构组装一般宜按下列程序进行：组装场地的准备→始发基座安装→行走轨道铺设→吊装设备准备并就位→将后配套各部件组装成拖车总成，包括结构、设备、管路等→将连接桥与后配套组装连结→主机中体组装→主机前体组装→刀盘组装→主机前移，使刀盘顶至掌子面→管片安装机轨道梁下井安装→管片安装机安装→盾尾安装→反力架及反力架钢环的安装→主机与后配套对接→附属设备的安装及管路连结。盾构组装调试流程如图 11-1 所示。

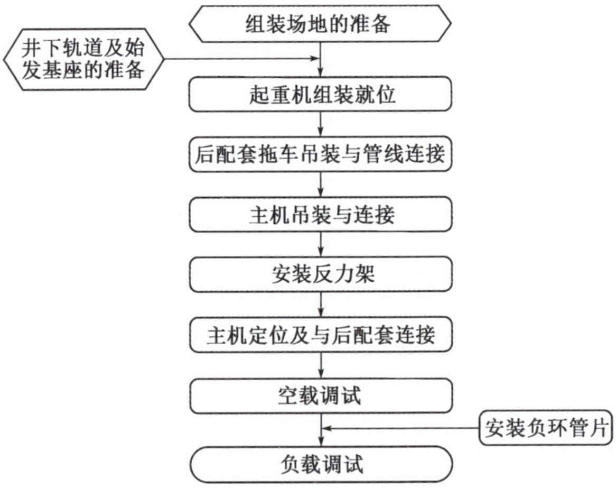

图 11-1　盾构组装调试流程

盾构的组装场地一般分成三个区，即后配套拖车存放区、主机及配件存放区、起重机存放区。

吊装设备一般采用 1 台履带式起重机、1 台汽车式起重机、2 台液压千斤顶,以及相应的吊具,它们的吨位和能力取决于盾构最大部件的质量和尺寸。

在组装前安装调试好门吊,使组装安排更加灵活,有利于缩短组装时间。

组装盾构所需工具设备可按下述项目准备:拉伸预紧扳手、液压扭力扳手、风动扳手、扭力扳手、棘轮扳手、重型套筒扳手、内六角扳手、开口扳手、管钳、普通台虎钳、导链、吊带、油压千斤顶、弯轨器、轨道小车、液压小推车等,其规格型号因盾构型号及制造厂家的要求而异。

11.1.2　始发基座的安装

盾构始发基座(也称为始发架)的形式详见图 11-2。盾构组装前,在组装井内精确放置始发基座并定位固定,然后铺设轨道。

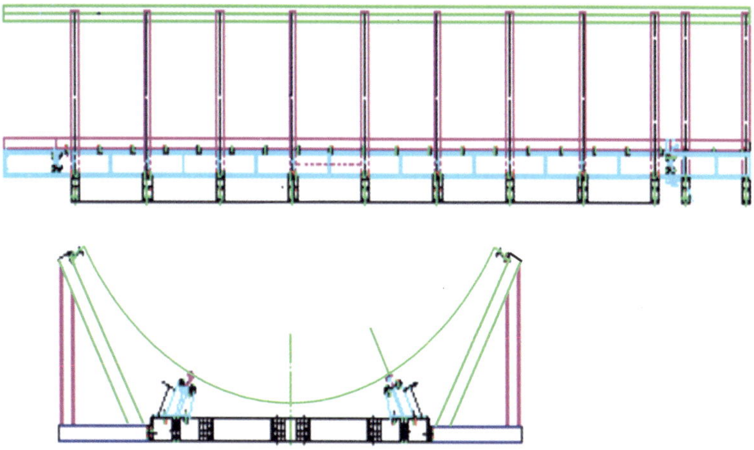

图 11-2　盾构始发基座示意图

盾构始发基座一般采用钢结构,预制成榀。始发基座的水平位置按设计轴线准确进行放样。将基座与工作井底板预埋钢板焊接牢固,防止基座在盾构向前推进时产生位移。盾构始发基座的安装如图 11-3 所示。

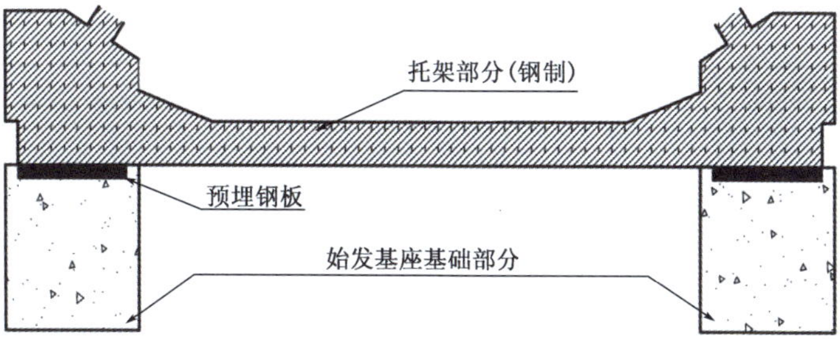

图 11-3　盾构始发基座的安装

盾构基座安装时应使盾构就位后的高程比隧道设计轴线高程高约 30mm,以利于调整盾构初始掘进的姿态。盾构在吊入始发井组装前,须对盾构始发基座安装进行准确测量,确保盾构始发时的正确姿态。

(1)始发基座轴线安装测量

始发基座的轴线在吊入始发井时必须进行标记。当基座吊入始发井后,先对照始发井底部测量准确的轴线及始发井两端端墙上的中心标记,采用投点仪辅以钢丝的投点的方法对基座进行初步安放,然后在始发井圈梁上的轴线点同时架设经纬仪,将轴线点投入始发井底部,调节基座,使基座的轴线标记点与设计轴线点位于同一竖平面内。安装完成后,须用盘左及盘右进行检测,确保盾构始发基座轴线标志点的误差均在 3mm 以内,达到相应规范的要求。

(2)始发基座高程安装测量

根据始发基座的结构尺寸,须计算出基座上表面的设计高程值。在始发基座轴线位置安装完成后,进行基座的高程测量。用水准仪将所需要的高度放样于始发井两侧侧墙上,并作上明显的标志。所放样的高程点要有足够的密度,盾构工作井共需标设 6 个高程标志点,6 个高程标志均匀地分布在始发井侧墙的两侧。高程标志完成后,对所在标志进行复核,任意两个标志间的高程互差不超过 2mm,且与绝对高程的差值不超过 1mm,为始发基座的精确安装提供保障。始发基座安装时,在相对应的高程标志间拉小线,进行基座的初步安装,完成后,用水准仪进行精测,对基座的高程进行微调,达到设计高程的精度要求(允许偏差为 0 ~ +3mm)。考虑到在进行轴线及高程微调时两者之间的互相影响,在完成整个基座的安装后,须进行全面细致的复核,以确保盾构始发基座的准确安装。

11.1.3 盾构组装顺序

(1)后配套拖车下井

各节拖车下井顺序为从后到前的顺序,如盾构有 4 节拖车时,其下井顺序为:4 号拖车→3 号拖车→2 号拖车→1 号拖车。拖车下井后,组装拖车内的设备及其相应管线,由电瓶机车牵引至指定的区域,拖车间由连接杆连接在一起,见图 11-4。

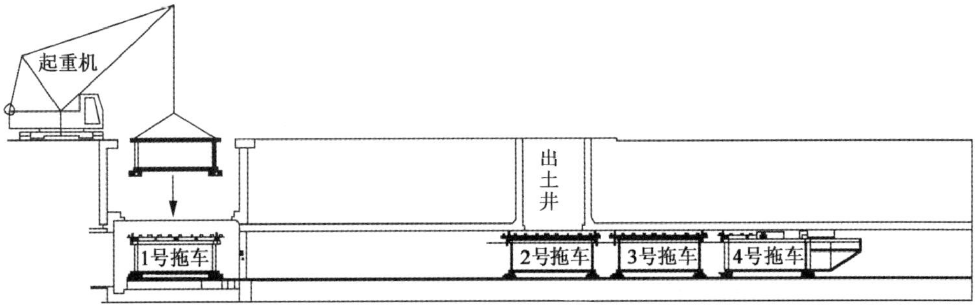

图 11-4 后配套拖车及设备桥下井

(2)设备桥下井

设备桥(也称为连接桥)长度较长,下井时须由汽车式起重机与履带式起重机配合着倾斜下井。下井后其一端与 1 号拖车由销子连接,另一端支撑在现场施焊的钢结构上,然后将上端的吊机缓缓放下后移走吊具。用电机车将 1 号拖车与设备桥向后拖动,将设备桥移出盾构组装竖井,1 号拖车与 2 号拖车连接,见图 11-5。

(3)螺旋输送机下井

螺旋输送机长度较长,下井时须由汽车式起重机与履带式起重机配合着倾斜下井。2 台起重机通过起、落臂杆和旋转臂杆使螺旋输送机就位。螺旋输送机下井后，摆放在矿车底盘上，用手动葫芦拖至指定区域，见图 11-6。

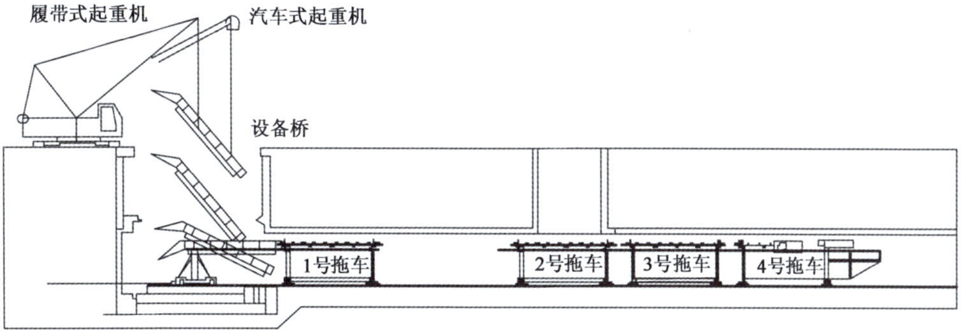

图 11-5　设备桥下井

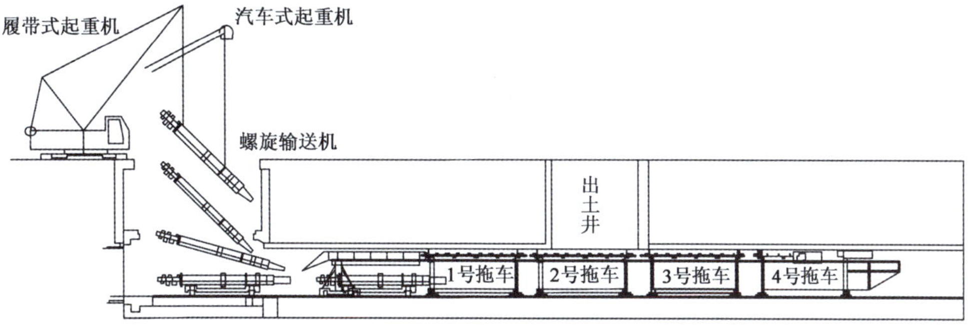

图 11-6　螺旋输送机下井

(4)中盾下井

中盾在下井前将两根软绳系在其两侧，向下吊运时，由人工缓慢拖着，防止中盾扭动，吊机缓慢下钩，使中盾自然下垂，由平放翻转至立放状态送到始发基座上，见图 11-7。

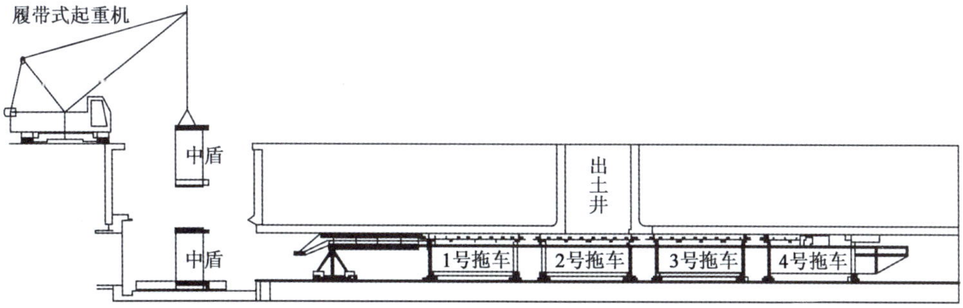

图 11-7　中盾下井安装

(5)前盾下井

前盾翻转及下井同中盾，送到始发基座上后进行与中盾的对位，安装与中盾的连接螺栓。

(6)安装刀盘

刀盘翻转及下井同中盾。送到始发基座上后安装密封圈及连接螺栓，见图 11-8。

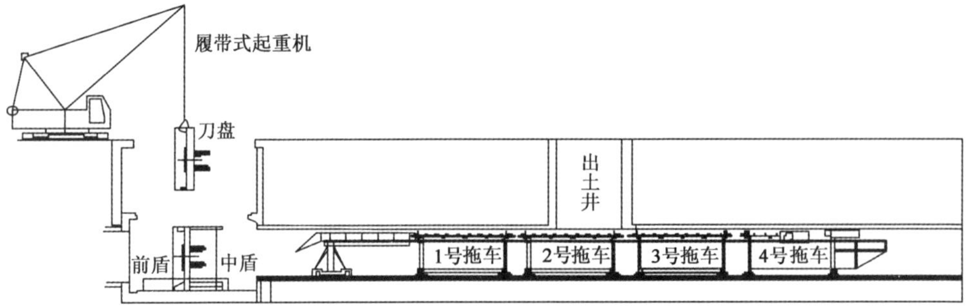

图 11-8　刀盘下井安装

(7) 主机前移

主机前移,使刀盘顶到掌子面。在始发基座两侧的盾构外壳上焊接顶推支座,前移一般由两台液压千斤顶完成。

(8) 安装管片拼装机

管片拼装机翻转及下井与中盾相同,下井安装后再进行两个端梁的安装,见图 11-9。

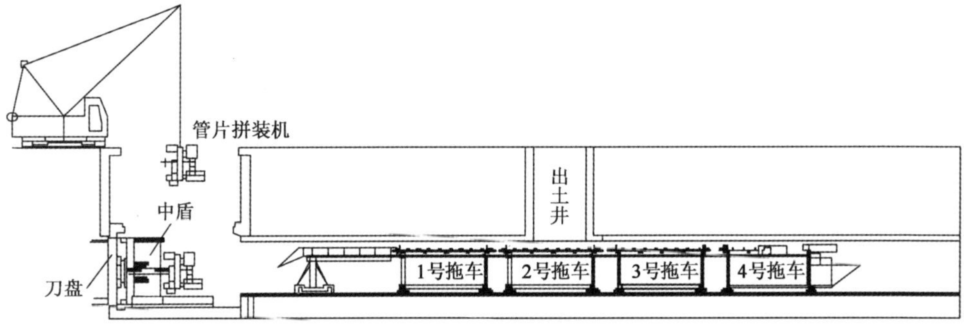

图 11-9　管片拼装机的下井安装

(9) 盾尾下井

盾尾焊接完成后,在汽车式起重机与履带吊配合下,倾斜着将盾尾穿入管片安装机梁,并与中盾对接,见图 11-10。

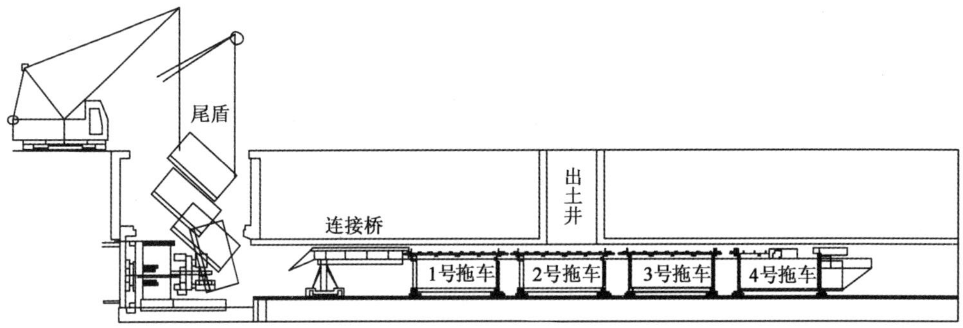

图 11-10　盾尾下井安装

(10)安装螺旋输送机

延伸铺设轨道至盾尾内部,将螺旋输送机与矿车底盘一起推进盾壳内。螺旋输送机前端用倒链拉起,使螺旋输送机前端通过管片安装机中空插到中盾内部。螺旋输送机与前盾连接处密封要紧固,中体与螺旋输送机固定好,见图 11-11。

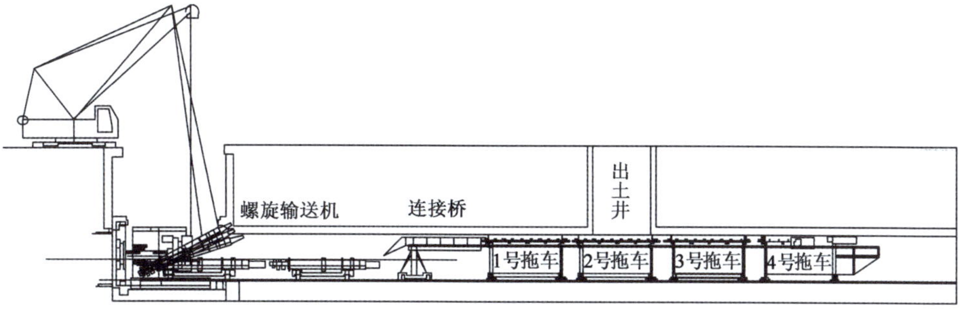

图 11-11　安装螺旋输送机

(11)反力架及负环钢管片的安装

在盾构主机与后配套连接之前,开始进行反力架的安装。反力架端面应与始发基座水平轴垂直,以便盾构轴线与隧道设计轴线保持平行。反力架与车站结构连接部位的间隙要垫实,保证反力架的安全稳定,见图 11-12。

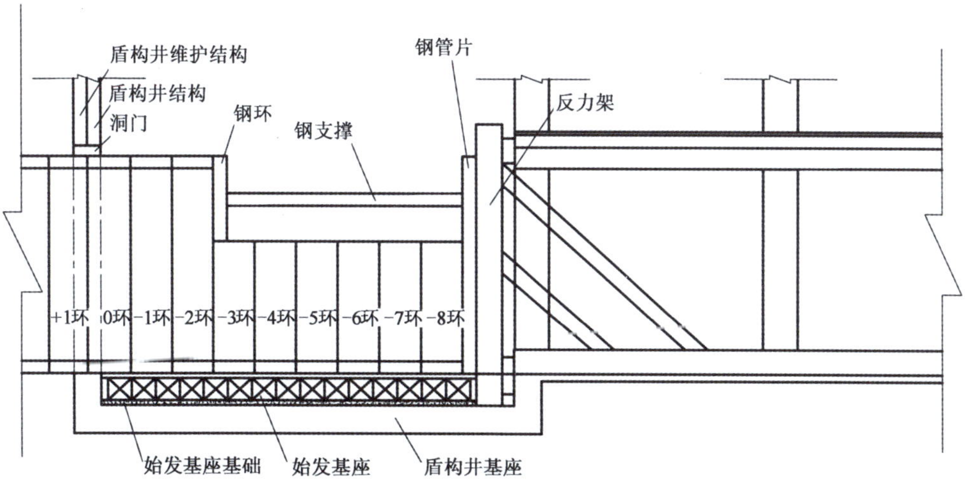

图 11-12　反力架及负环钢管片

盾构反力架的作用是在盾构始发掘进时提供盾构向前推进所需的反作用力,盾构始发掘进前应首先确定钢反力架的形式,并根据盾构推进时所需的最大推力进行校核,然后根据设计加工盾构钢反力架,待钢反力架安装完毕后,方可进行始发掘进。

进行盾构反力架形式的设计时,应以盾构的最大推力及盾构工作井轴线与隧道设计轴线的关系为设计依据。

钢反力架预制成形后,由起重机吊入竖井,由测量给出轴线位置及高程,进行加固。反力架要和端墙紧贴,形成一体,保证有足够的接触面积。如出现反力架和端墙出现缝隙,在反力架和端墙之间补填钢板,钢板要分别和反力架与洞口圆环焊牢。安装完毕后要对反力架的垂直度进行测量,保证钢反力架与盾构推进轴线相垂直。

盾构反力架安装质量的好坏直接影响初始掘进时管道的质量,其中钢反力架的竖向垂直及与设计轴线的垂直是主要因素。钢反力架安装必须注意以下事项:

①钢反力架中心放样。

钢反力架中心的安装采用水准仪配合经纬仪进行。其中经纬仪架设于盾构始发端的圈梁轴线点上,后视另一轴线点,将轴线点投向反力架中心标志处,专人指挥使反力架左右平移,直至与轴线重合;然后用水准仪测量中心标志的绝对高程,对钢反力架进行上下移动,达到设计的高程值,由于反力架的中心不是影响始发掘进的主要因素,安装时,反力架的中心误差控制在 15mm 以内。

②钢反力架与轴线及自身垂直放样。

钢反力架中心放样完成后,须使反力架面在竖直方向上垂直,且此面与盾构设计轴线垂直。放样时,首先使用水平尺使钢反力架在竖直方向上基本垂直;然后使用经纬仪将轴线引入始发井底部,在靠近反力架处的设计轴线上设站,后视另一轴线点,经纬仪置 0°,旋转 90°,在始发井侧墙一侧放样两点,然后用倒镜在始发井另一侧墙处同样放样两点。

放样后,须再旋转经纬仪 180°,检查是否与起初放样的点位于同一平面内,分别在侧墙上方及下方的两点间拉线,用直尺准确量出钢反力架不同部位与线之间的距离,以任一点为基准,调节钢反力架,使反力架表面与线组成的线面平行(线任意一部位到反力架表面的距离相等),使反力架处竖向垂直且反力架面与设计轴线垂直。

(12)管线连接

连接电器和液压管路,从后向前连接后配套与主机各部位的液压及电气管路。

11.1.4 盾构组装的总体要求

(1)盾构组装前必须制订详细的组装方案与计划,同时组织有经验的作业人员组成组装班组,并在组装施工前对组装人员进行技术和安全培训。

(2)盾构的运输:必须由具有资质的专业大件运输公司运输进场。

(3)盾构吊装:由具有资历的专业队伍负责起吊。

(4)应根据履带式起重机(一般采用 250t)对地基承载力的要求,对其工作区域进行处理,如浇筑钢筋混凝土路面、铺设钢板等,防止地层不均匀沉陷。

(5)盾构主机吊装之前必须对始发基座进行准确定位。

(6)大件组装时应对盾构始发井端头墙进行严密的观测,掌握其变形与受力状态,保证始发井结构安全。

(7)大件吊装时一般以 90t 汽车式起重机辅助翻转。

(8)组装前对所使用设备、工具进行安全检查,保证组装安全顺利进行。

每班作业前按起重作业安全操作规程进行技术交底,严格按有关规定执行。

(9)由专人负责大件运输和现场吊装、组装的秩序维护工作,确保组装安全。

(10)机械部件组装前需要弄清楚其结构与安装尺寸的关系,螺栓连接紧固的具体要求等,同时自始至终保持清洁。

(11)组装前必须检查泵、阀等液压件的封堵是否可靠,如发现未有效封堵,必须进行现场清洗,管件在组装前如没有充满油液,也必须进行严格清洗。

(12)高低压设备和电气元件的安装,严格执行制造厂所提供的有关标准和我国电力电气安装的有关规定和标准。

11.1.5　盾构组装要点

(1)组装前必须熟知所组装部件的结构、连接方式及技术要求。

(2)组装工作必须本着由后向前、先下后上、先机械后液压、电气的原则。

(3)对每一拖车或部件进行拆包时必须做好标记,注意供应商工厂组装标记,如:VRT→表示隧道掘进方向,NL2 表示 2 号拖车,L 表示左侧,R 表示右侧。

(4)液压管线的连接必须保证清洁,禁止使用棉纱等易脱落线头的物品擦拭。

(5)组装过程中严禁踩踏、扳动传感器、仪表、电磁阀等易损部件。

(6)组装场内的氧气瓶、乙炔瓶必须定点存放、专人负责。

(7)组装工具必须由专人负责,专用工具必须严格按照操作规程进行使用。

(8)对盾构所有部件的起吊,必须保证安全、平稳、可靠。

11.1.6　盾构的调试

盾构的调试按阶段划分为工厂调试和施工现场调试。施工现场调试又分为未掘进前在井底的空载调试和试掘进期间的负载调试。工厂调试阶段的工作是对设计、制造质量及主要功能进行调试;井底空载调试阶段的工作是在盾构吊到井底后按照空载调试大纲对其总装质量及各种功能进行检查和调试;试掘进期间的负载调试是通过在掘进期间进行的负载调试,经调试并验收合格后即可正式交付使用。

1)空载调试

盾构组装完毕后,即可进行空载调试。空载调试的目的主要是检查盾构各系统和设备是否能正常运转,并与工厂组装时的空载调试记录进行比较,从而检查各系统运行是否按要求运转,速度是否满足要求,对不满足要求的,要查找原因。主要调试内容:配电系统、液压系统、润滑系统、冷却系统、控制系统、注浆系统以及各种仪表的校正。

以土压平衡盾构为例,空载调试的内容如下:

(1)确认每台电机的接线情况,各种管路、信号线路的连接情况。

(2)确认各种紧急按钮是否有效。

(3)确认液压油箱的油位和各个减速箱的油位。

(4)确认液压泵运转是否正常。

(5)在有危险的部位放置警示牌。

(6)排掉各活塞泵内的空气。

(7)接通电源,确认各个部分电压是否符合要求。

(8)确认各个漏电保护开关是否有效。

(9)检查各个电动机的转向是否正常。

(10)排掉润滑油管路内空气,并确认转换压力和各油路分配阀运行情况是否良好。

(11)依次对每台液压泵进行无负荷运转,直到泵内无空气混入的声音为止。

(12)通过控制室启动各个液压油泵和刀盘马达,检查运转是否正常。

(13)随时观察各种管路是否漏油。

(14)对推进系统和铰接系统进行检查,检查推进油缸和铰接油缸的伸缩情况,管路有无漏油现象,及其泵站的运转情况。

(15)对管片拼装机进行运行确认。

①对拼装机的控制系统即有线操作和无线操作进行确认,检查拼装机各机构运转及自由度情况;

②对旋转马达进行运转,检查其是否灵活可靠,并将其内的空气排净;

③对拼装机伸缩、提升、支撑千斤顶的动作确认,并排净其内的空气;

④检查拼装机上各种连接油管,检查是否有漏油现象及其泵站的运转情况。

(16)检查管片吊机和管片输送小车的操作遥控手柄,检查其运转情况。

(17)对螺旋输送机进行空载试车,检查检查螺旋输送机前后闸门伸开和关闭情况及螺旋杆伸缩情况,管路有无泄漏现象及其泵站的运转情况。

(18)在主控制室对刀盘进行旋转试验:

①在试验前,将刀盘位置处的盾构始发基座割去一块,以防止刀盘旋转时和始发基座发生碰撞;

②刀盘进行正、反方向旋转,检查其是否正常。

(19)管片整圆器的调试:

①将整圆器液压油缸中的空气排净;

②检查其各个部分的油管是否漏油,滑道是否顺滑,行进是否灵活。

(20)皮带输送机的调试:在辊子摆放到位、皮带硫化完毕后,检查皮带运转情况,及时调整皮带跑偏和调整刮板程度。

①检查皮带输送机的转向;

②检查各个滚轮转动是否灵活可靠;

③检查输送皮带有无裂纹和撬渣;

④调整输送皮带在滚筒上的位置;

⑤对盾构设备进行一次最后的全面检查及局部调整。

(21)泡沫系统和刀盘加水:泡沫系统参数设定好后,启动泡沫泵和风水供应,察看泡沫发生器混合发生情况,刀盘前部泡沫喷射和混合效果。

(22)注浆系统:检查注浆泵运转和管路连接情况。

盾构设备经空载试验,确认各项性能达到设计要求后,方可进行试掘进施工。

2)负载调试

通过空载调试证明盾构具有工作能力后,即可进行盾构的负载调试。负载调试的主要目的是检查各种管线及密封设备的负载能力,对空载调试不能完成的调试工作进一步完善,以使盾构的各个工作系统及其辅助系统达到满足正常施工要求的工作状态。通常试掘进时间为对设备负载调试的时间。

11.2　盾构现场验收

盾构设备在现场组装和调试完成后,应进行验收。验收组由盾构设备的买方、卖方及设备使用单位的技术人员以及有关专家联合组成。验收组按照技术文件和图纸,共同进行检查和试验,并由买方和卖方的双方代表签署盾构设备的组装证书以及单机和系列机械和设备的调试证书。如果调试成功,盾构组装符合技术文件的要求,双方代表应签署竣工安装证书。验收合格后,进行盾构的始发与试掘进,试掘进长度按盾构采购合同的规定,试掘进完成后进行盾构设备的最终验收。最终验收的内容包括验收盾构的制造质量、设备性能、安全、环保几方面。最终验收合格后,由买方和卖方的双方代表签署最终验收证书。

盾构的最终验收是盾构管理责任由制造商向使用单位完全转移的标志,是盾构掘进管理的重要环节。

盾构验收前盾构制造商需提供主要部件出厂合格证书、盾构检验证书、工厂调试报告、工地验收文件清单及相关表格、合同中规定的图纸和技术资料、验收标准等文件。合同设备应在规定的考核期内实现全部保证指标和相关条款,则表示最终验收合格。

验收中应认真记录验收数据,填写验收报告,验收要有专项表格,设备和系统的各项验收数据必须达到性能指标才能通过验收。

设备最终验收的主要依据如下:

(1)盾构采购合同;

(2)盾构技术文件及技术参数;

(3)合同附件的相关条款;

(4)对新机需提供设计联络、监造、安装调试过程中及随后的掘进过程中所签署的文件、备忘录等;

(5)调试有关参数记录;

(6)试掘进有关参数记录。

11.3　盾构始发技术

11.3.1　盾构始发流程

盾构始发流程见图11-13。盾构始发是指利用反力架和负环管片,将始发基座上的盾构,由始发竖井推入地层,开始沿设计线路掘进的一系列作业。盾构工程中的始发施工,在施工中占有相当重要的位置。在20世纪60年代,手掘式盾构施工法鼎盛,始发施工方法是用来部分拆除竖井的临时墙等,顺次建设挡土墙以防止地层崩塌,同时进行开挖。进入70年代,泥水式、土压式等闭胸型盾构得到广泛应用,这类盾构的前面为封闭结构,不能像手掘式盾构施工法那样施工,为此,必须让盾构全断面贯入地层,通过泥浆循环或土砂的塑性流动进行开挖。盾构法施工的进步,在对地层进行保护方面贡献很大,但始发施工并未简化,反而使施工方法变得更为复杂。目前,盾构隧道有埋深加大且大型化的趋势,施工周围的环境日趋严峻,在这种情况下,盾构工程的始发施工对辅助施工法的依赖性越来越大,目前到了没有辅助施工法就几乎不能进行始发施工的地步。与此相应,辅助施工法也进步显著,现在不但强度大、可靠性高,而且在大深度场所也能施工。以前是以化学注浆施工法为主,目前逐渐采用了高压旋喷注浆和冻结法等更为安全的施工法。

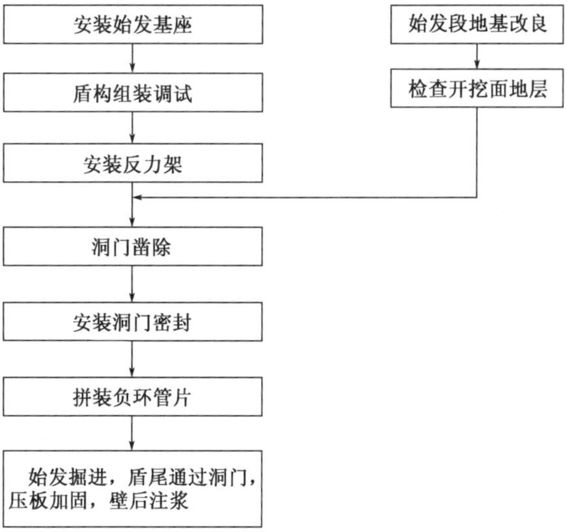

图 11-13　盾构始发流程图

盾构始发是盾构施工的关键环节之一,其主要内容包括:始发前竖井端头的地层加固、安装盾构始发基座、盾构组装及试运转、安装反力架、凿除洞门临时墙和围护结构、安装洞门密封、盾构姿态复核、拼装负环管片、盾构贯入作业面建立土压和试掘进等。

11.3.2　端头加固

在始发掘进和到达掘进时,随着竖井挡土墙的拆除,端头土体的结构、作用荷载和应力将发生变化,对始发掘进和到达掘进的竖井端头地层须进行土体加固。地层加固的目的如下:防止拆除临时墙时的振动影响;在盾构贯入开挖面前,能使围岩自稳及防止地下水流失;防止开挖面坍塌;防止地表沉降。地层加固的方法有化学注浆法、砂浆回填法、深层搅拌法、高压旋喷注浆法、冷冻法等。国内较常用的是深层搅拌法、高压旋喷注浆法、冷冻法,其相关内容详见本书第 12 章“端头加固技术”。

盾构法隧道施工中,端头土体加固是盾构始发、到达技术的一个重要组成部分,也是盾构始发、到达事故多发地带,即端头土体加固的成功与否直接关系到盾构能否安全始发、到达。因此,合理选择端头加固施工工法和进行必要的加固监测,是保证盾构法隧道顺利施工的非常重要的环节。

端头土体加固与一般地基加固的不同之处是,不仅要有强度要求,还要有抗渗透性要求,在此基础上,还要考虑经济性要求。这主要由加固长度、宽度、加固方法的选择决定的,即加固方法是否存在风险性过大,或过于保守,或加固范围过大等。

由于冻结法有造价高、解冻后存在沉降问题等缺点,旋喷桩虽然加固效果好,但其造价远高于深层搅拌桩。所以,端头加固采用较广泛的是深层搅拌法,并在搅拌桩加固体与连续墙之间无法加固的间隙处采用旋喷法进行补充加固。

端头土体加固最常见的问题有两个:一是加固效果不好,造成开洞门时土体坍塌;二是加固范围不当,造成始发时水土流失。

端头土体加固的效果不好是在始发过程中经常遇到的问题。采取的主要措施是必须根据端头土体情况选择合理的加固方法,而且要加强过程控制,特别是要严格控制一些基本参数。对于加固区与始发井之间形成的必然间隙要采取其他方式处理。

出现开洞门失稳现象时,在小范围的情况下可采用一边破除洞门混凝土,一边利用喷素混凝土的方法对土体临空面进行封闭。如果土体坍塌失稳情况严重时,只有封闭洞门重新加固。

始发端与到达端地层加固范围详见本书第 12 章"端头加固技术"相关内容。加固后地层应具有良好的均匀性和整体性;在凿除洞门后能够自稳,且具有低渗透性。

端头加固完成后,应进行钻孔取芯试验以检查效果,取芯试件无侧限抗压强度应达到 $\sigma_{cu} \geqslant 1\text{MPa}$,内聚力 $C \geqslant 0.5\text{MPa}$;在加固区钻水平孔和垂直孔检查渗水量,水平孔分布于盾构隧道上部、下部、左部、右部和中心处各一个,深 8m,其渗透系数不大于 1.0×10^{-8}cm/s,其渗水量总计不大于 10L/min。垂直孔:在加固区前端布设 2 个孔和施工中钻孔误差较大的部位布设 1 个孔,其渗水量不大于 2L/min。检查孔使用后,采用低强度水泥砂浆封孔。

11.3.3　洞门凿除

洞门混凝土凿除前,端头加固的土体须达到设计所要求的强度、渗透性、自立性等技术指标后,方可开始洞口凿除工作。

洞门壁混凝土采取人工用高压风镐凿除,凿除工作分两个步骤进行。步骤一,先凿除外层 500mm 厚混凝土并割除钢筋及预埋件,保留最内层钢筋;外层凿除工作先上部后下部,钢筋及预埋件割除须彻底,以保证预留洞门的直径。步骤二,当盾构组装调试完成,并推进至距离洞门约 1.0 ~ 1.5m 时,凿除里层。里层凿除方法是根据断面大小的不同,将其分割成 9 ~ 20 块。图 11-14 是分割为 12 块的施工方法,具体做法是,在洞门中心位置上凿 3 条水平槽,沿洞门周围凿一条环槽,然后开 2 条竖槽。洞门凿除顺序如图 11-14 所示。

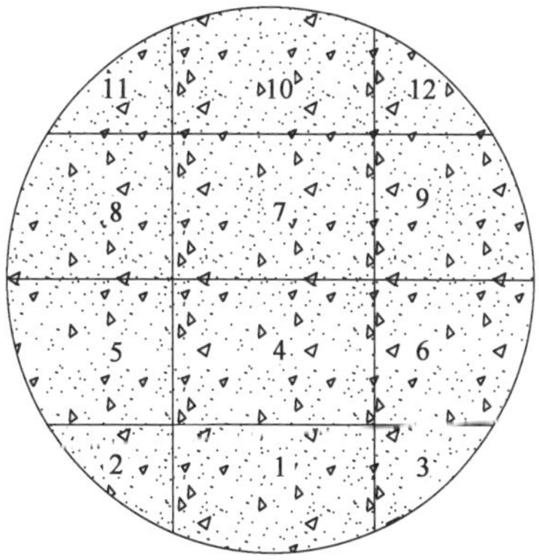

图 11-14　洞门凿除顺序(按图中数字)

11.3.4　洞门密封

为了防止盾构始发或到达时泥土、地下水从盾壳和洞门的间隙处流失,以及盾尾通过洞门后背衬注浆浆液的流失,在盾构始发或到达时需安装洞门密封。

洞口密封的施工分两个步骤进行:步骤一,在结构的施工过程中,做好洞门预埋件工作,预埋件必须与结构的钢筋连接在一起;步骤二,在盾构正式始发或到达前,应先清理完洞口的渣土,然后进行洞口密封装置的安装。

洞门密封装置由帘布橡胶、扇形压板、防翻板、垫片和螺栓等组成。安装洞门密封之前,应对帘布橡胶的整体性、硬度、老化程度等进行检查,对圆环板的成圆螺栓孔位等进行检查,并提前把帘布橡胶的螺栓孔加工好；然后将洞门预埋件的螺栓孔清理干净；最后按照帘布橡胶板、圆环板、扇形压板、防翻板的顺序进行安装。

盾构始发时，为防止盾构进入洞门时刀盘损坏帘布橡胶，可在帘布橡胶板外侧涂抹一定量的油脂。随着盾构向前推进须根据情况对洞门密封压板进行调整，以保证密封效果，见图 11-15。

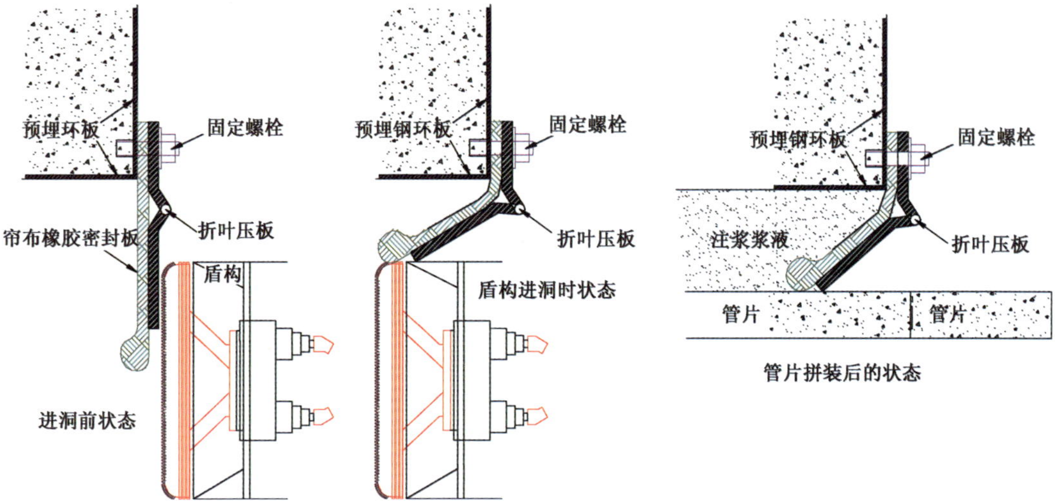

图 11-15 土压平衡盾构始发洞门密封示意图

泥水盾构始发时，除防止泥水盾构始发掘进时泥土、地下水从盾体和洞门的间隙处流失外，还要防止循环泥浆的流失。同时为建立一定的泥水压力，在盾构始发时一般需安装由两道相同密封组成的洞门临时密封装置，见图 11-16。

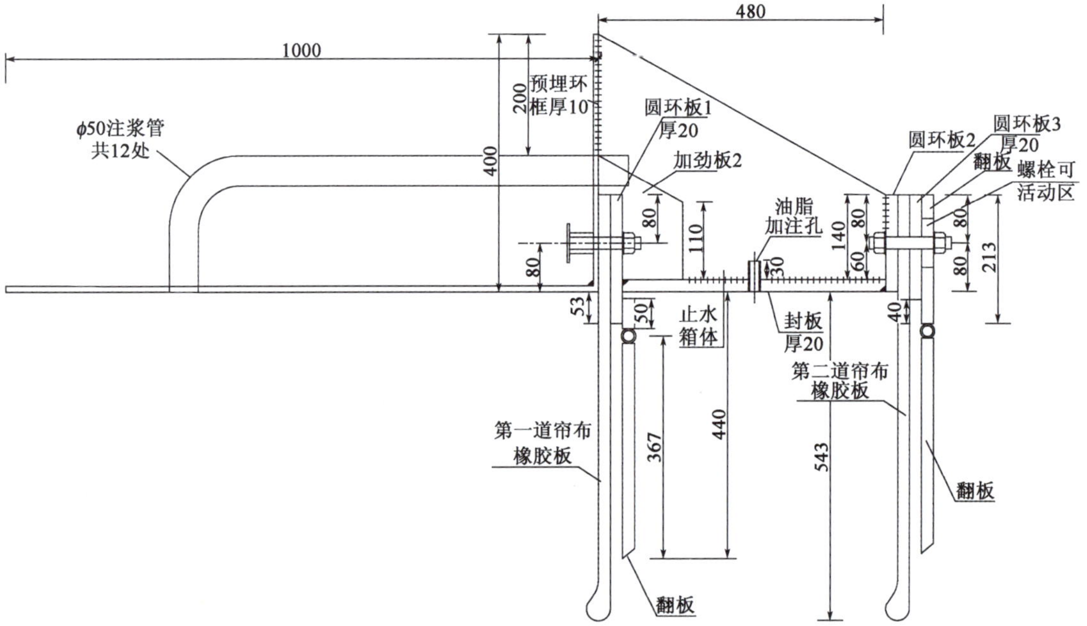

图 11-16 泥水盾构始发洞门密封示意图（尺寸单位：mm）

盾构进入预留洞门前，在外围刀盘和帘布橡胶板外侧涂润滑油。当盾构刀盘全部通过第一道密封后，开始向泥水舱内加压，压力仅满足泥浆充满泥水舱，然后在两道密封间利用预留注脂孔向内注油脂，使油脂充满两道帘布橡胶密封间的空隙。当盾尾通过第一道密封且折叶板下翻后，进一步加注油脂，使洞门临时密封起到很好的防水效果。当盾尾通过第二道密封且折叶板下翻后，要及时利用注脂孔向内继续注油脂，使油脂压力始终高于泥水压力 0.1bar 左右，从而使盾构顺利始发并减少始发时的地层损失。

11.3.5　负环管片拼装

当完成洞门凿除、洞门密封装置安装及盾构组装调试等工作后，组织相关人员对盾构设备、反力架、始发基座等进行全面检查与验收。验收合格后，开始将盾构向前推进，并安装负环管片。

①在盾尾壳体内安装管片支撑垫块，为管片在盾尾内的定位做好准备，见图 11-17。

②从下至上一次安装第一环管片，要注意管片的转动角度一定要符合设计，换算位置误差不能超过 10mm。

③安装拱部的管片时，由于管片支撑不足，一定要及时加固。

④第一环负环管片拼装完成后，用推进油缸把管片推出盾尾，并施加一定的推力把管片压紧在反力架上的负环钢管片上，用螺栓固定后即可开始下一环管片的安装。

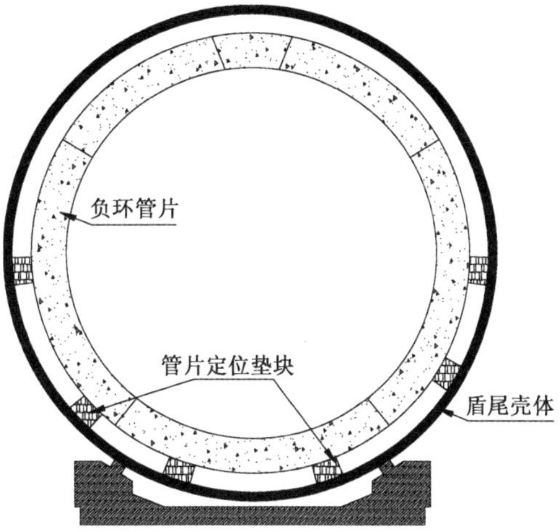

图 11-17　负环管片拼装示意图

⑤管片在被推出盾尾时，要及时支撑加固，防止管片下沉或失圆。同时也要考虑到盾构推进时可能产生的偏心力，因此支撑应尽可能稳固。

⑥当刀盘抵达掌子面时，推进油缸已经可以产生足够的推力稳定管片，就可以把管片定位块取掉。

11.3.6　始发掘进要点

(1)盾构始发掘进时的总推力应控制在反力架承受能力以下，同时确保在此推力下刀具切入地层所产生的扭矩小于始发基座提供的反扭矩。

(2)在盾构推进、建立土压过程中应注意对洞门密封、始发基座、反力架及反力架支撑的变形、渣土状态等情况进行认真观察，发现异常情况，应适当降低土压力(或泥水压)、减小推力、控制推进速度。

(3)由于始发基座轨道与管片有一定的空隙，为了避免负环管片全部推出盾尾后下沉，可在始发基座导轨上焊接外径与理论间隙相当的圆钢，使圆钢将负环混凝土管片托起。

(4)在盾构内拼装好整环后，利用盾构推进油缸将负环管片缓慢推出盾尾，直至与钢负环接触，并用管片螺栓连接固定。负环管片的最终位置要以推进油缸的行程进行控制，在第一环负环管片与钢负环之间的空隙用早强砂浆或钢板填满,确保推进油缸的推力能较好地传递至反力架上。第二环负环管片及以后管片将按照正常的安装方式进行安装。

(5)随着负环管片的拼装,应不断用准备好的木楔填塞负环管片与始发基座轨道及三角支撑之间的间隙,待洞门维护结构完全拆除后,盾构应快速通过洞门进行始发掘进施工。

(6)当始发掘进至第50~60环时,可拆除反力架及负环管片。盾构施工中,始发掘进长度应尽可能缩短,但不短于以下两个长度中较长的一个:①管片外表面与土体之间的摩擦力应大于盾构的推力,根据管片环的自重及管片与土体间的摩擦系数,计算出此长度;②始发长度应能容纳后配套设备。

(7)始发前盾尾钢丝刷必须用WR90油脂进行涂抹,且必须达到涂抹质量,饱满、均匀,每一根钢丝上均粘有油脂。

(8)严禁盾构在始发基座上滑行期间进行盾构纠偏作业。

(9)盾构始发过程中,严格进行渣土管理,防止由于渣土管理控制不当造成地表沉降或隆起;开始掘进后,必须加强地表沉降监测,及时调整盾构掘进参数。

(10)当盾尾完全进入洞门密封后,调整洞门密封,及时通过同步注浆系统对洞门进行注浆,封堵洞圈,防止洞门密封处出现漏泥水,避免注浆液外漏现象的发生。

(11)在始发阶段由于盾构设备处于磨合阶段,要注意对推力、扭矩的控制,同时也要注意对各部位油脂的有效使用。

11.4 土压平衡盾构掘进技术

11.4.1 土压平衡盾构施工流程

土压平衡盾构法施工工艺流程见图11-18。

11.4.2 掘进管理原则

正式掘进施工阶段采用始发试掘进阶段所掌握的最佳施工技术参数,结合具体的地质情况,通过加强施工监测,不断完善施工工艺,控制地面沉降。掘进前由工程部土木工程师下达掘进指令与管片指令,主司机应严格按照掘进指令上的各种参数进行掘进,拼装管片应按照管片指令上所注明的管片布置形式进行安装。掘进过程中,应根据导向系统给出的坐标值严格控制好盾构姿态,当盾构的水平位置或高程偏离设计轴线20mm时,要进行盾构姿态的纠偏。在纠偏过程中,每一循环盾构的纠偏值水平方向不超过9mm,竖直方向不超过5mm。掘进过程中,严格控制和记录好各组推进油缸的行程。在直线段,各组推进油缸的行程差每循环不宜超过20mm。盾构在停止掘进时,土舱内应保持相应的压力,以防止在安装管片或停机时掌子面发生坍塌。在掘进过程中,盾构的姿态不能突变,水平和高程的姿态改变量不能超过2‰。在每个循环掘进之后,必须由土木工程师对盾尾间隙进行测量,将测量数据记录下来并将其输入导向系统,通过导向系统计算后预测下几环管片的布置形式。背衬注浆与掘进应同时进行,背衬注浆是控制地表沉降的关键工序,所以应严格做到没有注浆就不能掘进。盾构掘进施工全过程须严格受控,工程技术人员应根据地质变化、隧道埋深、地面荷载、地表沉降、盾构姿态、刀盘扭矩、油缸推力、盾尾间隙、油缸行程等各种量测数据信息，正确下达每班的掘进指令及管片指令，并及时跟踪调整。盾构主司机及其他部位操作人员必须严格执行掘进指令以及管片指令，细心操作，对盾构初始出现的偏差应及时纠正，绝对不能使偏差累积，造成超限。盾构纠偏时，纠偏量不要太大，以避免管片发生错台和减少对地层的扰动。

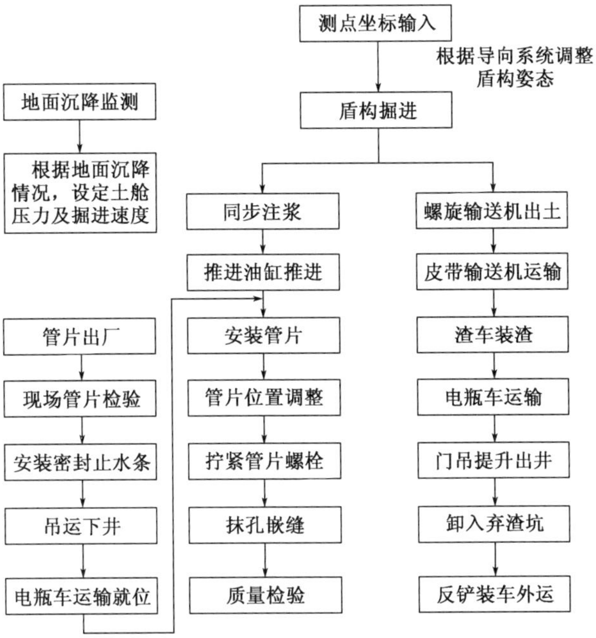

图 11-18　土压平衡盾构法施工工艺流程

为了防止盾构掘进对地面建筑物产生有害的沉降和倾斜，防止盾构施工影响范围内的地下管线发生开裂和变形，必须规范盾构操作并选择适当的掘进工况，减小地层损失，将地表隆陷控制在允许的范围内（$-3 \sim +1\text{cm}$）。

掘进时，严格按照启动顺序开机。开机前全面检查冷却循环水系统、压缩空气系统、推进系统、管片拼装系统、主轴承密封润滑系统、盾尾注脂系统等，确保系统正常，方能启动操作。盾构掘进过程中，必须确保开挖面的稳定，按围岩条件调整土舱压力和控制出渣量。必须在考虑围岩情况、盾构类型、超挖量、隧道曲线半径、坡度和管片反力等情况下，确保盾构掘进时的推力大小始终保持在适当的数值上。

11.4.3　土压平衡工况掘进

1）土压平衡工况掘进特点

土压平衡工况掘进时，刀具切削下来的土充满土舱，然后利用土舱内泥土压与作业面的土压和水压相抗衡，与此同时，用螺旋输送机排土设备进行与盾构推进量相当的排土作业。掘进过程中，始终维持开挖土量与排土量的平衡，以保持正面土体稳定，并防止地下水土的流失而引起地表过大的沉降。

2）掘进控制

土压平衡盾构掘进控制程序如图 11-19 所示。

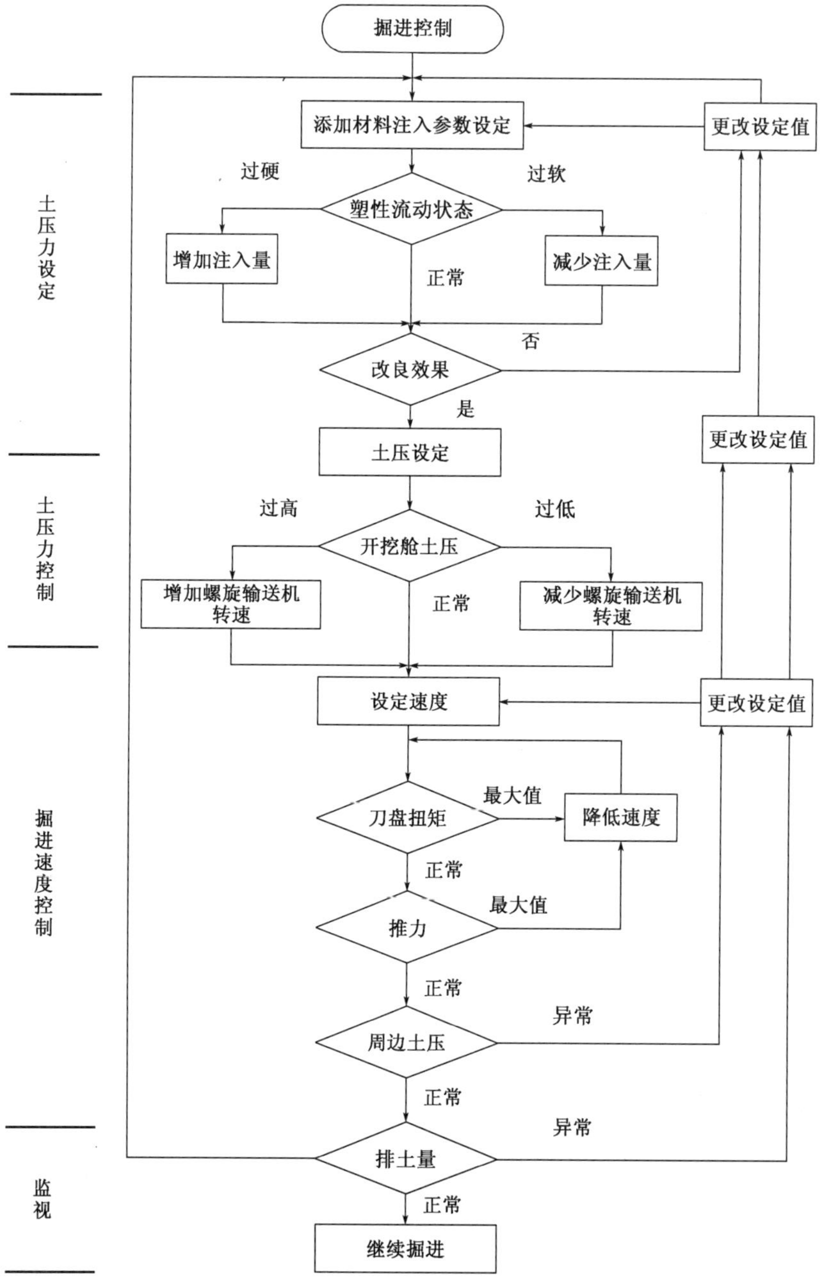

图 11-19　土压平衡盾构掘进控制程序

在盾构掘进中,保持土舱压力与作业面压力(土压、水压之和)平衡是防止地表沉降,保证建筑物安全的一个很重要的因素。

(1)土舱压力值的选定

土舱压力值 P 应能与地层土压力 P_0 和静水压力相平衡,在地层掘进过程中根据地质埋深情况以及地表沉降监测信息进行反馈和调整优化。地表沉降与工作面稳定关系以及相应对策见表 11-1。

地表沉降与工作面稳定关系以及相应对策　　表 11-1

地表沉降信息	工作面状态	P 与 P_0 关系	措施与对策	备　注
下沉超过基准值	工作面坍陷与失水	$P_{max} < P_0$	增大 P 值	P_{max}、P_{min} 分别表示 P 的最大峰值和最小峰值
隆起超过基准值	支撑土压力过大，土舱内水进入地层	$P_{min} > P_0$	减小 P 值	

(2)土舱压力的保持

土舱压力主要通过维持开挖土量与排土量的平衡来实现，可通过设定掘进速度、调整排土量或设定排土量、调整掘进速度两条途径来达到。

(3)排土量的控制

排土量的控制是盾构在土压平衡工况模式下工作时的关键技术之一。

理论上螺旋输送机的排土量 Q_S 是由螺旋输送机的转速来决定的，当推进速度和 P 值设定，盾构可自动设置理论转速 N：

$$Q_S = V_S \cdot N \tag{11-1}$$

式中：V_S——设定的每转一周的理论排土量。

Q_S 与掘进速度决定的理论渣土量 Q_0 相当，即：

$$Q_0 = A \cdot V \cdot n_0 \tag{11-2}$$

式中：A——切削断面面积；

n_0——松散系数；

V——推进速度。

通常，理论排土率用 $K = Q_S/Q_0$ 表示。

理论上，K 等于 1 或接近 1，这时渣土就具有低的透水性且处于良好的塑流状态。事实上，地层的土质不一定都具有这种特性，这时螺旋输送机的实际出土量就与理论出土量不符，当渣土处于干硬状态时，因摩阻力大，渣土在螺旋输送机中的输送遇到的阻力也大，同时容易产生固结、阻塞现象，实际排土量将小于理论排土量，则必须依靠增大转速来增大实际出土量，以使之接近 Q_0。这时 $Q_0 > Q_S$，$K < 1$。当渣土柔软而富有流动性时，在土舱内高压力的作用下，渣土自身有一个向外流动的能力，从而使实际排土量大于螺旋输送机转速决定的理论排土量，这时，$Q_0 < Q_S$，$K > 1$，必须依靠降低螺旋输送机的转速来降低实际排土量。当渣土的流动性非常好时，由于输送机对渣土的摩阻力减小，有时还可能产生渣土喷涌现象，这时，转速很小就能满足出土要求，K 值接近于 0。

渣土的排出量必须与掘进的挖掘量相匹配，以获得稳定而合适的支撑压力值，使掘进机的工作处于最佳状态。当通过调节螺旋输送机的转速仍不能达到理想的出土状态时，可以通过改良渣土的塑流状态来调整。

(4)渣土具有的特性

在土压平衡工况模式下渣土应具有以下特性：

①良好的塑流状态;

②良好的黏—软稠度;

③低的内摩擦力;

④低的透水性。

一般地层岩土不一定具有这些特性,从而使刀盘摩擦增大,工作负荷增加。同时,密封舱内渣土塑流状态差时,在压力和搅拌作用下易产生泥饼、压密固结等现象,从而无法形成对开挖舱有效密封和良好的排土状态。当渣土具有良好的透水性时,渣土在螺旋输送机内排出时无法形成有效的压力递降,土舱内的土压力无法达到稳定的控制状态。

当渣土满足不了这些要求时,需通过向刀盘、混合舱内注入添加剂对渣土进行改良,采用的添加剂主要是泡沫或膨润土。

3)确保土压平衡而采取的技术措施

(1)拼装管片时,严防盾构后退,确保正面土体稳定。

(2)同步注浆充填环形间隙,使管片衬砌尽早支承地层,控制地表沉陷。

(3)切实做好土压平衡控制,保证掌子面土体稳定。

(4)利用信息化施工技术指导掘进管理,保证地面建筑物的安全。

(5)在砂质土层中掘进时向开挖面注入黏土材料、泥浆或泡沫,使搅拌后的切削土体具有止水性和流动性,既可使渣土顺利排出地面,又能提供稳定开挖面的压力。

4)渣土改良

为了使刀盘切削下来的渣土具有好的流塑性、合适的稠度、较低的透水性和较小的摩阻力,通过盾构配置的专用装置向刀盘前面、土舱及螺旋输送机内注入添加剂如泡沫、膨润土或聚合物等,利用刀盘的旋转搅拌、土舱搅拌装置搅拌及螺旋输送机旋转搅拌,使添加剂与土渣充分混合,达到稳定土压平衡的作用。

通过渣土改良可以达到渣土的流塑性以及较小的摩阻力,减少泥饼的形成;不同厂家为防止泥饼产生,在结构设计上有一些改进,这也是有益的措施。

(1)泡沫

无论盾构通过砂性土还是在黏性土地层,都可以通过向土舱内注入泡沫来改善渣土的性状,使渣土具有良好的流塑性;同时泡沫的加入可以起到防水的作用,防止盾构发生喷涌和突水事故。但由于泡沫的用量和价格都比较高,所以只有在加泥不满足要求以及发生喷涌、突水的情况下才使用。当泡沫注入后,可以将螺旋输送机回缩,控制好盾构推力将盾构刀盘进行空转,使泡沫充分与土舱内的渣土拌和,使泡沫剂在改善渣土性状和止水方面发挥最大的功效。

泡沫系统由螺杆泵泵送泡沫剂与一定比例的水混合液,经过泡沫发生器,高压空气吹压发泡,产生大量的泡沫,通过管路输送到刀盘前面、土舱及螺旋输送机与渣土混合。泡沫具有如下优点:由于气泡的润滑效果,减少了渣土的内摩擦角,提高了渣土的流动性,从而减少了刀盘的扭矩,改善了盾构作业参数;减少渣土的渗透性,使整个开挖土传力均匀,工作面压力变动小,有利于调整土舱压力,保证盾构掘进姿态,控制地表沉降;降低黏土的黏性,使之不附着于盾构及刀盘上,有利于出土机构出土;泡沫无毒,在2h后可自行分解消失,对土壤环境无污染。

盾构通过向开挖面注入泡沫,使得开挖土获得良好的流动性和止水性,并保持开挖面稳定,扭矩明显下降。而在黏性土层中,由于其内摩擦角小,易流动,泡沫只起到活性剂作用,防止土黏在刀具和土舱内壁上,减少对刀具的磨损,提高了出土速度和掘进速度。

(2)膨润土

膨润土系统也是用来改良土质,以利于盾构的掘进。膨润土系统主要包括膨润土箱、膨润土泵、气动膨润土管路控制阀及连接管路。有的设备将膨润土系统与泡沫系统共用一套注入管路。需要注入膨润土时,膨润土被膨润土泵沿管路向前泵至盾体内,根据需要,将膨润土加入开挖室、泥土舱或螺旋输送机中。

(3)聚合物

利用聚合物本身高析水性能,使渣土产生塑性,以防止喷涌的发生。在高压富水地层中防止渣、水喷涌发生方面效果比较明显。

11.4.4　盾构掘进方向的控制

盾构掘进施工中,盾构司机需要连续不断地得到盾构轴线位置相对于隧道设计轴线位置及方向的关系,以便使被开挖隧道保持正确的位置;盾构在掘进中,以一定的掘进速度向前开挖,也需要盾构的开挖轨迹与隧道设计轴线一致,而此时盾构司机必须及时得到所进行的操作带来的信息反馈。如果掘进机与隧道设计轴线相对位置偏差超过一定限界时,就会使隧道衬砌侵限、盾尾间隙变小进而引起管片局部受力恶化,同时也会造成因地层损失增大而导致的地表沉降加大等不良影响。

盾构施工中,采用激光导向系统来保证掘进方向的准确性和盾构姿态的控制。激光导向系统用来测量盾构偏离设计轴线的姿态偏差(水平和垂直)、里程及盾构的姿态角(滚动角、俯仰角和方位角)。测量的结果以图形和数字结合的方式在工业电脑上显示,同时激光导向系统还可以存储每环管片安装的关键数据。

随着科学技术发展,盾构导向系统的技术原理经历了从三棱镜法到双棱镜法再到激光靶法的迭代升级过程。产品不断朝着系统构成简洁、无线化、人性化、功能更加丰富的智能化方向发展,并形成了基于导向系统的盾构智能化一揽子解决方案。基于导向系统的姿态数据和应用平台可以为盾构掘进提供自动盾尾间隙测量及管片管理、排土量自动检测、掘进管理、电瓶车车防溜车、隧道内无线物联网、地面监控系统、盾构大数据平台等智能施工信息综合管理解决方案。

激光靶法原理由于技术先进,测量精度高,所需要的测量空间较小,故障出现概率低等优点被施工单位和业主单位优先选用,双棱镜法和三棱镜法则慢慢被市场淘汰。

(1)三棱镜法导向系统原理

棱镜法导向系统的技术核心是七参数坐标系转换。初始确定好三个棱镜与盾构机的刚体零位关系,在盾构推进过程中实时测量三个棱镜的三维坐标,通过结合始发零位刚体数据及设计轴线数据,利用七参数坐标系转换算法计算盾构的位置信息和姿态信息,三棱镜法导向系统原理如图 11-20 所示。

(2)双棱镜法导向系统原理

双棱镜法系统与三棱镜法导向系统技术原理类似,两棱镜导向系统在原先的基础上减少了一个棱镜,增加了一个双轴倾斜仪,有效降低了测量周期并提高了测量精度。初始确定好两个棱镜及倾斜仪与盾构机的刚体零位关系，在盾构推进过程中实施测量两个棱镜三维坐标并获取倾斜仪数据，通过结合始发刚体零位数据及设计轴线数据，利用七参数坐标系转换算法计算盾构的位置和姿态信息，双棱镜法导向系统原理如图 11-21 所示。

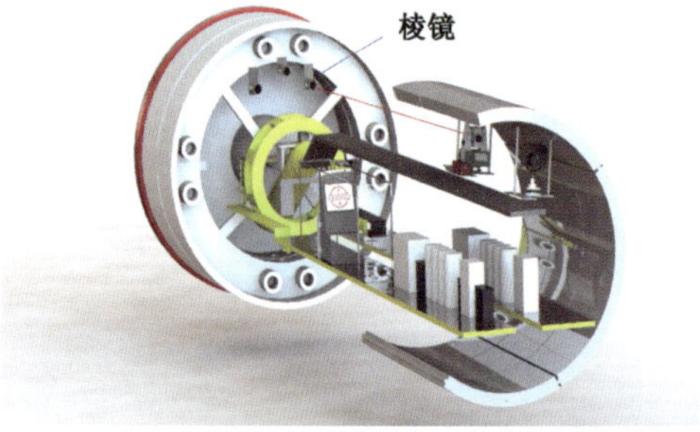

图 11-20　三棱镜法导向系统原理

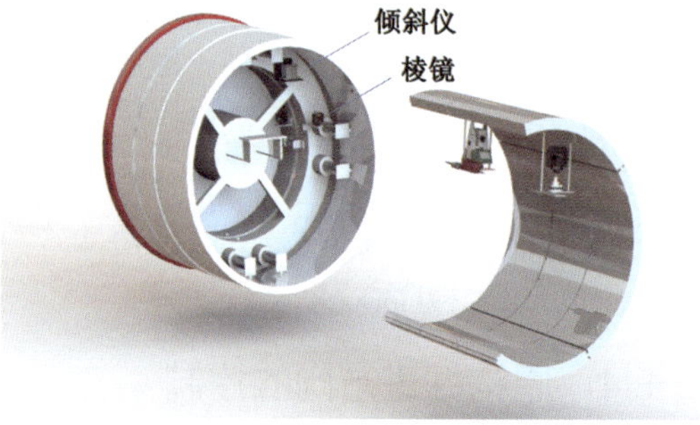

图 11-21　双棱镜法导向系统原理

(3)激光靶法导向系统原理

激光靶安装在盾体合适的位置，用于接收来自全站仪的激光，计算盾构的三个姿态角并将结果通过有线方式发送至工业电脑，全站仪和后视棱镜安装在管片上，通过测量后视棱镜确定测量坐标系，测量激光靶的三维坐标后将结果通过无线电台发送至工业电脑，程序接收到激光靶的姿态角、坐标数据后结合始发零位数据，计算盾构刀盘、铰接、盾尾中心的三维坐标，并根据计算结果和录入程序中的 DTA 数据最终计算盾构刀盘、铰接、盾尾的水平偏差、垂直偏差、趋向、里程等姿态信息，激光靶导向系统原理如图 11-22 所示。

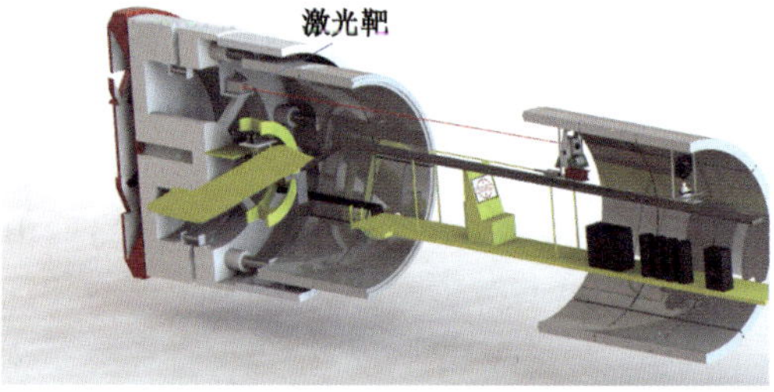

图 11-22　激光靶导向系统原理

目前市场上主流的导向系统主要有上海力信 RMS-D 导向系统、铁建重工 DDJ 导向系统、中铁装备 ZED 导向系统、德国 VMT 导向系统、日本演算工坊导向系统，除了演算工坊是棱镜法以外其余均为激光靶法。国产导向系统原理、部件基本一致，区别在于软件算法、功能、界面和技术服务的差别。因此本节以上海力信 RMS-D 为代表介绍国产导向系统，同时介绍国外的 VMT 和演算工坊等导向系统。

1)力信 RMS-D 导向系统

(1)系统概述

在对盾构施工现场以及施工的测量需求充分理解的基础上进行 RMS-D 导向系统研发设计，实现施工导向测量的自动化。系统全站仪采用无线数据链通信，交、直流双重模式供电。测距采用进口瑞士徕卡自动全站仪，前视标靶采用力信测量(上海)有限公司自主研发激光靶，系统构成如图 11-23 所示。

(2)导向原理

激光靶内置相机和倾斜仪，在盾构掘进中全站仪测量激光靶的坐标，同时通过内置相机和倾斜仪，获取盾构滚动角和俯仰角的变化量以及红色激光(不可见激光)与激光靶轴线的夹角。RMS-D 激光靶如图 11-24 所示,技术参数见表 11-2。综合以上参数,根据激光靶相对于盾构空间位置关系固定不变的原理,计算出在大地坐标系下盾构盾首和盾尾的坐标,与隧道设计线比较,计算出盾构姿态。

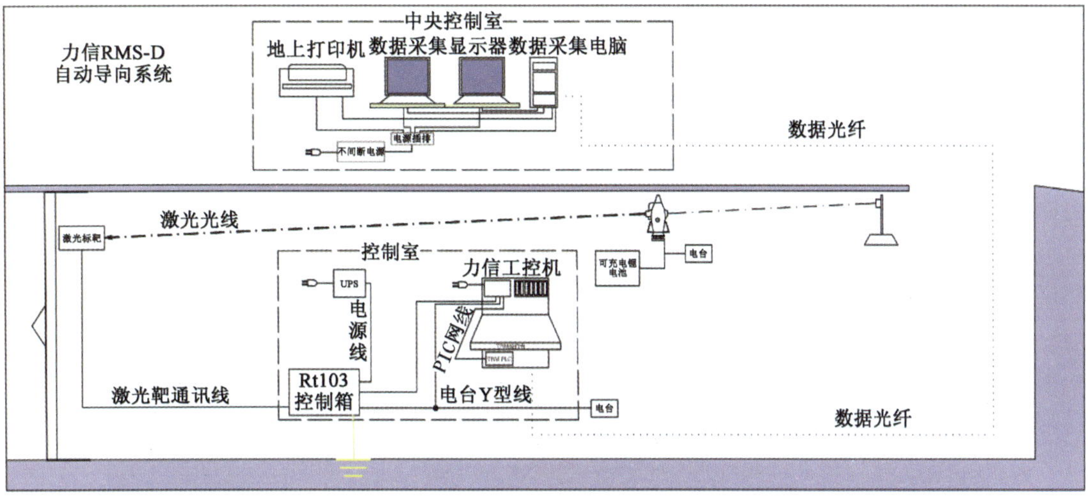

图 11-23　RMS-D 导向系统构成

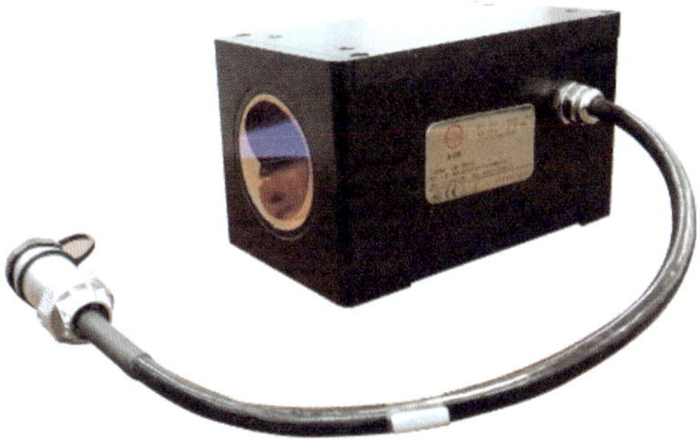

图 11-24　RMS-D 激光靶

RMS-D 激光靶技术参数　　表 11-2

项　目	参　数	项　目	参　数
型号	力信 LT15 型	方位精度	0.01°
工作电源	9～36VDC	工作距离	1～300m
通信方式	TCP/IP	尺寸	170mm×90mm×90mm
激光入射范围	±25°	质量	1.75kg
姿态精度	0.01°		

(3)功能特点

①姿态显示:以数字和图形的方式实时显示前盾、后盾的姿态偏差、姿态角、里程、累计掘进及与计划线的水平和垂直趋向等。

②线型计算:系统支持元素法和坐标列表法计算线缆线型,智能校核录入信息,并能够导出线型列表,最大限度降低人为错误的发生概率。

③管片管理：系统支持通用管片和普通管片的最优拼装点位选型、后续 1 ~ 20 环管片预测，同时支持手动和自动录入盾尾间隙。

④状态监视：系统自动监视所有硬件的工作状态，并自动记录硬件运行报警信息。

⑤基准检核：系统定时自动进行测量基准的检核，检核测量基准的方位、平距、高差信息，超限后自动报警并停止导向。

⑥数据查询：系统支持通过时间、环号等方式查询历史掘进导向测量数据、系统操作日志、报警信息等，并可以导出查询结果。

⑦测量信息：系统将每次导向测量的详细计算结果通过测量信息的功能展示给用户，方便用户进行人工姿态检核及导向资料上报等。

⑧用户管理：系统支持盾构司机、测量员、测量主管等三个用户权限进行登录操作，为不同的权限开放不同的功能，降低人为误操作风险。

(4)软件主界面(图 11-25)

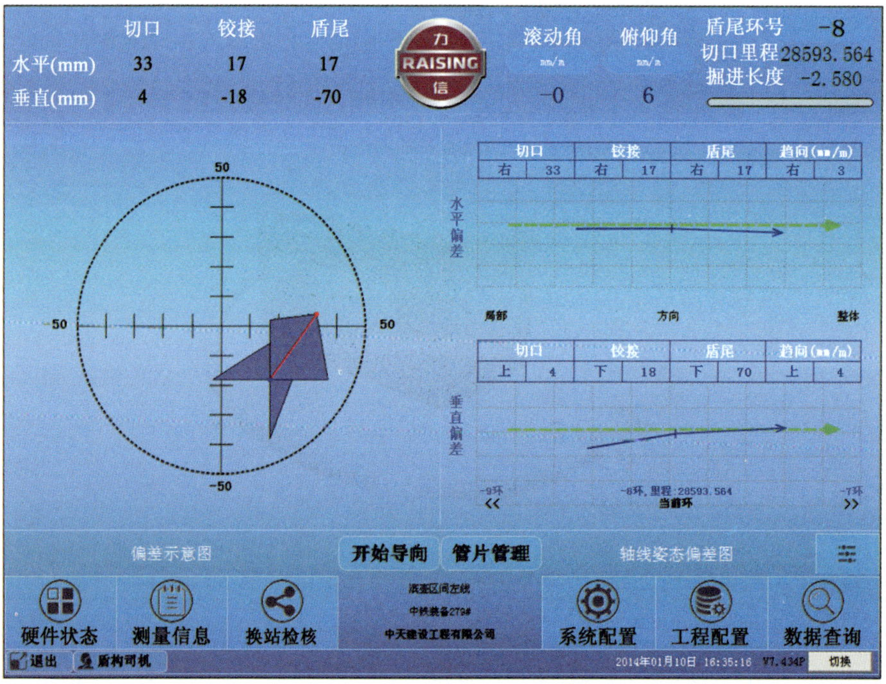

图 11-25　RMS-D 软件主界面

2)VMT 导向系统

(1)系统概述

VMT 导向系统构成如图 11-26 所示。其由 PC 机、隧道掘进软件、激光经纬仪、电子激光靶、中央控制箱、调制解调器、激光发射器、盾构 PLC、尾盾间隙自动测量系统、电缆卷筒等组成。

(2)导向原理

VMT 导向系统通过全站仪测量激光靶下面的小棱镜确定盾构的位置，然后通过加装的 GUS74 激光发射器发射激光至激光靶窗口，获取方位角偏差，基于激光靶和盾构位置关系，所有的数据经过导向软件计算处理而获得盾构姿态。VMT 导向系统原理如图 11-27 所示。

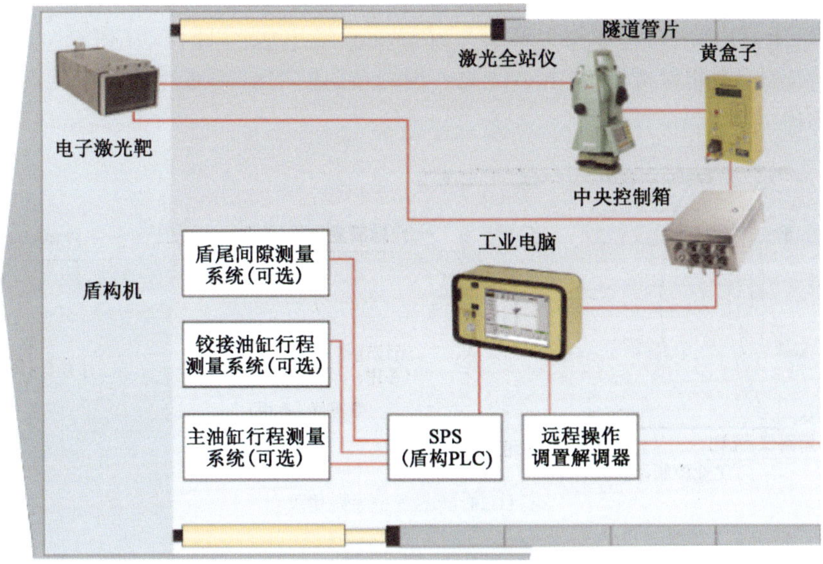

图 11-26　VMT 导向系统构成

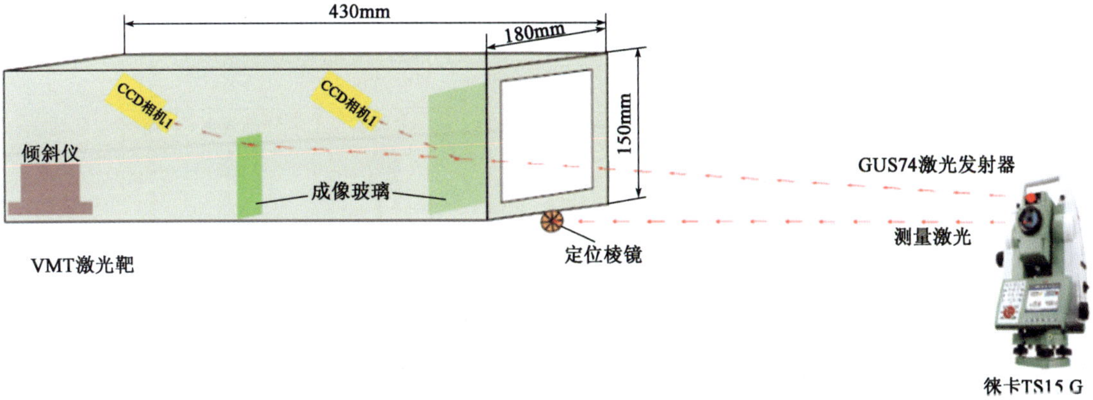

图 11-27　VMT 导向系统原理

3)PPS 导向系统

PPS 导向系统构成如图 11-28 所示。该系统能够对盾构在掘进中的各种姿态及盾构掘进的方向和位置关系进行精确的测量和显示。操作人员可以根据导向系统提供的信息,快速、实时地对盾构的掘进方向及姿态进行调整,减小掘进偏差。PPS 导向系统和隧道掘进软件连续不断地提供盾构的三维坐标和定向的、连续的动态信息。导向系统附带的通信装置能够接收数据,由隧道掘进软件计算盾构的方位和坐标,并以图表和数字表格的形式准确地显示盾构的位置。

4)演算工坊导向系统

演算工坊自动导向系统是通过全站仪测量设置在盾构中盾体上方固定座子上的三个目标棱镜的三维坐标(一般设置 3 个,其中 1 个备用,3 号棱镜为必测目标),根据预先设定棱镜与盾构切口和盾尾的相对位置关系以及盾构的俯仰角、滚动角推算出切口和盾尾的三维坐标，和设计线进行对比，计算出盾构姿态。演算工坊导向系统组成如图 11-29 所示。导向系统主要由全站仪，后视棱镜、前视棱镜（3 个小棱镜）、倾斜仪、通信线、电源线、黄盒子、白盒子、中央控制箱、电脑等组成。

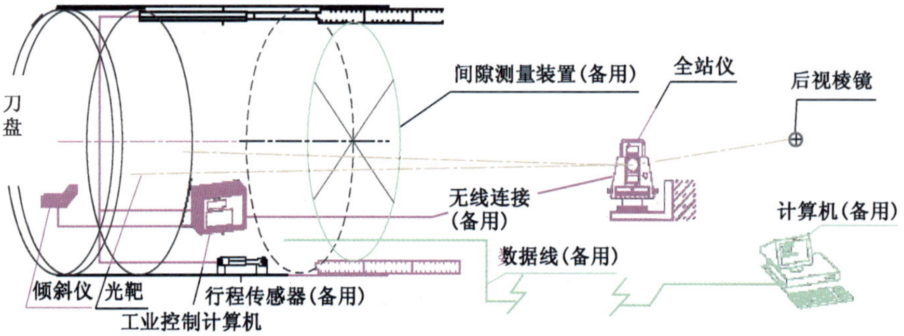

图 11-28　PPS 导向系统构成

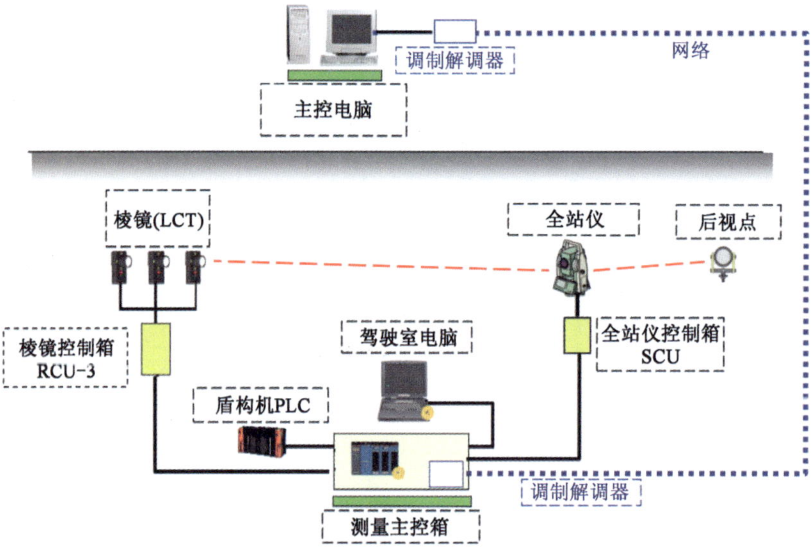

图 11-29　演算工坊导向系统组成

11.5　泥水盾构掘进技术

11.5.1　泥水盾构基本原理

泥水盾构用于不稳定地层的开挖，这种不稳定地层可能是各种各样的，从渗透性一般到渗透性很强（如含有少量干细砂或流沙的砾石）；泥水盾构被用于当隧道掘进要求对地层的干扰控制严格时，诸如沉陷和隆起等极其敏感的建筑物下进行的情况，因为这种技术能够精确控制泥水压力（在 ±0.05bar）。泥水盾构使用液态介质来支撑掌子面能达到高的封闭压力（4 ~ 5bar，在特殊情况下可达到 8bar），因此当工程的静水压力比较大时，通常选择泥水盾构而不用土压平衡盾构。

泥水盾构将一定浓度的泥浆泵入泥水盾构的泥水室中，随着刀盘切下来的土渣与地下水顺着刀槽流入开挖室中，泥水室中的泥浆浓度和压力逐渐增大，并平衡于开挖面的泥土压和水压，在开挖面上形成泥膜或泥水压形成的渗透壁，对开挖面进行稳定挖掘。

为了使开挖面保持相对稳定而不坍塌。只要控制进入泥水室的泥水量和渣土量，使之与从泥水室中排出的泥浆量相平衡，开挖即可顺利进行。

11.5.2 泥水盾构掘进管理要点

(1)根据隧道地质状况、埋深、地表环境、盾构姿态、施工监测结果制定盾构掘进施工指令与泥浆性能参数设置指令，并准备好壁后注浆工作、管片拼管工作。

(2)施工中必须严格按照盾构设备操作规程、安全操作规程及掘进指令控制盾构掘进参数与盾构姿态。掘进过程中，严格控制好掘进方向，及时调整。

(3)设定掘进参数，优化掘进参数。掘进与管片背后注浆同步进行。控制施工后地表最大变形量在 -30 ~ +10mm 之内。

(4)盾构掘进过程中，坡度不能突变，隧道轴线和折角变化不能超过0.4%。

(5)盾构掘进施工全过程须严格受控，根据地质变化、隧道埋深、地面荷载、地表沉降、盾构姿态、刀盘扭矩、推进油缸推力等，即时调整。初始出现的小偏差应及时纠正，尽量避免盾构走"蛇"形。在纠偏过程中，每一循环盾构的纠偏值水平方向不超过9mm，竖直方向不超过5mm，以减少对地层的扰动。

(6)施工中必须设专人对泥水性能进行监控，根据泥浆性能参数设置指令进行泥水参数管理。泥水管路延伸、更换，应在泥水管路完全卸压后进行。

(7)施工过程出现大粒径石块时，必须采用破碎机破碎、砾石分离装置分离。

11.5.3 掘进参数管理

(1)切口水压的设定

盾构切口水压由地下水压力、静止土压力、变动土压力组成，切口泥水压力应介于理论计算值上下限之间，并根据地表建(构)筑物的情况和地质条件适当调整。

(2)掘进速度

正常掘进条件下，掘进速度应设定为20 ~ 40mm/min；在通过软硬不均地层时，掘进速度控制在10 ~ 20mm/min。在设定掘进速度时，注意以下几点：

①盾构启动时，需检查推进油缸是否顶实，开始推进和结束推进之前速度不宜过快。每环掘进开始时，应逐步提高掘进速度，防止启动速度过大冲击扰动地层。

②每环正常掘进过程中，掘进速度值应尽量保持恒定，减少波动，以保证切口水压稳定和送、排泥管的畅通。在调整掘进速度时，应逐步调整，避免速度突变对地层造成冲击扰动和造成切口水压摆动过大。

③推进速度的快慢必须满足每环掘进注浆量的要求，保证同步注浆系统始终处于良好工作状态。

④掘进速度选取时，必须注意与地质条件和地表建筑物条件相匹配，避免因速度选择不合

适,造成盾构刀盘、刀具非正常损坏及对隧道周边土体扰动过大。

(3)掘削量的控制

掘进实际掘削量可由下式计算得到。

实际掘削量:

$$Q=(Q_2-Q_1)\times t \tag{11-3}$$

式中:Q_2——排泥流量(m^3/h);

Q_1——送泥流量(m^3/h);

t——掘削时间(h)。

当发现掘削量过大时,应立即检查泥水密度、黏度和切口水压。此外,也可以利用探查装置,调查土体坍塌情况,在查明原因后应及时调整有关参数,确保开挖面稳定。

(4)泥水指标控制

①泥水密度。

泥水密度是泥水主要控制指标。送泥时的泥水密度控制在1.05~1.08g/cm³之间;使用黏土、膨润土(粉末黏土)提高相对密度;添加CMC来增大黏度。工作泥浆的配制分为两种,即天然黏土泥浆和膨润土泥浆。排泥密度一般控制在1.15~1.30g/cm³。

②漏斗黏度。

黏性泥浆在砂砾层可以防止泥浆损失、砂层剥落,使作业面保持稳定。在坍塌性围岩中,使用高黏度泥水。但是泥水黏度过高,处理时容易堵塞筛眼,造成作业性能下降;在黏土层中,黏度不能过低,否则会造成开挖面塌陷或堵管事故,一般漏斗黏度控制在25~35s。

③析水率。

析水率是泥水管理中的一项综合指标,它很大程度上与泥水的黏度有关,悬浮性好的泥浆就意味着析水量小,反之就大。泥水的析水量一般控制在5%以下,降低土颗粒粒径和提高泥浆的黏度,是保证析水量合格的主要手段。

④pH值。

泥水的pH值一般在8~9。

⑤API失水量。

$Q\leq$20mL(100kPa,30min)。

11.5.4 泥水压力管理

泥水盾构工法是将泥膜作为媒体,由泥水压力来平衡土体压力。在泥水平衡的理论中,泥膜的形成是至关重要的,当泥水压力大于地下水压力时,泥水按达西定律渗入土壤,形成与土壤间隙成一定比例的悬浮颗粒,被捕获并积聚于土壤与泥水的接触表面,泥膜就此形成。随着时间的推移,泥膜的厚度不断增加,渗透抵抗力逐渐增强。当泥膜抵抗力远大于正面土压时,产生泥水平衡效果。

虽然渗透体积随泥水压力上升而上升,但它的增加量远小于压力的增加量,而增加泥水压力将提高作用于开挖面的有效支承压力。因此,开挖面处在高质量泥水条件下,增加泥水压力会提高开挖面的稳定性。

作用在开挖面上的泥水压力一般设定为:泥水压力=土压+水压+附加压。

附加压的一般标准为 0.2bar,但也有比开挖面状态大的值。一般要根据渗透系数、开挖面松弛状况、渗水量等进行设定。但附加压过大,则盾构推力增大和对开挖面的渗透加强,相反会带来塌方、泥水窜入后方等危害,需要慎重考虑。此外,泥水压力的设定有各种理论,也有与开挖面状况不吻合的场合。因此,要从干砂量测定结果等进行推测和考虑,并需要通过试验来考虑对数值等的变更。

1)直接控制型泥水盾构的泥水压力管理

直接控制型泥水盾构的泥水压力管理见图 11-30。其中,用压力信号发送器 No.2 接受由 P_1 泵送出的送泥压力,并送往送泥压力调节器,由自动调节来操作控制阀 CV-3,通过调节阀的开闭进行压力调整。用 No.1 压力信号发送器接受开挖面泥水压力,并送往开挖面泥水压力保持调节器。在这里把它和设定压力的差作为信号送给控制阀 CV-2,通过阀的开闭进行压力调整。由此,对于设定压力的管理,控制在 ±0.1bar 的变动范围以内。

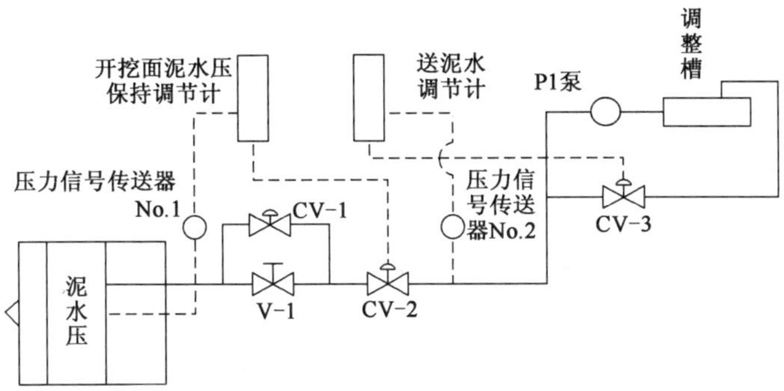

图 11-30　直接控制型泥水盾构泥水压力控制

2)间接控制型泥水盾构的泥水压力管理

间接控制型泥水盾构的泥水压力的控制采用泥水气平衡模式。

如图 11-31 所示,在盾构的泥水室内装有 1 道半隔板,将泥水室分割成两部分,半隔板的前面称为泥水舱,半隔板的后面称为气垫舱(调压舱);在泥水舱内充满压力泥水,在气垫舱内盾构轴线以上部分加入压缩空气,形成气压缓冲层,气压作用在气垫舱内的泥水液面上;由于在接触面上的气、液具有相同的压力,因此只要调节空气的压力,就可以确定开挖面上相应的支护压力。

当盾构推进时,由于泥水的流失或盾构推进速度的变化,进出泥水量将会失去平衡,气垫舱内的泥水液面就会出现上下波动。为维持设定的压力值(与设定的气压值发生偏差,由 SAMSON 调节器根据在泥水舱内的气压传感器测得值与设定的气压值比较得出),通过进气或排气改变气压值,当盾构正面土压值增大时,气垫舱内泥水液位升高(高于盾构轴线),由于气垫舱内气体体积减小,压力升高,排气阀打开,降低气垫舱内气体压力,

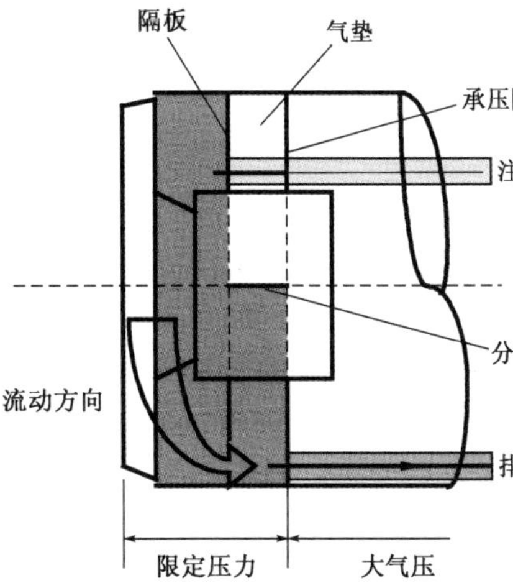

图 11-31　泥水气平衡示意图

当气体压力达到设定的气压值时,关闭排气阀;当盾构正面土压值减少时,气垫舱内泥水液位降低(低于盾构轴线),由于气垫舱内气体体积增加,压力降低,进气阀打开,升高气垫舱内气体压力,当气体压力达到设定的土压值时,关闭进气阀。通过液位传感器,可以根据液位的变化控制进泥泵或排泥泵的转速,在保持压力设定值不变的状态下(由 SAMSON 调节器差分控制系统控制),使气垫舱内泥水液位恢复到盾构轴线位置。

间接控制型泥水盾构通过压缩空气来间接地自动调节土舱内悬浮液的压力,使之与开挖面的水土压力相平衡,从而实现支撑作用。压缩空气垫能够调节泥浆的平面高度,即使在发生漏水或水从开挖面进入的情况下,它起着一个吸振器的作用并最终可消除压力峰值。调压舱的压缩空气不断补偿悬浮液的波动,及时满足或补充掘进工作面对膨润土液的需求。这种调整可以达到比较精确的程度。如果平衡状态被打破,空气控制系统会自动迅速向调压舱内补充高压空气,或排出高压空气,保证压力的平衡状态。过压的高压空气通过安全阀或调节阀排出。

空气控制系统原理见图 11-32。

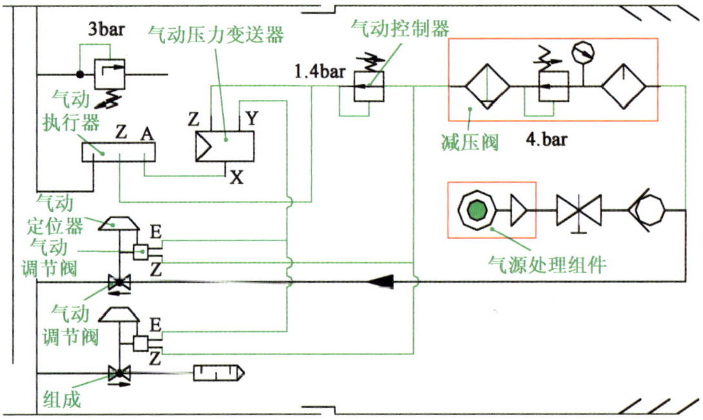

图 11-32 间接控制型泥水盾构泥水压力控制

11.5.5 泥水分离技术

泥水盾构是通过加压泥水来稳定开挖面,其刀盘后面有一个密封隔板,与开挖面之间形成泥水舱,里面充满了泥浆,开挖土渣与泥浆混合由排浆泵输送到洞外的泥水分离站,经分离后进入泥浆调整池进行泥水性状调整后,由送泥泵将泥浆送往盾构的泥水舱重复使用。通常将盾构排出的泥水中的水和土分离的过程称为泥水处理。

泥水处理设备设于地面,由泥水分离站和泥浆制备设备两部分组成。泥水分离站主要由振动筛、旋流器、储浆槽、调整槽、渣浆泵等组成;泥浆制备设备由沉淀池、调浆池、制浆系统等组成。

(1)泥水分离站

选择泥水分离设备时,必须考虑两个方面:一是必须具有与推进速度相适应的分离能力;二是必须能有效地分离排泥浆中的泥土和水分。同时,在考虑分离站的能力时还应有一定的储备系数。

泥水处理一般分为三级。一级泥水处理的对象是粒径 74μm 以上的砂和砾石,工艺比较简单,用振动筛或旋流器等设备对其进行筛分,分离出的土颗粒用车运走。二级泥水处理的对象主要是一级处理时不能分离的 74μm 以下的淤泥、黏土等的细小颗粒。三级处理是对需排放的剩余水作 pH 值调整,使泥水排放达到国家环保要求;三级处理采用的材料主要是稀硫酸或适量的二氧化碳气体。

(2)泥浆制备

泥水制作流程及控制措施如图 11-33 所示。

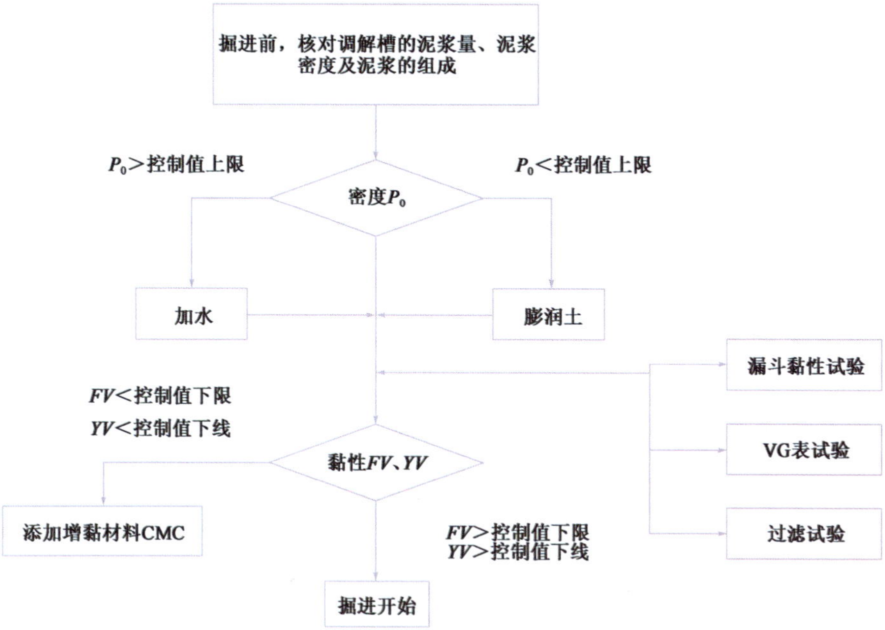

图 11-33　泥水制作流程及控制措施图

从泥水分离站排出的泥浆经沉淀后进入调整槽,在调整槽内对泥浆进行调配,确保输送到盾构的泥浆性能满足使用要求。制浆设备主要包含 1 个剩余泥水槽、1 个黏土溶解槽、1 个清水槽、1 个调整槽、1 个 CMC(增黏剂)储备槽、搅拌装置等。

泥水制备时,使用黏土、膨润土(粉末黏土)提高密度;添加 CMC 来增大黏度。

黏性大的泥浆在砂砾层可以防止泥浆损失、砂层剥落,使作业面保持稳定。在坍塌性围岩中,也宜使用高黏度泥水,但是泥水黏度过高,处理时容易堵塞筛眼;在黏土层中,黏度不能过低,否则会造成开挖面塌陷。

11.6　管片拼装技术

11.6.1　拼装准备

在拼装管片前,检查确认所安装的管片及连接件等是否为合格产品,并对前一环管片环面进行质量检查和确认;掌握所安装的管片排列位置、拼装顺序,盾构姿态、盾尾间隙(管片安装后，盾尾间隙要满足下一掘进循环限值，确保有足够的盾尾间隙，以防盾尾直接接触管片）等；盾构推进后的姿态应符合拼装要求。

11.6.2 管片拼装作业

管片的拼装从隧道底部开始，先安装标准块，依次安装相邻块，最后安装封顶块。安装封顶块时先径向搭接约2/3管片宽度，调整位置后缓慢纵向顶推。管片安装到位后，及时伸出相应位置的推进油缸顶紧管片，然后移开管片安装机。

管片每安装一片，先人工初步紧固连接螺栓；安装完一环后，用风动扳手对所有管片螺栓进行紧固；管片脱出盾尾后，重新用风动扳手进行紧固。管片拼装要点如下：

(1)管片拼装应按拼装工艺要求逐块进行，安装时必须从隧道底部开始，然后依次安装相邻块，最后安装封顶块。每安装一块管片，立即将管片纵环向连接螺栓插入，并戴上螺帽，用电动扳手紧固；使其与相邻的管片连接。

(2)封顶块安装前，对止水条进行润滑处理，安装时先径向插入，调整位置后缓慢纵向顶推。

(3)在管片拼装过程中，应严格控制盾构推进油缸的压力和伸缩量，使盾构位置保持不变，管片安装到位后，应及时伸出相应位置的推进油缸顶紧管片，其顶推力应大于稳定管片所需力，然后方可移开管片安装机。

(4)管片连接螺栓紧固质量应符合设计要求。

(5)拼装管片时应防止管片及防水密封条的损坏，安装管片后顶出推进油缸，扭紧连接螺栓，保证防水密封条接缝紧密，防止由于相邻两片管片在盾构推进过程中发生错动，防水密封条接缝增大和错动，影响止水效果。

(6)对已拼装成环的管片环作椭圆度抽查，确保拼装精度。

(7)曲线段管片拼装时，应注意使各种管片在环向定位准确，保证隧道轴线符合设计要求。

(8)同步注浆压力必须得到有效控制，注浆压力不得超过限值。

11.6.3 管片拼装控制标准

(1)轴线允许偏差：高程偏差±50mm，平面偏差±50mm。

(2)管片错台小于3mm，管片接缝开口小于3mm，管片拼装无贯穿裂缝，无大于0.3mm宽的裂缝及剥落现象。

(3)水平直径和垂直直径允许偏差小于50mm。

11.7 壁后注浆技术

11.7.1 注浆目的与方式

管片壁后注浆按与盾构推进的时间和注浆目的不同，可分为同步注浆、二次补强注浆和堵水注浆。

(1)同步注浆:同步注浆与盾构掘进同时进行,是通过同步注浆系统及盾尾的注浆管,在盾构向前推进盾尾空隙形成的同时进行,浆液在盾尾空隙形成的瞬间及时起到充填作用,使周围岩体获得及时的支撑,可有效防止岩体的坍塌,控制地表的沉降。

(2)二次补强注浆:管片背后二次补强注浆则是在同步注浆结束以后,通过管片的吊装孔对管片背后进行补强注浆,以提高同步注浆的效果,补充部分不充填的空腔,提高管片背后土体的密实度。二次注浆其浆液充填时间滞后于掘进一定的时间,对围岩起到加固和止水的作用。

(3)堵水注浆:为提高背衬注浆层的防水性及密实度,在富水地区考虑前期注浆受地下水影响以及浆液固结率的影响,必要时在二次注浆结束后进行堵水注浆。

盾构推进时,盾尾空隙在围岩坍落前及时地进行压浆,充填空隙,稳定地层,不但可防止地面沉降,而且有利于隧道衬砌的防水,选择合适的浆液(初始黏度低、微膨胀,后期强度高)、注浆参数、注浆工艺,在管片外围形成稳定的固结层,将管片包围起来,形成一个保护圈,防止地下水侵入隧道中。壁后注浆的目的如下:

(1)使管片与周围岩体的环形空隙尽早建立注浆体的支撑体系,防止洞室岩壁坍陷与地下水流失造成地层损失,控制地面沉降值。

(2)尽快获得注浆体的固结强度,确保管片衬砌的早期稳定性。防止长距离的管片衬砌背后处于无支承力的浆液环境内,使管片发生移位变形。

(3)作为隧道衬砌结构加强层,具有耐久性和一定强度。充填密实的注浆体将地下水与管片相隔离,避免或大大减少地下水直接与管片的接触,从而作为管片的保护层,避免或减缓了地下水对管片的侵蚀,提高管片衬砌的耐久性。

11.7.2　同步注浆参数的控制

同步注浆是从安装在盾构上的注浆管直接注入盾尾空隙的方法。盾构推进油缸与注浆是联动的,控制系统通过 PLC 与盾构的推进相互锁定,保证盾构前进时环缝中的压力。砂浆流动速度是无级调整的,这样就可以调整它来满足盾构前进的速度。注浆操作通过预先设定的压力进行控制,从而保证:避免过高的压力损坏盾尾密封或管片;系统中每个部位都有足够的压力来平衡预计的地面土压力和地面水压力,这样可避免地面的沉降。

所有操作功能都通过中央控制板控制。注浆操作控制板上可以选择/预先设定:①每个注入点上的注浆压力;②在每个注入点计算行程(砂浆量);③总行程计算(砂浆量);④每环的注入点砂浆注入量;⑤每环总的砂浆量;⑥预先设定的限定值。

(1)注浆压力

同步注浆时要求在地层中的浆液压力大于该点的静止水压及土压力之和,做到尽量填补而不宜劈裂。注浆压力过大,管壁外面土层将会被浆液扰动而造成地表隆起,浅埋地段易造成跑浆;而注浆压力过小,浆液填充速度过慢,填充不充足,会使地表沉降增大。泥水盾构施工中,一般同步注浆压力比相应水压高 0.2～0.3MPa。

(2)注浆量

同步注浆量理论上是充填切削土体与管壁之间的空隙,但同时要考虑盾构推进过程中的纠偏、跑浆(包括向地层中扩散)和注浆材料收缩等因素。

(3)注浆时间及速度

根据盾构推进速度,以每循环达到总注浆量而均匀注入,从盾构推进进行注浆开始,推进完毕注浆结束,具体注浆速度根据现场实际掘进速度计算确定。

11.7.3 注浆材料

注浆材料必须与隧道的土质相适应。注浆材料应具备以下性质:①不发生材料离析;②不丧失流动性;③注浆后的体积减小;④尽早达到围岩强度以上;⑤水密性好。

注浆材料最重要的是具备充填性、流动性及不向盾尾以外的区域流失等特性,满足这些特性是实现壁后注浆目的的关键。但由于上述条件是相互矛盾的,譬如,为了提高充填性,应使浆液的流动性好,但是流动性太好,又易使隧道管片背后顶部部分出现无浆液充填的现象。

通常使用的注浆材料有单液型和双液型两种类型。

(1)单液注浆材料

单液注浆材料的性质具有:①可压送的流动性;②能填充到目标间隙范围;③在填充的注浆材料硬化前,不发生材料离析或凝固。

单液浆液在搅拌机中经拌和成为流动的液体,再由砂浆泵注入盾尾后部的间隙,注入时要求浆液处于流动性好的液态,以利于充填,浆液经过液体—固体的中间状态(流动态凝结及可塑状凝结)后固结(硬化)。但是,由于水泥的水化反应非常缓慢,所以从注入到固结需要几个小时,因此,管片背面的顶部位置很难充填到,加上水泥砂浆浆液易受地下水的稀释,致使早期强度下降。

在单液浆液中不同的材料配合比,决定了它们不同的凝胶时间、抗压强度、固结率等;加入的水玻璃作为速凝剂以加快浆液的凝胶时间。

(2)双液注浆材料

双液注浆材料的性质具有:①能在指定范围内注浆;②材料离析少而且不受地下水的影响; ③能调节硬化时间; ④能根据需要尽早达到所需的强度等。

在围岩难以稳定的黏土层或易坍塌的砂层,需要在推进的同时,把壁后注浆材料通过安装在盾尾中的注浆管注入空隙中,除了要求在注浆期间具有流动性外,还要求浆液在注浆后可迅速变为可塑状固结体或固结体,故背后注浆中使用的是水玻璃类双液型浆液。以水泥与水玻璃浆液为主剂,根据需要添加其他附加剂,它克服了单液水泥砂浆浆液的凝结时间长、不宜控制等不利因素。凝胶时间与水玻璃浓度、水泥浆浓度(即水灰比)、水玻璃与水泥浆体积比、温度等有关。一般情况下水泥浆浓度增大,浆液凝胶时间长;水玻璃与水泥浆体积比增大,浆液的凝胶时间短;水玻璃浓度增大,凝胶时间缩短。

使用双液注浆材料注浆时,应注意对注浆管的清洗,否则会发生堵管现象。

11.8 施工测量

盾构隧道施工测量的目的:保证盾构隧道掘进和管片拼装按隧道设计轴线施工;建立隧道贯通段两端地面控制网之间的直接联系;将地面上的坐标、方位和高程适时地导入地下联系测量,作为后续工程(铺轨、设备安装等)的测量依据。

盾构施工测量应根据施工环境、工程地质条件、水文地质条件、掘进指标等确定施工测量与控制方案。盾构施工测量的主要内容包括：交桩复核测量、隧道环境监控量测、隧道结构监控量测、盾构掘进测量、盾构隧道贯通测量、盾构隧道竣工测量等。

11.8.1　交桩复核测量

对业主所交的水平控制网的点位和高程控制网的水准点，在开工前应复测一次。

水平控制网的点位主要由两部分组成，一部分是 GPS 控制点，另一部分是加密的导线点。对导线点与在其旁边所作的附点组成闭合导线环进行复测；开工前复测一次，以后根据施工进度在复测洞内控制点时进行复测，或根据现场需要组织复测。

高程控制网的水准点在开工前复测一次，以后根据施工进度在复测洞内控制点时进行复测，或根据现场需要组织复测。

11.8.2　隧道环境监控量测

隧道环境监控量测，包括线路地表沉降观测、沿线邻近建（构）筑物变形测量和地下管线变形测量等。线路地表沉降观测点，应沿线路中线按断面布设，观测点埋设范围应能反映变形区变形状况。宜按表 11-3 要求设置断面。地表地物、地下物体较少地区断面设置可放宽。

观测点埋设范围（m）　　表 11-3

隧道埋设深度	观测点纵向间距	观测点横向间距
$H>2D$	20 ~ 50	7 ~ 10
$D<H<2D$	10 ~ 20	5 ~ 7
$H<D$	10	2 ~ 5

注：H 为隧道埋设深度；D 为隧道开挖宽度。

沿线邻近建（构）筑物变形测量，应根据结构状况、重要程度、影响大小有选择地进行。

地下管线变形量测一般应直接在管线上设置观测点。

盾构穿越地面建筑物、铁路、桥梁、管线等时除应对穿越的建（构）物进行观测外，还应增加对其周围土体的变形观测。隧道环境监控量测：应在施工前进行初始观测，直至观测对象稳定时结束。隧道环境监控变形测量频率见表 11-4。

隧道环境监控变形测量频率　　表 11-4

变形速度（mm/d）	施工状况	测量频率（次/d）
>10	距工作面 1 倍洞径距离	2/1
10 ~ 5	距工作面 1 ~ 2 倍洞径距离	1/1
4 ~ 1	距工作面 2 ~ 5 倍洞径距离	1/2
<1	距工作面 >5 倍洞径距离	1/ >7

11.8.3　隧道结构监控量测

隧道结构监控量测包括：盾构始发井、接收井结构和隧道衬砌环变形测量，管片应力测量。

隧道衬砌环变形量测包括水平收敛、拱顶下沉和底板隆起;隧道管片应力测量应采用应力计量测;初始观测值应在管片浆液凝固后12h内采集。

11.8.4 盾构掘进测量

1)盾构始发位置测量

盾构掘进测量也称为施工放样测量。

盾构始发井建成后,应及时将坐标、方位及高程传递到井下相应的标志点上;以井下测量起始点为基准,实测竖井预留出洞口中心的三维位置。

盾构始发基座安装后,测定其相对于设计位置的实际偏差值。盾构拼装竣工后,进行盾构纵向轴线和径向轴线测量,主要有:刀盘、机头与盾尾连接点中心、盾尾之间的长度测量;盾构外壳长度测量;盾构刀口、盾尾和支承环的直径测量。

2)盾构姿态测量

(1)平面偏离测量

测定轴线上的前后坐标并归算到盾构轴线切口坐标和盾尾坐标,与相应设计的切口坐标和盾尾坐标进行比较,得出切口平面偏离和盾尾偏离,最后将切口平面偏离和盾尾偏离加上盾构转角改正后,就是盾构实际的平面姿态。

(2)高程偏离测量

测定后标高程加上盾构转角改正后的高程,归算到后标盾构中心高程,按盾构实际坡度归算切口中心高程及盾构中心高程,再与设计的切口里程高程及盾尾里程高程进行比较,得出切口中心高程偏离及盾尾中心高程偏离,就是盾构实际的高程姿态。

盾构测量的技术手段应根据施工要求和盾构的实际情况合理选用,及时准确地提供盾构在施工过程中的掘进轨迹和瞬时姿态;采用2秒级全站仪施测,盾构纵向坡度应测至1‰,横向转角精度测至1′,盾构平面高程偏离值和切口里程精确至1mm。

盾构姿态测定的频率视工程的进度及现场情况而定,理论上每10环测一次。

3)管片成环状况测量

管片成环状况测量包括测量衬砌管片的环中心偏差、环的椭圆度和环的姿态。管片3~5环测量一次,测量时每个管片都应当测量,并测定待测管片的前端面。测量精度应小于3mm。

11.8.5 盾构隧道贯通测量

盾构隧道贯通测量内容包括地面控制测量、定向测量、地下导线测量、接收井洞心位置复测等。隧道贯通误差应控制在:横向,±50mm;竖向,±25mn。

11.8.6 盾构隧道竣工测量

1)线路中线调整测量

以地面和地下控制导线点为依据,组成附合导线,并进行左右线的附合导线测量。中线点的间距,直线上平均为150m,曲线除曲线元素外不小于60m。

对中线点组成的导线采用Ⅱ级全站仪,左右角各测三测回,左右角平均值之和与360°较差小于5″,测距往返各二测回,往返二测回平均值较差小于5mm。经平差后线路中线依据设计坐标进行归化改正。

2)断面测量

利用断面仪进行断面测量,每一断面处测点 6 个。根据测量结果检查盾构管片衬砌完成后的限界情况。地铁隧道一般直线段每 10m、曲线段每 5m 测量一个净空断面,断面测量精度小于 10mm。

11.9　盾构带压进舱技术

带压进舱技术用于盾构在特殊环境下的换刀作业与紧急情况下的维修作业,工作气压可达 7 bar 以上。盾构带压进舱采用饱和潜水技术和混合气体呼吸技术。

11.9.1　压力人舱的结构

为满足作业人员在带压情况下快速进行检查、更换刀具以及检查、维修刀盘内其他部件的要求,一般需配置并列式双室压力人舱(图 11-34)。并列式双室压力人舱由应急舱(也称为准备舱)和主舱组成,应急舱和主舱横向连接,它们之间由压力门隔开。主舱可容纳 3 人,应急舱可容纳 2 人。

应急舱的功能是在需要时,在降压状态下,医务人员可以从应急舱进入到主舱,同时也可向主舱内运送工具和材料等,以提高工作效率。

压力人舱配备压缩空气阀(加压管阀)、带阻尼器的排气阀(减压管阀)、通信设备(对讲机、蜂窝电话)、工业水闸阀、加热器、照明系统、压力表、时钟、温度计、折叠椅、记录器、气体分析仪、控制面板。

主舱室(图 11-35)拥有单独使用的压缩空气供给和通风网络系统,使主舱能安全地独立使用。应急舱加压后的压力不能高于主舱压力。

图 11-34　并列式双室压力人舱

图 11-35　并列式双室压力人舱的主舱室

间接控制型的复合气垫式泥水盾构的压力人舱布置如图 11-36 所示。

11.9.2　带压进舱作业程序及要点

带压进舱作业程序如图 11-37 所示。

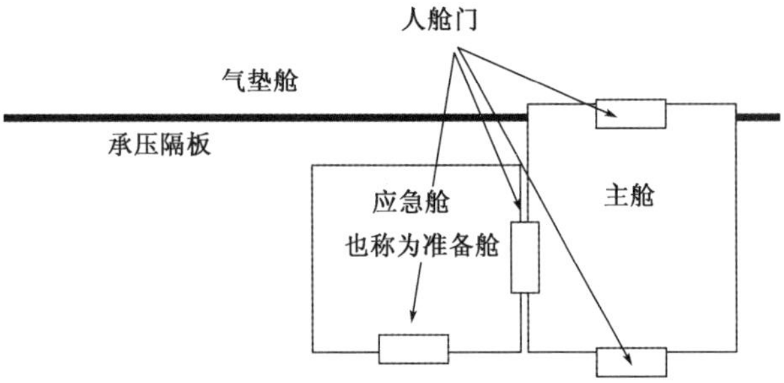

图 11-36 泥水盾构的压力人舱布置示意图

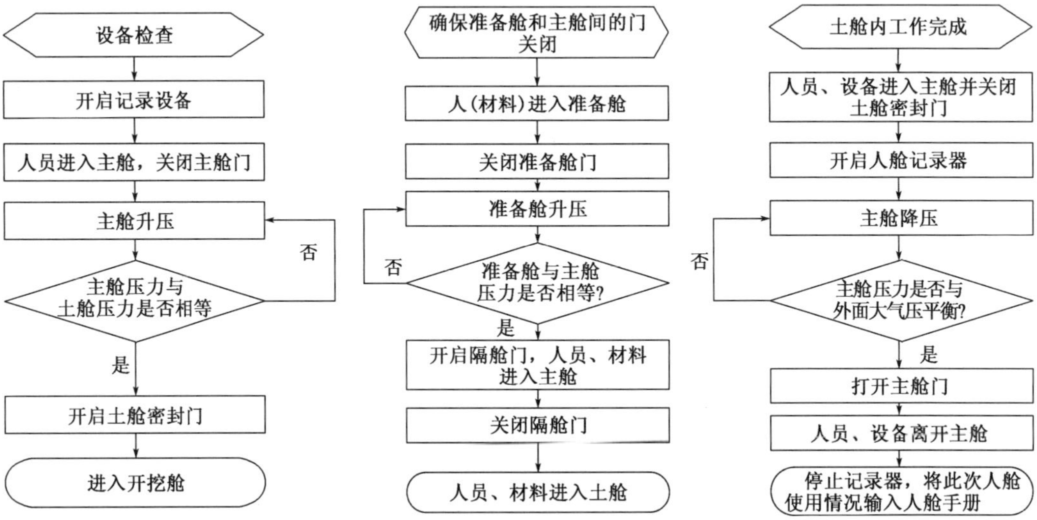

a)人员进入土舱　　b)人员、材料经过准备舱进入土舱　　c)人员离开土舱

图 11-37 带压进舱作业程序图

1)一般要求

人舱的操作应由受过训练的人舱管理员执行。

只有通过了体检和带压测试并经过了相关培训的人员才能带压进舱。

要做好带压进舱的技术交底工作。

必须遵守所有人舱前部和内部的警示和信息标志。

必须定期检查人舱所有部件(显示仪、条形记录器、热系统、钟、温度计、密封和阀)的功能。

必须定期检查电话和紧急电话设备是否能按照规定要求工作。

检查门密封和密封面是否干净和损坏,必要时更换密封。

使用人舱时测试条形记录器是否能正常工作,供纸是否充足。

2)主舱升压

(1)主舱未升压前应检查显示仪、条形记录器、加热系统、钟、温度计、电话、紧急电话和阀,密封是否干净。检查并保证主舱上的双倍条形记录器能正常工作,纸张充足。检查主舱和中隔板上的密封门是否关闭,并正确锁好。

(2)人舱管理员要通过电话一直与空气舱中的人员联系。人舱管理员通过操作阀门使主舱室的压力值达到规定的操作压力。为保证人舱内人员的健康安全,应逐渐升高人舱的压力,将压力缓慢上升到操作压力值。人舱管理员应随时监测人舱中各人员的健康状况,一旦有人员出现任何微小的不适现象,立即切断压缩空气中断人舱升压,并按操作程序减压,同时准备医疗救援。

(3)主舱室内的人员可按照要求调节加热系统。人舱和土舱(即开挖舱)之间的密封门只有在二者压力达到平衡时才可被打开。当人员进入土舱后人舱管理员停止条形记录器。

3)主舱降压

(1)准备降压的人员离开土舱进入人舱后,应立即关闭压力挡板上的小窗和压力补偿用的阀门。降压前应仔细检查人舱内的各密封门是否已关好。

(2)人舱内的人员通过电话向人舱管理员报告人员情况。人舱管理员通过操作阀门逐渐降低人舱中的压力,同时应注意观察测压计和流速计的读数是否正常。与此同时,人舱管理员通过调节门阀开始向人舱通风。

(3)通过调节门阀使压力稳定而缓慢的下降,直到压力舱内的压力变为正常为止。在降压过程中人舱内人员可打开加热系统,以适应环境温度,推荐的温度范围在 15 ~ 28℃。

(4)降压完毕后人舱管理员停止条形记录器,将人舱的使用过程(日期、时间、压力、人数等)输入人舱手册。

4)带压进舱作业要点

(1)检查工具、备件、记录器、加热器、钟表、温度计、紧急电话、进气阀、排气阀以及人舱门是否工作正常,并清洁人舱门密封。

(2)人员进入主舱室后,启动记录器检查功能,检查送纸是否工作正常。

(3)关闭主舱室闸门以及主舱室与应急舱室之间的闸门,并确认所有闸门是否正确关闭。

(4)使电话处于在线状态,以便随时与舱外人员进行联系。

(5)缓慢打开进气球阀,使主舱室内的气压升高,直至达到操作压力。

(6)根据规定启动主舱室内的加热器,调整主舱室内的温度至适宜状态。

(7)微调进气球阀和排气球阀,使得主舱室内的压力与土舱(对于泥水盾构,称之为气垫舱)内的压力完全一致(通过比较两舱室的压力表),关闭球阀,并小心地打开主舱室与土舱(对于泥水盾构,称之为气垫舱)之间的闸门。

(8)打开闸门后,人员进入土舱(对于泥水盾构,为先进入气垫舱,然后再打开气垫舱与土舱之间闸门,人员再从气垫舱进入土舱)。

(9)人员在土舱内进行带压作业,保持闸门为打开状态。

泥水盾构带压进舱闸门开闭作业操作程序如图 11-38 所示。

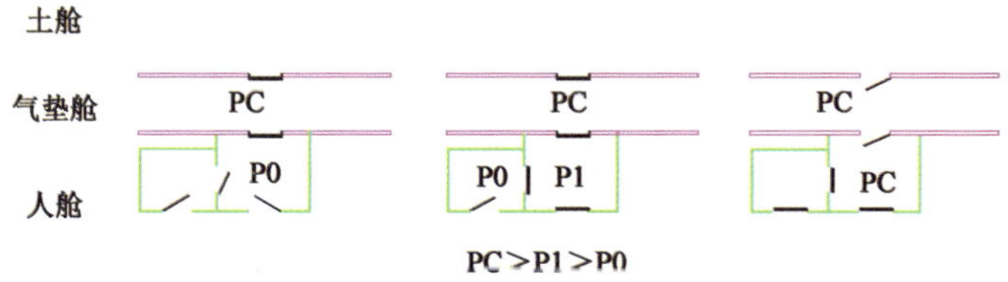

图 11-38　泥水盾构带压进舱闸门开闭作业操作程序示意图

11.9.3 升压和带压作业过程中的安全注意事项

(1)舱内禁止存放可燃气体和氧气瓶。患有感冒或流感的人不能带压进入人舱,否则可能有耳膜破裂的危险。

(2)进舱人员要带些干燥的衣物,以备减压时穿,防止感冒。

(3)不要将可能膨胀的饮品或食物带入空气舱。

(4)人舱在压力下工作时由于安全原因准备舱一般是没有压力的,准备舱的两个门都是关闭的;为了空气舱内人员的健康必须逐渐升高空气舱的压力,将压力缓慢上升到操作压力值。

(5)定期检查流速计以确保人员舱通风;随时监测空气舱人员的健康状况;一旦空气舱人员出现任何不适现象时,要立即中断压缩空气并降压,让不适人员离开空气舱。

(6)因在升压和带压作业过程中,压力舱/土舱内温度较高,因此在此期间要多饮水;否则,脱水会立即导致压缩空气病症,但加压前/加压期间禁止饮用二氧化碳饮料。

(7)由于压力越高人体吸入的气体越多,尤其是氮气首先就会在人体液体内溶解,然后溶解在人体组织中,其饱和程度取决于压力、维持的时间以及人体组织吸收氮气的能力,胖的人体组织特别容易吸收,因此,肥胖人员一般不允许在有压下进舱。

(8)在带压作业过程中,为确保作业人员安全,舱内压力要随时保持基本恒定,其波动值要控制在0.05bar以内。

(9)带压作业过程中的体能消耗要远远高于常压作业的体能消耗,因此用力要适度,并注意做好自身的身体防护,尽量避免发生碰伤皮肤或身体扭伤现象。

(10)由于在需带压作业地段的地层稳定性较差,虽然采取了一系列封堵加固措施和通过压缩空气来平衡掌子面的水土压力,但仍存在许多不确定因素,当界面条件发生变化时,掌子面仍存在部分失稳或出现涌、漏水的可能,在检查刀盘和带压作业时仍具有一定的危险性。因此在这一过程中必须一直密切关注掌子面的稳定情况和涌水量的变化,出现异常情况时,应立即停止带压作业。

11.9.4 减压过程中的防病措施

人员在减压期间必须释放溶解在体内的气体。减压期间必须按照减压方案减压,这样体内的气体就会通过血液循环和肺排出。如果压力降低太快,会在人体液体和组织内形成气泡(二氧化碳—水反应),气体栓塞就是带压作业后最容易出现的组织病症根源。另外,释放的气体会造成暂时性或者永久性组织损伤。从压力状态下到常压下的转变周期过短,就会造成严重的压缩空气病症,经常会在减压期间或者几小时后出现。压缩空气病症主要表现为:肌肉和(或)关节痛;皮肤瘙痒和(或)皮肤呈红蓝颜色;中央神经系统紊乱:眩晕、耳鸣、听力僵硬、呼吸困难、视力和语言紊乱、中风/麻痹、痉挛;手指和脚趾麻木等。因此在减压过程中,应注意以下事项:

(1)人员舱管理员必须认真履行带压作业人员的减压程序,并做好时间记录,坚决杜绝减少减压时间的现象与跳期减压的现象。

(2)为保证舱内作业人员的安全,减压过程中应确保舱内通风量。

（3）减压期间注意事项：在减压期间舱内工作人员必须穿上干燥衣服，避免因冷感冒或者发抖，避免浅/轻呼吸，禁止非自然姿势；定期站立，移动胳膊/腿关节；如果有人出现压缩空气病症，或其他病症，必须立即停止减压，维持目前的压力状况，直到病症消失。几分钟以后，如果病症没有消失，就要将舱内压力升至原来的位置，同时人舱管理员必须立即通知值班医生，并对病人减压。

（4）出舱后注意事项：工作人员减压后应禁止剧烈运动，注意多休息；禁止长时间热水浴；多饮水；加压后至少 24h 后（完全没有压力）才能乘坐飞机；带压作业后应随身携带应急工作卡，如果出现关节痛以及其他突发病症时要及时按照应急工作卡上的联系方式联系负责医生，及时医治。

11.10　刀具检查与更换

在刀具掘进过程中，刀刃因磨耗超限或脱落、缺损、偏磨时，必须进行刀具更换。刀具可分为切刀、刮刀、撕裂刀和滚刀等，并分别适用于不同的地质条件。当地质条件发生变化时，为保证盾构施工安全和加快施工进度，也应更换适应于该地层条件的刀具。盾构运行时，刀盘上不同位置的滚刀磨损量不一样，因此在刀具检查中，根据滚刀磨损程度的不同，可进行位置的更换，以节约施工成本。

11.10.1　刀具检查与更换的安全要点

刀具的检查与更换必须在确保安全的前提下进行。刀具更换是一项较复杂的工序，首先除去压力舱中的泥水、残土，清除刀具上黏附的泥沙，确认要更换的刀具，运入工具，设置脚手架，然后拆去旧刀具，换上新刀具。更换刀具停机时间比较长，容易造成盾构整体沉降，从而引起地层及地表沉降，损坏地表及埋设建（构）筑物，危及工程安全。为此，刀具更换前应做好准备工作，尽量减少停机时间。刀具更换作业尽量选择在中间竖井或地质条件较好、地层较稳定的地段进行。如必须在地质条件较差的地层进行时，必须带压更换或对地层进行预加固，确保开挖工作面及基底的稳定。

刀具更换时必须确保作业人员的安全。更换刀具的人员必须系安全带，刀具的吊装和定位必须使用吊装工具。尤其是在更换滚刀时要使用抓紧钳和吊装工具。所有用于吊装刀具的吊具和工具都必须经过严格的检验，以确保人员和设备的安全。需转动刀盘时，必须使进舱人员撤离至安全区域，由专人操作，任何人不得擅自启动。

换刀前要制定详细的换刀方案、步骤和要求，并做好技术交底和人员培训。同时，还要制定详细的应急预案。刀具更换必须实行土木和机电工程师值班制度；带压进舱作业要有严格的带压进舱方案；带压进舱作业要制定安全措施，并进行交底；刀具更换时机具使用按照相关机具操作规程进行；刀具运输和更换时注意安全做到自防、互防和联防；刀具更换所使用的废弃物应该统一回收，避免造成环境污染；更换刀具时必须作好更换记录，更换记录主要包括刀具编号、原刀具类型、刀具磨损量、修复刀具的运行记录、更换原因、更换刀具类型、更换时间和作业人员姓名等。

11.10.2 换刀前的准备工作

换刀准备工作主要包括如下内容：

(1)总体规划。在日常的工作中负责刀盘的工程师与土木工程师密切沟通,加强对施工区段地质情况的了解,对地质资料中反映的施工重点和难点要特别留心。在制订刀具、刀具配件计划时,充分估计特殊区段对刀具的破坏程度,同时在制订换刀计划时,及时、有效地与土木工程师、盾构司机沟通,确定最佳的开舱地点。初步提出刀具的更换方案的同时,提前做好材料的准备、人员的培训等工作。

(2)设备物资供应。设备与材料的准备是实现快速换刀的根本保证。在确保常用设备(机具)、材料到位的情况下,使用更为先进的工具,例如:风动吊机、手拉葫芦、风动扳手等。开舱换刀前对盾构各个系统进行检查,做好"风水电"等各个方面的协调工作,保证换刀过程处于良好的工作环境中。

(3)人员培训。必须经过专门培训的人员才能进舱进行刀具的更换。

(4)成立应急救援小组。换刀是一种非常危险的作业工序,必须成立应急救援小组,并严格执行"应急准备和响应控制程序"防止意外发生。

(5)开舱审批。开舱技术方案经过工程部与设备物资部讨论,由机电总工程师和土木总工程师确认,报项目经理签发,业主和监理同意后方可开舱,责任落实到人,按严格的开舱程序进行。

11.10.3 常压换刀程序

当盾构在硬岩或自稳能力较强的地段(整体性较好的中风化、微风化地层)掘进时,不需带压进舱,这种情况下可在无压下直接进入刀盘作业。刀具更换程序应为:刀盘清理→刀具检查和磨损量的测量→制订换刀计划→刀具拆除→安装新的刀具→做好详细的刀具更换记录→整体检查。

11.10.4 带压换刀作业要点

在需要带压进舱换刀时,严格按照带压进舱作业程序进行,制订详细的升压、减压作业细则。人员舱升压与减压按国家《空气潜水减压技术要求》(GB/T 12521—2008)所规定的原则进行,不得随意调整。带压进舱作业要点如下:

(1)建立健全安全质量责任制,进舱、检查刀盘及换刀、减压作业、运输严格按规程操作。

(2)带压进舱的换刀人员必须经过岗前培训,培训合格方能持证作业,对作业人员上岗前进行进舱、检查刀盘及换刀、减压作业的特点安全培训,树立安全作业的意识。

(3)带压进舱前及换刀过程中监测人员应跟踪监测地面的变化情况;进舱人员应时刻注意观察刀盘内水位变换情况。

(4)实行主要领导24h现场值班制度。

(5)保证现场材料供应,确保作业过程的有效运转。

(6)值班工程师现场24h值班,并在值班过程中做好带压进舱作业的各种记录并收集、整理,次日及时上报。

(7)带压作业过程中,加强对各种检测仪表、空压机、气路电路的观测,如发现空压机故障,应立即启动另一台空压机;如发现停电,应立即启动内燃发电机;如发现管路漏气,应立即汇报并及时处理,以防意外情况发生。同时将监测结果及时上报值班领导。

(8)每班作业时,电工应加强用电管理,确保工地施工用电安全。

(9)人舱、自动保压系统及减压舱由专人负责操作,同时做好各项记录。

(10)作业人员作业时应佩戴好个人防护用品,防止意外伤亡事故的发生。

(11)舱内严禁携带易燃易爆物品、严禁使用明火,防止因爆炸造成事故。

11.10.5　刀具磨损监测

不需要进入开挖舱,对刀具磨损的监测工作是在常压下进行的。监测切刀的磨损情况,是通过在刀具里预埋线圈,当刀具磨损到一定程度时,线圈形成接通,信号通过感应传递到刀具支座上,另一个线圈又从刀座传导到刀盘后部的诊断器上,警示报告刀具的磨损情况,见图 11-39。

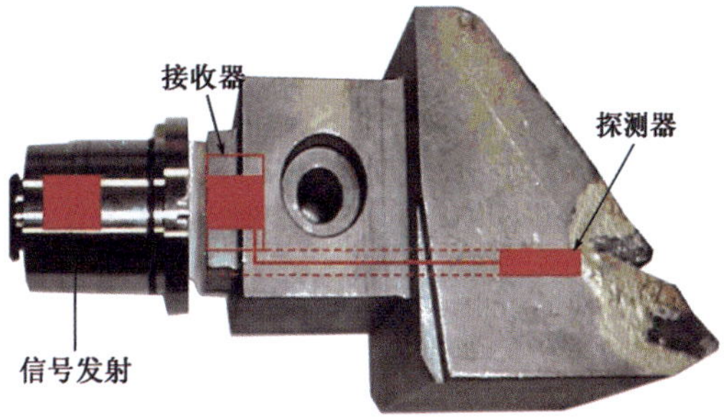

图 11-39　刀具磨损检测(电路检测)

也有在刀具上建立液压回路的方法来监测刀具的磨损。在每把检测刀上都设有一个钻孔通至靠近外表面的地方,通过手动泵来加压,如果刀具被磨损到一定程度,这个漏油孔就被打开,使压力断开,意味着刀具已磨损。这些监测工作都是在常压下进行的,不需要进入开挖舱内部,见图 11-40。

11.10.6　滚刀失效形式

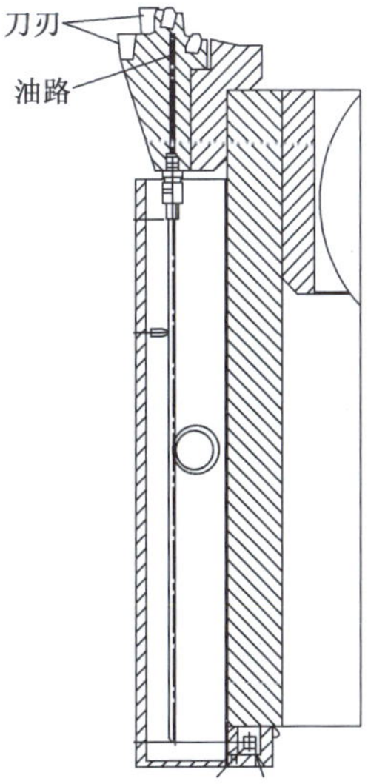

图 11-40　刀具磨损检测
(液压回路监测)

(1)正常磨损

刀具进行破岩时,破岩效率与滚刀的刃口宽度有关,随着刀圈磨损量的增加,刃口的宽度增加,当达到一定范围时会影响掘进速度,甚至不能再掘进。滚刀的正常磨损是指刀圈刃口宽度超过规定值的均匀磨损。此类磨损使用测量仪进行测量。正常磨损是刀具失效的主要形式,重庆过江隧道施工中刀具检查更换及时,从更换下来的刀具看,均属正常磨损。

(2)刀圈断裂

掘进过程中,由于地层突然变硬或刀盘某些部件脱落或其他铁件卡在刀刃与地层之间,会导致刀圈局部过载而使刀圈应力集中发生断裂,同时刀圈与刀体配合过盈量未达到要求也会造成刀圈断裂。

(3)平刀圈

平刀圈也称为弦磨,是由于地质原因或刀具的轴承损坏引起的。当掌子面主要为抗压强度较软的塑性黏土层、砂砾层及全风化岩、强风化岩时,不能给滚刀回转提供足够的起动扭矩(摩擦阻力),此外由于塑性黏土层黏性较大,滚刀及座孔被堵塞,刀盘面板处形成泥饼,使得滚刀相对掌子面不能良好转动,从而造成滚刀偏磨。如果滚刀的轴承损坏,滚刀也不能在隧道开挖面上滚动,使刀圈呈现单侧磨损。如果没有及时发现掘进过程中出现平刀圈,不但会加速这把滚刀的磨损,并且会造成相邻滚刀过载失效,从而迅速向外扩展,直到整个刀盘上的刀具全部失效。刀盘强大的推进力使滚刀贯入岩石,盘形滚刀自回转。当掌子面是上软下硬地层时,即盘型滚刀随刀盘回转至刀盘中上部时,由于全风化岩、强风化岩地质较软,不能给滚刀刀圈回转提供足够的条件,又有泥饼的现状,使得盘形滚刀相对开挖面不能良好转动;当同一把滚刀转至刀盘中下部时,由于抗压强度较高的地层可以提供足够的回转条件,盘形滚刀又能相对掌子面良好转动。这样,在上软下硬的混合岩地层中切削围岩时,盘形滚刀时而回转时而不转,容易造成多边形偏磨。

(4)刀具漏油

刀具漏油是指油脂因密封损坏而从滚刀中泄漏出来。刀具发生漏油,主要原因是轴承损坏、刀具过载或刀具密封生效。

①轴承损坏:主要原因轴承寿命已达极限或滚刀的装配不当造成;当刀盖的紧固力矩不足或对轴承内圈进行轴向定位的隔圈尺寸过大,都有可能造成轴承装配过松,降低了轴承的承载能力。轴承预紧度偏小时,轴承外圈相对于内圈产生轴向窜动,也会影响浮动密封的密封效果。

②刀具过载:地质条件发生急剧变化,作用于刀盘的推力超过盘形滚刀的承载能力。

③刀具密封失效:刀具轴承及浮动密封的寿命已达极限。主要表现为润滑油泄漏,润滑油泄漏导致水、渣土渗入轴承,使轴承无法正常转动,并导致轴承损坏。

(5)刀圈剥落

刀圈表面掉落整块的碎片,而整个刀圈没有断裂,称为“刀圈剥落”,也称为“刀圈碎裂”。刀圈剥落是指由于刀圈表面产生疲劳裂纹,逐步扩展导致微观断裂,因磨损而使刀圈剥落。如果剥落块较小,一般不影响刀具的正常运转。

(6)挡圈断裂或脱落

挡圈用于避免刀圈沿轴线方向的平行位移,挡圈断裂或脱落会引起刀圈位移。

11.10.7 盘形滚刀的检查

(1)盘形滚刀外观检查

检查刀盘上所有盘形刀具螺栓是否有脱落或松动现象;检查滚刀挡圈是否断裂或脱落,检查刀圈是否发生移位;检查滚刀刀圈是否完好,有无裂纹、断裂及弦磨现象;检查滚刀刀体是否漏油或轴承损坏现象,并做好记录。

(2)盘形滚刀磨损的测量

盘形滚刀在没有刀圈断裂和损坏的前提下,正确测量盘形滚刀刀圈的磨损量。中心滚刀和正滚刀刀圈最大磨损极限为25mm,最外边的几把边滚刀最大磨损极限为15mm,达到最大磨损极限时必须更换。

11.10.8 盘形滚刀的更换

从中心刀开始依次往外圈更换刀具;用1.5t手动倒链悬挂在土舱顶部的吊耳上,用依次更换吊点办法把旧盘形滚刀运送出;依次更换吊点,把新刀运进土舱内安装新刀。使用紧固扭矩把手紧固螺栓。所有需要更换的盘形滚刀经过清洗并擦干;安装刀具时应事先将刀盘上的安装位置清理干净。

盘形滚刀更换的基本原则如下:

(1)中心刀的最大磨损极限为 25mm,双刃正滚刀的最大磨损极限为 25mm,单刃正滚刀的最大磨损极限为 25mm,单刃边刀的最大磨损极限为 15mm。换下的边滚刀可用在正滚刀位置。

(2)当刀具出现下列任一损坏情况时,必须更换:刀圈断裂、平刀圈、刀体漏油、刀圈剥落、挡圈断裂或脱落、刀轴或刀体损伤。

(3)相邻刀具的磨损量高差不大于 15mm。

(4)更换刀具后,将固定刀轴的螺栓紧固至规定的扭矩,待掘进一环后,再进舱复紧刀具螺栓。

11.10.9　土压平衡盾构的带压换刀作业

1)土压平衡盾构带压进舱条件

(1)实施带压地段的刀盘前方周围地层要保证不发生大的气体泄漏,或该段地层经加固处理后达到带压作业所需的气密性要求。

(2)刀盘前方没有股状水出露或经加固后刀盘前方没有股状流水。

(3)适用于工作压力 3.6bar 以内的带压作业。

2)带压进舱工法原理

经过对刀盘前方地层加固处理后,在保证刀盘前方周围地层和土舱满足气密性要求的条件下,通过在土舱建立合理的气压来平衡刀盘前方水、土压力,达到稳定掌子面和防止地下水渗入的目的,为在土舱内进行带压换刀或维修作业创造工作条件。

3)带压作业工艺流程

土压平衡盾构带压作业工艺流程见图 11-41。

4)带压作业操作要点

(1)超前地层加固

为确保刀盘前方周围地层的气密性和有效封堵刀盘后部来水,带压作业前需利用设备自带的超前注浆孔对刀盘前周围地层进行注浆加固。在施工过程中注意以下几点:

①在注浆前需向刀盘及土舱内注满膨润土,注入压力稍高于掘进时的土舱压力,一方面以保证刀盘、刀具不被注浆体固结,另一方面可使泥浆能在可注性较好的地层具有一定的扩散范围、在掌子面形成一层封闭泥膜,增强刀盘前方地层的气密性和提高掌子面的自稳能力。

②注浆管采用自加工的小导管,小导管按作业允许空间分节加工,通过设备自带的超前注浆孔分节打入地层,每节段间采用丝扣连接;每个孔注浆完成并等浆体初凝后,及时抽出注浆管。

③注浆浆液宜选用水泥—水玻璃扩散性好、凝结时间合理的双液浆,以达到充分加固地层和有效封堵刀盘后部来水(主要是对切口环及以后部位的封堵)的目的,提高掌子面地层在拟定压力范围的自稳能力和气密性。

④要选择合适的注浆压力和终止压力,同时注意土舱压力变化,一方面保证地层的加固效果,另一方面不能因注浆压力过高而击穿盾尾、铰接密封(以注浆压力瞬间值不大于盾尾和铰接密封的额定压力值为标准)。

⑤注浆完成后等待龄期,一般为8h,这时应不停地转动刀盘,防止刀盘凝结,无法转动。

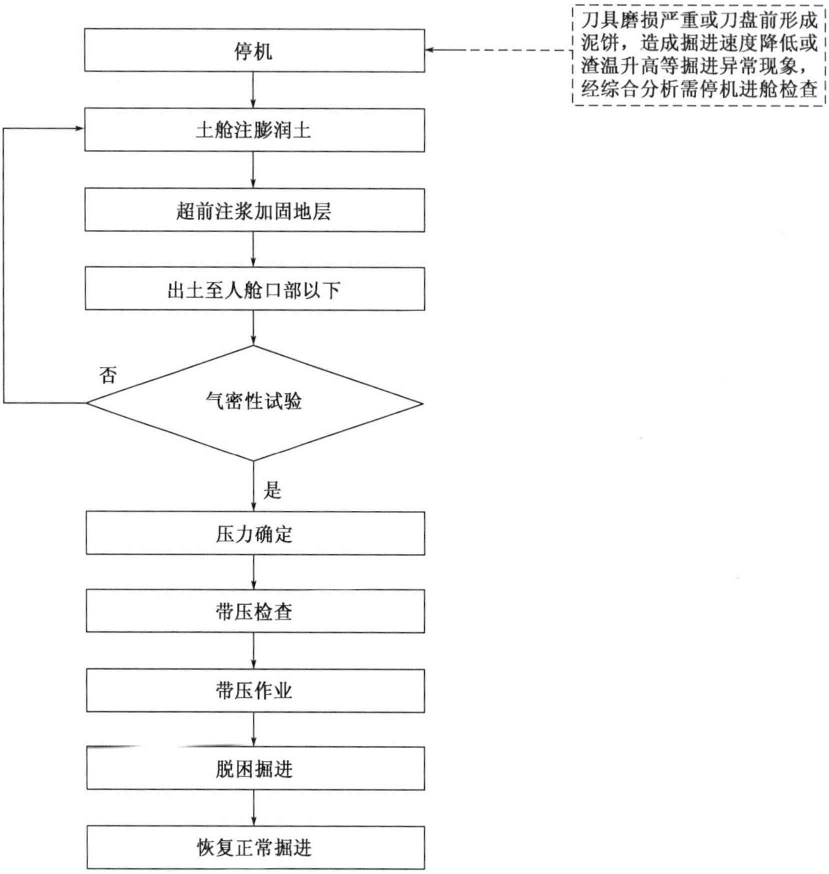

图11-41　土压平衡盾构带压作业工艺流程图

(2)出土及气密性试验

为了确保带压进舱作业安全顺利进行,进舱前必须进行土舱压气试验、土舱渗水量测定和人员舱气密性试验等工作。

在超前注浆工作全部完成并等强后,即可将刀盘前和土舱内的渣土输出。在出渣过程中,边出渣边补充气压,并随时注意土舱压力变化,以使土舱压力不小于停机前掘进时的土舱压力,出渣至土舱渣土面低于人舱口部以下(不能全部出空,以免发生螺旋输送机漏气现象)。在出土和进行气密试验过程中注意以下几点:

①出土要分阶段进行,打开自动保压系统设定为设计值,将土舱中的渣土输出约1/3,观察土舱压力值的变化,同时安排人员观察江面上漏气是否严重,若土舱压力无法保持,则重新恢复注浆,若土舱压力保持2h没有变化,则继续出土至2/3,观察土舱压力值的变化,若土舱压力保持2h没有变化或不发生大的波动时(压力变化值 <0.05bar),则表明土舱压气试验

合格。

②土舱渗水量测定

注浆封水只能封堵盾壳周围岩层、管片背后岩层中的裂隙水，对于掌子面上较大的裂隙水在压气情况下仍会不断地进入土舱。根据现场经验，测定的渗水量若大于 $0.5m^3/h$，则不能安全地实施带压进舱作业，必须采取安全稳妥的排水措施。

③人员舱气密性试验

人员舱是人员出入土舱进行维修和检查的转换通道，出入土舱的工具和材料也由此通过，通常情况下人员舱处于无压模式，带压作业时处于加压模式，而气密性试验是通过升压、降压试验来检查人舱门、土舱门、舱壁上各种管路是否漏气。根据现场经验，从 0 升压（不装消音器）至设计值不超过 10min 即为合格。降压操作过程中通常会出现土舱门漏气现象，造成气压降不到 0，现场实践得出，若降压后气压小于 0.3bar，则为安全；若气压降不到 0.3bar 以下，则需要带压进行土舱门密封处理。

（3）带压进舱检查

为了进一步判断掌子面的地质情况和刀盘刀具磨损情况，首先要由专业工程技术人员带压进舱对掌子面的地质情况和稳定性进行检查、确认，同时对刀盘、刀具磨损情况进行检查，确定换刀方案和各种带压换刀前的各项准备工作。

地质检查的工作内容：掌子面地质情况素描、地层加固效果验证、掌子面出露水情况、地层取样，并综合以上因素对掌子面稳定性进行判定，同时拍摄工程照片。

刀盘、刀具检查的工作内容：测量各种刀具的磨损量、测量刀盘面板的磨损量、拍摄细部照片等，并根据检查结果制定下一步工作方案。

（4）带压进舱作业

根据技术部门制定的工作方案，施工人员在专业操舱人员和救生人员的配合下进行换刀、处理断螺栓、凿刀槽等工作。

①减压方案的确定

工程技术人员首先根据进舱检查情况和当前位置处的水土压力确定工作气压值，专业医务人员根据工作气压值、工作量大小、人员身体素质确定安全、稳妥的减压方案。

②更换刀具

刀具更换的原则是先易后难，螺栓拆除采用风动扳手，螺栓紧固采用省力扳手，确保刀具安装质量。

换刀过程中当遇到断螺栓时，一般采用以下两种处理方案：若断口在螺孔之外，则直接拆除；若断口在螺孔里面，则要用风动手钻打孔，用取丝器取出断螺栓，严禁采用电动工具。

当刀具发生偏磨后，在硬岩段掘进时就会在掌子面处形成突出掌子面的岩石，为了使新安装的刀具在开始转动时以较小的贯入度切削岩石，同时避免新安装的刀具先接触岩面而出现局部偏载现象，因此必须将突出的岩石按技术要求凿除，否则就会很容易损坏新装的刀具，将严重影响施工效率，甚至造成其他严重后果。

③减压出舱

一般情况下，每组有效带压作业时间为 3h 左右（在带压情况下作业人体很容易疲劳），工作结束后按既定的减压方案进行减压、出舱，下一组人员进舱。

(5)完成收尾工作恢复推进

换刀工作完成后,作业人员将土舱内所有的铁制工具拿出舱外,机电技术人员对所有的刀具安装质量进行检查,确认无误后关闭土舱门,恢复推进。

5)带压作业需配置的设备

因带压作业属特种作业,除盾构自带的气压设备外,还应准备如表 11-5 所示的设备和机具。

带压作业设备、机具配备表 表 11-5

设备或机具名称		规 格	数 量	备 注
应急备用设备	内燃空压机	$10m^3$,压力 $10.3kg/cm^2$	1 台	—
	电动空压机	$10m^3$,压力 $10.3kg/cm^2$	1 台	—
	减压医疗舱	—	1 套	急救用
	对讲机	—	3 台	—
换刀机具	风动扳手	—	1 把	—
	扭矩扳手	—	1 把	—
	导链	—	1 台	—
	照明灯	—	若干	备用手电筒 4 把

表 11-5 中 $10m^3/h$ 内燃空压机是在当供风量不足、带压条件下须使用风动机具、突然停电须供风等情况时启用;$10m^3/h$ 电动空压机是在供风量不足、盾构自带空压机发生故障时启用;减压医疗舱(含供氧装置),发生自带人员舱减压故障时,进舱施工人员应迅速进入医疗舱减压。

6)对准备工作的技术要求

由于带压进舱作业的特殊性,要求施工前的各种准备工作必须充分,并经过技术部门的严格检查、确认。

技术人员及操作工人对盾构上的自带设备进行检查、试运行;备用设备采用一列机车编组运至盾构拖车附近,正确连接后进行试运行。

对作业人员的身体检查、培训应委托有经验的专业单位完成,按照规范严格对进舱人员进行筛选,并对进舱人员进行带压作业注意事项的交底培训。

对带压进舱地段的地表(水下施工时为河床)进行声呐探测,其主要目的是为了探测地表(或河床)有无塌陷,确认带压进舱的边界条件有无变化,为下一步的注浆封水、注浆加固方案确定提供依据。

7)注浆封水、加固的质量控制

在带压作业前,首先要在盾构掘进过程中通过试验测定预定停机位置处地层的涌水量大小,并据此判断土舱与盾壳周围岩层、管片背后岩层的连通程度,从而确定注浆封水的工作量。注浆封水一般在两个部位进行,均采用"水泥浆 + 水玻璃"双液浆。

(1)管片背后封水

对邻近盾尾的 1 ~3 环管片,利用吊装螺栓孔进行管片周圈定压定量注浆,以封堵管片背后岩层中的裂隙水。

(2)切口环部位封水

利用盾构前体上的超前注浆孔进行注浆,以封堵盾壳周围岩层中的水,必要时在拱顶部位

的孔中打入注浆芯管,同时对地层进行加固,具体步骤如下:

①利用铰接油缸向前掘进,行程达到 80 ~ 110mm 即停止,收缩铰接油缸,使刀盘离开掌子面 50 ~ 80mm,以便带压换刀。

②注浆前必须利用加泥系统将土舱内充满泥浆,泥浆量依据土舱压力来控制。

③自下而上利用超前注浆孔注浆,浆液采用定压不定量,凝结时间一般控制为 1min。注浆过程中容易出现浆液流入土舱,凝结后造成刀盘无法转动,这时应采取保压注浆,即利用自动保压系统向土舱加入一定气压,气压值应选小于刀盘主轴承密封的承压值,略大于注浆设定的孔口压力值,防止浆液流入土舱,同时要不停地低转速转动刀盘。

④拱顶超前注浆孔注浆时要尽可能地将注浆芯管打入岩层,封堵切口环的同时对地层进行加固。

(3)浆液等强

注浆完成后等待龄期一般为 8h,这时也要不停地转动刀盘,防止刀盘凝结无法转动。

11.10.10　泥水盾构的带压换刀作业

1)带压进舱的条件

(1)开舱工作应在预定地点进行,并做好开舱前的所有准备。

(2)当盾构在 0.7 ~ 3.0bar 压力下工作时,带压进舱中技术人员或潜水员由压缩空气供给来呼吸,泥水盾构的潜水员在膨润土中工作。在泥水盾构中可以采用降低膨润土液位的方法,较自由地进入开挖舱,转动刀盘进行换刀作业。人员在压缩空气中最长工作时间为:0.7bar 时,约为 4h;3.0bar 时,约为 2h45min。

(3)当盾构在 3 ~ 5.0bar 压力下工作时,带压进舱中技术人员或潜水员所需氧气由压缩空气或混合气体供给,技术人员在压缩空气下工作,泥水盾构的潜水员在膨润土中工作。人员在压缩空气中最长工作时间:3.0bar 时,为 2h45min;5.0bar时,为 1h。需要在换刀的地方降低膨润土液位,能自由进入开挖舱。

(4)当盾构在大于 5.0bar 压力下工作时,技术人员在压缩气下工作,潜水员在膨润土中工作,采用进入半饱和及饱和气压方法,由 2 台穿梭式运输舱(图 11-42)配合工作。需要在换刀的地方降低膨润土液位,能自由进入开挖舱。

(5)适用于工作压力 6.9bar 以内的带压作业,超过 4.5bar 时需潜水技术和设备。

2)泥水舱液面控制操作程序

进入开挖舱室内进行刀具更换作业,必须使用压缩空气调节系统保持泥水舱和气垫舱的压力。此外,还要进行泥水舱液面控制操作。

由于盾构正常掘进时,开挖泥水舱室内充满了泥浆,而气垫舱室内的液面处于中部正常位置,所以在带压进舱工作之前必须平衡开挖舱室和气垫舱室液面的高度,以便于作业人员的进入。起初,气垫舱室内液面高度充满处于中部,液面上部充满着压力为 P_c 的压缩空气;开挖舱室内充满泥浆,见图 11-43a)。

图 11-42　穿梭式运输舱

压缩空气由气垫舱室进入开挖舱室，气垫舱室内的液面高度逐渐升高，开挖舱室内的液面高度逐渐降低，原液面高度位置的压力逐渐增降为 P_a，见图 11-43b)。

当开挖舱室内的液面高度降至与气垫舱室内的液面高度一致时，两舱内的压缩空气的高度也达到了平衡，见图 11-43c)。平衡开挖泥水舱室和气垫舱室的液面高度的操作完成后，方可进行人员带压进舱作业。

当开挖舱室内的换刀作业完成后，再次开始掘进前，必须及时回注开挖室内的泥浆至满舱。起初开挖舱室内的液面高度与气垫舱室内的液面高度一致，两舱内的压缩空气的压力也一样。关闭闸阀 1 并打开闸阀 2，见图 11-43d)。

当打开闸阀 2 后，开挖舱室内的压力降低，开挖舱室内的液面高度逐渐升高，气垫舱室内的液面高度逐渐降低，见图 11-43e)。

最后，开挖舱室内几乎充满泥浆，当泥浆从闸阀 2 流出后关闭闸阀 2，开挖舱室内残留的少量压缩空气在正常掘进时可以随泥浆排除，见图 11-43f)。

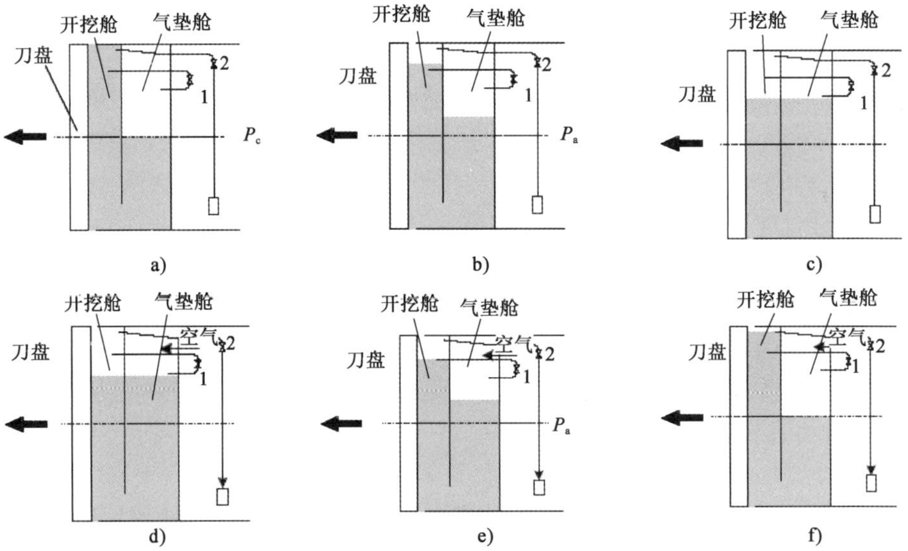

图 11-43　泥水舱液面控制操作程序

11.10.11　超大直径泥水盾构常压换刀作业

1) 常压换刀技术简介

我国幅员辽阔，大江大河纵横，多座城市沿江河建设，甚至跨江河而建，随着经济的飞速发展，城市交通、轨道交通、铁路、综合管廊跨越江河的需求急剧增多，与此同时，城市里越来越难以找出适合建设桥梁的空间。在此形式下，穿越江河的大直径盾构隧道工程将越来越多。此类工程一般具有一次掘进距离长、水土压力大、地质条件复杂等特点，通常选用大直径泥水盾构进行施工。在水下施工过程中，换刀作业不可避免。因水压大，传统的带压换刀作业风险巨大、成本高昂。为破解这一难题，将使用常压换刀这一特殊的装置及技术。

大直径泥水盾构常压换刀技术，是指在不采取地面或掌子面加固措施，开挖舱充满压力泥浆的情况下,作业人员在常压下进入特殊设计的盾构刀盘辐臂空腔内进行刀具检查或更换的技术。

高水压下的常压换刀作业,通过常压换刀装置实现。常压换刀装置适用于大直径长距离越江、越海或穿河隧道工程中高水压下的盾构刀盘辐臂内配有可常压检查、更换刀具设计的泥水盾构。可常压换刀的泥水盾构,其刀盘由几个空心辐臂组成,根据刀盘刀具分布位置不同,将部分刀座采用背装式,使这部分刀座上的刀具切削轨迹覆盖整个刀盘面,如图 11-44 所示。

a)　　　　b)

图 11-44　超大直径可常压换刀的泥水盾构刀盘

背装式刀具刀腔内设置闸板,人员可直接进入辐臂内,从刀腔内抽出刀具,然后关闭刀腔闸板,将刀盘前方高压舱与刀臂常压舱隔开,待刀具检查或更换后,打开闸板,装回刀具,实现了刀具的常压检查与更换,如图 11-45 所示。

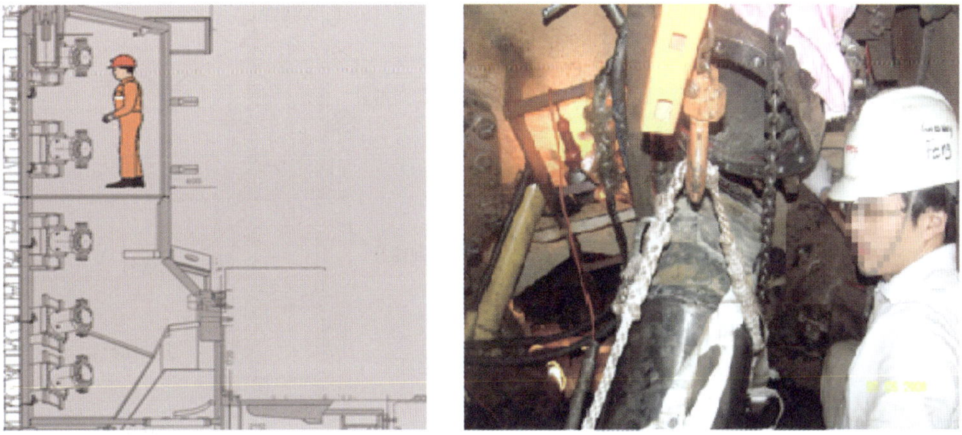

a)　　　　b)

图 11-45　超大直径泥水盾构常压换刀装置示意图

常压换刀技术使得水底高水压环境下的刀具检查与更换不再需要耗时费力地进行地层加固或采用效率极低成本极高的潜水作业;将刀具检查和更换纳入了日常工序。能够保证安全和工期，创造了巨大的经济效益；同时水下施工的盾构隧道掘进长度将不再受到刀具磨损的限制。对于在长距离、高水压条件下施工的水下大直径泥水盾构来说，常压换刀技术的优点十分突出：工期短、成本低、安全系数高、环境影响小等。

2）常压换刀装置

（1）切刀常压换刀装置

切刀常压换刀装置有导向杆式和导向筒式两种形式。

导向杆式切刀常压换刀装置如图11-46所示，结构组成如图11-47所示，通过导向杆和导向螺栓配合将刀具拔出并更换。

a)　　b)

图11-46　导向杆式切刀常压换刀装置示意图

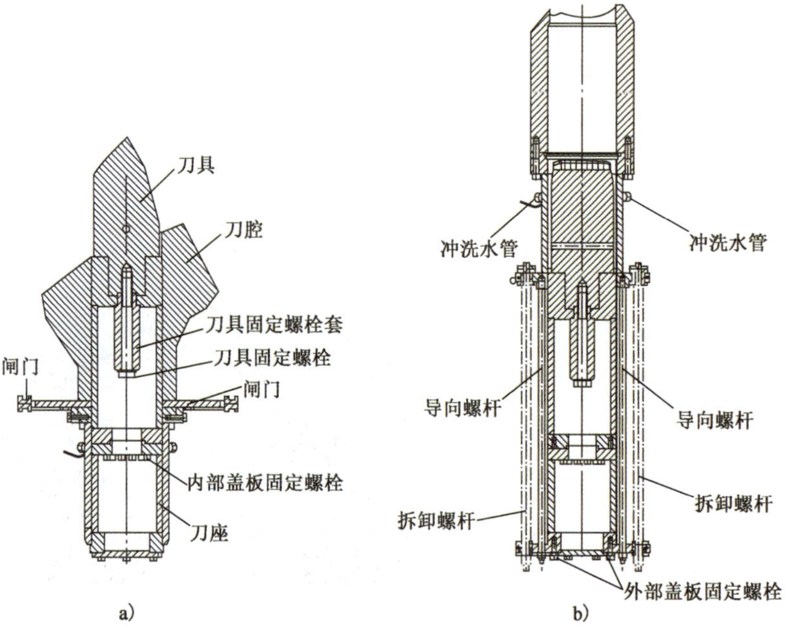

a)　　b)

图11-47　导向杆式切刀常压换刀结构图

导向筒式切刀常压换刀装置如图11-48所示，通过导向筒和多级油缸将刀具拔出并更换。

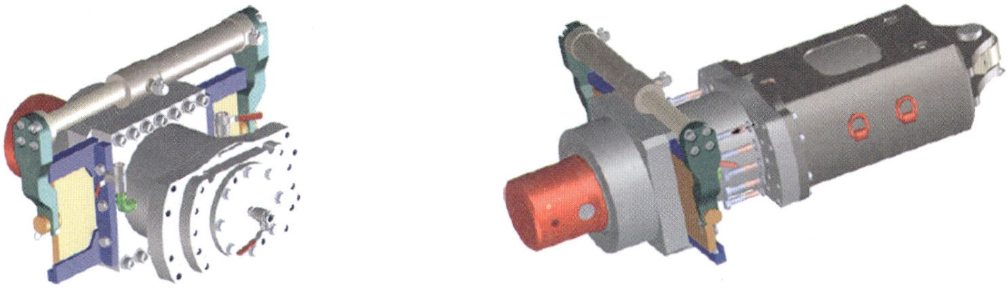

a)　　b)

图 11-48　导向筒式切刀常压换刀装置图

(2)滚刀常压换刀装置

滚刀常压换刀装置的原理与切刀常压换刀装置的原理相似,不同之处在于,为了布置更多的滚刀,将常规滚刀的轴缩短,把两把滚刀并排装进一个刀筒,刀筒可以在刀盘常压辐臂内拔出,然后关闭闸门,从而实现常压换刀,如图 11-49 和图 11-50 所示。

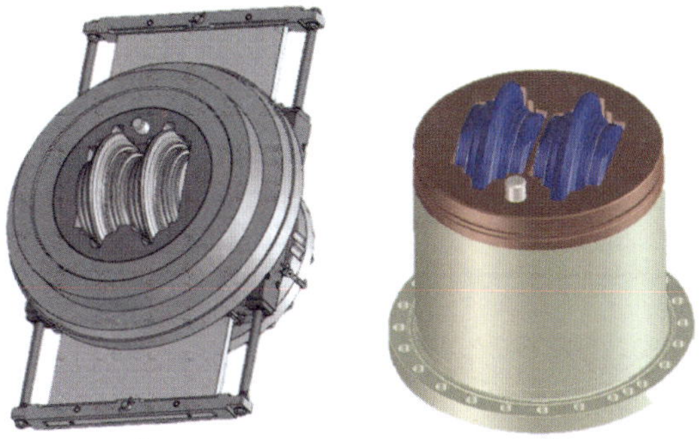

a)　　b)

图 11-49　滚刀常压换刀装置结构示意图

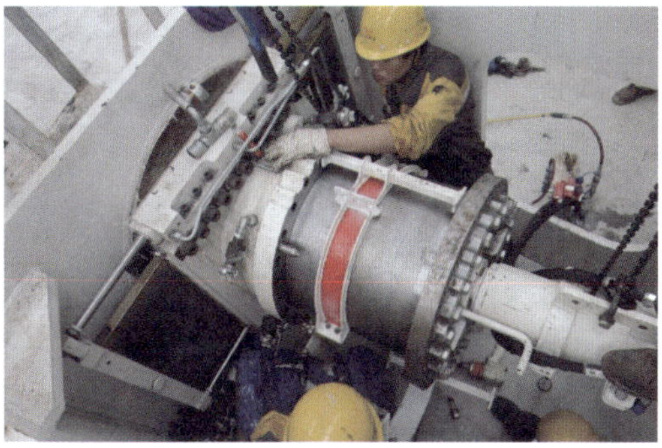

图 11-50　滚刀常压换刀装置实物图

3)常压换刀实例

(1)南京地铁 10 号线过江隧道工程

南京地铁 10 号线过江隧道使用了切刀常压更换技术,该项目区间全长 3600m,为单洞双线地铁隧道,江面宽度 2300m,最大埋深位于长江江面以下 58m,最大水土压力 6.5bar,穿越卵石层长度达 1780m。采用 1 台德国海瑞克公司制造的 ϕ11.64m 泥水盾构施工,如图 11-51 所示。

图 11-51　南京地铁 10 号线过江隧道工程 ϕ11.64m 泥水盾构

盾构隧道管片内径 10.2m,外径 11.2 m,厚度 0.5 m,管片环宽 2 m,隧道下部结构采用中间预制"口"字件 + 两侧现浇的结构形式,双线间设置现浇中隔墙,顶部设置预制烟道板,如图 11-52 所示。

盾构刀盘结构如图 11-53 所示,刀盘由 5 个辐臂组成,所有刀具中有 1/3 的刀具可以在常压下进行更换,可常压更换的刀具可覆盖整个开挖面。

导向杆式切刀常压换刀装置在该工程施工中暴露出了一些设计不合理的问题，主要包括：刀头固定方式存在问题，掘进过程中出现过刀头脱落的情况；刀头与刀体的连接处没有防错装装置，刀头安装时易发生错位。为了杜绝“刀头脱落”“刀头错装”的问题，改进了导向杆式切刀常压换刀装置，开发了导向筒式切刀常压换刀装置，如图11-54所示。

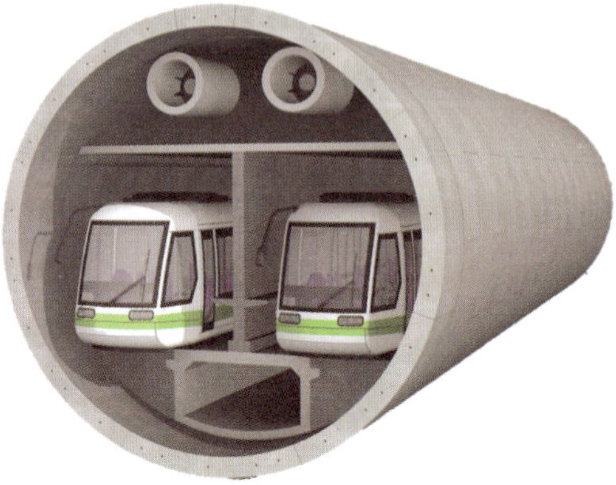

图11-52　南京地铁10号线过江隧道结构示意图

图11-53　南京地铁10号线过江隧道工程盾构刀盘

图11-54　导向筒式切刀常压换刀装置实物图

于2012年4月21日举行盾构始发仪式，5月1日开始正环掘进，至2013年5月10日顺利贯通（图11-55），用时12个月零10天（其中，由于接收井施工滞后，在接收井处停机等待35d），完成了3600m过江隧道掘进。其间进行12次刀具更换，累计更换刀具420把，换刀装置实物如图11-56所示。

图11-55　南京地铁10号线过江隧道工程盾构贯通

a) b) c)

图 11-56 导向筒式切刀常压换刀装置实物图

(2)武汉地铁 8 号线越江隧道工程

武汉地铁 8 号线越江隧道工程位于长江二桥上游约 450m 处下穿长江，越江隧道全长 3186m，隧道穿越江面宽度约 1500 m，采用一台 ϕ12.51m 泥水盾构，刀盘如图 11-57 所示。盾构自徐家棚始发井向黄浦路站接收井单向掘进。区间最大水土压力达 6.74bar，最大覆土深度达 37m，江底最深处位于常水位以下 51m。

该工程盾构刀盘上既布置了可常压更换的滚刀，又布置了可常压更换的切刀，同时首次实现了常压下滚刀和切刀的互换。

图 11-57 武汉地铁 8 号线越江隧道工程盾构刀盘

11.11 特殊地段特殊地质条件施工

特殊地段及特殊地质条件主要是指覆土厚度小于盾构直径 D 的浅覆土层、曲线半径小于 $40D$ 的小半径曲线地段、坡度大于 30‰的大坡度地段、穿过地下管线地段、遇到地下障碍物的地段、穿越建(构)筑物的地段、平行盾构隧道净间距小于 $0.7D$ 的小净距地段、穿越江河地段、砂卵石及大孤石地段、穿越地质条件复杂地段等。

11.11.1 特殊地段和特殊地质施工要点

(1)盾构施工进入特殊地段和特殊地质条件前，必须详细查明和分析工程的地质状况与隧道周边环境状况，对特殊地段及特殊地质条件下的盾构施工制定相应可靠的施工技术措施。

(2)根据隧道所处位置与地层条件，合理设定和慎重管理开挖面压力，把地层变形值控制在预先确定的容许范围以内。

(3)根据不同隧道所处位置与不同工程地质与水文地质条件，预计壁后注浆的材料和压力与流量，在施工过程中根据量测结果，进行注浆材料和压力与流量调整，防止浆液逸出，以达到严格控制地层松弛和变形的目的。

(4)施工中对地表及建(构)筑物等沉降进行预测计算,并加密监测测点和频率,根据监测结果不断调整盾构掘进参数。当测量值超过允许值时,应采取应急对策。

11.11.2 特殊地段及特殊地质条件的针对性施工措施

1)浅覆土层施工

(1)为减少施工对环境影响,可采取地层加固、地面构筑物保护措施。

(2)应事先制定相应的措施,以克服因覆土荷载小而导致盾构抬头。

2)小半径曲线施工

(1)必须根据地层条件、超挖量、壁后注浆、辅助工法等制定小半径曲线施工方案和安全施工措施,并注意防止推进反力引起隧道变形、移动等。

(2)使用超挖装置时,应将超挖量控制在施工需要的最小范围之内。

(3)壁后注浆应选择体积变化小、早期强度高、速凝型的注浆材料。

(4)应增加施工中线、水平测量的频率,并定期检测洞内控制点。

(5)在施工过程应采取措施,防止后配套车架脱轨或倾覆。

(6)为防止由于转弯部分超挖引起地层松动和增大地层抗力,可考虑选择合适的辅助工法进行地层加固。

(7)应注意把盾尾间隙的变化控制在允许的范围内。

3)大坡度区段施工

在大坡度进行盾构施工时,易造成成环隧洞浮动,盾构在上坡时容易发生“上抛”现象,盾构后配套容易发生脱落,运输机车容易发生溜车事故。可采取以下针对性措施。

(1)每环推进结束后,必须拧紧当前环管片的连接螺栓,并在下环推进时进行复紧,避免作用于管片推力产生的垂直分力,引起成环隧洞浮动。

(2)盾构上坡推进时,盾构很容易发生“上抛”现象。调整盾构向上纠偏2‰左右,调整好土舱(泥水)压力设定值,以切口土体不隆起或少隆起为主。

(3)在选择运输设备和安全设施时,必须考虑大坡度区段施工的安全,对牵引机车进行必要的牵引计算,并考虑一定的余量。施工中可采用大吨位电机车作为水平运输的牵引动力,并要求具有安全可靠的止动装置。同时,编组列车的管片车及砂浆车也安装制动装置;隧洞运输轨道在盾构后配套及盾构内设置安全可靠的制动装置。

(4)上坡时应加大盾构下半部推进千斤顶的推力,这样可以有效控制盾构的方向。对后方台车,要采取防止脱滑措施。

(5)同步注浆及即时注浆时宜采用收缩率小、早期强度高的浆液。

(6)在急下坡始发与到达时,基座应有防滑移安全措施。

(7)在急上坡到达时,为防止地层坍塌、漏水,事先必须制订相应对策。

(8)在大坡度区段,地层的土水压力随着推进而时刻变化,因此开挖面压力也必须根据土水压力进行适当调整,特别是下坡时,由于压力舱内的开挖土砂有可能出现滞留而不能充分取土,必须慎重管理开挖土量。

4)地下管线区段施工

根据管线制造材料、接口构造、管节长度等不同情况,地下管线大致可分为刚性管线和柔性管线两种。它们对于隧道施工中不可避免的地层沉降的反应是不同的。对于刚性管线来说,当地层移动时,主要考虑是否会引起管道的断裂破坏,而对于柔性管线来说,地层移动造成的影响则主要是管线接头的断裂或泄漏引起的破坏。

(1)在施工前,必须详细查清沿线受施工影响范围内的各种地下管线的分布、管线类型、允许变形值等情况,分析预测地层隆陷对管线的影响,并在施工中加强监测。针对不同的管线及其与隧道的不同位置关系,采取合理的保护措施。

(2)对重要管线和施工中难以控制的管线施工前应根据不同情况采用迁移、加固措施。当施工前预测和施工中监测分析确认某些重要管线可能受到损害时,将根据地面条件、管线埋深条件等采用临时加固、悬吊,或管下地基注浆等保护方案。加强与有关管线单位的协同合作,顺利完成对管线的调查与保护工作。

(3)盾构掘进时应及时调整掘进速度和出土量,从而减少地表的沉降和隆起,及时对环形空隙进行充填,并且做好二次补压浆工作。

(4)加强地面沉降监测,尤其要对沉降敏感的重要管线(如混凝土管、煤气管等)进行布点监测,并及时分析评估施工对管线的影响,根据施工和变位情况调节观测的频率,及时反馈指导施工。

(5)在盾构进入管线区以前,以已通过段所得到的地层变形实际监测成果为基础,再次对管线区内的地面沉降作出进一步预测,以期准确反映实际情况并据此作出正确的管线保护方案。

5)地下障碍物处理

(1)地下障碍物处理前,必须查明障碍物具体位置和实物,制定处理方案,以确保施工安全。

(2)地下障碍物的处理一般遵循提前从地面采取措施处理的原则。如确需在盾构掘进过程中进行处理,必须充分研究可行性与对策。

(3)从地面拆除地中障碍物时,可选择合适的辅助工法,拆除后要妥当进行回填。

(4)在盾构掘进过程中拆除障碍物时,可选择带压作业或地层加固方法。

(5)在开挖面的狭窄空间内,安全地进行障碍物的切断、破碎、拆除、运出作业,应尽量控制地层的开挖量,以保障开挖面的稳定。

6)穿越建(构)筑物施工

在隧道施工过程中,由于开挖破坏了地层的原始应力状态,这将引起地层的移动,而地层移动的结果又必将导致不同程度的地面沉降,当沉降差异过大时,建筑物就会遭到损坏。对天然浅基础建筑物,沉陷引起的建筑物的差异沉降(倾斜)较大时,建筑物破坏的可能性也大。对桩基础建筑的保护主要是对处于松动圈和塑性区的桩基加以适当保护。因此,在施工前详细查清施工影响范围内的建筑物及其基础状况,在施工中加强监测,对其安全性作出判断,有针对性地采取主动措施加以必要的保护。

盾构施工前必须对可能穿越的建(构)筑物进行调查,并根据以往的工程经验,预计施工对建筑物的影响,必须有针对性地制定保护方案,采取保护措施,周密进行管理,控制地表变形。对在施工影响范围内(左、右线中线两侧各 30m)的所有地面建筑物包括高架桥、人行天桥、地下通道、地下商场等进行调查,调查的重点是 4 层(含 4 层)以上的建筑物,尤其对位于隧道上方距左右线隧道断面15m范围内、业主未提供详细资料的建筑物要详细调查清楚，对已有资料的要进一步核实，未有资料的要全面调查。

施工对建筑物的影响主要取决于地层变形特征。根据不同地质和埋深条件，以及对施工引起的地层变形及其对建筑物的影响的不同，采取必要的加固与保护方案措施。

对天然浅基础建筑物：加强建筑物变形监测分析，加强地表隆陷监测反馈指导施工；严格规范控制盾构掘进机的工况选择、转换和操作控制，及时注浆充填环形间隙，减少地层损失，控制地表隆陷。

对深桩基础建筑物，结合以往成功实例和国内外的经验，盾构法隧道施工引起的松动圈厚度一般不超过2.5m。桩底距隧道2.5m范围内的桩基采取洞内径向注浆加固桩基底部地层，以保护和提高桩基承载力。对距隧道2.5～4.0m范围内的桩基，以洞内径向注浆加固桩底地层作为备用方案，将根据施工监测分析结果报业主和工程师批准后实施。

以建筑物调查结果和量测结果为基础，对施工前和施工初期施工引起的地层沉降及其对建筑物的影响进行精确预测。

在施工期间严格控制盾构掘进机的工况和操作参数，以减少地层损失；及时向环形间隙填充注浆，减少地层变形；使管片衬砌尽早支承地层，以控制围岩松弛区和塑性区的扩大。

对地表沉降和建筑物变形进行严密监测，对所有受影响的建筑物进行布点监测，对楼房再增加倾斜监测，并及时分析反馈。同时利用实测数据进一步修正、完善地表沉降和建筑物变形的预测结果，对可能引起有害变形的建筑物作出早期预警并制订应急措施，与确定备用方案实施与否。

7）小净距隧道施工

（1）施工前，应根据隧道所处的地层条件、盾构类型、隧道断面大小、两条隧道之间的相对位置与距离，预计施工对已建隧道的影响和平行隧道掘进时的互相影响，并采取相应的施工措施减少这些影响。

（2）施工过程中，应控制掘进速度、土舱压力、出土量、注浆压力等以减少对临近隧道的影响。

（3）可采取以下辅助施工措施，以防止地层的松动和盾构隧道的变形：

①加固盾构隧道间的土体；

②加固已有建（构）筑物的地基；

③两条隧道应错开施工。

8）穿越江河地段

（1）穿越过江河地段施工应特别重视详细查明地层条件和河流情况，制定可靠的施工措施。

（2）穿越江河施工时，必须选择合理的盾构设备类型。

（3）施工过程中，应确保开挖面的稳定，防止地层坍塌，防止突水突泥。

（4）现场必须准备足够的防排水设备与设施。

（5）必要时，对水底地层进行预加固处理。

（6）采取措施防止对堤岸、周边结构物的影响。

（7）特别注意观察与防止泥浆和添加材料的泄漏和喷出；特别注意观察与解决管片的变

形和隧道上浮问题。

9)砂卵石及大孤石地段

(1)施工前,应根据砾石粒径、含量和施工长度及出渣设备能力等因素,选择盾构的刀盘类型和刀具配制方式、数量;合理设计的盾构刀盘,确保刀盘有足够的强度和刚性,使之不会变形,并根据不同地质状况选用不同的布刀方式;设计宽大的并列式双室人舱,并考虑超前加固措施及盾构姿态控制措施。

(2)采用土压平衡盾构时,应根据螺旋输送机的出渣情况,做好渣土改良工作。

(3)采用泥水平衡盾构时,根据砾石含量和粒径选择破碎方法或输送泵。

(4)加强超前地质预报,根据前期的地质勘查资料,通过地质调查结合超前地质钻探,进一步确定可能有孤石位置,以便于提前采取有效措施。在有孤石地段进行预先加固,在常压下开舱处理。

10)穿越复杂地层地段施工

(1)穿越复杂地层地段,应优先选择使用复合式盾构进行施工。

(2)综合考虑所穿越地段地质条件,合理选择盾构刀具形状和配置,以适应各种地层的掘进。

(3)合理选择适当时机和地点,及时更换刀具或改变其配置,以适应前方地层的掘进。

(4)根据开挖面地质预测预报信息,调整掘进参数和壁后注浆参数,以确保开挖面的稳定和掘进速度。

(5)根据开挖面地质条件,及时调整土压平衡压力,及时决定是否采用渣土改良或及时调整渣土改良参数。

11.12　地中对接技术

地中对接有两种情况:一种是两台盾构分别从两端相向掘进,在地中对接点进行正面对接;另一种是从侧向将新建隧道接到已建隧道上。本章所述为两台盾构相向掘进正面对接的情况。

之所以采取地中对接施工方式主要有三种因素:一是单条隧道长度大,采用两台盾构从两端同时相向掘进,以缩短工期;二是因道路交通状况和周围环境等问题而难以设置到达(转向)竖井或因河底施工而不能设置竖井;三是因为埋设深度大,设置竖井不经济。

2007 年开建的广深港铁路客运专线狮子洋隧道工程全长 10.8km,其中盾构段长 9277m。盾构段采用 4 台直径 11.182m 的泥水平衡盾构施工。隧道施工方案在国内首次采取了“相向施工、地中对接、洞内解体”的方式掘进,即“2 个工作井、4 台盾构地中对接”,标志着我国修建水下隧道取得新进展。该隧道内径 9.80m,外径 10.80m,采用“7 + 1”分块式的通用楔形环钢筋混凝土单层管片衬砌。

从国外成功实例来看,地中对接有辅助加固对接法和机械式地中对接法两种方法。盾构进行正面地中对接时,必须尽量选择条件好的接合地点。接合处一般采用化学加固法、高压喷射搅拌法、冻结施工法等进行加固。但是,为了减少辅助施工法的使用、缩短工期,也可采用直接用机械进行对接的方法。机械对接方式有刀盘缩回方式、贯入环方式、护罩推出方式等。无论采用哪种施工法,都要考虑现场的施工环境,根据围岩条件、工程成本及工期等来确定。

11.12.1 机械式地中对接法

机械式地中对接法,需要高精度对接,不仅盾构的纵、横向位置要对接准确,而且盾构正面的倾斜度也必须对准。为此,除要准确进行隧道内的基线测量和水准测量外,还要拥有在两台盾构靠近时正确掌握其相互位置关系的技术。机械对接时盾构的靠近测量见图 11-58。机械对接有三种方式:刀盘缩回方式、贯入环方式、护罩推出方式。

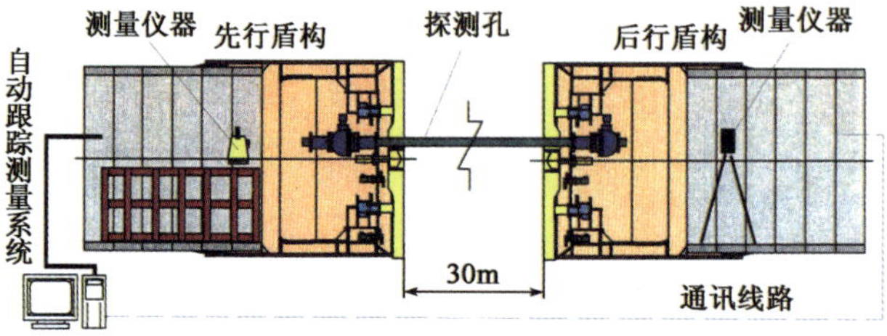

图 11-58　机械对接时盾构的靠近测量

1)刀盘缩回方式

在对接地点将 2 台盾构的刀盘后退,对接切削的方法。止水及防止泥砂流入的方法是在机内预先设置放射状冷冻管和附着冷冻管造成冻土。该方法是尽量缩短 2 台盾构的间距,大幅度减小冻结范围,以缩短工期和降低造价。采用 8 台泥水盾构施工的日本东京湾海底公路隧道的地中对接曾采用这种方式。

刀盘缩回式地中对接的作业程序如图 11-59 所示。

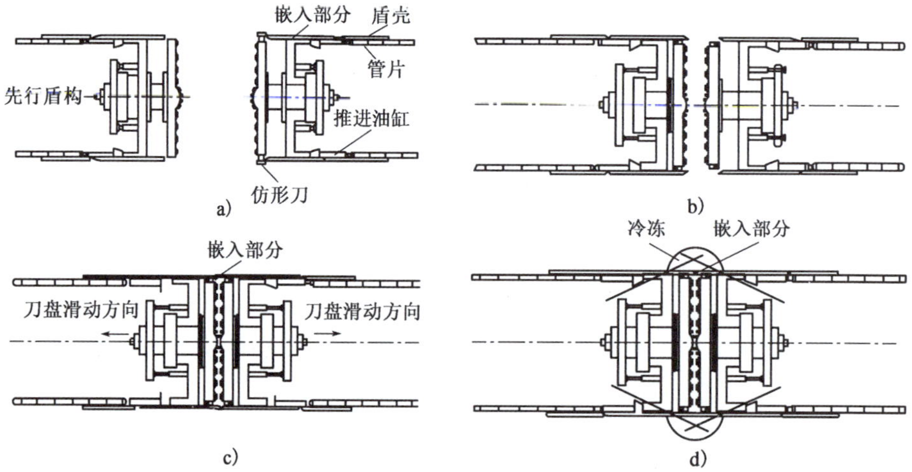

图 11-59　刀盘缩回式地中对接的作业程序

①先行盾构到达对接地点后,收缩备用切削刀,将切削刀收于面板内,准备冻结。

②后行盾构距先行盾构 15 ~ 50m 时,通过勘探钻孔确认各自的位置。

③边修正方向边掘进剩余段,在对接前夕将后行盾构的切削刀也退入面板内。

④用中间弯曲千斤顶对好盾构的连接面,同时将面板对接。

⑤用盾构内的冷冻管开始冻结,确认冻土的止水性后,拆卸盾构,进行衬砌。

2) 贯入环方式

采用贯入环式地中对接时,接受侧盾构称为接收盾构,推进侧盾构称为发射盾构。发射盾构一侧安装可前后移动的圆形钢套(即贯入环),而在接收盾构的一侧的插槽内设置承压橡胶密封止水环。盾构在对接地各自定位后,推入贯入环压在承压橡胶环上进行机械式对接。

这是一种基本上不需要辅助施工法的纯机械式地下对接法。贯入式地中对接施工顺序见图 11-60。

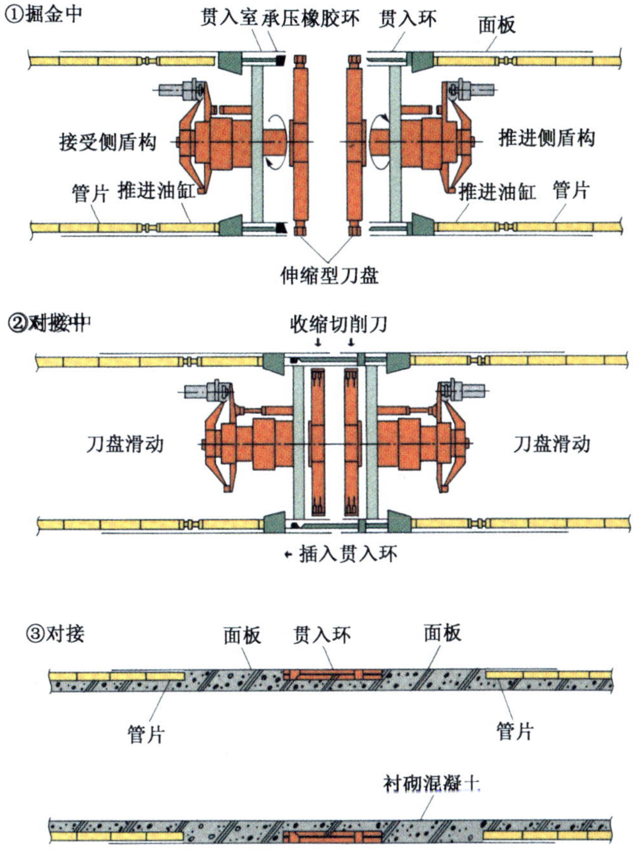

图 11-60　贯入式地中对接施工

①2 台盾构分别从两侧各自推进到预定位置后,停止开挖。在维持土压或泥水压力的状态下,准确测量 2 台盾构的相对位置后,尽可能向前掘进,直到 2 台盾构即将相遇,这时收缩装在切削刀外周的伸缩型切削刀,然后一边推进盾构,一边滑动刀盘退回腔内。

②将装在推进侧盾构内的贯入环插入接受侧盾构内,进行机械式对接,使 2 台盾构在地下接合。

③完成对接后,在贯入环内周焊接连接钢板,使 2 台盾构的盾壳形成一体,拆去除盾壳外的其余结构后,浇筑混凝土。

3) 护罩推出方式

护罩推出方式是在 2 台盾构的面板内装一可滑动的护罩,待盾构在对接地点互相靠近后,推出护罩进行对接。为进行止水及防止泥砂流入,需配合使用冻结法等辅助施工法。

11.12.2 辅助加固对接法

1)地层稳定处理的方法

辅助加固对接法是一种常用方法,即在对接区域进行地层稳定处理,在达到止水及防止泥砂流入要求后,即可拆卸盾构外壳内的结构和部件,并在盾壳内进行衬砌作业。地层稳定处理采用化学注浆法、冻结法及高压旋喷注浆法。此外,稳定处理分两种:一种是在盾构到达前从地面进行;另一种是在海底不能从上部施工时,就从盾构内进行。

化学注浆施工法施工性能优越、造价低,但改良效果的可靠性方面存在问题,能适应的条件受到限制,有时要配合采用压气施工法来稳定地层。

高压旋喷注浆法(JSG、CJG 等)是将水泥浆与地层混合或置换之,因而可望获得充分的改良效果。

冻结法造价高、工期长,但能切实改良地层,也可从盾构内施工,故适用于海底地下对接、埋设深度大和大断面的地下对接。从盾构内进行施工的冻结法是:①两侧的盾构到达后,从两台盾构内设置冷冻管,造成冻土;②让某一侧的盾构先到达,设置冷冻管开始冷冻,另一侧盾构后到达,仅用附着冷冻管造成冻土。

由两侧盾构内进行的冻结的方法用于两台盾构几乎同时到达的场合。一方面,由于土方少,改良范围基本上左右对称,因而有利冻胀和解冻沉降,但存在工期长的缺点。另一方面,从一侧的盾构内冻结的方法是从先行的盾构内进行冻结,可以缩短工期,但改良范围增大,且改良范围内的形状不规则,易产生冻胀和解冻沉降等不利影响。采用哪一种方法需要考虑地层条件、造价及工期等来确定。

2)超前注浆法加固

为了确保盾构对接以及第一台拆卸后进行人工挖掘时的安全,地层加固一般采用超前注浆法加固。方法如下:在 2 台盾构距离约 35m 时,从 2 台盾构内围绕盾体 360°进行超前地层加固处理。为了达到封闭整个地层的目的,在整个 35m 范围的加固分 3 排圆周注浆孔逐步实施。整个盾构周圈预留 25 个超前注浆孔,通过这些孔注入双液浆来加固地层。地层加固的方法及顺序如图 11-61 所示。

①当 2 盾构距离约 35m 时,从 2 台盾构内围绕盾体 360°进行超前钻孔[图 11-61a)]。

②进行注浆加固作业[图 11-61b)]。

③2 台盾构分别向前掘进一段距离,相距约 20m 时,再次进行 360°超前钻孔和注浆[图 11-61c)]。

④2 台盾构分别再向前掘进一段距离,相距约 5m 时,再次进行 360°超前钻孔和注浆[图 11-61d)]。

⑤完成地层加固后,即可进行盾构的拆卸[图 11-61e)]。

3)盾构解体与隧道结构对接

当完成在对接段将盾构解体、拆除、运出后,即可将盾壳内的杂物清理干净后,再进行对接段隧道结构的施工和连接。

由于盾构在地中实现对接,为了便于盾构在隧道内拆卸,护盾的设计一般采用双层独立的内外盾壳。除尾壳外,前盾和中盾均为双盾壳设计。拆卸时,尾盾壳直接留在地层中,仅拆除中体和前体的内盾壳。前盾与中盾的外层盾壳留在地层中作为盾构洞内拆机的支护。在外壳的保护下,所有内部钢结构和部件都可拆卸。在后续工程中,仅需再制作前盾与中盾的外护盾和盾尾,即可利用所有拆卸下来的钢结构和部件重新组装成一台完整的盾构。

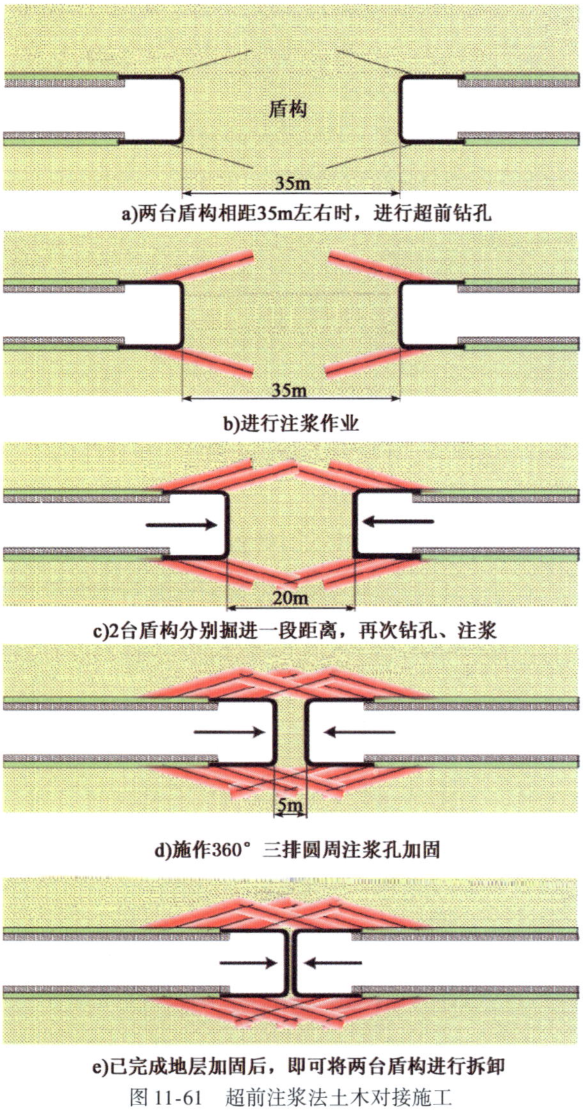

图 11-61 超前注浆法土木对接施工

11.13 隧道防水施工技术

11.13.1 盾构隧道防水标准

盾构隧道防水标准见表 11-5。

盾构隧道防水应注意和隧道防腐一并考虑,并应满足环境保护的要求。盾构隧道防水以管片自防水为基础，以接缝防水为重点，辅以对特殊部位的防水处理，形成一套完整的防水体系。盾构隧道的防水包括管片防水、管片接缝防水、螺栓孔防水、注浆孔防水及渗漏处理等，同时应加强对隧道与洞门及联络通道之间的防水处理。

隧道管片接缝防水的构造形式、截面尺寸和材料性能，是根据隧道纵向变形允许值，计算出的管片环缝张开值确定的，故接缝防水密封条的防水效果是盾构隧道的防水重点。

管片螺栓孔的防水，应按设计要求和构造尺寸制作环状垫圈，依靠紧固螺栓而达到防水目的。必要时，应按设计要求进行螺栓孔注浆。

隧道变形缝和柔性接头是变形集中、变形量大的特殊部位，因此防水处理和结构施工应严格按设计要求实施，以达到隧道整体防水的目的。

盾构隧道防水标准见表 11-6。

盾构隧道防水标准[$L/(m^2 \cdot d)$]　　表 11-6

等级	管　片	隧道上部	隧道下部	渗水量
一级	无渗漏、无湿渍	无渗漏	无渗漏、可有偶见湿渍	0.05
二级	无渗漏、无湿渍	无渗漏、可有偶见湿渍	少量渗漏水	0.1

11.13.2 管片防水

管片强度、抗渗等级及各项质量指标必须符合设计要求，管片的所有预埋件、钻孔、连接螺栓孔等应按设计要求进行防水、防腐处理。管片堆放、运输中应加强管理和检查，防止管片开裂或在运输过程中碰掉边角。盾构推进过程中，避免拼装好管片产生纵向或环向裂纹，影响管片防水能力。

11.13.3 管片接缝防水

管片接缝防水密封条的构造形式、材料的性能与尺寸必须符合设计要求。管片接缝防水材料必须按设计图纸要求选择。施工前应注意做好如下工作：所采用的防水材料，必须按设计要求和生产厂的质量指标分批进行抽检；采用水膨胀橡胶防水材料时，运输和存放时须采取防潮措施，并设专门库房存放。

现场防水密封条粘贴应遵守下列规定：

(1)按管片型号使用，严禁使用尺寸不符或有质量缺陷的产品。

(2)在管片角隅处加贴自黏性橡胶薄片时，其尺寸应符合设计要求。

(3)环面纠偏要求粘贴传力衬垫材料时，必须按正确位置粘贴。

(4)变形缝、柔性接头等管片接缝防水的处理应按设计图纸要求实施。

(5)防水密封条及其黏结剂的存放库房、烘箱设备等处需按规定配备防火设施。

防水密封条采用粘贴安装，对粘贴好防水密封条的管片应注意防雨、防水和防太阳暴晒，以防止密封条胀落和老化；运输和装拼中应避免擦碰、剥离、脱落或损伤密封条；作业前的运输、堆放、翻动等工作均不得损坏管片防水槽等关键部位；防水密封条粘贴后，在运输时应保护好，发现问题及时修补后，方能下井进行拼装。拼装时应逐块检查防水密封条(包括传力衬垫材料)，确保其完整、位置正确。

管片采用嵌缝防水材料,槽缝应清洗干净,使用专用工具填塞平整密实。封顶块和邻接块管片的止水条采用弹性较高、便于粘贴牢固、不易损伤的遇水膨胀弹性橡胶密封条。

变形缝、柔性接头等特殊部位,除按图进行结构施工外,还必须严格按图纸的防水处理要求实施。

盾构隧道始发段及到达段设置变形缝,变形缝的环缝弹性密封条采用三元乙丙复合遇水膨胀橡胶密封条,以加强密封效果。

11.13.4 管片螺栓孔防水

管片的每一个连接螺栓两端均设置一个“O”形遇水膨胀橡胶圈防水。橡胶圈设置时紧靠管片混凝土,靠垫片和管片螺母压紧。

11.13.5 联络通道防水

联络通道在铺设防水层前,应将基面清理干净,混凝土作业时应捣实,防止收缩变形产生开裂。使用合格防水卷材,用专用热合连接成幅及无钉悬挂铺设。

防水密封条在混凝土具有一定的强度后才开始膨胀,切实发挥止水作用。防水密封条在粘贴或固定时要牢固,防止脱落。

联络通道绑扎钢筋时用木板、麻布等垫片对防水板和密封条进行防护。联络通道浇筑混凝土和振捣时避免碰到止水带。浇筑后及时向施工缝的预留槽填高强度聚氨酯密封胶。联络通道内部防水砂浆施工前对基底进行严格清理,对局部渗漏和裂纹段进行修补堵漏。

11.13.6 特殊部位防水

盾构施工过程如采用注浆孔进行注浆时,注浆结束后要对注浆孔进行密封防水处理。

盾构隧道与工作井现浇混凝土施工缝宜采用缓膨胀型遇水膨胀止水条,应严格按照设计施作,确保施工缝密封止水。

洞门混凝土施工,应做好收缩应力和变形开裂工作,避免裂缝引起渗漏。

盾构隧道与联络通道、取排水口等附属构筑物的接缝防水,按设计要求选择防水材料和施工方法。

11.14 盾构调头技术

地铁隧道上下行线施工时,有时只投入一台盾构,施工完一条线后需反向掘进另一条线。盾构从区间隧道掘进到工作井时,将盾构平移调转到另一条隧道线位上,再做反向掘进的过程称为盾构调头。盾构调头与工作井的地面场地条件无关,盾构在竖井内调头时,盾构也无需解体,也不存在因再次拆卸而影响盾构的质量和使用寿命的问题,盾构调头作业具有降低工程费用与缩短工期的优点。盾构调头作业采用的设施一般有盾构接收架、盘式轴承、顶升油缸或浮式千斤顶、滑轮、倒链、卷扬机等。

11.14.1 盾构调头作业要点

(1)盾构调头前,应做好施工现场调查及现场准备工作。

（2）盾构设备质量大、体积大，因此起吊、移动调头工作时间长，必须预先编制调头作业方案，做到可靠、安全。调头设备必须满足盾构安全调头要求。

（3）盾构调头时必须有专人指挥，专人观察设备转向状态，避免偏离方向或碰撞设备。

（4）盾构调头前应做好设备各种管线的标识工作，调头后按照标识做好盾构管线的连接工作，连接后严格按照规则试运行。

11.14.2 采用延长管线进行盾构调头的程序

（1）接收准备工作包括：调头场地钢板的铺设；设备桥支撑门架的下井、安装；在调头场地内铺设临时轨道（采用自制钢凳架设临时轨线），将设备桥支撑门架下井，并移至站台后部，以备需要时使用；反力架的下井、安装；接收架（始发架）的拆除、钢板焊接、运输、下井定位；调头材料机具的运输、下井。

（2）调头及定位。

（3）桥调头及延长管线连接。

（4）检修及保养。

（5）调试并始发。盾构整机调试按盾构调试报告进行，总的原则是先单机调试，再整机联动。

（6）掘进。

（7）后配套调头及恢复正常掘进。

11.14.3 不采用延长管线进行盾构调头的程序

（1）接收准备工作包括：调头场地钢板的铺设；设备桥支撑门架的下井、安装；在调头场地内铺设临时轨道（采用自制钢凳架设临时轨线），将设备桥支撑门架下井并移至站台后部备用；反力架的下井、安装；接收架（始发架）的拆除、钢板焊接、运输、下井定位；调头材料机具的运输、下井。

（2）主机平移。

（3）后配套调头。

（4）主机调头。设备桥后配套一般采用起重机等设备进行逐一掉头。

11.14.4 盾构调头施工实例

1）工程概况

南京地铁一期工程南起小行，北至迈皋桥，线路全长 16.9km。其中 TA15 标段由两个区间组成，采用 2 台土压平衡盾构进行施工。第 1 台盾构（开拓Ⅰ号）从许府巷站南端头井始发向玄武门站方向推进，至玄武门站后进行盾构调头，盾构从许—玄区间左线进入右线，向许府巷站推进，到达许府巷南端头后，拆卸、检修并转场至许府巷站北端头，向南京站方向推进。第 2 台盾构（开拓Ⅱ号）在许府巷站北端头井始发，向南京站方向推进。南京地铁 TA15 标段盾构总体推进计划见图 11-62。

第 1 台盾构从许府巷站南端头左线始发，到达玄武门站后，进行调头，调头后进入许—玄区间右线，在玄武门站二次始发。由于玄武门站结构及调头场地十分狭小（图 11-63），仅仅提供了端头 12m 的调头场地及 50m 长的站台,而盾构总长为 65m,且出渣列车最小长度为 12m,所以不能满足整机始发的条件;同时,盾构主机及后配套拖车都是体积大、质量大的实体,后配套拖车不能进入净空仅为 4.2m 的站台内,因此给盾构的调头工作增加了难度和复杂性。根据现场条件,同时考虑出渣速度和便于管片运输,调头时使用延长管线连接主机和后配套,分主机和设备桥调头、始发掘进、后配套调头,成功完成了盾构在玄武门站的调头始发。

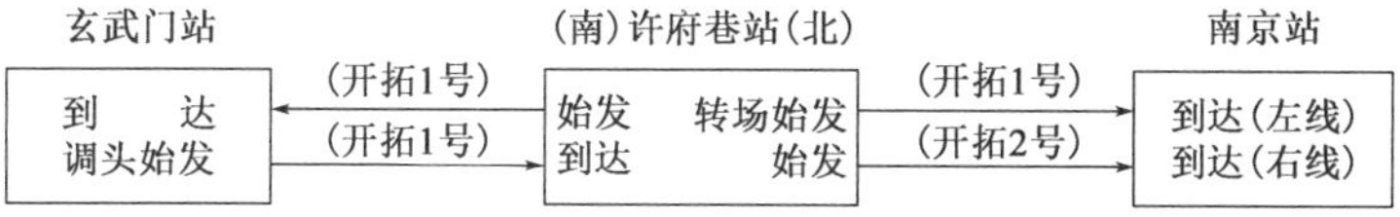

图 11-62　南京地铁 TA15 标段盾构总体推进计划

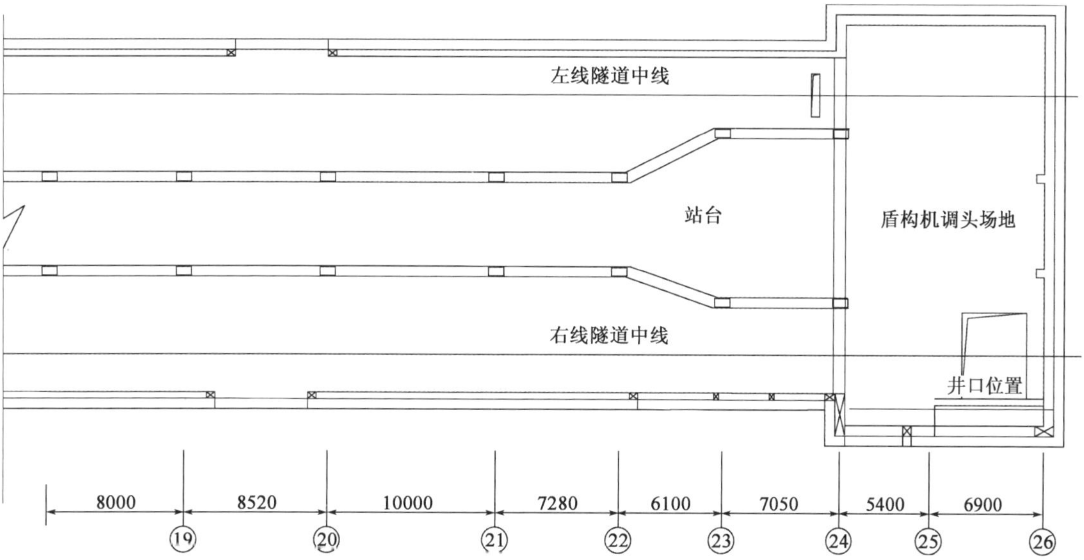

图 11-63　玄武门站底板俯视图(尺寸单位:mm)

2)盾构到站接收

盾构的到达也称为盾构到站或盾构接收。盾构的到达,是指在稳定地层的同时,将盾构沿设计线路推进到竖井边,然后从预留洞门处将盾构推进至竖井内接收架上。

(1)准备工作

为保证盾构调头时,调头场地有足够的支撑面,在盾构调头井内铺设 5mm 厚的细砂及 20mm 厚的钢板,钢板间的接缝进行段焊,并保证接缝平整,有错台时进行打磨处理。

在调头场地内铺设临时轨道,将设备桥支撑架下井并移至玄武门站的站台后部备用。

利用 80t 汽车式起重机在调头井进行反力架、钢负环的下井、拼装,并利用 15t 起道机平移反力架及钢环至调头场地后部定位,组装平移时应在反力架的前、后部加焊支撑,防止倾翻。

盾构主机的接收采用盾构始发时所使用的始发架,并且在始发架底部采用 20mm 厚的钢板进行焊接封闭,以保证盾构调头时底部有足够的支撑面,焊接时应保证焊缝平整,错台部位进行打磨。采用25t汽车式起重机将接收架下井,并用自制盘式轴承平移至隧道左线,检查并紧固接收架连接螺栓,应确保连接螺栓完好。采用钢板或型钢垫平接收架,应确保垫层牢靠,对接收架进行精确定位,并进行复测。精确定位后,采用14号工字钢对接收架进行固定,固定支撑在站台一侧,洞门侧和预埋件焊接,同时将接收架轨道延伸至洞门内,并加固。

(2)盾构接收

控制盾构姿态,避免损坏洞门环,脱离洞门密封前注浆要饱满,防止漏水。盾构进站时在应低速推进。进站时及时在盾体前部耐磨层处垫4mm钢板进行支撑,防止耐磨层与轨道接触。检查接收架是否位移、变形,若有变形及时加固或调整。盾构进站后,拆除4号拖车皮带输送机驱动装置。在前体、中体两侧各焊接顶升支座,焊接时确保对称、牢固。支座采用20mm厚的钢板制作,共4个,支座焊接加工误差为±3mm,支座底板保持水平。顶升支座见图11-64。当主机完全进站后,用型钢将主机与接收架焊接为一体,便于整体起升。

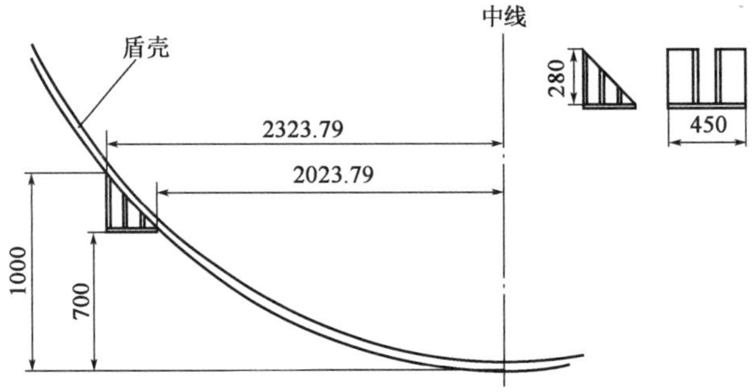

图11-64　顶升支座示意图(尺寸单位:mm)

注:1.支座采用20mm钢板制作,共4个;2.支座焊接要确保坚固,焊缝打坡口,满焊;3.加工误差±3mm;4.安装保证精度,误差±3mm,支座底板保持水平。

3)盾构主机调头

盾构主机调头程序如下:

(1)设备桥中部焊接支撑架。

(2)用油缸分别将设备桥前部、后部顶升,并在支撑架底部安装ϕ50mm钢管,如图11-65所示。

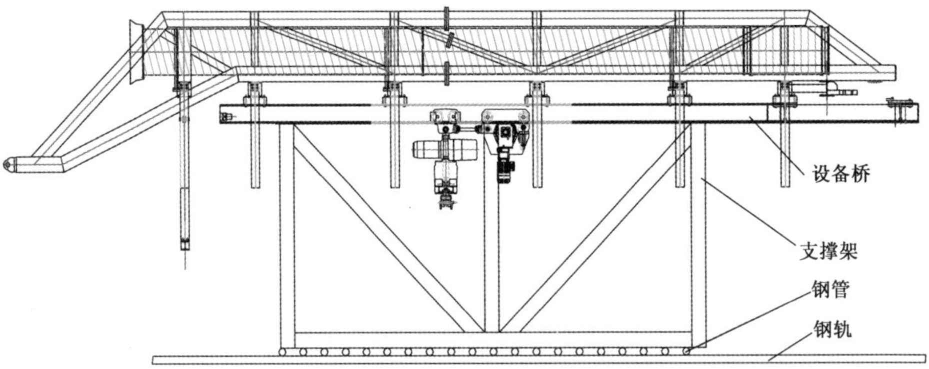

图11-65　设备桥调头支撑示意图

(3)主机与后配套脱离(拆除管线和拖拉油缸),并后移后配套拖车至主机与后配套完全脱离。

(4)采用 4 台 150t 油缸将盾构顶升,接收架底部均匀安装自制盘式轴承(图 11-66),取出底部的垫块后将主机落至轴承上(主机顶升时注意油缸应保持同步,且应有专人指挥)。

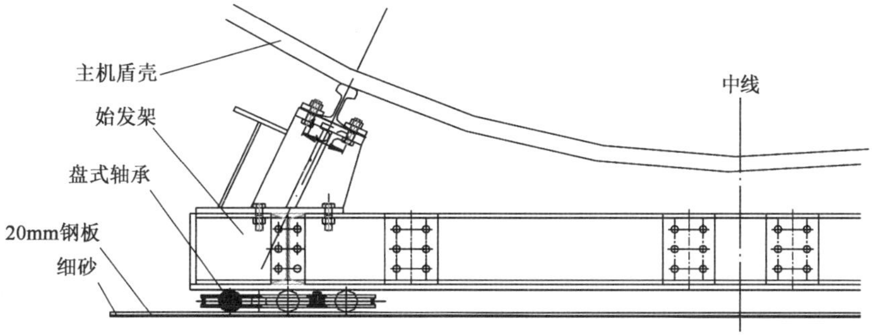

图 11-66　盘式轴承安装

(5)在底板的钢板上焊接顶推支座,并用 100t 油缸及 150t 油缸将主机连同接收架平移至调头场地中部并进行调头,调头时注意防止螺旋输送机与车站结构、反力架发生干扰。

(6)主机调头后平移至隧道右线前部。

(7)采用 4 台 150t 油缸将盾构顶升,接收架底部用钢板或型钢支撑,进行精确定位,并将接收架轨线延伸至隧道内。

(8)反力架和钢环精确定位并焊接反力支撑。

(9)盾尾刷均匀涂抹 WR90 油脂。备用注浆管及超前钻机管内填充 WR90 油脂。

盾构主机调头示意图见图 11-67。

4)设备桥调头

(1)左线调头并铺设轨线,主机后部铺设轨线。

(2)将设备桥与后配套拖车脱离。

(3)拆解管片吊机轨道,拆除 1 号拖车后部的管片吊机控制柜及电缆卷筒并移至设备桥前部固定,以便于管片吊机接收时功能的恢复。

(4)采用 10t 倒链将设备桥前移至站台内,并在 20 ~ 21 轴之间进行调头(图 11-68)。

(5)设备桥调头后前移并与主机对接。

(6)将设备桥支撑架前移并与设备桥对接,并拆除中部支撑。

(7)安装皮带输送机驱动装置。

(8)安装管片安装机控制柜及电缆卷筒。

(9)安装皮带并进行皮带的硫化。

5)主机始发掘进

(1)安装延长管线

延长管线的连接从后配套拖车开始进行。由于洞门与 22 号立柱之间距离只有 25m,延长管线较长,不易堆放。因此,应将后配套拖车后移 40m,延长管线布置如图 11-69 所示。

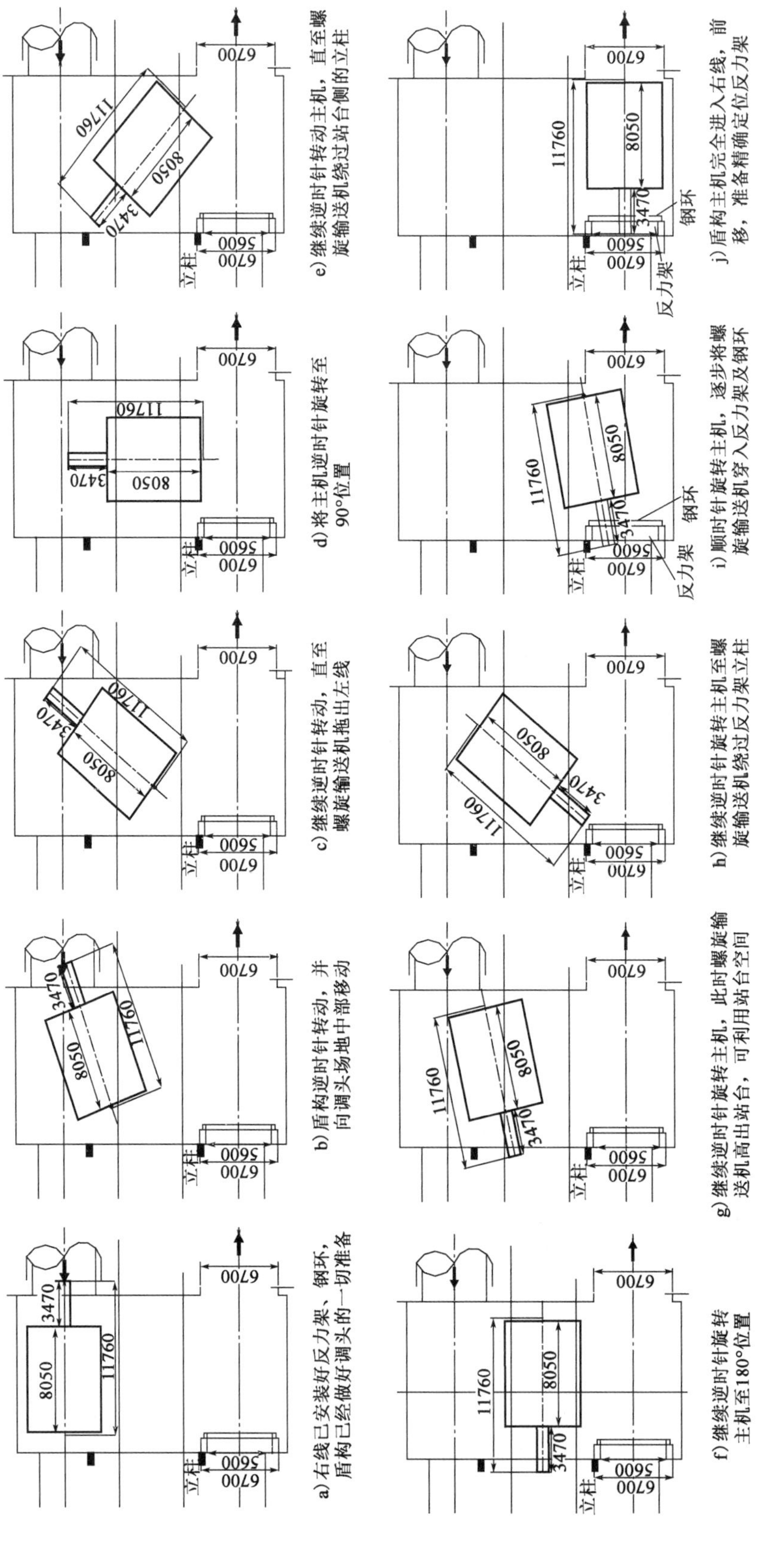

a) 右线已安装好反力架、钢环，盾构已经做好调头的一切准备

b) 盾构逆时针转动，并向调头场地中部移动

c) 继续逆时针转动，直至螺旋输送机拖出左线

d) 将主机逆时针旋转至90°位置

e) 继续逆时针转动主机，直至螺旋输送机绕过站台侧的立柱

f) 继续逆时针旋转主机至180°位置

g) 继续逆时针旋转主机，此时螺旋输送机高出站台，可利用站台空间

h) 继续逆时针旋转主机至螺旋输送机绕过反力架立柱

i) 顺时针旋转主机，逐步将螺旋输送机穿入反力架及钢环

j) 盾构主机完全进入右线，前移，准备精确定位反力架

图11-67 盾构主机调头示意图(尺寸单位:mm)

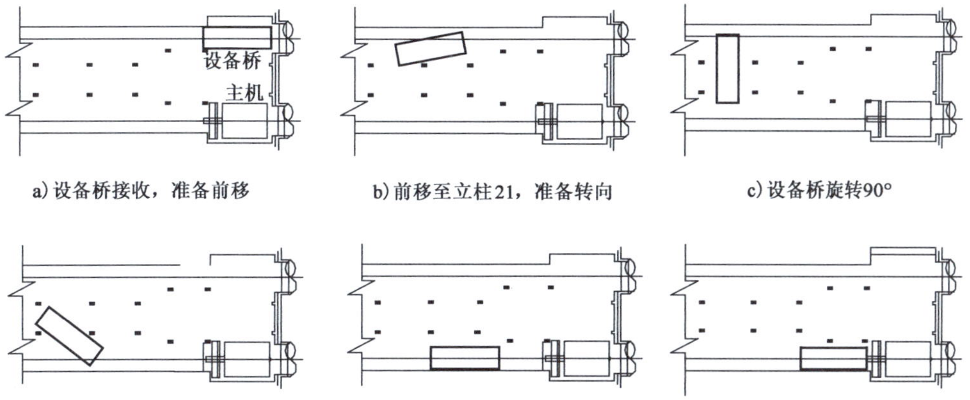

a) 设备桥接收，准备前移　b) 前移至立柱21，准备转向　c) 设备桥旋转90°

d) 继续旋转并绕过立柱　e) 旋转平移至右线　f) 设备桥前移并与主机对接

图 11-68　设备桥调头示意图

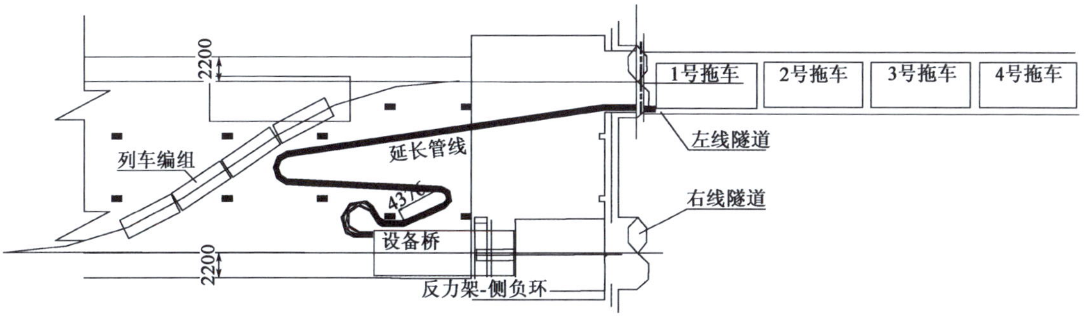

图 11-69　主机、设备桥始发状态示意图(尺寸单位:mm)

(2)盾构调试

按调试程序进行盾构整机调试。总的原则是先单机调试,再整机联动。

(3)始发掘进

安装洞门密封并焊接防扭支撑,割除洞门钢筋并推进,向刀盘内装填 3/4 容积的土坯,以便于快速建立土压。当刀盘推至距洞门 700mm 时,割除洞门最后一层钢筋,割除时必须保证迅速,割除并完全取出钢筋后,将刀盘推入洞门开始掘进。盾构沿始发架掘进时,推力尽可能小,刀盘油压不要超过 12MPa。在始发掘进时,采用 3 列机车进行运输,机车布置在前部,第 1 列的编组形式为 1 辆牵引机车、1 辆渣车、1 辆管片车;第 2 列的编组形式为 1 辆牵引机车、1 辆渣车、1 辆管片车;第 3 列的编组形式为 1 辆牵引机车、1 辆砂浆车。

6)后配套调头及正常掘进

当始发掘进至 53 环时,进行后配套调头工作,程序如下:

(1)停机。

(2)拆除延长管线。

(3)拆除皮带及设备桥支撑架。

(4)拆除负环。

(5)拆除左线轨线。

(6)平移始发架至左线并形成后配套接收轨线。利用4个15t起道机将始发架顶升并在底部安装盘式轴承,通过牵引机车拖拉绕过结构墙上的滑轮拉点的钢丝绳将始发架平移至隧道左线,并将轨线延伸至洞内与拖车轨线连接。

(7)拆除反力架及钢环。利用起道机平移反力架及钢环至井口处,利用80t汽车式起重机将钢环及反力架拆解吊出。

(8)后配套拖车解列并拆卸拖车间的管线。在拖车解列前必须将每节拖车用阻车器固定,防止溜车;拆解拖车间的电缆并回收至1号拖车上捆扎固定;拆解拖车间的连接胶管并及时封堵。拆解拖车间的拉杆。

(9)拖车前移并调头。用牵引机车牵引1号拖车前移至调头场地内的始发架上;用型钢将1号拖车与始发架焊接成一个整体以防止调头时倾翻;通过牵引机车拖拉钢丝绳将始发架平移至调头场地中部并调头(图11-70);平移1号拖车及始发架至许—玄区间右线并固定始发架;将始发架轨线与右线轨线连接,并将型钢割除;用机车将1号拖车拖入洞内并与设备桥对接。依此类推,将2号、3号、4号拖车调头后并对接。

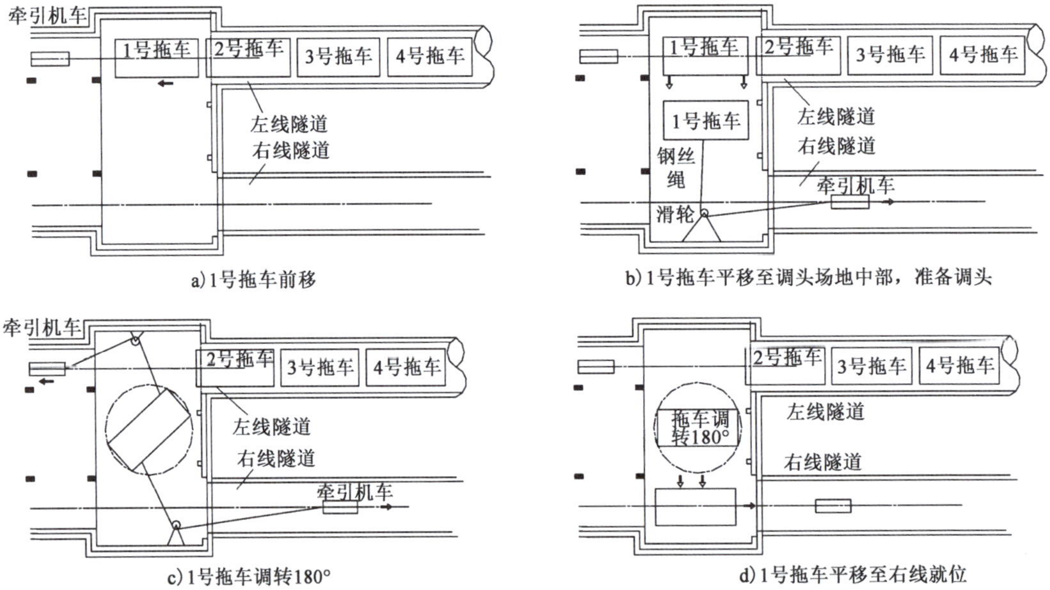

图11-70 后配套拖车调头示意图

(10)后配套管线连接及整机调试掘进。将4号皮带输送机移至井口时,安装皮带输送机驱动装置;连接拖车间的电缆;连接拖车间的胶管;安装皮带并进行皮带的硫化。盾构调试完毕后进行正常掘进。

11.15 盾构到达技术

11.15.1 盾构到达施工程序

盾构到达是指盾构沿设计线路,在区间隧道贯通前100m至车站的整个施工过程。

盾构到达施工一般按下列程序进行：洞门凿除→接收基座的安装与固定→洞门密封安装→到达段掘进→盾构接收，如图 11-71 所示。

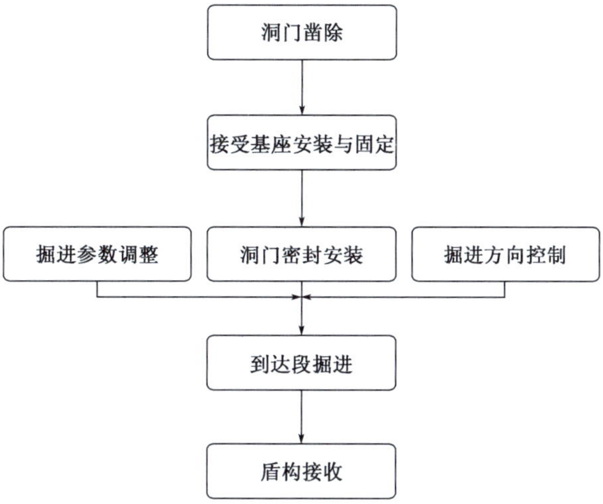

图 11-71　盾构到达施工程序

到达设施包括盾构接收基座（也称为接收架）、洞门密封装置。接收架一般采用盾构始发架。

11.15.2　盾构到达施工的主要内容

盾构到达施工的主要内容包括：

（1）到达端头地层加固。

（2）在盾构贯通之前 100m、50m 处分两次对盾构姿态进行人工复核测量。

（3）到达洞门位置及轮廓复核测量。

（4）根据前两项复测结果确定盾构姿态控制方案并进行盾构姿态调整。

（5）到达洞门凿除。

（6）盾构接收架准备。

（7）靠近洞门最后 10 ~ 15 环管片拉紧。

（8）贯通后刀盘前部渣土清理。

（9）盾构接收架就位、加固。

（10）洞门防水装置安装及盾构推出隧道。

（11）洞门注浆堵水处理。

（12）制作连接桥支撑小车、分离盾构主机和后配套机械结构联结件。

11.15.3　盾构到达的准备工作

盾构到达前，应做好下列工作：

（1）制订盾构接收方案，包括到达掘进、管片拼装、壁后注浆、洞门外土体加固、洞门围护拆除、洞门钢圈密封等工作的安排。

(2)对盾构接收井进行验收并做好接收盾构的准备工作。

(3)盾构到达前100m、50m时,必须对盾构轴线进行测量、调整。

(4)盾构切口离到达接收井距离约10m时,必须控制盾构推进速度、开挖面压力、排土量,以减小洞门地表变形。

(5)盾构接收时应按预定的拆除方法与步骤,拆除洞门。

(6)当盾构全部进入接收井内基座上后,应及时做好管片与洞门间隙的密封,做好洞门堵水工作。

11.15.4 盾构到达施工要点

(1)盾构到达前应检查端头土体加固效果,确保加固质量满足要求。

(2)做好贯通测量,并在盾构贯通之前100m、50m两次对盾构姿态进行人工复核测量,确保盾构顺利贯通。

(3)及时对到达洞门位置及轮廓进行复核测量,不满足要求时及时对洞门轮廓进行必要的修整。

(4)根据各项复测结果确定盾构姿态控制方案并提前进行盾构姿态调整。

(5)合理安排到达洞门凿除施工计划,确保洞门凿除后不暴露过久,并针对洞门凿除施工制定专项施工方案。

(6)盾构接收基座定位要精确,定位后应固定牢靠。

(7)增加地表沉降监测的频次,并及时反馈监测结果指导施工。盾构到站前要加强对车站结构的观察,并加强与施工现场的联系。

(8)为保证近洞管片稳定,盾构贯通时需对近洞口10~15环管片作纵向拉紧。

(9)帘布橡胶板内侧涂抹油脂,避免刀盘刮破帘布玻璃板,影响密封效果。

(10)在盾构贯通后安装的几环管片,一定要保证注浆及时、饱满。盾构贯通后必要时对洞门进行注浆堵水处理。

(11)盾构到达时各工序衔接要紧密,以避免土体长时间暴露。

11.15.5 到达位置复核测量

盾构到达施工范围时,应对盾构位置和盾构隧道的测量控制点进行测量,对盾构接收井的洞门进行复核测量,确定盾构贯通姿态及掘进纠偏计划。在考虑盾构的贯通姿态时须注意两点:一是盾构贯通时的中心轴线与隧道设计轴线的偏差;二是接收洞门位置的偏差。综合这些因素在隧道设计中心轴线的基础上进行适当调整,纠偏要逐步完成。

11.15.6 盾构到达段掘进

根据到达段的地质情况确定掘进参数:低速度、小推力、合理的土压力(或泥水压力)和及时饱满的回填注浆。

在最后10~15环管片拼装中要及时用纵向拉杆将管片连接成整体,以免在推力很小或者没有推力时管片之间松动。

11.15.7 接收基座安装及盾构推上接收基座

接收基座的构造同始发基座，接收基座在准确测量定位后安装。其中心轴线应与盾构进接收井的轴线一致，同时还要兼顾隧道设计轴线。

接收基座的轨面高程应适应盾构姿态，为保证盾构刀盘贯通后拼装管片有足够的反力，可考虑将接收基座的轨面坡度适当加大。接收基座定位放置后，采用 I 25 的工字钢对接收基座前方和两侧进行加固，防止盾构推上接收基座的过程中，接收基座移位。

在接收基座安装固定后，盾构可慢速推上接收基座。在通过洞门临时密封装置时，为防止盾构刀盘和刀具损坏帘布橡胶板，在刀盘外圈和刀具上涂抹黄油。

盾构在接收基座上推进时，每向前推进 2 环拉紧一次洞门临时密封装置，通过同步注浆系统注入速凝浆液填充管片外环形间隙，保证管片姿态正确。

11.15.8 洞门圈封堵

在最后一环管片拼装完成后，拉紧洞门临时密封装置，使帘布橡胶板与管片外弧面密贴，通过管片注浆孔对洞门圈进行注浆填充。注浆的过程中要密切关注洞门的情况，一旦发现有漏浆现象应立即停止注浆并进行封堵处理。确保洞口注浆密实，洞门圈封堵严密。

11.15.9 钢套筒法盾构整体接收技术

盾构接收是盾构法施工的最后一道关键环节，当遇到不良地质或全断面富水地层时，很容易出现涌水、涌砂、坍塌等安全风险事故。

涌水、涌砂、坍塌是盾构接收时常遇到的事故现象。盾构接收过程中出现涌水、涌砂，其原因主要分为以下几个方面：一是端头加固质量较差；二是端头加固不到位；三是由于超挖刀的开启，造成开挖面积增加，形成过水通道，进而造成盾构在接收过程中出现洞门涌水、涌砂现象；四是全断面富水砂层自稳能力差、渗透系数高，盾构掘进过程中在地下水作用下出现流沙，在盾构接收过程中，围护结构被破除而形成水土压力释放区，洞口易产生漏水、漏泥以及流沙现象；五是洞门密封失效，形成洞门渗漏、涌水、涌砂。

盾构接收主要有三种方案：一是盾构常规接收方案，该方案主要依靠折页压板及橡胶止水帘布进行洞门密封，洞外基本不采取任何措施，洞内采取设置封闭环，加强同步注浆及二次注浆，或在洞门位置设置注浆孔等措施，以保证盾构施工安全；二是盾构土中接收方案，该方案首先将端头井接收位置采用钢筋混凝土封闭，在洞门围护结构凿除完毕后，接收井内进行填土回水作业，填土采用人工配合挖掘机回填夯实，凿除的洞门圈底部回填一定高度的中砂，防止盾构低头，填土完成后进行回水（图 11-72）；三是盾构钢套筒接收方案，钢套筒接收属于比较新颖的盾构接收配套技术，盾构接收钢套筒主要装置是一端开口、另一端封闭的圆柱形容器，开口端与洞门预埋环板相连，形成一个整体密闭的容器，容器内充满回填料，洞门回填素混凝土，封闭端设置反力架（图 11-73）。

钢套筒接收施工方案采用钢套筒接收，钢套筒筒体（图 11-74）采用钢板卷制而成。每段筒体的外周焊接纵、环向筋板以保证筒体刚度。筒体纵向及上下均采用法兰连接。每节钢套筒的顶部一般设置 4 个起吊用吊耳、1 个加料口，底部一般设置 3 个排浆管和 2 组顶推托轮组。在筒体底部制作托架，后盖板由椭球盖和平面环板组成，椭球盖采用厚钢板冲压加工制作，平面环板采用钢结构组焊而成，反力架是用于给钢套筒整体提供反力的装置，反力架紧贴后盖平面板安装。由于钢套筒为独立钢构体，不影响车站结构，且托架与钢套筒连接，盾构接收后可不拆除钢套筒，进行整体平移。

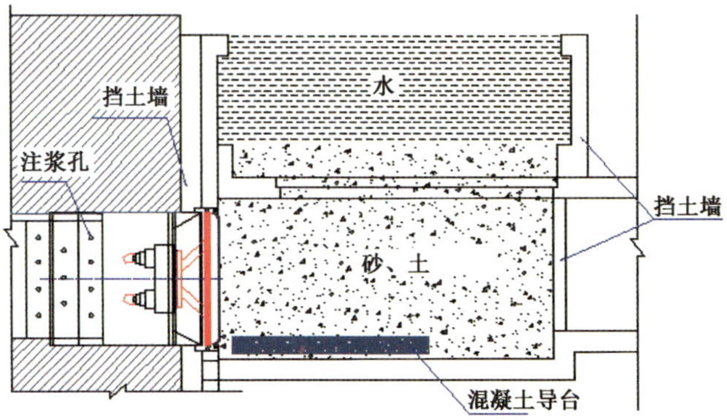

图 11-72　盾构土中接收示意图

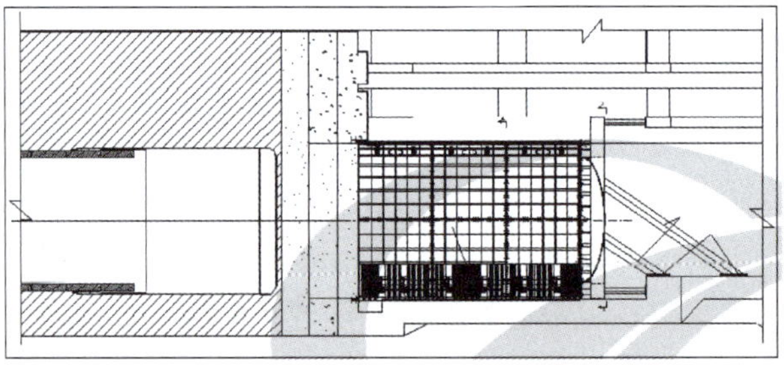

图 11-73　盾构钢套筒接收示意图

图 11-74　钢套筒筒体结构

由于钢套筒与车站端墙连接，钢套筒基本与土中接收一样形成一个封闭的空间，在钢套筒施工完成后需进行密封压力试验，整体密封效果较好，且在钢套筒内回填砂土泥浆，后部设置反力架，对盾构进入钢套筒提供反力支撑，盾构接收过程中需严格控制盾构姿态，防止出现盾构顶住钢套筒现象。该方法施工风险低、安全性高。

采用钢套筒接收方案，钢套筒制作及运输时间大概需 2 个月，可在盾构掘进过程中同步进行加工，不占用工期，但钢套筒接收的工程总费用约为 500 万元。选用钢套筒接收施工风险可控、安全性高，施工难度小。

钢套筒尺寸设计根据成型主体结构尺寸进行设计，一般地，盾体长度 < 筒体长度 < 接收井长度；筒体直径与洞门预埋钢环板相同；筒体一般分四段，每段又分为上、下两块（图 11-75）；筒体一般采用 16mm 厚的 Q235A 钢板制作，每间隔 550mm × 600mm 使用一块厚 20mm、高 150mm 的筋板进行纵、环向焊接，以保证筒体刚度。

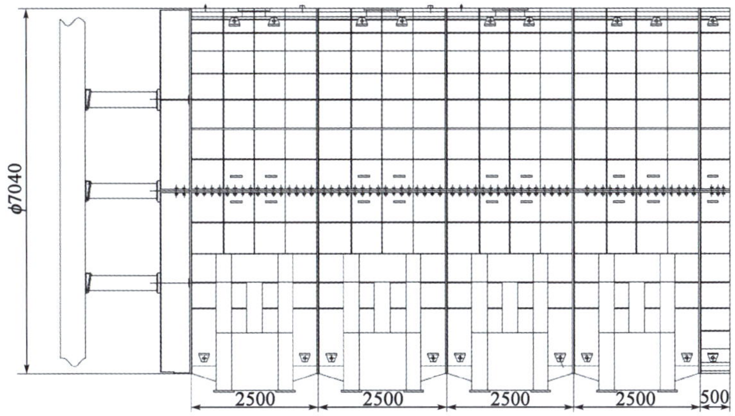

图 11-75　接收钢套筒筒体（尺寸单位：mm）

钢套筒法盾构整体接收技术详见视频 11-1。

视频11-1

钢套筒法盾构整体接收技术

扫描此码　观看视频

11.16　盾构法施工的安全健康

盾构法施工是利用盾构从竖井始发进行开挖地下隧道的工程，其特点是作业空间狭小，作业场所主要集中在掌子面。在安全方面，除了易发生一般建设工程常见的人员摔伤、砸伤、挤伤等事故外，还易发生洞内火灾、瓦斯爆炸、缺氧、高气压等盾构隧道特有的灾害，所以对盾构施工中的安全、卫生必须重视。

11.16.1 灾害防止

施工时,为了防止灾害的发生必须采取必要的防护措施,必须对盾构工程特有的作业环境、作业条件、作业方法等引起的灾害特别注意。

(1)火灾防止

隧道内火灾的特点:①由于烟和CO的存在,故在灭火时不能只考虑灭火,还必须考虑二次灾害发生的可能性;②由于火灾发生于掌子面与洞口之间,所以洞内的工作人员难以避难;③如火灾引发停电,会使避难变得更加困难。所以应充分认识到消防、避难等方面的重要性,认真制订消防措施。尤其在采用气压盾构时,必须注意避难时气闸室的出入、在压气条件下燃点的降低、火灾传播速度加快、灭火器具效率降低等问题。

液压设备的工作油根据《消防法》被定为危险品,带入隧道内必须办理必要的手续;带入量少于规定量时,可作为少量危险品储存在指定处,当超出指定量时则应根据《消防法》规定,将其作为危险品进行处理。

为了防止火灾,应尽量减少隧道内可燃物,并尽可能不动用明火。同时应建立防火体制,明确责任制,对火源、可燃物进行严格管理,排除火灾隐患。采取措施将火灾消灭在初期阶段也是很重要的。采用气压盾构时,禁止将火种、火柴、打火机或其他引燃物带入隧道内。原则上,禁止进行焊接、气割等明火和电弧的作业。

此外,需使有关人员知道对火源的监督管理体制、对不同火源所使用的灭火设备的配置、明火作业场所监督人员的配置等,以便开展初期消防活动。

初期火灾消防失败时,隧道内短时间内会处于危险状态。所以必须根据规定,立即退到安全区,以防火灾扩大。

盾构工程中,由于施工条件限制,有可能影响消防演习活动顺利进行。因此,必要时最好从施工计划阶段开始,与有关部门建立密切的联络关系和协商机制。

(2)瓦斯爆炸

当开挖沼泽填筑地、污浊港湾围填地等腐泥层、甲烷地带、腐殖土层时,甲烷等可燃性气体就会从围岩涌出,或从隧道内涌水中游离出来,有在隧道内引起瓦斯爆炸和燃烧的危险。

因此在进行盾构施工时,必须事先对盾构预定通过地区及周围的地形、地质、水文等进行调查,同时也必须对现场周围以前或现在正在施工的工程进行充分调查。预计有可能出现可燃性气体时,必须通过钻探或其他方法对有无可燃性气体及其状况进行必要的调查。另外,也可以根据需要在盾构掘进之前对地基进行加固或重新考虑盾构形式,或设法使机电设备、机器防爆化,或采取其他措施。

有可能发生可燃性瓦斯爆炸事故时,必须做好隧道内通风,排出可燃性气体。为此,必须慎重研究选择合适的通风设备、通风方式和通风能力。

另外,必须认真研究制定隧道内防止漏水和出渣的方法。在施工时,应有专人测量瓦斯浓度,每天作业开始之前,对有可能滞留瓦斯的地方进行瓦斯浓度测量。

测量可燃性瓦斯的装置形式分为便携式(测量个别地段)和定位式(经常使用)。测量瓦斯浓度时,必须连续观察瓦斯的涌出量,必要时采用自动报警瓦斯检测仪。采用可适应瓦斯变化的测量方法进行测量。

目前,对可燃性瓦斯、有害瓦斯、氧气浓度的测量研制出各种测量装置及器具,具有遥控自动测量、集中管理测量、自动记录等功能;也有可自动报警的装置。对这些瓦斯测量装置必须努力做好维修管理工作,每天检查一次以上,以保证其功能完善,使其一直处于正常使用状态,同时记录、保存其测量结果。

当发生的可燃性瓦斯浓度超过容许值时,必须立即使作业人员退至安全区域,禁止使用明火或其他引燃源,并进行通风和排气。甲烷等可燃性气体易停留在开挖面上方、隧道顶部和通风不畅的地方,这些地方会产生浓度很高的甲烷层。因此,除了使用主要通风、排气设备外,还需考虑采用移动式辅助通风设备,充分搅拌稀释隧道内空气。

(3)缺氧及瓦斯中毒事故的防止

外边的新鲜空气无法流入或通风不畅之处,由于空气中氧的消耗,会导致含氧量少的气体(缺氧气体)漏出,加之空气以外的气体(甲烷、二氧化碳、硫化氢等)的漏出,会造成缺氧及瓦斯中毒事故。因此,在进行盾构施工时须根据盾构通过地区及其周边的预先调查资料,预测缺氧气体、有害气体的危险性。通过钻探或其他方法,认真做好事前调查。

缺氧气体产生的原因及发生状态根据土质条件、施工方法及气压变化的影响不同而呈复杂多样化特征。通过或靠近以下所列的地层和地域时,隧道内有发生缺氧的危险。

①没有地下水或地下水少的砂砾层和砂层且上部有不透水层时;

②含有氧化铁或氧化锰等还原性化合物的地层;

③含有甲烷、乙烷的地层;

④含有腐殖物、有机质的地层;

⑤涌水或有可能涌出碳酸水的地层;

⑥有缺氧空气滞留的地层;

⑦在附近有其他工程采用压气施工法施工的地域。

因此,在进行调查时,除了地质条件外,还必须对现场周围曾经施工或正在施工的工程进行周密调查。此外,在气压盾构中有与本工程同时施工的盾构推进施工时,须密切注意其相互影响,必须考虑到将漏出的缺氧气体带入邻洞的可能性。

为了防止缺氧气体及瓦斯中毒事故的发生,隧道内必须具备充足的通风量,使隧道内的氧气浓度不低于允许极限,而有害气体浓度不超过允许浓度。为此,须慎重研究,并选择合适的通风设备和通风能力。

另外,在施工过程中,应经常在作业场所测量气体成分,一旦测出有缺氧气体和有害气体存在时,必须立即采取充分的通风措施。关于施工中空气中的氧气浓度、有无有害气体、有害气体状态的测量及其记录的必要事项,都应按有关规定进行。

(4)高气压病的防止

从事压气作业的人员,有患减压症、耳和副鼻腔障碍、沉箱病(多痰症)等影响健康的疾病的危险。为了防止这些高气压病的发生,必须依据医学上认可的方法,正确处理高气压隧道内的作业时间、气闸室内的加减压速度、作业结束后的有害气体压力降低的时间等。对从事这些压气作业下的作业人员必须事先进行健康检查,以后对合格者每隔六个月仍需检查一次。另外,应使作业人员应各自留意日常健康状态,并努力做好健康管理工作,对员工健康问题做经常指导。

压气施工法所用的各种设备,对其结构、设置方法、使用管理、维修检查等必须严守相关规定,尽力实现安全作业。

(5)起吊、运输、轨道事故的防止

需防止在隧道内、竖井内运输材料时,废渣运输、起吊作业时发生事故。为此应考虑相关设备的设置方法和安全性,根据需要设置防脱索装置。必要时应设置防止接触、防止飞逸等设备。特别是对采用自动组装管片的自动化装置要有十分安全的机械装备,应制定相关人员的作业规程,并严格遵守。此外,相关机械设备结构、规格除了要符合规定外,还要依照法规规定的事项对这些机械设备进行使用管理、维修检查。同时制定与现场条件相适应的运输、运行规定,并使相应作业人员通晓有关规定。

11.16.2 紧急情况下的对策与急救措施

为防止紧急事故发生,需对隧道内外所有机械、设备及通信设施采取备用措施。同时,建立能与隧道内外的各作业场所、相关部门立即取得联系的机制。

隧道内发生火灾、开挖面坍塌、涌水等紧急事故时,或者因有害气体、缺氧气体、可燃性气体的涌出发生中毒、瓦斯爆炸等事件时,必须立即停止作业,采取切实可行的措施,使作业人员迅速退到安全地带。

(1)通信联络设备

必须充分注意隧道内外的通信联络设备以及报警设备的配置、备用设备的配置、检查维修等。必要时除通常的通信设备外,还可考虑设置无绳通话设备。

(2)避难用设备器具

根据需要,在适合的地方配备空气呼吸器、氧气呼吸器等呼吸保护用具和便携式照明器具等避难用具。除采取确保避难通道畅通的措施外,还必须使作业人员对此有详细的了解。用于可能出现可燃性气体涌出地段的便携式照明器具应采用防爆型照明器具或采用化学发光剂发光的制品。除了经常保持避难、救护设备随时可使用以外,还需对作业人员进行避难、救护方面的教育和训练。特别是对于确保呼吸的用品,由于在压气中使用的环境条件不同,其性能变化较大,故需熟知其性能及正确的使用方法。

(3)急救措施

作业人员负伤或生病时,必须采取最有效的急救措施。事先准备好隧道内外的护送设备,指定急救医院和制定护送注意事项等措施也很重要。

(4)急救设备和器材

应准备好盾构施工应急预案所需要的急救设备和器材。

(5)应急医疗设备

在 $1kg/cm^2$($100kN/m^2$)以上的压力下工作时,应设有医疗闸或急救时可利用的医疗设备,同时必须具有送排气设备、与外部进行联系的设备、暖气设备以及消防设备等。

11.16.3 作业环境的保护和维持

施工中必须设置必要的设备,采取必要的措施和对策,使作业环境一直保持安全和卫生。

盾构施工时必须考虑地下开挖作业的特殊性,认真维护作业环境,以便能够安全、舒适地进行施工。在隧道内需确保通风设备、照明设备及通道等的安全,采取消除影响作业人员健康的措施。

(1)通风

必须根据地质条件、盾构规模、施工方法、进度等选用合适的通风方式和通风设备。此外,在事前调查中发现有发生缺氧气体、有害气体的可能时,应认真研究其对策,使隧道内具有足够的通风能力,同时还需考虑能否处理意外事态的发生。采用压气施工时,除研究开挖面的稳定性以外,还需从安全的角度出发研究所需供气量以及其他因素来考虑压气设备。

通常情况下,仅隧道内作业人员的呼吸每人就需 $3m^3/min$ 的通风量。

出现缺氧气体及有害气体时,除含氧量不得低于允许值外,还必须使有害气体、可燃性气体的浓度不超过其允许值。若超出允许浓度,必须立即采取措施改进通风设备和通风方式。

表11-7所示为隧道内有害气体和可燃性气体限值。表中的限定参考值是根据有无危险确定的。由于盾构设备产生的热量提高了隧道内的温度,必须采取措施使隧道内的温度降低于允许值37℃以下。其措施一般是采用通风装置送冷空气。在隧道外也要注意出发竖井以及到达竖井中的机械组装和解体时的焊接、切割作业生产的临时污染。此外,采用以低温液化气进行冷冻施工时,必须注意液态氮从配管接头泄漏时引起的缺氧危险。

隧道内有害气体、可燃性气体限值一览表 表11-7

气体分类	气体特征			预计事故及危险	限制参考值
	相对密度	颜色气味	爆炸极限(容量%)		
一氧化碳	1.0	无色、无臭	12.5~74	中毒、爆炸	100ppm
二氧化氮	1.5	—	—	中毒	3ppm
二氧化碳	1.5	无色、无臭	—	缺氧症	1.5%
硫化氢	1.2	无色、臭蛋味	4.3~45	中毒、爆炸	10ppm
亚硫酸气体	2.3	无色、硫黄味	—	中毒	2ppm
氧	1.1	无色、无臭	—	缺氧症	18%
甲烷	0.6	无色、无臭	5.3~14 爆炸	1.5%	—

(2)照明

在作业场所以及通道必须有照明设施,以尽量防止灾害发生,保护作业环境。

对开挖面、拼装机、各种机械的操作部位、注浆处、皮带输送机等直接作业的照明,需确保可安全作业的充足照度,最低照度宜在70lx以上。使用照明设备时,应尽力减小明暗对比,以防晃眼。由于移动型照明设备在频繁移动的情况下容易损害,故应采用有防水外壳的照明设备,并须经常进行检修。

即使是作为通道使用的区域,为了确保作业人员行走安全和轨道车辆的行驶安全,也必须进行必要的照明。有时在整个通道上保持同样照度比较困难,但在最暗的地方也需保证照度在20lx左右。有的照明根据盾构的断面大小而定,一般多采用40W的荧光灯,配置间隔5~8m。这些固定式照明设备由于须长期使用,除考虑耐久性外,还须经常进行维修检查。

此外,对于特殊危险地方,须设置警戒标志灯。

(3)排水

为了在施工中不发生事故,必须进行隧道内排水。

由于大量的意外涌水和排水设备的故障等有可能引发重大事故,故需充分考虑备用排水设备和停电时的排水对策。

必须注意排水泵的使用,对断路器、接地、移动电线等应采取安全措施,以防触电。

(4)通道

为了防止隧道内轨道车辆等发生事故,作业人员通行安全,必须确保通道安全。

通道必须具有足够的空间,以防止作业人员接触运行中的轨道车辆。同时,通道的路面也需保证安全,并采用适当的照明设备。通道与轨道和运输道路之间要用栏栅、安全绳等明确区分开。

(5)劳动保护用品

除安全帽外,根据作业内容,需配备呼吸保护用具、安全带、口罩、耳塞、防护眼镜、防震手套、防水服等劳动保护用品,并根据不同的需要供作业人员使用。对于这些劳动保护用品,必须使用合格的产品而不能使用破旧品,同时使作业人员充分了解其使用方法。

(6)噪声防止

噪声不仅给作业人员造成不适,而且还会妨碍以对话和声音进行联系的信号,从而影响安全作业。噪声还会影响人的生理机能,造成噪声性耳聋。盾构施工时的主要噪声发生源有竖井的打桩机、挖土机以及隧道外施工用的门吊、泥水处理设备、土砂料斗、鼓风机等。因此需选用噪声较小的机械设备。另外根据工程和作业方法,对形成噪声源的机械设备还可采取音源改善、隔音、吸音等措施,以降低噪声程度。若有产生噪声性耳聋的可能时,除定期测量噪声等级外,还应监视防止噪声的效果,并考虑噪声程度和噪声的传播时间等。必要时必须采取令工人带耳塞的方法。

(7)防振措施

在盾构工程中,除风镐、混凝土振动器等震动工具以外,有时也采用其他的施工和运输器械。作为防振对策,除应选用配有有效的防振装置的机械、工具、使用防振手套等保护用品外,还需对有振动的作业进行管理。

11.16.4 压气管理

采用压气施工方法时,须特别注意作业人员的健康,确保作业安全卫生。

(1)压气作业的一般管理

在隧道外醒目之处明示严禁无关人员进入隧道。在隧道外应经常注明进洞人员的名单,进出洞时应点名,并随时准确了解作业人员的情况。

在压气条件下作业时,禁止将火种和可燃物品带入隧道。

(2)压气设备的一般管理

压气施工法所使用的设备必须是能确保施工所需压气压力,可供足够空气量的可靠设备,尤其是在空气压缩机系统和电力设备系统发生故障时,会对开挖面及作业人员产生很大的影响,故需配备备用电源或考虑配置自用发电设备,以便即使在停电或发生意外事故时,也可确保最低限度的功能。另外,必须始终注意向隧道内供给空气,尤其是必须在操作这些调节阀和阀门处设置压力表,以防万一。

(3)压气设备的使用管理及维修检查

应将压气作业的主要设备与运行、操作相关的联络信号的方法,详细地给相关的运行和操作者进行技术交底。应由经过培训的专人操作,不允许其他非专业人员操作送、排气阀和调节阀。对主要设备的维修检查需制定标准,并指定专人负责。必须按照规定标准进行维修检查,并将其检查结果予以记录、保存。

11.17　盾构法施工的环境保护

虽然盾构法与明挖法相比,具有噪声小、振动小、对交通及环境影响小的优点,但由于盾构工程大多数是在房屋集中或商业等城市活动频繁的地点建设,所以环境保护还是应该特别加以注意。近年来,随着社会状况的变化,人们越来越关心建设工程对环境的影响。因此,要求在遵守有关法规的同时,还需对法规之外的一些问题根据不同地区的具体情况采取相应的措施。

11.17.1　盾构工程环境保护的特点

盾构工程污染环境的因素除了有噪声、振动、地基变形等之外,基本与其他建筑工程相同(表 11-8)。此外它还有特殊污染,主要集中在竖井部分,其原因如下。

(1)作为公害产生源的盾构法施工的辅助设备大部分设在竖井。

(2)竖井内的作业时间很长。

特别是施工时间,从建竖井到盾构掘进完毕直至浇注二次衬砌,有时长达数年之久,结果使得工程范围内局部区域(竖井周围)的人们长期受到影响。因此,对盾构工程的环境保护措施来说,竖井环境保护是极为重要的。另外,特殊情况下还应考虑缺氧、井水枯竭和地下水污染的问题。

盾构工程中的环境变化　　表 11-8

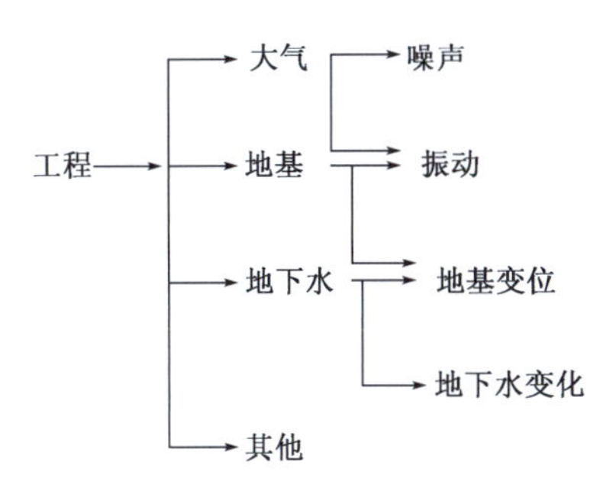

起因	媒体	环境变化	主要不利影响
			(1)生理影响; (2)日常生活影响; (3)对医院、学校、幼儿园等的影响
			(1)生理影响; (2)地基变动(沉降、龟裂、陷落等)房屋破损等
			地基变位(沉降、龟裂、陷落、隆起等),房屋破损等
			(1)井水枯竭; (2)地基变位; (3)井水污染
			(1)对交通的影响; (2)日照时间减少、破坏景观

11.17.2 环境保护实施步骤

实施环境保护,要根据周围状况综合考虑。因此有时视周围的土地利用状况不需要采取对策,有时为了防止噪声而设置隔音墙,但由此又可能对采光和景观产生影响。

环境对策的实施步骤基本上与其他建设工程相同,若按工程进度归纳,可分为设计阶段的预防、施工阶段的管理和完工后的善后处理。

为预防起见,要分析对环境造成影响的因素,并据此对现场状况进行调查,确定对应方案。在施工阶段,要在切实管理好各类机器的同时,调查在盾构施工过程中对环境产生的影响,并采取相应措施将对环境不利的因素控制在最小范围。

完工后进行事后调查,并针对具体问题采取相应对策。此时应注意地基变化等在完工后的较长时间(约1年)内仍将存在的不利影响。

11.17.3 环境影响因素及其对策

1)噪声与振动

噪声与振动是所有建设工程中最难处理的公害,在盾构工程中也必须重点考虑。

(1)发生原因

盾构工程的噪声和振动来源有两个:

①建竖井时因拆路面、打挡土桩、开挖等作业造成的。

②盾构掘进时由竖井的出渣设备、注浆设备、通风设备、空气机和泥水处理设备等造成的噪声。

盾构掘进所产生的噪声与振动要比建竖井时产生的噪声与振动小。一般情况下,噪声产生的问题要比振动产生的问题多。此外,盾构在埋深浅的地点掘进时也会产生振动。

(2)对策

①噪声对策。

施工产生的噪声通常是控制在该地区噪声限制标准以下。但是,当加上工程现场周围的暗噪声(该地点平常的噪声)有时就会超出噪声限制标准值。因此,降低噪声水平的期望值是根据暗噪声和考虑周围居民的反映而确定的,为此,需事先测定工程现场周围的暗噪声,并调查周围房屋状况及其密集程度等。

暗噪声的测定时间可根据该地区的生活时间带来确认。控制噪声发生的主要对策如下:选择噪声低的施工方法及施工设备,并对施工设备进行隔音处理,或加罩,或安装消音设备;定期检修设备并注意操作方法;合理布置施工设备;设隔音设备(一般为隔音墙,隔音墙有两种结构,一种是用格板将发生噪声的机械从外部围起来的壁式结构,另一种是用格板覆盖至房顶的屋顶式结构);采用适当的作业时间带。

②振动对策。

振动灾害的特点是除了像噪声那样使人感到不快外,还会对房屋和一些设施造成破坏。

振动源和噪声源大致相同,故其对策也基本与噪声对策相同,主要对策如下:选用振动小的施工方法以及低振动的机械;安装防振装置;合理布置施工设备;限制冲击式作业,缩短振动时间。

2)地基沉降

盾构工程中的地基沉降分为盾构掘进过程中产生的沉降与竖井开挖过程中产生的沉降。

(1)盾构掘进过程中产生沉降的原因及对策

①原因：

盾构掘进时,若正上方发生 4cm 以上的沉降,就会造成地表破坏,其主要原因如下:地应力变化导致地基内部变形;开挖面围岩坍塌及发生扰动;掘进时围岩产生扰动;盾尾空隙的壁后注浆施工不充分;纠偏及弯道施工时超挖太多。

发生沉降不是上述某一种原因单独造成的,而是各种因素综合作用的结果。

②对策：

针对以上现象,可采取以下措施加以避免:选择与当地土质、障碍物状况等施工条件相适应的施工方法和盾构类型;进行适当的施工管理以确保开挖面的稳定,比如,对土压平衡盾构开挖面的土压和排土量进行适当的施工管理,并选择适当地添加材料;对泥水盾构则进行泥水压力和浓度的管理;防止偏挖,减少俯仰和偏转,减轻盾构与围岩之间的摩擦;通过选择合适的壁后注浆材料,采用同步注浆方式等,切实充实盾尾;对管片接头、注浆孔等进行止水,防止土体中的空隙水压力下降。

(2)竖井部分地基沉降的原因和对策

①原因：

竖井部分地基沉降的原因有以下几种:地基隆起、隆胀、涌砂;防坍支护变形;从脱落掉块处的背面产生涌砂。

②对策：

解决这些问题的主要对策有以下几种:根据开挖深度、土质等选择合适的防坍支护施工法;切实保证基础埋设深度;对脱落掉块部分进行化学注浆,防止从该处产生涌砂;注意施工管理并在发生过大移位和泥砂流入等情况时,进行合理的处理;通过底层土体加固等来加强底板。

3)防止水质污染

盾构工程中的水质污染有两种:一是隧道内和泥水分离站的污水流入公共水域、下水道等;二是作为辅助施工法采用的注浆化学液体流入地下水。其防止措施有以下几项。

①将现场的污水排入公共水域或下水道之前,必须通过沉淀池、沉砂池(有时使用凝聚剂)除去悬浮物质,若呈碱性或酸性则进行综合处理。对污水中的油污可通过使其上浮,然后吸附分离除去。

②化学注浆时,应注意药液的选择,同时应设观测井,以监测水质状况。如果担心会有污染时则可重新考虑施工计划,采用其他的施工方法或改用其他化学用品。

4)地下水水位下降

采用降水法来稳定开挖面或洞内出现大量涌水,可能会导致地下水水位下降,从而引发地基下沉和井水枯竭等现象。

此时应采取的对策主要有：

①通过压气、化学注浆等辅助工法挡水;

②即使在围岩能自稳的情况下也采用密闭式盾构,以防地下水从作业面流入洞内。

5)缺氧

缺氧对周围环境的影响是采用气压盾构施工法必须注意的事项。压缩空气经过土体进入地下洞室、水井等时,若该处地层具备以下条件,则氧气将在土体中被消耗,进来的空气则呈缺氧状态。

①上层有不透水的砂砾层,其中含水,或者砂砾层中没有涌水或很少有涌水的地层;

②含有亚铁盐类、亚锰盐类的地层;

③含有甲烷、乙烷、丁烷的地层;

④渗出或可能渗出碳酸水的地层;

⑤腐泥层。

此外,地下原先存在的缺氧空气有时会被压缩空气挤出来流入地下空间。空气中氧气的浓度在18%以下为缺氧。氧气浓度的下降对人体的影响如表11-9所示。

氧气浓度的下降对人体的影响 表11-9

呼吸		动脉血中氧气分压(kPa)	动脉血中氧气饱和程度(%)	症状
氧气浓度(%)	氧气分压(kPa)			
16~12	16~12	8~6	89~85	脉搏和呼吸次数增加,精神不易集中,毛细血管不畅,头痛等
14~9	14.1~9.04	7.32~5.32	87~74	判断力迟钝,精神状态不稳定,对刺伤等无感觉,酩酊状态,记忆丧失,体温增加
10~6	10.11~6	5.32~2.66	74~33	意志不清,中枢神经障碍,痉挛
10~6以下	6以下	2.66以下	33以下	昏睡—呼吸缓慢—呼吸停止—6~8min心脏停止跳动

为防止缺氧危害健康,主要考虑上质条件和地下洞室周围的情况等,采取更适合的施工方法。如果采用压气施工法则要注意以下几点:切实做好施工管理;对可能漏出缺氧空气的地点用注浆施工法等堵塞;将施工现场周围废弃的井填埋。

6)废弃物(弃土)

建设工程自然要考虑工程现场周围的环境,但更重要的是应考虑使现场产生的废弃物不对现场以外的环境造成影响。

盾构工程的废弃物,主要是弃土。改良弃土的方法有物理改良法和化学改良法两种。物理改良法主要有脱水、晒干、强制脱水等方法;化学改良法主要有添加水泥类改良材料、石灰类改良材料、高分子类改良材料等方法。

近年来经常使用的密闭型盾构施工法,有时会产生含水率高的塑性流动弃渣,必要时需进行适当的处理。

(1)晒干

建立弃土的临时堆场,将弃土暂时存放在临时堆场,使其干燥降低含水率。这种方法虽然不需要外加剂,但却占地面积较大,城市难以确保场地,故一般多设在远离现场的地方。

(2)强制脱水

开挖土中的水分用泥砂筛筛走,用液体旋风分离器筛出粒径较大的泥砂,然后对粉砂与黏土加凝聚剂后加压脱水。这种方法用于泥水盾构的弃渣处理。

(3)添加水泥类改良材料

将水泥类改良材料加入开挖土中使之混合,并与开挖土中的水分发生反应从而形成稳定的水化物。它即可降低土中的含水率,还可提高土的强度。这种方法的改良效果虽好,但形成的是碱性改良土,而且设备及其布置需要占用一定的场地。

(4)添加石灰类改良材料

在开挖土中加入石灰,混合使之与土中的水分子发生反应,降低含水率,同时通过使水分子与黏土矿物发生火山灰反应来加以改良。这种方法的改良效果虽好,但形成的是碱性改良土,且设备的布置需要占用一定的场地。

(5)添加高分子类改良剂

在开挖土中加入高分子类改良剂,使之与土混合,改良剂吸收土中的水分,同时其自身黏度增加,从而使弃渣土得以改良。

这种方法的改良剂加量少、见效快,改良土呈中性,但其改良强度比添加水泥类改良材料和石灰类改良材料的低。

7)日照及景观

近年来,国外盾构施工中,设置隔音墙的事例不断增加,其作为一种防噪声的方法,虽然效果很好,但有的情况下临时隔音墙高度达 10m 以上,导致日照时间减少,破坏周围景观。因此,设置隔音墙时,要充分考虑与景观的协调问题。

11.18　克泥效工法在盾构施工中的应用

11.18.1　克泥效材料简介

“克泥效”材料是由合成钙基黏土矿物、胶体稳定剂和分散剂合成的粉剂材料。该材料与一定比例的水拌和成浆液后,与水玻璃按一定比例混合搅拌,胶结成不易被水稀释、有一定承载力、低强度的永不凝固的黏土(图 11-76、图 11-77)。

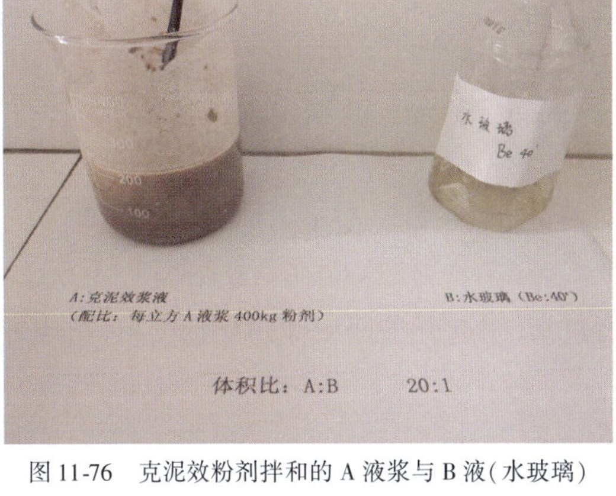

图 11-76　克泥效粉剂拌和的 A 液浆与 B 液(水玻璃)

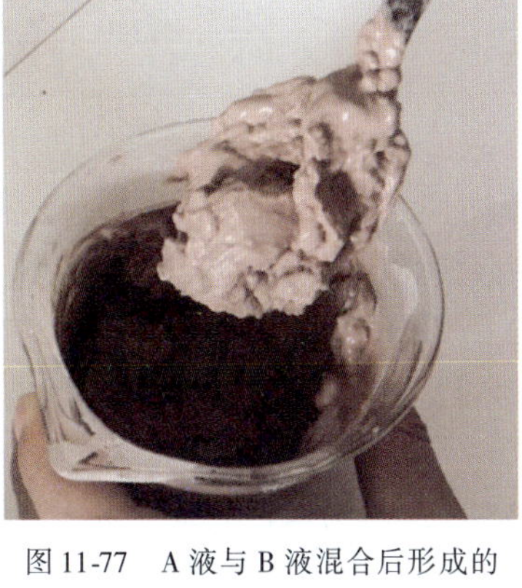

图 11-77　A 液与 B 液混合后形成的永不固化的可塑状黏土

克泥效与水玻璃形成的黏土十字板剪切试验、配合比分别如图 11-78、表 11-10 所示。

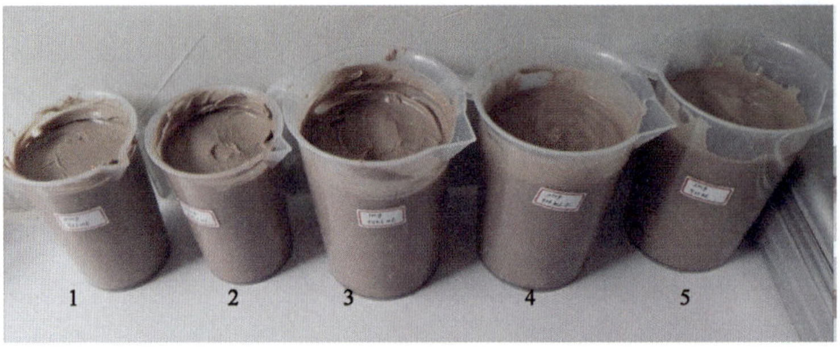

图 11-78 克泥效与水玻璃形成的黏土十字板剪切试验

克泥效与水玻璃剪切试验配合比 表 11-10

试样编号	1	2	3	4	5
克泥效粉(g)	400	350	300	250	200
水(mL)	846	865.5	884.6	904	923
抗剪强度(kPa)	1.705	0.6816	0.4686	0.1704	0.0426

11.18.2 克泥效在盾构施工沉降控制中的应用

1)盾构施工过程中五个沉降阶段分析

盾构施工过程中的五个沉降阶段如图 11-79 所示。

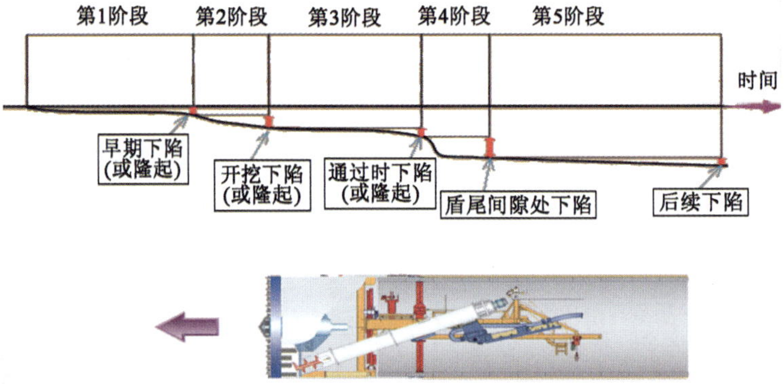

图 11-79 盾构施工过程中五个沉降阶段分析

第 1 阶段:先行沉降

盾构到达前,盾构推进,土压力波动、地下水水位下降等因素产生固结沉降。

第 2 阶段:盾构到达时的沉降

盾构到达时,土压或者泥水压不足或者过高,引起开挖面土体弹塑性变形,造成地层的隆起或下陷。

第 3 阶段:盾构通过时的沉降

盾构开挖直径大于盾尾直径,造成盾构掘进过程中壳体外产生间隙(图 11-80),从而使盾构壳体上方土体发生沉降;此外,围岩土体之间剪切的错动,也会发生沉降。

第 4 阶段：盾构盾尾脱出管片时的沉降

由于围岩土体失去支撑后，管片背面没有及时注入填充材料或者注入的饱和度不够，导致间隙沉降。

第 5 阶段：后期沉降

前期土层扰动固结引起的沉降；同步注浆散失引起的沉降。

2）盾构通过时的沉降分析与克泥效应用

图 11-80　盾构掘进过程中壳体外产生间隙

在盾构施工过程中，盾构外壳外表面存在因为开挖产生的间隙。该间隙会引起土体沉降，尤其在软弱地层浅覆土施工或盾构下穿构筑物时，为减少上方土体扰动，在间隙填充一些材料可以控制土体的沉降，这些填充材料应具备以下特征：

（1）材料必须有良好的流动性。如材料缺乏良好的流动性，就无法流淌到盾构外壳所有的间隙，不能对盾构外壳进行有效包裹。而如果用塑性材料直接向盾构外壳外间隙压注，材料只能在盾构外壳的径向孔径向周围扩散，注入压力难以控制，并且容易造成土体隆起，在下穿基础差的构筑物时，土体隆起的危害往往会大于土体沉降的危害。

（2）材料填满间隙后，应具有一定承载力，以支撑住土体的下沉，但强度要低。如果强度高，会大幅度增加盾构推力，甚至卡住盾构。

（3）材料胶结成塑性体后应具有一定的防水性，不易被水稀释。

（4）需要有一定润滑性，减少土体之间剪切的错动，减小盾构推力。

3）克泥效材料特点和优势

克泥效材料能够完全满足上述要求，其特点和优势如下：

（1）“克泥效”是一种双液注浆材料：在施工时，先将克泥效粉料与水按一定比例拌和成浆液，然后与水玻璃边混合边向盾构外壳外间隙进行填注，填注后 4 ~ 5s 开始塑化胶结，混合液在填注时流动性很强，极易对盾构外壳外间隙进行有效填充。

（2）在填注 20 ~ 30ε 后“克泥效”材料开始塑化胶结成可塑状黏土。在应用丁沉降控制时，“克泥效”胶结后的黏度一般可通过配合比调整在 300 ~ 350dPa · s，其黏度相当于牙膏（300dPa · s）和发蜡（400dPa · s）。强度比较低。

（3）胶结后的“克泥效”材料不易被水稀释，且具有一定润滑性，有利于盾构的掘进。

（4）盾构外壳外的材料填充，有效阻隔了同步注浆串浆到刀盘；盾构壳体外形成的克泥效泥膜会与土层胶结在一起，减少了盾构同步注浆的浆液渗透到土层中，使同步注浆能达到更好的填充作用，从而达到辅助第四阶段的沉降控制效果。

克泥效注浆设备如图 11-81 所示。

4）盾构壳体外克泥效浆液填充间隙计算

$$\frac{D_1^2 - D_2^2}{4} \cdot \pi \cdot \alpha \tag{11-4}$$

式中：D_1——刀盘开挖直径；

D_2——盾尾直径；

α——填充系数(填充系数根据不同的地质与克泥效浆液配合比的不同加以选择,克泥效配合比根据地质和盾构壳体外的间隙进行调整)。

图 11-81　克泥效注浆设备

5)克泥效工法应用案例

桃园机场捷运 CU02A 标段位于桃园县大园乡,东起南崁溪东侧之明挖覆盖隧道,穿越南崁溪后进入桃园机场下方,穿越东、西滑行道并经过一、二航站楼及塔台等,西至埔心溪西侧明挖覆盖隧道,全长约 5.5 km 皆为地下工程,其中包含 3 座地下车站站体挡土墙开挖、10 条盾构隧道开挖(上、下行各 5 段)及 5 处明挖覆盖隧道开挖。该项目采用 8 台 ϕ6.24m 土压平衡盾构施工。下穿机场跑道段卵砾石地质,水位为 -8m,隧道顶部覆土厚度约 25m。

盾构正常掘进时,前方和中心沉降量在 1.3mm 左右;掘进到 57 环时由盾构中盾 12 点位置的径向孔注入克泥效材料,经过 15 环左右的盾构壳体填充,沉降值控制在 0.2～0.3mm。使用克泥效工法前后地层沉降量检测结果如图 11-82 所示。

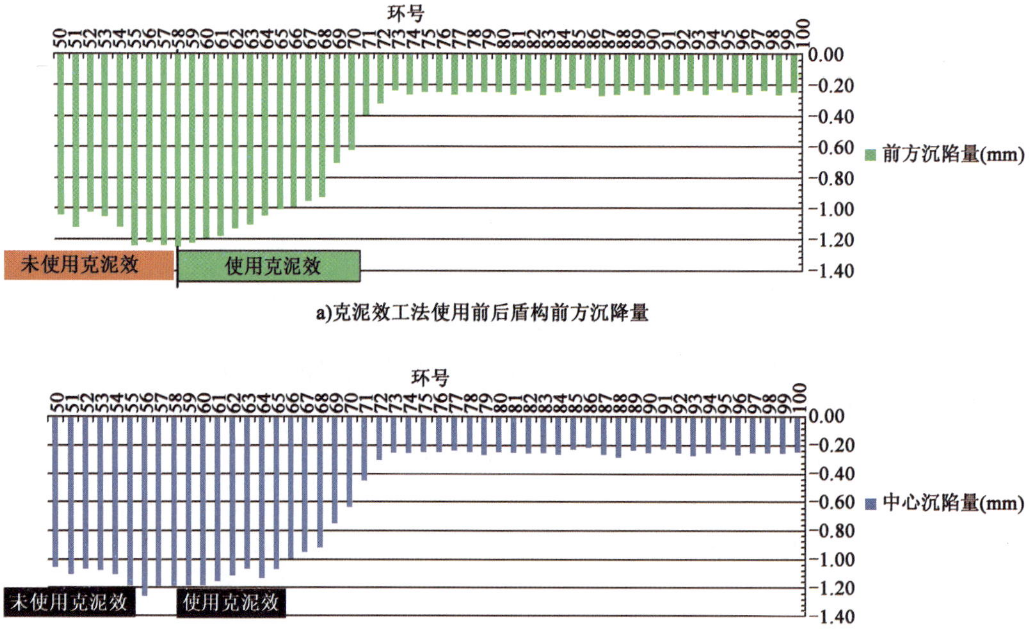

a)克泥效工法使用前后盾构前方沉降量

b)克泥效工法使用前后中心沉降量

图 11-82　使用克泥效工法前后地层沉降量检测结果

11.18.3 克泥效工法在土压平衡盾构始发中的应用

在软弱地层进行盾构隧道施工过程中，盾构始发阶段，刀盘刚进入土层进行破岩，土体应力在瞬间得到释放，而土舱从空舱掘进到建立主动土压力来平衡水土被动压力还需要一个过程。此时，土压处于不断调整的阶段，在土压调整的过程中，未能建立真正的土压平衡。因而，在始发阶段极易造成土体“不稳”，出现大量的涌砂、涌水现象，影响始发质量，严重者可能造成盾构被掩埋。

克泥效因为其有排水效果、易于泵送、有承载力、胶结后压缩比小等特性，在软弱地层中，可以利用克泥效为盾构始发前的土舱建压；洞门钢箱内采用双层帘布设置，钢箱外预留注浆孔进行克泥效注浆保压。

盾构始发采用克泥效工法，如图 11-83、图 11-84所示。

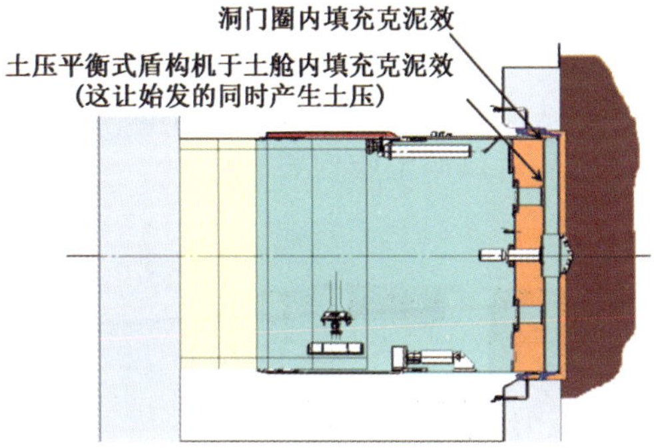

图 11-83 克泥效工法应用于土压平衡盾构始发

图 11-84 盾构始发采用克泥效工法（天津地铁）

克泥效工法应用于盾构始发流程：

(1) 当盾构刀盘紧贴掌子面时，盾构停止掘进；通过盾构土舱加泥孔向土舱注入克泥效；土压建立数据可以通过刀盘顶部和底部土压合力的平均值计算得出。

(2) 通过钢箱注入孔向盾壳与洞门钢圈以及掌子面的空隙部位注入克泥效，全部注满为止，以防水从洞门向外溢出，同时有效压住洞门钢箱第二道止水板，使之与盾壳处于密闭状态。

(3) 钢箱内注满克泥效。

(4) 盾构开始始发掘进，掘进过程中，通过盾构前盾径向孔内注入克泥效，填充盾构壳体外因刀盘开挖产生的间隙。

11.18.4 盾构长期停止时的土压保持

在土压平衡盾构工法中，保持挖掘面土压是非常重要的。盾构的掘削一旦停止，土压平衡工法中的土压保持就无法像泥水加压工法那样容易。此时，会考虑将土舱土压与加泥泵进行连动,以保持所需的正常泥土压。在软弱地层,加泥材料会有超量注入发生的可能性,这是由于挖掘面的前方的土质松软所造成的。此时,为了达到土舱内的土砂改良以及改善挖掘面前面松软土质的目的,可将克泥效注入土舱内,并启动切削刀头回转,进行土砂搅拌,以利于盾构长期停机时的土压保持。

盾构掘削停止之前,会自靠近螺旋输送机位置的注入口处或土舱的注入口处注入克泥效,这样做除了可以让土舱内部获得完全填充外,也能确保再次掘削时施工顺利进行。注入克泥效的原因在于:当盾构处于停工阶段,螺旋输送机闸门处会出现少量漏水,土砂会逐渐沉淀后堆积在土舱的下半部,再次掘进时,会造成切削刀或螺旋输送机的扭矩过大,导致超负荷运转。若使用克泥效进行填充,将很好地提升施工性。

11.18.5 盾构姿势控制

在软弱地层或由于盾构的长度或重量不平衡而导致盾构机栽头向下,在此情形下,若是勉强扬起机头角度的话反而会导致地质下沉更大。通常情况下,会根据盾构所选定的千斤顶来控制姿势并进行掘进。可是,有时因周边地质松软或盾构自重的关系,使得盾构头部发生叩头的状况,遇到这种情况,即使操作千斤顶或使用铰接装置,控制也相当困难。此时,可用高黏性的克泥效从盾构下方(比如,前盾从 5 点钟或者 7 点钟方向的径向孔或者超前注浆孔)注入,调整盾构推进油缸上部和下部的参数,经多环掘进后可以调整盾构姿态。

使用克泥效控制盾构姿态如图 11-85 所示。

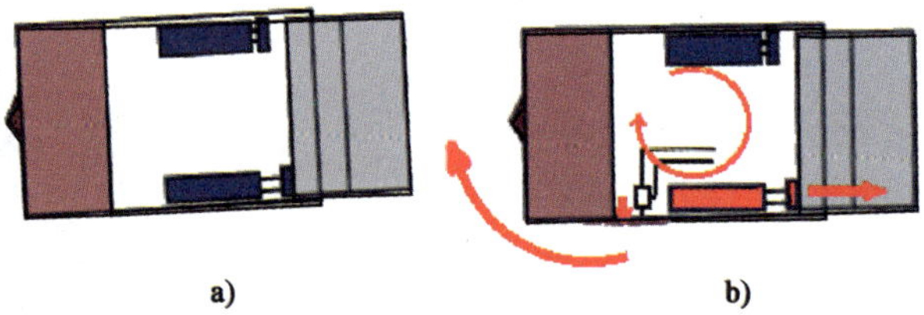

图 11-85 使用克泥效控制盾构姿态

11.18.6 盾构到达时止水

盾构在到达时进入加固区之前,一边向四周注入克泥效一边掘进,这是因为盾构刀盘开挖在盾构壳体外形成了间隙,此间隙容易形成水道,造成通常说的"后方来水","克泥效"可以有效封住该水道并且可以避免盾构壳体上方沉降。

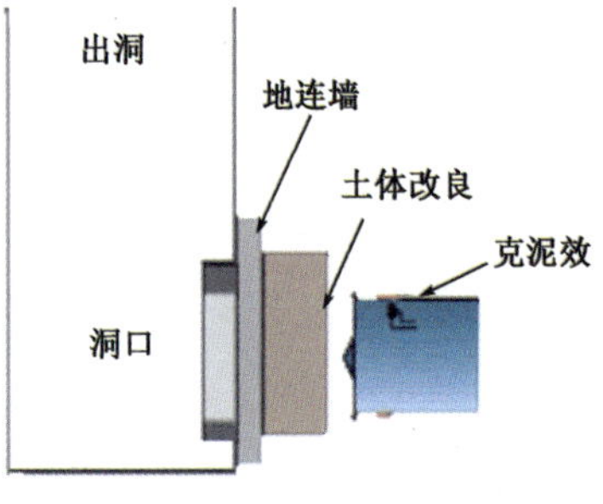

图 11-86 克泥效应用于盾构到达时止水

克泥效应用于盾构到达时止水如图 11-86 所示。

盾尾进入加固区,若采用的是同步单液注浆,可以停止注浆,改成早强型双液浆注入,早强性双液浆会迅速把管片与加固区胶结在一起,起到第二道防水作用。

11.18.7 空洞填充及防止喷涌

在土压平衡盾构施工过程中,沉泥、黏土成分含量极少的砂砾层中经常会发生喷涌现象。为了应对这样的情形,施工中添加高浓度、高黏性的加泥材料是非常必要的。但普通的高黏度的加泥材料很难被搅拌，也很难被运送较长的距离，所以实际上很难得到有效利用。

此时“克泥效”作为有助于长距离运送并且只在注入前才混合的高黏度加泥材料，在任何情况下都能使用。“克泥效”可以由土舱加泥孔注入，也可由螺旋输送机反转输送至土舱。在土舱压力高于前方水压 2～3bar 时，喷涌状况会得到很好的缓解。

克泥效工法近两年来在国内盾构始发与到达、沉降控制、渣土改良、协助开舱、喷涌处理、封堵有害气体等方面都得到了很多应用（图 11-87、图 11-88）。在盾构施工中，克泥效作为一种新材料不能起到绝对性的作用，施工中“人”“机”“材”的结合才是解决施工难题的根本。

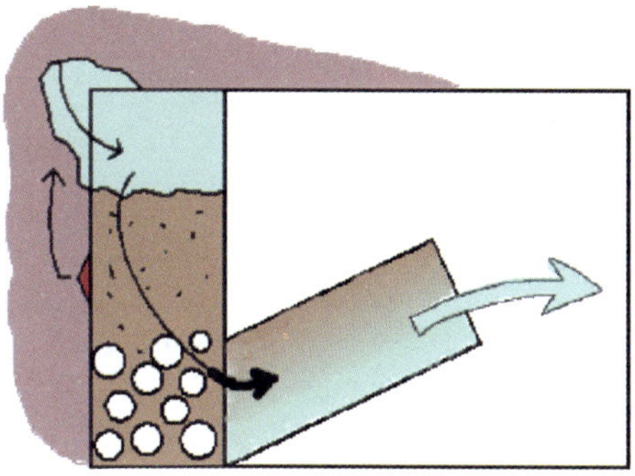

图 11-87　水量过多时添加克泥效可以防止喷涌

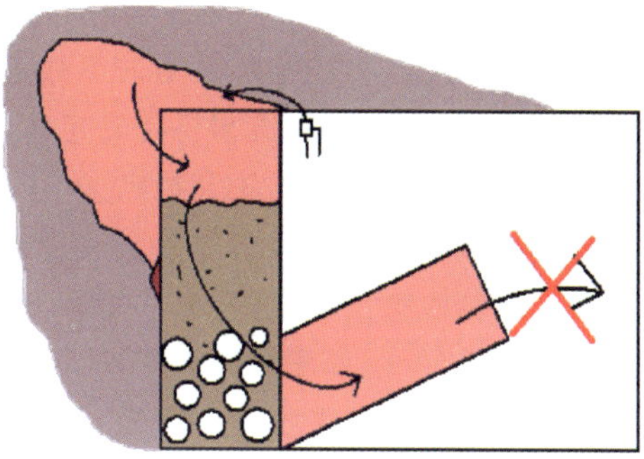

图 11-88　空洞过大时添加克泥效可以防止下陷

思考题

1. 简述盾构现场组装与调试程序。
2. 简述土压平衡盾构现场组装的顺序。
3. 简述盾构反力架的安装技术要点。
4. 试述盾构反力架的作用及设计依据。
5. 简述盾构组装的总体要求。
6. 简述盾构组装要点。
7. 根据你的了解，盾构调试时，对刀盘主要调试哪些指标？
8. 土压平衡盾构空载调试的内容有哪些？
9. 盾构现场验收的主要依据有哪些？
10. 论述端头加固的技术要点。
11. 试述盾构始发关键技术及流程。
12. 简述盾构始发掘进要点。
13. 在土压平衡工况模式下渣土应具有哪些特性？
14. 简述土压平衡盾构中土舱压力值的选定原则。
15. 简述土压平衡盾构的掘进模式及适用条件。
16. 确保土压平衡采取的技术措施有哪些？
17. 简述导向系统发展历程。
18. 通过对实际隧道工程的调研，试述盾构司机在现场是如何控制盾构掘进方向的。

19. 简述泥水盾构的基本工作原理。
20. 根据地质条件,如何选择盾构的掘进速度?
21. 泥水盾构掘进管理要点是什么?
22. 简述直接控制型泥水盾构的泥水压力管理。
23. 简述间接控制型泥水盾构的泥水压力管理。
24. 怎样选择泥水分离设备?
25. 泥水处理一般分为几级?简述每一级的作用。
26. 结合实际隧道工程,简述管片拼装控制标准。
27. 壁后注浆的目的是什么?
28. 简述同步注浆的概念及控制的参数包含哪些?
29. 结合实际工程,分析盾构姿态测定的实际频率。
30. 简述带压进舱作业程序及要点。
31. 升压和带压作业过程中的安全注意事项有哪些?
32. 带压进舱的减压过程中,应注意哪些事项?
33. 通过调研,简述带压进舱作业人员需要掌握的基本要领。
34. 简述刀具检查与更换的安全要点。
35. 简述超大直径盾构常压换刀作业要点。
36. 结合已完工隧道工程,统计滚刀各种失效形式的比例。
37. 通过查阅资料,简述目前常用的刀具磨损检测装置有哪些。
38. 查阅最新资料,分析刀圈断裂的原因及所采取的改善措施。
39. 针对穿越复杂地层地段施工,试述盾构施工措施。
40. 根据你的了解,论述盾构采用地中对接技术的主要原因。
41. 讨论盾构机械式地中对接法有哪几种方式,各自有什么特点?
42. 简述采用延长管线进行盾构调头的程序。
43. 简述不采用延长管线进行盾构调头的程序。
44. 盾构到达施工包括哪些主要内容?
45. 简述盾构到达施工要点。
46. 简述盾构到达使用钢套筒接收的技术要点。
47. 简述克泥效工法在盾构施工中的应用。

第12章 端头加固技术

本章重点：本章介绍旋喷加固、深层搅拌加固、冷冻法加固等端头加固技术及盾构始发与到达的端头加固范围。

盾构始发、到达以及盾构穿越已建风道、联络通道等既有建(构)筑物时，由于地层土体自稳能力较差，应采取相应辅助工法对始发与到达墙头区域工作井周围一定范围的土体进行改良加固处理。

(1)端头处理的意义

①在盾构始发与到达掘进时，随着竖井挡土墙的拆除，端头土体的结构、作用荷载和应力将发生变化，必须进行端头处理。

②盾构法隧道施工中，端头处理是始发、到达技术的一个重要组成部分，端头处理的成功与否，直接关系到盾构能否安全始发、到达。

③合理选择端头处理施工工法和必要的监测手段，是保证盾构法隧道顺利施工的重要环节。

(2)端头处理的目的

①消除构筑竖井时造成的周围土体松动。

②防止拆除临时挡土墙时振动的影响。

③使地层自稳及防止地下水流入。

④降低对入口填塞物的压力。

⑤防止因压力不足引起的掘削面坍塌。

⑥防止地表沉陷或对埋设物的影响。

12.1 端头加固方法

盾构法施工中，端头土体加固技术是盾构法施工中的辅助施工技术，常见的端头加固技术主要有旋喷加固、深层搅拌加固、冷冻法加固和注浆加固等。

旋喷加固、深层搅拌加固一般在软土地层中采用，在盾构施工中常见于端头加固、联络通道地表加固。冷冻法常用于盾构区间的联络通道施工，特殊情况下用于端头加固施工。注浆加固常用于以上3种加固方式的辅助加固。

采用旋喷加固、深层搅拌加固、冷冻法加固均是在不良地层中起到提高土体的自稳性、承载力、隔水的作用,进行土层的改良,提高盾构在始发与到达端头井及联络通道施工时的安全性。

在选择盾构隧道端头井、联络通道的加固方案时,应根据加固的效果结合工程要求、地质条件以及施工条件因地制宜地选择经济合理的加固方式。加固应考虑地层的构成、各地层的特性、地下水等,确保加固质量。

12.1.1 旋喷加固

旋喷加固技术是指使用旋喷钻机将带有特殊喷嘴的注浆管送到预定的深度,然后慢慢地提升钻杆,边提升边旋转,边由喷嘴喷出具有一定压力的液体和气体的射流,使浆液流和土层混合,凝固成一体,形成具有一定强度的固结桩体加固地层的方法。

旋喷加固技术主要适用于第四纪冲积层、残积层及人工填土等。对于砂类土、黏性土、黄土和淤泥等都能加固。但对砾石直径过大、含量过多及有大量纤维质的腐殖土加固质量稍差,有时甚至不如静压灌浆的效果。对地下水流速过大,喷射的浆液无法在灌浆管周围凝结,无填充物的岩溶地段,永冻土和对水泥有严重腐蚀的地基,均不宜采用旋喷注浆法。

旋喷加固技术是 20 世纪 60 年代后期由日本日产冻结有限公司首先创造的一种土体加固技术,最初发明的是单管旋喷法(日本称 CCP 法),并在大阪地下铁道工程建设中试用时获得了成功。单管旋喷法有地层加固质量易保证、施工速度快和成本低等优点,但有旋喷固结体较小的缺点。为了扩大旋喷直径,创造了双(重)管法、三(重)管法等旋喷工艺,三(重)管法可使旋喷直径达到 2 ~ 3m。20 世纪 90 年代后,日本鹿岛建设株式会社开发了“超级旋喷法”技术,可形成超大型旋喷桩加固地基,这种方法在直径 15cm 的钻孔中,喷射含有水泥等硬化材料的超高压射流,通过旋转切削土砂,可在地层内形成直径为 5m 的超大直径柱体。

旋喷加固最早出现的是垂直旋喷,但对于在深地层中修建隧道,只能采用水平旋喷工艺。水平旋喷法是由日本在 20 世纪 80 年代初期首创的,目前意大利的水平旋喷技术处于领先地位。

在国内,1972 年开始研究和应用旋喷加固技术,对旋喷设备、旋喷工艺、浆液配方等做了大量的研究工作,并进行了现场试验。1978 年开始进行三(重)管旋喷工艺的试验研究。在水平旋喷方面,目前国内的相关研究还是比较初步,相关部门的主要研究仍然是围绕其施工方法和质检标准展开,而对其理论和数值模拟研究的比较少,同时也仍旧没有系统、全方位对其深入研究,岩土理论领域的一些新的进展也没有引入进来。总之,水平旋喷加固技术的研究仍然需要进一步加强。

旋喷加固法是在化学注浆法的基础上,应用射流切割原理创立的一种地基加固方法。旋喷加固法以高压射流直接冲击破坏土体,使浆液与土体自行拌和为均匀旋喷泥浆后形成固结体加固地层。旋喷加固法既适用于砂土,也适用于黏土,旋喷加固法具有成本较低,施工速度较快,固结体强度大,可靠性高等优点。旋喷加固法是利用高速射流强制性地破坏土体形成固结体,在覆盖层中一般不存在可灌性问题;同时由于高速射流被限制在土体破碎范围内,因此浆液不易流失,能保证预期的加固范围和控制固结体的形状;能在钻孔中任何一段内施工,也可以在孔底或中部喷射,此外,也可以水平方向喷射和倾斜方向喷射施工;旋喷加固法通常采用水泥浆液,不会造成环境和地下水的污染,且耐久性较好;施工噪声较小,单管和双(重)管法施工较简便。

1)旋喷加固的特点

(1)应用范围广

①既可用于加固新建工程的地基,又可在工程修建中处理地基,提高地基强度,减少或整治建筑物的沉降和不均匀沉降。

②深基坑侧壁挡土或挡水以保护邻近建筑物及保护地下工程建设。

③基坑底部加固,防止管涌与隆起。

④坝体的加固及防水帷幕。

⑤边坡加固及隧道顶部加固。

(2)施工简便

旋喷施工时,只需在土层中钻一个小孔(一般为 $\phi50 \sim \phi108$mm),便可在土中通过旋喷作业形成直径为 0.4 ~ 3.0m,甚至 5.0m 的固结体。旋喷加固法能灵活成型,在孔深范围内可随意改变桩体直径,且在地层中偶尔遇到障碍物的情况下也能采用。

(3)固结桩体强度高

在黏土中采用水泥浆液形成的旋喷桩体的无侧限抗压强度可达到 5 ~ 10MPa,在砂土中则更高,一般可达 10 ~ 20MPa。此外,旋喷桩还有耐久性好、材料来源广、价格低廉、浆液流失少、设备简单和无公害无污染等特点。

2)旋喷加固法的分类

旋喷加固法的分类如图 12-1 所示。旋喷加固法按钻孔和成桩的方向分,可分为垂直旋喷和水平旋喷,按喷射管路的数量可分为单(重)管旋喷注浆法、双(重)管旋喷注浆法、三(重)管旋喷注浆法,分别简称为单管法、双管法、三管法。

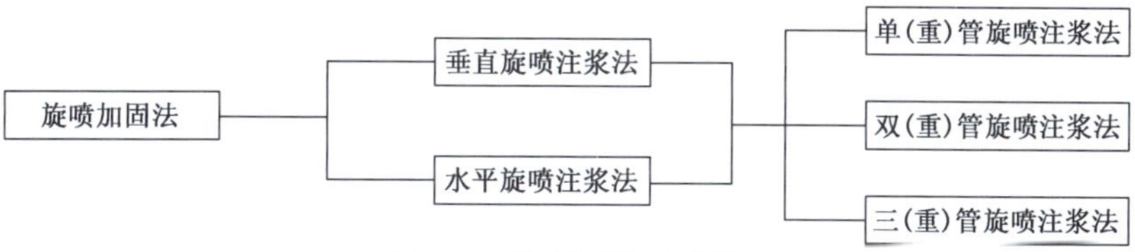

图 12-1　旋喷加固法的分类

(1)单(重)管旋喷注浆法

通过单重(根)管路,利用高压浆液(压力 20MPa 左右),喷射冲切破坏土体,单管旋喷加固质量好、施工速度快、成本低,但固结体直径较小,如图 12-2a)所示。

(2)双(重)管旋喷注浆法

在单管法基础上又加以压缩空气,并使用双通道双重(根)注浆管。在管的底部侧面有一个同轴双重喷嘴,高压浆液以 20MPa 左右的压力从内喷嘴中高速喷出,在射流的外围加以 0.7MPa左右的压缩空气喷出。在土体中形成直径明显增加的柱状固结体,如图 12-2b)所示。

(3)三(重)管旋喷注浆法

使用分别输送水、气、浆三种介质的三重(根)注浆管。高压水射流和外围环绕的气流同轴喷射冲切破坏土体,在高压水射流的喷嘴周围加上圆筒状的空气射流,进行水、气同轴喷射,可以减少水射流与周围介质的摩擦,避免水射流过早雾化,增强水射流的切割能力。喷嘴边旋转喷射,边提升,在地基中形成较大的负压区,携带同时压入的浆液充填空隙,就会在地基中形成直径较大、强度较高的固结体，起到加固地基的作用。三管法注浆时，水压 20MPa，气压 0.7MPa，浆压 2 ~5MPa，如图 12-2c）所示。

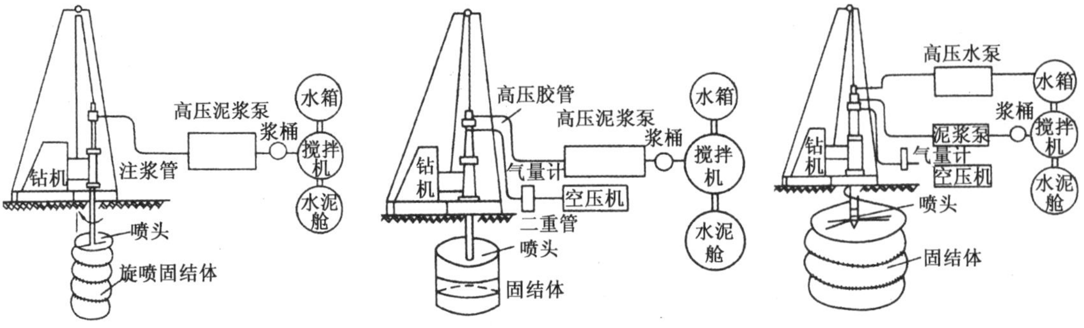

a）单（重）管旋喷注浆　　b）双（重）管旋喷注浆　　c）三（重）管旋喷注浆

图 12-2　高压旋喷注浆示意图

3）高压喷射流的形态

高压喷射流的基本形态与旋喷注浆施工的工艺类型有关，旋喷加固的工艺类型分为单管旋喷法、双重管旋喷法和三重管旋喷法。按力学本质分析，单管旋喷的喷射流在土中的运动属于非淹没射流动力学范畴的问题，双重管旋喷的喷射流在土中的运动属于二相流体在多孔介质中的流动问题，而三重管旋喷的喷射流在土中的运动则属于三相流体在多孔介质中的流动问题。由于多相流体在多孔介质中流动问题的研究在理论上还处于起始阶段，因此，本章仅介绍两种不同旋喷工艺的喷射流的形态。

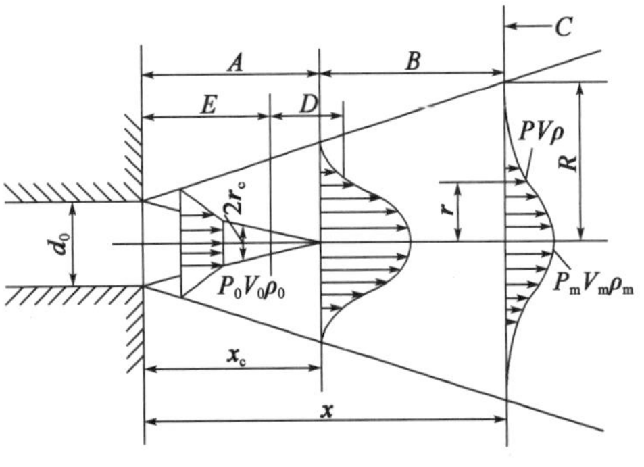

图 12-3　单管旋喷法高压喷射流的构造

（1）单管旋喷的喷射流

对于单管旋喷时以高压喷射的水泥浆流，可借用高速水流在静止空气中形成的连续喷射流的模式进行研究，如图 12-3 所示。

单管旋喷的喷射流由三个区域构成，即保持出口压力的初期区域 A、紊流发达的主要区域 B 和喷射流变得不连续的终期区域 C。

在初期区域中，喷嘴出口处速度分布是均匀的，轴向动压是个常数，随着与喷嘴距离的增加，保持均匀分布的部分越来越窄，直到某一位置，断面上的流速分布不再均匀，速度分布保持均匀的这一部分称为喷射核（E 区段），轴向动压有所减小的过渡部分称为迁移区（D 区段）。初期区域的长度是喷射流的一个重要参数，可据此判断破坏土体和搅拌效果。

主要区域在初期区域之后，在这一区域内，喷射流的宽度不断加大，轴向动压迅速减弱，流速进一步降低，并有扩散率为常数、喷射流扩散宽度和距离的平方根成正比等特点，在土中旋喷时，喷射流与土主要在本区域内搅拌混合。

在终期区域，喷射流能量衰减很大，宽度很大，末端呈雾化状态，最后与空气混合，并消散在大气中，土中旋喷时对成桩所起的作用已不大。

喷射流的有效喷射长度为初期区域长度和主要区域长度之和,有效喷射长度愈长,搅拌土的范围愈大,所形成加固体的直径也越大。

(2)三重管旋喷的喷射流

旋喷注浆时,高压喷射流的压力衰减较急剧,即使喷射压力很高,也常达不到破碎土体的预期效果。为此,创造了在高压喷射流外部同时喷射高速水气流,以扩大有效喷射长度的三重管旋喷技术。

如图 12-4 所示,三重管旋喷法水气同轴喷射流可分为初期区域、迁移区域和主要区域三部分。

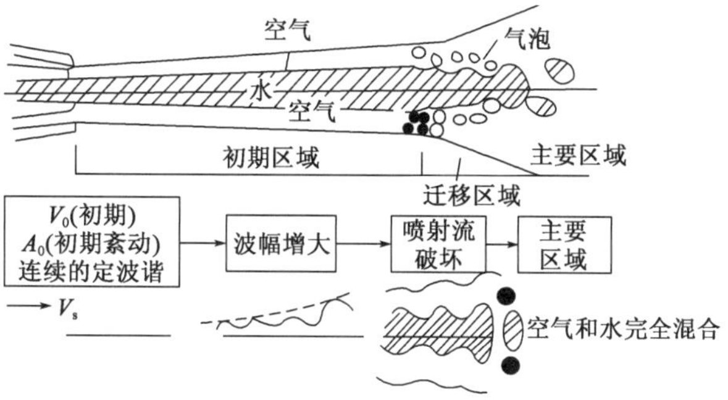

图 12-4　三重管旋喷法高压喷射流的构造

在初期区域内,喷射水流的速度可保持喷嘴出口处的速度,但由于喷射水流与空气流相冲撞及喷嘴内部表面不够光滑,由喷嘴喷出的水流较紊乱,且在其中形成气泡,使喷射流受到干扰。在初期区域的末端,气泡所占的宽度与喷射水流的宽度基本相同。

在迁移区域内,高压水喷射流与空气开始混合,使喷射水流中出现较多的气泡。

在主要区域内,高压水喷射流强度迅速衰减,内部含有大量气泡,并逐渐分裂破坏为不连续的细水滴。与此同时,同轴水气喷射流的宽度迅速扩大,使之可发挥预期的作用。

4)旋喷成桩机理

(1)高压喷射流对土体的破坏作用

高压喷射流破坏土体的作用是多方面的,包括射流动压、射流脉动负荷、水锤冲击力、空穴现象、水楔效应、挤压力及气流液流搅动等因素,其中以喷射动压作用为主,由动量定理,喷射流在空气中喷射时,其破坏力为:

$$\begin{cases} F = \rho Q V_m \\ Q = V_m A \end{cases} \tag{12-1}$$

式中:F——破坏力(N);

ρ——喷射介质的密度(kg/m^3);

Q——流量(m^3/s);

V_m——喷射流的平均速度(m/s);

A——喷嘴断面面积(m^2)。

式(12-1)可表示为:

$$F = \rho A V_m^2 \tag{12-2}$$

由式(12-2)可知,当喷射流介质密度和喷嘴断面积一定时,要取得更大的破坏力,就要增加平均流速,也就是要增加喷射压力,一般要求高压泵的工作压力在20MPa以上,使喷射流有足够的能量冲击破坏土体。但单纯依靠增大喷射压力来提高喷射切割效果,在能量上浪费很大,不是获得较大桩径的最好办法。由式(12-1)可知,决定喷射切割效果的因素是冲量而不是速度,因此,应综合考虑各主要规程参数(喷嘴直径、压力、喷浆量和提升速度),以获得最好的效果。

在喷射过程中,有效射流长度内的土体结构被破坏至喷射流的终期区域,能量衰减很大,不能冲击切割土体,但能对有效射流边界的土产生挤压力,有挤密效果,并使部分浆液进入土粒之间的空隙中,使固结体与四周土联结紧密。

(2)旋喷成桩机理

旋喷注浆时,高压喷射流边旋转边缓慢上升,对注浆孔周围的土体进行切削破坏,周围土体被破坏后,一部分细小土颗粒被喷射浆液置换,并随着液流被携带到地表(俗称冒浆),其余的土颗粒则与浆液搅拌混合,在旋喷动压、离心力和重力的共同作用下,土颗粒在横断面按质量大小重新有规律地排列,小颗粒大多在中间部位,大颗粒多数向外侧或边缘部分移动,形成浆液主体,经过搅拌混合、压缩和渗透等作用过程,并隔一定时间后,浆液主体便凝固成强度较高、渗透系数较小的水泥土网络结构固结体,即旋喷桩。土质不同,形成的旋喷桩在横断面上的结构也略有不同,如图12-5所示。四周未被切削下来的土体被挤密压缩。在砂类土中,还有一部分浆液渗透到压缩层外,形成渗透层。旋喷桩体各部分的水泥含量和强度不同,一般水泥含量为30% ~50%,中心部分强度低,边缘部分强度高。

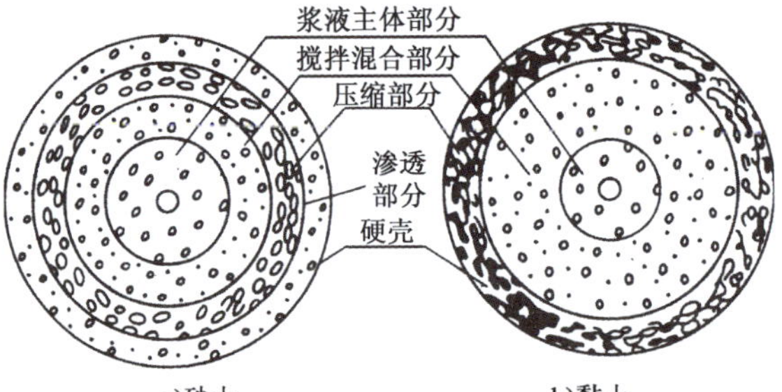

图12-5 旋喷桩固结体横断面图

5)浆液材料

水泥是高压旋喷注浆的基本材料,水泥类浆液可分为以下几种类型。

(1)普通型浆液

一般采用普通硅酸盐水泥,不加任何外加剂,水灰比一般为0.8:1 ~1.5:1,固结体的抗压强度(28d)最大可达1.0 ~20MPa,适用于无特殊要求的工程。

(2)速凝早强型

适于地下水水位较高或要求早期承担荷载的工程,需在水泥浆中加入氯化钙、三乙醇胺等速凝早强剂。掺入2%氯化钙的水泥土的固结体的抗压强度为1.6MPa,掺入4%氯化钙后为2.4MPa。

(3)高强型

喷射固结体的平均抗压强度在20MPa以上。可以选择强度等级高的水泥,或选择高效能的扩散剂和无机盐组成的复合配方等。

在水泥浆中掺入2%～4%的水玻璃,其抗渗性有明显提高。如工程以抗渗为目的,最好使用"柔性材料"。可在水泥浆液中掺入10%～50%的膨润土(占水泥质量的百分比)。此时不宜使用矿渣水泥,如仅有抗渗要求而无抗冻要求,可使用火山灰水泥。

6)垂直旋喷工艺

垂直旋喷的工艺流程如图12-6所示。

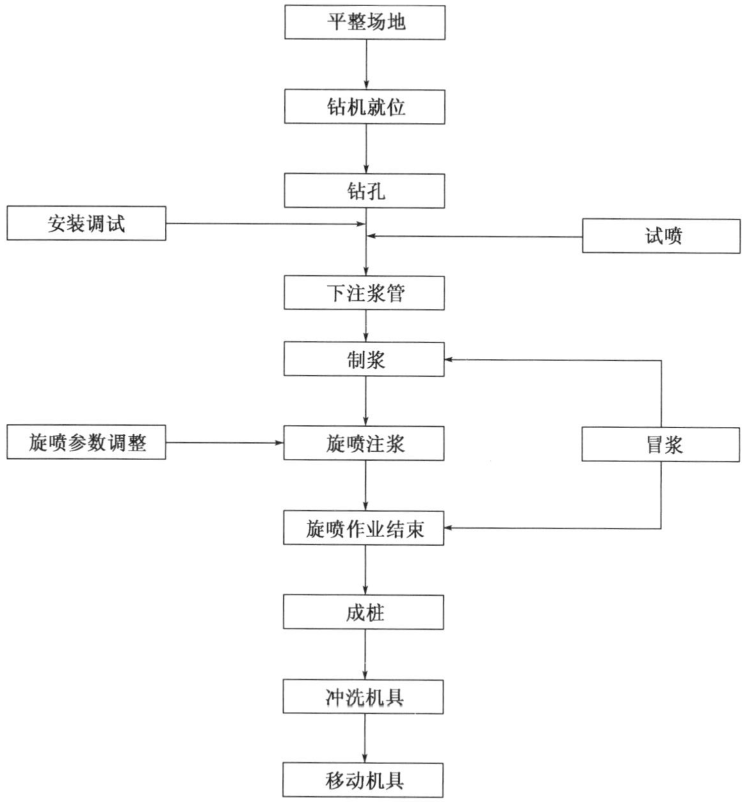

图12-6　垂直旋喷注浆工艺流程图

垂直旋喷时,旋喷注浆工艺有单管、双(重)管和三(重)管旋喷注浆之分,且三种方法注入地层的浆液材料和种类和数量也不同,但其施工步骤却大体相同,都由钻机就位、钻孔、插管(下注浆管)、旋喷作业、冲洗等工序组成。

(1)钻机就位

钻机就位是旋喷注浆加固施工作业的第一道工序,钻机安放在设计的孔位上,钻机就位后,对钻机作水平校正,使钻杆轴线垂直对准孔位中心,钻孔位置与设计位置的偏差不得大于50mm。

(2)钻孔

钻孔的目的是为了将旋喷注浆管插入地层,并到达预定的深度。钻孔方法根据地层条件、加固深度和机具设备而定,单管法常使用76型或70型旋转振动钻机,深度可达30m以上,适用于标贯值小于40的砂土和黏性土层。当遇到比较坚硬的地层时或在双(重)管与三(重)管施工时,宜用地质钻机成孔。

(3)插管

使用旋喷钻机时,下注浆管与钻孔两道工序合二为一,钻孔与下注浆管同时完成。采用地质钻机钻孔时,钻孔完毕后需拔出芯管,换上旋喷管,并将其插入钻孔,到达预定深度。在插管过程中,宜边射水边插管,以防泥砂堵塞喷嘴,但水压力一般不宜超过1MPa,以免孔壁坍塌。

(4)旋喷注浆

旋喷管插入钻孔并到达预定深度后,立即按设计配合比搅拌浆液。自下而上进行旋喷作业,边旋转边提升旋喷管,并随时检查浆液初凝时间、注浆流量、风量、压力和旋转提升速度等参数是否符合设计要求,并随时作好记录,旋喷管提升到设计标高后,旋喷作业结束。

(5)冲洗机具

旋喷注浆施工完毕后,应将注浆管等机具设备冲洗干净,管内、机内不得残存水泥浆。冲洗时,将注浆泵的吸管移到水箱内,在地面上喷射,靠高速水流将泥浆泵、注浆管内的浆液全部排除。

(6)移动机具

将钻机等设备移到新的孔位上,为下一个孔的旋喷注浆做准备。

7)水平旋喷工艺

水平旋喷是指在土层中设置基本水平的钻孔,水平或略向上仰地插入注浆管后进行旋喷注浆的施工方法。水平旋喷的喷射压力主要取决于旋喷桩的直径和土层的工程地质条件,一般在60MPa左右。

与垂直旋喷相比较,水平旋喷的特点主要在于水平施工,包括水平钻孔和水平注浆。由于成桩条件不同,水平旋喷的工艺要求要比垂直旋喷高。与垂直旋喷相比,水平旋喷工艺具有以下特点:在加固深度范围内,尽可能减少中途接卸钻杆;要求将钻杆兼作注浆管;由里向外旋喷,注意使注浆管外拔速度尽量保持均匀;当旋喷直径要求较大时,可采用复喷(先喷水后喷浆)工艺,或加大喷射压力,或适当放慢外拔速度,使之达到预定的要求;旋喷浆液流失较多时,需补充浆液,可用流出的浆液在孔口进行回灌,浆液收缩较大时,应适时补浆,以免旋喷桩凹陷;当水平旋喷的长度过长,不能由一根钻杆一次钻进和旋喷时,也可分段旋喷,每一段仍用一根钻杆。一般情况下,水平旋喷桩可构成群桩拱体,在拱体保护下,进行地下工程的施工。分段旋喷时,除第一段为水平桩外,其余水平旋喷桩均略向上抬或略向外倾斜,使拱体呈放射状。倾斜角度主要由分段长度确定,各分段之间需有2~3m的搭接长度。

水平旋喷工艺流程如下。

(1)钻机定位

先将钻机在注浆孔前就位,钻杆正对孔心。钻机应牢靠固定,以免在钻进过程中发生晃动,自身产生位移。

(2)钻孔

一般将注浆管(单管、双管或三管)兼作钻杆进行钻孔。钻孔应平直,孔底偏差距离应小于旋喷桩的半径。为了防止钻杆出现下垂现象,钻孔时可预先将钻杆上抬一定角度。

(3)旋喷注浆

兼作注浆管的钻杆钻进到规定深度后,立即进行高压喷射注浆。注浆管由里向外边旋转边徐徐拔出。

(4)注浆结束

对每个注浆孔在旋喷注浆作业完成后,迅速拔出注浆管,并立即打入一个木桩,封闭孔口。木桩用于止浆,也是完成注浆的标志。若浆液收缩较大,可适时补充一些浆液。

8)质量检验

旋喷加固体强度增长较慢,检验时间应待旋喷注浆完成后28d后进行。检验点的数量为施工注浆孔数的2% ~5%,对不足20孔的工程,至少应检验2个点,不合格应进行补喷。

(1)检验点的布置

①建筑物荷载大的部位。

②防渗帷幕中心线上。

③施工中出现异常情况的部位。

④地质情况复杂,可能对旋喷注浆质量产生影响的部位。

(2)检测方法

①开挖检验。

待浆液凝结具有一定的强度后,即可开挖检查固结体垂直度、形状和质量。

②钻孔检查。

a. 抗渗试验。

从固结体中钻取岩芯,进行室内物理—力学性能试验。在钻孔中做压水或抽水试验,测定其抗渗能力。

b. 标准贯入试验。

在旋喷固结体的中部可进行标准贯入试验。一般距注浆孔中心0.15 ~0.20m,每隔一定深度做一个。

③荷载试验。

包括平板静荷载试验和孔内荷载试验。

a. 平板静荷载试验。

分垂直和水平静荷载试验两种。垂直荷载试验时,需在顶部0.5 ~1.0m范围内,浇筑0.2 ~0.3m厚的钢筋混凝土层;水平静荷载试验时,需在固结体加荷载受力部分,浇筑0.2 ~0.3m厚的钢筋混凝土加荷载面。混凝土的强度等级不得低于C18。

b. 孔内荷载试验。

主要有两种方法。

方法一:气压或液压膨胀法。

在钻孔中,用气压或液压使胶囊膨胀,从膨胀量可知横向荷重和位移关系,求得变形系数和地层反力系数。

方法二:荷载板法。

荷载通过ϕ108mm地质套管传给承压底盘,从其变形和载荷的关系求得承载量和沉降量。

12.1.2 深层搅拌加固

深层搅拌法，是指通过钻孔将水泥、石灰等材料作为固化剂的主剂送入地层，依靠深层搅拌机在地层中将软土和固化剂（浆液或粉体）就地强制搅拌，利用固化剂和软土之间产生的一系列物理化学反应形成深层搅拌桩，使软土的物理力学性能得到改善的地层加固方法。

盾构始发与到达端头井的施工深层搅拌加固桩径、间距须根据设计要求、地质报告及使用设备进行选择，搅拌注浆范围不得小于隧道外轮廓线上下各3m。

深层搅拌法按固化剂材料的种类及形态的不同主要可分为以下类型，见表12-1。

深层搅拌法分类 表12-1

分类依据	类　别	主要特点
固化剂材料种类	水泥土深层搅拌法	喷射水泥浆或雾状粉体
	石灰粉体深层搅拌法	喷射雾状石灰粉体
固化剂材料形态	浆液喷射深层搅拌法	喷射水泥浆
	粉体喷射深层搅拌法	喷射雾状石灰粉体、水泥粉体或石灰水泥混合粉体

深层搅拌法出现在第二次世界大战结束以后，由美国最早研究成功，然后日本进行了进一步的深入研究，研制出了性能各异的深层搅拌机，注入地层的固化剂从单一的水泥浆液拓宽到石灰粉和化学浆液。在国内，1977年10月，冶金部建筑研究总院和交通部水运规划设计院首先研究这类技术，开始进行室内试验和搅拌钻机的研制。

1）应用范围

深层搅拌法适用于饱和软黏土、淤泥质亚黏土、新填土、沼泽地带炭土、沉积粉土等土层的地基加固，用于提高软土地基的承载力，减少沉降量，还可用于提高边坡的稳定性，主要应用于以下方面：

①稳定隧道竖井外侧的土体，用于盾构进出洞的端头土体加固。

②作为建筑物或构筑物的地基。

③加固深基坑的边坡，以预防基坑边坡产生滑坡现象。

④加固道路或桥涵。

⑤作为地下防渗墙，阻止地下水渗透。

2）深层搅拌加固的特点

①基本不存在挤土效应，对周围地基的扰动小。

②可根据不同的土质和工程设计的要求，合理选择固化剂及配方，应用较灵活。

③施工无振动，无噪声，污染小，可在市区和建筑物密集地带施工。

④土体经加固后，重度基本不变，不致产生较大附加沉降。

⑤加固桩结构形式灵活多样，可根据工程需要，选用块状、柱状、壁状或格栅状。

3）加固机理

深层搅拌法加固地层的机理与采用的固化剂和种类有关。固化剂有水泥、石灰、石膏、矿渣等多种，现仅介绍以水泥和石灰作固化剂的土体加固机理。

(1)水泥加固土体的机理

水泥与土搅拌后,发生一系列物理化学反应对土体起加固作用。这些物理化学反应与混凝土的硬化机理不同,混凝土的硬化主要是进行水解和水化作用,凝结速度较快;而在水泥土中,水泥掺量少,一般占被加固土重的7%~15%,且水泥的水解和水化反应是在具有一定活性的土颗粒的包围下进行的,因而土颗粒将随时与水泥水化物发生化学反应,生成新的化合物。黏土颗粒与水泥水化物发生的作用主要有离子交换和团粒化作用、硬凝反应和碳酸化作用等。由于化学反应发生在水泥水化物和土颗粒之间,完成化学反应所需的时间必然较长,因此,水泥加固土体的硬化速度缓慢而且复杂,加固土的强度增长也较缓慢。水泥加固土体主要产生下列反应:

①水泥的水解和水化反应。

普通硅酸盐水泥主要由氧化钙、二氧化硅、三氧化二铝、三氧化二铁及三氧化硫组成,由这些不同的矿物分别组成了不同的水泥矿物:硅酸二钙、硅酸三钙、铝酸三钙、铁铝酸四钙、硫酸钙。当用水泥加固软土时,水泥颗粒表面的矿物很快与软土中的水发生反应,生成氢氧化钙、含水硅酸钙、含水铝酸钙及含水铁酸钙等化合物。

a.硅酸三钙。

在水泥中含量最高,约占总量的50%,是决定强度的主要因素。

$$2(3CaO \cdot SiO_2) + 6H_2O = 3CaO \cdot 2SiO_2 \cdot 3H_2O + 3Ca(OH)_2$$

b.硅酸二钙。

在水泥中含量较高,约占总量的25%,主要产生后期强度。

$$2(2CaO \cdot SiO_2) + 4H_2O = 3CaO \cdot 2SiO_2 \cdot 3H_2O + Ca(OH)_2$$

c.铝酸三钙。

约占水泥总量的10%,水化速度最快,促进早凝。

$$3CaO \cdot Al_2O_3 + 6H_2O = 3CaO \cdot Al_2O_3 \cdot 6H_2O$$

d.铁铝酸四钙。

约占总量的10%,水化速度最快,能促进早期强度。

$$\begin{aligned}&4CaO \cdot Al_2O_3 \cdot Fe_2O_3 + 2Ca(OH)_2 + 10H_2O\\&= 3CaO \cdot Al_2O_3 \cdot 6H_2O + 3CaO \cdot Fe_2O_3 \cdot 6H_2O\end{aligned}$$

由上述反应生成的氢氧化钙、含水硅酸钙迅速溶于水中,使水泥颗粒表面重新暴露出来,再与水发生反应,使周围的水溶液逐渐达到饱和。溶液达到饱和后,水分子虽然继续深入颗粒内部,但新生成物不能溶解,只能以细分散状态的胶体析出,悬浮于溶液,形成凝胶体。

e.硫酸钙。

含量3%左右。

$$3CaSO_4 + 3CaO \cdot Al_2O_3 + 32H_2O = 3(CaO \cdot Al_2O_3 \cdot CaSO_4) \cdot 32H_2O$$

所生成的化合物$(CaO \cdot Al_2O_3 \cdot CaSO_4) \cdot 32H_2O$称为“水泥杆菌”,这种反应较迅速,能把大量自由水以结晶水的形式固定下来,使土中自由水的减少量约为水泥杆菌生成量的46%。但硫酸钙掺量不能过多,否则水泥杆菌针状结晶会使水泥发生膨胀而遭到破坏。

②黏土颗粒与水泥水化物的作用。

a.离子交换和团粒化作用。

黏土颗粒表面带负电荷,要吸附阳离子,形成胶体分散体系,表现出胶体的特征。黏土中的二氧化硅遇水后形成硅酸胶体微粒,其表面带有的钾离子或钠离子与水泥水化生成的氢氧化钙中的钙离子(Ca^{2+})进行当量离子交换,使土颗粒分散度降低,产生聚结,形成较大的团粒,提高了土体的强度。

水泥水化后生成的凝胶粒子的比表面积比水泥颗粒的比表面积约大1000倍,具有很大的表面能,吸附性很强,能使团粒进一步结合起来,形成水泥土的团粒结构,进一步提高水泥土的强度。

b. 硬凝反应。

随着水泥水化反应的进行,溶液中析出大量的 Ca^{2+},当 Ca^{2+} 的数量超过离子交换的需要量后,在碱性环境中,组成黏土矿物的二氧化硅与三氧化二铝的一部分或大部分与 Ca^{2+} 产生化学反应,并逐渐生成不溶于水的稳定的铝酸钙、硅酸钙的结晶水化物。这些化合物在水中和空气中逐渐硬化,提高了水泥强度,且其结构比较致密,水分不易侵入,从而使水泥土具有一定的水稳定性。

c. 碳酸化作用。

水泥水化物中游离的氢氧化钙能吸收水中和空气中的二氧化碳,发生碳酸化反应,生成溶于水的碳酸钙:

$$Ca(OH)_2 + CO_2 = CaCO_3 \downarrow + H_2O$$

这种碳酸化反应能增加水泥土的强度,但增长较慢,幅度也较小。

(2)石灰加固土体的机理

石灰主要靠遇水后发生的物理化学反应加固土体。石灰遇水后发生以下三个反应:

①石灰吸水后发热和膨胀。

②与黏土颗粒发生离子交换作用及土微粒的凝聚作用。

③化学结合作用。

以上三个反应过程在时间上有先后。完成这些反应过程后,土体性能可获得较大改善。生石灰通常能增加软黏土的透水性,可用于提高在软黏土中进行排水的效果,但对于深基坑,则不宜用石灰加固基底,以免引起承压水沿加固层渗入基坑。

4)湿喷工艺

所谓湿喷,是指直接喷射浆液并将其与软土一起强制搅拌的深层搅拌法。工艺流程如图12-7所示。

施工步骤如下:

(1)设备安装

铺设走管与桩机平台,然后安装塔架,再安装导向架及搅拌轴、输浆管。电气系统必须安装接地装置,供浆系统应在离搅拌机50m的范围内。

(2)搅拌机定位

用起重机或塔架悬吊深层搅拌机到达指定桩位,桩位对中误差不大于50mm,搅拌轴和导架的垂直度偏差不大于1.5%。

(3)预搅下沉

待搅拌机的冷却水循环正常后,启动深层搅拌机的电机,放松起重机的钢丝绳,使搅拌机沿导向架搅拌切土下沉到设计位置,其间不注浆。

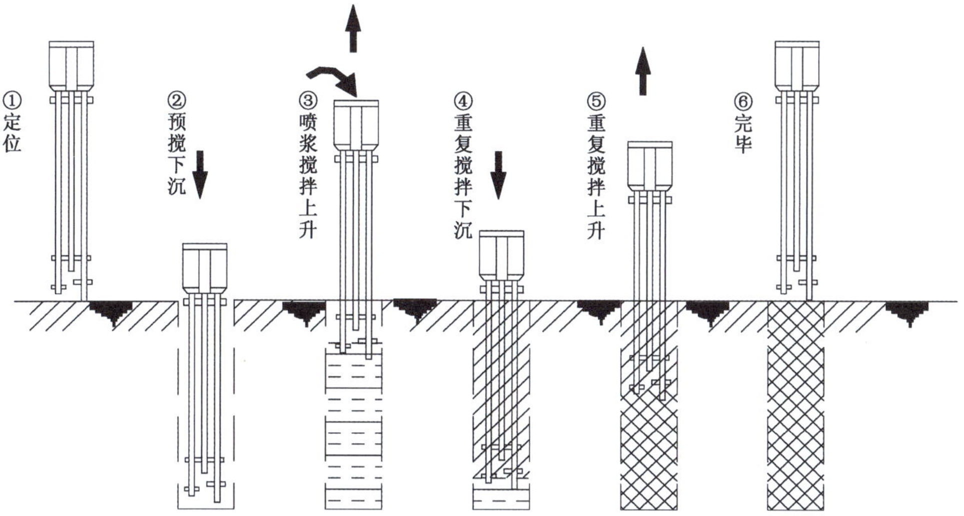

图 12-7　水泥土深层搅拌法施工工艺流程

(4)喷浆搅拌上升

搅拌机下沉到设计深度后,开动灰浆泵,逐渐提升深层搅拌机,边提升、边喷浆、边搅拌。

(5)重复上下搅拌

重新将深层搅拌机下沉到设计位置,然后重新提升。在重新下沉和提升的过程中,同时进行搅拌作业。

(6)清洗机具

向储浆桶中注入适量的清水,开启灰浆泵,清洗全部管路中残存的水泥浆,直到基本干净。

(7)移动机具

施工下一根桩。

5)湿喷施工要点

(1)深层搅拌法加固软黏土,宜选用 525 号以上变通硅酸盐水泥作为固化剂,水泥掺量根据加固强度,一般为加固土重的 7% ~15% ,每 $1m^3$ 掺加水泥量为 110 ~160kg。

(2)改善水泥土性质和桩体强度,可选用木质素磺酸钙、石膏、氯化钠、氯化钙、硫酸钠等外加剂,还可掺入不同比例的粉煤灰。

(3)深层搅拌以水泥作为固化剂,其配合比为水泥∶砂 =1∶1 ~1∶2。为利于泵送,宜加入减水剂(木质素磺酸钙),掺入量为水泥用量的 0.2% ~0.25% ,并加入硫酸钠,掺入量为水泥用量的 1% ,以及加入石膏,掺入量为水泥用量的 2% ,水灰比为 0.41 ~0.50。

(4)依据地质勘察资料进行室内配合比试验,结合设计要求,选择最佳水泥加固掺入比,确定搅拌工艺。

(5)依据设计图纸,编制施工方案,做好现场平面布置,安排施工进度,布置水泥浆制备的灰浆池,有条件时将水泥浆制备系统安装在流动挂车上,便于流动供应,采用泵送浇筑时,泵送距离小于 50m 为宜。

(6)施工前应平整场地,清理现场地下、地面及空中障碍物,以利施工安全。场地低洼时应回填黏土,不得回填杂填土。

(7)深层搅拌机应基本保持垂直,要注意平整度和导向架垂直度,搅拌轴和导架的垂直度偏差不大于1.5%。

(8)深层搅拌下沉到一定深度后,即开始按设计配合比拌制水泥浆。

(9)水泥浆不能离析,水泥浆要严格按照设计的配合比配置,水泥要过筛,为防止水泥浆离析,可在灰浆机中不断搅动,待压浆前才将水泥浆倒入储浆桶中。水泥浆从灰浆机倒入储浆桶前,须经过滤,将水泥块等杂物滤掉。

(10)要根据加固强度和均匀性预搅,软土应完全预搅切碎,以利于水泥浆均匀搅拌。压浆阶段不允许发生断浆现象,输浆管不能发生堵塞;严格按设计确定数据,控制喷浆、搅拌和提升速度;控制重复搅拌时的下沉和提升速度,以保证加固范围每一深度内,得到充分搅拌。

(11)在成桩过程中,由于电压过低或其他原因造成停机,使成桩工艺中断时,为防止断桩,在搅拌机重新启动后,将深层搅拌机下沉0.5m后再继续成桩。停机超过3h,为防止浆液硬结堵管,应拆卸输浆管彻底清洗管路。

(12)相邻两桩施工间隔时间不得超过12h(桩状)。

(13)设计要求搭接成壁状时,应连续施工相邻桩,相邻桩体施工间隔时间不得超过24h,且搭接长度应大于100mm。

(14)考虑到搅拌桩与上部结构的基础或承台接触部分受力较大,因此通常还可以对桩顶板的1.5m范围内再增加一次输浆,以提高其强度。

(15)在搅拌桩施工中,根据摩擦型搅拌受力特点,可采用变掺量的施工工艺,即用不同的提升速度和注浆速度来满足水泥浆的掺入比要求。在定量泵条件下,在软土中掺入不同水泥浆量,只有改变提升速度,通过提升检测仪检测速度来达到目的。

(16)当施工现场表土坚硬,需要注水搅拌时,现场四周设排水沟及集水井。

6)湿喷安全技术措施

(1)深层搅拌机冷却循环水在整个施工过程中不能中断,应经常检查进水和回水温度,回水温度不应过高。

(2)深层搅拌机的入土切削和提升搅拌,负荷太大及电机工作电流超过额定值时,应减慢提升速度或补给清水,一旦发生卡钻或停钻现象,应切断电源,将搅拌机强制提起之后,才能重新启动电机。

(3)泵送水泥浆前管路应保持湿润,以利输浆;水泥浆内不得有硬结块,以免吸入泵内损坏缸体,每日完工后彻底清洗一次,喷浆搅拌施工过程中,如果发生故障停机,宜拆卸管路,排除灰浆,进行清洗;灰浆泵应定期拆开清洗。

(4)深层搅拌机械及起重设备,在地面土质松软环境下施工时,要在场地铺填石块、碎石,平整压实,根据土层情况,铺垫枕木、钢板等。

7)粉喷工艺

粉体喷射深层搅拌法是利用粉喷机,使压缩空气携带粉体固化材料,经过高压软管和搅拌轴送到搅拌叶片背后的喷嘴喷出,通过和原位地基土强制搅拌混合,使地基土和加固材料发生化学反应,在稳定地基土的同时,提高强度的方法。

粉体搅拌法目前主要使用的固化剂为石灰粉、水泥以及石膏及矿渣等,也可使用粉煤灰作掺和料。粉喷与湿喷相比,具有以下特点:粉体固化材料可吸收软土地基中更多的水分,对加固含水量高和软土、极软土及泥炭土地基效果更显著;粉体比浆液更易于与原土充分搅拌混合,有利于提高加固土体的强度;粉喷的搅拌钻头在提升搅拌时能对加固体产生挤压作用,也有利于提高加固土体的强度;消耗的固化材料要少,且无地面隆起现象。

粉喷搅拌法施工设备由粉喷搅拌机、粉体发送器、空气压缩机、搅拌钻头等组成。粉喷搅拌机主要由电动机、钻架、卷扬机、液压泵、转盘、主动钻杆、变速箱等组成。

粉喷深层搅拌法工艺流程如图 12-8 所示,其施工步骤如下:

①搅拌机定位:根据设计,确定搅拌加固体的位置,搅拌机就位时,误差不应大于 50mm。调节钻机支腿油缸,使导向架和搅拌轴垂直度偏差不超过 1%。

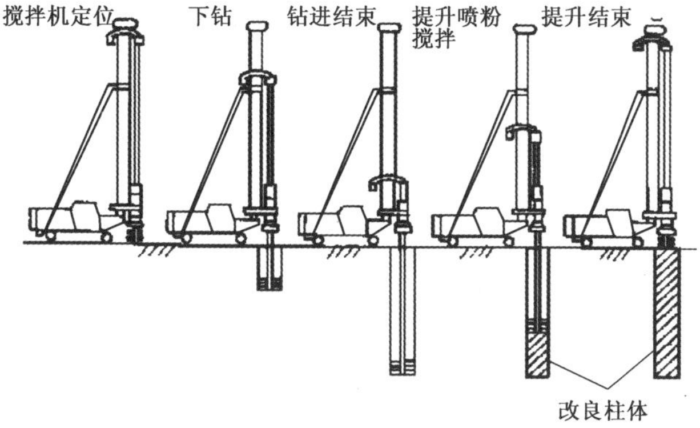

图 12-8　粉体喷射搅拌法工艺流程

②下钻:启动搅拌钻机,使钻头边旋转边钻进。钻进时不喷射加固材料,但需喷射压缩空气,以免喷射口堵塞。

③钻进结束:钻至设计高程后停钻。

④提升喷粉搅拌:启动搅拌钻机,钻头反向旋转,边旋转边提升。同时,通过粉体发送器将固化剂喷入被搅动的土体,使土体和粉料充分拌和。

⑤提升结束,桩体形成:钻头提升到离地面 0.3 ~0.5m 时,粉体发送器停止向孔内喷射粉料,以免粉料溢出地面和污染环境。

8)粉喷施工要点

(1)粉体搅拌法目前主要使用的固化剂为石灰粉、水泥以及石膏、矿渣等,也可使用粉煤灰作掺和料。

(2)工作场地表层硬壳很薄时,需先铺填砂、砾石垫层,以便机械在场内顺利移动和施钻,如场内桩位有障碍物,例如木桩、石块等应排除。

(3)桩体喷粉要求一气呵成,不得中断。应按理论计算量往灰罐投料,投一次料,打一根桩,确保成桩质量。

(4)粉喷施工时,为避免钻机移动和管路过长,施工顺序宜先中轴后边轴,先里排后外排,钻机移动最长距离不超过 50m。

(5)施工过程中要注意防止因管内结块造成堵管,遇堵管时宜拆洗管路或向上提升再打桩。第二次复打时至少重叠 1m，以防发生断桩。

(6)送灰过程中如出现压力突然下降，灰罐加不上压力等现象，应停止提升，原地搅拌，及时查明原因。重新加灰复打时至少重叠 1m。

(7)设计要求搭接的桩体，须连续施工，一般相邻桩的施工间隔不超过 8h。

(8)控制好单位桩长的喷粉量，实际每米喷粉量与设计的每米喷粉量误差不超过 5kg。

(9)粉体生石灰桩技术要求：①石灰应该是细磨的，在搅拌过程中，为防止桩体中石灰聚集，石灰最大粒径应小于 2mm；②石灰应尽量选取纯净无杂质的，石灰中氧化钙和氧化镁的总含量不少于 85%，其中氧化钙含量不宜低于 80%，石灰的流性指数不低于 70% ；③石灰的储存期，不宜超过 3 个月。

9)深层搅拌加固的质量检验

根据工程的重要性和复杂程度可选择以下 1～3 种方法进行质量检验：

(1)搅拌桩在成桩后 7d 内用轻便触探器钻取桩身加固土样，观察搅拌均匀程度。同时用轻型触探(N_{10})做桩与天然地基在相同高程处的对比试验，当 7d 龄期 N_{10} 大于原天然地基土 N_{10} 值 1 倍以上时，桩身强度可满足设计要求。检验桩的数量应不少于已完成桩数的 2%，并不少于 6 根。

(2)取样检验。检验不同龄期水泥土(石灰柱)试块，测定其无侧限抗压强度。

(3)动测检验。当搅拌桩达到 28d 龄期后，宜采用动测方法随机抽查 10% 的桩数，以确定是否出现断裂、蜂窝状结构及夹泥等搅拌不均匀的缺陷。

(4)静荷载试验。对工程地质条件复杂的场地或重要的大、中型工程，宜采用单桩或多桩复合地基静荷载试验及单桩竖向荷载试验方法。荷载试验应在 28d 龄期后进行，检验点数每个场地不得少于 3 点。若试验值不符合设计要求时，应增加检验孔的数量。

(5)开挖检验。可根据工程设计要求，选取一定数量的桩体进行开挖，检查加固体的外观质量、搭接质量和整体性等，用打击物冲击应有坚实感。

12.1.3 冷冻法施工

冷冻法也称冻结法，是采用人工冻结的方法将土体温度降至 0℃ 以下，使土体固结形成较好的稳定土体，同时起到隔水作用，在冻土范围内进行构筑物的施工，施工完结后结束冷冻并进行融沉注浆的方法。冷冻法常用于地表有管线，建筑物等，在地面加固施工造成成本升高及地质条件较差，地处砂层、富含地下水等不良地质情况下。

冻结法是地基固结法的一种，在预定冻结区域里，以 60～100cm 的间距埋设冷冻管，通过冷冻装置使冷却的盐水(氯化钙水溶液)在冷冻管内循环，使地基冻结固化。

1)冻结施工法的特点

(1)利用了热传导原理，适用于从黏性土层到砂砾层地基。

(2)被冻结的土砂相当坚固，而且有较高的止水性能。

(3)对地基和地下水没有污染。

(4)易于冻结管理及预测冻结范围。

2)冷冻站

盐水方式冻结系统如图 12-9 所示。

制冷设备,盐水泵、冷却水泵及其管路系统的安装执行《制冷设备、空气分离器安装工程施工及验收规范》(GB 50274—2010)、《机械设备安装工程施工及验收通用规范》(GB 50231—2017)及《工业金属管道工程施工及验收规范》(GB 50235—2010)中的有关规定。配电系统安装及调试执行《电气装置安装工程盘柜及二次线施工验收规范》(GB 50171—2012)规定。冻结段开挖砌筑施工全部完成后,冷冻机方可停机,拆除冷冻站设备。

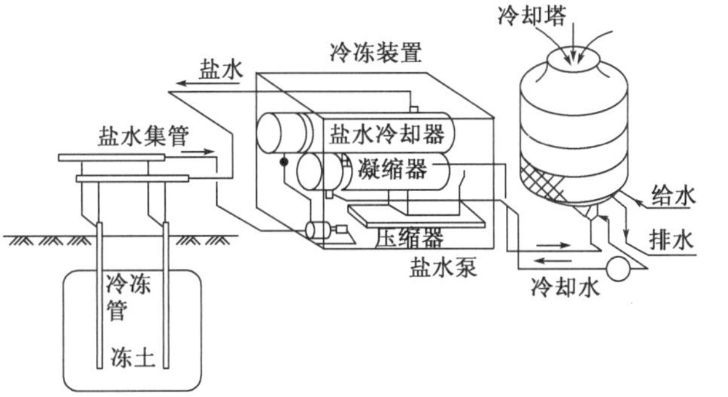

图 12-9　盐水方式冻结系统

3)地层冻结设计要点

(1)地层冻结加固应在设计的时间内保证土方开挖和结构施工的安全,并使周围环境和建(构)筑物不受损害。地层冻结设计应包括以下内容:①冻结壁结构方案比较与选择;②冻结壁的承载力和变形验算(Ⅰ类冻结壁除外);③冻结孔布置设计;④冻结壁形成验算;⑤冻结制冷系统设计;⑥对冻结壁的监测与保护要求;⑦可能对周围环境和建(构)筑物产生影响的分析;⑧对周围环境和建(构)筑物的影响监测与保护要求。

(2)在冻结壁形成期间,冻结壁内或冻结壁外 200m 区域内的透水砂层中不宜采取降水措施。必须降水施工时,冻结设计应充分考虑降水产生的不利影响。

(3)最低盐水温度应根据设计冻结壁平均温度、地层环境及气候条件确定。设计冻结壁平均温度低、地温高、气温低时取较低的盐水温度。

(4)按下列要求控制盐水温度:积极冻结 7d 盐水降至 -18℃以下,积极冻结 15d 盐水温度降至 -24℃以下(设计最低盐水温度高于 -24℃时取设计最低盐水温度),开挖过程中盐水温度降至设计最低盐水温度以下。施工内支撑后可进行维护冻结,但维护冻结盐水温度不宜高于 -22℃。

(5)开挖过程中,在保证冻结壁平均温度和厚度达到设计要求且实测判定冻结壁安全的情况下,可适当提高盐水温度,但不得高于 -25℃。

(6)开挖时,去回路盐水温差不得高于 2℃。

(7)冻结壁内力和变形计算可考虑设置有内支撑的工况,但必须对内支撑的结构形式、承载力及其施工时序等有明确的设计。设内支撑时,冻结壁的空帮时间不大于 24h。

(8)冻结孔布置参数包括冻结孔成孔控制间距、冻结孔开孔间距、冻结孔孔位、冻结孔深度和冻结孔偏斜精度要求等。冻结壁形成参数包括冻结壁交圈时间、预计冻结壁扩展厚度和冻结壁平均温度等。

(9)冻结孔成孔控制间距应按冻结工期要求、设计盐水温度和冻结孔平均温度等确定,但不宜大于冻结壁设计厚度。多排冻结孔密集布置时,内部冻结孔成孔控制间距可取边孔的1.2倍。冻结孔偏斜精度要求可按表12-2选定。

冻结孔偏斜精度要求 表12-2

冻结孔类型	水平或倾斜冻结孔			竖直冻结孔	
冻结孔深度 H(m)	≤10	10~30	30~60	≤40	40~100
冻结孔最大偏斜 R_p(mm)	150	150~350	350~600	150~250	250~400

(10)冷冻站制冷系统由制冷剂循环系统、冷媒剂循环系统、冷却水循环系统三部分组成。

(11)冷媒剂循环系统的溶液为氯化钙水溶液,氯化钙水溶液应符合下列规定:氯化钙水溶液的凝固点应低于设计盐水温度8~10℃;氯化钙水溶液的相对密度不宜高于1.27。

4)冻结孔与冻结管

(1)冻结孔

①近水平冻结孔的开孔间距、钻孔偏斜率、相邻钻孔间距及钻孔深度应符合设计要求。

②在施工含水地层时,必须采用二次开孔方法开孔并安装孔口密封装置,防止钻透隧道管片时和钻进时孔口涌水涌砂。

③冻结孔的钻进应在刚开始钻进时轻压,钻进时逐渐加压,加压时应观察指示钻压的油压表,确保油压表不能超过允许值,并保持中速钻进。

④钻孔深度不得短于设计深度。

⑤全部钻孔应经验收合格后,方可拆除钻机。

(2)冻结管

①冻结管必须采用无缝钢管。

②冻结管的壁厚和外径:冻结管的壁厚不少于5mm,冻结管外径89~127mm。

③冻结管的连接可以采用丝扣连接并焊接,或采用加管箍焊接;当采用管箍焊接时,管箍的材质应与冻结管材相同。

④冻结管材质与连接方式:冻结管应用20号低碳钢无缝钢管,其连接方式分丝扣连接和内接箍对焊连接两种。

⑤冻结管下放深度不得小于设计深度,每个冻结孔下放的每节冻结管应有长度、管径及编号记录,严禁冻结管内有任何杂物。

⑥冻结管下入钻孔后,必须进行试压。试验压力应为全冻结管内盐水柱与管外清水柱压力差及盐水泵工作压力之和的2倍,经试压30min压力下降不超过0.05MPa时,再延续15min压力保持不变为合格。

⑦漏管处理:密封性不合格的冻结管必须进行处理使其达到密封要求,首选方案是下入小直径的冻结管,其次是堵漏法,最后是补打冻结孔法。

(3)验收

对实际孔位及冻结管、测温孔、水文孔的深度,最终测斜成果以及冻结管的试压资料,应由有关单位进行验收。对冻结孔最终测斜成果有质疑时,由第三方进行复测。

5)冻结壁检测与判断

(1)测温孔检测

①测温管内的测温元件设置后,管口应进行保护,防止测温元件及电缆被损坏。

②测温元件精度应达到±0.5℃。

③从冻结站运转至冻结壁形成,应每隔8~24h观测一次;在开挖(打开洞门)至冻结壁内结构完成期间内,宜每隔4~12h观测一次;在结构做完后宜每隔1~3d测量一次,且监测点可以适当减少。有特殊要求时,观测应符合设计要求。所有观测应留有原始记录,并有观测者签字。

(2)卸压观测孔及其他观测孔

在冻结站运转前,必须了解地层情况。应做好卸压孔的压力测量工作,且应与原始资料吻合,发现异常必须查明原因进行处理。

冻结站运转前期,应每隔24~48h观测一次。在压力开始上涨后,宜每隔6~24h测量一次。所有观测应有原始记录。

在冻结壁形成后,卸压孔的压力至少应大于地压0.1MPa。

(3)冻结壁形成的判断

①含水层中卸压孔压力应高于对应地压0.1MPa,并经二次以上卸压仍能维持,在没有卸压孔或冻结壁不是闭合状态情况下除外。

②根据测温孔温度计算冻结壁厚度、冻结壁的平均温度,以及开挖边界上的温度均应达到设计要求。

③冻结孔盐水去、回路温度温差应逐渐减小并稳定。

④在没有卸压孔或冻结壁不是闭合状态时,应对每个冻结孔的盐水流量及去、回路盐水温度进行监测并满足设计要求以确定冻结壁形成正常。必要时应对每个冻结孔进行纵向测温,确保冻结壁安全。

6)开挖与构筑

冷冻法加固施工时,为了随时了解施工状况,现场必须安设视频监视系统和通信系统。

(1)联络通道开挖时应具备的条件

①水文孔与外部无水力联系。

②冻结时间达到设计值,盐水温度达到设计最低盐水温度;冻结器盐水循环去、回路温差绝对值不宜高于1.5℃。

③根据测温孔测温结果计算,冻土帷幕的平均温度和厚度达到设计值。

④泄压孔压力上涨超过7d,或打开泄压孔阀门后不再流水。

⑤距冻结孔外侧400mm处的位置打探孔深入冻结帷幕内5cm处的冻土温度低于-5℃,冻结帷幕与隧道管片的交界面处冻结宽度不小于1.2m。探孔位置选在孔间距较大处或冻结有异常处。

⑥打开泄压孔确认无泥水涌出。

⑦已安装防护门,确认防护门启闭功能正常,接好供气管道。

⑧完成隧道支撑加固。

⑨应制订完善的应急预案,并准备好水泥、水玻璃和液氮等应急材料与设备;应有冷冻机

等机电设备及电源等完好的检查报告，并经监理认可；应制定完善的结构监测方案和周边环境监护方案，并布置实施到位；应布设视频监测系统，并具备可靠的通信联络系统。

⑩应有监理部门出具的试开挖通知文件。

（2）试挖

①在开挖区域边缘、临时支护区域内均匀分布施作3个探孔，孔径ϕ30～ϕ40mm、深度500～800mm（不含外墙厚度），检查土体冻结情况。若3个孔内土体温度均在0℃以下即结冰视为冻结效果达到开挖要求；若有一孔土体温度在0℃以上即没有结冰，视为冻结效果未达到开挖要求，不能开挖，封好孔、继续积极冻结，直至达到探孔要求。

②在开挖区域两侧，设计的有效冻结壁外边缘和零度线中间打探孔，检查土体冻结情况。探孔要求和土体冻结效果判别原则同上。

③在开挖区域中间部位开一试挖窗口，窗口尺寸不宜大于500mm×500mm。向里挖深500～600mm，检查土体情况。若土体干燥、自立性较好，视为达到开挖条件，否则，继续深挖至1000mm，若结果仍不好，说明开挖区域土体冻结质量没有达到开挖要求，应回填、封闭试挖窗口，继续冻结，直至下次试挖达到要求为止。

④按上述顺序进行试挖，各条都达到要求，视为试挖通过，若有一条达不到要求，则试挖未通过，停止试挖。

（3）正式开挖

开挖断面可采取全断面和台阶法开挖。

（4）永久结构钢筋混凝土施工

严格按《混凝土结构工程施工质量验收规范》（GB 50204—2015）施工。

（5）壁后充填注浆和融沉注浆

①充填注浆设计以及技术要求如下：在支护层与冻结壁交界面间以及喷射混凝土与永久结构交界面间预留注浆管，待永久结构达到一定强度时对壁后进行充填注浆，以减少周围土体变形。一般混凝土浇筑一周后可进行充填注浆。

②严格控制注浆压力和注浆量不超过设计范围，结合监测数据，按照少注多次的原则，逐步控制地层沉降趋于稳定。

③注浆管端部的接头丝扣应检查完好无损，阀门密封可靠，在出现孔口喷泥水时能及时关闭。

④注浆时监测隧道收敛变形，应保证在注浆压力作用下隧道及地表变形量在设计允许范围内。

7）工程监测

（1）监测内容

地表沉降监测；隧道变形监测；隧道的沉降位移监测；隧道的水平及垂直方向的收敛变形监测；地面建筑物沉降监测；地下管线沉降监测。通道冻结壁、支架收敛变形监测；通道土压力和支架受力监测。

（2）测点布置及测量方法

测点布置及测量方法应符合《城市轨道交通工程测量规范》（GB/T 50308—2017）、《城市测量规范》（CJJ/T 8—2011）、《工程测量规范》（GB 50026—2007）的有关规定。

(3)监测频率

监测测量频率见表 12-3。

监测测量频率　表 12-3

钻孔期间	冻结期间	开挖期间	施工结束—稳定
1 次/2d	1 次/3d	1~2 次/1d	1 次/5d

注:监测频率可根据监测数据变化情况作适当调整。

(4)报警值

①地表沉降监测点按地铁测量监测规定执行,即 +10mm、-30mm 为累计报警值,±3mm 作为日变量报警值。

②地下管线沉降监测点,以 ±10mm 作为累计报警值,±3mm 作为日变量报警值。

③周围建筑物沉降累计沉降报警值以地下管线报警值为参考,其差异沉降推算为房屋倾斜率报警值为 1/300。

④隧道沉降变化报警值以 ±10mm 作为累计报警值,±3mm 作为日变量报警值。

⑤隧道收敛累计报警值为 ±10mm。

⑥收敛变形总量一般在 20mm,4d 内能达到 70% ~80%,7d 内能达到 90% 左右,基本趋于稳定,以后的变形速率在 0.1mm/d 以下。

8)应急预案

由于停电及设备故障可能导致重大事故发生,特别是冷冻法施工时如长时间停电危害极大,故在施工时必须配备内燃发电机作或采用两电源供电的方式作为停电应急设备。冷冻设备现场必须采用两台机组并联,一旦其中 1 台机组发生故障时,另 1 台能随时投入使用。冻结施工前应编制应急预案,并要做到以下几点。

(1)防护门应依据施工需要,按设计单位提供的设计进行加工制作、安装,正式开挖前应安装就位。

(2)正式开挖前,应落实用于事故处理的液氮储蓄罐设施联系渠道、通向工作面的路线,使用操作方法。

(3)注浆设施及材料:双液注浆泵及配套设施一套;配备强度等级为 425 普通硅酸盐水泥、水玻璃、聚氨酯、双快水泥等注浆材料。

(4)其他抢险物品,如木板、棉被、黄砂和水泥水玻璃若干。

(5)备用 1 台发电机组或采用双电源供电方式。

(6)采用 2 台冷冻机组。

12.2　端头加固范围

12.2.1　端头加固纵向加固范围

1)盾构始发端纵向加固长度

盾构始发端土体加固范围应根据始发端头的地层情况和盾构主机长度以及强度、整体稳定验算结果来综合确定。对于不受地下水影响或者受地下水影响较小的地层(黏土、粉质黏土层等),可直接根据强度验算和稳定性验算的计算结果和工程经验取值,对于用于地铁隧道施工的6m级盾构,一般始发端头加固不小于6m。

对于稳定性较差且受地下水影响较大的地层(如砂层、砂卵石层等),除了考虑强度验算和稳定性验算的结果外,还要考虑水土沿盾壳与土体间的间隙流入始发井的情况。当盾构始发端地层稳定性较差且受地下水影响较大时(特别是有承压水影响存在时),端头加固长度应该取盾构主机长度1.5~2.0m。端头加固长度大于盾构主机长度,如图12-10b)所示,盾尾进入洞门圈并开始注浆后,盾构刀盘尚未脱离加固区,这样盾构刀盘出了加固区以后,由于同步注浆浆液的密封止水作用,不会有水土沿盾壳与土体间的间隙流入始发井;若端头加固长度小于主机长度,如图12-10a)所示,当盾尾尚未进入洞门密封圈,同步注浆无法实施时,盾构刀盘已经脱离加固区,此时无法采取同步注浆,加固区前方的水土(特别是砂层或粉土层)会沿着盾壳与土体之间的间隙进入始发井,造成水土流失,从而引起较大的地表沉降,严重时可能造成盾构始发作业失败。

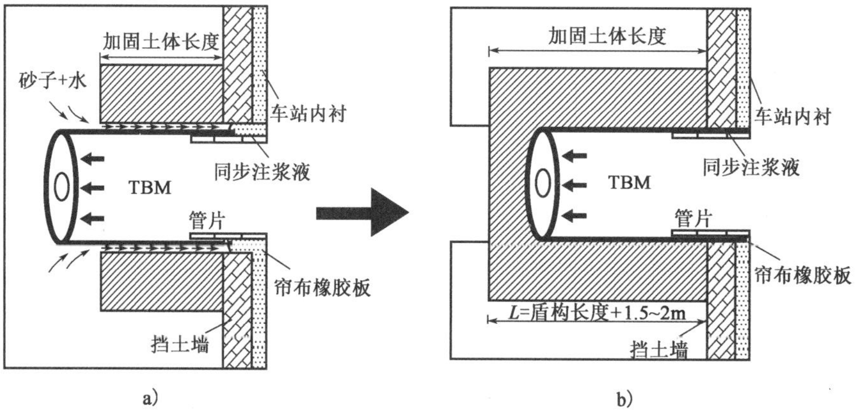

图12-10 盾构始发端纵向加固范围

2)盾构到达端纵向加固长度

盾构到达地层加固范围亦应根据到达端头的地层情况和盾构主机长度来综合确定。对于不受地下水影响或者受地下水影响较小的地层(黏土、粉质黏土层等),可根据工程经验和盾构施工方案的不同而灵活取值,对于用于地铁隧道施工的6m级盾构,一般到达端头加固长度不小于3m。

对于稳定性较差且受地下水影响较大的地层(如砂层、砂卵石层等)除了考虑经验取值外,还要考虑水土沿盾壳与土体间隙涌入接收井的情况。

地层稳定性较差且受地下水影响较大时(特别是存在承压水时),如图12-11b)所示,盾构到达端加固长度应取盾构主机长度加上1.5~2.0m,这样当盾构刀盘顶到挡土墙(桩)时,已经进行了1.5~2.0m的同步注浆,初步凝固的浆液可以将盾壳和加固土体之间的空隙堵住,封堵可能的水砂涌入,确保盾构到达施工的安全。若端头加固长度小于盾构主机长度,如图12-11a)所示,由于盾构开挖直径大于盾壳直径,地下水(特别是含水砂层或粉土层)很可能沿着盾壳与加固土体的空隙流入接收井，造成水土流失、地表沉陷、隧道下沉、管片损坏，更严重时，可能造成整个隧道的结构失稳。

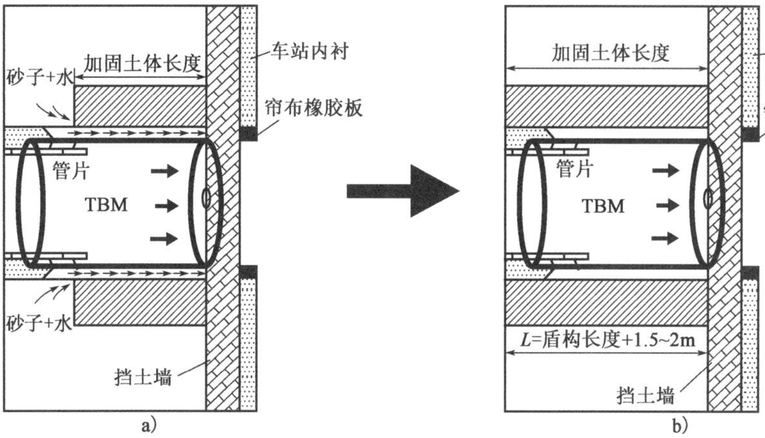

图 12-11　盾构到达端纵向加固范围

12.2.2　端头加固横向加固范围

盾构始发、到达横向加固范围一般根据各个地方的地层特性按照以往的施工经验选取，横向加固范围见表 12-4。

端头加固横向加固范围　　表 12-4

范围(m)	$D<1$	$1 \le D<3$	$3 \le D<5$	$5 \le D<8$	
L	1.0	1.0	1.5	2.0	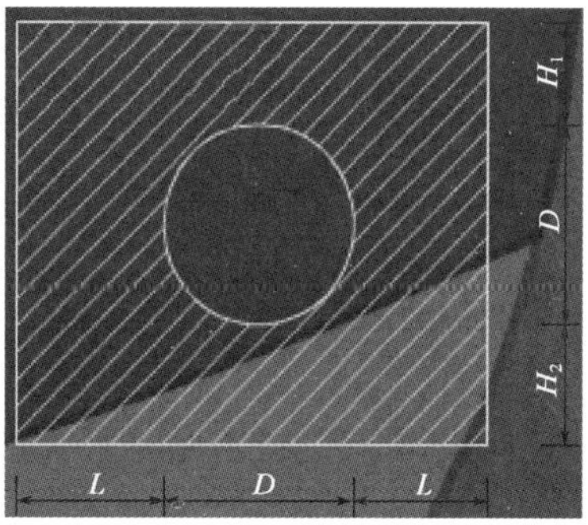
H_1	1.0	1.5	2.0	2.5	
H_2	1.0	1.0	1.0	1.0	

盾构始发、到达端头上部加固除了起止水和稳定地层的作用外，还能减小始发、到达时的地表沉降量，对于6m 级的地铁隧道施工用盾构，上部加固高度 H_1 一般取 2.0 ~ 3.0m。当始发到达端地表沉降要求较严格时，可以适当增加上部加固高度，以减小地表沉降。

盾构始发、到达端两侧加固主要起止水作用，对地层稳定性也起到一定的影响，两侧加固范围 L 一般取 1.0 ~ 3.0m。

盾构始发、到达端底部不存在土体坍塌问题，主要确保抗渗性，底部加固厚度取值一般不小于 1.0m 即可，对于大直径盾构可以适当增加底部加固厚度，但不宜大于 3m，底部加固厚度太大会提高加固区底部的止水性，反而会增加工程成本。

思考题

1. 端头加固主要有哪些方法?
2. 简述旋喷加固的技术要点及适用范围。
3. 简述深层搅拌加固的技术要点及适用范围。
4. 简述冷冻法加固的技术要点及适用范围。
5. 盾构始发与到达端头加固范围如何确定?

第13章 隧道衬砌结构与构造

本章重点:本章主要介绍盾构法隧道管片设计理念与方法、管片接缝防水设计技术、盾构隧道二次衬砌方法及管片制作技术。

13.1 管片设计理念与方法

国内外盾构隧道管片设计的理念均是要注重安全性、经济性和安装适用性。管片设计是从隧道横断方向和纵断方向两个方面进行。通常,针对前者的设计决定了管片断面,而后者的设计一般决定了隧道抗地震和抵抗地基沉降的能力。而关于盾构隧道管片的设计方法及计算方法,目前国内外尚无统一理论,本节就盾构管片的设计方法、管片模型、管片抗震以及管片配筋进行总结与对比。

13.1.1 管片设计方法

目前国内盾构隧道管片结构的内力计算方法有经验类比法、收敛限制法、荷载结构法及地层结构法。由于经验类比法缺少理论依据和计算结果,该法常对其他计算方法进行判断和补充,而收敛限制法的计算原理仍有待于进一步研究和完善,常用于结合施工现场监测数据指导施工。地层结构法和荷载结构法均为理论计算方法,具有较严密理论体系,计算结果能够进行结构设计,常作为设计依据。在我国相关的设计规范中,推荐采用荷载结构法进行常规设计,对于特殊情形,可以采用地层结构法进行验算。

近几十年,对于一般的中、小直径(隧道外径 $D<10\text{m}$)盾构隧道,管片结构的计算方法通常采用荷载结构法,但在计算模型选择方面又多种多样,最常用的有均质圆环模型、等效刚度均质圆环模型、弹性铰圆环模型和双环梁—弹簧模型。

均质圆环模型不考虑管片接头刚性降低而把管片认为等刚性环,直接进行结构分析。水土荷载计算时根据地层渗透能力按水土合算或水土分算进行,竖向土压力按隧道埋深及地层性质确定采用全覆土压力或松弛土压力,计算松弛土压力时可采用太沙基公式计算,水平土压力按垂直土压力乘以土体侧压力系数计算。竖向地基反力根据竖向平衡条件确定,水平地基反力沿结构中心上下各45°范围内按等腰三角形分布规律考虑,其大小根据水平变形与地基抗力系数相乘确定。该模型最早源于日本,故称之为日本惯用法模型。

等效刚度均质圆环模型在计算中不直接考虑管片接头的存在,内力计算时引入刚度有效

率 η 和弯矩增长率 ζ 来体现管片环、纵向接头对内力的影响，是一种对盾构隧道衬砌结构近似简化的模型，其中 η 是用以反映因管片接头的存在对衬砌环刚度降低的影响，ζ 是用以反映错缝拼装时相邻衬砌环通过环间接缝互相支持而增加的刚度增量，模型中水土荷载及地基反力的计算与均质圆环模型相同。对于 η 及 ζ 的取值，日本经过一些试验，针对不同直径、不同接缝方式，给出了推荐值，故此种模型又称为日本修正惯用法模型。

弹性铰（多铰）圆环模型将管片接头模拟为具有一定刚度的旋转弹簧或直接简化为铰接，不考虑各环管片间的影响，弹性铰（多铰）圆环自身属机动结构，在周边围岩反力作用下才能稳定，因此这种结构一般在围岩状况比较良好时方能使用。另外，当采用弹性铰圆环模型时，其计算的准确与否与旋转弹簧的转动刚度取值有着直接的联系。该模型中土荷载的计算与均质圆环模型基本相同，而水压力按水头高度确定大小后指向管片形心，土层抗力采用地基弹簧模拟。

双环梁—弹簧模型采用旋转弹簧模拟每环管片间的接头，对于错缝拼装的隧道，采用径向剪切弹簧及切向剪切弹簧模拟环间接头，对接头的模拟更为全面，但与弹性铰圆环模型相似，双环梁—弹簧模型计算结果的准确性同样依赖于接头刚度的正确取值。该模型中水土荷载与土层抗力的计算与模拟与弹性铰圆环模型相同。

近十年来，大直径（$D \geqslant 10$m）及超大直径（$D > 15$m）盾构隧道如雨后春笋般出现，由于隧道变大时衬砌厚度的增加速率低于其直径的增加速率、管片分块数增加导致纵缝变多，大直径及超大直径盾构隧道衬砌结构的抗弯刚度比小直径盾构隧道整体降低，隧道周边土体的抗力分布不再局限于水平向正负45°范围，计算模型需根据模型试验或足尺试验，确定横向与纵向接头刚度，采用梁—弹簧模型的荷载结构法或地层结构法进行计算。

日本隧道横断面方向管片设计的基本流程如图13-1所示。表13-1为除日本之外其他国家采用的隧道横断方向管片设计方法。表13-2所示为日本和德国的管片设计方法比较，可作为使用参考。

日本以外其他国家盾构隧道设计方法 表13-1

国名	设计模型	设计土压、水压	地基反力系数
澳大利亚	全圆周弹簧模型（Moir Wood. Curtis 法）	σ_v = 覆盖土层总荷载 $\sigma_H = \lambda\sigma_v$ + 静水压 $\lambda \geqslant \mu/(1-\mu)$，$\mu$ 为泊松比	平板荷载试验或根据测量结果反算 切线方向是否与围岩完全结合或以摩擦力为上限结合
奥地利	全圆周弹簧模型	浅埋隧道 σ_v = 覆盖土层总荷载 $\sigma_H = \lambda\sigma_v$（考虑地下水压） 深埋隧道采用 Terzaghi 的松动土压公式	$k = E_s/r$ 只考虑半径方向的反力
比利时	Schulze-Duddeck 法 采用有限单元法校核	Schulze-Duddeck 法	没有正确确定系数的方法
德国	覆盖土厚 < 2D 时采用部分弹簧模型（不包括顶部），覆盖土厚 ≥ 2D 时采用全圆周弹簧模型	σ_v = 覆盖土总荷载 $\sigma_H = \lambda\sigma_v$（$\lambda = 0.5$）	$k = E_s/r$

续上表

国名	设 计 模 型	设计土压、水压	地基反力系数
法国	全圆周弹簧模型或有限单元法	σ_v = 覆盖土总荷载或 Terzaghi 公式； $\sigma_H = \lambda\sigma_v$ λ—经验值	$k = E'/(1+\mu)R$
中国	经验方法	σ_v = 覆盖土总荷载 $\sigma_H = \lambda\sigma_v$ λ—经验值	用垂直或水平荷载板试验求解
西班牙	考虑了围岩和衬砌相互作用的 Buqera 方法	黏着力忽略不计的 Terzaghi 公式： $\lambda = 1.0$	只考虑半径方向
英国	一般为弹簧模型 Moir Wood 方法	σ_v = 覆盖土总荷载（+水压） $\sigma_H = (1+\lambda)/2\sigma_v$（+水压） $\lambda = K_0$	采用类似条件下的测量结果
美国	弹性支承环	σ_v = 覆盖土总荷载 $\sigma_H = \lambda\sigma_v(\lambda = 0.4 \sim 0.5)$及水压 （隧道衬砌的设计及细则不通过数学计算来确定）	根据室内试验求解，不考虑摩擦力

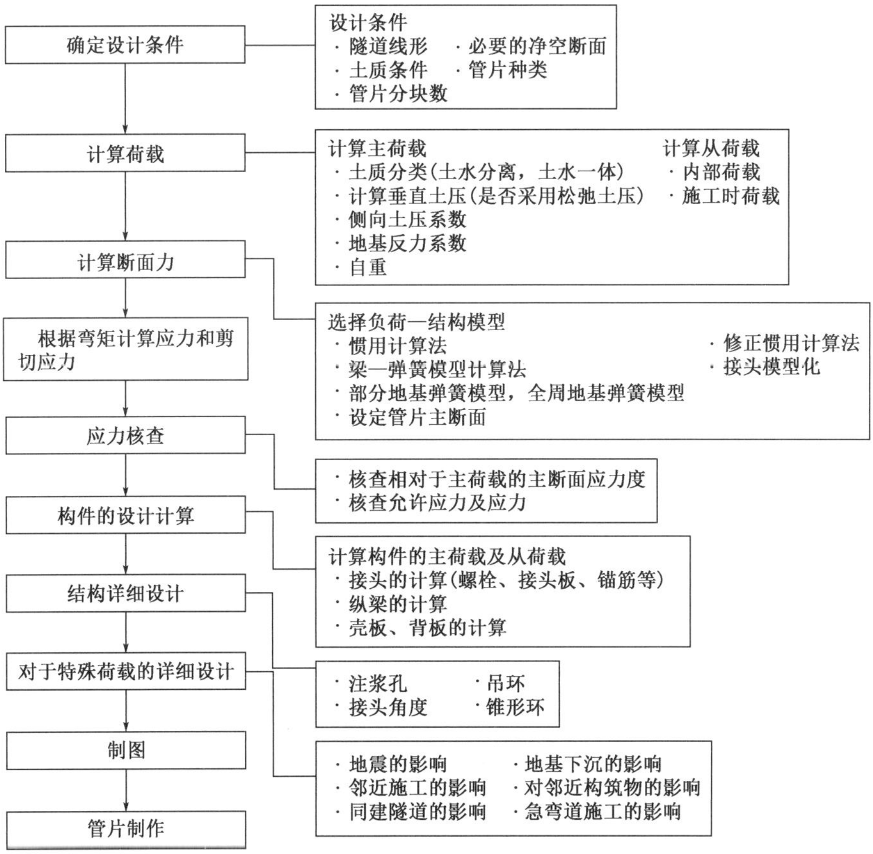

图 13-1 日本隧道横断面方向管片设计基本流程

日本和德国的管片设计方法比较 表 13-2

项目		日本(平板型钢筋混凝土管片)	德国(平板型钢筋混凝土管片)
荷载	垂直土压	优质地基采用松动土压(但 $H \geqslant 1.5D$)(根据土质将土水一体或分离)	总土压($H > 3D$ 时)根据土质采用松动土压(根据土质将土水一体或分离)
	水平土压	$q_e = \lambda P_e$ 根据土质、N 值,侧向土压系数 λ 在 0.4~0.9 范围内	$q_e = K_0 P_c$ 一般,侧向土压系数 $K_0 = 0.5$(有时根据土质按 $K_0 = 1 - \sin\varphi$ 计算)
	水压	垂直、水平方向的荷载	计算时换成径向荷载
	土反力	采用根据地基反力系数计算出的三角形荷载(管片自重,不考虑地基反力)	按地基弹簧考虑(管片自重,要考虑地基反力)
	自重	管片单位体积重量 $r_c = 2.6 \times 10^4 N/m^3$	管片单位体积重量 $r_c = 2.5 \times 10^4 N/m^3$
施工荷载	推进油缸推力	考虑偏心	不考虑偏心
使用材料	混凝土	设计标准强度 $\sigma_{ck} = 480 \times 10^5 Pa$(圆柱体试件)	B45:标称强度 $\sigma_{ck} = 450 \times 10^5 Pa$,立方体试件,换算成圆柱体强度 $\sigma_{ck} = 380 \times 10^5 Pa$
	钢筋	SD295(SD30) (屈服强度 $\sigma_{sy} = 0.3 \times 10^9 Pa$)	$B_{st} = 500/550$ (屈服强度 $\sigma_{sy} = 5 \times 10^7 Pa$)
变形系数	混凝土	$E_c = 3.9 \times 10^{10} Pa$	$E_c = 3.7 \times 10^{10} Pa$
	钢筋	$E_c = 2.1 \times 10^{11} Pa$	$E_c = 2.1 \times 10^{11} Pa$
容许应力(设计用值)	混凝土	$\sigma_{ca} = 170 \times 10^5 Pa$ $\tau_{a1} = 6.3 \times 10^5 Pa$ $\tau_{a2} = 6.3 \times 10^5 Pa$	$\sigma_{ca} = 230 \times 10^5 Pa$ $\tau_{01} = 11 \times 10^5 Pa$ $\tau_{02} = 27 \times 10^5 Pa$ $\tau_{03} = 45 \times 10^5 Pa$
	钢筋	$\sigma_{sa} = 180 \times 10^6 Pa$	$\sigma_s = 2860 \times 10^5 Pa$
钢筋保护层(纯保护层)		对标准管片,最小厚度为 13mm	主筋:$C = 3.0cm$, 次要构件 $C = 1.5cm$
截面力计算方法		常规计算法(采用 $\eta = 0.8$,$\xi = 0.2$,按均匀刚性计算)	弹性梁模型(管片接头、环接头、地基弹簧都考虑)
地基反力系数		根据土质,N 值,地基反力系数 K 取 $0 \sim 8 \times 10 N/cm^3$	根据地基变形系数和隧道直径计算 $K = E_s/R_c$($H > 3D$ 时,$K = 0.5E_s/R_c$)
管片主体校核	弯曲	按钢筋混凝土计算(弹性模量比 $\eta = 15$)	按钢筋混凝土计算(弹性模量比 $\eta = 10$)
接头校核	剪切	按钢筋混凝土计算	按钢筋混凝土计算
	管片接头	将螺栓看作钢筋,按钢筋混凝土计算	按照劈裂力进行校核
	环接头	不可能校核,用与管片螺栓相同的连接件	根据剪力进行校核(根据榫的剪力校核)
		按千斤顶推力的支承压力校核	按千斤顶推力产生的劈裂力校核

续上表

项　　目	日本(平板型钢筋混凝土管片)	德国(平板型钢筋混凝土管片)
管片环的变形校核	在《盾构隧道设计施工指南(草案)》中,容许变形量 $\sigma_a \leq R_c/150$	容许变形量 $\sigma_s \leq R_c/200$

一般认为,虽然盾构掘进隧道的地基条件很重要,但还因断面形状和施工方法的不同,导致其力学性状也不相同,自然选用的管片设计方法也不同,在此必须根据这些特点对衬砌进行设计。从以往的实践情况看,绝大多数隧道都是圆形断面,因此这里主要介绍圆形断面的设计方法和经验。

13.1.2 管片设计模型

较为典型的管片简化假设模型有:将管片环视作抗弯刚度均匀的圆环、将管片环视作多铰圆环、将管片环视作具有旋转弹簧的圆环。对于前述第一种管片简化假设模型而言,有常用设计方法和修正常用设计法可供使用;对于第二种有多铰圆环解析法;对于第三种,则有梁—弹簧模型解析法。目前,除前述三种典型的管片设计计算方法外,利用剪切弹簧来评价交错拼接效果的设计方法也已进入实用阶段。

(1)常用设计方法

该方法不考虑管片接头刚度的降低而将其视作刚度均匀的圆环。计算时,假定土体随管片环的变形而产生地基反力,求解弹性方程。常用设计方法是当前日本一般采用的设计方法。表13-3列出了该设计方法的具体计算公式。

常用设计法的管片截面力计算公式 表13-3

荷　　载	弯　　矩	轴　向　力	剪　　力
垂直荷载 $P_{e1}+P_{w1}$	$M=\frac{1}{4}(1-2\sin^2\theta)\times(p_{e1}+p_{w1})R_c^2$	$N=(p_{e1}+p_{w1})R_c\sin^2\theta$	$Q=-(p_{e1}\pm p_{w1})R_c\sin\theta\cos\theta$
水平荷载 $q_{e1}+q_{w1}$	$M=\frac{1}{4}(1-3\cos^2\theta)\times(p_{e1}+p_{w1})R_c^2$	$N=(q_{e1}+q_{w1})R_c\cos^2\theta$	$Q=(q_{e1}+q_{w1})R_c\sin\theta\cos\theta$
水平三角形荷载 $q_{e2}+q_{w2}-P_{e1}-P_{w1}$	$M=\frac{1}{48}(6-3\cos\theta-12\cos^2\theta+4\cos^3\theta)\times(q_{e2}+q_{w2}-q_{e1}-q_{w1})\times R_c^2$	$N=\frac{1}{16}(\cos\theta+8\cos^2\theta-4\cos^3\theta)\times(q_{e2}+q_{w2}-q_{e1}-q_{w1})\times R_c$	$Q=\frac{1}{16}(\sin\theta+8\sin\theta\cos\theta-4\sin\theta\cos^2\theta)(q_{e2}+q_{w2}-q_{e1}-q_{w1})\times R_c$
水平地基反力 $k\delta$	当 $0\leq\theta\leq\frac{\pi}{4}$ 时: $M=(0.2346-0.3536\cos\theta)k\delta R_c^2$ 当 $\frac{\pi}{4}\leq\theta\leq\frac{\pi}{2}$ 时: $M=(-0.3487+0.5\sin^2\theta+0.2357\cos^2\theta)k\delta R_c^2$	当 $0\leq\theta\leq\frac{\pi}{4}$ 时: $N=0.3536\cos\theta k\delta R_c$ 当 $\frac{\pi}{4}\leq\theta\leq\frac{\pi}{2}$ 时: $N=(-0.7071\cos\theta+\cos^2\theta+0.7071\sin^2\theta\cos\theta)k\delta R_c$	当 $0\leq\theta\leq\frac{\pi}{4}$ 时: $Q=0.3536\sin\theta k\delta R_c$ 当 $\frac{\pi}{4}\leq\theta\leq\frac{\pi}{2}$ 时: $Q=(\sin\theta\cos\theta-0.7071\cos^2\theta\sin\theta)\times k\delta R_c$

续上表

荷　载	弯　矩	轴 向 力	剪　力
自重 g	当 $0 \leqslant \theta \leqslant \frac{\pi}{2}$ 时： $M = \left(\frac{3}{8}\pi - \theta\sin\theta - \frac{5}{6}\cos\theta\right) gR_c^2$ 当 $\frac{\pi}{2} \leqslant \theta \leqslant \pi$ 时： $M = \left[-\frac{1}{8}\pi + (\pi-\theta)\sin\theta - \frac{5}{6}\cos\theta - \frac{1}{2}\pi\sin^2\theta\right] gR_c^2$	当 $0 \leqslant \theta \leqslant \frac{\pi}{2}$ 时： $N = \left(\theta\sin\theta - \frac{1}{6}\cos\theta\right)\times gR_c$ 当 $\frac{\pi}{2} \leqslant \theta \leqslant \pi$ 时： $N = \left(-\pi\sin\theta + \theta\sin\theta + \pi\sin^2\theta - \frac{1}{6}\cos\theta\right)\times gR_c$	当 $0 \leqslant \theta \leqslant \frac{\pi}{2}$ 时： $Q = -\left(\theta\cos\theta + \frac{1}{6}\sin\theta\right) gR_c$ 当 $\frac{\pi}{2} \leqslant \theta \leqslant \pi$ 时： $Q = \left[(\pi-\theta)\cos\theta - \pi\sin\theta\cos\theta - \frac{1}{6}\sin\theta\right] gR_c$
管片环水平直径点的水平位移 δ	$\delta = \frac{[2(p_{e1}+p_{w1})-(q_{e1}+q_{w1})-(q_{e2}+q_{w2})]R_c^4}{24(\eta EI/h+0.0454kR_c^4)}$		

(2)修正常用设计法

管片环有接头,因而刚度有所降低。在常用设计方法的基础上,进一步考虑接头影响进行计算,则该过程可称之为修正常用设计法。

即使把管片环相互交错拼接,因管片存在接头,因此修正常用设计法将管片环抗弯刚度假定为比管片整体抗弯刚度 EI 低的均匀抗弯刚度 $\eta EI(\eta \leqslant 1)$ 来计算圆环截面力 (M,N,Q),参数 η 称为抗弯刚度的有效率。

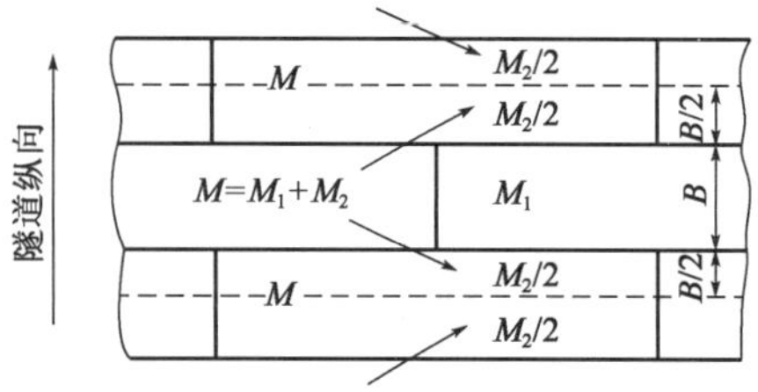

图 13-2　弹性铰环法基本结构

管片接头具有某些铰接特性,所以可以认为弯矩并非全部由管片接头传递,部分弯矩传给了交错拼接的相邻管片,如图 13-2 所示。

该方法求截面力时,仅加大弯矩,假定为 $(1+\xi)M$,与轴向力 N 组合进行设计,这是合理的。参数 ξ 为传给相邻管片的弯矩与计算弯矩之比,称为弯矩加大率。此外,在这种情况下,管片接头的设计弯矩和轴向力可以分别假定为 $(1-\xi)M$ 和 $(1-\xi)N$。

参数 η 值和 ξ 值因管片种类、管片接头的结构形式、环相互交错拼接的方法和结构形式而有所不同;此外,受周边地层的影响也特别大。目前还未从理论上建立计算方法,但是,据推测,这两个参数相互具有联系,即若 η 值接近于1,则 ξ 值就趋于0。用修正常用计算法计算截面力时,η 值取得过小,就会对地层的地基反力估计过高。同时会对管片环的截面力估计过小,因此这些参数的取值需要认真考虑。目前的实际情况是,参数 η 值和 ξ 值是根据试验结果和经验来确定的。

有鉴于此,在日本《盾构工程用标准管片》中规定,一般 η 取 1.0,而 ξ 取 0。为参考起见,部分工程 $\eta=0.8,\xi=0.3$。表 13-4 所列是 η 与 ξ 组合的实例。

η 值与 ξ 值　　表 13-4

管片类型			η(%)	ξ(%)	备注
日本土木工程学会和日本下水道协会	平板型管片		100 (0)	0 (30)	( )内为参考值
	钢筋混凝土管片				
	钢管片				
日本国铁盾构工程	平板型管片 钢筋混凝土管片①	A	10 ~ 30	50 ~ 70	A 型:接头位于断面中间
		B	30 ~ 50	30 ~ 60	B 型:接头位于内外边缘
	中子型管片② 钢筋混凝土管片		—	—	接头形式为螺栓
	球墨铸铁管片		50 ~ 70	10 ~ 30	接头形式为螺栓
地面的错缝拼接试验结果③			60 ~ 80	30 ~ 50	在地层内 $\eta>(60\sim80)$ $\xi<(30\sim50)$

注:①一般 η 变小,ξ 就增大;

②虽然在国铁还没有实施事例,但据预测 η 值和 ξ 值均在平板型钢筋混凝土管片和球墨铸铁管片之间;

③是在日本土木工程学会和日本下水道协会合编的《盾构工程用标准管片》(1982 年修订版)中刊登的载试验结果。

(3)多铰环解析法

该计算法是一种把接头作为铰接结构的解析法。多铰环本身是不稳定结构,但考虑到依靠隧道周边地层大面积的反力可以变为稳定结构物。假定沿圆环分布有均匀的径向地基反力。

采用这种计算方法时,因依赖隧道周边地层的反力,故需要注意选择合适的地基。此外,在管片拼装过程中和刚从尾盾脱出后地基反力尚未充分发挥作用时,为使管片环能够自承,需要研究采取辅助手段,或者使管片接头具有一定的刚度,自身能够保持环状。由此可见,这种解析法通常用于地层条件较好的场合。

(4)弹性铰环法

由于盾构隧道的管片环是由多块预制的管片拼装而成,故管片与管片之间可做成各种形状的接头,必要时加以螺栓连接。拼装接头不可能与整体现浇钢筋混凝土结构刚度相同。事实上,各管片接头处存在一个能承担一部分弯矩的弹性铰,它既非刚接,也不是完全铰,其承担弯矩的多少与接头刚度 K 有关。内力计算时将管片环视作在管片接头处设置的弹性铰环状结构。接头刚度 K 一般由经验和试验确定。各截面的内力值可如图 13-3 所示基本结构用解析法求得。

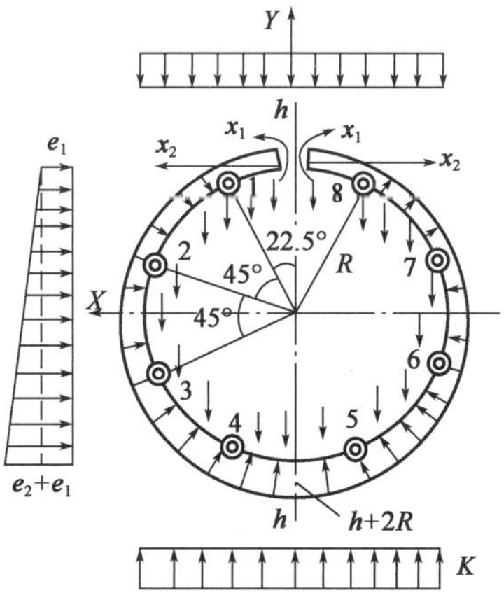

图 13-3　解析法求解各截面内力值示意图

(5)梁—弹簧模型解析法

这种解析方法的特点是,将管片环模拟为梁的构架(直梁或曲梁),用旋转弹簧和剪切弹簧分别模拟管片接头和环间接头,将其弹性性能用有限元法进行构架分析,计算截面力。这种解析方法是一种解释管片环承载机理的有效方法。

采用这种方法时,在管片环对接、两环或三环交错联结的情况下,也可以计算截面力,并能直接求出环间的剪力。此外,当管片接头的旋转弹簧常数为0时,与多铰环相同;如果为无穷大,则与刚度均匀环相同。

近年来,国内许多学者对管片设计进行了研究,得出具有创新性的模型,弥补了简单模型的不足之处。

①三维壳—弹簧模型。

采用一个整环和两个半环结构组成的整环衬砌模型,以中间整环为研究目标,前后两个半环即作为错缝拼装受力环结构也作为中间整环的边界条件。建立载荷—结构模式,壳面衬砌模型如图13-4a)所示,采用弹簧模拟径向和切向地层抗力,考虑土层抗力仅受压,从而设定径向地应力弹簧受拉情况下自动脱落,地应力弹簧单元布置如图13-4b)所示。管片接头采用旋转弹簧模拟,密布设置在管片接头端面所有节点上。该弹簧能够完成输入弯矩、轴力和转角关系曲线非线性参数。与经典的梁—弹簧模型相比,其结构形式和荷载模式基本一致,主要突破是分析出结构内力沿幅度的分布。

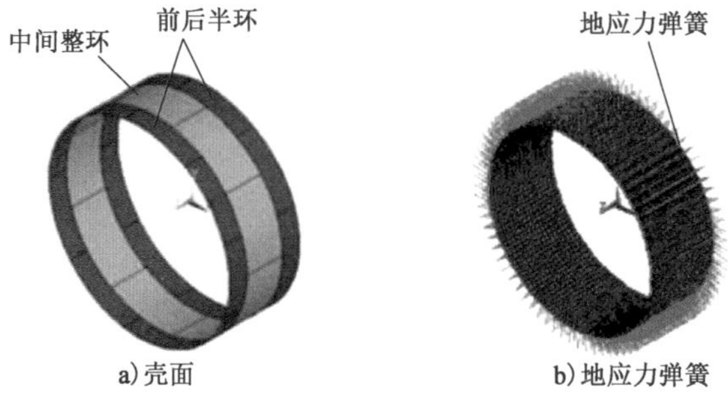

a)壳面　b)地应力弹簧

图13-4　三维壳—弹簧模型

②荷载—结构模式的壳—弹簧—接触模型。

在荷载—结构模式的壳—弹簧—接触模型中,地层对管片的抗力作用是通过径向和切向地基弹簧实现的。这种模型考虑了管片间接缝处的挤压作用、管片与螺栓接头之间的咬合作用、地层对管片径向与切向抗力作用、环向接头的正负抗弯刚度差异以及封顶块的插入角等因素,采用壳厚、弹簧、空间实体和接触单元分析盾构隧道管片衬砌的内力状态,能够模拟管片内三维分布状态,弥补了梁—弹簧模型在隧道纵向计算中的不足,同时考虑纵向变形时环缝处螺栓受拉和防水材料受压的力学机理,为纵向变形分析提供了条件。这种方法可模拟目前普遍采用通用挂念换的随机拼装方式,如图13-5、图13-6所示,计算更准确。

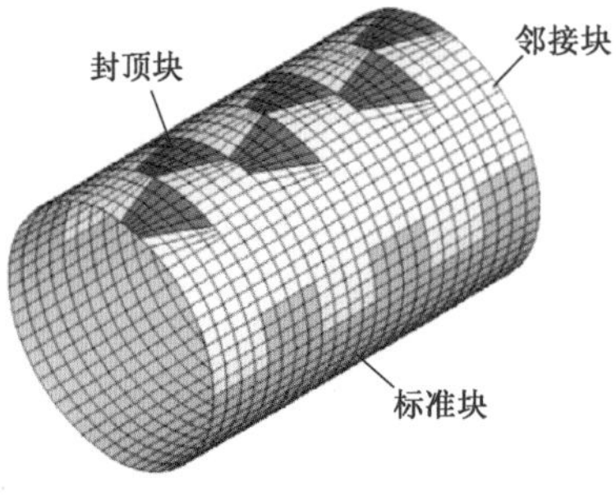

图13-5　管片单元划分

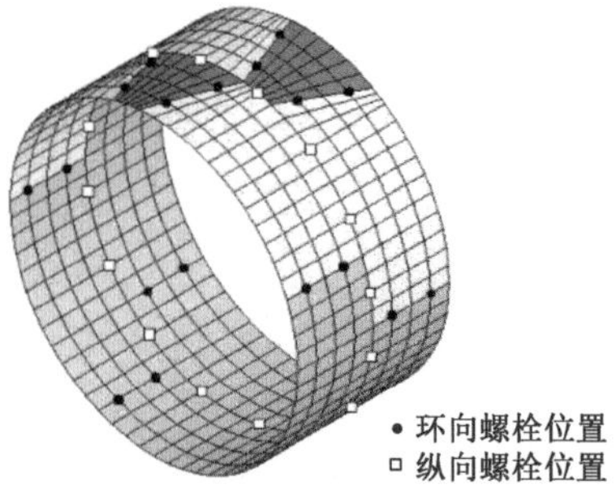

图13-6　螺栓连接位置

③地层—结构模型的壳—弹簧—接触模型。

地层—结构模式的实质是考虑在原始应力场开挖后的洞应力释放效应以及围岩与结构共同承担地层压力的作用。从计算好的自重应力场中提取洞周等效节点力并考虑应力释放进行折减，然后施加在洞周实体单元节点上，通过基础单元传递到隧道结构，实现围岩与结构共同承载，过程与采用平面有限元法进行地层—结构模式计算类似。围岩土体单元划分如图 13-7 所示。

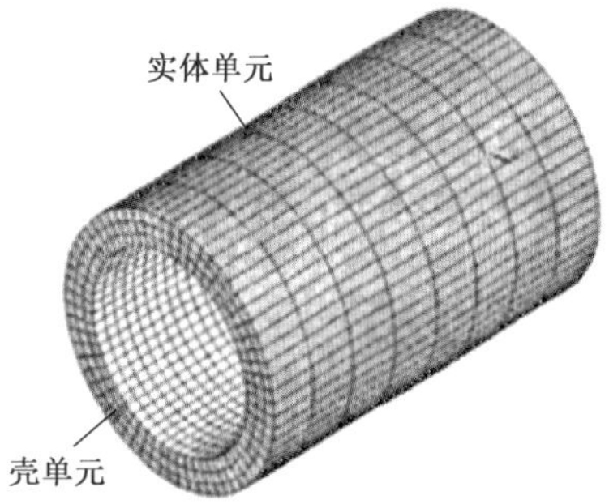

图 13-7　围岩土体单元划分

④纵向变形附加应力的壳—弹簧—接触模型。

基于有限元构建纵向壳—弹簧—接触模型，采用强制位移法对盾构隧道发生纵向变形后的三维结构附加内力和变形进行分析。沿用盾构隧道横向内力分析的壳—弹簧—接触模型的思路，使用壳单元、抗压弹簧单元、剪切弹簧单元、转动弹簧单元和接触单元建立起隧道纵向壳—弹簧—接触模型。

13.1.3　管片荷载计算

1）荷载种类及其组合

衬砌设计时所考虑的荷载种类较多，且其值存在许多不确定的因素，故应根据不同的条件和设计方法进行设定，并根据隧道的用途组合这些荷载。隧道用途不同，这些荷载的作用组合也不同。有时甚至需要根据每个施工阶段及使用阶段可能出现的最不利情况进行载荷组合，例如选择使衬砌结构的荷载效应为最大、工作状态为最不利的荷载组合进行设计。表 13-5 列出了管片设计所采用的荷载种类。

管片设计所采用的荷载种类　　表 13-5

<table>
<tr><th>序号</th><th>作用分类</th><th>结构受力及影响因素</th><th colspan="2">荷载分类</th></tr>
<tr><td>1</td><td rowspan="8">永久荷载</td><td>结构自重</td><td rowspan="8">恒载</td><td rowspan="12">主要荷载</td></tr>
<tr><td>2</td><td>垂直土压力和水平土压力</td></tr>
<tr><td>3</td><td>水压力</td></tr>
<tr><td>4</td><td>上覆荷载的影响</td></tr>
<tr><td>5</td><td>地层压力</td></tr>
<tr><td>6</td><td>地层抗力（地基反力）</td></tr>
<tr><td>7</td><td>内部恒载</td></tr>
<tr><td>8</td><td>混凝土收缩和徐变的影响</td></tr>
<tr><td>9</td><td rowspan="6">可变荷载</td><td>地面活载所产生的土压力</td><td rowspan="4">活载</td></tr>
<tr><td>10</td><td>列车活载及其动力作用</td></tr>
<tr><td>11</td><td>公路车辆活载及其动力作用</td></tr>
<tr><td>12</td><td>人群荷载</td></tr>
<tr><td>13</td><td>温度变化的影响</td><td colspan="2" rowspan="2">附加荷载</td></tr>
<tr><td>14</td><td>盾构施工荷载</td></tr>
</table>

续上表

序号	作 用 分 类	结构受力及影响因素	荷 载 分 类
15	偶然荷载	落石冲击力	特殊荷载
16		地震力	
17		平行或交叉隧道设置的影响	
18		近接施工的影响	
19		地基沉降的影响	
20		其他	

上表中,主要荷载是管片设计时通常必须考虑的基本荷载。附加荷载是施工过程中和隧道完工后所承受的荷载,这是必须根据隧道用途加以考虑的荷载。此外,特殊荷载,则是根据地层条件、隧道的使用条件等必须予以特别考虑的荷载。

盾构隧道主要荷载的分布示意如图 13-8 所示。

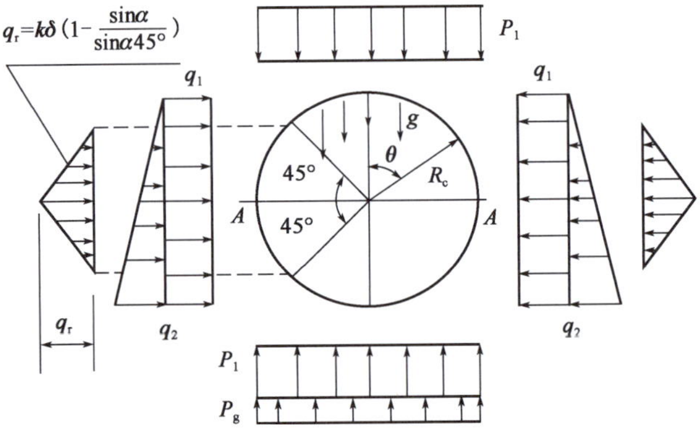

图 13-8 盾构隧道主要荷载的分布示意图

图 13-8 中:

$$\begin{cases} P_1 = P_e + P_w \\ q_1 = q_{e1} + q_{w1} \\ q_2 = q_{e2} + q_{w2} - q_1 \\ q_r = K\delta \\ P_g = \pi g = \pi \cdot \dfrac{W}{2\pi R_c} = \dfrac{W}{2R_c} \end{cases} \tag{13-1}$$

式中:P_e、P_w——垂直土压和水压(kPa);

q_{e1}、q_{e2}——水平土压(kPa);

q_{w1}、q_{w2}——水平水压(kPa);

q_r——水平向土体抗力(kPa),分布在水平直径上下各45°范围内;

K——水平土体抗力系数(kN/m³);

δ——A 点的水平位移(m);

P_g——结构自重反力(kPa);

W——管环单位长度的重量(kN)。

2）土压力

管片设计计算用的土压力由垂直土压力和水平土压力组成，其值与隧道的变形无关。此外，隧道底部的土压力可看作是反向土压力，作为地基反力处理。

计算土压力有两种方法，一种是将水压力作为土压力的一部分来考虑，另一种是将水压力与土压力分开计算。通常前者适用于黏性土，后者适用于砂质土。对于中间土来说，现在还没有明确的判断标准，但可以将渗透系数 $1.0\times10^{-4}\sim1.0\times10^{-3}$cm/s 作为分界值。土的重度，在水压和土压合算时，地下水位以上用湿重度，而地下水位以下用饱和重度；在水压土压分算时地下水位以上用湿重度，地下水位以下用浮重度。

（1）垂直土压力

根据隧道位置和地基条件，垂直土压力可采用总覆土压力或者松动土压力。通常，覆土厚度都大于隧洞外径，故在砂质土或硬黏土情况下，用松动土压力；在其他地层，因不能获得土的成拱效果，故采用总覆土压力。计算松动土压力时，通常采用如图 13-9 所示的尺寸及 Terzaghi 公式：

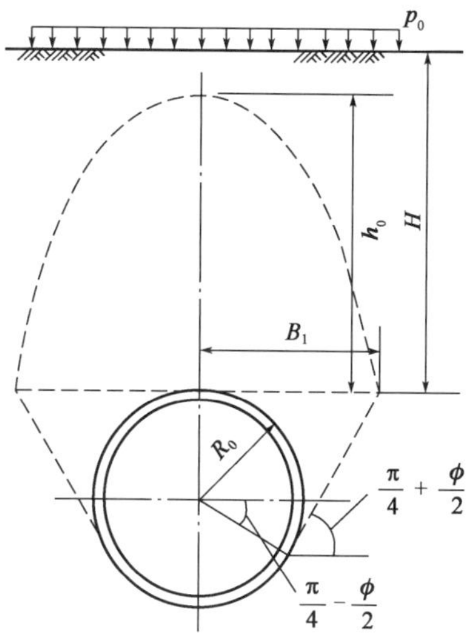

图 13-9　松动土压力计算模型示意

$$\sigma_v=\frac{B_1\gamma-c}{K_0\tan\varphi}(1-e^{-K_0H\tan\varphi/B_1})+p_0e^{-K_0H\tan\varphi/B_1}\tag{13-2}$$

式中：B_1——$K_0\cot\left(\frac{\pi/4+\varphi/2}{2}\right)$；

σ_v——Terzaghi 的松弛土压力；

H——土的松弛高度；

K_0——水平土压与垂直土压的比，常取 1；

φ——土的内摩擦角；

p_0——上覆荷重；

γ——土的重度；

c——土的黏聚力。

在 p_0/γ 小于 h_0 时，用式（13-3）计算：

$$\begin{cases}\sigma_v=\dfrac{B_1\gamma-C}{K_0\tan\varphi}(1-e^{-K_0H\tan\varphi/B_1})\\[2ex] h_0=\dfrac{B_1(1-C/B_1\gamma)}{K_0\tan\varphi}(1-e^{-K_0H\tan\varphi/B_1})+\dfrac{P_0}{\gamma}e-\dfrac{k_0H\tan\varphi}{B_1}\end{cases}\tag{13-3}$$

在 p_0/γ 小于 H 的情况下，则采用式（13-4）：

$$h_0=\frac{B_1(1-C/B_1\cdot\gamma)}{K_0\tan\varphi}(1-e^{-K_0H_1\tan\varphi/B_1})\tag{13-4}$$

式中：H_1——换算覆盖层厚度，$H_1=H+P_0/\gamma$。

(2)水平土压力

水平土压力与垂直土压力的情况相同，要准确地进行推算比较困难。设计中水平土压力值一般采用计算垂直土压力与侧向土压力系数相乘。

在无地基抗力的条件下，可以选择考虑施工条件的静止土压力作为侧向土压力系数。

在可以得到地基抗力的条件下，使用主动土压力系数作为侧向土压力系数，或者对静止土压力系数适当折减进行计算。侧向土压力系数不但应该考虑到土的性质，也要考虑与设计计算方法和施工方法的关系进行决定。但是要进行恰如其分的设定是非常困难的，可参考表13-6确定。

侧向土压力系数(λ)地基抗力系数(k) 表13-6

水土压力计算	土的种类	λ	k(kN/m^3)	N值的大致范围
水土分算	密实砂性土	0.35~0.45	30~50	$30<N$
	中密砂性土	0.45~0.55	10~30	$15<N\leq30$
	松散、稍密砂性土	0.50~0.60	0~10	$N\leq15$
	固结黏性土	0.35~0.45	30~50	$25\leq N$
	坚硬、硬塑黏性土	0.45~0.55	10~30	$8\leq N<25$
	可塑黏性土	0.50~0.65	0~10	$4\leq N<8$
水土合算	可塑黏性土	0.55~0.65	5~10	$4\leq N<8$
	软塑黏性土	0.65~0.75	0~5	$2\leq N<4$
	流塑黏性土	0.70~0.85	0	$N<2$

管片的设计断面应力会由于垂直方向荷载和水平方向荷载之间微妙的平衡关系而发生变化。侧向土压力系数(λ)，地基抗力系数(k)要在充分考虑地基条件和隧道的用途之后，慎重地进行确定。

3)水压力

水压力是计算土压力时，考虑将水和土压分开的情况下给定的，竖向水压力之差是作为浮力作用的，因此，需要根据其他荷载和衬砌顶部地基的状况，对隆起加以研究。

水压力可根据施工阶段以及长期使用过程中地下水水位的变化确定水位，区分不同的地层条件，按静水压力计算或把水作为土的一部分计入土压力。

作用在隧道衬砌上的水压力，原则上采用孔隙水压力，但孔隙水压力的确定非常困难，从实用及偏于安全的角度考虑，水压力一般都按静水压力确定。

一般垂直方向的水压力按均布荷载计算，作用在衬砌顶部的水压力等于作用在其顶点的静水压力值，作用于底部的水压力等于作用在衬砌最低点上的静水压力；水平方向的水压力作为梯形分布荷载，其大小与静水压力相同。

另外，在隧道长期使用过程中由于自然或人为等因素的影响会使地下水水位发生变动，确定地下水水位也非常困难。在圆形盾构隧道的设计计算中，采用较高的地下水水位并不等于一定是偏于安全的设计；相反采用较低的地下水水位可能会是最不利的荷载组合工况。因此，在确定地下水水位时，应分别按最高水位和最低水位进行计算。

4) 土体抗力

土体抗力也称地层抗力或地基反力。土体抗力的确定一般有两种方法：一种是认为地层抗力与地层变形(位移)无关，是一种与作用荷载相平衡的反作用力；另一种是认为地层抗力与地层变形(位移)有关，从属于地基的位移；在荷载作用下，衬砌结构的一部分会发生向着围岩方向的变形，由于隧道周边围岩具有一定的刚度，必然会对衬砌结构产生反作用力(即地层抗力)来抵制它的变形。目前，多以"温克尔(Winkler)"假定为基础的局部变形理论确定。

地层抗力会随着所采用的计算模型及计算方法的不同而不同，其中常用计算方法有：

(1) 日本惯用计算法

假定垂直方向的地基抗力与地基位移无关，取与垂直荷载相平衡的均布反力作为地基抗力。

考虑衬砌向围岩方向的变形，认定水平方向的地基抗力作用在衬砌水平直径上下各 45°中心角的范围内，并假定其以水平直径处为顶点，呈三角形分布。其中，水平直径处的地层抗力最大，其大小可根据与衬砌向着围岩方向的水平变形成正比关系进行计算确定。地基抗力系数可根据地层条件进行取值。

$$q_r = K\delta \tag{13-5}$$

式中：K——地基反力系数(水平土体抗力系数)(kN/m^3)；

δ——衬砌的水平位移值(m)。

(2) 弹簧模型法

假定地层抗力沿衬砌环、径向分布，将衬砌与地层间的相互作用等效成弹簧，并将地基抗力考虑为管片向地基方向变形时所产生的反力。

在欧美各国多采用全周地基弹簧模型。日本多采用部分地基弹簧模型，而且多不考虑切线方向弹簧，只将半径方向弹簧作为有效弹簧，地基弹簧系数大多参考惯用计算法的地基抗力系数进行确定。

对于管片自重变形所产生的地基抗力，宜根据施工方式确定是否考虑。若壁后注浆材料有较好的早期强度，或管片脱出盾尾后真圆度保持较好(盾构采用真圆器或推进油缸推力控制较好)，可以考虑由管片自重变形所产生的地基抗力。尤其是隧道外径较大时，与土水压力所产生的断面应力相比，自重所引起的断面应力要大得多($D \geqslant 12m$ 时，占 60% ~80%)。

5) 管环自重

管片自重荷载是沿衬砌轴线分布的竖向荷载，一般按式(13-7)计算：

$$g = \frac{W}{2\pi R_c} \tag{13-6}$$

式中：g——管片自重荷载(kPa)；

W——衬砌单位长度重量(kN/m)；

R_c——衬砌环半径(m)。

6)内部荷载

内部荷载包括施工过程中作用的荷载和隧道完工后作用的荷载。作为施工过程中所作用的内部荷载,有盾构的后配套拖车和出渣车等与施工有关的各种机械设备。当这些荷载作用于壁后注浆材料尚未硬化的管片环上时,必须检查管片环的稳定性,但是,在壁后注浆材料充分硬化之后,一般可以认为这些荷载是由周围地基支持的。因此,实践中并不对这些内部荷载进行研究,而是采取不将这些设备放置在壁后注浆材料尚未硬化的管片环上的方法。

此外,隧道完工后产生作用的内部荷载,因隧道的使用目的不同而异,例如铁路车辆、公路路基的反力、隧道内的悬挂设施和内水压力等。其中,像铁路车辆那样的作用于隧道底部的荷载,可以认为与施工过程中的内部荷载一样是由隧道周围地基直接承受的;但其他内部荷载对衬砌有影响,所以必须根据实际情况设定荷载并进行适当的研究。

7)施工荷载

盾构施工荷载是指从管片组装开始到盾尾建筑空隙中的壁后注浆材料硬化为止,作用在隧道衬砌上临时荷载的总称。盾构施工荷载包括推进油缸推力、壁后注浆压力、管片拼装机的操作荷载和其他施工荷载等。施工荷载因围岩条件和施工条件的不同而异,须将施工荷载对管片的影响控制到最低程度以及合理地把施工荷载反映到设计中。另外,施工技术水平的高低对隧道衬砌的设计也是一个重要的影响因素。

(1)推进油缸的推力

盾构掘进过程中作用于隧道衬砌上的盾构推进油缸的推进反力,在所有施工荷载中,该荷载对衬砌影响最大。推进油缸推力的偏心距应根据盾构非常规掘进状态(平曲线掘进、竖曲线掘进、蛇行修正等)进行确定,并考虑适当的富余量,在设计上一般考虑为10mm。但是,对于外径为2~3m的中小直径盾构,实际上偏心量为30~40mm的实例很多。如果推进油缸的偏心距过大,由推进油缸推力所形成的偏心弯矩会使管片衬砌环部分结构产生拉应力,管片就非常容易开裂。另外,盾构在曲线段掘进时,由于盾构推进油缸产生的偏心荷载,会使隧道两侧的压力出现暂时性的不平衡,从而形成复杂的纵向弯曲应力状态;环与环之间承受弯曲应力的连接螺栓容易发生剪切破坏;作用在管片衬砌上的过大压应力,会使管片发生局部破坏。对以上出现的施工荷载在设计时需慎重考虑。

由于管片单片的推力试验很难反映管片环整体的工作情况,当推进油缸的设计推力与盾构实际装备的推力不同时要特别注意。

(2)注浆压力

在向盾尾建筑空隙进行注浆时,会在管片注浆孔周边形成一个临时性的偏心荷载。此荷载容易使管片发生变形甚至破坏,如径向插入型封顶块(K块)的错台、接头螺栓的破坏、衬砌环的变形等。

注浆压力一般是根据开挖面的围岩及埋深情况计算的水、土压力来确定,但还需根据盾构施工的实际条件来确定注浆压力,并在这一注浆压力作用下,对管片结构进行验算。

(3)管片拼装机的操作荷载

管片拼装过程中，除起吊环承受吊装荷载外，管片承受拼装夹具的反作用力。设计中应根据拼装夹具的额定能力与动态效应对管片装配过程中的结构受力进行计算分析。对于混凝土类管片，常将螺栓孔或注浆孔预埋件作为管片起吊环使用，其抗拔承载力应根据装配器的性能而定，一般达到 3 倍管片环重量以上，施工中必须对起吊环的抗拔承载力进行验证。另外，若螺栓孔或注浆孔内安装拉杆作为反力座在施工时进行设备材料吊装或防止管片环变形用，应对预埋件和其抗拔承载力进行分析验证。

(4)其他施工荷载

作为施工荷载，除上述内容外，还有部分荷载应予以考虑，例如后配套拖车自重的影响、真圆保持器等千斤顶荷载、刀盘旋转力的影响、盾构型式及开挖面的各种设备等，有时渣车及管片运输车的荷载也会对管片产生影响。另外在软黏土及松散的砂层中，随着管片从盾尾脱出，上部围岩塌落至管片环顶部形成偏心荷载。如果这些荷载对结构影响较大，应根据施工情况设定合适的荷载，对结构受力进行分析。

8)特殊荷载

特殊荷载是根据周围地基条件、施工条件和隧道使用条件等必须特别考虑的荷载，主要包括地震影响、平行或交叉隧道设置的影响、近接施工的影响、地基沉降的影响等。

当隧道近距离平行设置时，应根据相互间的位置关系、地质条件、隧道外径、盾构型式、施工时序等条件，对施工和运营期间的相互干扰和相互影响进行论证，必要时应采取保护措施。

(1)平行或交叉隧道设置的影响

近年来，多条隧道平行小间距设置的实例越来越多，其在横断面方向或纵断面方向的位移及应力与单条隧道显著不同。必须对多条隧道相互干扰而产生的地基松弛或施工荷载的影响进行分析，必要时采取衬砌或地基加固、防止隧道变形等措施。

①隧道之间的相互位置关系。

平行设置隧道的位置无论是在水平方向还是垂直方向，只要其相隔距离小于后续隧道外径(D)的话，就有必进行分析，而且相隔距离越小其影响就会越大，尤其是相隔距离小于$0.5D$时，就必须进行详细的论证。隧道在上下方向平行设置时，后续盾构的施工荷载、土体开挖所伴随的卸载对先行隧道影响较大，尤其是后续隧道在下部施工时，上部的隧道会由于开挖时的地基松弛导致垂直荷载的增加，并产生不均匀沉降。这时有必要对先行隧道横向和纵向受力及变形进行论证。

②地质条件。

平行设置隧道的相互干扰以及施工荷载的影响随围岩条件不同而不同。

在敏感性高的黏性地层或自立性差的松散砂性地层中，其影响最为显著。这时有必要对地基松弛引起荷载变化进行慎重地研究。

即使地层比较好或已经过地层加固处理，若隧道间的相隔间距较小，施工荷载的影响也是很大的，采用闭胸式盾构时影响更为显著。

③隧道外径。

平行设置隧道施工时，与先期施工隧道的外径相比，后续施工隧道的外径的影响是支配性的,后续施工隧道的外径越大其影响也越大。

④盾构型式。

平行设置隧道进行施工时,后续盾构对先期施工隧道的影响由于盾构型式的不同而发生很大差异。

隧道在水平方向上平行设置时,闭胸式盾构对隧道的影响是开挖面通过时盾构推力所产生的偏心压力,而敞开式盾构一般不产生推力的影响,多由于开挖面敞开出现暂时性的侧向土压力及地基抗力的减少。因此,闭胸式盾构隧道一般表现为后续隧道对先期施工隧道产生一个外推的效应,而敞开式盾构隧道一般表现为后续隧道对先期施工隧道产生一个近似内拉的效应。

因此在考虑平行设置隧道施工的影响时,对地质条件、隧道之间的位置关系以及盾构型式所引起的差异都要进行详细慎重的分析。

⑤后建隧道的施工时序。

一般后建隧道宜等到先行施工隧道围岩稳定后再行施工,但实际施工时很难做到。在先期施工隧道的影响还未消失就进行后续隧道的施工时,隧道施工相互间的影响更为显著,此时有必要对隧道相互间的施工时序进行充分的研究。

⑥施工时的荷载。

对先期施工隧道产生影响的因素主要为后建隧道施工时的荷载,包括推力、壁后注浆压力、泥水压力及泥土压力等,这些荷载通过夹持土体作用于先行隧道上。在偏心压力作用下,先行隧道横断面及纵断面方向上产生异常的位移和应力。虽然施工荷载为临时荷载,但是盾构掘进时推力对隧道间土所产生的荷载即使在盾构通过以后也很难急速地减小,有时会长时期内残留,因此在考虑施工荷载时要充分加以注意。

(2)近接施工的影响

在已施工完成的隧道附近兴建其他结构物时会对隧道周边的围岩产生扰动,作用于隧道上的荷载也会发生变化,因此根据需采取相应的衬砌加固、地基加固等适当的防护措施。若具备条件,应尽可能根据规划情况在进行隧道设计时加以考虑,采取相应措施。

尤其是在以下的情况下近接施工的影响比较大,因此在合理地评价荷载的同时,有必要使用能够考虑荷载随时间变化的计算方法(荷载历史及衬砌的应力历史)。另外,如果对于将来发生的荷载变化将二次衬砌作为结构组成部分来考虑的话,有必要对结构模型进行充分的论证。

①隧道的顶部或顶部附近建造新的结构物,上部荷载发生大的变化。

②隧道的下部或下部附近进行开挖工程,垂直土压力和水平土压力等荷载条件以及地基抗力系数等围岩的性质发生大的变化。

③隧道的侧向地基受到扰动,侧向土压力及地基抗力发生大的变化。

④作用于隧道的水压力发生大的变化。

上述情况中其影响有暂时性的和长期性之分,进行论证时必须对此进行慎重的区分。

(3)地基沉降的影响

在软弱地层或地层变化较大的地层修建隧道时,除考虑隧道施工原因造成的地基下沉外,还须考虑原有地层自身原因产生的沉降。地基下沉主要表现在对隧道本身及隧道与其他结构物的连接部位的影响,因此必须对其影响充分研究。

①隧道本身。

在正在固结过程中的地基中修筑隧道,隧道所在位置与周围的地基会产生沉降差异,由于隧道断面高度的部分土的固结沉降量不同,因此隧道会发生相当于这一差异沉降的强制位移。

另外,隧道纵向的刚度变化部位、地基软硬界限部位,甚至在正处于固结沉降过程中或将来会发生固结沉降的软弱地基中,隧道下部软弱地基层厚变化较大的部位,不均匀沉降对隧道的影响皆应加以考虑。

在上述情况下,隧道的力学机理尚不明确,一般采用隧道横向结构模型,通过增加垂直土压或对地基弹簧强制位移来加以考虑,对衬砌的强度进行验证。对于隧道纵向不均匀沉降,将隧道所在位置的地基沉降量通过地基弹簧加以考虑,模拟地基不均匀沉降时隧道的追随过程,并根据需要采取降低隧道纵向刚度、通过地基加固减少沉降量、扩大隧道净空断面等措施。

②隧道和竖井连接部分。

在隧道与竖井连接处,由于是两种不同的结构相接,所以易于产生相对位移,应根据需要将连接部作成可挠性结构,以防止应力集中。或者对竖井基础进行处理,以减少不均匀沉降的影响。另外,为保证净空,将断面加大也是有效方法。

(4)地震的影响

当考虑地震的影响时,应根据隧道的重要程度,考虑隧道的周围环境、围岩条件、所在地区的地震烈度、隧道的结构、形状等进行慎重研究,采取必要的抗震措施。

地下结构由于受到地层的约束,因此震害明显低于地上结构,当隧道的覆土厚度达到一定程度时,可以认为隧道和地基基本产生相同的振动,而且盾构隧道与其他隧道相比,由于接头的存在使隧道的刚度有所减小,有利于抗震。但是在以下条件下,地震对隧道的影响较大,需慎重研究。

①地下连接部位以及与竖井的连接部位等衬砌结构发生变化的时候,隧道的结构发生变化,在结构变化部产生断面应力。

②隧道位于软土地基中,在地震或其他反复荷载作用下可能会因其强度降低和基底土的侧向流动产生显著的沉降,即所谓"震陷",须结合具体的场地条件对震陷问题进行专门分析。

③地质、覆盖层厚度、基岩深度等地基条件发生突变时:在隧道纵向地基的变形不同在隧道纵向上产生断面应力。

④急转弯的曲线部:地震波的入射方向与隧道轴向之间的方向急剧变化而在轴向上发生断面应力。

⑤在松散的饱和砂质地基,有发生液化的可能性时,液化会引起起隧道的上浮,此时地震的影响不能忽视。

尤其是地震时,在隧道结构与竖井结构连接部位,由于与隧道其他部位的结构完全不同,难免会产生相对较大的断面应力。因此,为了降低这一部分隧道纵向的刚度,最好设置可挠性管片或在管片环间使用橡胶垫片或弹性垫片使其成为柔性接头。

13.1.4 管片抗震性论证方法

(1)隧道以及隧道周围地基的稳定性论证

隧道若位于有发生液化危险的地基中的话,液化后土体失去强度,或由瞬时性超静孔隙水压力形成由下向上的渗流场。这使得隧道上方作用土荷载出现减少,隧道对于所承受的浮力失去抵抗力,随而产生隧道上浮的可能性。

(2)隧道横断面方向的力学论证

当前我国地下隧道横断面的抗震分析多按地震系数法进行。这一方法的基本出发点是,认为地震对地下结构的作用主要包括两部分,一是结构及其覆盖层质量产生的与地表地震加速度成比例的惯性力;二是地震引起的主动侧压力增量。

由于隧道的表观重度(隧道 1m 延长的质量/隧道断面积)与围岩的重度相比都比较轻,或者基本相同,所以一般作为地震的影响,伴随地震动在周围地基中产生的变形、位移等是很重要,惯性力的影响则可忽略不计。以这一概念建立起来的抗震分析方法称为“反应位移法”或“地震变形法”。其特点是以地下结构所在位置的地层位移作为地震对结构作用的输入。反应位移法是对隧道位置的地基位移量进行计算,将所有的位移或部分位移作用于隧道,对隧道的断面应力和变形量进行计算的方法。

(3)隧道纵断面方向的力学论证

隧道纵断面方向的抗震计算多采用反应位移法。计算时,根据隧道所在位置地基的情况确定波长,假定通过反应位移法所得到的地基位移为正弦波,将其作用于隧道而求得隧道纵向上的断面应力和变形量,这也是一般常用的计算方法。

对于隧道的刚度,要考虑一次衬砌的接头引起的刚度降低,有二次衬砌时也要考虑其影响等,充分考虑隧道结构之后进行决定。必须验算的项目主要有一次衬砌的接头部位以及接头部位的二次衬砌的断面应力和变形量,竖井接合部位的断面应力和位移量。

(4)动力分析方法

地震系数法和反应位移法都是将随时间变化的地震作用用等代的静力荷载或静位移代替,然后再用静力计算模型求解结构的反应。使用结构物和地基共同作用的计算模型进行动力计算的例子逐渐增多。如果能够确切地假定结构材料和结构杆件的非线性特性,可以用动力计算求出结构物各部分在地震时的动态。但由于计算模型、输入的地震波的合理性、对计算结果的解释等都较复杂,目前还没有一个定论的计算方法,故尚未达到全面采用的程度。

13.1.5 盾构管片配筋分析

1)国内地铁盾构管片钢筋含量

近 20 年以来,国内修建大量的地铁盾构区间,其结构配筋较具有代表性,能基本反映出我国当前的设计水平。为弄清国内不同地区、不同地质、不同直径情况下地铁盾构隧道管片的钢筋含量,对国内 21 个城市 38 条地铁线盾构区间管片配筋进行了调研,经统计,大部分含钢量在 140 ~ 200kg/m^3 之间,最低的是重庆地区,隧道处于中风化砂质泥岩中,其最小含钢量为 120kg/m^3,最高的是杭州地区处于粉质黏土及淤泥等软土地层中的地铁盾构隧道,其含钢量达 252kg/m³，具体情况见表 13-7。

国内地铁区间配筋调研　　表 13-7

序号	地区	盾构项目名称	地质概况	管片（直径/厚度）（m）	含钢量（kg/m³）
1	广州	地铁 8 号线	泥质粉砂岩的全～微风化层	6/0.3	175
		地铁 11 号线	泥质粉砂岩、粉砂岩、细砂岩等的全～微风化层	6/0.3	175
2	南昌	地铁 3 号线	中风化泥质粉砂岩	6/0.3	178
			砾砂层	6/0.3	148
3	东莞	轨道交通 R2 线	残积土层及全、强风化混合片麻岩层	6/0.3	161
4	南宁	地铁 1、2、3 号线工程	粉质黏土、砂层、圆砾	6/0.3	159/166/173/201
5	北京	地铁 16 号线	卵石层，粒径 10～30cm	6.4/0.3	142
		地铁 8 号线	砂卵石层及黏性土为主，局部为粉土层	6/0.3	138
		地铁 6 号线	穿越卵石、局部夹杂粉质黏土、粉细砂	6/0.3	170
		地铁 7 号线	卵石层	6/0.3	176
6	沈阳	地铁 2、9、10 号线	砾砂、圆砾地层	6/0.3	135
7	天津	地铁 2、4、6、10 号线	粉质黏土、粉砂和粉土	6.2/0.35	135/170/229
					141/180/234
		滨海新区 Z4、B1 线	粉质黏土层	6.6/0.35	200
8	大连	地铁 1 号线	卵石层、强～中风化板岩	6/0.3	128
9	石家庄	地铁 1 号线	黄土状粉质黏土、黄土状粉土、粉细砂、中粗砂	6/0.3	159～182
10	哈尔滨	地铁 2、3 号线	以中砂，细砂为主	6/0.3	165/175/185
11	长春	繁荣路站—卫星广场站区间	粉质黏土和黏土	6/0.3	150
12	重庆	重庆西站—上桥站区间	砂质泥岩、岩体呈中等风化状态	6.6/0.35	120－169
13	郑州	地铁 1 号线 02 标	粉土、粉质黏土	6.28/0.3	180
		地铁 2 号线 04 标	粉土、粉砂	6.28/0.3	179
		地铁 5 号线 05 标	黏质粉土、粉质黏土	6.45/0.35	159
14	武汉	未来三路站—左岭站区间	粉质黏土、残积土、弱胶结泥质砂岩、中等胶结泥质砂岩中等胶结砂岩	6.2/0.35	148/168/189
15	无锡	地铁 3 号线土建设计 05 标	粉土、粉砂、粉质黏土、黏土层	6.2/0.35	144/161/172/200
16	苏州	地铁 5 号线	粉砂夹粉土、粉质黏土、粉土夹粉砂	6.7/0.35	154/158/173

续上表

序号	地区	盾构项目名称	地 质 概 况	管片（直径/厚度）（m）	含钢量（kg/m^3）
17	厦门	地铁3号线陆域盾构段	强、全风化花岗闪长岩及残积砂质黏性土地层	6.2/0.35	165/194
		地铁3号线海域盾构段	强风化花岗闪长岩，黏土及粉质黏土、砾砂层	6.7/0.35	178
18	青岛	地铁2号线	洞身穿越部分强风化破碎带和微风化岩脉	6/0.3	162
19	南京	地铁3号线胜太西路站—天元西路站区间	地层均有软硬不均的特点	6.2/0.35	140/166/187
		地铁3号线浦珠路站—滨江路站区间	穿越地层高富水性、透水性强，受扰动后易变性	11.2/0.5	145/158/192
20	杭州	地铁2号线	地层主要为软土，地层富水性、渗透性差异大，地下水相对较为丰富	6.2/0.35	139/173/208/232
		地铁5号线		6.2/0.35	136/173/210/252
21	长沙	地铁2号线一期	强、中风化板岩	6/0.3	165

2）国内外地铁盾构区间管片配筋的差异对比

我国参与国外地铁项目建设的设计与施工企业相对较少，很难获取大量国外较为真实的设计参数。2015年，中铁隧道局集团有限公司承接了以色列特拉维夫市红线地铁西段地铁区间的施工与设计总承包任务，其设计完全按欧标进行，该项目的盾构隧道直径为7.2m，管片厚度3.5m，主要穿越地层为粉细砂及全、强风化Kurkar（类似于砂岩）地层，设计地下水位在隧道顶1～8m，其含钢量120kg/m^3左右，根据其设计参数，与国内类似工程进行对比如下：

（1）其地铁管片外径较大，达到7.2m，国内普遍为6m和6.2m，最大为6.7m。

（2）其地铁管片厚度为0.35m，与国内基本一致。

（3）其管片配筋采用网片式，端部采用面筋与立筋构成钢筋笼，一般只在螺栓孔处设置吊筋，国内采用主筋弯起对焊及立筋组成钢筋笼，且在顶面、螺栓孔、螺栓预埋处以及拼接的端面均配有构造钢筋，有些管片为了增加接缝处管片的抗压能力，配有闭合箍筋。

（4）其管片主筋为T14，平均间距150mm，国内主筋一般为16mm及以上直径的钢筋，平均间距125mm。

（5）其管片分布筋为T10，平均间距160mm，国内分布钢筋直径一般为12mm或14mm，平均间距160mm。

3）差异原因分析

（1）国内各条地铁线建设时施工标段一般划分为3～5个标段，为了方便施工单位之间的管片调配，通常根据每条地铁线的地质条件，按不同的埋深给出1～4种配筋通用图，各工点设计单位根据各自区间的具体情况通过复核计算在通用图中选取不同的管片配筋，考虑到配筋的包容性，往往造成采用的配筋类型大于自身的需要。

（2）国内地铁盾构区间管片的内力计算一般采用日本惯用修正法（荷载—结构模型），以色列特拉维夫市红线地铁采用的是地层结构法(岩土—结构模型),前者对管片接头刚度进行了弱化,对管片中间的弯矩进行了加大,而后者不考虑管片结头的影响,按均质圆环考虑,从计算内力结果来看,前者大于后者。

(3)国内设计人员在采用日本惯用修正法进行内力分析之后,配筋时常对设计轴力值折减或以标准轴力值替代设计轴力值进行承载能力计算,甚至按纯弯构件进行计算,导致配筋量较大。而对于盾构隧道这种圆形结构,轴力对配筋结果影响很大。之所以按上述方式进行配筋计算,是因为地质参数不详或参数区间过大不易确定,设计人员对地质参数的选取有顾虑。

(4)我国地铁项目的建设周期相对较短,用于地质勘察的时间更短,一条地铁线的勘察时间经常不足 1 年,而特拉维夫市红线地铁仅地勘工作前后累计进行了 5 年以上,舍去国内较多的协调时间,用于现场勘察与实验的工作就不少于 3 年。国内在很短的时间内完成工程勘察,仅满足了现行规范的要求,在样本数、室内与现场试验方面较国外少,同时勘察技术人员担心地下工程地质的多变性,提交的地质参数较为保守,造成结构内力计算结果偏大。

(5)2010 年以前,国内地铁工程使用的受力钢筋为 HRB335,其设计强度相对较低,而欧标中钢筋的屈服强度在 400 ~ 600MPa,相同的设计内力,我国的用钢量就要大一些。随着我国经济与技术的发展进步,钢筋的性能得到提升,目前受力钢筋大多采用了 HRB400,相当于屈服强度达到 400MPa。虽然钢筋性能提高了,但由于多年的设计惯性,有些地区管片配筋的间距并没有得到调整,配筋的直径仍然从 16mm 开始,造成当前部分地区现有管片配筋量并没有随着材料性能的提高而降低。近两年,许多设计单位已经发现这些问题,新建设的盾构区间管片含钢量也有所降低,例如重庆、大连、沈阳等地,管片含钢量已调整在 120 ~ 135kg/m^3。

13.2 管片接缝防水设计

对于盾构隧道这类采用螺栓连接,具有众多接缝的地下结构,由于管片制作和安装误差、接头端面不完全平整使得结构存在不连续性,同时,地层作用使隧道管片结构变形,前期误差及变形的累积造成管片接缝张开,由于接缝防水材料失效等种种因素的存在,盾构隧道目前还无法做到滴水不漏。

目前国内外盾构防水体系主要包括管片外注浆防水、混凝土管片自防水、接缝防水、二次衬砌防水等四大部分,除混凝土管片自防水外,其中最为关键的是管片接缝防水。管片接缝防水包括管片间的密封垫防水、衬垫防水、隧道内侧相邻管片间的嵌缝防水以及螺栓孔、吊装孔防水等,而密封垫防水最重要也最可靠,是接缝防水的重点。密封垫防水的原理是密封垫接触面的法向应力大于外水压力在环、纵缝处产生的径向应力,其设计的重点密封垫的道数、形状、尺寸及材料。

13.2.1 密封垫道数选择

据调研,国内外绝大多数盾构采用一道密封垫进行接缝防水,中小直径盾构隧道直接采用单道密封垫或遇水膨胀密封垫,如我国大量修建的地铁盾构区间,大直径盾构隧道如日本东京湾海底隧道(外径 13.9m)、丹麦斯多贝尔特海峡隧道(外径 8.5m)、上海市长江隧道(外径 15m)、杭州市庆春路隧道(外径 11.3m)、长沙市南湖路隧道(外径 11.3m)等,也只采用一道密封垫防水或采用一道密封垫辅以遇水膨胀橡胶条防水，如图 13-10 所示。

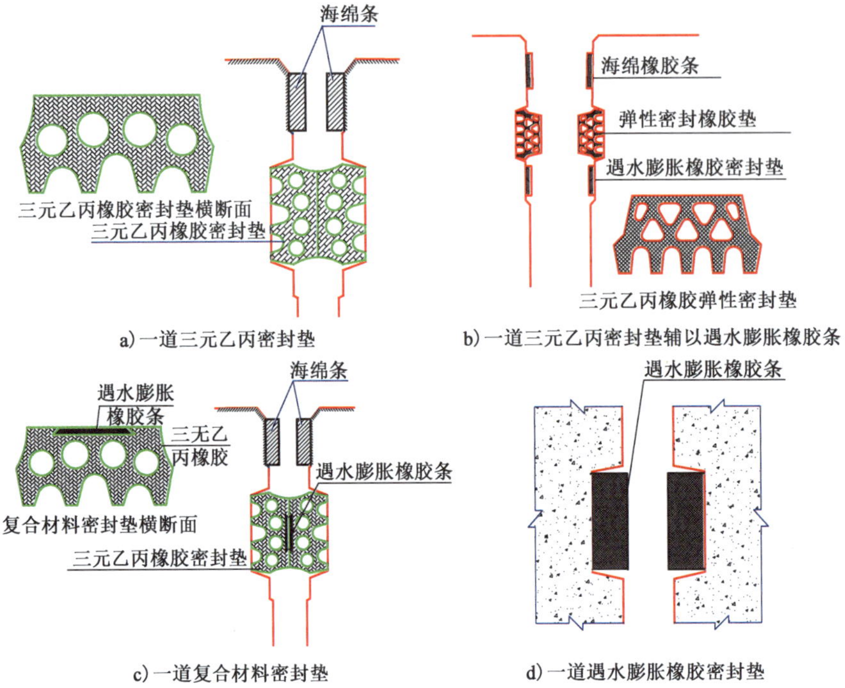

图 13-10　一道密封垫防水

而采用两道防水条的案例，国内外均有出现，例如武汉市长江隧道（外径 11m）、广深港狮子洋隧道（外径 10.8m）、南京纬七路长江隧道（外径 14.5m）、汉堡易北河四隧（外径 13.75m）等，其密封垫布置如图 13-11 所示。

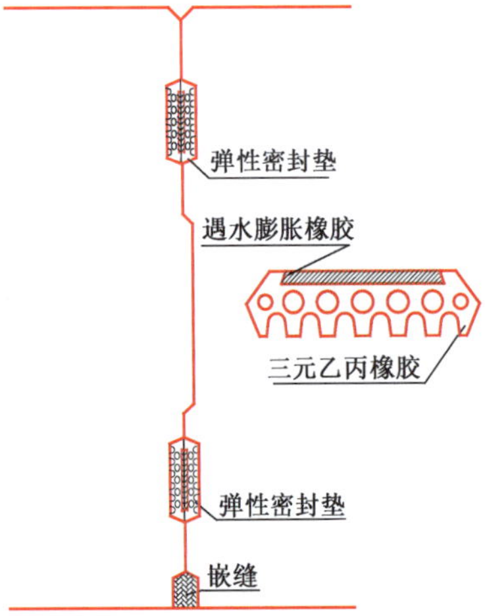

图 13-11　两道密封垫防水

采用两道密封垫，虽然可以对盾构管片防水进行加强，但由于内侧密封垫防水功能难以得到充分发挥，其内侧密封垫对于接缝的防水作用是有限的。同时，两道密封垫在拼装时（尤其是纵缝）需要提供较大的闭合压缩力才能将密封垫完全压入密封槽内，对拼接不便，易于产生其他负面影响，且工程造价明显增加。

经对已建成大、中、小直径盾构的现场调研，采用两道密封垫隧道的渗漏水情况并不比采用一道密封垫隧道的少多少，从渗漏点分布来看，主要集中在部分管片本体及管片接缝出现严重错位的地方。因此，在合理设计密封垫断面形式，采用合适的防水密封垫材料，保证管片本体自防水，严格控制管片拼装质量的前提下，除高水压超大直径盾构隧道（外径大于 15m），一般不提倡双道防线。对于采用双道密封垫的盾构隧道，建议在双道密封垫间设置密封剂孔，运营期在出现渗漏处注入密封剂，使注入的密封剂在封闭的环境下封堵渗漏点。

13.2.2　密封垫设计

密封垫的防水效果与其尺寸和形状息息相关,设计时需从以下方面进行分析研究。

1)密封垫设计原则

密封垫依靠自身受压回弹提供表面接触应力,其必须有一定的体积,以便提供足够的回弹力,但体积过大,将给管片的拼装施工带来难度,综合国内外相关工程和材料研究的成果,管片接缝密封垫的设计应考虑如下原则:

(1)短期防水要求密封垫压缩产生的接触面应力大于设计水压力,长期防水要求接触应力不小于设计水压力,且保证具有足够的防水安全系数,接缝处不允许出现渗漏。

(2)密封垫片的体积应适当,即能提供足够的接触应力,满足盾构接缝防水的效果,又不宜过大,避免造成装配压力过大,出现应力集中。

(3)设计时应考虑张开量和错位量。

(4)在千斤顶推力和管片拼装的作用力下,不致发生管片端面和角部损伤。故在满足防水要求的情况,尽量减小其闭合压力(是指密封垫完全压入管片沟槽内的总压力),以便于施工。

(5)应考虑远期的应力松弛和永久变形量。

2)管片接缝张开量和错位量的确定

盾构管片在制作、安装及工后过程中,在接缝处难以避免产生错位和张开,其直接影响因素如下:

(1)管片的制作误差:±2mm。

(2)管片的形位公差:±2mm。

(3)缓冲材料厚度:1 ~2mm。

(4)盾构机械能力误差:±5mm(环向接缝)。

(5)纵向扭力:±2mm。

(6)人为因素、环境影响因素:±2mm。

(7)密封垫接触面尺寸误差:±1mm。

上述影响因素累计最大张开量为 8mm,最大错位量为 15mm。相关文献也给出了密封垫在设计水压力作用下允许张开量的半解析式:

$$\Delta \leqslant \frac{BD}{\rho_{\min} - 0.5D} + \Delta_0 + \Delta_s \tag{13-7}$$

式中:Δ——环缝中弹性防水密封垫在设计水压力允许的接缝张开量(mm);

$\rho_{\min}$——隧道纵向挠曲的最小曲率半径(mm);

D——衬砌外径(mm);

B——管片宽度(mm);

Δ_0——生产、施工中可能产生的环缝间隙(mm);

Δ_s——后期接缝张开值(mm)。

3)防水安全系数及防水能力指标

据相关文献,防水安全系统　接触应力与设计水压力之比大于 1.15 时,即能满足水密性要求,在实践过程中,防水的安全系数建议在 1.2 ~1.4 之间取值,高水压时取大值,低水压时取小值。

防水能力指标，即接触面应力大小，其值为安全系数×设计理论水压值÷密封垫应力衰减及老化损失后的应力保持率，表述式见式(13-8)：

$$\begin{cases}\sigma > \dfrac{K\sigma_w}{\gamma}(\text{近期}) \\ \sigma > K\sigma_w(\text{远期})\end{cases} \tag{13-8}$$

式中：σ——防水设计指标，即密封垫的表面接触应力，应是考虑管片接缝错开量和张开量后的值；

K——防水安全系数；

σ_w——设计理论水压值；

γ——密封垫应力衰减和材料老化造成的压缩应力保持率，据统计，以三元乙丙橡胶硫化胶为例，其在100年以内压缩应力保持率为65%，初步设计时可作为参考，实施阶段应以实验成果为准。

4）密封垫尺寸与形状设计

密封垫尺寸与形状设计是一个不断进行优化的过程，过程中受两个因素控制，一是在最不利工况下能够达到设计的防水性能要求；二是在满足防水要求的前提下尽可能地减小装配闭合压力，这是因为管片拼装压力越大，轻则影响施工进度，重则导致封顶块密封垫挤出或拉裂，甚至可能导致混凝土管片出现裂缝，造成防水失败。

目前国内外在密封垫尺寸与形状设计方面的理论较少，通过试验很难获取密封垫内部及接触应力，因此在设计时普遍采用有限元进行数值模拟计算，先得到接触应力及内部应力的数值及分布情况，通过应力对比，初步确定密封垫尺寸与形状，之后经过密封性压水试验，验证其防水效果。

密封垫尺寸与形状设计的关键点如下。

(1)密封垫的宽度

密封垫的宽度影响压力水的渗漏路径，根据国际经验，密封垫接触面宽度达到最大错缝的3倍时，可以满足防水要求，公式表达见式(13-9)：

$$b = 3s \tag{13-9}$$

式中：b——密封垫的宽度(mm)；

s——拼装最大错位量(mm)。

若拟定最大错位量为15mm，则密封垫在45mm时，密封垫可以满足防水要求。另外，经现场对比，在管片环、纵缝设置凹凸榫时，管片拼装错位较小，接缝两侧密封垫均充分接触后，设置凹凸榫的管片密封垫宽度比同样条件没有设置凹凸榫的密封垫宽度要小，因此，对于大直径盾构管片，建议在管片接缝处考虑设置凹凸榫。

(2)密封垫的高度

在考虑最大张开量的同时，密封垫的高度需考虑密封垫应力衰减、松弛和材料老化的影响。根据管片接缝处密封垫沟槽的形式，设计的密封垫截面形式(齿槽型、中空型等)需与之匹配。密封垫沟槽深度与密封垫高度可按公式(13-10)计算，式中符号如图13-12所示。

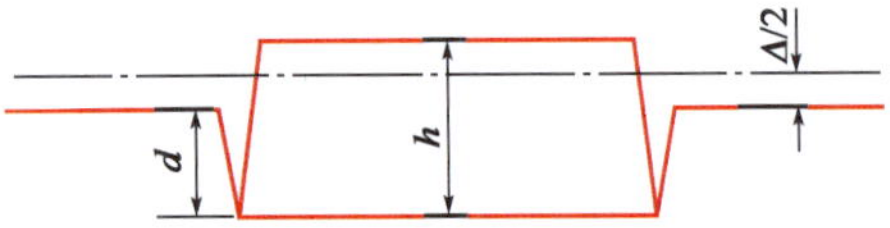

图13-12 密封垫沟槽及其形状示意

$$\begin{cases} \varepsilon_{\max} = \dfrac{h - d}{h} \\ \varepsilon_{\min} = \dfrac{h - d - \Delta/2}{h} \end{cases} \tag{13-10}$$

$$E\varepsilon_{\min} = \sigma > \frac{K\sigma_{w}}{\gamma}$$

式中：$\varepsilon_{\max}$——密封垫的最大压缩率，即接缝压缩到间隙为 0 时的压缩率，根据设计指标，经对密封垫进行计算和试验后确定，一般不小于 40%；

$\varepsilon_{\min}$——密封垫的最小压缩率，经考虑接缝的张开量和错位量确定，一般不小于 30%；

Δ——设计允许接缝张开量；

d——设计密封垫沟槽深度；

h——设计密封垫的高度；

E——密封垫的变形模量。

如图 13-13 所示为某密封垫压缩变形曲线，从中可以看出，压缩量增大到一定程度，压力随压缩量呈现非线性递增关系，压缩量的微小增加会导致压力呈指数递增，因此弹性密封带的最大压缩量不宜设计过大。施工中密封垫的压缩量不宜超过在其最大压缩率时的压缩量，这是因为过大压缩将使材料老化加快、应力松弛加大，从而影响密封垫的使用寿命，更不能低于最小压缩率时的压缩量，这将不足以抵抗设计理论水压，造成隧道渗漏水。

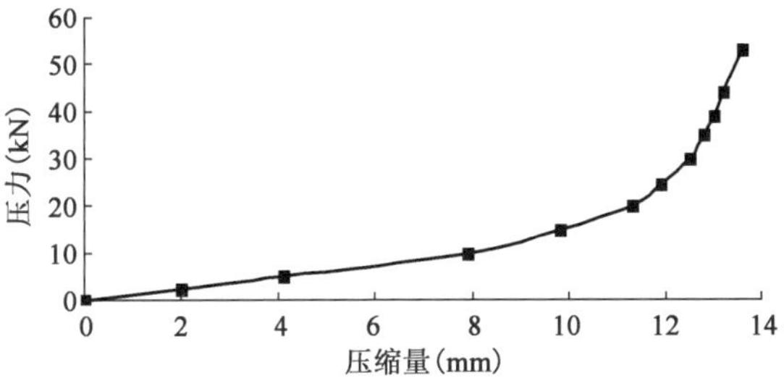

图 13-13　橡胶密封垫压缩变形曲线

(3)密封垫形状设计

密封垫的压缩性能与其形状及内部构造有关，形状设计时主要考虑以下问题：

①内部孔洞协调变形能力。

②开孔后，密封垫内部产生薄弱点，设计应考虑薄弱处的应力集中及塑性化。

③根据需要的密封垫压缩后的接触应力及盾构装配推力，在密封垫内合理布孔。

④根据理论计算结果中接缝在最大错位、最大张开时接触应力的分布及大小，调整孔洞的个数及位置。

⑤考虑孔洞布置不同样式中应力集中情况。

⑥考虑长期应力松弛和蠕变对长期防水性能的影响。

近 10 年来，国内对于密封垫开洞的个数、大小、样式以及密封垫的样式（齿状或非齿状）都有大量的研究，但系统理论尚不完善，设计的主要手段还是主要借助已有工程经验、数值模拟及工程实验。国内常见的密封垫样式如图 13-14 所示。

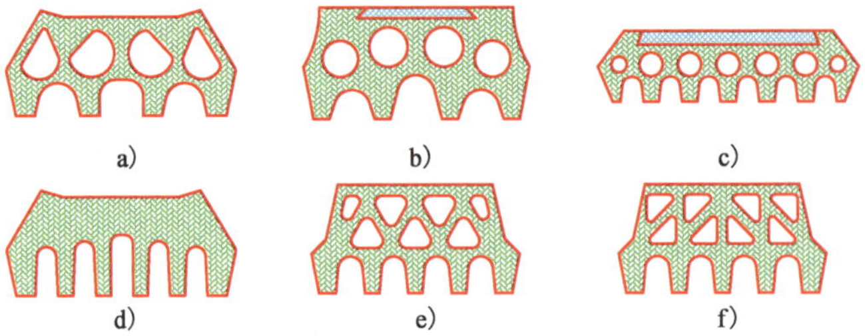

图 13-14　国内常见密封垫断面样式

(4)密封槽尺寸设计

管片接缝处密封垫应被完全压入密封槽内,根据《地下工程防水技术规范》(GB 50108—2008),密封槽在张开量为0时,密封槽的截面面积应大于或等于密封垫的截面面积,其关系宜符合式(13-11):

$$A = (1 \sim 1.15)A_0 \tag{13-11}$$

式中:A——密封垫沟槽截面积;

A_0——密封垫截面积。

密封槽设计时,尺寸不宜过大,过大的密封槽对密封垫侧向限制作用减小,密封垫侧向自由变形,将降低缝间密封垫的接触应力,达不到设计防水的效果;同时也不能过小,当 $A/A_0 < 1.0$ 时,为了达到设计防水指标,需增大管片装配推力,这对管片拼装精度影响很大,同时也增加了能耗和施工难度,甚至导致密封垫溢出密封槽,出现所谓的“挤隙”现象,造成挤出的极薄密封垫发生塑性变形,形成渗水通道,丧失止水功能。

13.2.3　密封垫材料选择

密封垫材料一般有依靠黏结力防水的非硫化异丁橡胶、依靠自身压缩回弹力的三元乙丙橡胶及依靠遇水膨胀产生膨胀力的遇水膨胀橡胶。

非硫化异丁橡胶是比较成熟的防水材料,但因其价格较高,且耐热性能不如三元乙丙橡胶,目前使用较少,有逐渐被淘汰的趋势。

遇水膨胀橡胶主要在日本、韩国等亚洲国家使用,我国也有使用此种材料作为盾构防水条的较多案例。根据国内外使用实例来看,遇水膨胀橡胶止水条使用的时间相对于弹性密封垫较短,属于一种较新的产品,其在膨胀橡胶的膨胀方向、膨胀材料的析出、材料的耐久性等方面存在疑问,同时因吸水性树脂等膨胀材料品质的差异、膨胀后氯丁橡胶等基材的长期强度与变形性能的下降以及膨胀剂的溶出和膨胀压性能的低下等原因,实际使用中遇水膨胀材料的性能难以到预期效果,现阶段逐渐退化为辅助性材料。

三元乙丙橡胶在欧美国家使用了五六十年,近10年来在我国的使用逐渐增多,经长期对其应力状态和耐久性的研究,其各项指标良好,成为盾构隧道接缝防水的优先选择材料。近几年来,三元乙丙橡胶与遇水膨胀橡胶构成的复合式弹性橡胶密封垫在盾构隧道特别是大直径盾构隧道中常有应用,但在试验中多次发现遇水膨胀橡胶从密封垫表面脱出的现象,原因是基于目前的橡胶生产工艺,绝大多数生产厂家将三元乙丙橡胶与遇水膨胀橡胶分开硫化,然后采用人工作业把遇水膨胀橡胶嵌入三元乙丙橡胶内,两种橡胶实际并未真正合为一体,因此遇水膨胀橡胶在遇水产生体积膨胀后,与三元乙丙橡胶分离。目前,国内外已有生产厂家研发出三元乙丙橡胶与遇水膨胀橡胶一次硫化成型技术,此举可保证遇水膨胀橡胶与三元乙丙橡胶结合的完整性,今后可推广应用。

13.3　盾构隧道单双层衬砌

对于盾构隧道,采用单层衬砌还是双层衬砌,在业内一直存在争议,从结构组成来看,盾构隧道是采用螺栓连接具有众多接缝的地下结构,相对而言,属于柔性体系,若采用双层衬砌,因管片内表面平整光滑,在现场浇筑二层之后,二者很难连为一体形成叠合结构,起到整体受力的效果。

从变形协调方面来看,二次衬砌不可能做得像管片结构那样,设置大量变形缝,使之与管片结构协调变形,变形不能协调,势必出现应力集中。同时,为减小隧道断面,控制工程投资,盾构隧道内较难预留充足的空间,以满足按纯受力结构设计的二次衬砌厚度需求,从已建成设有二次衬砌的盾构隧道来看,其二次砌衬厚度大多在 200～300mm 之间,若考虑管片结构严重渗水,二次衬砌承担所有的水压力,上述结构厚度是不够的。若在应力集中情况下,再承受全部水压力,较薄的二次衬砌体系,开裂渗水势必出现,日本东京湾海底隧道设置了二次衬砌,目的是为了作为防水层,但其起到的作用不大。

除用于输水的盾构隧道(其受力模式与利用隧道内净空功能的交通隧道完全不同)设置二次衬砌外,国内外大多数盾构隧道都采用单层衬砌,即利用管片结构作为永久结构,不设二次衬砌。当有管片结构局部出现问题,当前常用的处理办法是采用钢环加固,控制结构因过度变形而发生整体失稳。对于出现严重渗漏水地段,一般处理方案为“加固先行,外堵内排”,即先对管片结构进行加固处理,之后对管片外侧地层进行注浆,形成加固圈及止水帷幕,减小地层的渗透系数,增强地层对管片结构的约束能力,提高地层物力力学参数,从而减少直接作用于管片结构的外部荷载,控制结构进一步变形。最后,对于仍进入隧道的少量渗水,设置排水体系,进行集中排放。

二次衬砌的设计参数一般根据一次衬砌的类型和特征、衬砌的接触面情况、围岩和环境条件、防水要求、施工方法等确定。

盾构隧道多采用现场浇筑混凝土的方法修筑二次衬砌。一般有下列 3 种设计方法:

(1)以一次衬砌为隧道的主体结构,二次衬砌一般用来进行防蚀、修正蛇行、防水、装饰和防震等而施行的,并对一次衬砌的管片起到加固效果,多采用素混凝土,但为了能适应将来的荷载的变化,有时也进行一些配筋,因此二次衬砌厚度较小,在日本大多为 150～300mm。

(2)将二次衬砌和一次衬砌合并作为隧道的主体结构。

局部有大荷载作用、因周边地基开挖引起荷载发生变化、土压等荷载的时效变化明显、隧道轴向刚度需要提高等情况下,也可采用二次衬砌与一次衬砌一起作为主体结构施工的做法。此时的设计可分为全部考虑从临时结构到最终状态的荷载变化的设计方法和只考虑最终状态的荷载进行设计的方法。

(3)单独以二次衬砌为隧道的主体结构。

在良好的围岩条件下,也有将一次衬砌的管片作为临时结构,将二次衬砌作为主体结构设计的做法。该方法随着从盾构施工法适宜的围岩扩大到自立性好的良好围岩,有时在经济上显得更为有利。

将二次衬砌与一次衬砌合在一起作为隧道的主体结构时，和单独以二次衬砌作为主体结构时，二次衬砌厚度和配筋应根据受力情况结合防蚀、防水等其他功能确定。

为减小二次衬砌厚度，采用钢纤维加强混凝土，缩小隧道外径的做法在国外也有应用。

二次衬砌多采用现浇混凝土，在一次衬砌内侧浇筑，但也有使用内插管（钢管、铸铁管等），在其与一次衬砌之间使用填充材料而形成二次衬砌的施工实例。

13.4 管片制作

13.4.1 场地布置

场地布置主要包括养护池、生产车间、钢筋车间、搅拌站、管片存放场的设计与规划。如图 13-15 所示为城陵矶长江穿越隧道（管片内径为 2440mm，外径为 2940mm）的管片厂场地规划图，供参考。

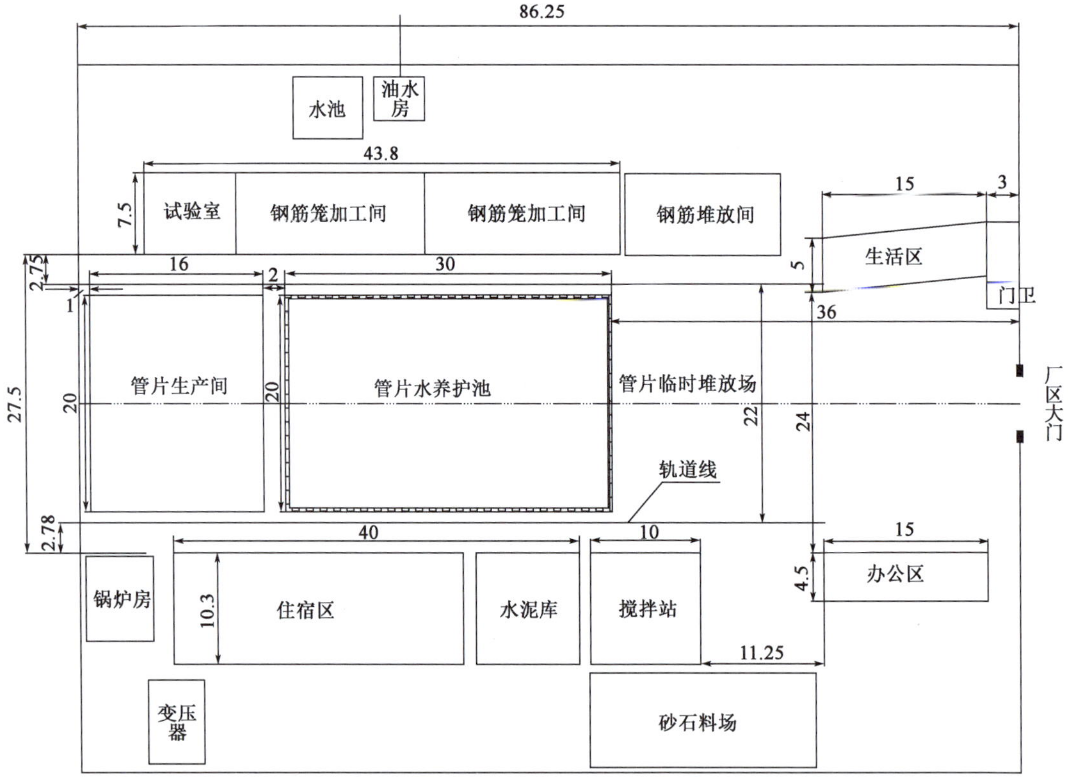

图 13-15　管片厂场地规划实例（尺寸单位：m）

1）养护池

养护池（图 13-16）面积按能储存 7d 所生产的管片考虑，并有一定富余量。管片在水中养护时（图 13-17），养护间距一般为纵向 0.35m，横向 0.4m。在计算养护池的面积时，应充分考虑管片的养护间距。

图 13-16　管片养护池全景

图 13-17　管片水中养护

2) 车间

管片生产车间(图 13-18)主要应考虑模具占地、车间内的通道和管片在车间的临时存放所需要的面积。模具间距一般应大于 1.2m,车间内通道主要应包括混凝土运输道路、管片运输道路和钢筋笼运输道路所需面积。临时存放场主要是考虑管片脱模后需要在车间进行管片编号、修补的需要。采用简易车间时,主要使用门式起重机,生产车间的面积应考虑到门吊轨线距厂房基础约 2m 的安全距离。

钢筋车间(图 13-19)占地面积根据钢筋用量按需要考虑。

图 13-18　管片生产简易车间

图 13-19　钢筋加工简易车间

3) 管片存放场

管片存放场地的面积按储存管片数量所需要的面积考虑,并需考虑场内运输道路和管片装运方面的必要面积。

13.4.2　配合比设计

根据混凝土等级要求,将原材料(一般应由监理见证取样)委托当地具有一级试验资质的质量检验测试中心进行配合比设计。

混凝土配合比应根据《普通混凝土配合比设计规程》(JGJ 55—2011)设计并需监理工程师批准,向监理提供完全压实后的每立方米混凝土中全部混凝土成分详细资料,以及拟定的每种成分数量;在工程中按测试所得的数据采用相同材料;. 提前 24h 将这种试验通知监理工程师以使其能够到场;在每次试拌前按规定制作三批不同的混凝土试样,对此三批混凝土进行 28d 龄期测试;未经监理工程师事先允许,不得更改已认可的试配比例和任何混凝土成分的供货来源;在要求变更拟使用的材料或所用材料的比例之前,监理工程师可以要求进行试配,试验室配合比设计按《混凝土强度检验评定标准》(GB/T 50107—2010)进行。

在混凝土的试验结果及试配详细资料上报监理工程师认可之后,方可开始浇筑混凝土。与强度有关的试验方案应经监理工程师批准。设计的配合比应满足施工和管片生产质量要求,而且应在保证质量的前提下考虑合理的经济性。

13.4.3 主要原材料及标准

管片生产所用水泥、砂石料、钢材、外加剂等原料按有关规范和标准进行采购、保存、检验,并需业主和监理工程师的认可和批准,且必须附有生产厂家的产品质量保证书。一般选用普通硅酸盐水泥。砂、碎石应符合规范要求并符合下列要求:①砂在 2.36mm 筛中的空壳筛余率,不超过 3%;②粉细物质含量(黏土、粉沙、尘埃),按质量计不超过 2%;③按规范测得的砂、碎石的含水率应不超过 2%;④碎石的压碎性指标不应超过 30%,集料最大标称尺寸应不超过 25mm。

采用清洁的不含有害物质且符合规范要求的用水,水灰比一般不得超过 0.40。

钢筋表面应清洁,不得有易脱落的锈皮、油漆等污垢;钢筋必须顺直,调直后表面的伤痕及锈蚀不应使钢筋截面积减少。钢筋笼架接头焊缝高度不小于 $0.3d$(d 为钢筋直径),宽度小于 $0.7d$,搭接长度双面焊应大于 $5d$,单面焊应大于 $10d$。

13.4.4 管片生产工艺

管片制作工艺流程如图 13-20 所示。

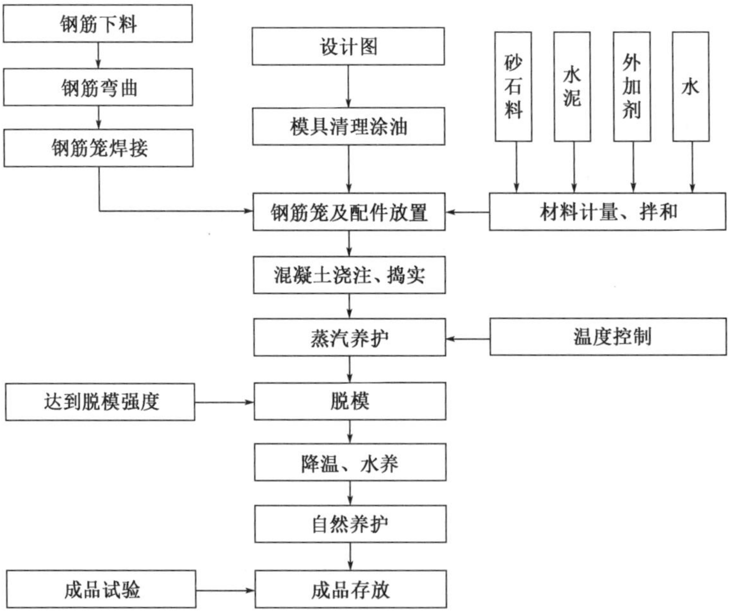

图 13-20 管片制作工艺流程

1)钢筋笼的制作

(1)工艺流程

工艺流程:钢筋原材料检验→调直→断料→弯弧、弯曲→部件检查→部件焊接→钢筋骨架成型焊接→钢筋笼检验,如图 13-21、图 13-22 所示。

图 13-21　钢筋弯曲机

图 13-22　钢筋骨架成型焊接

(2)工序控制

①材料进场检验。

钢筋进场时应有出厂质量证明书(试验报告单),进场后按炉罐(批)号及直径分批堆放,分批查对标牌。

每盘盘条必须由一整根盘成。盘条表面不得有裂缝、折叠、结疤、耳子、分层及夹杂。允许有压痕及局部的凸块、凹坑、划痕、麻面,但其深度和高度不得大于 0.2mm。

月牙肋钢筋表面不得有肉眼可见的裂缝、结疤和折叠。钢筋表面允许有凸块,但不得超过横肋的高度。钢筋表面不得沾有油污及其他杂物。

钢筋的大量除锈,通过钢筋冷拉或钢筋调直机调直过程完成,少量的钢筋除锈可采用电动除锈机或喷砂方法完成,钢筋局部除锈可采取人工用钢丝刷或砂轮完成。

②调直及断料。

利用钢筋调直切断机对盘条进行调直,对月牙肋钢筋的局部曲折、弯曲可采用弯曲机,平直锤或人工锤击矫直。

断料前应由 2 人以上配合,轻吊轻放,将钢筋原材料放置在承料架上,承载量不得大于 3t。下料根据配料表及生产任务单进行切断。

每次断料前必须对机器刀片及刀口位置进行检查,每种型号、规格的钢筋经过检测无误后进行批量下料。

切断后的材料必须按规格整齐堆放在指定位置如图 13-23 所示,并由运输小车送到下一道工序。每日班后必须对调直机、切断机进行清洁、保养。

图 13-23　钢筋按规格堆放

③弯弧、弯曲。

根据弯弧、弯曲钢筋的规格调整从动轮的位

置及芯轴的直径。根据配料表对钢筋进行试弯,并与标准样校核合格后,再进行弯弧、弯曲操作。弯弧前必须检查设备完好状况,发现异常及时修理。弯弧操作进料时必须轻送,出料口操作者用双手往靠身处压送。弯曲前操作者需检查芯轴挡块、转盘有无损坏及裂纹,将防护罩紧固可靠经运转确认正常后,方可作业。弯曲操作时严禁超过本机规定的钢筋直径、根数及额定转速工作,弯曲后钢筋先放在运料小车上,送到半成品堆放区指定位置。操作完毕后切断电源,进行机器清洁,保养工作,严格执行弯弧机、弯曲机的操作规程。加工钢筋允许误差见表 13-8。

加工钢筋的允许误差 表 13-8

项　目	允许误差(mm)	项　目	允许误差(mm)
受力钢筋长度	±10	箍筋部位长度	5
弯起钢筋的弯折位置	±20		

④部件焊接。

根据钢筋配料表对横向矩形箍筋进行焊接,焊接在成型架上进行,焊机电流不得超过额定电流,以免出现烧伤现象。按照图纸规定的焊点焊接。焊接时必须将部件放平、焊牢,严禁出现扭曲现象。

⑤钢筋骨架成型焊接。

钢筋骨架成型在符合设计要求的钢筋笼成型胎模(图 13-24、图 13-25)或焊台(图 13-26、图 13-27)上进行制作。一般中大型管片采用胎模,小型管片采用焊台。

图 13-24　钢筋笼成型胎模

图 13-25　钢筋骨架吊至水平地面上

图 13-26　钢筋笼成型焊台

图 13-27　在焊台上制作的钢筋骨架

焊接前必须对部件检查,合格后摆放到胎模上的指定位置。各部件安放后,经测量调整和检验各项尺寸均符合要求,才可进行焊接工作。焊接时焊点的位置要准确,不得漏焊,焊口要牢固,焊缝表面不允许有气孔及夹渣。

焊接顺序:先焊牢端部有定位挡板一端的上下主筋,再摆正另一端焊牢连接点位。主筋与箍筋应从中间位置依次分别向两端进行焊接。端部构造附筋按图纸等间距点焊。

焊接以牢固而不伤主筋为标准,凡焊接烧伤主筋 1mm 以上均为不合格。焊接时,采用 CO_2 气体保护焊机根据操作规程施焊。焊后氧化皮及焊渣必须及时清除干净,保证焊接质量。焊接成型后的钢筋骨架吊离胎模,放在水平地面上。由专职检测人员测量其弧长、拱高、扭曲度、主副筋间距等尺寸均合格后,挂上绿色标识牌,填写记录,例如:"A1R 焊工李某,质检王某,日期"。以便于发生不合格时,追溯焊接者退回返修,直至合格为止。再用四点吊钩将钢筋骨架吊至指定区域堆放整齐。钢筋骨架制作允许误差值见表 13-9。

钢筋骨架制作允许误差值　　表 13-9

项　目	允许误差(mm)	项　目	允许误差(mm)
主筋间距	±10	分布筋间距	±5
箍筋间距	±10	骨架长、宽、高	+5/-10

2)管片制作

(1)工艺流程

工艺流程:模具组装→模具调校→钢筋骨架入模及预埋件安装→混凝土浇筑成型→蒸汽养护→脱模→成品检验、修补及标识→运至水池养护。

(2)工序质量控制

①模具组装。

严格按照先内后外、先中间后四周的顺序,用干净的抹布彻底清理模具内表面附着的混凝土残留物及其他杂物。吊装孔座、手孔座等关键部位必须采用专用工具清除孔内积垢。最后利用压缩空气吹净模具内外表面的残渣。

由专人负责涂抹脱模剂,涂抹前先检查模具内表面是否清理干净,不合格立即返工清理。涂抹时使用干净抹布均匀涂抹,不得出现流淌现象。如出现则采用棉纱清理干净。

将端模板向内轻轻推进就位,用手旋紧定位螺栓,使用端模推上螺栓将端模推至吻合标志,把端模板与侧模板联结螺栓装上,用手初步拧紧后用专用工具均衡用力拧至牢固,特别注意应严格使吻合标志完全对正位,并拧紧螺栓,不得用力过猛。

把侧模板与底模板的固定螺栓装上,用手拧紧后再用专用工具从中间位置向两端顺序拧紧,严禁反序操作,以免导致模具变形。

②模具调校。

组装好模具后,由专职模具检测人员对其宽度、弧长、手孔位进行测量,不合格进行及时调校,必须达到模具限定公差范围,以保证成品精度。检测方法为:

利用 0~1800mm 量程的内径千分尺检测钢模的宽度,误差为(-0.4~0.2)mm。

利用 0~5m 量程的钢卷尺检测钢模底板的弧长,误差为 ±1mm。

必须注意,检测宽度时,内径千分尺的测头必须在指定检测点方能进行;检测弧长时,钢卷尺必须紧密贴附在钢模底板上，且对准钢模的边线；在模具投入生产后，每天必须对产品进行宽度、对角线的测量。如发现尺寸有超差，马上对钢模进行检测。

钢模橡胶止水条属易损件，应每天检查并有足够的备用件。检查方法：每个工作日由组模人员目视检查，如有破损现象，立即调换新的止水条，避免因止水条破损而引起漏浆。

③钢筋骨架入模及预埋件安装。

由专人按模具的型号规格将钢筋骨架、预埋件、螺旋构造钢筋、弯曲螺栓分别摆放在模具指定位置。

检查钢筋骨架是否具备绿色标识牌，然后安装上保护层垫块。垫块根据不同部位分别选用齿轮形和支架形。支架形用于底部，按设计要求进行设置，无特别要求时，一般每块管片对称设垫 6 只（封顶块对称设垫 4 只）；齿轮形用于侧面，按设计要求进行设置，无特别要求时，一般每块管片两侧面设垫 6 只（封顶块设垫 4 只），端面每块两侧设垫均为 4 只。

用四点吊钩将合格的钢筋骨架按模具规格对号入模。起吊过程必须平稳，不得使钢筋骨架与模具发生碰撞。

安放预埋管时，先将管套上螺旋钢筋，将螺杆插入模具后进入预埋管管内，对准手孔座孔位处事先安放的垫圈，固定螺杆。

螺杆头部必须全部插入手孔座的模孔内，防止连接不紧出现缝隙造成漏浆现象。

由专人检查各附件是否按要求安放齐全、牢固，不符合要求必须进行修正。

检查钢筋骨架保护层垫块是否安放正确，保证主筋保护层厚度为 50mm，侧面箍筋保护层厚度为 25mm。

对手孔垫圈锚固脚与钢筋骨架进行焊接，焊口要牢固。如附件、附筋与骨架碰不上，可加焊短钢筋连接，焊接时要用特殊纸承接掉落的焊渣，以免烫伤模具内表面，降低光洁度。

④混凝土浇筑、振捣。

定期检验混凝土搅拌站上料系统和搅拌系统电子计量系统，保证机器运行精度。由试验工程师负责检查混凝土的搅拌质量，坍落度一般控制在 70 ~ 90mm 为宜。

管片模具为附着式振动方式，为确保振捣质量，采取边浇筑边振捣的施工方法。

混凝土浇筑采用分三层下料方式可减少表面气泡。第一次浇入模具端部凹凸槽位置，约厚度 2/5 处，打开中间振动器振动 1min 左右；第二次浇入模具端部止水带位置，约厚度 4/5 处，打开所有振动器振动 1min 左右；再将混凝土全部浇入振动 3 ~ 4min，关掉所有振动开关。实际操作时，振动时间根据混凝土的流动性掌握，目视混凝土不再下沉或出现气泡冒出为止。

振捣过程中须观察模具各紧固螺栓、螺杆以及其他预埋件的情况，发生变形或移位，立即停止浇筑、振捣，尽快在已浇筑混凝土凝结前修整好。

⑤混凝土抹面。

打开顶板的时间一般在混凝土浇筑后 45min 左右，具体时间随气温及混凝土凝结情况而定。打开顶板时注意插牢顶板插销，以防顶板落下伤人。

粗抹面：使用铝合金压尺，刮平去掉多余混凝土（或填补凹陷处），使混凝土表面平顺。

中抹面：待混凝土表面收水后使用灰匙进行光面，使管片表面平整光滑。

精抹面：以手指轻按混凝土有微平凹痕时，用长匙精工抹平，力求表面光亮无灰匙印。

在混凝土浇筑完 1h 左右拔出螺杆并及时清洗干净，涂抹黄油后放在模具的指定位置。

⑥蒸汽养护。

蒸汽养护能提高混凝土脱模强度、缩短养护时间,加快模具周转。养护分两班进行,每班12h,设专人负责。

混凝土初凝后合上顶板(不用拧紧螺栓),在模具外围罩上一个紧密不透气的帆布罩,进行蒸汽养护。

顶板作为支架支承帆布罩,顶板不能与混凝土表面接触,应有 10 ~ 15cm 的距离,让蒸汽在此空间流动,帆布罩应紧贴地面,压上重物,以免蒸汽逸出。

管片蒸汽养护参数见表 13-10。混凝土浇筑完成后静置约 2h,加盖养护罩,引入饱和蒸汽进行养护。升温时间控制在 2 ~ 3h,为防止温度升高过快造成混凝土膨胀损害内部结构,在自然温度下,每 1h 升温 10 ~ 15℃,不得超过 20℃。恒温阶段一般在 1.5h 左右。蒸汽养护温度为 50 ~ 60℃,最高不超过 60℃。降温时间必须控制在 1.5h 以上,到达规定的蒸养时间后关上供汽阀,掀开部分帆布罩(图 13-28),让模具和混凝土自然冷却 1h 后,再全部揭开帆布罩,0.5h后开始脱模。

管 片 蒸 汽 养 护　　表 13-10

项　目	参　数	项　目	参　数
管片静停时间	2h	恒温时间	1.5h(根据季节温度而定)
升温梯度	10 ~ 15℃/h	降温梯度	≤10℃/h
蒸养最高温度	≤60℃	脱模时与外界的温差	≤20℃

图 13-28　进行蒸汽养护的帆布罩

蒸汽养护曲线如图 13-29 所示。管片出模后要加强水养护,以提高混凝土后期强度。

⑦脱模。

混凝土降温后将混凝土试块送试验室进行试压。强度达到 15MPa 以上时,接试验室通知后开始脱模。

脱模顺序:松开灌浆孔固定螺杆→打开模具侧模板→打开模具端板→用吊具连接管片→振动脱模。

脱模必须使用专用吊具,将吊具吸盘固定在管片的指定位置,由专人向门式起重机司机发出起吊信号,1 人稍微开启中间振动阀,使管片与模具脱离。将管片吊至翻片机上进行 90°翻转,再用专用吊具将侧立的管片吊至平板车上。脱模过程中严禁锤打、敲击。

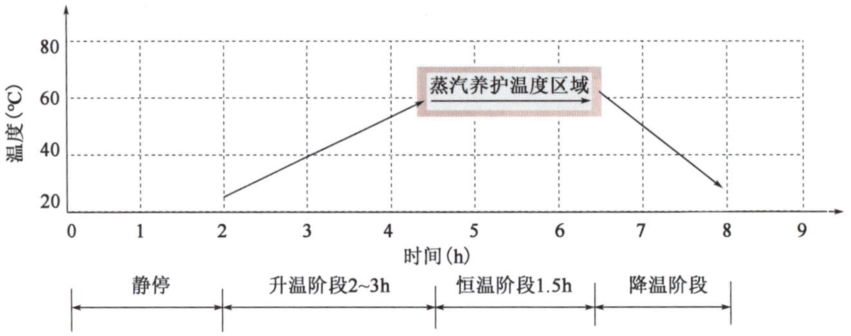

图 13-29 蒸汽养护曲线图

⑧成品检验及修补、标识。

a. 成品尺寸检验。

用大于管片宽度量程的游标卡尺测量管片的宽度,用大于管片厚度量程的游标卡尺测量管片的厚度。用5m 规格的钢卷尺测量管片弧长。用直径为1mm,长度为7m 的尼龙线对扭曲变形情况进行检验。管片成品质量检验标准见表 13-11。

管片成品质量检验标准 表 13-11

序号	内容		检测要求	允许误差(mm)
1	外形尺寸	宽度	测三点	±1
		弦长、弧长	测三点	±1
		厚度	测三点	+3 -1
2	混凝土强度			≥设计强度等级
3	混凝土抗渗			≥设计抗渗等级

每块管片都进行外观质量检验,管片表面应光洁平整,无蜂窝、露筋、无裂纹、缺角。轻微缺陷进行修饰,止水带附近不允许有缺陷,灌浆孔应完整,无水泥浆等杂物。

b. 产品修补。

深度大于2mm,直径大于3mm 的气泡、水泡孔和宽度不大于0.2mm 的表面干缩裂缝用胶黏液与水按1∶4 ~1∶1 的比例稀释,再掺入适量的水泥和细砂填补,研磨表面,达到光洁平整。

破损深度不大于20mm,宽度不大于10mm,用环氧树脂砂浆修补,再用强力胶、水泥砂浆进行表面填补、研磨处理。

c. 合格管片标识。

标识内容:分别为产品的型号、产品型号的生产累积号、产品的生产日期。

标识位置:内弧面右上角,正对内弧面的右上侧端面,如图 13-30 所示。

管片型号标识符号见表 13-12。

管片型号标识符号 表 13-12

型号	标识	封顶块标识	邻接块	标准块标识
标准环	T	KT	BT、CT	A1T、A2T、A3T、A4T、A5T…
左转弯环	L	KL	B1L、B2L	A1L、A2L、A3L、A4L、A5L…
右转弯环	R	KR	B1R、B2R	A1R、A2R、A3R、A4R、A5R…

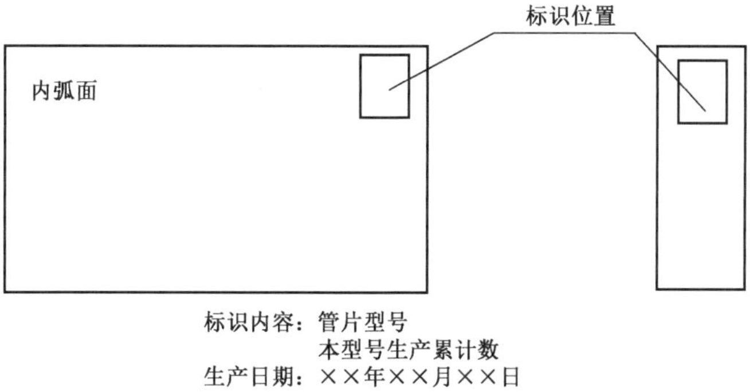

图 13-30　管片标识

管片最终检验由安质部质量监督员负责，车间质检员发现产品质量问题向安质部报告。不合格的产品及时标识和隔离。所有产品检验数据应填表记录。

管片出厂前应对如下项目按如下频率抽检：

a. 管片单体弯曲试验：每 1500 块一次，使用标准片。

b. 管片接合破坏试验：每 500 环一次，使用标准片或邻接片接合。

c. 管片单体推力试验：每 500 环一次，使用封顶片。

以上各项若每季生产量不足 500 环时，每季试验一次。“a”项管片试验不合格时，可再取两片重新试验，如再不合格，则此批管片应不予使用。

螺栓、螺帽等组件，每 500 个或一批货抽样取两个，做外观、形状、尺寸及螺栓精度检查，如不合格则此批螺栓、螺帽应不予使用。每 5000 个或一批货抽样，取两个做机械及物理性能试验，试验不合格时，可再取两个重新试验、如再不合格则此批螺栓、螺帽应不予使用。

管片生产正常后应对每日生产的不同类型的管片分别抽检两块检漏，检漏标准为：按设计抗渗压力恒压 2h，渗流线不得超过管片厚度的 1/3。

管片水平拼装检验应符合下列规定：由三环管片进行水平组合拼装，并经检验合格方可投入正式生产。

管片投入正式生产后，对每套钢模生产的管片按如下规定作水平拼装检验：管片开始生产 50 环后进行水平拼装一次；开始生产 100 环后，再经一次水平拼装检验合格后可定为每生产 100 环作一次水平拼装检验。管片水平拼装的检验标准应符合表 13-13 的要求。

管片水平拼装检验允许误差表　　表 13-13

项　　目	检 测 要 求	检 测 方 法	允许误差(mm)
环向缝间隙	每环测 3 点	插片	≤2
纵向缝间隙	每条缝测 3 点	插片	≤2
成环后内径	测 4 条(不放衬垫)	用钢卷尺	±2
成环后外径	测 4 条(不放衬垫)	用钢卷尺	−2，+6

3）管片养护、储运

（1）工艺流程

工艺流程：水池养护→储存→美容→出厂。

(2)工艺质量控制

①管片检测合格打上标识,待管片温度与室外温度相差10℃以下时,由平板车运至养护池,由门式起重机吊入养护池进行水养。管片移入养护池前,应确定其管片混凝土表面温度和水温之差不大于20℃,避免因温差过大致使管片表面产生收缩裂纹。

②管片进入养护池按生产日期及型号侧立排放整齐,并作好记录。养护池底部应铺设枕木,避免管片吊入养生区时因碰撞而受损。

③水池养护须记录水温、管片下水前温度及水养护时间。管片在养护池中一般养护7d后起吊,由翻身架翻转90°后,用叉车运至储存场。

④管片移入储存场按照生产日期分批放置储存,储存场地面应坚实平整。

⑤存放时管片应内弧面向上平稳地堆放整齐,管片下及管片之间应垫柔性材料,垫条应对称放置,使管片间无碰撞,堆放高度不得超过四层。

⑥管片放置干冷的储存场进行强度养护,混凝土强度达到设计强度的100%管片方可出厂。

⑦管片出厂前需盖合格印。

⑧运输管片用叉车装车,管片内弧面向上平稳地置放于运输车辆上,管片底及管片之间垫有柔性木垫(方木),只可堆放3层高,防止运输过程中碰撞。

⑨管片用平板汽车运到施工现场,用门吊从车上吊下,施工现场管片存储场地应用混凝土硬化,地面坚实平整,存放时管片应内弧面向上平稳地堆放整齐,堆放高度不超过4层。

思考题

1. 简述管片设计方法。
2. 简述管片设计基本流程。
3. 简述管片设计模型。
4. 简述管片设计所采用的荷载种类。
5. 简述管片抗震性论证方法。
6. 简述管片接缝防水设计要点。
7. 盾构隧道二次衬砌一般采用什么方法修筑,有哪些设计方法?
8. 管片制作的场地布置主要包括哪些?
9. 简述管片生产的主要原材料及标准。
10. 试述管片制作工艺流程主要包括哪些?
11. 简述管片养护、储运的工艺流程与质量控制措施。
12. 简述管片蒸汽养护的技术要点。

第四篇 盾构施工案例

本篇包含6章，主要介绍以上海、天津、杭州、西安等为代表的软土地层，以北京为代表的无水砂卵石地层，以成都为代表的富水砂卵石地层，以广州、深圳为代表的上软下硬复合地层，以重庆、青岛、深圳等为代表的岩石地层，以中铁一局集团有限公司施工的岩溶地层及国外马来西亚为代表的岩溶地层的施工技术与典型案例。

第 14 章　软土地层施工
第 15 章　无水砂卵石地层施工
第 16 章　富水砂卵石地层施工
第 17 章　上软下硬复合地层施工
第 18 章　岩石地层施工
第 19 章　岩溶地层施工

第 14 章
软土地层施工

本章重点：本章主要介绍软土地层的地质特点、盾构掘进特点；通过具体工程案例介绍以上海、天津、杭州、西安等地质为代表的软土地层盾构施工关键技术。

14.1 软土地层盾构掘进特点

软土一般是指在静力或缓慢流水、缺氧、多有机质的条件下生成的以细颗粒为主的近代沉积物。其颗粒小于 0.1mm 部分一般占土样重量的 50% 以上。这类土大部分是饱和的，含有机质，天然含水率大于液限，孔隙比大于 1。当天然孔隙比大于 1.5 时，称为淤泥，天然孔隙比大于 1 而小于 1.5 时，则称为淤泥质土。工程上将淤泥、淤泥质土、泥炭、泥炭质土、冲填土、杂填土和饱和含水黏性土统称为软土。软土地层还包括软土与砂土、碎石土、角砾土及块土等形成的互层。绝大部分软土生成于全新世的中晚期，也有软土层埋藏在密实的硬土层之下，生成期较早。在各种土质中，软土是比较年轻的沉积物，甚至还存在正在继续沉积的欠固结软土。

软土天然含水量大、孔隙比大、压缩系数高、强度低等，具有蠕变性、触变性等特殊的工程地质性质，工程地质条件较差。盾构在软土地层中施工时：①盾构选型应满足密封性及抵御水土压力的要求；②盾构始发与接收端头需对地层进行加固；③容易引起地表沉降过大；④掘进过程中盾构姿态不易控制等。

软土地层盾构掘进要点有以下几方面：

(1)软土地层盾构选择，要依据工程地质与水文地质条件、隧道断面形状、隧道外形尺寸、隧道埋深、地下障碍物、地下管线及构筑物、地面建筑物、地表隆沉要求等，经过技术、经济比较后综合确定。由于软土地层地基承载力小、含水率高，容易造成盾构头部下栽盾尾上浮的“栽头”现象。要结合软土地层特点进行盾构选型，应注意盾构重心位于合适位置，盾构重量分布相对均匀。

(2)软土地层掘进中盾构容易栽头，需要保持较大的上下推力差才能维持盾构垂直姿态。如果实际掘进中总推力较小，不足以提供大的力差，则可适当提高土舱压力，增大总推力。

(3)盾构铰接一般可用于辅助纠偏和拟合设计曲线。当姿态出现偏差较大，靠推力差无法扭转时，可结合偏差大小打开铰接，辅助纠偏。在线路曲线半径较小的情况下，为了拟合曲线，减小推进阻力，降低盾构推进对地层扰动，在推进时可打开铰接到适当角度。

(4)开启超挖刀和使用仿形刀对盾构也有纠偏作用。当盾构出现偏差时，在反方向区域开启超挖刀,实现纠偏。

(5)盾构停机过程中,会出现不同程度的下沉和栽头。当盾构停机时间过长,需及时建压,使土舱压力维持在一定数值。

(6)在软土地层中,盾构趋势受成型管片趋势影响较大。拼装管片的趋势影响盾构姿态。正确计算管片趋势,合理选择点位,是控制盾构姿态的关键。在选择点位时,要做到精细化操作,分析行程差、盾尾间隙和盾构姿态,计算管片趋势,结合盾构走向和设计轴线确定点位。

(7)由于管片从刚拼装完成到隧道变形稳定后,会出现一定的位移。为保证成型隧道线型在允许范围内,推进时应根据管片实测位移量确定盾构掘进姿态。

(8)严格控制同步注浆质量,尽量缩短浆液凝结时间,注浆量要达到设计要求,保证管片衬砌环能够与土体密贴,给盾构提供足够的抗扭转摩阻力,防止盾构产生过大滚动,保证管片环自身稳定。优先选用双液浆,加强土层的承载力和提高盾壳与周围土体的摩阻力。注浆过程中,可根据实际需要确定注浆孔位及每个注浆孔的注浆压力和注浆量。注浆过多引起盾构上浮时,应适当减少浆液的注入量。

14.2 上海地铁软土地层盾构施工

14.2.1 工程简介

上海地铁9号线某区间采用盾构法施工,隧道埋深9.8~21.7m,最大纵坡28‰,最小平面曲线半径500m。隧道施工范围内主要地层为④灰色淤泥质黏土、$⑤_{1-1}$灰色黏土、$⑤_{1-2}$灰色粉质黏土、$⑤_3$灰色粉质黏土、⑥暗绿~草黄色粉质黏土,局部涉及土层为③灰色淤泥质粉质黏土夹粉性土,始发前400m位于古河道沉积软土地层。盾构在始发后,坡度要在50.4m的距离从-2‰变坡至-28‰,平均每环管片下降0.62‰的坡度。同时,水平方向由直线缓慢变化为500m半径的圆曲线。

上海地区管片拼装形式为通缝拼装。管片仅在水平方向设置26.4mm的楔形量,垂直方向未设置楔形量。盾构在纵向坡度及竖曲线段掘进过程中,成型隧道轴线拟合盾构轴线控制较难。

14.2.2 施工中存在的主要问题及原因分析

在始发掘进至150环的过程中,出现不同程度的渗漏水、管片破损以及上浮现象。其中1~81环平均上浮量5cm,82~111环平均上浮量达到7cm,管片在脱出盾尾50环以后上浮量趋于稳定。管片上浮的同时,伴随有隧道渗漏水以及管片破损等现象发生。

盾构在该阶段掘进过程中位于古河道沉积软土地层,主要穿越地层为④灰色淤泥质黏土、$⑤_{1-1}$灰色黏土、$⑤_{1-2}$灰色粉质黏土。其中,④层灰色淤泥质黏土、$⑤_{1-1}$层灰色黏土均属于高含水量、高压缩性、低强度、低渗透性的饱和黏性土,具有较高的灵敏度、明显的触变特性以及较低的土体抗剪切性能,在刀盘扰动以及注浆压力的作用下极易破坏土体结构,产生土体压缩,加剧管片的上浮。

古河道沉积软土地层土性较差,由正常沉积区进入古河道沉积软土地层时,会造成盾构突沉，严重时会使盾构失稳。盾构掘进过程中为防止盾构栽头，下部推力较上部推力大，对管片存在一个向上的分力。

上海地区盾构掘进施工中的同步注浆采用的是厚浆，该浆液属于惰性浆，初凝时间较长，管片在脱出盾尾后处于悬浮状态，根据理论计算得知，管片受到浆液向上的浮力大于每环管片自重，管片存在向上的作用力。

盾构在上海软土地层推进过程中易发生"栽头"现象，为避免盾构"栽头"，需加大上下油缸推力差。但在实际推进过程中，若上下推力差超过 150kN 后，管片易产生上浮甚至破损现象。

14.2.3　解决方法

(1)严格控制盾构姿态

通过逐步压低盾构垂直姿态，抵消部分管片上浮量。

通过管片上部贴片调整管片的前超量，使管片在轴线方向有向下的趋势，将盾构垂直姿态整体缓慢、均匀地向轴线下方(负值)调整，每环纠偏量不大于 5mm。

根据现场数据分析研究，当盾构坡度大于设计坡度 2‰~3‰，垂直姿态前后高差在 5~10mm 时，管片不易发生破损。因此在掘进过程中要确保盾构姿态和垂直趋势在合适范围。

(2)严格控制盾构掘进速度

掘进速度不宜过大，以减少盾构掘进对地层造成的扰动。并加强同步注浆，及时填充土体与盾构之间的建筑空隙，严格控制注浆量及注浆压力，并通过在惰性浆液中入水泥的方式缩短浆液初凝时间，使同步注浆浆液能够及时包裹并固结管片。

(3)严格控制盾构掘进上下推力差

古河道沉积软土地层盾构总推力一般控制在 8000~10000kN。为了保持盾构姿态稳定和成型隧道质量，要严格控制上下油缸推力差，根据盾构实际姿态及时调整。

(4)加强二次注浆

对脱出盾尾的管片每间隔 3~5 环注入双液浆，使管片脱出盾尾后不再处于游离状态，从而控制管片的上浮。

(5)堆载重物

由于古河道沉积软土地层含水量较大，土体抗剪能力较差，在管片受到向上作用力时易产生土体压缩，从而将加剧管片的上浮。采取在台车桥架处的管片底部增加铁锭堆载，通过额外增加管片质量的方式来抵抗部分上浮力。

14.2.4　施工小结

上海软土地层盾构姿态及管片上浮控制是盾构修建及成型隧道质量控制中的重要环节。本工程针对古河道沉积软土地层情况，对管片上浮展开研究分析。

(1)根据监测数据显示，管片的上浮从脱出盾尾开始，上浮量随时间的推移逐渐增大，在管片脱出盾尾 20h 内上浮量增长迅速，20h 后上浮量增长缓慢，48h 后上浮量基本趋于稳定。

(2)采取相应措施后，管片上浮量基本能够控制在 40mm 以内。同时，管片的渗漏水及破损现象极少，成型隧道质量良好。

14.3 天津地铁软土地层盾构施工

14.3.1 工程简介

天津地铁2号线某区间盾构隧道，覆土厚度17~21m，盾构隧道净间距最小为0.98m，最小曲线半径为300m。隧道外径6.2m，内径5.5m，管片衬砌为单洞圆形隧道，采用错缝拼装。盾构穿越地层主要为⑤$_1$粉土、⑥$_1$粉质黏土、⑦$_2$粉土层，其中⑦$_2$粉土中地下水较丰富，水压较大。该地层土质强度低、压缩性大，并具有较大的流塑性。隧道下穿包括京山线、京津城际铁路在内多条铁路线，该段铁路线处于进站区，行车密度大，特别是京津城际铁路（高速铁路），行车速度很高，施工难度非常大。

14.3.2 施工中存在的主要问题及原因分析

本工程采用两台加泥式土压平衡盾构。在施工期间遇到以下几类问题：

（1）盾构接收端地层自稳性差、含水率高，接收端距离国铁站距离较近，且隧道间距较小，盾构接收风险性高。

（2）该工程软土地层透水性较差，属高含水率、中等灵敏度、中~高压缩性、低强度、低渗透性的饱和黏土，蠕变量大，土层的蠕动易造成开挖面失稳，地层沉降控制难度大。

（3）软土中局部含砂粒，有机质较少，结构疏松，盾构本身自重和掘进刀盘扰动的影响，会造成盾构栽头现象严重以及盾构姿态控制困难。

（4）区间最小曲线半径为300m，再加上富水软土地层的特点，使盾构姿态控制难度加大，成型隧道质量问题突出，如隧道管片的破损、错台等。

14.3.3 解决方法

（1）接收端头地层冻结法加固

通过对接收端外部风险源分析、端头加固方案比选及天津市类似施工经验，采用冻结法加固接收端土体。在车站内外钻设水平孔和垂直孔，安设冷冻管。冻结范围为“杯状”形式，加固长度为11m，前3m为全断面加固区，后8m为环形加固区。加固区共布置四圈冻结孔，其中第一圈（外圈）冻结孔共31孔，圈径7.5m，长度11m。在第一层冻土圈作用下，土体形成杯壁厚1.2m，长8m的冻土。第二至第四冻结孔布置圈上冻结孔共22孔，在其作用下，土体形成杯底3m厚冻土。冻结32d后，根据测温数据分析，冻结各项参数达到了设计要求，达到了冷冻施工的最终目的，满足了破槽壁盾构接收要求。

（2）采用盾构箱体接收

在盾构接收井内施作长18m，宽12.26m，高8.84m，壁厚0.8m的钢筋混凝土箱体，采用M1.5砂浆进行箱体回填。接收时盾构直接推进至明洞内，凿除回填区域将盾构拆解吊出。采用“冻结法端头加固+箱体”盾构接收施工方案，实现了盾构安全接收，规避了盾构接收时洞门高富水软土坍塌的风险。

（3）严格控制盾构姿态，及时纠偏

盾构蛇形走位是软土地层中最为常见的问题之一。结合盾构隧道平面曲线和坡度设计，在施工过程中严格控制盾构推进油缸行程差和方位的变化，发现问题及时处理，避免出现较大偏移量，在掘进期间对于姿态的控制要做到“勤纠、少纠”原则。为了防止盾构出现栽头现象，施工中采用的主要措施：

①掘进期间适当地降低盾构推进速度，加大盾构下部油缸的推力，前点姿态控制在Ⅰ、Ⅱ象限，后点姿态控制在Ⅲ、Ⅳ象限。

②适当减小土舱压力，消除盾构的前端重量。在管片姿态好的情况下，利用转弯环抬高盾体，调整盾构垂直姿态。

③利用盾构壳体上的径向注浆孔向盾壳下周圈进行径向注浆，以调整盾构姿态。

(4)严格控制掘进参数

掘进期间除了控制好盾构姿态外，还应严格控制土舱压力、推力、推进速度、出土量等参数。土舱压力经过计算得出，根据经验使盾前地面略有隆起为宜。推力在正常段不宜超过13000kN，推进速度控制在30～50mm/min。

(5)控制地层沉降

富水软土地层抗力小、流塑性大，在盾构扰动下地层不稳定，根据施工监测数据发现地表极易出现沉降超限，地层沉降不易控制。施工中采取的主要措施：

①根据盾构隧道沿线的实际土质情况、隧道埋深变化、水文情况、地面建筑物荷载、地面动载情况和试掘进的经验，设定合理的土舱压力；根据地表沉降监测结果判断土压力设定值是否合理及其与开挖面前方的水土压力是否一致，并根据监测数据及时调整。

②采用在盾构掘进时通过盾体径向注浆孔注入泥浆的措施，对盾壳和土体间的缝隙先行填充，减缓盾体正上方的地层沉降。

③在过风险源区域必须保证盾构同步注浆量，并通过管片注浆孔进行二次补浆，控制铁路等重要风险源的沉降。

(6)控制成型隧道质量

本工程在试掘进期间存在管片错台、裂缝问题，施工中采取的主要措施：

①严格控制盾构姿态，避免大幅度纠偏，保证盾尾间隙要求。

②管片选型要考虑盾尾间隙、油缸行程差、盾构姿态，尽量做到隧道设计轴线、盾构轴线及管片轴线的拟合，避免因拼装不到位产生的错台。

③做好管片螺栓紧固与复紧。

④加强盾构同步注浆和二次注浆管理。同步注浆压力比土压力高0.1～0.2MPa，减小浆液初凝时间，使所注浆液能尽快凝固且起到巩固隧道管片的作用。二次注浆主要解决管片裂缝渗漏水和管片上浮问题，确保成型隧道质量。

14.3.4 施工小结

(1)天津软土地层盾构始发和接收风险性较大，为保证盾构始发与接收的安全、可靠，端头土体加固的效果较为关键，施工过程中要重点关注加固质量和效果检查工作。

(2)针对天津软土地层盾构施工引起的地层沉降问题，一是要严格控制土舱压力及出土量，防止超挖及欠挖；二是要做好同步注浆压力和注浆量的管理；三是施工中若遇到沉降突发情况，应及时采取应急补救措施，采取管片壁后二次注浆、地面跟踪注浆等措施。

(3)对于软土地层盾构施工存在的管片较大错台、破损等质量通病，应从盾构姿态、盾尾间隙、推进参数、管片选型和注浆这几个方面重点分析，并及时采取针对性措施。

14.4 杭州地铁软土地层盾构施工

14.4.1 工程简介

杭州地铁2号线某区间盾构隧道长1558.525m，平面最小曲线半径278m，平面最大曲线半径2000m，纵断面设置"V"字坡，最小纵坡4.212‰，最大纵坡24‰。隧道最小埋深10m，最大埋深17.2m。地质以淤泥质软土为主。区间两侧多为绿地、已建多(高)层建筑物等。

14.4.2 施工中存在的主要问题及原因分析

盾构隧道部分管片的内弧面出现开裂现象。经过现场调查、统计、分析，结合具体施工实际、地层及设计情况，管片开裂主要表现为三种形式，即管片凹槽侧内弧面环向开裂、管片凸榫侧内弧面环向开裂以及管片迎千斤顶侧内弧面纵向开裂，如图14-1～图14-3所示。

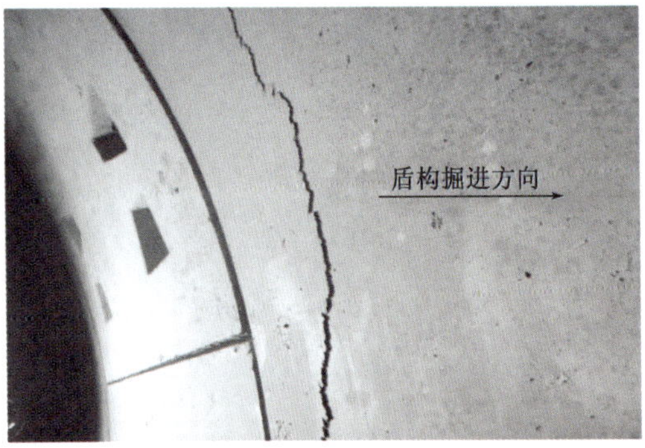

图14-1 隧道管片凹槽侧内弧面环向开裂

图14-2 隧道管片凸榫侧内弧面环向开裂

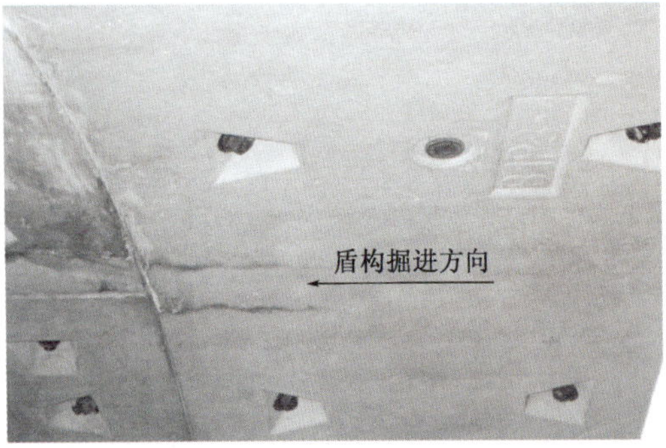

图14-3 隧道管片迎千斤顶侧内弧面纵向开裂

产生管片开裂的主要原因分析：

(1)由于盾构姿态难以控制，出现盾构上浮，导致在施工过程中与管片姿态不相吻合，盾尾间隙偏小，推进过程中，造成盾构推进油缸千斤顶与管片横断面不垂直接触，产生径向分力，同时盾构盾尾对管片产生挤压，导致管片出现开裂。管片在组装时如发生错缝或开缝，那么组装中的管片和已组装好的管片的角部就可能呈点接触或线接触，这些地方一旦承受千斤顶的压力就会发生残缺或开裂如图14-4所示。当盾构的方向与管片的方向产生差异时，会发生盾构与管片争高低(挤压)的现象，导致管片的损伤或变形，管片宽度越大这种现象的发生率就越高。

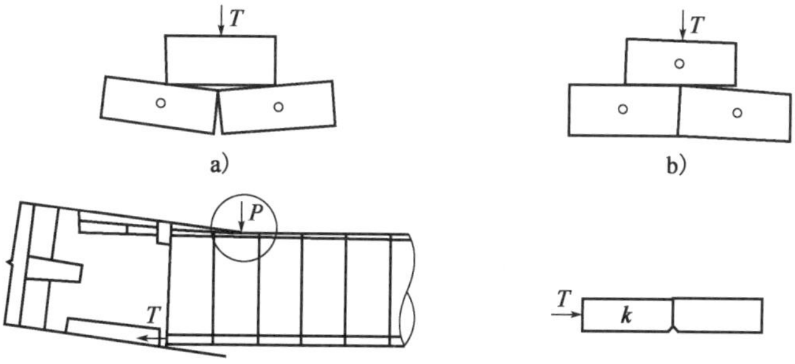

图14-4　管片开裂和破损的主要原因示意图

(2)管片本身凹槽侧内弧面素混凝土过厚,有的能达9cm,管片在此处抗剪能力差,致使管片在凹槽处受径向剪切力时,凹槽处易发生开裂现象。

(3)管片脱出盾尾过程中因自身上浮,管片存在错台趋向,先拼管片凸榫对新拼管片凹槽产生径向剪切,当盾构推进油缸千斤顶对后拼管片施加推力进行盾构掘进时,先拼管片凹槽侧发生开裂。

14.4.3　解决方法

(1)严格盾构姿态控制和盾构纠偏

纠偏施工首先以调整盾构姿态为主,管片姿态要逐步拟合盾构姿态,根据盾构姿态、设计线路、管片点位,制定详细的纠偏计划,加强盾构姿态控制,做到勤纠、少纠,每环纠偏量不大于5mm,严禁单环盾构纠偏量过大。

纠偏过程中可适当开启铰接角度。在盾构掘进过程,如果线性有变化,提前进行计算,并提前开始拟合线性。

(2)做好管片选型和管片拼装质量控制

做好管片选型,严格控制管片拼装质量。纠偏过程中,及时调整管片楔形量,保证每环管片上超前量,确保纠偏过程中管片与盾构姿态相互吻合。盾构姿态正常掘进时严格控制每环行程差在20mm以内。纠偏过程中行程差控制在30mm以内,防止因管片姿态不能拟合盾构姿态,造成管片开裂现象发生。

(3)及时对管片背后进行注浆

同步注浆浆液强度,控制浆液初凝时间在3～4h,保证脱出盾尾管片稳定性,并在管片拖出盾尾第6环时,注双液浆,缩短浆液凝固时间,增加管片在地层中的稳定性,防止因管片浮动,发生错动,造成管片开裂。

14.4.4　施工小结

(1)做好土舱压力的设定与管理。由于开挖面土体为高压缩性,防止前方地表隆起后,土体受被动土压力后压缩变形,形成较大建筑空隙,造成后续同步注浆数量较难控制,可按静止土压力进行土舱压力的设定;要根据地表监测数据对土舱压力进行动态调整。

(2)严格控制盾构掘进参数,要注意控制推进油缸上下部推力差。

(3)正确使用铰接,利于在软弱地层中的姿态控制。

(4)盾构始发定位较洞门中心下方 2cm,防止在淤泥质地层中盾构始发后管片上浮较大引起后续隧道纠偏困难。

(5)采用惰性浆液(厚浆),泌水性好,填充率高,可有效填充建筑空隙。

14.5 西安地铁黄土地层盾构施工

14.5.1 工程简介

西安地铁 4 号线某区间盾构隧道长 1792m。区间最小平曲线半径 $R=350\text{m}$,最大纵坡 28‰,隧道拱顶覆土 9.8 ~ 19.5m,隧道外径均为 6m,内径 5.4m,单环管片长度为 1.5m,管片衬砌为单洞圆形隧道,采用错缝拼装。地层为:地表分布有厚薄不均的全新统人工填土(Q_4^{ml});其下为上更新统风积(Q_3^{eol})新黄土及残积(Q_3^{el})古土壤,再下为上更新统洪积(Q_3^{pl})粉质黏土、中砂,再下为中更新统湖积(Q_2^{l})粉质黏土等。隧道穿越地层主要为:〈3-4〉粉质黏土,局部夹有少量〈3-5〉粉土。

14.5.2 施工中存在的主要问题及原因分析

(1)盾构区间下穿重要建筑众多,且有重点文物,其敏感性强,对盾构施工掘进参数控制要求严格,沉降控制难度大,建筑物保护要求高。

(2)盾构下穿护城河隧道结构外轮廓与河底最小距离为 6.28m,覆土厚度小,存在施工风险。

(3)盾构姿态控制困难,易发生盾构栽头现象,存在成型隧道破损、错台等问题。

14.5.3 解决方法

(1)做好管片选型和盾构姿态控制。

①根据管片楔形量和线路特点、盾尾间隙等参数选择合适的管片类型和点位。

②事先对小半径平曲线上的管片选型进行拟合,制定管片拼装点位选择标准参考表。

③充分利用盾构铰接,使盾构更好地拟合曲线,减少超挖量。

④每环推进到结束,对 10 环以内管片螺栓进行三次复紧,克服作用于管片推力产生的垂直分力,减少成环隧道浮动。

⑤加强对导向系统的复核,避免盾构姿态发生跳动。

(2)加强盾构下穿建构筑物沉降控制。

①针对盾构下穿建(构)筑物,施工前进行详细调查,并制订专项施工方案。

②通过对出土量、注浆量、掘进速度、推力、土舱压力等进行理论计算,并结合地面沉降观测数据,在掘进过程中对参数进行优化调整,确定出在古土壤及粉质黏土中的最佳掘进参数。

③在盾构到达该建筑物前 20m 时,对该建筑物及地面每日进行两次沉降观测,在盾构穿越该段时每 2h 监测一次,及时反馈数据,必要时调整盾构施工参数。

④在盾构下穿建(构)筑物前 30m,对盾构核心部位及构件进行维修保养或更换,保证施工期间设备运转正常。

⑤使用泡沫等添加剂对刀盘前方及土舱内的渣土进行改良，使出土口位置渣土成流塑状。

⑥同步注浆要及时足量，掘进通过后，根据监测情况，及时进行二次补充注浆。

14.5.4　施工小结

(1)西安地区盾构区间穿越的地层主要为黄土、古壤土、砂性土，盾构在地下水水位以下施工，且新黄土和砂性土渗透系数较大，宜使用土压平衡盾构。

(2)认真研究地质条件，合理的盾构选型及主要技术参数的确定是保证盾构顺利施工的关键。

(3)根据地层特点进行同步注浆并辅以二次补强注浆，有效地填充建筑空隙减小地面沉降。

(4)合理地选择管片类型拼装在适宜的点位拟合隧道线路特征，避免盾尾间隙过小导致管片错台和破损。

思考题

1. 简述软土的概念及其地质特点。
2. 简述软土地层盾构掘进要点。
3. 结合具体施工案例，论述上海软土地层盾构姿态及管片上浮控制措施。
4. 结合具体施工案例，论述天津软土地层盾构始发与接收风险控制要点。
5. 结合具体施工案例，论述产生管片开裂的主要原因及解决措施。
6. 结合具体施工案例，论述西安黄土地层施工中存在的主要问题及原因。

第 15 章
无水砂卵石地层施工

本章重点：本章主要介绍无水砂卵石地层的地质特点、开挖面失稳模式、开挖面稳定性控制原理、渣土改良要点、盾构施工易出现的问题；通过具体工程案例介绍无水砂卵石地层盾构施工的技术。

15.1 无水砂卵石地层地质特点

砂卵石地层是指以砂和卵砾石为主的地层，是一种典型的力学不稳定地层。根据相关规范及说明，砂的定义是粒径在 0.075 ~ 2mm 的颗粒，卵石是 60 ~ 200mm 的颗粒，如图 15-1 所示。一般来说砂卵石地层包含有砂及卵石，并且卵石含量较高。砂卵石地层颗粒粒度不均一、黏结性差、透水性好。是一种典型的力学不稳定地层，在无水状态下，颗粒之间点对点传力，地层反应灵敏隙度大。

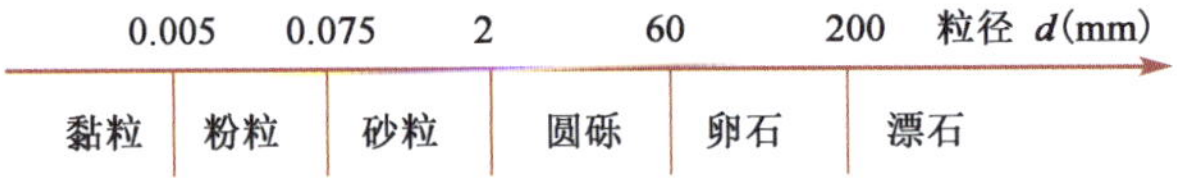

图 15-1　土的粒径分组

地史资料表明，砂卵石地层的成因主要与水动力搬运沉积相关，第四纪是全球性气候冷暖与干湿交替变化，冰川活动的重要地质时期，从冰川活动开始，以冰川、冰水搬运堆积的陆源碎屑物开始沉积，至冰后期以江河、湖滨为主的冲积物开始形成。砂卵石土根据地形和水动力条件的不同，其成因类型可分为：洪积、冲积、滨海沉积、冰水沉积和三角洲沉积。砂卵石地层，物理力学特征指标和传统的软土和硬岩都有很大差别，主要有以下特点。

图 15-2　某砂卵石地层开挖出的渣土

①渣土具有不均匀性，卵石含量高（图 15-2）。

②流动性差。由于渣土的内摩擦角较大（一般都在 30°以上），造成了渣土流动性差。

③对刀具摩擦系数大。该地层和刀具之

间的摩擦系数一般都在 0.4 之上，最高可达 0.7。

④单块卵石强度高。根据单块卵石的抗压强度试验结果，卵石块的单轴抗压强度可达 150MPa，最大可达到 180MPa。

⑤黏聚力小，或几乎没有黏聚力，结构松散，不连续。因此导致结构传力特征存在差异，地层内靠点对点传力，稳定性差。

15.2　开挖面失稳模式

砂卵石地层颗粒之间的孔隙大，颗粒之间没有黏聚力，刀盘旋转切削时，地层非常容易坍塌，容易产生较大的围岩扰动。因此，对无水砂卵石地层如何控制盾构开挖面的稳定性，是保证盾构安全高效推进的首要前提。

1）无水砂卵石地层开挖的力学特性

砂卵石地层是一种典型的力学不稳定地层，其基本特征是结构松散、无胶结，呈大小不等的颗粒状。这种地层一旦被开挖，就很易破坏原来的相对稳定或平衡状态，使开挖面和洞壁失去约束而产生不稳定。砂卵石地层颗粒之间的孔隙大，颗粒之间的黏聚力为零。刀盘旋转切削时，地层非常容易坍塌，围岩容易发生扰动，当切削刀具的开挖力传递到开挖部位周围，扰动的围岩范围就更大。围岩中的大块卵石、砾石越多，粒径越大，这种扰动程度就越大。特别是隧道顶部大块卵石剥落会引起上覆地层的突然沉陷。

2）无水砂卵石地层盾构开挖面的失稳模式

盾构在整个掘进过程中，所穿越地层基本上可以分为两种：基本为全断面砂卵石地层、部分断面砂卵石地层。

在盾构掘进过程中，如果开挖面没有足够的支撑压力，开挖面上覆地层发生失稳的模式对应有以下两种情况。

（1）全断面砂卵石地层

盾构在全断面卵石、圆砾石层，上覆地层分别为砂性土和黏性土。砂卵石地层中颗粒之间传力方式为点对点，如图 15-3 所示。

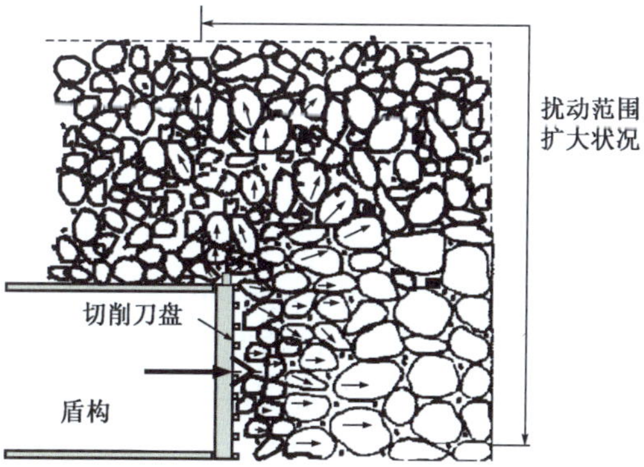

图 15-3　砂卵石地层开挖状况

若开挖面支撑压力不足，或大块卵石排出时，或螺旋输送机的排土量大于刀盘切削土量时，在刀盘前上方会产生较大的空洞区域，卵石或砾石将相继松动，在开挖面上方引起较大的塌落区，继而使得上覆砂性土和黏性土层产生的松动范围也比较明显，如图 15-4 所示。若覆土较浅，将引起很大的局部地表沉降。如果上覆土体的抗剪强度很低，还会引起冒落的危险。

（2）部分断面砂卵石地层

盾构穿越部分断面砂卵石地层时，卵砾石位于盾构开挖面的下半部，上部为细砂、中砂层，开挖面上方土体塌落和松动的程度都比全断面砂卵石地层轻，如图 15-5 所示。

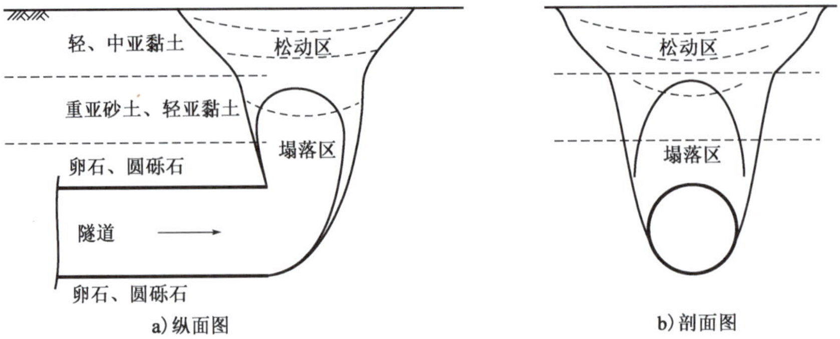

图 15-4 全断面砂卵石地层开挖面失稳形态

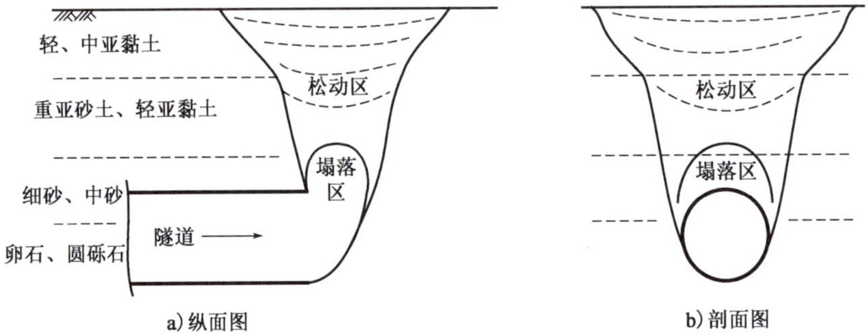

图 15-5 部分断面砂卵石地层开挖面失稳形态

15.3 开挖面稳定性控制原理

1)砂卵石地层盾构开挖面的稳定机理

由前述开挖面上覆地层结构的稳定性分析可知,盾构在地层中掘进时,需要在土舱内建立一定的土压力,并向开挖面注入添加剂,是基于以下机理。

(1)盾构刀盘对开挖面的支撑以及土舱内泥土压力的作用有两点:一是为土体结构提供水平推力,以利于形成拱结构;二是提高开挖面土体的竖向抗力,减少开挖面上方土体失稳的可能。

(2)盾构在切削、排土的同时进行推进油缸的推进,实际是为及时有效地平衡开挖面土体的应力,控制并减少下沉速度。

(3)在刀盘切削的同时,向开挖面注入泥浆、泡沫等添加剂的作用是使开挖面土体的强度和刚度得到加强,对开挖面土体起到了支护作用,减少开挖面的无支护距离。

(4)在无水砂卵石地层中,颗粒松散,无黏结力,颗粒之间的传力方式为点对点,向开挖面土体添加泥浆之后,泥浆包围在颗粒周围,形成了一层泥膜,增加了颗粒之间的黏聚力,使得颗粒之间的传力范围得到扩大,改善了土体的受力状况,增强了开挖面土体的强度和刚度,利于开挖面的稳定,如图 15-6 所示;利用加入泡沫改善土体粒状构造,同时吸附在颗粒之间的气泡可以减少土体颗粒与刀盘系统的直接摩擦。降低土体的渗透性,又因其密度小,搅拌负荷轻,容易将土体搅拌均匀,从而做到既能平衡开挖面土压,又能连续向外顺畅排土。

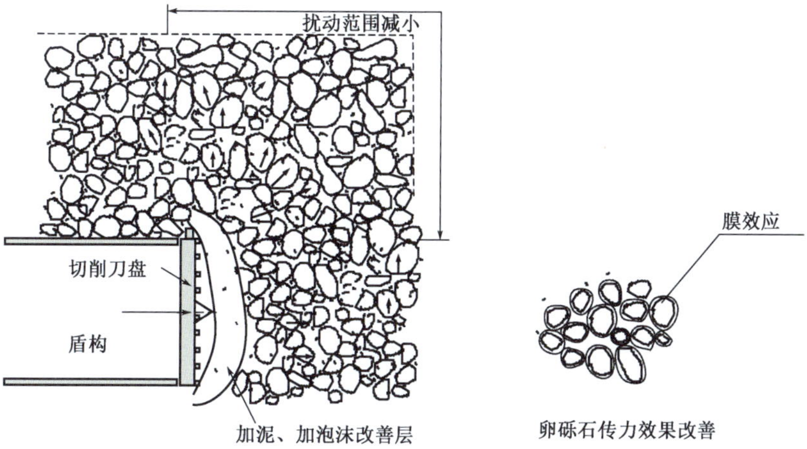

图 15-6　加泥、加泡沫对开挖面土体的改善示意

2)无水砂卵石地层开挖对盾构的影响

盾构在这种地层中掘进所受到的影响主要表现在以下几个方面：

(1)砂性土和砂砾土内摩擦比较大,土的摩擦阻力大,故难以获得好的流动性,当切削下来的土充满土舱和螺旋输送机内时,将使切削刀盘转矩,螺旋输送机转矩,盾构推进油缸推力增大,甚至使开挖排土无法进行。因此,盾构刀盘切削土体时容易使刀盘过热,加剧刀盘刀具的磨损,影响盾构的机械性能。

(2)刀盘切削进来的土体须经螺旋输送机运出至皮带输送机,当遇到土质含水率低、土质较硬的情况下,螺旋输送机也会因工作扭矩过大而发热,影响其性能,严重时甚至停转。

(3)这种砂卵石地层的塑流性差,会导致大颗粒卵石滞留土舱内或向盾构四周移动,使得盾构位置和姿态控制变得困难,严重时则无法推进。

3)无水砂卵石地层稳定性控制措施

由前述可知,盾构在掘进过程中,如果控制不当或未采取有效措施,将引起较大的塌落和松动,以至于引起显著的地表沉降。因此必须对开挖面稳定加以控制,常采取以下措施：

(1)调节推进油缸的推力,使得在盾构土舱内建立起的泥土压力足以与地层土压力相抗衡。

(2)保持开挖面切削土量和螺旋输送机排土量的平衡,以使泥土压力与地层土压力保持动态平衡。

(3)向开挖面添加泥浆或泡沫,改善开挖面砂卵石地层的力学性质,同时有利于改善盾构刀盘和螺旋输送机的工作环境。

基于盾构开挖面的稳定性分析,为保证无水砂卵石地层开挖面稳定,必须确保以下两个方面控制技术的实现：①合理确定开挖面的泥土压力并保持泥土压力与地层土体压力的平衡;②实施加泥或加泡沫技术,改善开挖面土体的受力状况,实现切削土体的塑流性。

15.4 渣土改良要点

土压平衡盾构掘进时,向开挖面添加塑流化改性材料,与开挖面切削下来的土体经过充分搅拌,形成具有一定塑流性和透水性低的塑流体。同时通过伺服机构控制盾构推进油缸速度与螺旋输送机向外排土的速度相匹配,经密封舱内塑流体向开挖面传递设定的平衡压力,实现盾构始终在保持动态平衡的条件下连续向前推进。由于土压平衡盾构可以根据不同地层的地质条件,设计和配制出与之相适应的塑流化改性剂(如泡沫等),极大地拓宽了该类机型的施工领域,特别是在砂卵石地层中施工优势最为明显。

盾构穿越无水砂卵石地层,盾构在这种地层环境中掘进时,仅采用加泥措施,改善切削土体的流动性能力有限,土体离析严重,盾构经常堵塞不能正常掘进,而且加泥量过大,费用增加。为适应这种地层的施工,需考虑在加泥的基础上增加泡沫系统,利用加入泡沫改善土体粒状构造,吸附在颗粒之间的气泡可以减少土体颗粒与刀盘系统的直接摩擦,增加切削土体的黏聚力,同时降低土体的渗透性。又因其重度小,搅拌负荷轻,容易将土体搅拌均匀,从而达到既能平衡开挖面土压,又能连续向外顺畅排土的目的。

另外,在盾构推进施工时,由于大部分地层为砂卵石,土层含水率低、土质较硬,一方面,当盾构刀盘切削土体时容易使刀盘过热,影响盾构的机械性能;另一方面,刀盘切削进来的土体须经螺旋输送机运出至皮带输送机,螺旋输送机也会因工作扭矩过大而发热,影响其性能,严重时甚至停转。因此,必须通过往泥舱内加注改良后的泥浆的方式来改善土质,起到减摩的作用,满足螺旋机运输的性能,并起到冷却刀盘的作用。

因此,加泥、加泡沫的功效主要表现为以下几个方面:

(1)保持开挖面的稳定。

(2)增加切削土体的塑性流动性。

(3)使开挖面土体及切削下的土体具有良好的止水性。

(4)防止切削土砂黏附在刀盘及螺旋输送机内,避免闭塞现象,减轻机械负荷,降低刀盘扭矩,同时也提高了掘进速度。

(5)对刀盘、螺旋输送机起减磨冷却作用。

(6)泡沫的可压缩性或称之为弹性,对土压的稳定也有积极作用。

15.5 盾构施工易出现的问题

1)刀盘扭矩大、盾构推力大

表15-1为北京地铁某标段砂卵石地层盾构推进的刀盘扭矩、推进油缸推力等参数。

北京地铁某标段砂卵石地层盾构推进参数 表15-1

衬砌环编号	盾构掘进参数		盾构推进时间(min)	管片拼装时间(min)
	刀盘扭矩(kN·m)	推进油缸推力(kN)		
279	3196	9035	77	53

续上表

衬砌环编号	盾构掘进参数		盾构推进时间(min)	管片拼装时间(min)
	刀盘扭矩(kN·m)	推进油缸推力(kN)		
280	3155	9941	70	99
281	3348	11016	59	68
282	3411	11084	65	55
283	3256	10682	79	77
284	3342	12356	104	88
285	3437	9792	105	75
286	3425	8635	88	67
287	3350	9113	219	88

由表 15-1 所示的盾构掘进参数可知,砂卵石地层的盾构施工往往表现出下列主要现象:

(1)刀盘扭矩值一直居高不下,而且波动幅度较小。

(2)刀盘过载频繁,扭矩过大。

(3)推进时间延长,泡沫和膨润土用量增大,渣土含水率增大。

(4)排出渣土变热。

在以上现象之后,甚至还会出现刀盘扭矩急剧上升到无法继续掘进。

2)建立土压平衡较困难

因砂卵石地层级配的变化、大颗粒卵石的存在而引起的可切削性能的随时改变,土舱内渣土的砂和卵石的分离,以及螺旋输送机出土量的稳定性难以控制等原因,使得盾构在推进过程中往往难以建立真正的土压平衡,从而引起对地层的较大扰动。

3)刀盘、刀具及土舱隔板的不均匀磨损

盾构在砂卵石地层中掘进,刀盘及刀具的磨损往往表现出下列特征:

(1)大部分强化先行刀磨损严重,从刀盘中心向外,磨损的程度逐渐加大,周边刮刀往往完全磨耗掉或松动脱落,如图 15-7 所示。

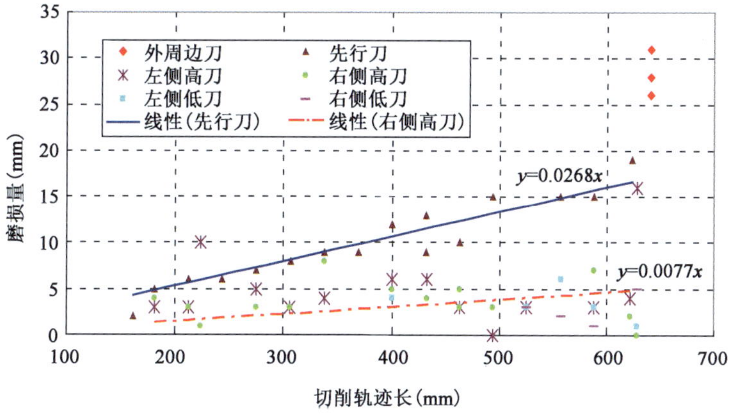

图 15-7　北京地铁某标段砂卵石地层盾构刀具磨损统计

图 15-8　盾构切刀外侧不均匀磨损

(2)切刀容易松动脱落,切刀的磨损同样是从刀盘中心向外,磨损的程度逐渐加大。

(3)因周边刮刀完全磨耗或脱落,导致开挖直径变小,盾构推进困难。

(4)刀盘面板平均磨损较严重,刀盘外周常见穿孔。

(5)因土舱内砂和卵石颗粒的分离,使得土舱隔板的下部,尤其是螺旋输送机的入口部位的隔板磨损较大。

砂卵石地层盾构掘进刀盘的磨损实例如图 15-8、图 15-9 所示。

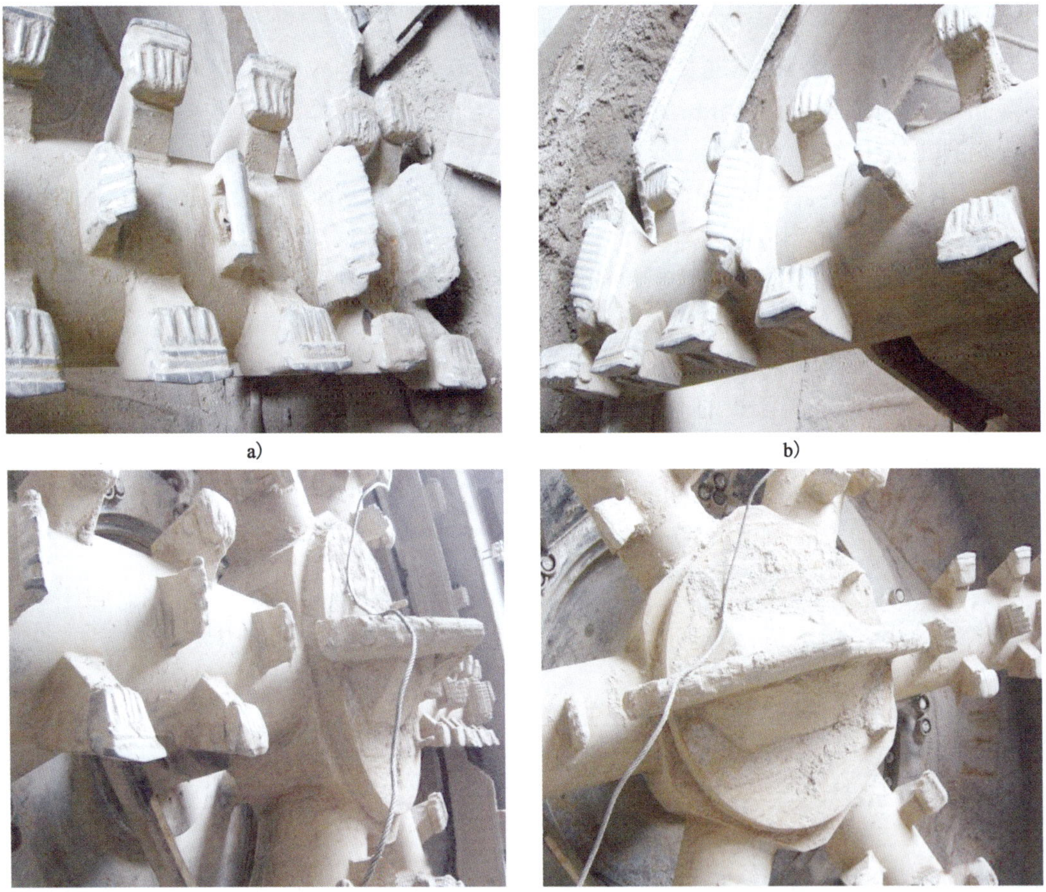

a)　b)　c)　d)

图 15-9　军—白区间砂卵石地层辐条式刀盘的刀具磨损

4)盾构推进过程中容易发生小坍塌

当盾构刀盘上方为砂层或级配单一的圆砾层时,盾构推进过程中易发生小坍塌而对地下管线产生不利影响或引起较大的地表沉降。

5）盾构推进姿态控制困难

因砂卵石地层级配的变化、大颗粒卵石的存在因引起的可切削性能的随时改变等原因，推进过程中盾构的姿态控制往往较为困难，推进参数一旦掌握不好，盾构的姿态就会偏离设计轴线。

6）盾构刀盘卡死

盾构刀盘被卡死的情况（常称之为刀盘"抱死"）在砂性土、砂层及黏土中发生的概率比较低，但在砂卵石层中（尤其含有大粒径卵石）发生的概率较高，主要原因是因为加泥量及泥的浓度不够，同时当膨润土浆液较稀时，螺旋输送机只带出砂和一些小粒径的卵石，掘进过程中螺旋输送机转速与推进速度配合不当，而大一些的卵石被留在土舱中，遗留的大直径卵石增多到一定数量，最后当刀盘受到的摩擦阻力矩超过自身的额定最大扭矩，刀盘则被卡住。

7）螺旋输送机的磨损

在砂卵石层中掘进时，螺旋输送机容易磨损，当有大直径卵石进入螺旋输送机后，会对螺旋输送机产生更严重的磨损，磨损分为螺旋机的磨损及外部钢圆筒的磨损。

8）螺旋输送机"抱死"

在施工过程中，盾构螺旋输送机会发生被卡死的问题，经观察研究发现，主要源于大的卵砾石进入螺旋输送机，将螺旋杆卡住，这种情况很难预防，因为在进入螺旋输送机前无法得知土舱内土体的状况，只有在螺旋输送机被"抱死"转不动之后才能被发现。

15.6　北京地铁 8 号线无水砂卵石层盾构施工

15.6.1　工程简介

北京地铁 8 号线某区间盾构隧道，埋深 13.4 ~ 26.8m，最大坡度 23‰。隧道施工范围内主要为卵石⑤层，局部含细砂 ~ 中砂$⑤_2$层、粉土$④_2$层及粉质黏土④层。卵石⑤层地质特点为：杂色，湿 ~ 饱和，密实，属低压缩性土，亚圆形，级配连续，磨圆度中等，一般粒径 2 ~ 6cm，最大粒径大于 15cm，中粗砂充填约 35%，局部夹有粉质黏土薄层。除始发段约 100m 隧道底部含水外，其余地下水位均位于隧道底板以下，盾构施工主要以无水砂卵石地层掘进。

15.6.2　施工中存在的主要问题及原因分析

盾构掘进至无水砂卵石地层地段，由于砂卵石地层力学性能不稳定，开挖面土体切削后，容易破坏原来的相对稳定状态，且砂和卵石极易分离，部分大颗粒卵石易堆积在土舱下部，密封舱内往往不能在全断面上形成良好的塑流体，设定的土舱压力不能完全传递至开挖面上，实现连续的动态平衡较为困难。

盾构穿越地层砂卵石主要位于盾构开挖面的中下半部，上部为细砂、中层砂，在开挖面支撑压力不足或螺旋输送机的排土量大于刀盘切削土量，在刀盘前上方会产生塌落区，地层重新排列，继而使得上覆砂性和黏性土层产生松动。

开挖面上土体塌落和松动失稳形态如图 15-10 所示。

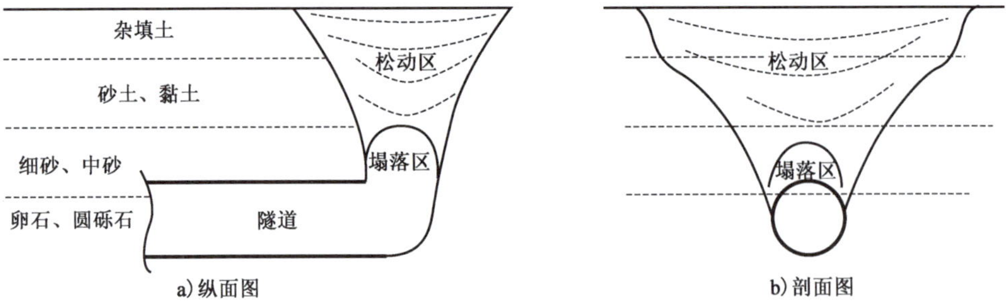

图 15-10 无水砂卵石地层开挖面上土体塌落和松动失稳形态示意图

15.6.3 解决方法

(1)盾构机掘进完一环后,让刀盘持续转动,向土舱注入一定量的膨润土浆液和泡沫,使土舱内的土体充分搅拌,降低土体沉积现象。如果较长时间停机,应注入较高浓度的膨润土浆液进行保压。

(2)盾构掘进之前,先刀盘转动充分搅拌土舱内土体,同时注入泡沫和膨润土浆液,待刀盘扭矩稳定后再推进。掘进期间加强渣土改良,改良后的渣土塑流性较好,也利于螺旋输送机顺利排土。

(3)保证同步注浆量,充分填充盾壳和管片外壁之间的建筑孔隙,加强二次注浆,减少地层沉降。

15.6.4 施工总结

北京无水砂卵石地层盾构掘进过程中,如果施工未采取有效措施或控制不当,容易引起地层塌落和松动,为防止砂卵石地层开挖面失稳,施工中应注意以下控制要点:

(1)土舱压力的建立是关键,施工中应根据实际情况不断调整推进速度和螺旋输送机的转速,使得盾构土舱内建立的泥土压力足以平衡地层土压力。

(2)在土压波动较大的情况下,应密切关注出土量的控制,采用质量和体积双控,避免超挖造成地层沉降失控。

(3)砂卵石渣土改良是盾构施工的核心工作,应合理选择改良剂,改善切削土体的流塑性,维持开挖面的稳定性。

15.7 北京地铁 10 号线无水砂卵石层盾构施工

15.7.1 工程简介

北京地铁 10 号线某区间盾构隧道主要穿越卵石⑤层、卵石⑦层,如图 15-11 所示,卵石最大粒径 600mm,一般粒径 100 ~ 300mm,充填物为中粗砂,含砂量约为 40%。地下水类型为层间潜水,地下水水位层间潜水水位位于隧道底板以下 1 ~ 2m,对盾构施工无影响。

a)

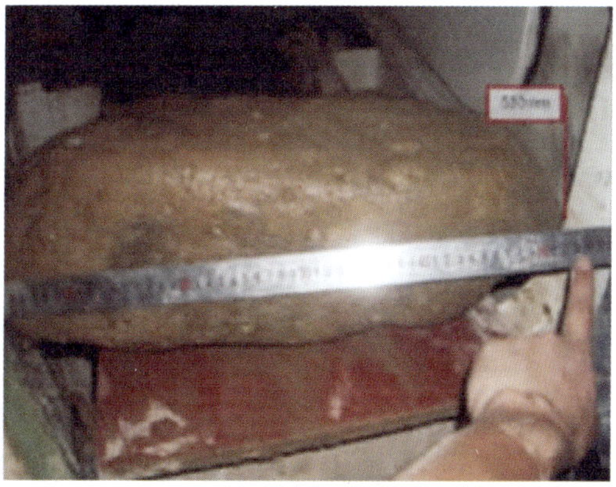
b)

图 15-11　区间盾构井及暗挖段开挖揭露的大粒径卵石

15.7.2　施工中存在的主要问题及原因分析

隧道围岩中的大块卵石、砾石多,粒径大,影响施工,盾构施工主要有以下问题:

(1)刀盘扭矩大,刀盘和螺旋输送机磨损严重。

(2)盾构掘进期间推力大,掘进速度慢,较长时间停机后复推时刀盘扭矩急剧上升,无法继续掘进。

(3)盾构姿态难以控制,单环纠偏量难以达到预想效果,表现为盾构左右姿态难以把控(蛇形走位)和垂直姿态控制困难,造成盾构姿态偏离设计轴线。

砂卵石地层结构松散、地层摩阻力大,塑流性差,导致螺旋输送机排土不畅、机械磨损严重和推进困难;大颗粒卵石滞留舱内或者向盾构四周移动,造成盾构机姿态难以控制。

15.7.3　解决方法

做好卵石上层的渣土改良,改善土体的性质是盾构掘进施工的关键,主要采用注入膨润土泥浆和泡沫相结合的方式对渣土进行改良。

(1)优化膨润土泥浆注入量和配比,确保每环膨润土的注入量。

(2)盾构在掘进期间通过渣土改良,维持好土舱内压力平衡,保持开挖面的稳定。当停止掘进时采取保持千斤顶推力、开挖面注入改良材料,保持土舱内压力与外界土压平衡。

(3)当螺旋再次排土前,先行启动刀盘,利用其旋转把土舱内水、土及添加材料充分搅拌,使土舱内渣土具有良好的塑流性和土压平衡效果。

15.7.4　施工小结

(1)施工前应认真分析地质资料,重视砂卵石土样分析和土体改良试验工作,了解砂卵石地质特点,为盾构施工做好技术准备。

(2)卵石地层摩擦性高,盾构掘进对刀盘及螺旋输送机的磨损较大,盾构机选型要有耐磨性专项设计和良好的渣土改良系统。

(3)施工中遇到的盾构机推力大、扭矩大、速度慢及排土不畅等现象的主要原因,在于砂卵石渣土改良效果差，开挖舱内和螺旋输送机排土系统工作环境差。盾构掘进参数的控制与渣土改良工作息息相关，施工中应重点关注改良剂的选用、注入量的配比和注入效果的研究，确保渣土改良效果。

思考题

1. 简述无水砂卵石地层的地质特点。
2. 简述无水砂卵石地层开挖的力学特性。
3. 简述无水砂卵石地层盾构开挖面的失稳模式。
4. 简述砂卵石地层盾构开挖面稳定性控制原理。
5. 无水砂卵石地层开挖对盾构有哪些影响？
6. 无水砂卵石地层稳定性控制措施有哪些？
7. 试论述砂卵石地层的渣土改良技术要点。
8. 砂卵石地层盾构施工中易出现哪些主要问题？
9. 在无水砂卵石地层施工中，为防止砂卵石地层开挖面失稳，施工中应注意哪些方面？
10. 结合具体工程师案例，论述无水砂卵石地层施工中存在的主要问题及原因。

第16章 富水砂卵石地层施工

本章重点：本章主要介绍富水砂卵石地层掘进特点，并通过具体工程案例，介绍富水砂卵石地层盾构始发施工、接收施工及盾构下穿建筑物等盾构施工关键技术。

16.1 富水砂卵石地层掘进特点

以成都地区为代表的富水砂卵石地层，结构松散，卵石含量高达55%～86%，大漂石分布随机性强，局部富集成层高达20%～30%，且地下水位高，渗透性强。在这种地层实施盾构隧道施工，刀具磨损非常严重、换刀较频繁、刀盘结泥饼问题较突出、地面沉降难以控制、掘进过程中地层受到扰动容易产生坍塌、施工进度较低。此外，砂卵石地层渣土与刀盘刀具摩擦力大，导致刀盘驱动扭矩大、刀盘刀具及螺旋输送机磨损严重。砂卵石地层颗粒级配较差，渣土不易改良，流动性差，刀盘易产生泥饼，导致扭矩大、掘进速度慢甚至无法掘进。在富水砂卵石地层中采用盾构法施工极具挑战性，业界对此也一直存在争论。成都地铁穿越的地层主要为富水砂卵石地层，地下水丰富、水位高、补给迅速，在这种地质条件下长距离实施盾构施工，国际上尚不多见，在国内属于首次。

16.1.1 坍塌机理

砂卵石地层在不受外力扰动的情况下能保持较好的稳定状态，特别是在无水的状态下。富水砂卵石地层受到扰动后，在刀盘上方形成松散带，整个坍塌过程如图16-1所示。

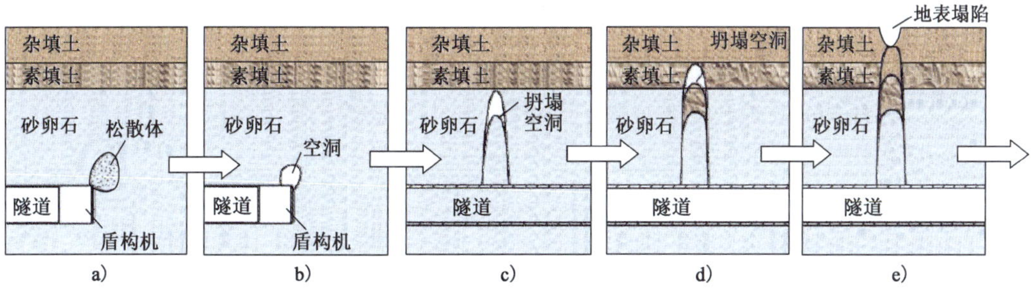

图16-1 富水砂卵石地层坍塌机理图

（1）刀盘前上方卵石变得松散，如图16-1a）所示。

（2）盾构掘进产生扰动或长时间换刀时，松散卵石进入土舱在刀盘前上方造成地层损失，形成空洞，如图 16-1b）所示。

（3）砂卵石地层内摩擦角（内摩擦角为 35°～40°）较大，具有一定的拱效应，在拱效应作用下，地层损失进一步向地表转移，如图 16-1c）、图 16-1d）、图 16-1e）所示，从而逐渐坍塌到地表。

砂卵石地层地表坍塌的显著特点是：隧道上方形成空洞，砂卵石地层骨架效应较好，在一定时间内可自稳，在地面荷载作用下，逐步延伸至地表，造成地表塌陷，且表现为滞后性，短则一两个月，多则一年甚至两年以上，施工风险和隐患极大。

16.1.2 掘进特点

在富水砂卵石地层中进行盾构施工时，主要具有以下掘进特点：

（1）由于卵石含量高，渣土改良仅能做到使其流动，不具备软塑性，一旦建立挤压性土舱压力，搅拌和摩擦力矩剧增。而已经改良为流动状的渣土，即使在不完全满舱状态，刀盘的搅拌和摩擦阻力仍然很大，如图 16-2 所示。

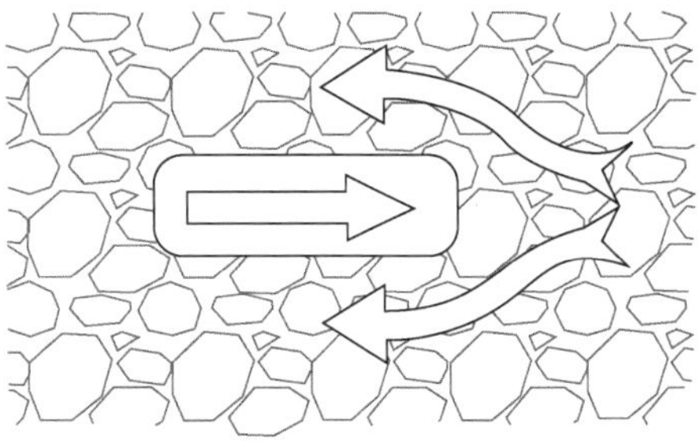

图 16-2　渣土改良仅能做到使其流动

（2）根据成都地铁盾构施工案例分析，土舱顶部压力一般在 0.5bar 左右，对应的推力约为 11000kN，推进速度为 40～55mm/min，1.0～1.3 r/min等参数条件下，根据地层条件和改良效果条件，刀盘扭矩约为 3500～5500kN·m。土舱压力再升高时，刀盘扭矩保护将会启动。该土舱压力一般能够满足竖直开挖面经过侧压力系数衰减后的平衡需求，但对拱顶的支撑不足，需要依赖拱顶的自然拱作用防坍。拱顶如有散体，则会塌落形成空洞。

（3）刀具切削以冲击剥离为主，刀盘切削力矩很大，对于密实度不同的地层，贯入度导致切削扭矩的上升率虽然不同，但普遍的趋势是随着贯入度的加大，切削扭矩上升较快。

（4）地层渗透性好，在富水地层，地下水可能在拱顶以上，压力传感器显示的压力有可能是净水头压力，通常表现的 0.5～0.8bar 的土舱压力，并不能确定渣土已经充满土舱顶部，如图 16-3所示。

（5）在土舱渣面线不到顶的情况下，改良的稀浆即使带压充满土舱，稀浆对拱顶上部不能成拱的散状卵石也没有支撑作用，拱顶散状卵石仍会通过刀盘径向开口塌落形成空洞。

（6）由于卵石粒径大，在土舱渣面线不到顶的情况下，即使在能够自稳的密实卵石层，周边刮刀在拱顶刮落的卵石也会在拱顶留下卵石空位，从而形成空洞，如图 16-4 所示。

（7）在已经发生拱顶塌落情况下，土舱压力表现的是塌落体的压力，由于土舱压力不够高，在塌落体上方仍存在空洞，如图 16-5 所示。

（8）虽然密实卵石层需要刀具的强力切削剥离，但松散卵石层刀具扰动即可剥离，在半舱或空舱条件下，暴露的竖向开挖面易发生坍塌，如图 16-6 所示。

（9）刀盘面板与开挖面之间缝隙填充的颗粒卵石渣土挤压搅动，对刀具的二次磨损作用强烈，如图 16-7 所示。

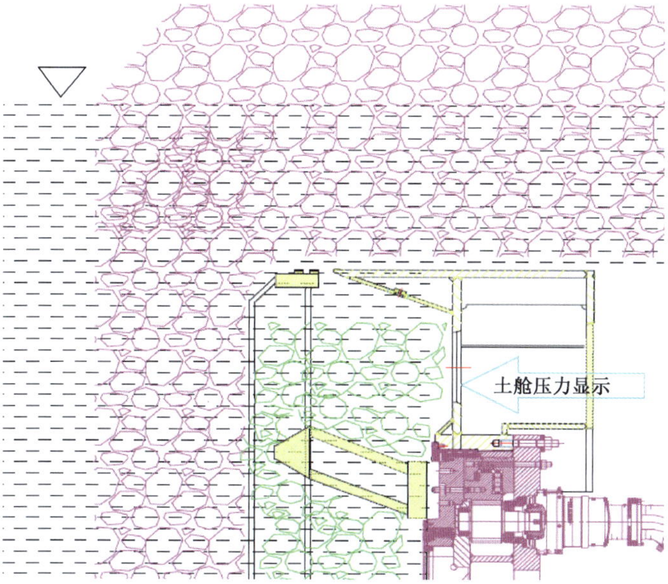

图16-3 土舱压力传感器显示的压力有可能是净水头压力

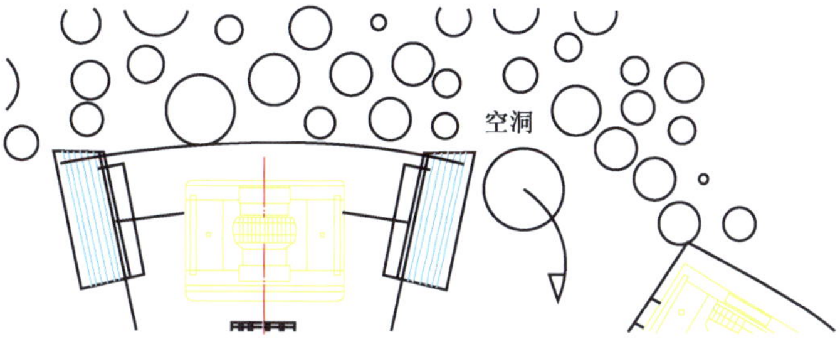

图16-4 周边刮刀在拱顶刮落的卵石会在拱顶留下卵石空位而形成空洞

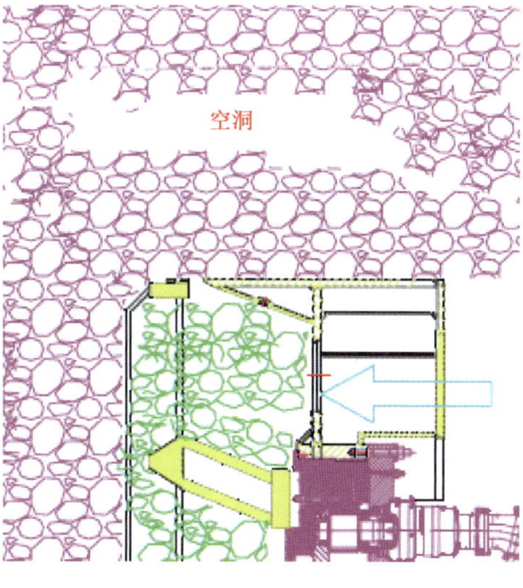

图16-5 在塌落体上方仍存在空洞

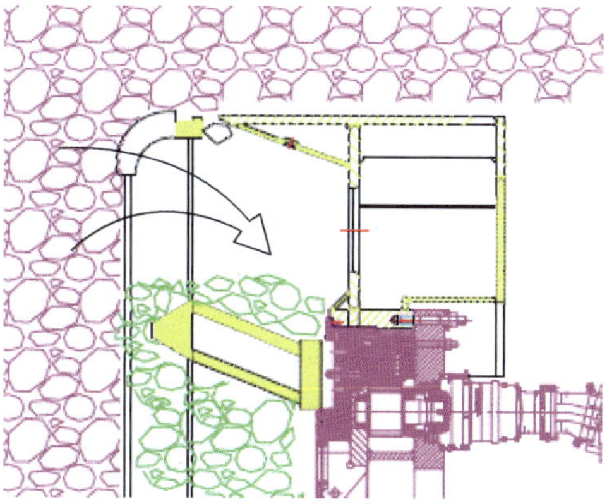

图16-6 在半舱或空舱时暴露的竖向开挖面易发生坍塌

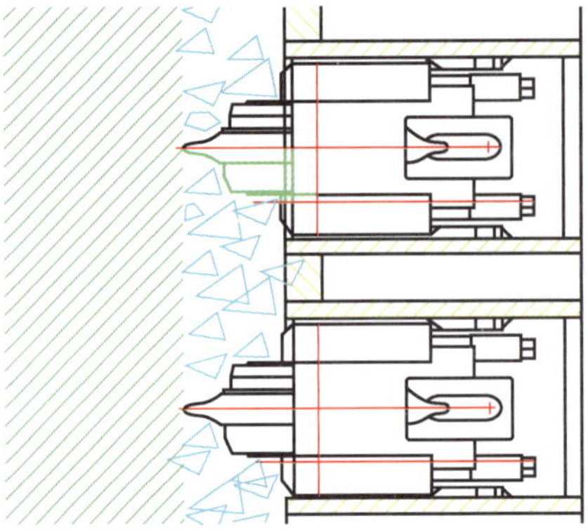

图 16-7 砂卵石对刀具的二次磨损

(10)由于渣土颗粒大,缝隙流动不易,在刀盘面板前易形成动态空洞,松散开挖面易发生动态局部区域坍塌,如图 16-8 所示。

(11)卵石层渗透性好,注浆填充率不够时,拱顶空洞往往不能得到有效回填,如图 16-9 所示。

16.1.3 坍塌原因

砂卵石地层孔隙率大,盾构掘进扰动后地层逐渐密实,造成地层损失。局部砂卵石地层夹透镜体砂层,自稳能力差,透水性强,开挖面容易产生涌水、涌砂,造成细颗粒物质大量流失,引起开挖面失稳、地面沉降甚至塌陷。沿线周边建筑物、地铁车站施工降水,砂卵石地层中粉细砂等细颗粒随着降水排走,卵石之间形成孔洞,地层疏松,卵石骨架受到盾构施工扰动而垮塌。根据富水砂卵石地层掘进特点进行分析,富水砂卵石地层在塌落体上方形成空洞原因主要有以下几个方面:

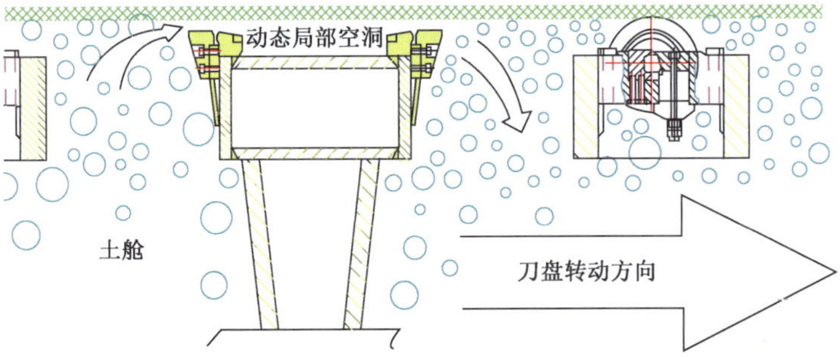

图 16-8 松散开挖面发生动态局部区域坍塌

(1)在土舱渣面线不到顶情况下,改良的稀浆即使带压充满土舱,稀浆对拱顶上部不能成拱的散状卵石也没有支撑作用,拱顶散状卵石会通过刀盘径向开口塌落形成空洞。

(2)由于卵石粒径大,在土舱渣面线不到顶情况下,即使在能够自稳的密实卵石层,周边刮刀在拱顶刮落的卵石也会在拱顶留下卵石空位,从而形成空洞。

(3)在已经发生拱顶塌落情况下,土舱压力表现的是塌落体的压力,由于土舱压力不够高,在塌落体上方仍存在空洞。

(4)密实卵石层需要刀具的强力切削剥离,但松散卵石层刀具扰动即可剥离,在半舱或空舱条件下,暴露的竖向开挖面易发生坍塌。

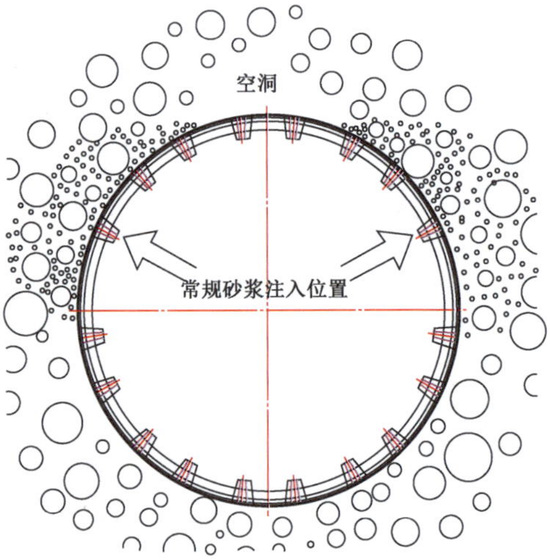

图 16-9 拱顶空洞不能得到有效回填

(5)渣土颗粒大,缝隙流动不易,在刀盘面板前易形成动态空洞,松散开挖面易发生动态局部区域坍塌。

(6)卵石层渗透性好,注浆填充率不够时,拱顶空洞往往不能得到有效回填。

此外由于富水砂卵石地层稳定性差,掘进过程中地层受到扰动容易产生坍塌,富水地层易发生喷涌,扭矩过大和欠压掘进也是产生坍塌的重要原因。

16.2　成都地铁富水砂卵石层盾构始发施工

16.2.1　工程简介

成都地铁 3 号线某区间隧道左线临近河流约 15m,穿越河流宽度约为 27m,河深度为 5 ~ 7m,隧道拱顶距离河底距离约为 8.96m,河底为自然冲刷河床。河底至隧道顶部地层为稍密砂卵石和中密砂卵石层,隧道洞身地层为中密砂卵石和密实砂卵石层,如图 16-10 所示。

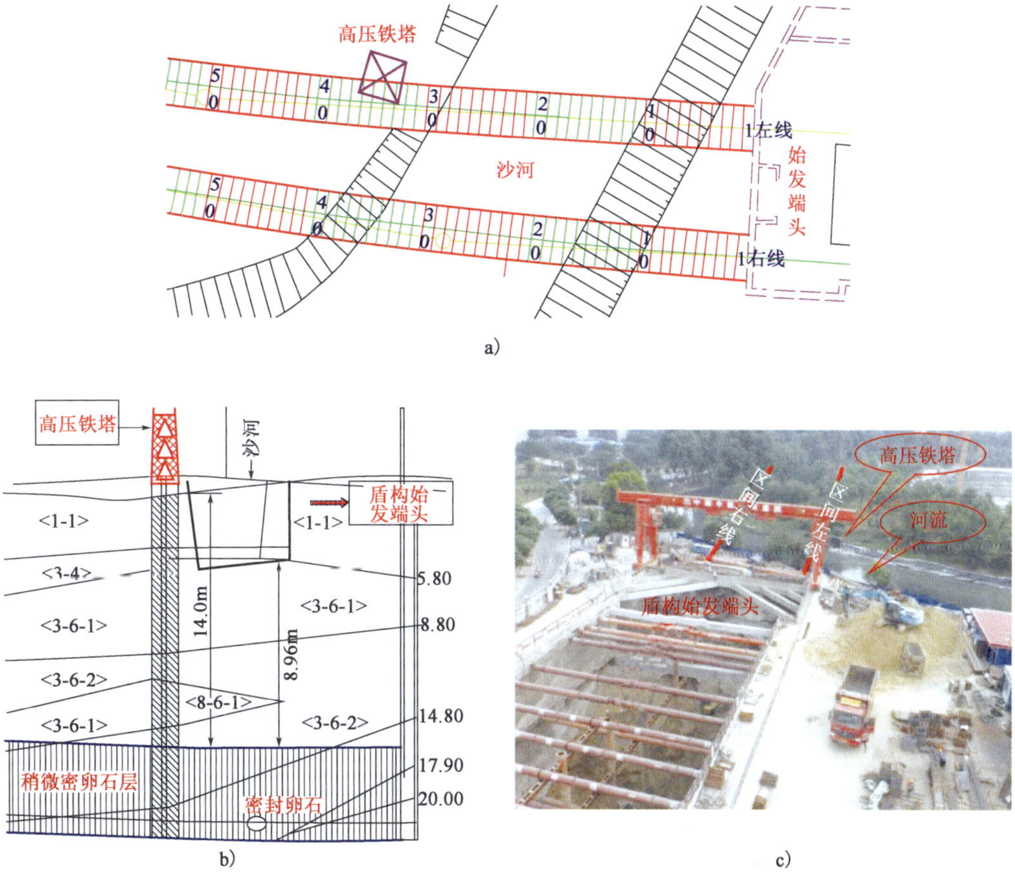

图 16-10　区间盾构隧道始发、下穿河流示意(单位:m)

16.2.2　施工中存在的主要问题及原因分析

由于砂卵石层稳定性差,且隧道临近河流,一旦控制不好,出现出土过多的情况,有地下水连通河底后,导致河水沿砂卵石塌落的通道进入车站的风险。

富水砂卵石地层不稳定、易坍塌,盾构在始发过程中易超方严重,出现沉降超限、地面塌陷,始发后渣土改良不理想而出现刀盘结饼等问题。

原因分析:一是盾构始发施工时,洞门未封闭、掘进不连续,要靠地层的自稳性来支撑上部和周边土体,而砂卵石地层自稳性不足以支撑;二是盾构始发段土体受车站降水影响,地层细颗粒流失严重,松散地层在盾构大推力、大扭矩的扰动下很容易重新排列分布,引发较大沉降。

16.2.3 解决方法

(1)盾构始发端头开挖面无压力暴露时易失稳,上部土体的稳定性采用大管棚超前支护,洞门上部施作大管棚并进行注浆是关键。

①盾构始发洞门拱部120°范围内布设21根长15m的大管棚,对上部土体进行支撑,防止坍塌。

②对始发端头进行地面袖阀管注浆加固,下穿河流前对河堤进行斜孔加固。

③每个洞门端头布设至少两口降水井,确保降水措施到位,始发前将水位降至隧道底以下1m。

(2)始发一般采用延伸环保压措施,车站围护结构采用直径1500mm的玻璃纤维筋旋挖桩,始发时不凿除洞门围护桩,一般采用50~100cm长延伸"钢套筒"环,如图16-11所示,并设置两道密封,第一道为橡胶帘布,第二道为弹簧钢板,密封内侧可加海绵条或塞填油脂。通过延伸环措施,避免人工破除洞门的风险,也能提前进行建压掘进,从而封闭水流通道,有效稳定开挖面土体。

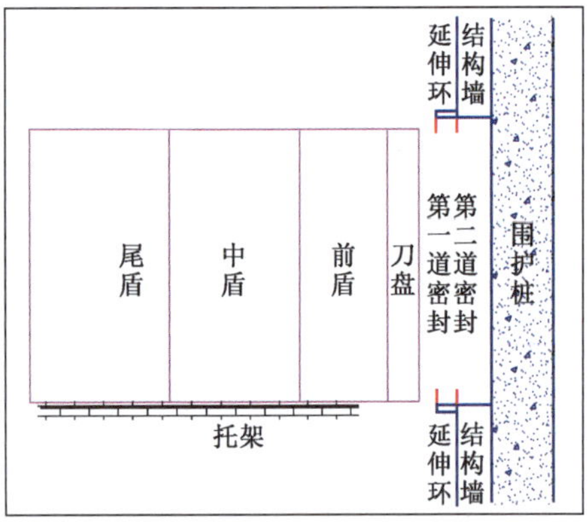

图16-11 盾构始发钢延伸环示意

(3)始发盾构磨桩阶段,土舱门不完全关闭,方便时刻观测土舱内环境,磨桩全部完成后,清理出玻璃纤维筋残渣并检查刀具的紧固情况,并再次对刀盘喷口与操作面板的对应情况进行检查,确保无误后关闭舱门,进行原状土掘进。

(4)盾构始发后,注意对出土情况的把控和掌握,对掘进行程、舱内渣土方量、出土方量、清舱方量等重要数据要进行统计并分析,掌握始发段地层损失的情况。始发、接收段不管是否存在多出土,都应在地面进行打孔排查并注浆,若存在明显多出土,要确保找到空洞并用砂浆回填。

(5)采用同步注浆进行洞门封堵,同步注浆要足量、饱满,确保洞门密封没有较大的渗漏,然后采用双液浆对洞门进行彻底的封堵。

(6)加强施工监控量测和地面巡查,注重地中监测点的数据分析。通过后进行安全评估,对掘进参数、出土、沉降进行分析,评估安全状态和后期措施。

16.2.4 施工小结

成都富水砂卵石地层始发与接收端头一般采取"降水+地层加固"的措施。通过降水,固结、稳定砂卵石地层，通过大管棚加固稳定开挖面暴露后的上部地层，通过袖阀管注浆加固处理端头因长期降水造成的地层松散。

富水砂卵石地层盾构始发应做好以下几个方面：

(1)采取井管降水，使地下水位保持在隧道地面以下。

(2)洞门的隧道拱部 120°范围内施作大管棚，并注浆加固。

(3)端头至少 15m 范围内进行地面袖阀管注浆加固。

(4)始发盾构磨桩完成后，开舱彻底清理土舱和面板附着物，疏通渣土改良系统管路，为进入原装土地层掘进奠定基础。

16.3　成都地铁富水砂卵石层盾构接收施工

16.3.1　工程简介

成都地铁 3 号线某区间盾构隧道邻近建筑物接收，该建筑修建于 1997 年，钢筋混凝土全框架结构，基础结构形式为钢筋混凝土预制桩基础，桩长 7.292m，接收端头距离房屋最小距离 3.9m，中线位置距离 5.3m，隧道顶与桩底最小竖向净距为 2.99m，端头隧道埋深 10.3m。隧道洞身地层为中密砂卵石和密实砂卵石层，如图 16-12 所示。

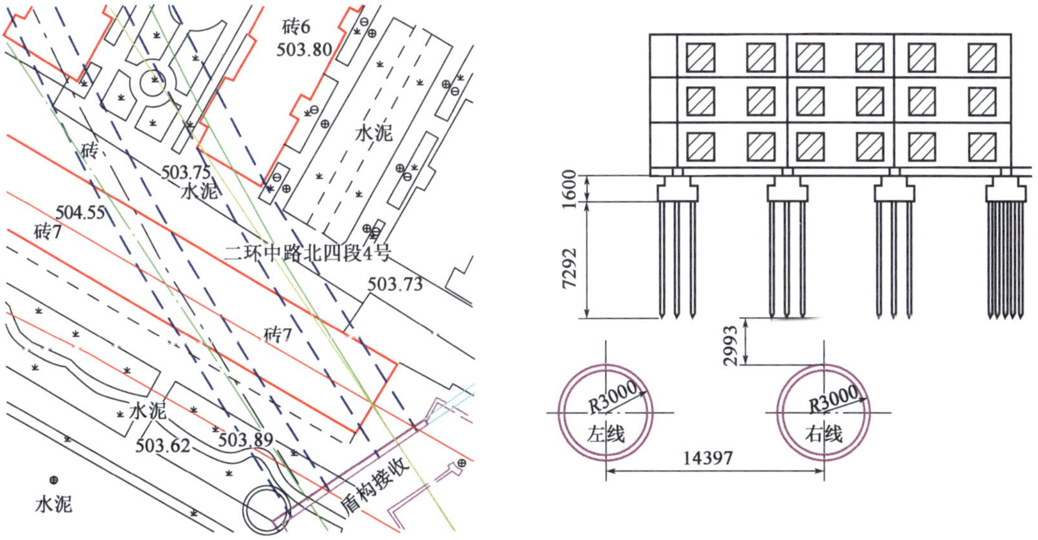

a)　　b)

图 16-12　接收端建筑物与隧道平、纵面关系示意(尺寸单位:mm)

16.3.2　施工中存在的主要问题及原因分析

盾构接收端头为富水砂卵石地层，隧道距离房屋近，埋深浅，盾构接收过程必然对房屋产生一定的影响，且端头降水井布设困难，可能造成端头地层沉降过大或地面塌空，使房屋下方基础受损出现较大的不均匀沉降，对房屋造成损害、影响人员安全。

原因分析:一是受前期车站施工时的降水影响,房屋基础已存在一定的差异沉降;二是端头隧道埋深前,盾构扰动后对地面沉降影响大,且出现超方过大等情况向上发展迅速;三是端头距离建筑物近,地面袖阀管注浆条件有限。

16.3.3 解决方法

盾构接收端头加固要因地制宜确定措施,采取管棚、降水、地面加固等措施对拱部土体进行加固,确保降水效果。对建筑物基础预加固,提前钻孔排查端头地层有无空洞,盾构接收过程中做好建筑物的跟踪注浆。下穿房屋前,调整好盾构的状态、连续施工。

具体措施主要有:

(1)采用 21 根 15m 的管棚 +8 根 7.5m 的管棚的洞门加固措施,稳定洞门上部土体。

(2)洞门端头降水井布置困难,采取了远端 3 口井,洞门附近 1 口井的布井方式,确保降水效果。

(3)在盾构接收端头和房屋周边进行地面注浆加固。

(4)做好掘进参数控制,掘进速度、螺旋输送机转速和出土量匹配,尽量降低刀盘转速和总推力;合理调整泡沫参数,在出渣较为顺畅的情况下尽量降低空气流量,避免气压对地层细颗粒的过大扰动。

(5)刀盘切入桩体后,磨桩时速度不宜快,逐渐降低推力,避免过早顶断桩体,使土体流失。

(6)盾构磨桩时做好托架的保护工作,在托架上平铺木板,准备好小挖机,刀盘出洞后迅速清理渣土,快速接收并完成洞门封堵。

16.3.4 施工小结

(1)盾构端头需采取井管降水,确保降水效果。

(2)洞门隧道拱部 120°范围内施作大管棚,在端头沉降要求高端的地方可以加密管棚,并注浆加固。

(3)端头至少 15m 范围内进行地面和建筑物基础都应充分进行袖阀管注浆加固。

(4)做好快速接收的准备工作,尽快完成洞门封堵工作。

16.4 成都地铁富水砂卵石层盾构下穿建筑物施工

16.4.1 工程简介

成都地铁 7 号线某区间隧道位于二环高架旁,盾构隧道左线在始发 9.3m 后开始连续下穿四栋建筑物群,房屋基础与隧道拱顶间距在 8.0~9.33m,四栋房屋均为独立扩大基础,基础埋深 2~3m,盾构连续下穿房屋长度达 244m,隧道处于全断面〈3-8-3〉密实卵石层,如图 16-13 所示。

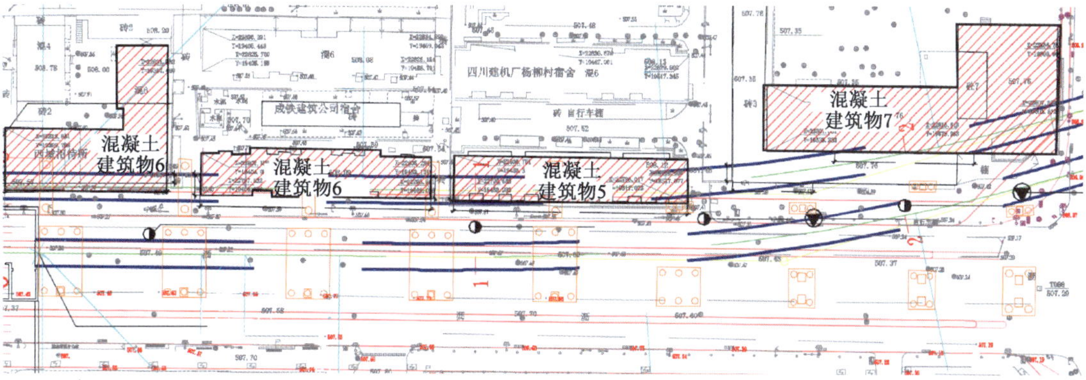

图16-13　盾构隧道与建筑物平面关系示意

16.4.2　施工中存在的主要问题及原因分析

盾构下穿建筑物地段地层受二环高架和地铁车站等的前期施工影响，扰动迹象明显，盾构通过时有较大的地面和建筑物沉降风险；盾构沿建筑物纵向掘进，且部分未完全进入建筑物下部，盾构掘进对建筑物的差异沉降影响较大。

原因分析：一是富水砂卵石地层盾构施工因其地层结构的不稳定性，在富水情况下，土体的摩擦角减小，盾构施工过程中很容易出现土体向土舱内塌落的情况，尤其是在掘进状态不佳，未建立良好的施工平衡的情况下，使土体塌落造成事实上超方的概率更高；二是富水砂卵石地层其密实性受人工活动干扰很大，尤其是在城市中，长期的市政建设，其地层的结构被破坏很明显，在这种情况进行盾构施工，地面沉降的控制很困难。

16.4.3　解决方法

对土体进行预加固处理，增加地层稳定性及强度，以抵抗盾构通过时对地层的扰动，盾构掘进施工以渣土改良为核心，合理控制盾构掘进姿态和出土量，避免地层损失过大造成沉降过大或地面坍塌，从地面和洞内进行跟踪注浆（二次注浆），以保证地层在盾构掘进引起的松动得到及时有效地填充和加固，避免地层松动扩散甚至引起坍落造成既有建（构）筑物受损。对建筑物的保护还应从地面按地层排查、预加固、跟踪加固、滞后沉降排查与处置等方面采取措施。

（1）盾构掘进前对建筑物进行排查与基础预加固

在始发9.3m后盾构开始下穿第一栋房屋，房屋结构外边缘与盾构隧道最小水平净距3.5m，该建筑距离区间始发端头9.37m，对建筑物加固按正面和两侧边结合的方式，西侧按纵、横向均为3m的间距进行布孔，共设置22个地面注浆孔，向房屋基础底部钻设斜孔，加固深度为地面至隧道顶上部2～3m范围，如图16-14所示。

预加固采取袖阀管注浆，打设斜孔深入建筑物基础下部。注浆参数经试验效果确定，并在注浆施工过程中根据监测反馈信息进行优化。经地基加固处理后的地层应具有良好的整体性和均质性。

（2）严格控制盾构掘进参数

①在土压平衡掘进模式下，通过渣土改良措施，调整螺旋输送机转速、总推力、刀盘转速，

控制好渣土的流塑性、掘进速度、土舱压力和刀盘扭矩在松散地层和下穿重要建筑物时，可采取注入膨润土泥浆建压，避免出现意外，并调低泡沫的发泡倍率和流量，减轻因空气压力对地层的扰动。

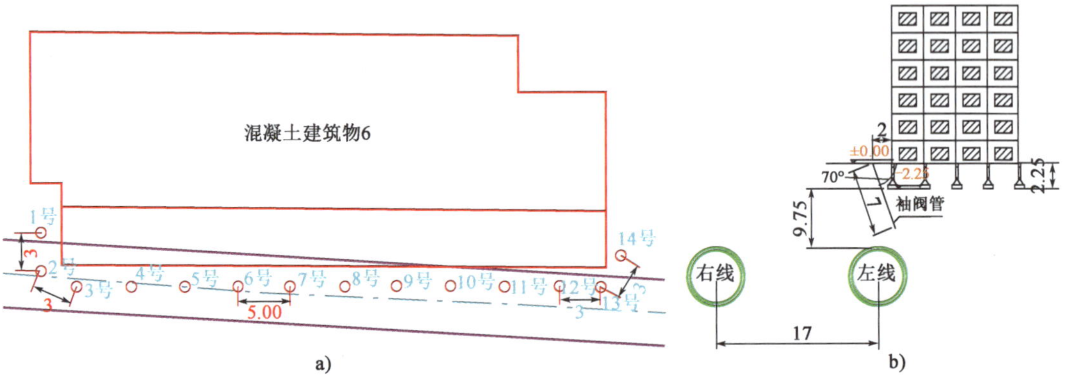

图 16-14 盾构下穿第一栋房屋预加固示意(单位:m)

②密切关注出渣状态和扭矩变化情况，渣土较稀的情况下可以适当降低膨润土流量，有喷涌的打入气体或泡沫进行排水，渣土的螺旋扭矩控制在 15 ~ 25kN · m 较为合理。

(3)做好渣土改良是关键

①根据地层的粗细颗粒的比例情况合理选择改良剂。泡沫应选用带有分散性效果的泡沫，正常掘进段膨润土泥浆黏度要求为 25s 左右；渣土改良的配比和参数要匹配，根据刀盘扭矩、推力、土舱压力、螺旋输送机扭矩等参数综合分析并进行合理调整。

②当出现高扭矩、大推力和速度不稳定且较低的情况，判断刀盘中心区可能结泥饼时，可加入分散剂浸泡 24 ~ 36h，恢复掘进后使用分散型泡沫剂或质量好、发泡倍率高的泡沫剂。

③施工过程中必须严格管控管路压力，泡沫管路和膨润土管路压力高于 3bar 时立即停机，疏通管路。

(4)严格控制出土量

根据地层松散系数严格控制出土量，采取体积和总量双控。出现异常时，要及时调整施工参数和渣土改良措施。

(5)加强管片背后注浆

①管片脱出盾尾 5 环后开始二次注浆，注浆点位以隔一环或隔两环注一次浆进行布置。注浆时注意注浆压力对管片的影响，防止因压力过大造成管片错台。

②在管片上增设注浆孔、预埋注浆管，对管片周边一定范围地层注浆加固。盾构通过后利用管片预留注浆孔，打设钢花管，对管片外一定范围地层进行注浆加固，确保盾构影响范围地层损失得到有效补充。

(6)盾构掘进通过后，从地面对建筑物地基跟踪注浆加固

当地面条件允许时从地面进行跟踪注浆，注浆过程中应注意控制注浆压力，以防压力过大而破坏建(构)筑物。

(7)盾构通过后,做好滞后沉降的排查与处置

采取雷达扫描、地面打孔、洞内深孔顶管等方式对滞后沉降进行排查:

①出土量大位置,即每阶段螺旋输送机出土量大于对应的推进距离。

②发生喷涌位置,即螺旋机后端土水压力很高,高压水带砂涌出。

③注浆量不足位置,即同步注浆量小于推进速度,无法有效填充推进后产生空隙。

④土舱压力略低或土舱内空舱程度略高位置。

对排查出存在的空洞或松散地层,采取注浆措施进行补充加固。

16.4.4　施工小结

(1)富水砂卵石层盾构下穿建筑物施工:一是要避免掘进过程中遇到不明空洞,经扰动后地层出现损失引起地表塌陷或沉降;二是出土量一定要受控,土舱压力合适并且稳定,稳定的土舱压力才能保证出土受控;三是注浆要及时足量,地层的填补要及时,能有效防止脱出盾尾后地层的沉降。

(2)要重视地层的研究,对地层含泥量进行摸索,通过筛分试验的结果与详勘进行比较,了解地层的细小颗粒损失情况;对地层空洞情况进行探测,并进行处置。

(3)在盾构下穿建筑物前,要对沿线地层空洞情况进行仔细摸排,尤其是在房屋与隧道的垂直交界面处的地层有无空洞现象。

(4)做好盾构掘进施工参数的控制和盾构姿态控制。主要控制内容包括:出土量、同步注浆、土舱压力、刀盘转速、掘进速度和推力。以设定推力速度、刀盘转速、土舱压力三个主动参数值,观察推力和扭矩的变化情况,根据掘进情况,将整个掘进参数调整至合适的范围。

(5)做好地面滞后沉降的统计分析工作,为措施的合理性提供必要的参考。

思考题

1. 简述富水砂卵石地层坍塌机理。
2. 简述富水砂卵石地层施工盾构掘进特点。
3. 简述富水砂卵石地层坍塌原因。
4. 结合具体工程案例,简述富水砂卵石地层盾构始发施工技术要点。
5. 结合具体工程案例,简述富水砂卵石地层盾构接收施工技术要点。
6. 结合具体工程案例,简述富水砂卵石地层盾构下穿建筑物施工技术要点。

第 17 章
上软下硬复合地层施工

本章重点:本章主要介绍复合地层概念、复合地层特点、复合地层需要研究的地质问题、盾构在复合地层中的局限性以及复合地层中盾构施工难点;并通过广州、深圳、青岛等具体工程案例介绍上软下硬复合地层盾构施工关键技术。

17.1 复合地层概念

将开挖断面范围内和开挖延伸方向上,由两种或两种以上不同地层组成,且这些地层的岩土力学、工程地质和水文地质等特征相差悬殊的地层组合,定义为复合地层。

复合地层的组合方式是非常复杂多样的,但总的来说可分为三大类:一是在断面垂直方向上不同地层的组合;二是在水平方向上地层的不同组合;三是上述两者兼而有之。

复合地层在垂直方向上的变化。最典型的垂直方向上的复合地层就是所谓"上软下硬"地层。即隧道断面上部是第四系的松软土层,而下部是坚硬的岩石地层;或者上部是软弱的岩层而下部是硬岩层;或者是在硬岩层中夹软岩层,或软岩层夹硬岩层等。

复合地层在水平方向上的变化。在一施工段中,可能分布着不同时代、不同岩性或不同风化程度的地层,从而表现出地层不同岩土性质。在水平方向和垂直方向两者兼而有之的更为复杂。

17.2 复合地层特点

以广州地区为例,广州地区复合地层最重要的特点是工程范围内的岩性变化频繁,物理力学特性差异大,基岩风化界面起伏大,断层破碎带分布密集,含水率差异明显。具体表现为:同一里程隧道横断面表现为上下或左右软硬不均,在隧道纵剖面上表现为软硬相间,其中隧道断面地层的复合特性,对盾构施工的影响尤为明显。盾构隧道埋深一般在 10~30m,隧道断面及上覆的地层从地表至下依次为:

上部:第四纪软土层,主要由杂填土、流塑~软塑淤泥层和富含水砂层组成。

中部:第四纪残积层,该层是沉积岩、岩浆岩、变质岩等三大母岩地层风化后残积形成,可塑、硬塑~半固结状态黏土和砂质、砾质黏性土。

下部:大部分地区是由不同风化程度的白垩系砾岩、砂岩、粉砂岩、泥岩及少量泥灰岩组成;少部分是由不同风化程度花岗岩或花岗片麻岩及混合花岗岩组成。

根据施工实践,对盾构掘进有不利影响的典型工程地质和水文地质如下:

①残积土的黏土以及泥岩类岩石经研磨后形成的粉粒状矿物质,在受压、受热、受湿环境条件下,会在刀盘表面或土舱内形成泥饼;

②上软下硬或上硬下软的不均匀地层难以全天候进行动态平衡控制,易导致顶部坍塌;

③软硬地层突变及花岗岩地区的球状风化体,会使刀盘变形和刀具崩裂;

④富水断裂带和岩石破碎带等地层会导致螺旋输送机出土口涌水涌砂,造成施工困难;

⑤过江河或砂层、淤泥层,易失水和扰动引发大的沉降;

⑥土压平衡状态施工遇到石英含量的地层时,刀具磨损严重。

17.3　复合地层需要研究的地质问题

17.3.1　隧道围岩岩土形成的地质时代不同,地质特征也会不同

岩土形成的地质年代见表 17-1。

地 质 年 代 表　　表 17-1

<table>
<tr><th colspan="3">地质年代(单位:百万年)</th><th>地　　层</th></tr>
<tr><td rowspan="2">新生代</td><td colspan="2">第四纪(1.8 ~ 今)</td><td>第四系</td></tr>
<tr><td colspan="2">第三纪(65 ~ 1.8)</td><td>第三系</td></tr>
<tr><td rowspan="3">中生代</td><td>白垩纪(145 ~ 65)</td><td rowspan="2">燕山期花岗岩(205 ~ 66 ± 2)</td><td rowspan="2">白垩系、侏罗系、燕山期花岗岩</td></tr>
<tr><td>侏罗纪(213 ~ 145)</td></tr>
<tr><td colspan="2">三叠纪(248 ~ 213)</td><td>三叠系</td></tr>
<tr><td rowspan="6">古生代</td><td colspan="2">二叠纪(286 ~ 248)</td><td>二叠系</td></tr>
<tr><td colspan="2">石炭纪(360 ~ 286)</td><td>石炭系</td></tr>
<tr><td colspan="2">泥盆纪(410 ~ 360)</td><td>泥盆系</td></tr>
<tr><td colspan="2">志留纪(440 ~ 410)</td><td>志留系</td></tr>
<tr><td colspan="2">奥陶纪(505 ~ 440)</td><td>奥陶系</td></tr>
<tr><td colspan="2">寒武纪(544 ~ 505)</td><td>寒武系</td></tr>
<tr><td colspan="3">前寒武纪(地球起源 ~ 544)</td><td>前震旦系</td></tr>
</table>

1)第四系地层

第四系地层是距今 180 万年以来在地球最表面形成的沉积盖层,是在地球表面内外营力相互作用过程中,岩石圈发生破坏—搬运—堆积形成的沉积地层。第四系地层从宏观上可以分为陆相沉积和海相沉积。

(1)陆相沉积物的特点是:

①松散性:一般都呈松散状态,胶结成岩作用较低。

②岩相的多变性:由于沉积环境极为复杂,因此沉积物的性质、结构厚度在水平方向和垂直方向都具有很大的差异性,甚至属于同一时代的沉积物,在较短距离内可以变为另一岩性,

厚度可由几米变为几十米或突变缺失。

③沉积物的移动性：第四纪沉积时间较短也较晚，来不及胶结成岩，又受到各种内外营力的作用，使沉积物经常处于再搬运堆积过程，物质成分上也不断发生变化，大多数难以找到其原始产状。

④地貌形态的多样性：第四纪沉积物常构成各种堆积地貌形态，而沉积物的沉积类型、分布、产状、厚度等与地貌是紧密联系着的。

(2)海相沉积物的特点是：

①近岸沉积：分布于从海岸到海底受波浪作用显著的水下岸坡部分。形成的沉积物也具有复杂性，有砾石、砂、淤泥和生物贝壳堆积等，碎屑物主要来自陆源。

②大陆架沉积：其粗粒碎屑沉积物主要来源于水下岸坡破坏和河流或冰川搬运物质；砂质沉积物主要是河流的挟入物，部分为海岸带砂质延伸部分；淤泥质沉积物分布极为广泛。

③深海沉积：以浮游性动植物钙质或硅质沉积为主，其次为火山灰沉积、化学沉积(锰结核等)和局部的浮冰碎屑沉积。

2)岩石地层

由表 17-1 可以看出，不同时代的岩石相距的地质年代可能非常久远，它们成岩程度，变质程度，岩性，结构，构造等等会有很大的差别，盾构施工过程中出现的问题也就不一样。

比如，在广州地区盾构施工中穿越侏罗纪煤系地层时，盾构隧道内聚集了大量的瓦斯，是施工安全的极大隐患。而在同一地区盾构施工穿越白垩系地层时就不会碰到这类问题，因为在白垩纪就不会成煤，因此也就不会碰到煤系地层，也就没有聚集瓦斯的风险。

17.3.2 地层的组合不同

从宏观上来看，自然界中的地层组合可以分为两类，一是均一地层，二是复合地层。

均一地层是指在开挖断面范围内和开挖延伸方向上，其岩土力学、工程地质和水文地质等特性相同或相近的一种或若干种地层的组合。

复合地层是指在开挖断面范围内和开挖延伸方向上，其岩土力学、工程地质和水文地质等特征相差悬殊的两种或两种以上不同地层的组合。

①均一地层：又可分为均一土层和均一岩层两类。

均一土层可分为四种：均一黏土、均一粉土、均一砂土和均一砾土。

均一岩层可分为三种：均一软岩(单轴抗压强度≤30MPa)、均一中硬岩(30MPa < 单轴抗压强度≤60MPa)和均一硬岩(单轴抗压强度 >60MPa)。

应该指出的是，这里所谓的均一并不是绝对的均质，这在自然界是不存在的。

②复合地层：可以分为三种情况。

一是复合土层：由两种或两种以上的均一土层组成。

二是复合岩层：由两种或两种以上不同强度或不同岩性的地层组成。

三是复合地层：是复合土层和复合岩层的组合地层。在广州地铁 3 号线盾构施工中遇到的典型复合地层如图 17-1 所示，隧道上部是砂质黏土层，下部是单轴抗压强度超过 100MPa 的花岗岩。

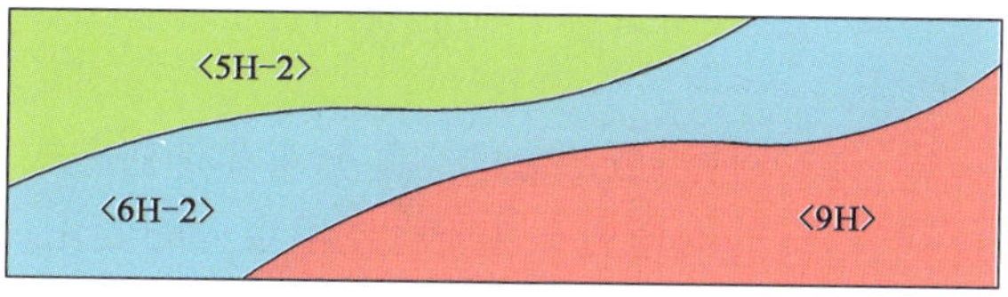

图 17-1　广州地铁 3 号线天—华区间局部地质剖面示意图

盾构在均一地层中施工不能说没有问题，但毕竟可以在事先通过盾构选型及施工工艺的选择等方面找到相应的对应措施，尽管在流塑状的淤泥中施工对保证永久隧道的稳定性方面、在均一砾石地层中对防止对面沉降及刀盘刀具的过量磨损等方面还没有根本解决问题。

相比之下，盾构在复合地层中施工的问题就更多了。这部分的内容将在后面谈到。

17.3.3　岩石地层的岩性和地质构造不同

1）广州地铁盾构隧道穿过的岩石地层

广州地铁盾构隧道穿过的岩石地层按成因可分为岩浆岩（图 17-2）、沉积岩（图 17-3）、变质岩（图 17-4）三大类。

（1）岩浆岩：岩浆冷凝固化后形成的岩石为岩浆岩。

（2）沉积岩：是在温度不高、压力不大的条件下，由风化作用、生物作用和某种火山作用的产物，经搬运、沉积和成岩作用而形成的岩石。沉积岩的主要特征是具有层理。

（3）变质岩：由变质作用形成的新的岩石称为变质岩。变质作用是由地球内力作用引起的岩石改变或变化的作用。

图 17-2　广州地铁 3 号线天—华盾构区间

2）岩土结构和构造不同

图 17-3　广州地铁 1 号线陈家祠—西门口盾构区间

图 17-4　广州地铁 4 号线大学城小—新盾构区间

岩石的结构主要是指岩石的各种组成部分在形貌的特征及相互间的组合关系,如颗粒的大小和形状等。

岩石的构造主要是指岩石的各种组成部分的空间分布和排列方式。

岩石结构和构造的不同,岩石的物理力学性质将发生很大的变化。

3)地质构造不同

在地壳运动中,岩体由于受力而发生的连续或不连续的永久变形,称为地质构造。广州地铁盾构隧道穿过的常见的地质构造有褶皱与断裂两种基本类型。

(1)褶皱构造:是层状岩石在地质构造作用下所产生的一系列弯曲变形。

(2)断裂构造:是岩石受力产生的永久破坏变形。

断裂构造在盾构施工中的影响,主要反映在以下方面:①由于节理、劈理的产生,大大地破坏了围岩原始的完整性,降低了岩石的 *RQD* 值有利于盾构的破岩;②在断层带中,可能会产生一些新的岩石,比如在广州地铁 3 号线大—汉区间的礼村断裂带中的硅化角砾岩;③一般来说,张性的断层带的透水性能很好,在盾构施工的过程中会发生螺旋输送器的喷涌,在暗挖横隧道中会发生突水和塌方。

17.3.4 盾构施工的不良地质

所谓的不良地质是对应于特定的工法而言的。在黏土层中采用明挖法,甚至采用矿山法施工时,不一定有什么困难之处,但采用盾构法施工结泥饼就会是一大问题,在 20 世纪结泥饼问题被一些人称为是一个世界性的难题;如果在砂层中采用矿山法施工,恐怕就如履薄冰了,但采用泥水盾构法施工则没有大的风险,如此等。

1)第四系流塑状淤泥地层

在这种地层中施工,可能发生的事故和风险主要反应在如下几方面:

(1)作为永久结构的盾构隧道本身是不稳定的,工后沉降可能很大,以至于会造成线路纵坡的变化及管片的错台、开裂和破损等。

(2)盾构体的重量在轴向上是不均匀的,其前部的 1/3,包括刀盘主轴承螺旋输送机等,大约占了盾构总重的 2/3 以上。在这种流塑状淤泥地层中掘进时,易出现盾构“磕头”问题。其结果是盾构姿态难以控制,进而造成管片的错台、开裂、破损等。

(3)若盾构的工作井或隧道的横通道位于这种地层中,主要的问题是如何保证围护结构的施工质量及防止基坑开挖时的底涌。

2)第四系黏土地层

软塑状的黏土与硬塑状的黏土试验参数是不同的。盾构在软塑状黏土层中掘进遇到的问题可能会小一点,在硬塑状的黏土层中遇到的问题会大些。出现的问题主要是结泥饼。此外,在黏土中还可能含有一定量的砂砾成分,对刀具的磨损也会有影响。

在均一黏土层中,盾构刀盘和刀具的配置相对容易和简单一些,但在复合地层中难度就大多了。因为在选择刀盘和刀具时既要考虑盾构的大开口率,又要考虑在岩石地层中破岩功能对刀盘强度的要求;既要防滚刀在黏土层中的偏磨,又不能不配置一定量的滚刀,等等。

3)第四系粉细砂地层和砂层

以我国地铁盾构工程为例,最近几年发生的几起灾难性大事故,都与粉土层、细砂层和中粗砂层或它们组合的复合土层有关。

(1)粉细砂层。

在饱和地下水状态下是具有液化特性的。目前,还没有明显的证据说明,地铁永久结构在这类地层中是不稳定的;使用土压平衡盾构本身,只要添加剂使用得当,也没有大问题。若使用泥水盾构,除了泥水分离较困难之外,掘进本身没有严重的技术问题要解决。

在这种地层中施工出现的主要问题是发生在盾构隧道之间的横通道施工和盾构进出工作井这两大方面。主要原因在于上述这些特殊部位的土体加固效果不佳或采取的施工工艺、施工程序欠妥当,使得粉细砂大量涌入隧道或工作井,造成已完成的隧道或车站结构严重破坏、地面大范围塌方。

(2)中砂、粗砂或中粗砂层非常松散,粉土和黏土颗粒一般含量很少。

盾构在中粗砂地层中施工,除了可能引发上述在粉细砂地层中出现的问题之外,采用土压平衡盾构施工时,盾构推进本身就不安全,主要反映在两方面:

一是工作面上的中粗砂在地下水的作用下,是极不稳定的,一旦出现土舱欠压,就会造成过量的砂涌入盾构密封舱,若不及时采取措施,则会造成地面沉降。

二是由于在该层中黏土颗粒很少,在密封舱和螺旋输送机中的渣土和易性很差,在地下水的作用下,会发生螺旋输送机喷涌,进而由于密封舱内的突然失压,立即引发地面塌陷。

即便选用泥水盾构,在这种地层中施工,若对出土的干砂量控制稍有不当,也会立即出现地面塌陷。

4)第四系砾石地层

目前国内盾构施工遇到的砾石层大体上有两类。

一类以成都地铁盾构施工遇到的砾石层为代表,粒径一般为30~70mm,占地层的55%~80%(图17-5),颗粒大体上呈间断级配,由砾石和细砂两个极端粒经的颗粒组成。另一类是砂砾石层,以沈阳地铁盾构隧道遇到的地层为代表,大于20mm粒径的砾石占30%~40%,大体上是连续级配,从大的砾石到粉黏粒都有(图17-6)。

图17-5　间断级配砾石层

图17-6　连续级配砾石层

比较起来,盾构施工在成都地铁的砾石层中遇到的问题会更大一些,出现的问题也较难解决,主要有如下几方面:①刀盘和刀具的配置方式;②刀盘和刀具的磨损严重;③螺旋输送器喷涌严重;④地面沉降难以控制。

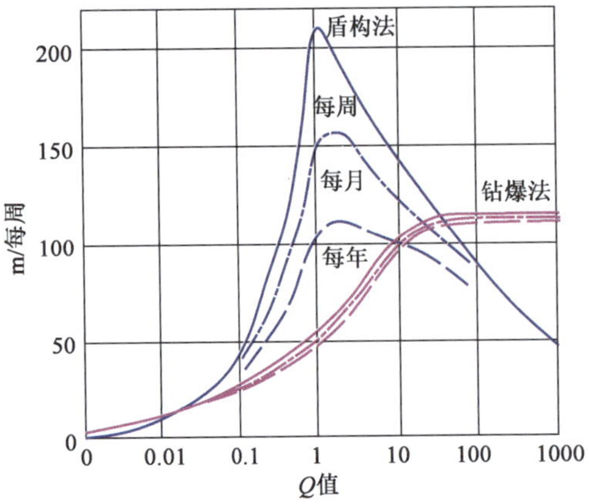

图 17-7 盾构法与矿山法 Q 系统关系示意图

5)复合地层中的硬岩层

由于岩性、结构、构造、风化程度等的变化，在盾构隧道线路的某些地段遇到硬岩层，这在复合地层中施工时并不奇怪。

在复合地层中使用的盾构不是对付硬岩的典型 TBM，因此刀盘刀具的配置、刀间距的设计等如果用于硬岩地段会存在较大的缺陷，这是混合盾构应用于复合地层中的局限性决定的。在这种情况下，一般都用矿山法来辅助解决这一问题。根据统计资料显示，在围岩质量好的地层中，使用传统的钻爆法施工要比盾构法施工的效率高（图 17-7）。

6)复合地层中的上软下硬地层

根据地层组合的形式，上软下硬地层大体上可以划分为三种类型：

(1)第四系土层的上软下硬

这种组合特点主要反映在地层标贯级数的差别、含水率的差别和颗粒粒径的差别上。通常上部地层的标贯级数很低，下部地层的标贯级数很高；上部地层的含水率高，下部地层的含水率低；上部地层的颗粒粒径小，下部地层颗粒粒径大。

盾构在推进过程中刀盘上部和下部受力不均，需要配置的刀具不同，会造成盾构姿态难以控制、刀具磨损严重等一系列问题。

(2)岩石地层的上软下硬

这种地层组合的特点主要反映在岩石岩性的变化、风化程度的变化、沉积岩结构和构造的变化及断裂带两侧地层的变化等方面。

盾构在这种复合地层中掘进是极其困难的。

(3)复合地层的上软下硬

图 17-8 所示是比较典型的复合地层中的上软下硬断层组合，隧道上部是第四系松散的〈3-2〉砂层，下部是单轴抗压强度 35MPa 的中风化或微风化的岩石地层。

在上软下硬地层中施工的主要问题是：盾构的姿态难以控制，从而引发一系列的质量和安全问题，比如，刀盘刀具的过量磨损或刀盘的开裂或变形、地面的过量沉降、管片的错台、开裂和破损等。

7)孤石

孤石是相对于它的围岩或周围介质而言的，主要有如下几种：

(1)人工抛填碎石

我国沿海地区，在围海造田时，往往会人工抛填巨大的碎石，特别是花岗岩碎石块。碎石块的位置完全是随机的，没有任何规律，是盾构线路上的极大障碍。

(2)第四系漂石

第四系漂石多发于冰碛砾石层中，同样没有任何规律可循，是盾构施工中的难点。

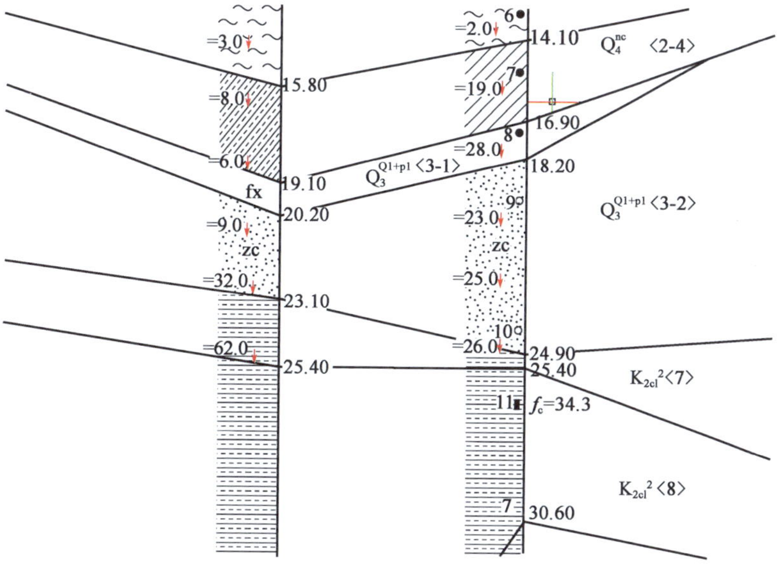

图 17-8　某标段剖面图(局部)(单位:m)

(3)花岗岩的球状风化体

花岗岩的球状风化是该类岩石的一种普遍的风化现象,即在深度风化的花岗岩岩体中残留了微风化的较新鲜坚硬的球状花岗岩体。

花岗岩的球状风化体的形成过程大体上分为以下三个阶段(图 17-9)。

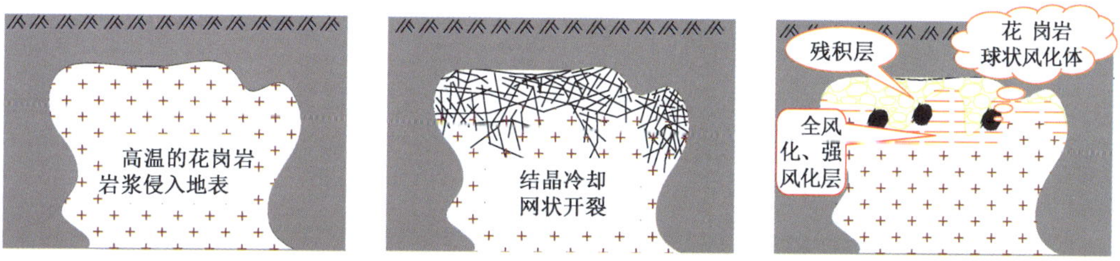

a)第一阶段　　b)第二阶段　　c)第三阶段

图 17-9　花岗岩球状风化体的形成过程

第一阶段:高温的花岗岩岩浆从地球深处侵入到地壳表层。

第二阶段:地壳表层的花岗岩浆冷却结晶,岩体的浅部因极大的温差,收缩形成三维的网状开裂。

第三阶段:浅部的花岗岩体受到风化作用,形成残积层、全风化层和强风化层。由于岩体的裂隙部分比岩体内部在同样的地质年代过程中风化程度更高,就形成了在深度风化程度(比如残积层和全风化、强风化花岗岩)中存在相对风化程度很低的岩体,这些岩体即花岗岩球状风化体。

无论是上述那种类型的孤石出现在盾构隧道的线路中,都将给施工带来极大的困难,主要表现为这种孤石无论是由盾构破除还是由人工破除都非易事。

8)地层中的土洞和溶洞

在广州地区发现的溶洞有两种类型:一种是发生在石灰岩地层中,如图 17-10 所示;另一种是发生在碎屑岩中,如图 17-11 所示。后者产生溶洞的原因主要与钙质胶结物、石灰岩砾石、夹石膏层、夹泥质灰岩层等有关。

土洞通常与石灰岩溶洞或石灰岩裂隙共生,且生成在特定的硬塑状的砂质泥岩或砾质泥岩中,如图 17-12 所示。

盾构在石灰岩溶洞地区掘进时遇到的主要风险是:①盾构在溶洞出可能会磕头;②地下水及地下水水压很大;或者工作面失水。会造成注浆困难,螺旋输送器喷涌等问题;③刀盘在旋转过程中由于突然遇到溶洞,会因为瞬间荷载增大造成刀具损坏;④穿越溶洞的隧道的稳定性是永久结构隧道需要解决的一个问题。

在这类地区遇到土洞将是一个更大的问题,因为土洞的形成时间跨度可能是几年或几个月甚至是几天,如隧道在土洞上方通过,在遇到土洞塌方时隧道就无法保证稳定和安全,特别是很难通过钻探或物探查明的土洞。

9)地层中的有害气体

在盾构施工过程中遇到的可燃有毒气体可能来自三个方面:一是地层中自然赋存的;二是在施工过程中产生的;三是不明来源气体。广州地区盾构施工只遇到后两种情况。

(1)施工过程中产生的可燃气体

广州地铁 3 号线汉—市区间,YDK20 + 262 ~ YDK20 + 441 近 180m 的线路围岩为侏罗系的炭质页岩(图 17-13),在盾构施工过程中,工人感到胸闷和恶心等不适,明显的一氧化碳中毒症状,当即停止掘进,进行气体检测。经检测,气体成分如下:

CO:550ppm;O_2:小于 21%;CH_4:0 ~ 5%;H_2S:0 ~ 5%。

从资料中可以发现,煤层或煤系地层是可以产生天然瓦斯的,但其成分应以甲烷为主,而不是以 CO 为主。因此判断,汉—市区间的有毒可燃气体仅有一小部分来自天然瓦斯。那么,其余的 CO 哪里来的呢?

盾构在推进的过程中,如果在中风化或微风化地层中,或者刀盘前方结了泥饼等情况时,刀盘在推进时会由于摩擦力的缘故产生大量的热能。有证据显示,该热能足以使滚刀达到淬火的程度。正是这种高温使得围岩中的可燃有机岩(煤或炭质泥岩等)中的炭在缺氧状态下不完全燃烧产生了大量的 CO。在有明火的条件下,这种气体会发生爆炸。

(2)不明来源的可燃有毒气体

以下是盾构密封舱中的可燃气体爆炸事件案例。

发生事故的基本环境:广州地铁 6 号线东—黄盾构区间左线隧道穿越广州地区白垩系〈8〉中风化砾岩、〈9〉微风化泥质粉砂岩地层,地层自身不会生成可燃气体,在地质详勘阶段和地质补勘阶段均没有发现可燃气体。在广州地铁隧道工程同类地层中,尚未发现该地层中含有可燃气体。

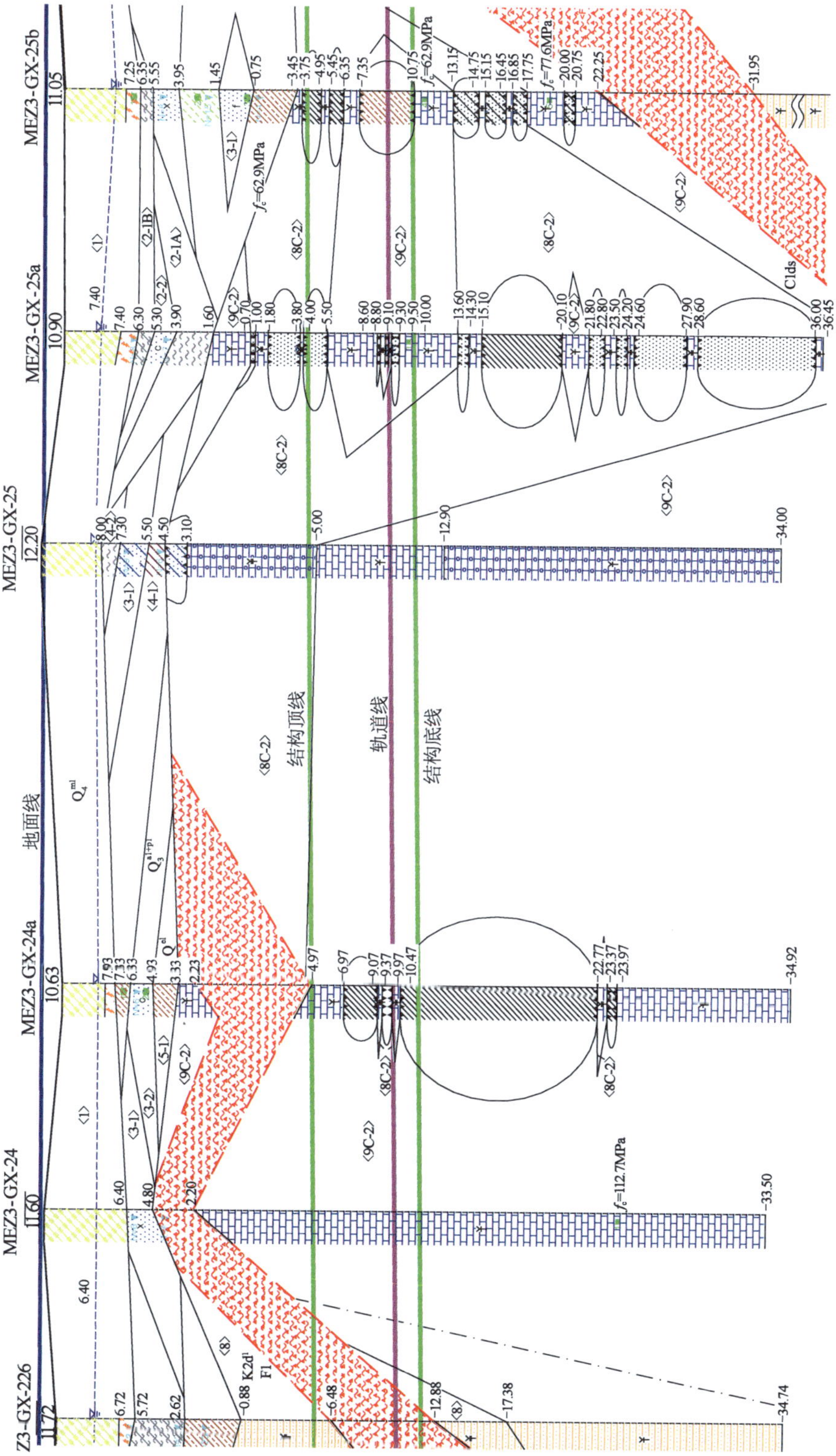

图17-10　草—陶区间地质剖面图(单位：m)

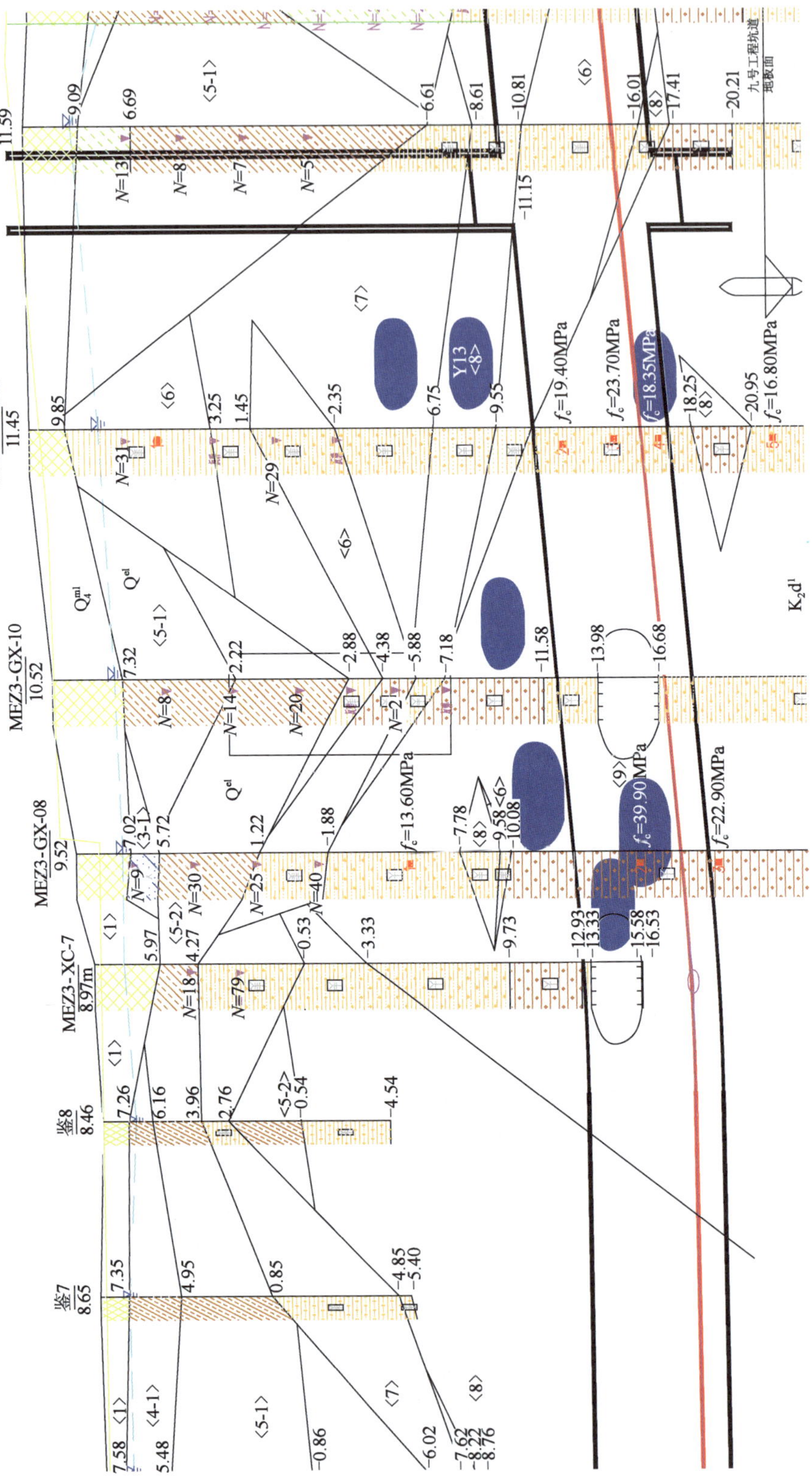

图17-11 碎屑沉积岩中的溶洞(5号线)(单位: m)

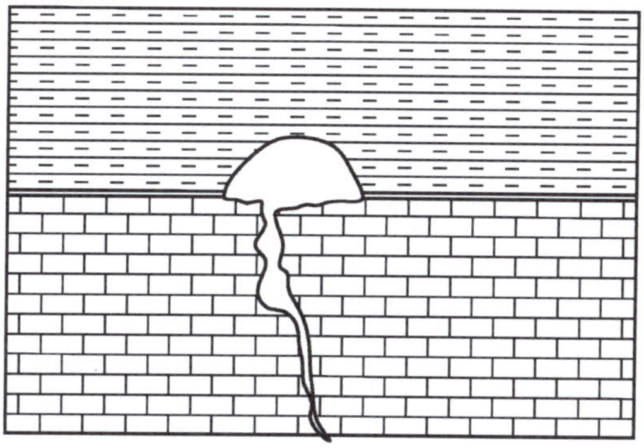

图 17-12　硬塑状黏土层中的土洞(3 号线北延段)

图 17-13　工作面上的炭质页岩

发生事故的简要过程:在打开密封舱门,用压力水冲洗刀盘和土舱时,盾构土舱内突然发生不明气体的爆燃。

事故的特点:①盾构在正常使用及例行开舱时,盾构本身不会产生有害气体;②白垩系粉砂岩和砂岩中,不存在产生可燃气体的可燃有机岩;③在土舱内检测到了甲烷、一氧化碳、硫化氢、二氧化硫及氨气等有害气体。该气体与废弃油站的渗漏物质及管道燃气的成分不一致,不可能是加油站或管道煤气渗漏的产物;④本次事故是意外自然事故。

10)采空区

广州地铁 2 号线北延段和 3 号线机场线将在煤矿的采空区附近通过。

含煤地层为上二迭统龙潭组(P_{2L}),其上部为灰白色长石石英砂岩、灰色泥岩,含铁质结核和菱铁矿条带,中部夹钙质泥岩,泥灰岩和硅质岩透镜体。下部为灰白色粉砂岩、粉砂质元岩与细砂岩互含,夹数层煤层和炭质泥岩,厚度 150 ~ 300m。地层分布及构造情况如图 17-14 所示。

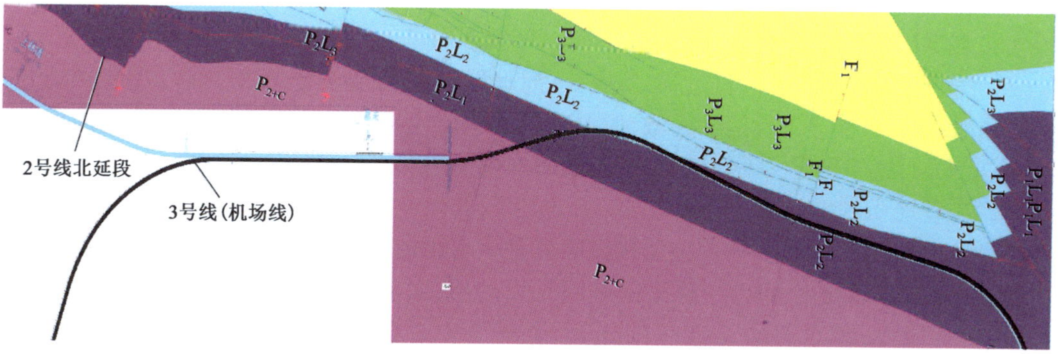

图 17-14　煤系地层与地铁线路图

煤层被采空后,其顶板及围岩在自身重力和地面荷载的压力下会产生变形、裂开和冒落。故在煤层采空上方形成冒落带、裂隙弯曲,继而使地面产生下沉。

从图 17-14 可以看出,线路选择在煤系地层的底板(避开了采空区)上,这样从根本上规避了可能穿越采空区的风险,这应该是最优的选择。否则,当盾构通过煤矿采空区时遇到的风险远远大于盾构穿越石灰岩岩溶地区。

11)地下障碍物

地下障碍物主要是指除了花岗岩球状风化体、岩溶等地质体或地质现象外的人类活动形成的地下结构或物体。

在盾构施工的过程中发现的这类物体主要有桩基础(钢筋混凝土、木桩等)、古建筑(包括古城墙等)、海岸或河流的堤坝、人工回填大块抛石等。在修建通过长江的盾构隧道时在盾构的密封舱中甚至还发现失效的炮弹。

图 17-15　盾构绞断的岩芯管

地铁盾构隧道因为是在城市中修建的,由此,遇到最多的是盾构通过桩基础的问题,即盾构能否直接通过刀盘破碎桩基础。

搜集到的资料显示,盾构可将 45mm 的钢筋和 ϕ110mm 壁厚 2mm,如图 17-15 所示的岩芯管绞断,但这并不是说,盾构直接破除这类地下异物没有问题,恰恰相反,只有在万不得已的情况下,经过充分地论证,才可试用盾构直接通过桩基础。

17.4　盾构在复合地层中的局限性

17.4.1　盾构适应性在复合地层中的局限性

1)盾构选型困难

盾构选型困难主要表现在如下几方面:

(1)环保因素

对泥水盾构而言,虽然经过过筛、旋流、沉淀等程序,可以将弃土浆液中的一些粗颗粒分离出来,并通过汽车、船等工具运输弃渣,但泥浆中的悬浮或半悬浮状态的细粒颗粒土仍不能完全分离出来,而这些物质又不能随意处理,就形成了使用泥水盾构的一大难题。

(2)工程地质的复杂性

广州地铁 1 号线黄沙—公园前盾构区间就是一个比较典型的实例,如表 17-2 所示。

从表 17-5 可以看出,黄沙—陈家祠区间是以砂层、淤泥层以及它们的复合地层为主,根据盾构的适应性,泥水盾构是唯一的选择;而陈家祠—公园前区间则是以残积层和软岩为主,选择土压平衡盾构是适宜的。然而,作为同一个施工段,中途更换另一种盾构的可能性很小。

(3)施工的安全性

从保持工作面的稳定,控制地面沉降的角度来总结广州地铁盾构施工的经历来看,使用泥水盾构要比使用土压平衡盾构的效果好一些,特别是在河湖等水体下、在密集的建筑物或构筑物下及上软下硬的地层中施工。

黄沙—公园前区间的盾构选型 表 17-2

类别	黄沙—长寿路	长寿路—陈家祠	陈家祠—西门口	西门口—公园前
区间长度(m)	691	910	710	612
工程地质	大部分为全断面中砂层,少部分为淤泥层	部分为砂层,部分为砂层、淤泥层及残积层的组合地层,部分为残积层	大部分为全断面的残积层和基岩强风化层,大约 120m 为中风化岩层	以全断面强风化岩层为主,部分峒顶为残积层
盾构选型的适应性评价	泥水盾构	泥水盾构/土压平衡盾构	土压平衡盾构	土压平衡盾构
实际采用的盾构型	泥水盾构	泥水盾构	泥水盾构	泥水盾构

2)盾构配置和施工参数选择的困难

这些方面的问题完全是由于复合地层本身的复杂性决定的。比如,土压平衡盾构在通过砂层是希望刀盘的开口率稍小一点,但遇到黏土层是又想将开口率变大;在土层中推进时应使用切刀,但在遇到岩石地层时又希望换上滚刀,等等。产生盾构配置上的这些悖论是盾构施工在复合地层中无法避免的。以刀具配置为例:

在复合地层中施工刀具配置的困难主要反映在三方面:一是选择破岩的滚刀还是选择切削的切刀;二是刀具配置的数量;三是不同种类刀具配置的高度。

(1)选择破岩的滚刀还是选择切削的切刀

这是在复合地层中盾构施工遇到最多的问题之一。

案例:广州地铁 6 号线 2 标段,盾构始发之后,将在中粗砂层和淤泥层中掘进约 250m,然后进入岩石地层(图 17-16)。前者使用一般的切刀肯定没有问题,后者因为要考虑更长一段岩石地层,使用滚刀是合适的,可选用双刃滚刀。

但问题是在施工过程中如何换刀。

通常的办法是事先加固一个预想换刀区,盾构掘进至该区后,进行刀具检查,必要时更换合适的新刀。

应急的做法是采用气压作业,即在适当的气压条件下,通过人闸进入密封舱换刀。

在施工过程中,具体实施起来会遇到许多实际困难。对前者而言,准确地选择加固区并不容易,同时要花费时间和一定的费用。后者,会受到使用气压作业本身所需条件的限制,比如,隧道埋深过浅或上覆地层的气密性不好,或者隧道埋深过大,所需气压过高,都会产生气压作业的安全问题。

始发阶段的初装刀,应根据具体地质剖面的情况,分别处理。本案例的初装刀采用的是刀圈镶合金的滚刀,如图 17-17 所示。

此刀圈是将超硬合金刀头嵌入刀环的顶部。由于超硬合金刀头以凸起状等间隔地嵌入刀环全周,所以能较容易地得到回转反力,超硬合金刀头比以往的刀环的材质更硬、更加耐磨。通过综合考虑,认为此结构不易发生偏磨。

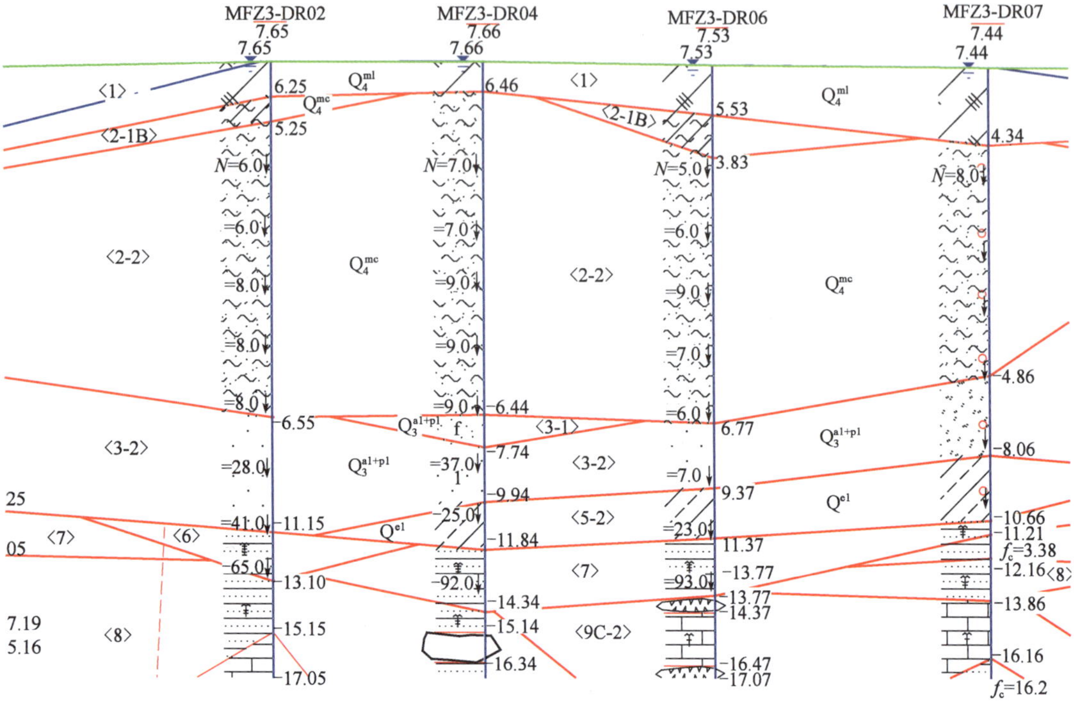

图 17-16　广州地铁 6 号线 2 标段地质剖面图(局部)(单位:m)

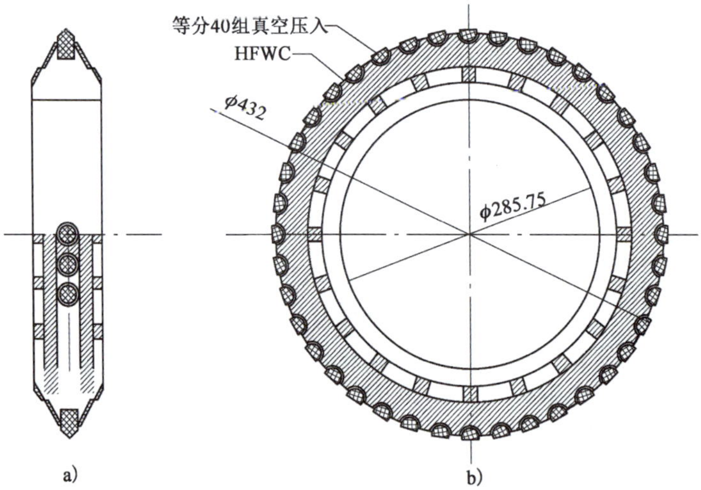

图 17-17　刀圈镶合金的滚刀(尺寸单位:mm)

(2)滚刀数量的选择

滚刀数量的问题实质上是滚刀的刀间距问题。

刀间距是影响破岩能力的关键因素之一。刀间距过大,会在两滚刀之间出现破岩的盲区而形成"岩脊",如图 17-18 所示;刀间距过小,会将岩体碾成小碎块,降低破岩功效,如图 17-19 所示。所以刀间距过大或过小都不利于破岩。

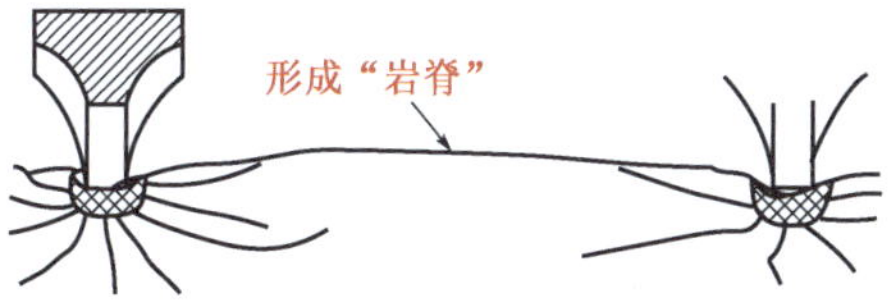

图 17-18　刀间距过大，在两滚刀之间形成“岩脊”

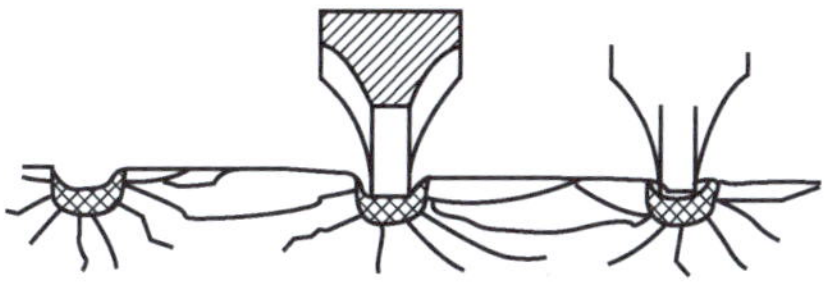

图 17-19　刀间距过小，岩体被碾成小碎块

目前广州地区使用的盾构，刀盘边缘部分滚刀的间距一般为 35～90mm，正面滚刀的刀间距一般是 100mm。

当盾构通过坚硬岩层时，刀间距应设计多少才合理？目前还没有更多的试验资料来定量地说明这个问题。但根据广州地区花岗岩的特点（单轴抗压强度、*RQD* 值等指标）与国外的研究资料进行对比，特别是参照国内外类似的盾构（或 TBM）施工实例，对于整体性好（层理不明显），且岩石坚硬时，滚刀的刀间距应控制在 70～90mm 间可能是恰当的。也就是说，目前广州滚刀刀间距的设计，特别是在坚硬的微风化花岗岩中施工是有先天缺陷的。

（3）刀具的高度及其组合高度差

刀具高度对盾构施工有重要意义：

①刀具高一些对防结泥饼有利。广州地区岩土中的粉黏粒成分较高，这些细颗粒成分给盾构施工带来的问题就是极易结泥饼，从而限制了掘进速度并引发一系列的故障。当刀具较高时，即使刀盘面上结了一些泥饼，只要其厚度不足以将刀具全部“糊死”，那么刀具仍可起到切削作用。从这个意义上讲，刀具高一些有其优点。

②滚刀与切刀的高度差（d）很小的话，当滚刀破岩时，如果滚刀的贯入深度（h）大于或等于滚刀与切刀的高度差，切刀就“顶住”了岩面，限制了滚刀向岩层的进一步贯入，从而限制了滚刀的破岩能力，如图 17-20 所示。显然，当滚刀的贯入深度 $h<d$ 时，滚刀的破岩效果肯定会变差。

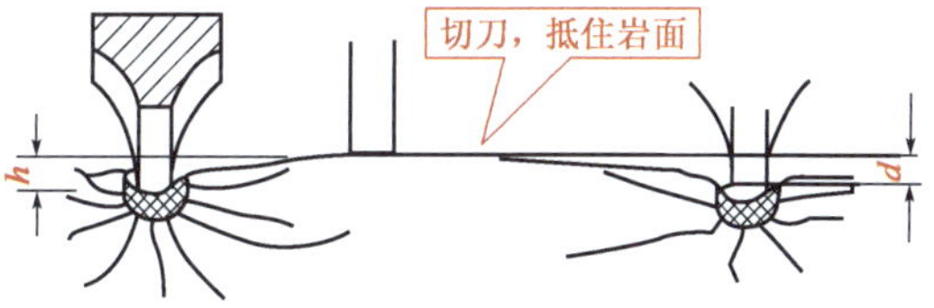

图 17-20　高度差小切刀会限制滚刀破岩

（4）单刃滚刀和多刃滚刀的选择

从理论上讲，单刃滚刀适用于中硬岩和硬岩，而双刃滚刀和多刃滚刀在软岩中掘进的效率更高。但在实际应用中，不可能根据地层的变化，随时随地任意更换刀具，而且如果不是特殊设计，单刃滚刀与多刃滚刀的刀座就不能互换，在这种情况下，换刀是不可能的。

从实际的应用来看，在复合地层中配置单刃滚刀的适应性会更好一些，问题是要注意调整滚刀的启动扭矩。

17.4.2　盾构的设计和制造风险

盾构设计风险主要表现在盾构的适应性和可靠性方面，以下通过广州地铁 3 号线沥—大区间刀盘在隧道内破裂解体案例来说明，如图 17-21 所示。

（1）事故经过

刀盘解体事故发生于南珠江主航道底下（图 17-21），隧道通过地段为〈7〉（强风化泥质粉砂岩）、〈8〉（中风化泥质粉砂岩），局部为〈6〉全风化层。〈8〉岩层最高抗压强度不超过

30MPa,岩面裂隙发育但整体仍算完整,无断裂破碎构造。隧道上覆地层为〈4-1〉硬塑粉质黏土、〈3-2〉饱和中细砂及〈2-2〉淤泥质沙。砂层富水性强,基岩裂隙水与江水联系较密切。

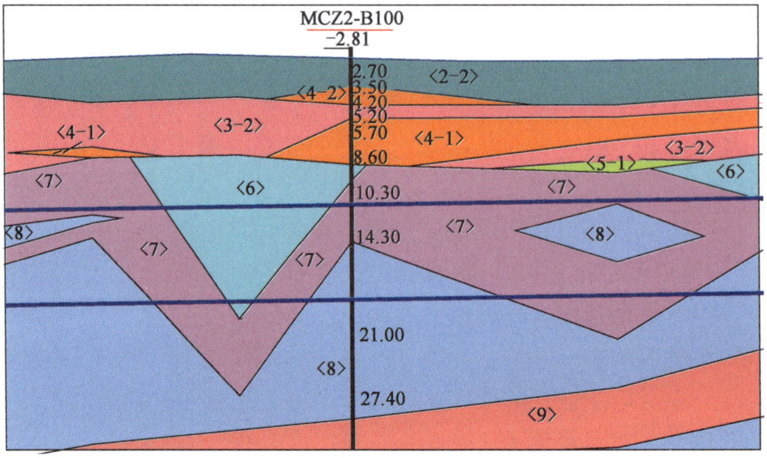

图 17-21 盾构刀盘在钻孔 MCZ2-B100 附近断裂(单位:m)

〈2-2〉-淤泥质砂土;〈3-2〉-中粗砂;〈4-1〉-冲洪积粉质黏土;〈5-1〉-残积土层;〈6〉-红层全风化带;〈7〉-红层强风化带;〈8〉-红层中风化带;〈9〉-红层微风化带

开舱检查发现:盾构刀盘 4 号与 6 号辐条之间除牛腿外其余部分几乎全部缺失,土舱内堆积了大量刀盘构件残骸。土舱体变形外卷,10 点 ~ 2 点范围,最大变形达 10cm;8 点 ~ 10 点位置外卷达到 12cm;6 点位置外卷达到 4.5cm。几乎同时,在刚刚完成掘进的 T1 号机也被发现刀盘边缘多处出现贯穿裂缝,T1 刀盘接近解体状态。两台盾构类似的问题使事故的原因明朗化,即刀盘首先在边缘开裂并变形直至解体,最终刀盘被解体的构件卡死。

(2)事故原因

钢结构出现问题,应该从结构设计、刀盘钢结构材料质量、制造工艺及施工控制等使用角度分析原因,对盾构而言,还需要考虑地质因素。

17.5 复合地层中盾构施工难点

在复合地层中盾构施工的难点主要来源于复合地层本身,表现在如下 8 个方面。

17.5.1 螺旋输送机喷涌

造成喷涌的原因是多种多样的,但无论什么原因造成的喷涌都有一个共同点,那就是必须有一个充足的水源。这样,要防止喷涌,其主要方法就是"治水"。

1)形成喷涌的施工环境

(1)在松散的富水地层中的喷涌。比如在〈2〉、〈3〉地层的粉细砂、中粗砂地层中,由于没有足够多的黏土物质,地下水与进入密封舱内的固体物质不能糅合成一体,在密封舱内就形成"水是水,渣是渣"的状态,此时,进入土舱中的水流量要比渣土量大,在这种情况下,螺旋输送机成了一种具有一定压力的液体管道,而不是一种流塑或软塑固体通道,这样,一打开螺旋输送机的开闸门，就会有高压泥水喷射出来。

(2)通过富水断层带的喷涌。富水的断层带或破碎带与上述富水地层类似。地铁1号线烈士陵园站—公园前站的东濠涌时发生过严重的喷涌。

(3)在水体下施工是另一种类似的施工环境。地铁1号线海珠广场站—市二宫站区间盾构通过珠江时，盾构工作面与珠江水连通，江底的旧自行车菜篮从螺旋输送机中排出，喷涌十分严重。

(4)在围岩自立很好的环境下的喷涌。在广州地区，无论什么地质时代、什么岩性的地层，〈8〉、〈9〉号地层都会出现程度不同的喷涌。在这种地层中施工，刀盘切削下来的弃土是以大小不等的岩块为主，弃土的和易性不好，如果管片背后注浆不充分就会形成了地下水通道，如图17-22所示，大量地下水积聚在管片背后(图17-23)，并经过工作面进入土舱，螺旋输送机出土时就会发生喷涌。

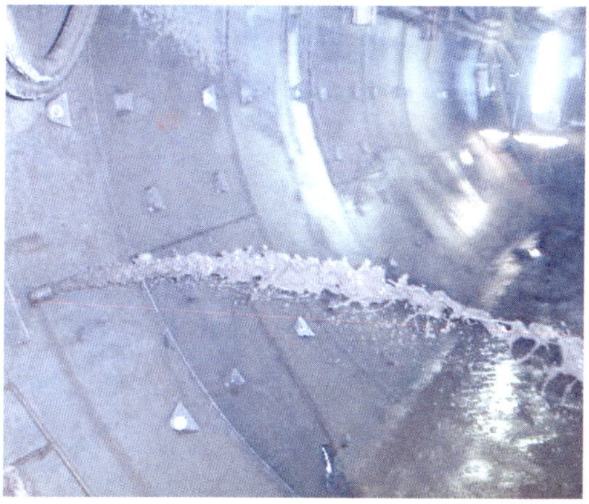

图17-22 管片背后的积水从注浆孔喷出(大—沥区间)

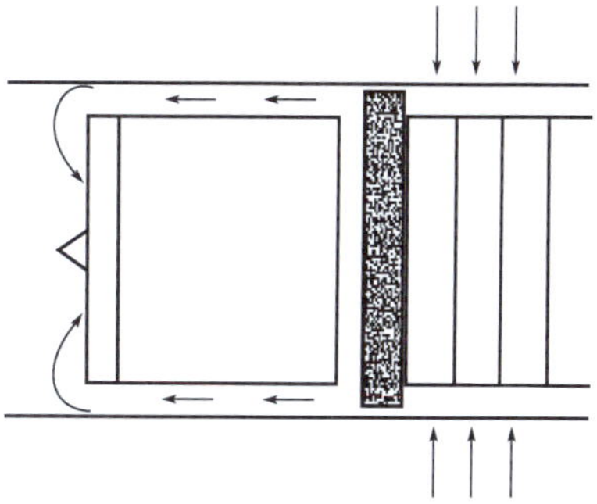

图17-23 隧道背后积水进入密封舱示意图

管片背后的水通道如果不进行封堵，带来的另一问题是这股动水会将注浆液中的水泥冲淡，使注浆液无法固结。在这种情况下，注浆量可能很大，但效果并不好，管片背后仍然是水的通道。

(5)在黏性土中的喷涌。黏性土中的粉黏粒物质成分特别多，在密封舱和刀盘前土体不是松散而是结成了泥饼，此时螺旋输送机的喷涌能和刀盘及密封舱内结泥饼共生。当密封舱内形成泥饼时，盾构推进的速度十分缓慢，此时工作面前方土体中的地下水有充足的时间流入密封舱的空环当中并保持一定的压力。在这种情况下，螺旋输送机出土时，实际上已黏结在一起的泥饼是很难进入螺旋输送机的，而具有一定压力的地下水则会经过输送机从出口处喷出。

2)喷涌的防治

在施工的过程中，通过对围岩的分析是不难判断造成喷涌的原因的。处理的方法就是要从形成喷涌的原因入手。

(1)在富水的松散地层中，一般的方法是：

①加入适量的添加剂：盾构在砂层或中微风化岩层中施工时，可以加入适量的膨润土泥浆或聚合物，以便改善弃土的和易性。

②如果施工环境允许的话,可通过加气压的方法将地下水逼出密封舱,从而改善弃土的和易性。

(2)在自立性好的地层中采用止水的方法:

在〈8〉、〈9〉地层中,如果管片背后注浆不充分的话,应该通过管片进行双液注浆,以便尽快封堵隧道背后的汇水通道。

(3)在黏性土中防喷涌的办法是防止结泥饼。

17.5.2 结泥饼问题

泥饼(次生岩块)是盾构刀盘切削下来的细小颗粒、碎屑在密封舱内和刀盘区重新聚集而成半固结或固结的块状体,如图17-24所示。

图17-24 从人孔处理密封舱内结的泥饼

应用"渣土改良剂"的工程实践表明,有成功有失败。失败的原因是过分依赖这些"化学剂或添加剂",而很少从地质、盾构选型、施工措施等全方位对之进行系统研究。

泥饼引发盾构工程事故很多,现就典型的事例及其特征简述如下。

案例一:广州地铁1号线盾构西段泥水平衡盾构施工,泥饼引发地表塌方。

盾构西段为两台泥水平衡盾构,如图17-25所示。隧道洞身上部是富水的松散砂层,中下部是残积黏土层和强风化泥质粉砂岩。1996年11月8~9日,盾构的泥水压力平衡系统出现参数异常,忽高忽低,11月9日,房号为No.126~No.136的地面6幢房子倒塌或严重损坏,造成直接经济损失达500多万元。后开舱证实,密封土舱的中心区内存在着大体积的泥饼,如图17-26所示。

图17-25 广州地铁1号线泥水平衡盾构

图17-26 广州地铁1号线土压盾构刀盘

案例二:广州地铁1号线盾构东段土压平衡盾构施工,泥饼引发地表隆起。

盾构东段为一台土压平衡盾构,当盾构沿着中山四路左线掘进农—公区间近舱边路口地段时，隧道洞身正处于全断面的残积黏土层〈5-1〉，残积黏土层的上覆是沙质淤泥层和杂填土层。为了控制地表沉降，设定的出土压超过 2kg/cm^2，最大推力达到 2355t，土舱舱壁的压力超过 5kg/cm^2，致使盾构正上方路面呈一个"馒头状"隆起（图 17-27）。测量检查最大隆起值在机头位置，达 152mm，超过 10mm 的隆起范围，造成混凝土路面开裂破坏，幸好不在建筑物下。

17.5.3　中途换刀技术

这项工作的关键并不在换刀本身，而是换刀环境的可实施性。比如，在江下的换刀，在砂层中的换刀，由于围岩的不稳定及存在大量地下水涌入盾构的可能性，使换刀这一程序大大地复杂化了。

通常的做法有如下几种：

（1）在自然围岩条件下换刀

这要满足两个最基本的条件，一是围岩自稳能力好，二是地下水涌出量不大。

问题的关键是如何正确地对这种可实施的条件做出判断，并在实施换刀过程中密切监测围岩的稳定性。

（2）在地层预加固条件下换刀

深圳地铁 1 号线某工地，其地质特征如图 17-28 所示，全风化花岗岩地层（W_4）只在工作面的右上方出露约 1.0m 左右。开舱检查时，地层是很稳定的，只有少量地下水从 W_4 地层中渗出。开舱换刀的第 3 天，右上方的土体突然塌方，造成严重的人身安全事故。

图 17-27　中山四路路面隆起

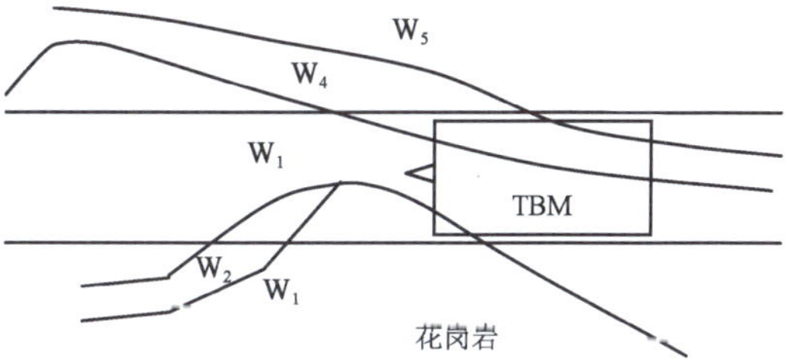

图 17-28　深圳地铁 1 号线盾构隧道地质剖面图

根据广州地区的经验，当盾构工作面上出露第四系松散地层，或基岩的全风化和强风化地层时，必须要对换刀地点进行预加固。

（3）在压缩空气条件下工作

在压缩空气条件下施工带压换刀只能看作是一种应急的办法，不能当成常规手段到处使用，原因如下：

①在隧道盖层比较薄的情况下，特别是盖层比较松散和破碎时，容易跑气失压；

②在江河等水系下，当气压管理不好，造成欠压时，会造成江水涌入密封舱；

③进入密封舱的工作人员需进行特殊的培训；

④工作空间小，工作条件差。

(4)适时地进行刀具检查

刀具的完好性是保证均衡掘进的一项重要因素,其中的道理不言自明。但是如何判断刀具是否完好则是一项非常困难的工作。在广州这种复杂的复合地层中施工,有些地段掘进几百米无需换刀,但有些地段盾构前进了十几米刀具就磨损殆尽。在条件许可的情况下,适时地检查刀具是保证正常掘进地一项非常重要地措施。

深圳地铁1号线某工地为了换刀,不得不在地面进行加固。由于加固失败,只好在地面挖一竖井直至盾构,然后换刀,这绝对是得不偿失的。

17.5.4 淤泥地层中隧道的下沉和偏移

广州地铁1号线黄沙站—长寿路站区间盾构隧道,工程刚刚结束不久,在长寿路站以南长约80m的隧道下沉了约100mm,向西水平偏移了20mm。

(1)沉降段工程地质特征

该下沉段地质特征如图17-29所示。

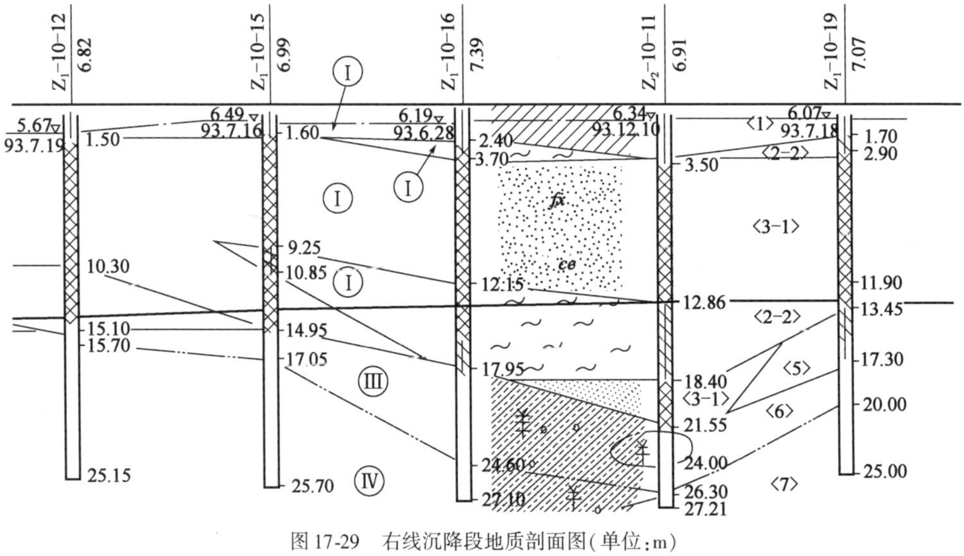

图17-29 右线沉降段地质剖面图(单位:m)

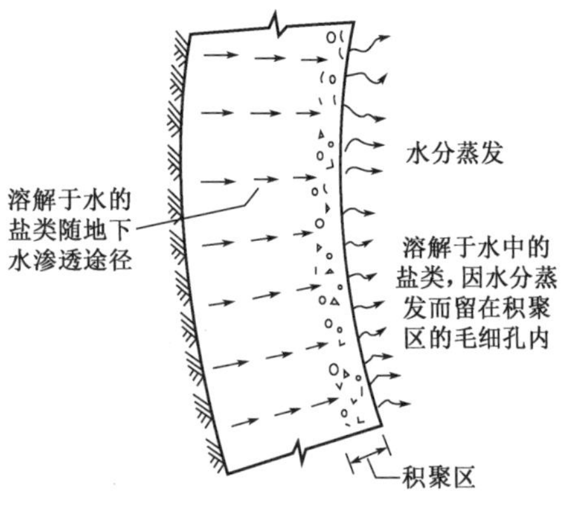

图17-30 围岩水分可穿过管片蒸发

(2)隧道沉降原因的分析

①与沉降隧道连接在一起的长寿路站设有积水坑,车站抽水可能会造成一定程度的淤泥地层水位的下降,造成淤泥地层的重固结使隧道发生沉降;

②隧道的永久结构是C40的钢筋混凝土预制管片,尽管其防水性能很好,但仍会有部分围岩水通过管片渗漏、蒸发掉,这也会在一定程度上造成地下水水位的下降,如图17-30所示。

③在隧道完成之后,广东的三水地区发生过两次3.4级地震,广州地区也有震感。地震引起的震陷有可能是造成隧道及其周边地区大面积沉降的原

因之一。

(3)隧道沉降的防治

在淤泥地层之下,是硬塑的〈5〉残积层以及基岩的风化地层,承载力较高。处理的思路是在隧道下部进行袖阀管注浆,把隧道"支"在承载力好的地层上。

经过治理之后,地铁隧道又运行了 6 年多时间,没有发现隧道进一步下沉。

17.5.5　在坚硬岩层中掘进的技术难点

什么样的围岩是坚硬岩层?就特定的盾构施工而言,其实一直都没有给出定量的定义。在一般概念中,单轴抗压小于 30MPa 的是软岩,30 ~ 60MPa 的是中硬岩,大于 60MPa 的是硬岩。

在广州地区,中风化的石灰岩、岩浆岩和大部分母岩为岩浆岩的变质岩,一般它们的单轴抗压强度都在 60 ~ 80MPa,微风化和新鲜岩层,通常都超过 100MPa。到目前为止,在广州地区盾构在这种坚硬岩层中的掘进是极其困难的,一方面掘进的速度很慢,二是刀具的磨损非常严重。

17.5.6　花岗岩风化地层中球状风化体或巨大飘砾的处理技术

花岗岩的球状风化,是花岗岩岩体风化过程中独有的一种地质现象,体量比较小,一般直径多为 1.0 ~ 3.0m(个别的体量较大),只赋存在花岗岩的残积层、全风化、强风化岩体当中,由于它与其周围的围岩的强度相差巨大,且体量小,因此不易被钻探发现,在施工的过程中由于瞬间荷载突然加大,甚至会造成刀盘变形和刀具的严重损坏。

目前使用的处理办法有人工破岩、盾构破岩、地面钻探爆破三种方法。

1)人工破岩

可以采用静态爆破技术破岩;还可以用进口的破岩机械来处理球状风化体(图 17-31)。

图 17-31　国外引进的破岩机械(天—华区间)

采用人工破岩的方法无论是用静态爆破,还是用破岩机,一般都需要对地层进行加固,因为球状风化体本身就是在这种自稳能力不好的残积层或全风化和强风化花岗岩岩体中才会出现,因此采用这种方法的代价是要花很长的时间进行围岩的加固。

2)盾构破岩

广州地铁 3 号线采用盾构直接破除花岗岩球状风化岩体时,发现前方的球状花岗岩风化体也像大漂砾一样会滚动,有些球状风化体即便是不滚动,盾构滚刀的破岩效果也不好。通常,盾构破岩时采用小推力、低转速。

3)地面钻探爆破

这种方法的思路是,通过钻探放炮将坚硬完整的花岗岩围岩崩碎,即通过人为的方法降低围岩的 RQD 值,从而便于盾构破岩。

采用这种方法的困难是:一是难以在地面事先确定体量较小的球状风化体的精确位置;二

是如果爆破不均匀,坚硬的花岗岩大碎块会造成刀具的损坏。

17.5.7 在上软下硬地层中盾构掘进的关键技术

在广州地铁3号线盾构施工的过程中引发的较大的地面沉降,特别是几次"塌通天"的沉降,几乎都是在上软下硬地质条件下造成的。形成这类事故的原因,是由于在盾构推进的过程中,刀盘切削工作面土体时上部软地层较易进入土舱,而下部较硬岩体不易破碎,在这种情况下,往往会使上部软地层过量切削进入舱内,特别是当隧道上部地下水较丰富且有砂层、粉砂层或淤泥层时,一旦密封舱内有些许土压失衡,上部的松散地层会很容易造成土体流失进而发生较大的沉降,甚至发生"塌通天"事故。

在这类地层中施工的过程中,盾构的姿态是较难控制的,这样会搅动周围的土体,进一步加剧水土的流失。

17.5.8 添加剂的使用

盾构是特定的施工环境的产物,也就是说,不同的围岩使用的盾构是不同的,然而,复合地层的特殊性在于施工环境会发生突变,在施工的过程中由于环境的变化而随时随地变化盾构是不可能的。如图17-32所示,隧道的左部地层为〈3-2〉中粗砂层,如果用泥水盾构将是理想的选择。但是,一通过〈3-2〉中粗砂层之后,马上变为含黏土颗粒超过50%的〈5-2〉、〈6〉黏土层,而在这种地层最好使用土压平衡盾构。

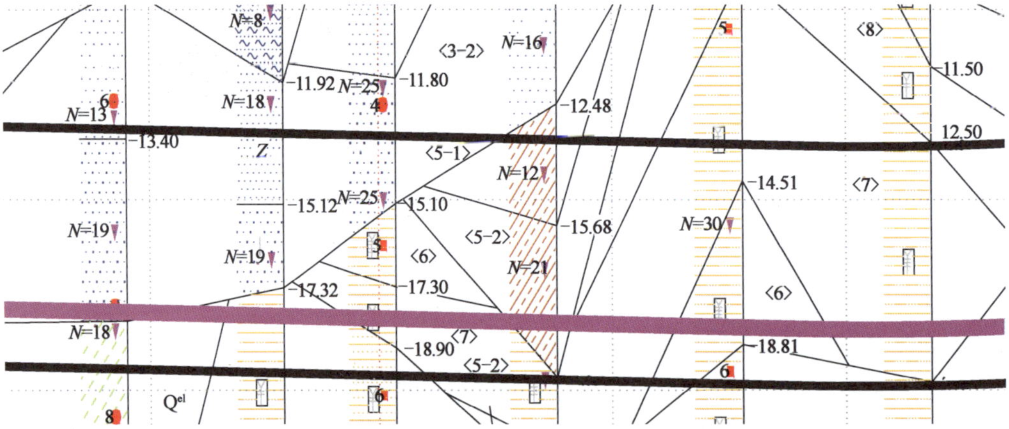

图17-32 广州地铁5号线某区间剖面图(局部)(单位:m)

在这种情况下,人们自然就会想到是否能扩大盾构适应范围的问题。目前,选择合适的添加剂能部分地解决这一问题,使用的添加剂主要有发泡剂、膨润土和聚合物。

17.6 广州地铁上软下硬地层盾构施工

17.6.1 工程简介

广州地铁某区间盾构隧道长2073.293m,洞身穿越的主要地层为:〈5Z〉花岗岩残积土、

〈6Z〉花岗片麻岩岩石全风化带、〈7Z〉花岗片麻岩岩石强风化带、〈8Z〉花岗片麻岩岩石中风化带、〈9Z〉花岗片麻岩岩石微风化带，隧道上覆地层主要为填土层、黏土、花岗岩残积土及花岗岩风化岩，部分区域夹有砂层。

17.6.2　盾构掘进施工控制要点

在盾构施工过程中，严格控制土舱压力、出土量、推力、扭矩及推进速度等参数，采取加注膨润土泥浆、优质泡沫和分散剂等措施以改良渣土、控制喷涌和防止结泥饼。加强同步注浆和二次注浆以控制地面的后期沉降。

(1)控制严格盾构掘进参数

推力控制范围1000～1300t，刀盘转速0.8～1.3r/min。

盾构在软硬不均地层段掘进时，推力不宜过大，刀盘转速不宜过快。推力过大或刀盘转速过快，岩石容易对刮刀及齿刀进行破损，造成刀具或刀盘磨损过快。

如果刀盘扭矩油压波动大于30bar时，很可能是刀具出现偏磨现象，应及时对刀具进行检查、更换。

(2)严格控制盾构姿态，及时纠偏

盾构在软硬不均地层掘进时，应注意控制盾构姿态的变化，同时尽量保证盾尾间隙均匀。管片选型和盾构姿态要尽量符合设计线路的要求。在盾构纠偏时，每次纠偏不要过大。当发生盾构机抬头无法下压姿态时，可开舱检查边缘刀具磨损情况。

(3)控制渣温及液压油温度

盾构在软硬不均地层中掘进时，渣土温度不宜过高，渣温过高，直接影响刀具的使用寿命。盾构掘进过程中液压油的温度应小于60℃。当渣土温度过高时，需要分析渣样，防止形成泥饼。当盾构液压油温度过高时，可采用向冷却塔内放置冰块等辅助措施来降低其温度。

(4)加强同步注浆和二次注浆

同步注浆要做到与掘进同步，即“掘进、注浆同步，不注浆、不掘进”，通过控制同步注浆压力和注浆量双重标准来确定注浆时间。

由于同步注浆浆液凝固后体积会产生一定程度的收缩，为有效防止产生后期沉降，要根据地面沉降监测情况在隧道内采取二次注浆。为保护成型隧道管片，注浆压力不宜过大，注浆过程中要根据地面沉降数据的反馈情况，实时调整注浆参数。

17.6.3　施工中存在的主要问题、原因分析及解决方法

(1)滚刀偏磨

在盾构掘进右线233环时及左线360环时，经检查刀具磨损严重，单刃滚刀及中心滚刀频繁损坏，偏磨严重，且数量较多，发现大多损坏滚刀的刀骨右侧有较深的裂痕。如图17-33、图17-34所示。

原因分析：由于隧道上浮基岩侵入隧道岩面较高，且岩石强度最高达124MPa，岩石过硬将小齿刀磕掉，掉入土舱后，对滚刀形成挤压后，使滚刀密封失效，进而泥沙进入刀体，导致轴承损坏及滚刀偏磨。

解决方法：一是先进行清舱，对掉落土舱内的齿刀进行清理，对刀盘刀具进行检查，更换损坏刀具及对松动刀具进行加固，将剩余齿刀及边缘刮刀拆除；二是在后续掘进过程中采用气压辅助模式进行掘进，减轻渣土对刀具的磨损，提供掘进效率，并制定了刀具更换标准，正面刀，正常磨损 25mm 进行更换，边缘刀磨损 10mm 进行更换。

图 17-33 刀具磨损情况

图 17-34 对刀具进行检查

(2)全断面硬岩管片上浮

在盾构掘进 550 ~ 570 环处出现连续管片上浮现象，达到最大上浮量后管片姿态达到 98mm，影响管片成型质量。

原因分析：盾构掘进通过全断面硬岩段后，上部地层不具备回压管片的能力，再加上同步注浆凝结时间过慢，浆液及地层水集中在管片下部，致使管片上浮严重。

解决方法：及时进行对上浮段上部进行二次注浆，通过注浆，上浮段管片回压最大 23mm，同时对同步注浆浆液配比进行调整，加大水泥用量，加快凝结时间，通过调整，管片上浮下线得到有效控制。满足规范及设计要求。

图 17-35 盾构上软下硬段掘进喷涌现象

(3)上软下硬复合地层盾构掘进效率低

盾构上软下硬复合地层采用土压平衡模式进行掘进，喷涌频繁，如图 17-35 所示，掘进推力大，刀盘扭矩大，连续掘进下刀盘温度过高，掘进效率较低。

原因分析：形成喷涌的主要原因是由于舱压不够，没有形成舱内压力平衡地层裂隙内水压，导致地层内大量水分进入舱内形成喷涌。推进推力大、扭矩大、温度高是因为舱内渣土过多。由于舱内渣土过多，开挖面刀盘切削土体不能进入土舱形成舱内土体同开挖面土体在盾构机作用下进行挤压导致推力增大，同时由于舱内渣土过高同刀盘接触面增大，搅拌棒长期处于渣土内搅拌导致盾构机扭矩过大(并非刀具同开挖面摩擦产生扭矩)，在舱内渣土同刀盘在摩擦过程中形成热量，导致刀盘温度过高。

解决方法：采用气压辅助模式进行掘进，开始进行土舱内渣土置换，渣土置换过程中，保持舱压与地层水压平衡，直至渣土处置螺旋口上部 50cm 处，开始恢复掘进，恢复掘进后将空气注入舱内,稳定舱内压力,满足施工需要,恢复正常掘进。

(4)花岗岩残积土地层盾构遇孤石

根据地质勘探报告显示,在区间左线 940 环处,隧道开挖断面内存在一处长约 50m,强度达到 80.3MPa 的孤石。盾构遇孤石施工造成掘进参数控制难度大,刀具磨损严重甚至损坏,地面沉降控制难度大。

原因分析:盾构遇孤石时,由于地层不均匀,软硬差异大,掘进速度慢,盾构掘进对地层扰动大且持续时间长,有些孤石随刀盘转动处于活动状态,造成掘进参数控制难度大,刀具磨损严重甚至损坏,地面沉降控制难度大,是盾构施工的一大技术难题,在地面具备条件时,一般采取对孤石进行事先爆破处理的措施。

解决方法:一是对孤石段进行地质补勘,在原详勘报告的基础上,按照 5m 间距进行加密补勘,在发现孤石的孔位周边按照 1m 的间距增加外扩勘探孔,直至确定孤石边线,准确掌握孤石的数量、岩性、大小,为后续处理及施工提供依据;二是根据岩体的厚度变化及地表建筑物、管线保护的要求,分别采用连续装药结构或分段间隔装药的方式对孤石进行事先爆破;三是应根据地质情况及刀具磨损进行预判,预先对换刀地点进行设置并进行预加固,待盾构机抵达换刀点时,对刀具进行检查及更换。

17.6.4　施工小结

(1)设计阶段,应尽量避免或减少不良地质的施工范围

由于上软下硬复合地层的地质情况较为复杂,不确定因素较多,一定要加强地质补勘工作,详细了解地质情况,在满足规范及使用功能的情况下,选择合适的设计线路,消除或减少不良地质对盾构施工的影响。

(2)严格控制盾构掘进参数

认真了解各项参数相互关系是把控的重点,了解并掌握土舱压力、扭矩、推力、刀盘转速、螺旋输送机转速。根据地层覆土厚度初步设定土舱压力,在掘进过程中对渣样进行分析,做好渣土改良。

(3)预设刀具检查、更换地点

由于上软下硬复合地层,基岩硬度大,刀具磨损快,开舱检查、更换刀具无法避免,开挖面上部地层又不稳定,因此开舱具有较大安全风险。

为保证施工安全,施工前一定要对刀具检查、更换地点进行预设,选取地质情况较好、无高大地面建筑物的地点进行刀具检查、更换,如有需要,要选取地质条件允许的位置,对地层进行加固,提供换刀点。

(4)加强应急处理管理

施工前,应详细地对施工过程中可能出现的不良情况进行分析、预判,制订具有针对性的实施方案,如:地面建(构)筑物沉降,可以对可能出现沉降的房屋进行预加固,或预先提供加固条件。施工过程中的应急方案必须落到实处,不能流于形式,应急设备、物资严格根据要求进行配置,应急管理机制运转正常,出现问题要及时处理。

17.7 深圳地铁上软下硬地层盾构施工

17.7.1 工程简介

深圳地铁 11 号线某区间盾构隧道长 3232.182m，线路最小曲线半径 550m，线间距 13.0～19.2m；隧道最大纵坡 24‰，最小纵坡 2‰，隧道覆土 12.5～24.6m。隧道穿越的地层主要是砾质黏性土、全强风化花岗岩。个别地段有淤泥、砂层、填石层、孤石和基岩凸起。隧道埋深17.6～29.3m。基岩突起地层主要为中、微风化片麻状混合花岗岩，中风化片麻状混合花岗岩单轴抗压强度为 65MPa，微风化片麻状混合花岗岩单轴抗压强度为 160MPa，上部为黏性土，属于典型的上软下硬复合地层及全断面硬岩地层。

17.7.2 上软下硬地层基岩预处理

（1）对于详勘阶段已揭露到的基岩地段，沿隧道线路和垂直线路两个方向加密钻孔，在隧道轴线方向前后间隔 4～6m 各钻一孔加密钻孔，垂直轴线方向前后间隔 1.5～2m 各钻一孔加密钻探，如发现基岩，在隧道轴线方向往回各走 2m 补一孔继续钻探，直至确定基岩的分布范围。

（2）根据地质勘查情况，在满足规范和使用功能的前提下进行调线调坡，尽可能避开上软下硬地层的基岩。

（3）对上软下硬地层的基岩预先爆破处理。根据地质补勘地质情况，对上软下硬段的基岩通过地质钻机进行钻孔，然后从地表将炸药安放在岩石指定位置，利用炸药爆炸产生的能量将岩石破碎。

根据地质详勘资料及现场钻机钻孔取芯情况，选择基岩厚度相对较小的位置开始爆破，然后逐渐向基岩厚度大的里程推进。爆破孔数可由少变多，装药量由少变大，先爆破区域形成空腔后为后爆破区域提供自由面，增强了爆破破碎效果。

17.7.3 盾构掘进施工

（1）掘进参数控制

选择适当降低刀盘转速，使刀具受到硬岩的瞬时冲击小于其安全荷载，掘进选取的刀盘转速为 1.0～1.2r/min。

在掘进过程中保持较高的土舱压力实现土压平衡模式掘进。上软下硬地段的埋深在12～14m，结合理论土压力计算及实际地面沉降反馈，土舱上部土压控制在 1.3～1.5bar。

刀盘扭矩的最大值控制在 2000kN·m 以内，掘进速度控制在 10～25mm/min，推力在 1000～1800t。

严格控制出土量。盾构上软下硬地层掘进速度缓慢，出土量极易超出上限值，当出现出土量超出允许值时，盾构机通过相应区域后，实施二次补浆及地面深孔注浆。

在拟合隧道线路的基础上结合脱出盾尾的管片姿态，确定目标姿态控制值。

(2)做好渣土改良

在上软下硬地层中掘进，仅使用泡沫剂改良渣土已不能满足沉降控制要求时，在刀盘中心及外周各设置一条管路注入膨润土泥浆，使其能够在开挖面前方形成有效的全断面泥膜。

17.7.4　施工中存在的主要问题、原因分析及解决方法

(1)右线掘进至 YDK16 +398 时，盾构机出现总推力、扭矩增大，速度减慢，总推力最大达 2600t，扭矩最大达 3000kN · m，刀盘及螺旋输送机频繁跳停，速度小于 10mm/min，从渣土样中取到有大块粗粒微风化花岗岩(块径达 50cm)。

原因分析：在预先爆破时，局部基岩未完全爆破破碎。

解决方法：采用半敞开模式掘进，掘进时密切关注刀盘扭矩、转速等关键参数，在土舱内注入空气及泡沫保持气压维持土舱压力，在隧道埋深计算的土压力的基础上提高 0.2 ~0.3bar 的土舱压力。做好渣土改良，根据渣土状态适当调整泡沫用量和加气量。

(2)施工过程中发生喷涌，堆积大量泥砂、碎石和水流，将管片输送机完全淹没，无法正常掘进；同时导致地面沉降。

原因分析：土舱中渣土量过少，同时含水率过多；螺旋舱门开启过大，发现喷涌时不能及时关闭。

解决方法：一是向刀盘前开挖面及土舱注入膨润土泥浆、化学改良剂如高分子吸水材料等，充分搅拌以改良渣土。二是在盾尾后 10 环位置通过管片吊装孔进行双液二次注浆，在盾尾后部形成止水环，尽快封堵隧道背后汇水通道，阻断盾尾后方的水流到达土舱。三是螺旋输送机舱门开门度保持在 20% ~50%，出现喷涌，立即关闭螺旋输送机及螺旋舱门，螺旋适当反转，同时向前掘进，通过刀盘的转动，将土舱内的土体搅拌均匀。及时清理螺旋舱门位置碎石，防止出现喷涌时无法及时关闭舱门。四是尽量保持连续掘进，避免开挖面前方土体内部形成流水通道。

17.7.5　施工小结

(1)通过对区间隧道的调线调坡、上软下硬段基岩的爆破处理方案的实施，有效地提高了掘进施工效率，使得整个掘进施工连续、快捷，相对大大节约了施工工期。

(2)要结合区间隧道地质条件和施工环境，事先制定换刀计划，合理安排换刀地点，做好刀具管理，尽量避免在上软下硬地层换刀。

(3)在掘进过程中对渣样进行分析，做好渣土改良，严格控制掘进参数。

17.8　青岛地铁上软下硬盾构施工

17.8.1　工程简介

青岛地铁 1 号线某区间盾构隧道长 1355.550m，最小曲线半径为 500m，最大纵向坡度为 18‰，隧道覆土 9.0 ~16.6m。区间主要穿越岩层为粉质黏土、中粗砂、强风化安山岩、中等风化安山岩、微风化安山岩。其中中等风化安山岩单轴抗压强度最大值为 28.55MPa，微风化安

山岩单轴抗压强度最大值为84.89MPa。区间局部穿越粗砾砂和粉质黏土。区间沿线所属地貌均为冲洪积平原地貌，地下水主要赋存在第四系松散砂土层及基岩的裂隙中。场区地下水主要类型为第四系孔隙水和基岩裂隙水。

17.8.2 施工中存在的主要问题及原因分析

(1)盾构始发与接收施工控制不当易产生盾构下沉、叩头、洞门坍塌、涌泥、涌砂等现象。原因分析：盾构始发与接收端头覆土深度为9.5~10.7m，端头区隧洞顶部为富水砂层，地质条件较差，且地下水水位较高，盾构机进出洞时施工风险大，可能产生突然涌水涌砂，地面大幅度沉陷。

(2)盾构掘进地层纵向起伏大，微风化起伏多处凸起上软下硬明显，掘进工效低，换刀频繁。原因分析：区间洞身穿越粉质黏土、粗砂~砾砂和强风化安山、中等风化安山岩(单轴抗压强度为9.5~26.48MPa)、微风化安山岩(单轴抗压强度为31.3~93.21MPa)，隧道围岩为Ⅲ~Ⅵ级，在隧道纵断面方向基岩风化程度起伏面较大，软硬不均，上软下硬地层约971m(占线路总长72%)。

(3)隧道地层区段间变化大，掘进模式随之变化，若不及时对掘进参数进行调整，以适应地层掘进，施工过程中易产生地面下沉。原因分析：区段地层分别由中粗砂和强风化安山岩组合地层、强风化与中风化安山岩组合地层、全断面中风化地层、中风化与微风化安山岩组合地层交替变化，各地层掘进参数差异大，渣土改良效果不同，刀具磨损值差异大。

17.8.3 解决方法

(1)进行线路纵坡调整，尽最大可能减少上软下硬地层，以提高施工工效。按设计规范纵坡最小不小于4‰，最大不大于25‰的要求，调坡后上软下硬地层约为74m(约占线路总长的5%)，全断面微风化安山岩为11m(占线路总的1%)，联络通道的位置也满足不大于距离车站600m及在线路最低点的要求。

(2)做好盾构选型和配置。结合青岛地铁地质特点，选用辐条+面板刀盘，开口在整个盘面均匀分布，中心部位设有面积足够的开口；刀盘设有渣土改良喷口，为背装可抽出式。

(3)始发接收端头采用地面旋喷桩加固，加固长度为10m，宽度为12m为隧道洞身两侧3m范围，加固深度为进入强风化1m的距离。

(4)做好刀具管理，及时更换刀具，最外边缘刀磨损大于8mm的必须进行更换，其余边缘刀大于15mm的进行更换，正面刀大于20mm的进行更换。

(5)对于螺旋喷涌情况，分析地下水以基岩裂隙水为主，施工控制土舱内渣面高度，调节空气流量，喷涌问题可消除。

17.8.4 施工小结

(1)由于上软下硬复合地层的地质情况较为复杂，在满足规范及使用功能的情况下，通过设计调整线路和坡度，选择合适的设计线路，减少上软下硬地层盾构施工难度。

(2)结合地层特点，做好盾构选型，尤其是刀盘形式和刀具的配置很关键。

(3)严格控制掘进参数，加强刀具管理，及时更换刀具，确保盾构施工顺利。

思考题

1. 什么是复合地层?
2. 以广州地区为例,对盾构掘进有不利影响的典型工程地质和水文地质有哪些?
3. 复合地层需要研究的地质问题有哪些?
4. 广州地区的盾构施工主要有哪些不良地质?
5. 盾构适应性在复合地层中主要有哪些局限性?
6. 复合地层中盾构施工主要存在哪些施工难点?
7. 广州地铁盾构施工中,中途换刀技术主要有哪些?
8. 花岗岩风化地层中球状风化体或巨大飘砾怎么处理?
9. 球状风化体具有哪些特点? 施工中采取哪些针对性措施?
10. 结合广州地铁具体工程案例,论述上软下硬地层盾构掘进施工控制要点。
11. 结合具体工程案例,论述广州地铁上软下硬地层施工存在的主要问题及原因。
12. 结合深圳地铁工程案例,简述上软下硬地层基岩预处理技术要点。
13. 结合具体工程案例,论述深圳地铁上软下硬地层施工存在的主要问题及原因。
14. 结合具体工程案例,论述青岛地铁上软下硬地层施工存在的主要问题及原因。

第 18 章
岩石地层施工

本章重点：本章主要介绍岩石地层分类、岩石地层掘进破岩机理、刀盘及刀具配置、刀具磨损程度预测、岩石地层盾构掘进施工要点；通过具体工程案例介绍岩石地层盾构施工关键技术。

我国独特的水资源分布特点和地理地貌特征，给盾构施工技术的推广应用带来了巨大挑战。全断面岩石地层是我国典型地质条件之一。在这类地层中施工时，盾构刀具承受着突变强冲击荷载，特别是当刀盘刀具选型设计不合理时，刀具损耗大且破岩效率低下，大部分破岩能量耗散在刀具摩擦磨损以及围岩被反复碾磨挤压产生的二次磨损及无效损伤和变形上，从而导致盾构掘进缓慢。目前，全断面岩石地层主要选用的全断面岩石掘进机（简称 TBM）有开敞式 TBM、单护盾 TBM、双护盾 TBM 等。由于本书仅介绍盾构设计与施工，因此，本章不介绍 TBM，有关 TBM 书籍，详见人民交通出版社股份有限公司出版的《TBM 设计与施工》一书。

18.1 岩石地层分类

地球上的岩石千变万化，它是一种或多种矿物的集合体，它是地壳的基本组成部分。地质历史上某一时代形成的层状岩石称为岩石地层，它主要包括沉积岩、火山沉积岩以及由它们经定变质的浅变质岩。岩石地层在开挖断面范围内和开挖延伸方向上，由一种或若干种地层组成，是岩土力学、工程地质和水文地质等特征相近的地层或地层组合。

(1)岩石按成因分类

岩石分为岩浆岩（火成岩）、沉积岩（水成岩）和变质岩三大类。

①岩浆岩：岩浆在向地表上升过程中，由于热量散失逐渐经过分异等作用冷凝而成。

②沉积岩：是由于岩石、矿物在内外力作用下破碎成碎屑物质后，再经水流、风吹和冰川等的搬运，堆积在大陆低洼地带或海洋，再经胶结、压密等成岩作用而成的岩石。沉积岩的主要特征是具有层理。

③变质岩：是岩浆岩或沉积岩在高温、高压或其他因素作用下，经变质形成。

(2)岩石按坚硬程度分类

①岩石坚硬程度按饱和单轴抗压强度分类，见表 18-1。

岩石坚硬程度分类表　　表 18-1

坚硬程度	坚硬岩	较硬岩	较软岩	软岩	极软岩
饱和单轴抗压强度(MPa)	$f_r > 60$	$60 \geq f_r > 30$	$30 \geq f_r > 15$	$15 \geq f_r > 5$	$f_r < 5$

②岩石坚硬程度等级定性划分见表 18-2。

岩石坚硬程度等级的定性分类　　表 18-2

坚硬程度等级		定性鉴定	代表性岩石
硬质岩	坚硬岩	锤击声清脆,有回弹,震手,难击碎,基本无吸水反应	未风化~微风化花岗岩、闪长岩、辉绿岩、玄武岩、安山岩、片麻岩、石英岩、石英砂岩、硅质砾岩、硅质石灰岩等
	较硬岩	锤击声较清脆,有轻微回弹,稍震手,较难击碎,有轻微吸水反应	(1)微风化的坚硬岩石; (2)未风化的大理岩、板岩、石灰岩、白云岩、钙质砂岩等
软质岩	较软岩	锤击声不清脆,无回弹,轻易击碎,浸水后用指甲可刻出印痕	(1)中风化~强风化的坚硬岩或较硬岩; (2)未风化~微风化的凝灰岩、千枚岩、泥灰岩、砂质泥岩等
	软岩	锤击声哑,无回弹,有较深凹痕,浸水后用手可捏碎、掰开	(1)强风化的坚硬岩或较硬岩; (2)中风化~强风化的较软岩; (3)未风化~微风化的页岩、泥岩、泥质砂岩等
极软岩		锤击声哑,无回弹,有较深凹痕,浸水后用手可捏成团	(1)全风化的各种岩石; (2)各种半成岩

③岩体完整程度的定性分类,见表 18-3。

岩体完整程度的定性分类　　表 18-3

完整程度	结构面发育程度		主要结构面的结合程度	主要结构面类型	相应结构类型
	组数	平均间距(m)			
完整	1~2	>1	结合好或结合一般	裂隙、层面	整体状或巨厚层状结构
较完整	1~2	>1	结合好或结合一般	裂隙、层面	块状或厚层状结构
	2~3	1~0.4	结合差		块状结构
较破碎	2~3	1~0.4	结合差	裂隙、层面、小断层	裂隙块状或中厚层状结构
	≥3	0.4~0.2	结合好		镶嵌碎裂结构
			结合一般		中、薄层状结构
破碎	≥3	0.4~0.2	结合好或结合一般	各种类型结构面	裂隙块状结构
		≤0.2	结合差		碎裂状结构
极破碎	无序		结合很差		散体状结构

注:平均间距为主要结构面(1~2 组)间距的平均值。

④岩体完整程度分类,见表 18-4。

岩体完整程度分类　　表 18-4

完整程度	完整	较完整	较破碎	破碎	极破碎
完整性指数	>0.75	0.75~0.55	0.55~0.35	0.35~0.15	<0.15

注:完整性指数为岩体压缩波速度与岩块压缩波速度之比的平方。

$f_{干}/f_{湿}<0.75$ 为软化岩石。岩石质量按 *RQD* 值分为:好的 *RQD* > 90%;较好的 *RQD* =75% ~90%;较差的 *RQD* =50% ~75%;差的 *RQD* =25% ~50%;极差的 *RQD* <0.25%。

岩层厚度划分:巨厚层,$h>1\text{m}$;厚层,$1\text{m}\geqslant h>0.5\text{m}$;$0.5\text{m}\geqslant h>0.1\text{m}$;$h\leqslant 0.1\text{m}$。

⑤岩体结构类型划分,见表 18-5。

岩体结构类型划分　　表 18-5

岩体结构类型	岩体地质类型	结构体性状	结构面发育情况	岩土工程特征	可能发生的岩土工程问题
整体状结构	巨块状岩浆岩和变质岩,巨厚层沉积岩	巨块状	以层面和原生或构造节理为主,多闭合,间距大于1.5m,一般为1~2组,无危险结构	岩体稳定,可视为均质、各向同性弹性体	局部滑动或坍塌,深埋洞室的岩爆
块状结构	厚层状沉积岩,块状岩浆岩和变质岩	块状柱状	有少量贯穿性节理裂隙,结构面间距0.7~1.5m,一般为2~3组,有少量分离体	结构面互相牵制,岩体基本稳定,接近弹性各向同性体	
层状结构	多韵律薄层、中厚层状沉积岩,副变质岩	层状板状	有层理、片理、节理,常有层间错动	变形和强度受层面控制,为各向异性弹性体,稳定性较差	可沿结构面滑塌,软岩可产生塑性变形
碎裂状结构	构造影响严重的破碎岩层	碎块状	断层、节理、片理层理发育,结构面间距0.25~0.5m,一般3组以上,有许多分离体	整体强度很低,并受软弱结构面控制,呈弹塑性体,稳定性很差	易发生规模较大岩体失稳,地下水加剧失稳
散体状结构	断层破碎带、强风化及全风化带	碎屑状	构造和风化裂隙密集,结构面错综复杂,多充填黏性土,形成无序小块和碎屑	完整性受极大破坏,稳定性极差,接近松散体介质	

18.2 岩石地层盾构破岩机理与刀具配置

18.2.1 岩石地层掘进破岩机理

岩石地层掘进时,利用滚动刀具在岩面上滚动产生的冲击压力和剪切力,压碎和碾碎岩石。滚刀在盾构推进千斤顶和刀盘旋转共同作用下,刀刃滚动切入岩体,切入区产生裂纹,而轨迹相邻的两滚刀间裂纹达到相接或相近到一定程度,岩石即可崩裂破碎。破岩能力由垂直力和滚动力组成,如图 18-1 所示。

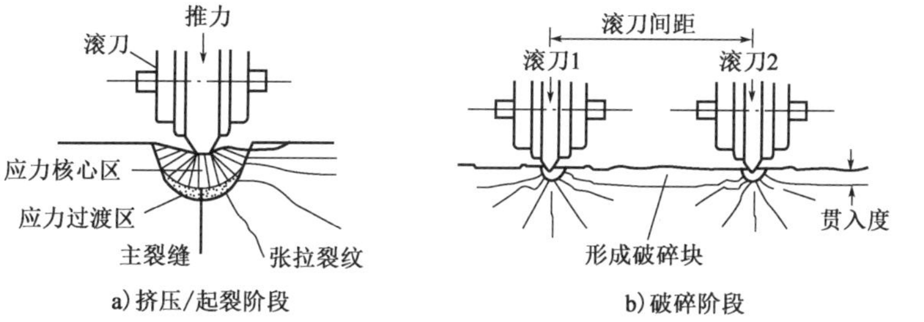

图 18-1　盾构滚刀破岩机理

安装在刀盘上的盘形滚刀在盾构千斤顶的作用下紧压在岩面上,随着刀盘的旋转,盘形滚刀一方面绕刀盘中心轴公转,同时绕自身轴线自转。盘形滚刀在刀盘的推力、扭矩作用下,在开挖面上切出一系列同心圆。当推力超过岩石的强度时,盘形滚刀刀尖下的岩石直接破碎,刀尖贯入岩石,开挖面上岩石被盘形滚刀挤压碎裂而形成多道同心圆沟槽。随着沟槽深度的增加,岩体表面裂纹加深扩大,当刀具压力超过岩石的剪切和拉伸强度时,相邻同心圆沟槽间的岩石成片崩落,完成盘形滚刀的破岩过程。

滚刀在盾构推进千斤顶和刀盘旋转共同作用下,刀刃滚动切入岩体,切入区产生裂纹,而轨迹相邻的两滚刀间裂纹达到相接或相近到一定程度,岩石即可崩裂破碎。破岩能力由垂直力和滚动力组成,如图 18-2 所示。

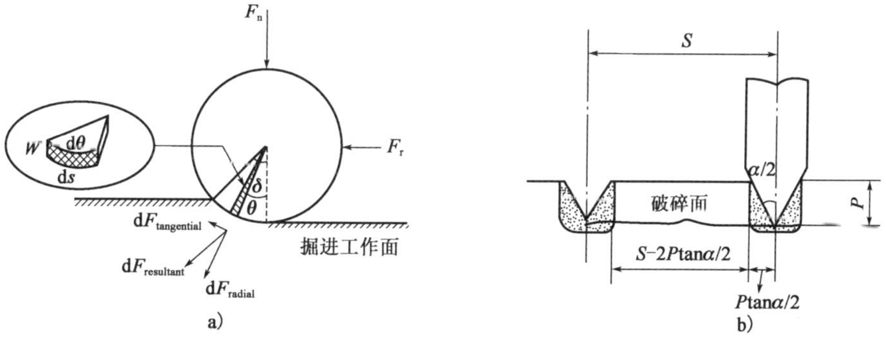

图 18-2　盾构滚刀受力及刀间距

垂直力:

$$V_f = f(D,\alpha,\delta,\zeta,S,P)$$

$$= D1/2P3/2\left[\frac{4}{3}\times\delta + 2\zeta\left(S-\frac{2P\tan\alpha}{2}\right)\right]\frac{\tan\alpha}{2} \tag{18-1}$$

滚动力:

$$R_f = V_f\tan\beta = V_f C \tag{18-2}$$

式中:δ——岩石单轴抗压强度;

ζ——岩石无侧限抗剪强度;

S——刀间距;

P——贯入度;

D——刀具外径；

α——刀具刃角；

C——岩石切割系数；

β——合力夹角。

上述各变量中：刀盘直径和滚刀尺寸确定后，几何尺寸基本相同，D、α、β 稳定；针对一定的岩石强度及 RQD、δ、ζ、C 相当；则由上式知：破岩能力可视为仅由 S、P 确定。

贯入度 P 在掘进时可调整，而刀间距在刀盘设计时即固定。刀间距的设计是提高破岩能力的关键。

盾构破岩效率与贯入度、转速正相关，针对一定的岩体强度及岩石质量指标条件，提高贯入度与转速将加大盾构额定推力与扭矩，需考虑推力、转速、扭矩等因素。

18.2.2 盾构刀盘及刀具配置

刀盘是最重要的部件，岩石地层掘进条件下需配备滚刀，滚刀有高度耐磨的切削环，完全可以满足在硬岩掘进中对刀具耐磨性高的要求，且所有齿刀和刮刀镶装了用高强度碳化钨合金钢制成的刀头。在硬岩中掘进时，可以把所有齿刀更换为滚刀进行掘进。刀具全部采用背装式，以便换刀。

刀具高差：刀盘面板滚刀破岩主要靠碾压形式进行，刀具存在一定的高差之后，可以大大提高刀具的破岩能力。相邻滚刀在不同轨迹上的碾压刀，更为有利破岩。

开口形式：刀盘开口率非常重要，既能有效的抵挡土体、保持开挖面的稳定，又能最大限度地开挖围岩，使渣土顺利进入泥土舱，方便有效地建立起土压平衡。

刀盘钢材：盾构机在硬岩掘进中地层情况变化较大，岩层硬度也较大，掘进过程中对刀盘损伤严重，故在盾构机刀盘钢材设计中采用强度高、韧性大的16MnR钢材作为刀盘母材。

刀盘泡沫孔：盾构机刀盘面板8个泡沫孔采用螺旋线方式分布，在注射泡沫过程结束后，每个泡沫孔扩散影响区形成有效闭合，从而大大提高泡沫使用率。

刀盘的耐磨设计：刀盘母体采用耐磨性、焊接性、冲击韧性极好的16MnR材料制作。在刀盘外缘设有三圈可更换的耐磨条，刀盘面板、刀盘外围对高强度、高韧性刀盘采用耐磨焊丝加固设计，耐磨焊丝布置为“渔网状”，“渔网线”纵横方向沿刀盘呈45°角布置，防止刀盘开裂磨损，极大地提高了刀盘母体的耐磨性。

18.2.3 刀具磨损程度预测

一般情况下，通过记录的掘进数据变化、地质和刀具配置情况等对刀具磨损程度进行综合分析判断，也可采用辅助性磨耗探测装置进行探测，还可通过计算磨损量进行预测。

$$\delta = K \cdot \pi \cdot D \cdot N \cdot \frac{L}{V} \tag{18-3}$$

式中：δ——磨损量(mm)(最外周部)；

K——磨损系数(mm/km)，因地质条件、施工方法、材料和配置等而异，应考虑类似工程的实际来确定；

D——盾构外径(m)；

N——刀转速(r/min);

L——推进距离(km);

V——推进速度(m/min)。

18.2.4 气压作业土舱工作压力计算

气压作业土舱工作压力应根据开舱作业位置的地质和水文条件计算出土舱工作压力,通过计算所得的土舱工作压力进行现场试验,如能保证开挖面稳定,则可确定为工作压力。能保证开挖面稳定的土舱工作压力可采用下式计算:

$$P = P_w + P_r \tag{18-4}$$

式中:P_w——计算至隧道开挖中心的水头压力;

P_r——考虑不同地质条件、地面环境及开挖面位置的压力调整值。

18.3 岩石地层盾构掘进施工要点

18.3.1 硬岩地段施工控制原则

(1)应确切掌握岩层的分布情况及其各项指标,施工中利用盾构机的超前钻机及时探明前方岩石情况。

(2)在复合地层掘进时应注重对地层分界的判断,选取不同的掘进模式和掘进参数。

(3)对全断面硬岩可采用敞开式模式掘进,按高转速、低扭矩选取参数。

(4)在上软下硬的地层中应采用压力平衡模式掘进,需降低掘进速度。

(5)盾构刀盘应进行针对性的设计,宜采用单刃滚刀并具有较小刀间距。

(6)加大刀具检查频率,单刀允许磨损量及相邻刀的高差超过允许值时应及时进行更换。

(7)为减小磨损,应向刀盘前注入泡沫等添加剂。

(8)启动盾构稳定装置,采用刀盘正反转等措施,防止盾构发生旋转。

(9)在富水硬岩段掘进要加强壁后注浆管理,宜采用速凝、早强浆液,及时填充空隙、稳固管片,以防止管片上浮。必要时适当降低盾构掘进轴线,以弥补管片上浮量。

18.3.2 掘进模式选择

由于全断面硬岩地层开挖断面相对稳定,不会出现开挖面失稳的情况,因此盾构在硬岩地层掘进多数采用敞开式掘进模式,通过这种掘进模式大大降低了盾构机推进阻力和刀盘旋转阻力,提高盾构掘进功效。

18.3.3 盾构掘进控制

全断面硬岩中采用敞开模式掘进,按高转速、低扭矩原则选取参数,提高纯掘进速度。但在裂隙较为发育的岩层及岩层交界处掘进时,应适当降低转速和推进速度,以防刀盘因扭矩发生较大波动而卡在围岩中。

(1)掘进参数(参考值)

推力:9000~1300kN。

推进速度:3~5mm/min。

刀盘转速:1.5~1.7r/min,裂隙发育时为1.2r/min。

刀盘扭矩:1800~2500kN·m,扭矩波动控制在100kN·m以内。

同步注浆量不应小于6m^3,注浆压力为0.12MPa左右。

出渣量:每环出渣量控制在54~56m^3。

(2)盾构姿态

在硬岩隧道当中盾构机纠偏较为困难,掘进过程中应严格控制,一般应将盾构机偏差控制在设计路线转向的内侧且最大偏差值不宜大于30mm。应注意的是,由于地下水水量较大,考虑管片受到上浮影响,一般将垂直方向的盾构机偏差控制在-30mm~0之间。

硬岩掘进振动较大,可能造成导向系统全站仪倾斜,进而导致测量错误,因此,应经常对测量系统进行检查,发现错误及时纠正。

(3)渣土改良

掘进过程中渣土改良主要使用泡沫和水。

(4)管片背后注浆

在掘进过程中进行同步注浆,具体的注浆压力和注浆量可根据实际施工情况确定,以尽量注饱满且土舱中无浆液来确定。

对盾尾后方20环以后的管片及时进行二次补充注浆,以填充同步注浆过程中遗留的空隙,从而保证管片与围岩之间填充密实。

(5)防止管片上浮

二次注浆施作止水环,在盾尾后面5环采用水泥浆注浆方式施作一道止水环,挡住后方盾尾来的水,防止管片上浮。

(6)刀具磨损检查

利用拼装时间进行刀具检查,发现螺栓松动、刀具磨损及偏磨等立即处理。为保证硬岩段开挖面稳定,根据刀具磨损规律,将超限磨损的边缘刀、正面刀向刀具磨损量较小中心区依次倒换,以合理利用刀具。

(7)刀具更换与维修

盾构在岩石地层掘进以及长距离掘进时,受地质、掘进距离、施工工法、刀具形状与材料等因素影响,往往因磨耗使刀具磨损量大、刀刃脱落、缺损,发生此情况时,必须进行刀具更换。应研究刀具的磨耗、耐久性,制定刀具更换方案。

刀具更换宜选择在工作井或地层稳定地段进行;在不稳定地层更换刀具时,应采取地层加固(可采用注浆、搅拌桩、高压旋喷桩、降水、冻结法等方法加固地层)或气压作业等措施,确保开挖面稳定。

(8)常压或压气进舱作业

常压或带压开舱作业应执行《盾构法开舱及气压作业技术规范》(CJJ 217—2014)的有关规定。

开舱作业前,应对选定的开舱位置进行地质环境风险辨识,选择开舱作业方式,编制开舱作业专项方案和专项应急预案；带压进舱作业前还应制订详细的加压减压作业指导书。

气压作业开舱前，应确认地层条件满足气体保压的要求，不得在无法保证气体压力的条件下实施气压作业。

由于地质条件复杂多变，且开舱及气压作业时间较长，如果地层不满足气体保压要求，容易发生开挖面失稳、地层变形、地表沉降、损坏地表和地下建（构）筑物等情况。因此，气压作业前应进行地层保压试验，检查地层漏气情况，保证土舱内气压达到设定的工作压力且不发生较大波动。

18.4　重庆轨道交通岩石地层盾构施工

18.4.1　工程简介

重庆轨道交通 10 号线某盾构隧道长 1737m，埋深约 17 ~ 98m，隧道穿越地质主要为砂质泥岩和砂岩地层，围岩级别为Ⅳ级，地下水不发育。线路下穿骏源酒店、南华中学万章楼、南华中学弘道楼等建筑物。

18.4.2　施工中存在的主要问题及原因分析

盾构掘进施工以泥岩、砂岩为主要地层，掘进过程中易受地下裂隙水影响，管片拼装完成脱出盾尾后形成管片上浮；盾构掘进土舱内积累过量裂隙水导致螺旋输送机出渣过程中掺杂大量泥水，而影响盾构掘进；同步注浆填充效果受地下水影响，填充密实度及管片外防水效果不理想。

原因分析：

（1）由于岩层掘进，岩层自稳性较高，加之受地下水影响，管片自身重量远小于管片浮力。同步注浆凝结时间较长，难以有效填充管片与岩层开挖轮廓间的间隙，同步注浆受重力作用管片底部存在一定量的沉淀物，也对管片上浮产生影响。

（2）泥岩、砂岩地层裂隙较为发育，裂隙水受地面降水补充影响较为明显。盾构在富水地层掘进过程中，土舱内会汇集大量地下水。在盾构掘进过程中，螺旋输送机出渣时将土舱内的地下水一同排出，皮带输送机排水困难。同时由于需要降低刀具磨损需注入泡沫进行渣土改良，土舱内存在一定气压，导致螺旋输送机出渣过程中发生喷涌现象。

（3）同步注浆凝结时间一般为 6h 左右，盾构机在掘进过程中与地层间产生一定量的间隙，若同步注浆压力控制不当，极易导致同步注浆浆液前窜流入土舱内，与土舱内的渣土一同排出，导致同步注浆填充不密实，进而导致管片壁后形成水囊，难以达到管片外防水的效果。

18.4.3　解决方法

（1）在管片脱出盾尾 4 ~ 5 环后，在管片注浆孔进行二次注浆封环施工。二次注浆主要采用水泥—水玻璃双液浆进行施工。由于双液浆凝结时间较快，可有效形成嵌固管片的止水环。止水环每间隔 10 ~ 15 环施工一次，可有效防止管片上浮。

（2）通过分析土舱内的裂隙水来源，主要存在两个方向的通道：一是盾构机尾部管片与围岩间隙形成通道流入土舱中,二是盾构机开挖面存在裂隙汇入土舱中。在盾构掘进过程中做好止水环注浆,建立一定的土舱压力,抵抗开挖面裂隙水,降低土舱内的水量。

(3)采用双液浆进行封环注浆,待封环注浆完成后,对两道止水环间管片进行二次补充注浆。二次补充注浆可采用单液浆进行填充,需严格控制注浆量及注浆压力,防止二次补充注浆造成管片及止水环破损。

18.4.4 施工小结

(1)加强刀具管理,及时更换刀具

针对盾构机下穿地面建(构)筑物情况,仔细分析穿越段地质和地面建(构)筑物情况,根据试验段掘进中关于盾构掘进和刀具磨损情况的参数分析,在盾构机刀具掘进全断面砂质泥岩地层的情况下,区间掘进200m时刀具的磨损程度将达到更换标准。预先选择盾构换刀点并制订详细的换刀计划。在进入第二跑道前、第一跑道与滑行道间、滑行道与停机坪间的草坪区、在下穿地面基础较弱房屋前设置停机换刀点,避免盾构机处于重要建(构)筑物下方时进行停机换刀的风险。

(2)严格控制掘进参数

通过对盾构机下穿既有跑道范围的适应性分析,为了确保安全下穿飞行区跑道,将区间盾构始发段后的初始100m掘进段作为试验段,以此研究盾构机在该类地层的掘进参数,并在完成100m的试掘段后,对掘进参数进行收集、整理并归纳,分析出切实可行的控制参数。组织相关单位及专家召开验收会对试掘段的各项参数进行评估,确认是否满足下穿机场跑道相关控制标准,如满足即可依据制定好的施工参数,完成下穿机场跑道的施工任务。

(3)严格控制盾构下穿机场跑道段沉降

在下穿机场跑道范围段内,地面沉降的大小直接影响通航机场的安全性,对机场道面的沉降监测的及时性尤为的重要,并结合试验段对盾构机掘进砂质泥岩地层条件下,各项盾构机参数对地面沉降的影响关系的分析结果,以此指导盾构机在机场跑道范围内的掘进。

①下穿前的监测准备。对下穿机场范围监测的仪器安装后,进行调试,并及时对跑道上已布设的监测点进行初始取值,同时监测飞机起降时对跑道道面高程的影响大小,以便在后期盾构机下穿时排除客观影响,更能让自动化监测的数据能反映地面沉降的变化状况。并在监测过程中采用以自动化监测为主,人工监测为辅的监测方法,根据机场方面的不停航要求,尽早与机场管理方沟通协调,进入飞行禁区内施工。

②下穿段内的自动化监测。采用的是无人值守的不间断监测,将自动化全站仪安置在强制对中观测墩上,现场通过电池组对其进行不间断供电,保证对其本身的长效供电电池充电,全站仪数据通过CDMA模块传输到数据中心(办公室),同时将监测指令传输到采集设备(全站仪),由此实现远程自动化变形监测。

③沉降控制措施。

a.施工控制措施:对盾构姿态勤测少纠,减少大幅纠偏引起的过大沉降;控制出土量误差在±5%以内,减少超挖和欠挖引起的道面沉降;采用通用楔形管片,纠偏简单、迅速、有效,拼装精度较高,拼装简单、迅速,对控制周边土体扰动有利;为避免盾尾泄漏,引起开挖面失稳,盾构机盾尾采用2道钢丝刷和1道钢板束的构造形式以满足密封要求,同时采用高性能进口油脂;并且根据地面自动化监测沉降的监测数据,及时对盾构掘进通过段进行二次补浆。

b. 现场盾构推进试验:为检验现有工序的可行性,优化施工参数,使其适应穿越区段的土层情况,为正式穿越提供借鉴,在穿越施工前进行现场盾构推进试验。通过改变施工参数并结合监测数据分析各施工参数与地表沉降关系,从而较为准确和系统地进行微扰动施工控制。

结合机场自动化监测的数据结果,对盾构机在掘进过程中分阶段进行控制。

根据以往的施工经验,盾构掘进通过后的沉降为地面沉降控制的关键。沉降终值的控制重点在于掘进通过后的沉降。因此需对盾构机掘进通过后的沉降认真制定措施并保证落实到位。结合自动化监测的数据分析,对后期沉降较大的部位采用二次补充注浆来控制沉降。

18.5　深圳全断面硬岩盾构施工

18.5.1　工程简介

深圳地铁 3 号线某区间盾构隧道穿越长距离硬岩段:左线穿越硬岩段 445.6m;右线穿越硬岩段 797.8m,含 100MPa 以上超硬岩段 40.2m(最高达 159MPa)。硬岩段地下水发育,水量较大,地下水为松散土层的孔隙水及基岩裂隙水,孔隙水主要赋存于砂、卵石岩层中,基岩裂隙水主要赋存于强风化、中风化层中。

18.5.2　盾构岩层施工控制要点

(1)合理选择掘进模式。全断面硬岩地层开挖断面相对稳定,不会出现开挖面失稳的情况,因此盾构在硬岩地层掘进全部采用敞开式掘进模式,通过这种掘进模式大大减小了盾构机推进阻力和刀盘旋转阻力,提高盾构掘进工效。

(2)严格控制掘进参数。在全断面硬岩地层中掘进,应保持刀盘的低贯入度,可适当提高刀盘转速。在合理保护刀具的前提下适当保持较小的扭矩掘进,可减小刀具的磨损,延长刀具的使用寿命。本工程中在全断面中风化岩层中掘进选取的扭矩控制值为 1800 ~ 2500 kN · m,推力值范围均在 1500 ~ 11000t,铰接压力控制在 180bar 以内。

(3)严格控制盾构姿态,及时纠偏。在硬岩隧道中盾构机纠偏较为困难,掘进过程中应严格控制盾构姿态,一般应将盾构机偏差控制在设计路线转向的内侧且最大偏差值不宜大于 30mm。

(4)做好渣土改良。泡沫的设置应使降温效果明显,单根管的泡沫流量设置在 85L/min 左右,单环泡沫总量在 30m^3 左右,并根据螺旋输送机出土口渣土含水率情况间歇注入泡沫。在每环的掘进过程中间歇式地向土舱下部注入一定黏度的膨润土,以此冲刷螺旋输送机进土口和土舱下部,使其达到改善螺旋输送机及土舱下部流塑性的目的。

(5)加强刀具管理,“勤查刀,勤换刀”。每环掘进后检查刀具,刀具检查包括螺丝是否松动、刀圈是否破裂、刀具是否磨损、刀盘是否裂缝、牛腿是否裂缝、刀箱是否变形、刀盘耐磨层是否磨损过量等。根据刀具磨损规律,将超限磨损的边缘刀、正面刀向刀具磨损量较小的中心区依次倒换,以合理利用刀具。

(6)采取措施防止管片上浮。

①加大同步注浆浆液中的水泥用量,减小浆液凝固时间,使浆液尽快由液态变为固态,从而减小对管片的浮力。

②停用盾尾下部两个注浆孔,仅从盾尾上部两个注浆孔注浆,使浆液从管片上部流向下部,避免从下部注浆导致管片上浮加剧。

③"分段截水",即采用二次注浆对盾尾后 5 ~ 10 环任意一环的环向部位进行二次注浆(必要时注入聚氨酯),迫使水泥浆快速形成止水环,以控制管片后方来水。二次注浆采用跳孔注浆方法,防止未凝固的浆液喷出,同时注意防止浆液窜到土舱内。

18.5.3 施工小结

在中 ~ 微风化硬岩全断面地层盾构掘进时,存在盾构掘进速度慢,盾构姿态控制难度大,设备及刀具磨损严重且刀具更换频繁等问题,对盾构掘进参数和盾构姿态严格控制,并加强刀具管理,是确保盾构安全顺利推进的关键。

从技术角度进行分析与论证,从优选择矿山法隧道施工,对于岩层直接采用爆破方式进行开挖,进而节约成本,但要考虑暗挖隧道盾构机接收或始发问题。

思考题

1. 简述岩石地层的分类。
2. 简述岩石地层掘进破岩机理。
3. 简述岩石地层盾构刀盘及刀具配置特点。
4. 简述岩石地层盾构掘进施工要点。
5. 结合具体施工案例,论述重庆轨道交通岩石地层盾构施工中存在的主要问题及原因。
6. 结合具体施工案例,论述深圳地铁岩石地层盾构施工中存在的主要问题及原因。

第 19 章
岩溶地层施工

本章重点:本章主要介绍岩溶地层的概念、岩溶地层盾构施工难点与风险、岩溶地层盾构施工基本原则;通过国内外具体工程案例,介绍了岩溶地层盾构施工关键技术。

19.1 岩溶地层盾构施工风险

19.1.1 岩溶地层的概念

岩溶地层也叫喀斯特地层,按岩性可分为:石灰岩喀斯特地层、白云岩喀斯特地层、石膏喀斯特地层、盐喀斯特地层;按成分可分为:碳酸盐类地层(含石灰岩、白云岩、泥灰岩等)、硫酸盐类地层(含石膏、硬石膏和芒硝)、卤盐类地层(含钾、钠、镁盐岩石等)。

我国喀斯特地貌分布广、面积大,主要分布在碳酸盐岩出露地区,面积 91 万 ~130 万 km^2。其中以广西、贵州、云南和四川、青海(即云贵高原)东部所占的面积最大,是世界上最大的喀斯特区之一,西藏和北方一些地区也有分布。

岩溶是指可溶性岩石,如碳酸盐类岩石是受含有二氧化碳的流水溶蚀,并加以沉积作用而形成的地层。岩溶地层往往存在呈奇特形状的空洞,也就是溶洞。

岩溶是水对可溶性岩石进行以化学溶蚀作用为主,流水的冲蚀、潜蚀和崩塌等作用为辅的地质作用,以及由这些作用所产生的现象的总称。岩溶个体形态主要有溶洞、溶沟溶槽、溶蚀裂隙、溶孔以及地下暗河。

溶洞:溶洞又称为洞穴,它是地下水沿着可溶性岩石的层面、节理或断层进行溶蚀和侵蚀而形成的地下孔道。溶洞有全填充型,填充物有黏土、分化岩碎块、流塑状黏土等;有半填充型,填充物有流塑状土;还有无填充型空洞。溶洞大小不一,有尺寸 1 ~2m 小溶洞,也有尺寸 10 ~20m 的大溶洞,常见溶洞一般在尺寸 5 ~10m。

裂隙岩溶水:裂隙岩溶水赋存与岩溶地层中,岩石裂隙发育,岩面较破碎,强透水,水量丰富,局部具承压性。裂隙岩溶水的水位受基岩裂隙及溶蚀作用的影响,裂隙及溶蚀裂隙弱发育,则水位相对比较高;反之则相对较低。

近年来,全国各地的地铁施工中多处发现了岩溶地层,比如贵阳、南宁、广州、昆明、武汉、长沙、徐州、大连等,造成溶洞溶管、突水突泥、地面塌陷等不良地质状况,给地下工程建设带来了巨大困难,如图 19-1 所示。

a) b) c)

图 19-1 岩溶地层造成的不良地质状况

19.1.2 岩溶地层盾构施工难点与风险

1)岩溶地层盾构施工难点

目前地质物探方法只能推测出某一区域有岩溶,具体溶洞大小不能准确确定;用传统地质钻孔勘探,能探出一部分溶洞位置和大小,但探孔间距较大,一般孔间距 30m,大部分岩溶有时是不能探出的,对盾构施工会造成部分不确定的地质风险。

当地质勘探出有岩溶地层时,设计要求对岩溶地层进行注浆加固处理,但加固处理范围有限,一般为隧道底板以下 5m 内溶洞加固处理,隧道左侧、右侧上部 3m 范围内溶洞加固处理;此范围经注浆加固处理后可降低盾构施工风险,在后期盾构掘进过程中仍需注意盾构姿态及参数控制,以确保施工安全。

盾构掘进一旦遇溶洞,有可能造成突水、突泥及盾构陷落等工程事故,对盾构施工影响很大。同时若隧道溶洞涌水(或突水)得不到有效处理,将直接导致水位下降,从而影响周边建筑物安全,严重时将造成地面塌陷。

岩溶地层地下水较为丰富,且局部具有承压性,盾构掘进施工过程中容易产生喷涌,裂隙岩溶水夹带地层中的泥砂流失,出土量不易控制,易造成地面沉降及塌陷,不利于盾构掘进施工。

2)岩溶地层盾构施工风险

采用盾构法在岩溶地层进行隧道施工,可能会发生如下风险。

(1)盾构栽头、陷落:如果盾构前方出现大直径溶洞,盾构很可能会偏离掘进方向,严重时可能陷落到溶洞内。

(2)地层大量失水、坍塌:盾构掘进如果造成地下水大量流失,将会破坏地层原来的荷载分布而发生坍塌。

(3)地表沉降导致地面和地下建筑物破坏:地层里的地下水流失、局部坍塌后,会将这个影响传递到地面,从而导致地面和地下建筑物破坏。

(4)隧道上浮、结构被破坏:管片衬砌为圆形结构,可以受外压,不能受内压。如果围岩与管片之间的环形间隙不能很好地及时填充,管片可能会在水的作用下产生上浮,严重的情况下,隧道结构会被完全破坏掉,比如隧道一侧为溶洞,管片没有围岩支撑。

(5)刀盘被卡住:溶洞坍塌或掉落的大块或大量石头很可能卡住刀盘。

(6)刀盘、刀具磨损和损坏严重:很容易形成软硬不均的开挖面,造成滚刀不转或刀具承受频繁冲击,也容易产生大块的不规则石块挤压在开挖面与刀盘之间。

(7)开挖面瞬间失压:盾构如果在敞开式或半敞开式模式下掘进,一旦遇到溶洞,开挖面很可能瞬间失压,导致严重坍塌。

(8)盾体被卡住:溶洞坍塌掉落大量石头很可能把盾体压死。

(9)螺旋机喷涌、被卡住:地层中地下水丰富、水压高,渣土全是石块,螺旋输送机不能保压,叶片也容易被卡住。

(10)泥水舱堵塞:大量的石块掉入泥水舱造成堵塞。

(11)碎石器磨损、损坏:石块太多,碎石器长时间在石块的包围下工作,容易磨损和损坏。

(12)排泥泵和管路磨损:大量的石块通过排泥泵和管路,导致其被磨损。

以上这些风险需要在盾构选型、性能配置、参数设置时充分考虑,并尽可能规避。

19.1.3 岩溶地层盾构施工基本原则

以"全面勘察、重点加固、局部封闭"的原则为依据和指导,对溶洞的空间分布、大小及充填情况进行勘察,对溶洞进行事先填充和加固处理,对盾构的适应性设计及掘进技术等方面应进行深入研究,以便采取相应的控制措施。

(1)应用高密度电阻率法物探、补充钻孔勘探、电磁波深孔CT物探多种探测方法,对勘测结果进行综合分析,探明溶洞的空间分布、大小及填充物特征。

(2)确定合理的加固方案,满足盾构施工安全及隧道结构稳定。处理的重点是,隧道下部填充物为淤泥、松散砂层、软塑状泥炭质黏土的溶洞,对处理区与外界开放连通的主要地下水裂隙通道进行封闭。

(3)盾构选型与地质适应性设计时应充分考虑地层特点和施工条件等因素。采用适应岩溶地层施工的盾构;刀盘形式和刀具配置能满足破岩能力;一般应配置超前钻探装置。

(4)做好盾构掘进参数管理,建立监控量测体系,实施信息化管理,保证在整个施工过程中盾构掘进姿态、管片姿态和地面沉降均处于受控状态。

19.2 广州地铁岩溶地层盾构施工

19.2.1 工程简介

广州地铁5号线某区间盾构隧道长1680.138m,区间最小曲线半径为400m,最大纵坡为20.323‰,线间距为13.0~33.8m。地面高程为10.92~50.50m,线路轨面埋深在20.4~70m之间。

盾构隧道穿越的地层主要有上古生界石炭系、中生界侏罗系和白垩系、新生界第四系以及燕山期侵入岩。主要为:人工填土层,冲积~洪积中粗砂层,冲积~洪积黏性土层,河湖相淤泥质土层,残积土层,碎屑岩岩石全风化带,花岗岩岩石全、强、中、微风化带,碎屑岩岩石强、微风化带,石灰岩岩石中、微风化带,如图19-2所示,其中花岗岩岩石微风化带最大强度81.6MPa,石灰岩岩石微风化带最大强度112.7MPa。区间的地下水类型主要分为第四系松散岩类孔隙水,层状基岩裂隙水,块状基岩裂隙水,碳酸盐岩裂隙溶洞水。

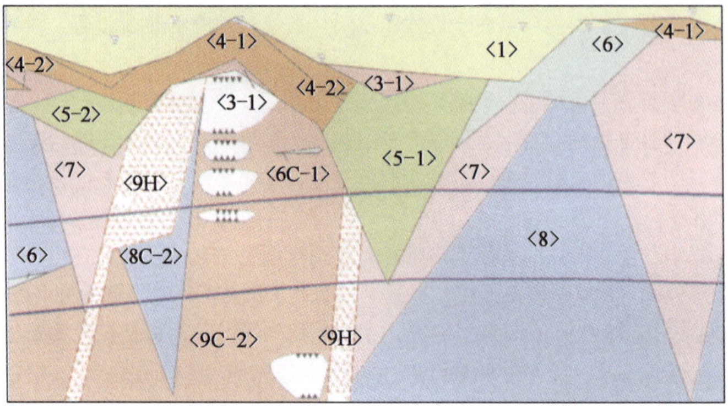

图 19-2　区间隧道穿越岩溶地层纵剖面图

〈1〉-人工填土层;〈3-1〉-细砂土层;〈4-2〉-河湖相淤泥质土层;〈5-1〉-可塑或稍密状残积土层;〈5-2〉-硬塑或中密状残积土层;〈6〉-岩层全风化带;〈7〉-岩层强风化带;〈8〉-岩层中风化带;〈6C-1〉-石灰岩全风化带;〈8C-2〉-石灰岩中风化带;〈9C-2〉-相对完整石灰岩微风化带;〈9H〉-花岗岩微风化带

19.2.2　岩溶地层勘察

切实探明溶洞的分布与填充状况是岩溶地层勘察的关键。采取以钻探为主、多种方法综合运用,相互补充、印证的溶洞探测方案。即高密度电阻率法地面物探(总体探查溶洞分布情况)→加密钻孔(直观掌握溶洞及充填物状况)→电磁波深孔 CT(在钻孔间加密剖切面勘查,判断边界)→综合判断后结合注浆孔布置补孔探测。

(1)高密度电阻率法物探。

对 YCK7 +880 ~ YCK8 +035 范围内进行纵向探测,共设计物探剖面 6 条,剖面长均为 177m,如图 19-3 所示。每条剖面均由 2 个基点控制。勘察的结果表明,本区地下有 4 处岩溶发育区。

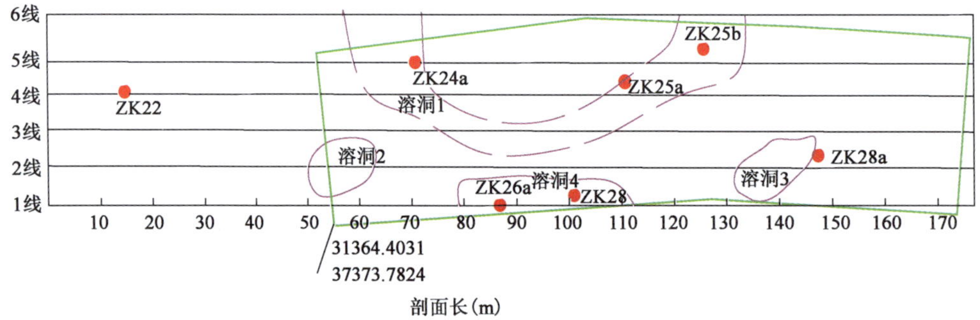

图 19-3　高密度电阻率法物探布线及探测溶洞分布图

(2)补充钻孔勘探。

利用钻机钻探,取出地层岩芯,通过原位试验和室内试验,准确判别钻孔穿越各地层岩性和地层(溶洞充填物)的物理、力学参数。因此钻探是溶洞勘察的主要方法,也是最直接、最为行之有效的方法。

在勘察区域内,分别在距离左右线隧道外侧 3m 处,区间隧道中线上和左右两隧道中间位置布置钻孔。钻孔要穿过隧道掘进范围,有溶洞的钻孔要钻至溶洞底下 2 ~ 3m。补充钻孔勘探钻孔布置如图 19-4 所示。

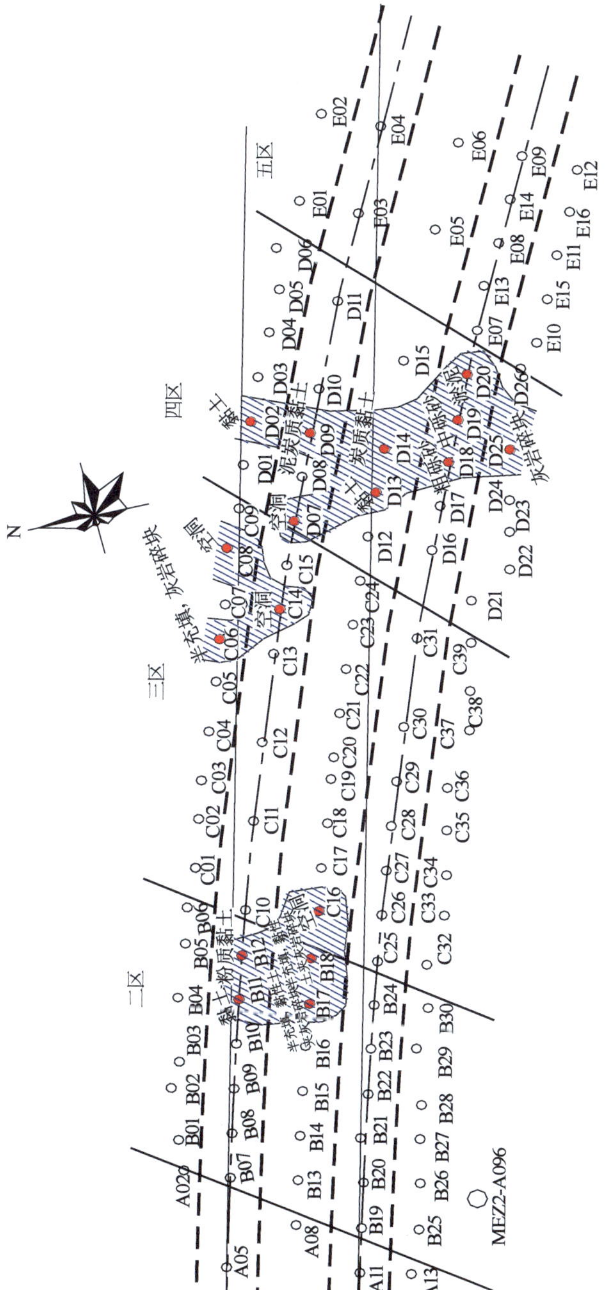

图19-4　补充钻孔勘探钻孔布置图

①在钻探施工过程中,准确、详细记录异常现象(如缩孔、坍孔、漏水、冒水、掉钻及遇到洞穴等)及其发生的位置和严重程度,描述溶洞空间大小、分布等。

②把探到有溶洞的钻孔作为技术孔,采取土样、岩样和水样,进行标贯试验并测量地下水水位。通过抽水试验估算溶洞水流量。

③编制详细的勘察报告,绘制纵剖面图、横剖面图、投影图,并作平切面图。

(3)电磁波深孔 CT 物探。

CT 物探相邻孔对间距 5m,共 27 对,孔深 35m,各 CT 钻孔终孔高程一般应基本一致,若在预定终孔深度处为溶洞时,钻孔深入溶洞底板 3m,如图 19-5 所示。通过 CT 资料分析,即自上而下可分为土层软土 CT 异常带、浅部岩溶 CT 异常带和较深部岩溶 CT 异常带,岩溶发育具有竖向分带差异。较深部岩溶异常带具有异常强、规模大、呈“串珠状”竖向分布等特点。

(4)通过对钻探、高密度电阻率、深孔 CT 物探勘察成果的综合研究分析,较深入地掌握溶洞及充填情况等,如图 19-6 所示。

19.2.3 溶洞处理

(1)溶洞处理原则

①提供建立土压平衡的条件。盾构掘进面不能有开放性的空洞,对空洞应予密实充填,尽量减少地下水流失,使盾构机具备建立土压平衡工作模式的基本条件,隧道洞身周围 3m 范围内的溶洞要密实充填并注浆固结,有利于建立土压平衡,防止坍塌;要对处理区与外界开放连通的主要地下水裂隙通道进行封闭,防止大量失水以减少地表沉降。但也无须过度处理。

②尽量避免盾构机发生陷落及严重栽头。盾构机主体(含螺旋输送机等)重 320t,长 12m,其重心在前 2.8m 处。掘进时隧道底部若突现尺寸大于 2.8m 以上的空洞或极软弱地层,可能致使盾构机栽头或陷落,因此应确保隧底有效加固点间距不大于 2.5m。

③满足永久隧道结构的承载力、变形、防水要求。处理的重点是隧道下部填充物为淤泥、松散砂层、软塑状泥炭质黏土(承载力 40 ~ 80kPa)的溶洞,处理深度为隧底 5m。对隧道中线底部,采用袖阀管水泥浆注浆加固。利用补充钻探孔并将注浆孔间距加密至 2.5m。

④防止地表塌陷和过大沉降。隧道洞身周围 3m 范围内的溶洞要密实充填并注浆固结,以利于建立土压平衡,防止坍塌;要对处理区与外界开放连通的主要地下水裂隙通道进行封闭,防止大量失水,以减少地表沉降。

(2)溶洞处理施工顺序

①先对全区周圈开放连通的裂隙通道封闭注浆,然后处理中间区域,以确保注浆效果,减少注浆损失。

②先加固水源一侧(靠近越秀山一侧),添加速凝剂,以确保注浆效果。

③中间区域补充孔跳跃施工,以防止跑浆、窜浆现象。

④先对无填充、半填充溶洞进行填砂处理,然后再进行其他溶洞注浆填充处理。

⑤溶洞处理施工完毕之后,对处理区内进行抽芯检测试验,检测充填密实情况及充填物的标贯击数,指导以后盾构机的掘进施工。

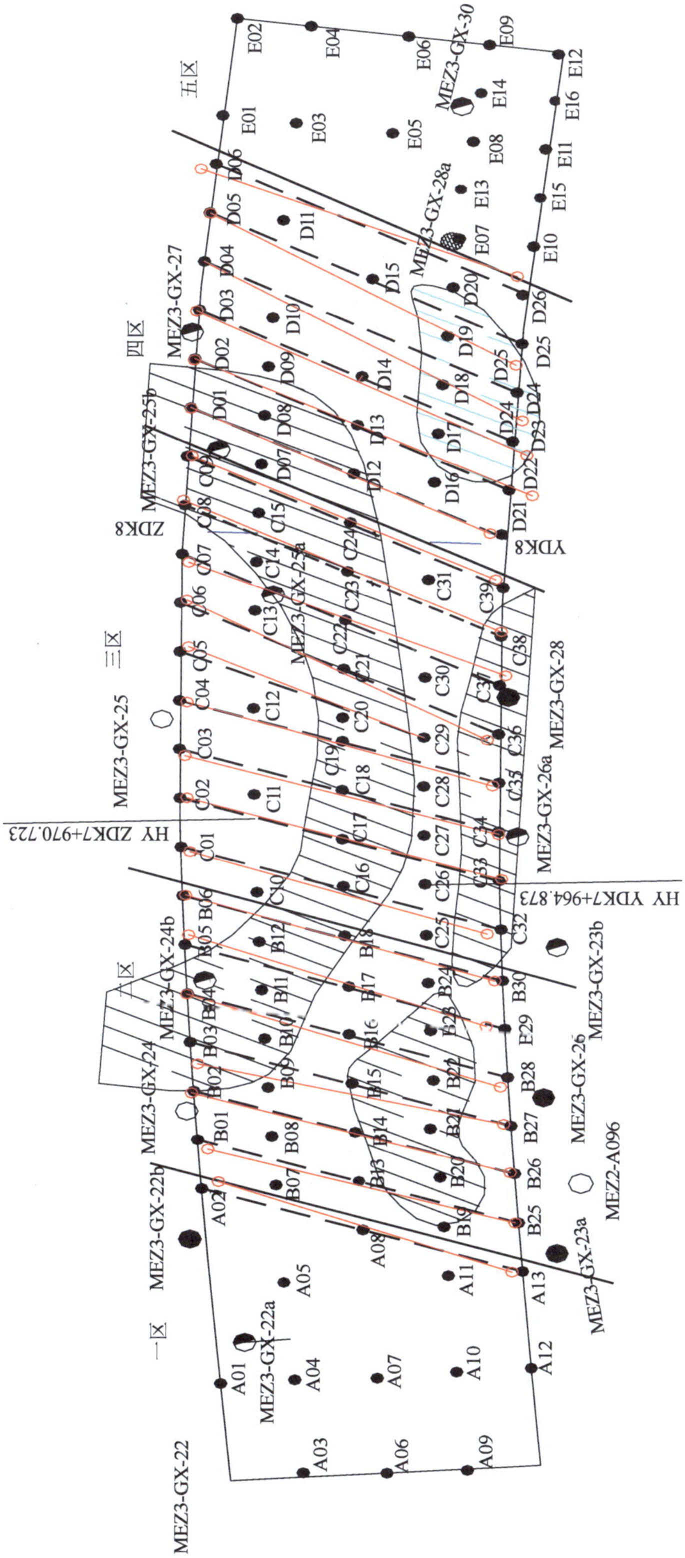

图19-5　跨孔CT孔对布置图

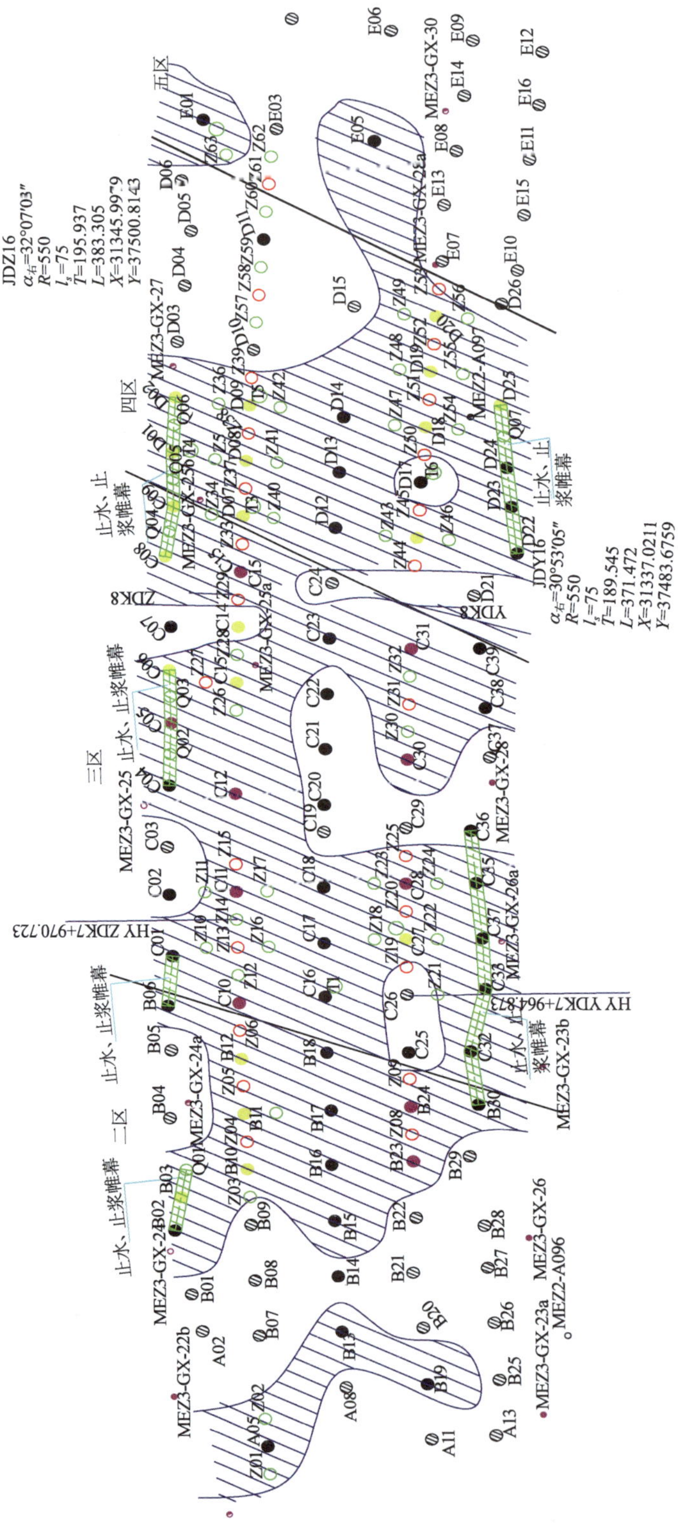

图19-6 溶洞分布投影图

(3)溶洞处理方法

①无填充溶洞和半填充溶洞的处理:对大于 2m 以上的无填充溶洞和半填充溶洞,在原钻孔附近(约 0.6m)补钻一个 ϕ127mm 的投砂孔,填砂处理,后采用注浆加固的方法;对小于 2m 的无填充溶洞和半填充溶洞,直接注浆填充。

②全填充溶洞处理:采用压力注浆的方法进行填充加固,注浆压力从低到高,间歇、反复压浆。主要采用 PVC 袖阀管注浆工艺。

③注浆材料:周边孔采用纯水泥浆 + 速凝剂;中央孔采用纯水泥浆。

④注浆终止采用双重标准:注浆终压达到设计终压,注浆量达到设计注浆量的 80%;或虽未达到设计终压,但注浆量已达到设计注浆量,即可结束本孔注浆。

(4)注浆加固效果检查

①检测方法:采用钻孔取芯进行检测,检测试验以抗压试验为主,抽水试验为辅;以溶洞填充物为砂层,作渗透系数试验。

②检测标准:隧道周边加固范围试块无侧限抗压强度≥0.3MPa;隧道中心加固范围内试块无侧限抗压强度≥0.5MPa;渗透系数≤1.0×10^{-7}cm/s。

19.2.4 岩溶地层盾构掘进施工

(1)严格控制盾构机掘进姿态,盾构机刀盘切削面地层软硬不均,方向不容易控制。按照给定的容许偏差值进行控制,当接近偏差值时及时调整,纠正于微小偏差之时。掘进过程中保持正确姿态,严禁快速纠偏。

(2)对富水区域进行盾构超前钻探并采用双液浆加固溶洞地层。

(3)盾构机通过时如果水压大,启动保压泵装置,防止喷涌造成大量失水,以保证隧道上方建筑物的安全。

(4)重视对刀具的管理,在掘进过程中,注意保持好滚刀,尤其是边缘滚刀的完好性。注意判断掌子面的岩层和地下水水量情况。当掌子面岩层稳定,地下水水量不大,开舱检查和更换刀具,必要时采用带压作业来检查和更换刀具。

(5)足量同步注浆,并及时进行二次双液注浆,施作止水环,对地下水通道进行封堵,稳固管片,控制管片上浮。

(6)严格控制掘进参数。

硬岩及软硬不均匀区:土舱压力 0.5 ~ 1.1bar;转速 2.3 ~ 2.5r/min;贯入量 10mm/r 左右;扭矩 2500 ~ 3200kN · m;推力 10000 ~ 13000kN。

较软或全断面为充填物加固区:土舱压力 0.6bar;转速 2.0r/min;贯入量 25mm/r 左右;扭矩 2000kN · m;总推力 7000 ~ 9000kN。

19.2.5 施工小结

(1)盾构岩溶地层施工,要采用溶洞勘探、地层加固、设备选型、盾构掘进等综合技术。

(2)综合运用高密度电阻率法、电磁波深孔 CT 法和钻探等方法,相互补充验证,准确探明了溶洞分布、形状和充填物的情况,为其加固处理、盾构机选型和施工创造了条件。

(3)以“全面勘察、重点加固、局部封闭”的指导思想,综合分析了岩溶地层的地质条件、盾构机的特性，确定的地层加固方案和技术参数安全可靠，经济合理，保证盾构施工安全及隧道结构稳定。

(4)确定合理的加固方案，满足盾构施工安全及隧道结构稳定，控制加固范围，有效实施地层加固施工。

(5)针对岩溶地层地质特点，合理确定盾构机的刀盘布置、刀具选型、驱动扭矩等性能参数，以提高盾构机性能，满足工程需要。

(6)严格控制盾构掘进的土舱压力、刀盘转速、刀具贯入量、驱动扭矩、总推力等主要参数，制定必要的盾构掘进技术措施，采用信息化施工，有效实施施工控制。

19.3 南宁地铁岩溶地层盾构施工

19.3.1 工程简介

南宁市地铁4号线某区间隧道长851.871m，线间距14.00～16.00m，最小曲线半径为450m，线路埋深9.5～16.3m。区间穿越主要地层为$⑥_{1-1}$黏土、粉制黏土、$⑥_{1-2}$黏土、粉制黏土、$⑥_{4-3}$含砾黏性土。地下水水位3.7～19.2m。区间部分隧道底部有岩溶，岩溶在盾构掘进施工前需进行事先处理，设计处理范围为：隧道底板以下5m内溶洞加固处理，隧道左侧、右侧上部3m范围内溶洞加固处理。

19.3.2 施工中存在的主要问题及原因分析

区间左线盾构掘进第319环施工时盾构出土异常，盾构掘进参数：推力6900kN，刀盘扭矩750～800kN·m，刀盘转速1.5r/min，掘进速度50～60mm/min，出土量16m^3，土压压力1.1bar。推力、刀盘扭矩及出土量远小于正常理论值。

原因分析：刀盘前方存在孔洞、地质松散区域等不良地质，对照岩溶处理图纸分析，盾构刀盘前9m，右边线4m处有2个溶洞埋深在隧道底板以下10m(设计不作处理)，判断该区域存在溶洞填充软弱地层。

19.3.3 解决方法

对盾构前方的溶洞，采用地质钻机打孔进行地质补勘，确定其具体位置、大小、范围及形式(孔洞、松散地层、溶洞软填充物)等，以采取针对性的加固处理。

(1)通过地质钻孔对盾构隧道附近地层进行补勘，并与勘察报告的电阻率等值线图进行比对、反演，推断该处存在厚度10～15m的松散地层，其为岩溶地层。

(2)对该部位采用注浆填充加固处理。

(3)注浆完成后对刀盘位置断面做跨孔CT检测，检测盾构隧道下方密实度。如图19-7、图19-8所示，从测线上推断注浆效果整体较好，未发现大规模软弱夹层等不良地质。

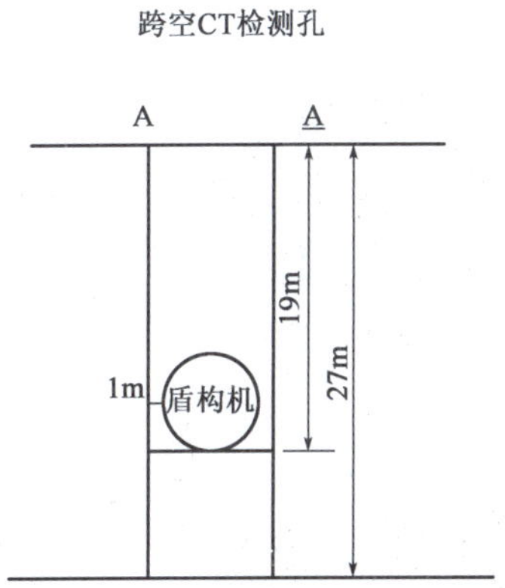

图19-7 跨孔CT检测示意图

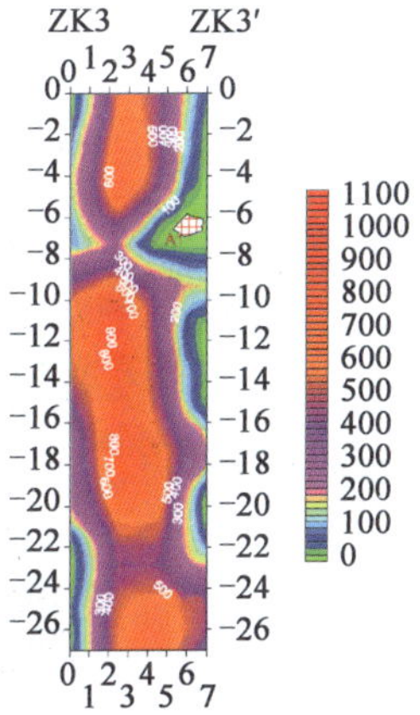

图19-8 跨孔电阻率CT成果图

(4)盾构掘进通过岩溶加固区时,严格控制推力、刀盘扭矩、出土量、舱压、盾构姿态等掘进参数。

19.3.4 施工小结

(1)盾构岩溶地层施工,应重视岩溶区域施工补勘工作,对隧道岩溶区域进行详细补勘,并进行事先填充、加固等处理。

(2)盾构岩溶地层掘进过程中,对相对应的地质情况以及盾构掘进参数深入分析,做出准确判断。

(3)盾构掘进参数异常时,应及时停机,进行原因分析,做好地质补充勘探和处理,防止造成盾构机栽头及成型隧道超限等问题。

(4)岩溶地层盾构掘进施工,要严格控制盾构掘进参数。

19.4 马来西亚吉隆坡岩溶地层泥水盾构案例

吉隆坡地处巴生河流域,东方是蒂迪旺沙山脉,北方及南方为丘陵地带,西临马六甲海峡,是典型的以石灰岩为基岩的喀斯特地貌。吉隆坡的马来语意指"泥泞河口",即巴生河和鹅麦河的交会处。1857年,雪兰莪州皇族—拉惹阿都拉下令巴生谷向采锡矿者开放,吸引了大量人员前来采挖锡矿,吉隆坡就此逐渐地发展起来,最终成为马来西亚的政治、文化和经济中心。

吉隆坡属于热带雨林气候,日照充足、降雨丰沛,特别是10月至隔年3月东北季风盛行时。气温稳定,最高温度在31~33℃之间,不超过37.2℃;最低温度在22~23.5℃之间,不低于17.8℃。平均年降雨量为2600mm,尽管6月及7月雨水较少,但平均月降雨量大都超过127mm。在市中心及下游区域,降雨量突增时,时常有水患发生。著名的"SMART(Stormwater Management And Road Tunnel)精明隧道"项目就是为了解决市中心的洪水与交通拥堵问题而建,如图 19-9 所示。

a)

b)

图 19-9　吉隆坡市中心的洪水与交通拥堵

整个 SMART 精明隧道项目包括:一条直径 13.21m,长 9.7km 的隧道;分洪池及双通道排洪管道;总长 5.38km 连接到市中心的进出口通道;分洪池总体结构及进口结构;闸门系统;控制、监控、通风、维保、逃生、消防及其他安全设施。

如图 19-10 所示,SMART 精明隧道设计有 4 个工作模式,以应对不同条件下的交通和泄洪需要。

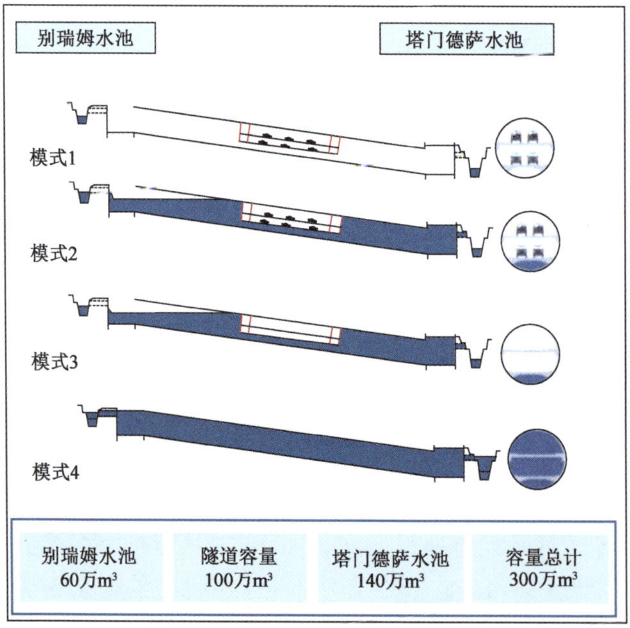

图 19-10　SMART 精明隧道工作模式

模式 1:在小雨或无雨时,作为交通隧道。

模式 2:当雨量增大至中雨,上部 Sg. Klang/Sg. Ampang 河的 L4 流量站流量为 70 ~ 150m^3/s 时,最大允许 50m^3/s 的洪水流到下游,超过的流量通过隧道的底层泄洪隧道排至 DESA 分洪池。交通隧道部分仍然开放。

模式 3：当雨量增大至大雨，上部 Sg. Klang/Sg. Ampang 河的 L4 流量站流量达到或预计到达 150m^3/s 时，交通隧道将关闭，只允许 10m^3/s 的洪水流到下游，交通隧道不用来泄洪。交通隧道将在雨停后 2～8h 重新开放。

模式 4：如果暴雨持续不停，一般在进入模式 3 之后的 1～2h 宣布，交通隧道将全部用于泄洪，只允许 10m^3/s 的洪水流到下游。

交通隧道将在雨停 4d 后重新开放。

整个项目上下游分洪池和隧道总计具有存储 300 万 m^3 雨水的能力，可以从根本上缓解市中心雨涝的危害。

吉隆坡市建立在石灰岩的喀斯特地层，地下水水位很高而且地处赤道，属于热带雨林气候，地下水水位高、降水量大。这里由于开采锡矿遗留的喀斯特地形包含了众多的陡壁、尖峰、溶洞、塌陷溶洞、沉陷区等，在石灰岩基岩之上的是松散的冲积层或采矿后的尾矿及人工回填土、抛石等，如图 19-11 所示。

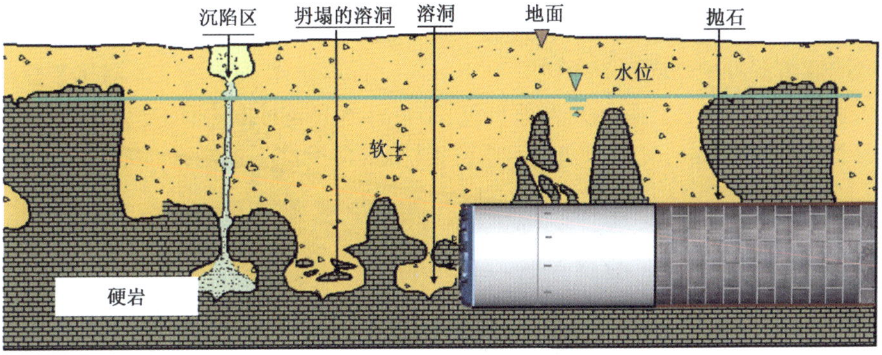

图 19-11 精明项目地质概况

鉴于如此困难的地层、超大的开挖直径、长距离掘进、敏感的市中心和紧迫的工期，所有的工程筹划都集中在选择一种安全快捷而且能克服地质的负面影响的施工方法上。

经过反复的研究、调查和对比，考虑到地质条件复杂、开挖直径较大及市区内的严格沉降控制要求，最终决定采用气垫调压式泥水平衡盾构来进行主隧道的掘进。

海瑞克公司制造的两台直径 13.21m 的气垫调压式泥水平衡盾构 S-252、S-253 承担了全长 9.7km 的 9.35km 长盾构段的施工，如图 19-12、图 19-13 所示。这两台盾构不但采用了当时世界上最先进的技术，同时还配备的 SSP（地震波超前探测系统）以及超前钻机及注浆系统，用来对前方的地层进行超前探测及超前处理。

两台盾构的主要技术参数见表 19-1。

两台盾构的主要技术参数 表 19-1

项　目	参　数	项　目	参　数
总长度（m）	70	最小转弯半径（m）	200
总质量（t）	1500	总功率（kV·A）	8200
刀盘开挖直径（m）	13.26m	刀盘驱动功率（kW）	4000
最大掘进速度（mm/min）	30	工作压力（bar）	5

图 19-12　S-252 盾构出厂照片

图 19-13　S-253 盾构出厂照片

负责北端隧道掘进的德国承包商 Wayss & Freytag AG，使用 S-252 盾构于 2004 年 6 月 15 日在从 JKR 开始掘进，2004 年 10 月 11 日抵达双通道排洪管道北交汇点；2005 年 4 月 27 日重新始发继续向北掘进，2007 年 2 月 4 日到达 Ampang，完成了总长 5.3km 的北端隧道掘进。

负责南端隧道掘进的马来西亚承包商 MMC-Gamuda 联营体，使用 S-253 盾构于 2004 年 8 月 28 日在从 KL-Seremban 高速公路附近开始掘进，2005 年 6 月 4 日抵达双通道排洪管道南交汇点，2006 年 4 月 22 日到达 Taman Desa，完成了总长 4.05km 的南端隧道掘进，如图 19-14 所示。

a)

b)

图 19-14　S-253、S-252 盾构先后完成掘进

S-252 盾构平均月进尺约为 200m，最大周进尺为 115m；S-253 盾构平均月进尺约为 210m，最大周进尺为 112m。

导致掘进速度不快的原因主要有：

①首要原因是复杂多变的地质导致刀具损坏严重，带压进舱检查刀具和换刀占用了很多时间。

②为了防止刀具消耗的恶化，有时不得不控制掘进速度在 1.5 ~ 2.0cm/min 之间。

③SSP 超前探测在岩溶地层效果不理想，误报、漏报较多，对掘进施工指导不足。

④尽管配备了超前钻机和超前注浆系统，然而作业时间太长，影响施工进度，同时由于钻孔分布不够密集，对前方地层的加固作用并不明显。

⑤当地在高峰期(早 7:00～9:30、晚 16:00～18:00)对重型卡车有 4.5h 的限行,考虑到卡车在路上的时间,对掘进施工预料运输的实际影响达到 8.5h;而工地场地狭窄,甚至没有足够的场地停放限行的卡车。

除了掘进速度不够快以外,由于出现大的溶洞或者溶洞群导致开挖面失压引起地面沉降,或者由于开挖面泥水压力过大导致泥浆从地面冒出的现象也有发生,这两台盾构并没有完全实现预计的地表沉降要求。这也是在岩溶地层采用泥水平衡盾构必须要注意的问题。

尽管如此,SMART 精明隧道项目仍然是一个非常成功的项目,它是第一个在喀斯特地层采用盾构进行大直径、长距离隧道开挖的项目,对世界机械化隧道开挖领域和马来西亚具有重要的意义和深远的影响! 马来西亚发布了六枚邮票来纪念这个项目的成功(图 19-15)。

图 19-15　马来西亚发行的六枚 SMART 精明隧道项目相关邮票

SMART 精明隧道项目的成功极大地增加了在吉隆坡采用盾构进行隧道开挖的信心。在这个项目中遇到的困难也直接促使一种全新理念盾构的诞生,那就是可变密度盾构。

19.5　马来西亚吉隆坡岩溶地层可变密度盾构案例

2010 年 6 月,马来西亚政府总理宣布开始研究大吉隆坡区的大规模快运系统方案,即 MRT(Massive Rapid Transit)项目,也被称为巴生谷 MRT 项目,这个项目是巴生谷集成轨道运输系统的一部分,如图 19-16 所示。同年 10 月,这一项目得到了政府的正式批准,同时指定 MMC-Gamuda 联营体作为项目交付伙伴(Project Delivery Partner,PDP),并通过公共陆地运输委员会协调和监管。

巴生谷 MRT 项目规划了三条线:SBK 线(MRT Sungai Buloh-Kajang Line)、SSP 线(MRT Sungai Buloh-Serdang-Putrajaya Line)和环线(MRT Circle Line),总计长 150km。巴生谷 MRT 项目的第一条线 SBK 线于 2011 年 7 月开工建设,计划在 2017 年完工。SBK 线总长 51km,共设 31 个车站,其中地下段总长 9.5km。

图 19-16　巴生谷集成轨道运输系统

由于 SMART 精明隧道项目的成功，是否采用盾构进行地下线的掘进已经不是问题，需要讨论的是具体每一个标段采用什么盾构，以及如何避免在溶岩地层出现地面塌陷，如图 19-17 所示。

a)　　　　　　　　　　　　b)

图 19-17　在溶岩地区盾构施工引起的地面塌陷

要解决沉降问题，我们首先要搞清楚沉降是如何发生的。

经过研究发现沉降主要是下面两种原因造成的。

第一种原因：如图 19-18 所示，盾构在掘进时，如果泥水平衡压力过大，开挖舱里的泥浆将会通过地层里的裂隙涌出地面，涌出的泥浆带走了表层的土壤，造成地面沉降。

第二种原因：如图 19-19 所示，盾构在掘进时，如果刀盘前方有较大的溶洞或溶洞群，开挖舱里的泥浆将会在很短的时间内填充这些空洞，从而开挖面失稳、地层塌陷，造成地面沉降。

a) 地层存在裂隙　b) 泥浆从裂隙涌出　c) 发生沉降

图 19-18　溶岩地区泥水盾构施工泥水平衡压力过大时

a) 地层存在溶洞群　b) 泥浆进入溶洞群　c) 地表塌陷造成产生沉降

图 19-19　溶岩地区泥水盾构施工刀盘前方有较大的溶洞或溶洞群时

海瑞克公司针对这两个问题,针对性地研发出一种新型的盾构——可变密度盾构。本书第 8 章我们介绍了其工作原理,可变密度盾构与常规的气垫调压式泥水平衡盾构相比,它增加了一套高密度泥浆注入和调节设备、采用了一套外置式碎石器以及皮带输送机系统。在溶岩地层掘进时,开挖舱内充满了黏稠的高密度膨润土与渣土的混合物。这些混合物密度较高,而且流动性差,与黏土类似,它们将会"填充"并"堵塞"地层里的裂隙或空洞,而不会"贯穿"地层里的空洞或裂隙到达地面,造成地面沉降。然而这只在理论上可行,效果还需要工程实践来验证。

在这样的背景下,在 SBK 线的 9.5km 地下段最终确定采用 4 台土压平衡盾构进行处于淤泥和黏土的肯尼山组地层,即从 Semantan 入口到 Merdeka 站区间的施工;6 台可变密度盾构负责其余区间的施工,如图 19-20 所示。4 台土压平衡盾构中的 2 台和全部 6 台可变密度盾构由海瑞克公司制造。在这 6 台可变密度盾构中用于过渡段区间的 2 台是完整的可变密度盾构配置,另外 4 台主要用于喀斯特地层中,可以不考虑黏土地层的掘进模式,故没有配备泡沫系统和皮带输送机,但是仍然预留了空间和接口,如果以后有需要可以加装。

可变密度盾构主要参数见表 19-2。

可变密度盾构主要参数　表 19-2

项　目	参　数	项　目	参　数
设备总长度(m)	135	刀盘驱动功率(kW)	1280
设备总重量(t)	1100	额定扭矩(kN·m)	4239
开挖直径(m)	6.67	最大推力(kN)	42751

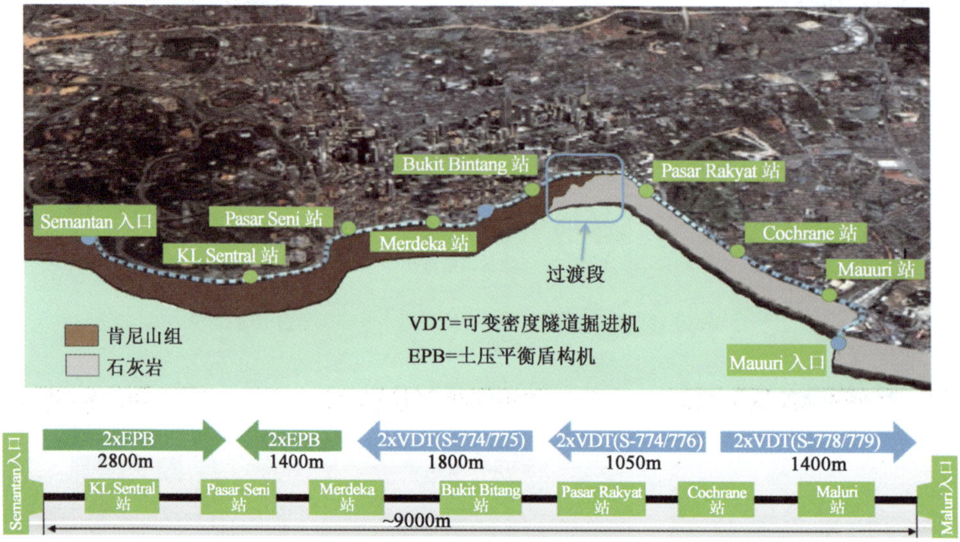

图 19-20　SBK 线的地下线区间及盾构划分

2013 年 5 月 30 日,世界上第一台可变密度盾构(海瑞克 S-774)从 Cochrane 站首先始发,先后穿过 3 个车站、2 个中间竖井、5 次始发,总计掘进 4.4km 后,于 2015 年 4 月 11 日到达 Pasar Seni 站,如图 19-21 所示。S-774 是第一台始发的盾构也是最后一台贯通隧道的盾构。在此期间,其余的盾构先后按计划完成了隧道掘进任务。有意思的是,由于从 Cochrane 始发后,盾构的掘进速度超出预期,比原计划大大提前了,不得不改变计划继续进行盾构掘进,直接穿过 Pasar Rakyat 站,在 Inai 中间竖井出洞,导致了一连串的"计划改变"。

a) 马来西亚总理纳吉布主持S-774盾构始发仪式　　b) S-774盾构的首次贯通

图 19-21　S-774 可变密度盾构始发与贯通

尽管多次通过车站和竖井、多次重新始发影响了盾构的综合掘进效率,但是 S-774 可变密度盾构仍然达到了 265m 的平均月进尺。

海瑞克公司的可变密度盾构最大周进尺达到 100m,最大日进尺达 21m(S-779 盾构),比在软土中掘进的土压平衡盾构的最好日进尺 19.6m 还快了一环(1.4m)。尤为重要的是,所有采用可变密度盾构掘进的隧道上方均没有发生地面沉降,完全达到了之前预计的目标(图 19-22、图 19-23)。

图 19-22　Cochrane 站狭窄的始发工地

图 19-23　Pasar Rakyat 站地下水丰富的喀斯特地层

MMC-Gamuda 联营体项目经理 Gus Klados 先生这样评价:"盾构在两种模式下均表现了卓越的性能!它们的表现完全证明了其穿越喀斯特地层的能力!转换为 EPB 模式后,在肯尼山沉积层的卓越表现,使我们决定无需使用原计划中的从 Inai 中间竖井到 Pasar Seni 站的第二台海瑞克 EPB 盾构,以及计划中的另外一台可变密度盾构。"

由于 Gamuda 公司集团副总裁 Ha Tiing Tai 先生在可变密度盾构在喀斯特地层应用的理念和实践的卓越贡献,2014 年国际隧道协会(ITA)向他颁发了技术革新奖。

思考题

1. 简述岩溶地层概念。
2. 简述岩溶地层盾构施工难点。
3. 简述岩溶地层盾构施工风险。
4. 简述岩溶地层盾构施工基本原则。
5. 结合具体施工案例,论述广州地铁岩溶地层盾构施工存在的主要问题及原因。
6. 结合具体施工案例,论述南宁地铁岩溶地层盾构施工存在的主要问题及原因。
7. 简述溶岩地区泥水盾构施工泥水平衡压力过大时,造成沉降的原因。
8. 简述溶岩地区泥水盾构施工刀盘前方有较大的溶洞或溶洞群时造成沉降的原因。
9. 查阅有关资料,论述贵阳地铁盾构选型及土压平衡盾构、泥水盾构、可变密度盾构在贵阳地铁的适应性。

参考文献

[1] 洪开荣,陈馈,冯欢欢. 中国盾构技术的创新与突破[J]. 隧道建设,2013,10:801-808.

[2] 陈馈,杨延栋. 中国盾构制造新技术与发展趋势[J]. 隧道建设,2017,03:276-284.

[3] 陈馈,曲传咏,冯欢欢. 盾构掘进数字化实验平台研究与应用[J]. 现代隧道技术,2016,03:8-18.

[4] 陈馈,毛红梅,郭军. 盾构构造与操作维护[M]. 北京:人民交通出版社股份有限公司,2016.

[5] 陈馈. 盾构刀具关键技术及其最新发展[J]. 隧道建设,2015,03:197-203.

[6] 陈馈,周蓓. 中国盾构[M]. 南京:译林出版社,2017.

[7] 陈馈,冯欢欢. 极软弱地层盾构施工关键技术探析[J]. 建筑机械化,2014,11:66-70.

[8] 陈馈,冯欢欢. 深圳地铁 11 号线大直径盾构适应性设计[J]. 现代隧道技术,2015,02:166-173.

[9] 陈馈,冯欢欢. 超大矩形盾构适应性设计与施工对策[J]. 建筑机械化,2014,03:71-74.

[10] 陈馈. 琼州海峡隧道超大直径盾构新技术展望[J]. 隧道建设,2014,07:603-607.

[11] 陈馈,冯欢欢. 盾构管片拼装模拟装置液压系统设计与仿真分析[J]. 液压气动与密封,2014,09:11-14.

[12] 陈馈,冯欢欢. 武汉三阳路公铁合建超大直径盾构隧道设计方案研究[J]. 现代隧道技术,2014,04:168-177.

[13] 陈馈,冯欢欢. 盾构电液控制系统实验平台液压系统设计与研究[J]. 液压气动与密封,2013,02:37-40.

[14] 陈馈. 盾构法施工超高水压换刀技术研究[J]. 隧道建设,2013,08:626-632.

[15] 陈馈,蔡建林. 城市地下综合管廊发展现状与对策[J]. 建筑机械化,2012,10:53-55.

[16] 陈馈,冯欢欢. 盾构液压系统设计与仿真[J]. 建筑机械化,2012,33:112-115.

[17] 陈馈. 重庆地铁六号线二期工程盾构适应性设计[J]. 建筑机械化,2011,02:81-84.

[18] 陈馈,苏翠侠,王燕群. 盾构刀盘的有限元参数化建模及其分析[J]. 隧道建设,2011,01:37-41.

[19] 陈馈. 重庆地铁工程盾构适应性设计[J]. 建筑机械,2011,09:104-107.

[20] 陈馈. 琼州海峡隧道超大盾构关键技术初探[J]. 建筑机械化,2011,08:51-53.

[21] 陈馈. 狮子洋隧道盾构地中对接施工技术[J]. 建筑机械化,2010,11:60-63.

[22] 陈馈. 盾构带压进舱安全系统的研制[J]. 铁道工程学报,2009,03:54-56.

[23] 陈馈,傅德明,吴学松. 盾构技术 60 年飞跃[J]. 建筑机械化,2009,10:42-45.

[24] 陈馈. 客运专线狮子洋隧道盾构设计与施工[J]. 建筑机械化,2007,01:43-46.
[25] 陈馈. 隧道掘进机产业化及发展方向[J]. 铁道工程学报,2007,03:56-59.
[26] 陈馈,韩亚丽. 泥水盾构控制系统模拟试验台[J]. 建筑机械化,2007,04:59-62.
[27] 陈馈. 北京铁路地下直径线盾构选型[J]. 建筑机械,2007,11:36-39.
[28] 陈馈,韩亚丽. 客运专线狮子洋隧道盾构主要结构与对接施工设计方案[J]. 隧道建设,2007,S2:229-232.
[29] 陈馈. 上海地铁延伸工程盾构刀盘设计与施工[J]. 建筑机械化,2007,03:61-64.
[30] 陈馈. 重庆过江隧道盾构刀具磨损与更换[J]. 建筑机械化,2006,01:56-58.
[31] 陈馈,李建斌. 盾构国产化及其市场前景分析[J]. 建筑机械化,2006,05:59-64.
[32] 陈馈. 西安地铁施工盾构选型分析[J]. 建筑机械化,2006,09:34-36.
[33] 陈馈. 国产盾构开发与产业化前景浅析[J]. 建筑机械化,2005,10:43-47.
[34] 陈馈,刘东亮. EPB 盾构掘进的土压控制[J]. 建筑机械化,2005,12:45-48.
[35] 陈馈. 南水北调中线一期穿黄工程盾构选型[J]. 建筑机械,2005,12:26-31.
[36] 陈馈. 重庆主城排水长江隧道施工技术[J]. 建筑机械化,2004(08):29-32.
[37] 陈馈. 南京地铁盾构掘进技术[J]. 建筑机械化,2004,02:30-33.
[38] 陈馈. 浅谈盾构机的应用及发展前景[J]. 建筑机械化,2004,02:58-61.
[39] 陈馈,李荣智. 地铁隧道穿越地下连续墙的处理技术[J]. 建筑机械化,2004,07:26-28.
[40] 陈馈. 高水压地段泥水盾构施工防水技术[J]. 建筑机械化,2004,09:21-23.
[41] 陈馈. 南京地铁 TA15 标盾构法施工技术[J]. 建筑机械,2004,10:68-71.
[42] 陈馈. 重庆过江隧道盾构法施工泥水处理技术[J]. 建筑机械化,2004,10:34-36.
[43] 陈馈,洪开荣,焦胜军. 国内外盾构法隧道施工实例[M]. 北京:人民交通出版社股份有限公司,2016.
[44] 陈馈,洪开荣,焦胜军. 盾构施工技术[M]. 2 版. 北京:人民交通出版社股份有限公司,2016.
[45] 陈馈,牛彦杰,李阁强,等. 基于单神经元 PID 的盾构推进系统同步控制研究[J]. 工程设计学报,2017,03:330-336.
[46] [德]B. Maidl,M. Herrenknecht,L. Anheuser. 机械化盾构隧道掘进[M]. 浙江:浙江大学出版社,2002.
[47] 竺维彬,鞠世健. 复合地层中的盾构施工技术[M]. 北京:中国科学技术出版社,2006.
[48] 韩亚丽,陈馈. 南京地铁盾构隧道管片拼装技术[J]. 隧道建设,2003,02:16-17,54.
[49] 杨书江. 富水砂卵石地层土压平衡盾构长距离快速施工技术[J]. 现代隧道技术,2009,03:81-88.
[50] 杨书江,孙谋,洪开荣. 富水砂卵石地层盾构施工技术[M]. 北京:人民交通出版社,2011.
[51] 程海云,陈馈,欧阳刚杰. 盾构机司机培训教程[M]. 北京:中国建筑工业出版社,2016.
[52] 洪开荣,等. 盾构与掘进关键技术[M]. 北京:人民交通出版社股份有限公司,2018.
[53] 陈馈,孙振川,李涛. TBM 设计与施工[M]. 北京:人民交通出版社股份有限公司,2018.

视频索引

视频 1-1　盾构的起源　7
视频 4-1　半机械式敞口盾构工作原理　59
视频 5-1　土压平衡盾构的结构与施工　78
视频 5-2　土压平衡盾构的组成及施工流程　79
视频 6-1　泥水盾构的构成与工作原理　114
视频 8-1　可变密度盾构的应用　175
视频 11-1　钢套筒法盾构整体接收技术　283